이한우의 태종실록

재위 8년

이한우의 태종실록

새로운 해석, 예리한 통찰

재위 8년

이한우 옮김

들어가는 말

삶과 세계에 대한 뿌리 깊은 지혜, 그 치밀한 기록

2001년부터 2007년까지 7년 동안 『조선왕조실록』을 완독했으니 완독을 끝마친 지 10년이 지났다. 그동안 관심은 사서삼경을 거쳐 진덕수(眞德秀)의 『대학연의(大學衍義)』, 『심경부주(心經附註)』에 이어 지금은 『문장정종(文章正宗)』 그리고 반고(班固)의 『한서(漢書)』 번역으로 확장돼왔다.

원점인 2001년으로 돌아가보자. 나는 왜 『조선왕조실록』을 다 읽기로 결심한 것일까? 그것은 다름 아닌 선조들의 정신세계를 탐구해 우리의 정신적 뿌리를 확인해보려는 것이었다. 그런데 정작 7년간의 실록 읽기가 끝났을 때는 이룬 것보다 앞으로 해야 할 일이 많음을 깨달았다. 우리 선조들의 뛰어난 능력과 치열했던 삶의 태도를 확인했지만 그 뿌리를 제대로 알지 못했던 것이다. 그래서 완독을 끝내자마자 시작한 것이 한문(漢文) 공부다. 위에서 언급한 책들은 한문 공부를 마치고서 우리나라에 번역되지 않은 탁월한 한문책들을 엄선해 우리말로 옮긴 것이다. 이때 중요한 것은 '우리말'이다.

우리말이란 대한민국에서 일정한 교육을 받은 사람들이 편안하게 쓰는 말을 뜻한다. 과도한 한자 사용을 극복하고 지나친 순우리말 또한 일정하게 거리를 뒀다. 그리고 쉬운 말로 풀어 쓸 수 있는 한자어는 가능한 다 풀어냈다. 그래서 나는 '덕(德)'이라는 말은 '은덕(恩

德)'이라고 할 때 외에는 쓰지 않는다. '다움'이 우리말이다. 부덕(不德)도 그래서 '부덕의 소치'라고 하지 않고 '임금답지 못한 때문'이라고 옮긴다.

특히 정치를 다룬 역사서에서 중요한 용어가 '의(議)'와 '논(論)'이다. 그런데 실록 원문에서는 분명히 이 둘을 엄밀하게 구분해 '의지(議之)', '논지(論之)'라고 표현했는데, 번역 과정에서 의(議)도 의논이라고 번역하고 논(論)도 의논이라 번역하면 이는 원문의 뜻을 크게 왜곡하는 것이다. 의(議)란 책임 있는 의견을 내는 것을 말한다. 의정부(議政府)를 논정부(論政府)라고 해서는 안 되는 것과 같다. 논(論)은 일반적으로 책임을 떠나 어떤 사안에 대한 논리적 진단을 하는 것이다. 오늘날 '논객(論客)'이 그런 경우다. 그러나 '의객(議客)'이란 말은 애당초 성립할 수가 없다. 다만 법률과 관련해서는 의(議)보다 논(論)이 중요하다. 그래서 '논죄(論罪)'나 '논핵(論劾)'이라는 말은 현실적 구속력을 갖는다. 재판은 의견을 내는 것이 아니라 기존 법률에 입각해 죄의 경중을 논리적으로 가려내는 일이라는 점에서 논(論)이지 의(議)가 아닌 것이다. 이처럼 기존의 실록 번역은 예나 지금이나 정치에서 대단히 중요한 역할을 할 수밖에 없는 의(議)와 논(論)을 전혀 구분하지 않아 의미를 제대로 전달하지 못한다. 사실

이런 예는 일일이 거론하기 힘들 만큼 많다.

이런 우리말화(化)에 대한 생각을 직접 번역으로 구현해내면서 다시 실록을 읽어보았다. 기존의 공식 번역은 한자어가 너무 많고 문투도 1970년대 식이다. 이래가지고는 번역이 됐다고 할 수가 없다. 게다가 너무 불친절해서 역주가 거의 없다. 전문가도 주(註)가 없으면 정확히 읽을 수 없는 것이 실록이다. 진덕수의 『문장정종』 번역을 통해 한문 문장의 문체에 어느 정도 눈을 뜨게 된 것도 실록을 다시 번역해야겠다는 결심을 부추겼다. 특히 실록의 뛰어난 문체가 기존의 번역 과정에서 제대로 드러나지 못했다는 인식이 있었기 때문에 이 점을 개선하는 데 많은 노력을 쏟았다. 그리고 사소한 오역은 그냥 두더라도 심한 오역은 주를 통해 바로잡았다. 누구를 비판하려는 것이 아니라 미래를 향한 개선의 기대를 담은 것이다.

물론 이런 언어상의 문제 때문에 실록 번역에 뛰어든 것은 아니다. 실은 삶에 대한, 그리고 세계에 대한 깊은 지혜를 얻고 싶어서다. 이런 기준 때문에 여러 왕의 실록 중에 『태종실록(太宗實錄)』을 번역하기로 결심했다. 일기를 포함한 모든 실록 중에서 『태종실록』이야말로 어쩌면 오늘날 우리에게 반드시 필요한 지혜를 담고 있는지 모른다고 생각했기 때문이다.

지난 10년간 사서삼경과 진덕수의 책들을 공부하고 옮기는 과정에서 공자의 주장에 대해 새롭게 눈뜰 수 있었다. 그것은 다름 아닌 '일[事]'의 중요성이다. 성리학이 아닌, 공자의 주장으로서의 유학은 리더가 일하는 태도를 가르치는 이론이다. 기존의 학계는 성리학의 부정적 영향 때문인지 유학을 철학의 하나로만 국한해서 가르치는 경향이 있다. 그러나 내가 공부한 바에 따르면 공자는 리더의 바람직한 모습 그리고 그런 리더가 되기 위한 수양 과정을 지독할 정도로 치밀하게 이야기하고 가르쳤던 인물이다.

이런 깨우침에 기반을 두고서 이번에는 공자가 제시했던 지도자상을 태종이 얼마나 체화하고 구현했는지를 확인하고 싶었다. 이런 부분들을 주를 통해 드러낼 것이다. 그렇게 할 때 경학과 역사가 통합된 경사(經史) 통합적인 공부가 될 수 있다.

그렇다면 '왜 세종이 아니고 태종인가?'라는 질문을 던질 수 있겠다. 물론 세종의 리더십을 탐구하는 것도 대단히 중요하다. 그러나 그의 아버지 태종의 리더십을 충분히 탐구하지 않으면 세종에 대한 탐구는 피상적인 데 그칠 우려가 있다. 따라서 이 작업은 추후 세종의 리더십을 제대로 탐구하기 위한 기초 작업이기도 하다는 점을 밝혀둔다.

이 책에는 새로운 시도가 담겨 있다. '실록으로 한문 읽기'라는 큰 틀에서 번역을 진행했다. 월 단위로 원문과 연결 독음을 붙인 것도 그 때문이다. 번역문 중에도 어떤 말을 번역했는지를 대부분 알 수 있게 표시했고 번역 단위도 원문 단위와 거의 일치하기 때문에 어떤 문장을 어떻게, 심지어 어떤 단어를 어떻게 옮겼는지를 남김없이 알 수 있도록 했다. 물론 '착할 선(善)', '그 기(其)', '오를 등(登)' 수준의 뜻풀이는 생략했다. 아무런 의미가 없기 때문이다. 이러한 장치를 통해 조금이라도 살아 있는 한문을 익히고 우리 역사와 조상들의 사고방식을 가까이하는 데 도움이 되기를 바란다.

역주는 워낙 방대한 작업이기 때문에 앞에서 언급했다고 해서 다시 언급하지 않는 것이 아니라 그때그때 필요하면 중복되더라도 다시 달았다. 편집의 아름다운 완결성을 다소 희생하더라도 독자들의 읽는 재미와 속도를 감안했기 때문이다.

재위 1년 단위로 한 권씩 묶어 태종의 재위 기간 18년-18권을 기본으로 하고, 태조와 정종 때의 실록에 있는 기록과 세종 때의 실록에 담긴 상왕으로서의 기록을 묶은 2권을 별권으로 삼아 모두 20권으로 구성했다. 이를 통해 우리 사회에 태종의 리더십에 대한 제대로 된 탐구가 시작되기를 기대한다.

21세기북스 김영곤 대표의 결단이 없었다면 이 책은 세상에 나오지 못했을 것이다. 이 자리를 빌려 깊이 감사드린다. 더불어 계획 초기부터 함께 방향을 고민했던 정지은 본부장과 편집 실무자들에게도 고맙다는 말을 전한다. 해박한 지식과 한문 실력으로 이번 작업을 도와준 주태진 편집위원께도 감사드린다. 그리고 함께 공부하는 즐거움을 누리고 있는 우리 논어등반학교 대원들께 진심으로 고맙다는 말을 전하고 싶다. 마지막으로 내 글쓰기 작업의 원동력인 가족들에게도 깊은 감사를 올린다.

서울 상도동 보심서실(普心書室)에서

탄주(灘舟) 이한우

| 일러두기 |

1. 실록은 무엇보다 인물과 역사적 배경이 중요하기 때문에 문맥에서 필요한 범위 내에서 충실하게 주(註)를 달았다.
2. 기존의 번역 중 미세한 오역이나 번역이 누락된 경우는 번역의 어려움을 감안해 지적하지 않았지만 중대한 오역이거나 향후 한문 번역에서 같은 잘못이 반복될 수 있다고 판단되는 경우에는 주를 통해 지적했다.
3. 간혹 역사적 흐름에 대한 설명이 필요한 경우 간략한 내용을 주로 달았다. 그러나 독자들의 해석과 평가에 영향을 미치지 않도록 최소한의 범위에서만 언급했다.
4. 『논어(論語)』를 비롯해 동양의 고전들을 인용한 경우가 많은데 기존의 번역에서는 출전을 거의 밝히지 않았다. 그러나 당시 우리 선조들이 실제 정치를 행사하는 데 고전의 도움을 얼마나 받았는지를 알려면 그들의 말과 글 속에 동양 고전들이 얼마나 자연스럽게 녹아 있는지를 살피는 것이 중요하다. 하여 확인 가능한 고전 인용의 경우 주를 통해 그 전거를 밝혔다.
5. 분량이 워낙 방대하기 때문에 설사 앞서 주를 통해 언급한 바 있더라도 다시 찾아보는 번거로움을 덜기 위해 중복이 되더라도 다시 주를 단 경우가 있음을 밝혀둔다.
6. '원문 읽기를 위한 도움말'의 경우 단조로운 문장은 그대로 두고 한문 문장의 독특한 구조를 보여주는 구문에 초점을 맞췄다.
7. 한자는 대부분 우리말로 풀어쓰고 대괄호([ ]) 안에 독음과 함께 한자를 표기했다. 그래서 '천명(天命)'이라고 표기한 경우도 있지만 대부분 '하늘의 명[天命]'이라는 방식으로 표기했다. 또한 한자 단어의 경우 독음을 붙여쓰기로 표기하여 한문 문장을 이해하는 데 도움이 되고자 했다.
8. 문단 맨 앞의 '○' 표시는 같은 날 다른 기사임을 구분한 것이다.

차례

태종 8년 무자년
1월

一月

경술일(庚戌日-1일) 초하루에 상이 면복(冕服)을 입고 향궐례(向闕禮)[1]를 행하고 백관(百官)의 조하(朝賀)를 정지했다.

신해일(辛亥日-2일)에 해도찰방(海道察訪)으로 군기감(軍器監) 이계공(李季拴)을 충청도에, 순금사대호군(巡禁司大護軍) 한옹(韓雍)을 전라도에, 예빈시판사(禮賓寺判事) 안등(安騰)을 경상도에 나눠 보냈다. 이에 앞서 사간원(司諫院)에서 말씀을 올렸다.

'배를 타는 군사[騎船軍(기선군)=水軍(수군)]는 나라의 울타리[藩籬(번리)]가 되어 외부의 침입[外侮(외모)=外辱(외욕)]을 막아주니 백성들이 이를 믿고 편안히 여기는 것인데 동시에 백성들이 괴롭게 여겨 탄식하고 원망하는[咨怨(자원)] 것도 또한 여기에 있습니다. 지금 여러 도(道)의 관찰사는 한쪽 방면의 일을 총괄하고 절제사(節制使)는 군마(軍馬)의 정무를 통할하고 있으나 (둘 다) 멀리서 지휘하여 제어하는 데에 불과할 뿐이고 군인들을 친히 관할하는 자는 만호(萬戶)와 천호(千戶)입니다. (그런데 이들을) 제수(除授-임명)할 즈음에 조정에서는 오직 배 위의 일[船上(선상)]에 익숙한 자만을 뽑으니 이들 무리가 어찌 위에서 위임한 뜻을 몸으로 체현하

---

1 정월 초하루, 동지(冬至), 성절(聖節), 천추절(千秋節) 날에 임금이 중국의 궁전을 바라보고 하례(賀禮)하는 의식이다.

여 군사들을 어루만지고 제대로 챙기겠습니까[撫恤(무휼)]? 간혹 자신들의 사사로운 노역을 시켜 이익(利益)을 도모하고, 또는 풀어주어 생산(生産)한 것을 요구하니 이 때문에 백성들이 살아갈 수가 없어 유리(流離)해 도망하기에 이릅니다. 바라건대 정역찰방(程驛察訪)의 예(例)에 의거해 수군찰방(水軍察訪)을 두어 날마다 각 포(各浦)를 순찰해 오로지 군사를 어루만지고 제대로 챙기는 것을 임무로 삼게 하고 만호나 천호가 만일 사사로이 군인에게 사역(使役)시키거나, 사사로이 향유(餉遺)를 받는 자, 삼가 부지런히지 못해 그 임무를 감당하지 못하는 자가 있으면 즉시 갖춰 아뢰어서 율(律)에 따라 시행해 간사하고 교활한 자들을 징계함으로써 선군(船軍)들을 위로해야 할 것입니다. 이에 반드시 살펴야 할 사목(事目)들을 조목조목 올립니다.

하나, 선군(船軍)의 봉족(奉足)[2]이 많고 적은 것이 고르지 않으니

---

2 조선시대 평민의 남자가 부담한 국역(國役)이다. 조선은 초기부터 양인(良人-평민)을 중심으로 한 병농(兵農)일치의 개병제(皆兵制)를 확립해 양반계급을 제외한 16~60세 평민에게 군역(軍役)을 부과하고, 이를 정규군사로 활동할 호수(戶首)와 그 경제적 뒷받침을 맡을 봉족(奉足)으로 구분했다. 현역으로 뽑혀 번상(番上)하는 사람에게 직접 군역을 지지 않는 장정을 봉족으로 삼게 해 그 비용을 충당케 했는데 군역을 지는 호수(戶首)에 대한 봉족의 지급은 병종(兵種)에 따라 달랐다.
1404년(태종 4년)에는 봉족제도를 다시 정비해 군역을 비롯한 각 읍의 양(良) 천역(賤役)에 대한 봉족의 수를 규정했는데 이에 따르면 토지 2결(結) 이하를 소유한 빈호(貧戶)로서 갑사(甲士) 시위패(侍衛婢-후의 정군(正軍) 기선군(騎船軍-후의 수군(水軍))의 역(役)을 지는 사람에게는 각각 봉족 2호(戶), 진속군(鎭屬軍) 향리(鄕吏) 역리(驛吏) 등에게는 봉족 1호, 경외(京外)의 입역노비(立役奴婢)에게 봉족 2호를 주었으나 종실(宗室)의 원친(遠親)이 속한 족친위(族親衛), 공신(功臣)의 자손이 속한 충의위(忠義衛) 충찬위(忠贊衛), 양반의 자제가 속한 충순위(忠順衛) 친군위(親軍衛) 별시위(別侍衛), 그리고 수성군(守城軍)에게는 봉족을 지급하지 않았다.
또한 6결 이상의 토지를 소유한 부호(富戶)가 군역에 설 때에도 봉족을 주지 않았다. 역을 지는 자와 그에 딸린 봉족의 관계는 전혀 관계가 없는 타인일 수도 있지만 모두 평민으로서 보통 가족, 친족관계이거나 이웃 등 가까운 사이로 이뤄졌으며 향리의 봉족은 향

한결같이 정수(定數)에 의해 공평하게 나눠 정해야 할 것입니다.

하나, 만호·천호·색장(色掌)[3]이 저희들 마음대로 선군을 사역시켜 자신의 사익을 도모해 건장한 자는 방환(放還)하고, 다만 아무것도 모르는 부리기 쉬운 자만 남기기 때문에 한 번 적변(賊變)을 만나면 싸우지 못할 뿐 아니라 모두 배바닥에 엎드려 손을 모으고 죽기만 기다릴 뿐입니다. 찰방이 엄하게 추핵해 만일 이와 같은 일이 있으면 죄가 무거운 자는 아뢰어서 군법으로 논죄(論罪)하고 죄가 가벼운 자는 직접 결단하게 해야 할 것입니다.

하나, 각 고을의 수령(守令)이 선군을 점고(點考-점검)해 보낼 즈음에 장실(壯實)하고 약은 사람은 여러 가지 방법으로 연고를 칭탁해 머물러 두고 관청의 사역(使役)에 이바지하며, 다만 늙고 약하여 쓸모없는 자만 보내고, 만호와 천호도 한통속이 돼[通同(통동)] 군이 추핵하려 들지 않으며, 설혹 추핵함이 있다 하더라도 수령이 가벼이 여기고 무시해 듣고서 따르려 하지 않으니 상항(上項)의 일을 끝까지 추궁하고 금지해 (엄격하게) 다스려야 할 것입니다.

하나, 각 포(各浦)의 배들이 만든 지가 이미 오래돼 썩고 낡아서 쓸 수가 없는데 만호·천호·색장 등이 내버려두고 곧 개조(改造)하지

리가 딸리게 돼 있었다. 봉족을 사람 단위로 부를 때는 조정(助丁)이라 하고, 함경도에서는 관하(管下), 제주도에서는 인록(人祿)이라 했으며 호(戶)를 단위로 할 때는 봉족호(奉足戶) 조호(助戶)라 했는데, 초기에는 가호(家戶) 내의인정(人丁) 파악까지 이루지 못해 사람 단위로 하지 못하고 봉족의 배정도 자연호(自然戶)를 단위로 이루게 돼 부호(富戶)는 1정(丁)이 단독으로 1호, 빈호(貧戶)는 5정을 1호로 하기도 했으나 보통 3정을 1호로 구성했다.

3 하급 관리를 말한다.

않으며 육지에서 나는 여러 가지 물건과 화통(火㷁), 화약(火藥)도 지극히 허술하니 이 같은 무리는 죄를 논하여 뒷사람을 경계시켜야 할 것입니다.

하나, 적선(賊船)이 각 포(各浦)에 들어와 침노하면 만호·천호가 마음을 써서 방어하지 않고 적선이 경과하는 각 포(各浦)에서도 요격(邀擊)을 행하지 않고 그냥 지나가도록 내버려두니 심히 설립(設立)한 뜻을 잃었습니다. 청컨대 (적선이) 들어와 침노한 곳과 지나쳐간 곳의 만호와 천호를 추고(推考)해 논죄해야 할 것입니다.

하나, 기선군(騎船軍) 가운데에 여러 해 동안 공적이 있고, 장용(壯勇)하고 재주가 있어도 포상을 받지 못한 자는 조사해서 아뢰도록 해야 할 것입니다.

하나, 봉화(烽火)와 해망(海望)[4]은 군정(軍情-군사 첩보)의 긴급한 중대사이니 만일 허술한 것이 있거든 엄격하게 고찰하여 허술하지 않게 체제(體制)를 정해야 할 것입니다.

하나, 수군첨절제사(水軍僉節制使) 이하 군사(軍事)를 그르친 자는 3품(三品) 이상은 아뢰게 하고 4품(四品) 이하는 각각 죄상(罪狀)의 경중에 따라 직접 결단하게 하고, 각 고을의 수령(守令)이 배 타는 일에 대하여 더디고 늦게 한 자는 4품 이상은 아뢰게 하고, 5품 이하는 또한 모두 직단(直斷)하게 해야 할 것입니다.'

의정부(議政府)에 내려 깊이 토의하게 하니 장신(狀申)에 의거해 시

---

4 해구(海寇)의 침입을 정찰(偵察)하기 위해 바다 연안(沿岸) 후망(堠望)의 요지가 되는 산정(山頂)에 설치해 놓은 망루(望樓)다.

행할 것을 청했으므로 이런 명이 있었다.

○전라도 병마도절제사(全羅道兵馬都節制使) 성발도(成發道, ?~1418년)[5]에게 궁온(宮醞)[6]을 내려주고 흥덕진(興德鎭) 병마사(兵馬使) 성달생(成達生)에게는 구마(廐馬)[7] 한 필을 내려주었다.

○경상도 도관찰사 안성(安省)이 그 도의 긴급현안[事宜(사의)]을 아뢰었다.

'일찍이 왕지(王旨)가 있어 각색(各色) 연호군정(煙戶軍丁)[8]을 점검했는데 또 인보(隣保)의 법[9]을 거행하게 하셨습니다. (그러나) 이 흉년을 당해 거의[似(사)] 일시에 아울러 거행하기가 어려울 것 같으니, 청컨대 인보의 적(籍)이 이뤄지기를 기다린[俟(사)=待(대)=竢(사)] 연후에 군정(軍丁)을 점검하게 해야 할 것입니다.'

---

5 아버지는 창녕부원군(昌寧府院君) 성석린(成石璘)이다. 사간원을 거쳐 1406년(태종 6년) 중군동지총제(中軍同知摠制)가 됐다. 1407년 전라도 병마도절제사가 됐고 1408년 좌군총제(左軍摠制)를 거쳐 1409년 병서강토총제(兵書講討摠制)가 됐다. 1411년 호분시위사총제(虎賁侍衛司摠制)와 좌군도총제(左軍都摠制)가 됐다. 이때 부친 성석린이 좌의정(左議政)에 있었으므로 사의를 표명했으나 허락되지 않았다. 1412년 우일번절제사(右一番節制使)를 거쳐 이듬해에는 형조판서가 됐으며 1414년 한때 파직됐으나 공신의 아들이라 하여 바로 복직됐다. 1415년 33대 판한성부사(判漢城府事), 1416년 형조판서, 36대 판한성부사, 1418년 공조판서를 거쳐 의정부참찬(議政府參贊)이 됐다.

6 궁중의 술을 말한다.

7 내사복시(內司僕寺)에서 기르는 말을 가리킨다.

8 나라의 역사(役事)에 동원하는 지방의 군정(軍丁)을 말하는데 시위패(侍衛牌), 별패(別牌), 익군(翼軍), 선군(船軍) 등이 모두 이에 포함됐다.

9 조선시대의 지방 자치조직(自治組織)의 하나다. 백성의 생활과 인구의 실태를 파악하고, 수화(水火)를 구제(救濟)하고 유이(流移)와 도둑을 방지해 서로 보호하고 서로 지키게 함으로써 풍속(風俗)을 이루게 한다는 목적에서 조직된 것이다. 10호(戶) 혹은 3~4호로써 한 인보(隣保)를 삼고, 그중에서 항산(恒産-일정한 재산)이 있고 믿을 만한 사람을 택해 정장(正長)으로 삼아 인보 안의 인구를 기록해 주장(主掌)하게 했다.

그것을 따랐다.

임자일(壬子日-3일)에 상이 덕수궁에 나아가 기거했다.

○ 비로소[始] 의정부(議政府)의 서무(庶務)를 육조(六曹)로 돌렸다.[10] 좌정승 성석린(成石璘) 등이 말씀을 올렸다.

'삼가 송(宋)나라 신하 상관균(上官均, 1038~1115년)[11]과 사마광(司

---

10 의정부 서사제(署事制)에서 육조직계제(六曹直啓制)로 전환됐다는 말이다. 태조 5년의 관제 개혁이 실질적으로 완성됐다는 뜻이며 동시에 왕권이 강화됐음을 의미한다. 조선 초기 국정 운영체제에서 통치체계의 큰 틀은 육조직계제(六曹直啓制)와 의정부서사제(議政府署事制)였다. 의정부서사제는 조선 건국과 동시에 지나친 왕권의 비대함을 견제하기 위해 만든 제도로 육조에서 각기 맡은 업무를 의정부에 보고하고, 의정부에서는 삼정승이 모여 육조에서 올라온 보고 내용의 가부를 헤아려 왕에게 보고하도록 했다. 그리고 왕이 의정부에서 올린 내용을 보고 결정하여 교지를 내리면 의정부에서 받아 육조로 돌려보내 시행하도록 한 제도이다. 이 제도는 국왕에게 집중되는 국정을 경륜이 풍부한 의정부 삼정승이 함께 처리한다는 의미가 있지만 실질적으로는 의정부의 권한이 강해지고 상대적으로 왕권이 약화될 가능성이 높다. 태조 이성계는 국초부터 의정부서사제를 도입하여 추진했다. 그러나 태종이 왕위에 오른 후 왕권의 약화를 방지하기 위해 육조직계제를 택했다. 즉 육조의 업무는 의정부를 거치지 않고 직접 육조의 장관이 국왕에게 품의하여 재가를 받는 제도이다. 이는 국정을 직접 왕이 다스림으로써 왕권이 강화되고, 국정을 논하는 자리에서 벗어난 의정부 삼정승은 할 일이 별로 없게 되는 것이다. 이와 같이 조선 건국 후 의정부서사제가 시행되다가 이때의 과도기를 거쳐 1414년(태종 14년) 완전한 육조직계제로 변했고, 1436년(세종 18년)에는 다시 의정부서사제를 채택했다. 이후 세조 때 다시 한 차례 육조직계제를 채택했다가 다시 의정부서사제로 돌아갔다.

11 신종(神宗) 희녕(熙寧) 3년(1070년) 진사(進士)가 돼 북경유수추관(北京留守推官)에 오르고, 감찰어사이행(監察御史裏行)으로 옮겼다. 원풍(元豊) 연간에 두신명(竇莘明)의 원옥 때문에 광택지현(光澤知縣)으로 유배를 갔다. 철종(哲宗) 원우(元祐) 초에 다시 감찰어사가 됐는데 일마다 과감하게 진언해 청묘법(青苗法)을 폐지할 것을 논하고 불필요한 관원을 정리하라고 주장했다. 채확(蔡確)과 장조(張璪), 이청신(李淸臣)을 탄핵해 파직시켰고, 시부(詩賦)로 관리를 등용하는 일을 금지하도록 청했다. 휘종(徽宗) 때 급사중(給事中)까지 승진했으며 희녕(熙寧)과 원풍(元豐) 시기의 법도를 그대로 따르는 것에 반대하다가 외직으로 쫓겨나 영흥군(永興軍)을 맡았다. 숭녕(崇寧) 초에 원우당적(元祐黨籍)에 들어가 파직되고, 정화(政和) 연간에 다시 용도각대제(龍圖閣待制)에 복직했다가 치사(致仕)했다.

馬光, 1019~1086년)[12]이 아뢴 의견[奏議(주의)]을 살펴보건대 그 대략에 이르기를 "재상(宰相)은 자질구레한 사무(事務)에 관계할 것이 아닙니다. 대개 벼슬이 낮고 높은 것이 있으면 일이 번거롭고 간단한 것이 있고, 일이 번거롭고 간단한 것이 있으면 마음이 수고롭고 편안한 것이 있습니다. 벼슬이 높은 자는 마땅히 편안해야 하니 편안하지 않으면 천하의 대무(大務)를 꾀할 수 없고, 벼슬이 낮은 자는 마땅히 수고로워야 하니 수고롭지 않으면 천하의 서무(庶務)를 처리할 수 없습니다. 대개 재상의 직책은 인주(人主)를 보필 협조[弼諧(필해)]하고 추극(樞極)[13]을 운행 알선[運旋(운선)]하니 백관(百官)에 비교하면 지위가 높고 책임이 무거워 천하의 일을 총할(摠轄)하지 않는 바가 없습니다. 그러나 겸하는 것이 많으면 힘이 미치지 못하는 바가 있고, 작은 일에 자세하게 하려면 큰일에는 미치지 못하는 것이 있으니 이는 형세상으로 반드시 그러한 것입니다. 지금의 육부상서(六部尙書)가 열부(列部)

---

12 어릴 때부터 총명하여 배우기를 좋아했다. 부음(父蔭)으로 장작감주부(將作監主簿)가 됐다. 인종(仁宗) 보원(寶元) 원년(1038년) 진사가 됐다. 지간원(知諫院)과 한림학사(翰林學士), 권어사중승(權御史中丞)을 역임하고 다시 한림겸시독학사(翰林兼侍讀學士)가 됐다. 왕안석(王安石)이 시행한 신법(新法)을 극력 반대해 "조종의 법은 바꿀 수 없다"는 이유로 왕안석, 여혜경(呂惠卿) 등과 여러 차례 논쟁을 벌이다가 추밀부사(樞密副使)를 사퇴하고 영흥지군(永興知軍)으로 나갔다. 신종(神宗) 희녕(熙寧) 4년(1071년) 서경어사대(西京御史臺)에 있다가 물러나 15년 동안 낙양(洛陽)에 살면서 역사서를 편찬하는 데 전념했을 뿐 시사(時事)는 입에 담지 않았다. 철종(哲宗)이 즉위하여 태황태후(太皇太后) 고씨(高氏)가 임조(臨朝)하자 문하시랑(門下侍郎)으로 기용되고, 좌복야(左僕射)에 오르면서 조정을 장악했다. 유지(劉摯)와 범순인(范純仁), 범조우(范祖禹), 여대방(呂大防) 등을 기용하면서 신법을 철폐하고 옛 제도를 회복시켰다. 재상으로 있은 지 8개월 만에 죽어 태사(太師)에 추증됐다. 처음에 전국시대부터 진2세(秦二世)까지의 역사를 엮어 『통지(通志)』 8권을 편찬했는데 영종(英宗)의 명령으로 이를 속찬하게 되고 신종이 이름을 『자치통감(資治通鑑)』이라 고쳐 불렀다.

13 국가의 중추가 되는 긴요한 사무를 말한다.

를 나눠 맡으니 위탁(委託)하고 선임(選任)한 것이 무겁지 않은 것이 아닙니다. 청컨대 성중(省中)의 사무를 가볍고 무거운 종류별로 나눠 전부터 조례(條例)가 있고, 일이 큰 것이 아닌 것은 아울러 육부 장관(六部長官)에게 위임해 마땅히 주상(奏上)할 것은 주상하고 마땅히 행하(行下)할 것은 행하하고, 혹시 조관(條貫)을 고치거나 일이 대체(大體)에 관계돼 육부(六部)에서 전결(專決)할 수 없는 것이 있으면 곧 도성(都省)에 신정(申呈)하고, 만일 육부상서의 판단(判斷)이 부당하거나 지체되어 판결하지 못하는 것은 따로 관계되지 않는 관원에게 위촉해 시비(是非)를 결정하게 해야 할 것입니다. 귀하게 여기는 것은 상하(上下)가 서로 이어받아 각각 직분(職分)이 있는 것이니 이와 같이 하면 지위(地位)가 더욱 높은 자는 책임이 더욱 크고, 책임이 더욱 큰 자는 일이 더욱 간단하니 일이 간단하고 마음이 편하면 천하의 대무(大務)를 깊이 생각하고 자세히 연구할 수 있습니다. 장구한 계책[長策](장책)과 원대한 절제[遠馭](원어)로 만세의 기업(基業)을 세우는 것이 소첩(訴牒)을 살펴보고 세무(細務)에 마음을 쓰는 것에 비교하면 이익(利益)의 크고 작은 것이 진실로 서로 분명해질 것입니다"라고 했습니다.

우리 조정의 의정부와 육조(六曹)의 설치는 송(宋)나라 조정과 제도가 같고, 그 의논(議論)이 또한 지금의 폐단에 적절하게 맞습니다. 지금 육조판서를 모두 질(秩)을 높여 일찍이 양부(兩府)를 역임한 자로 임명하고, 그 위임(委任)한 것이 각각 맡은 바가 있고, 또 그 소속이 있습니다. 본부(本府-의정부)는 총괄하지 않는 것이 없어 그 대체(大體)를 가지는 것인데 지금 번거롭고 자질구레한 세무(細務)에 수

고로워 도리어 육조(六曹)에 소속된 것 같으니, 관아를 베풀고 직책을 나눈 체제를 크게 잃었습니다. 이제부터 범사(凡事)가 전례(前例)가 있는 것은 모두 각조(各曹)에 맡기도록 하고, (각조에서) 별례(別例)가 있은 연후에 본부(本府)에 정보(呈報)하면 본부에서 경중(輕重)을 참작해 계문(啓聞)할 것은 계문하고 행이(行移)할 것은 행이하며 각조(各曹)에서 한 것이 만일 착오와 정체(停滯)된 것이 있으면 본부에서 근만(勤慢)을 고찰해 시비(是非)를 결정하게 해야 할 것입니다. 이와 같이 하면 크고 작은 것이 서로 유지되고, 번잡하고 간단한 것이 서로 이뤄져서 재상은 세무(細務)에 시달리지 않고 서관(庶官)은 직무(職務)를 폐기하는 데 이르지 아니해 강목(綱目)이 거행되고 베풀어져 치도(治道)가 거의 체제를 갖추게 될 것입니다.'

그것을 따랐다.

○ 영의정부사(領議政府事) 이화(李和)가 사면(辭免)을 청하니 그것을 따랐다.

○ 제주(濟州)에 감목관(監牧官)을 두었다. 동서도(東西道)에 각각 감목관 두 사람, 진무(鎭撫) 네 사람을 두어 방목(放牧)하는 마필(馬匹)을 고찰(考察)하게 하고 전조(前朝) 때의 애마(愛馬) 자장관(孳長官) 제령(提領)의 칭호를 고쳤으니 본주(本州) 도안무사(都安撫使)의 아룀에 따른 것이었다.

계축일(癸丑日-4일)에 사헌부에 명해 호조(戶曹)가 회암사(檜巖寺)에 전지(田地)를 주지 않은 까닭을 추핵(推劾)하게 했다. 상이 지평(地平) 김경(金庚)을 불러 말했다.

"회암사는 뜻이 있는 승려들이 살고 있는 곳이다. 내가 병술년(丙戌年-1406년) 4월에 전지 100결(結)을 더 주라고 명해 의정부에서 곧 호조에 이문(移文)했는데 호조에서 지금까지 지급하려 하지 않으니 병술년 4월 이후의 호조 관원에게 그 까닭을 핵문(劾問)해 아뢰라."

사헌부에서 말씀을 올렸다.

"신 등이 전지(傳旨)를 받들고 회암사에 여태껏 전지를 지급하지 않은 까닭을 핵문해봤더니 그 죄(罪)가 전 호조판서 이지(李至) 전백영(全伯英)과 정랑(正郞) 이공지(李公祗),[14] 좌랑(佐郞) 이백공(李伯恭) 등에게 있습니다."

명하여 지(至)와 백영(伯英)의 가노(家奴) 각각 10명을 가두고 백공(伯恭)을 순금사(巡禁司)에 가뒀다가 조금 뒤에 풀어주었다. 공지(公祗)는 공신(功臣)의 아들이기 때문에 면(免)했다.

정사일(丁巳日-8일)에 의용 순금사(義勇巡禁司)에 잡범은 가두지 말라고 명했다. 순금사에서 말씀을 올렸다.

'본사(本司)는 조옥(詔獄)[15]의 임무를 맡고 있어 죄인을 가두고 풀어주는 것[囚放](수방)을 모두 상지(上旨)를 받아 시행하니 다른 법사(法司)와 비교할 바가 아닙니다. 그런데 병조(兵曹)에서 통행금지를 어긴[犯巡](범순) 사람과 시위(侍衛)가 늦어진 사람의 가노(家奴)를 본사에 가두고 또 병조의 이문(移文)을 기다려서 비로소 태형을 집행하게 되

---

14 이무(李茂)의 아들이다.

15 임금의 명령을 받들어 신문하거나 가두는 것 또는 그 옥사를 말한다.

니 조옥의 체제에 어긋남이 있습니다. 또 전옥(典獄)[16]에 가둔 사람은 만 3일이 되면 곧 석방하는 것인데 본사는 비록 만 3일이 돼도 병조의 행이(行移-문서 이첩)가 없으면 감히 석방하여 내보내지 못해 여러 날 옥에 체류하게 되니 실로 불편합니다. 청컨대 지금 이후로는 뜻을 내리신 이외의 죄수는 본사에 수금(囚禁)토록 허락하지 말아야 할 것입니다.'

그것을 따랐다.

○ 내관(內官) 황도(黃稻)에게 추포(麤布) 650필, 한성참군(漢城參軍) 김지형(金知逈)에게 200필을 주었다. 도(稻)는 산호모주(珊瑚帽珠)를 바치고, 지형(知逈)은 백옥삽화대(白玉鈒花帶)를 바쳤기 때문이다.

무오일(戊午日-9일)에 목성이 달을 범했다.

계해일(癸亥日-14일)에 각도(各道)에 나눠 명해 (명나라에) 진헌(進獻)할 종이 1만 장(張)을 만들게 했다.

갑자일(甲子日-15일)에 의정부참찬사 유용생(柳龍生)을 보내 (명나라) 경사(京師)에 가게 했다. 성절(聖節)을 하례(賀禮)하기 위함이었다.

정묘일(丁卯日-18일)에 명하여 의원(醫員) 양홍적(楊弘迪)과 장지(張

16 죄인을 가두는 감옥이다.

祉)를 순금사(巡禁司)에 가뒀다. 두 사람이 상(上)의 몸에 침을 놓고 뜸을 떴는데[針灸](침구) 정혈(正穴)을 착오해 상이 그 때문에 편치 못한 지가 여러 날이 됐다. 이에 사헌부에서 말씀을 올렸다.

'의약(醫藥)과 침구(針灸)는 관계되는 바가 지극히 중합니다. 양홍적과 장지가 어부(御府)의 의원으로서 상의 몸에 침을 놓고 뜸을 뜨면서 마침내 마음 쓰는 것을 삼가지 못해 착오를 가져왔으니 모두 다 크게 불경(不敬)합니다. 청컨대 직첩(職牒)을 거두고 그 죄를 국문해 율(律)에 따라 시행해서 불경을 징계해야 할 것입니다.'

소(疏)가 올라가자 궁중(宮中)에 머물러 두었다.

○ 의정부참찬사 윤저(尹柢)가 작은 병에 걸리자[遘=遇](구 우) 상이 홍적(弘迪)에게 명해 그를 치료하게 했다. 저(柢)가 사람을 보내 홍적을 청하니 홍적이 집에 있으면서 숨고 나오지 않았다. 저가 이를 알고 그의 집으로 달려가 홍적을 수색해 잡아서 끌어내 종을 시켜 구타했다. 저가 곧바로 대궐에 나아가 아뢰었다.

"전하께서 신이 병든 것을 불쌍히 여기시고 의원에게 명해 가서 치료토록 하셨는데 끝내 오지 않으므로 신이 분노를 이기지 못해 드디어 이 지경에 이르렀습니다. 임의로 구타(毆打)한 죄를 받겠습니다."

○ 환자(宦者) 염유치(廉有恥)를 순금사에 내렸다. 유치(有恥)가 본궁(本宮)의 역사(役事)를 감독하다가 장흥고영사(長興庫令史)를 구타해 잘못해서 이빨을 부러뜨렸기 때문이다.

무진일(戊辰日-19일)에 상이 덕수궁(德壽宮)에 나아갔다. 태상왕이 갑자기[暴=遽] 풍질(風疾)을 얻었기 때문이다. 상이 이때 침구(針灸)의 잘못으로 몸을 움직이지 못했는데 이 소식을 듣고 놀라고 두려워하여 곧바로 편복(便服) 차림으로 대궐 동쪽 작은 문을 나와 말을 달려 가니 시위(侍衛)하는 자들이 모두 따라잡지 못했다. 급히[急] 양홍적(楊弘迪)을 순금사에서 불러내 시병(侍病)하게 하고 입번 갑사(入番甲士)를 나눠 대궐 동쪽 작은 문을 지키게 하여 (상이) 갑작스레 문안(問安)할 때의 시위(侍衛)에 대비했다.

기사일(己巳日-20일)에 상이 덕수궁에 나아갔다. 태상왕(太上王)의 병이 위독했기 때문이다. 상왕(上王) 또한 덕수궁에 나아가 병환을 물었으나 들어가 뵙지 못하고 눈물을 흘리며 돌아갔다. 명하여 이죄(二罪)[17] 이하의 죄수를 석방했는데 장지(張祉)와 염유치(廉有恥)도 풀려났다. 유겸(柳謙)[18]의 직첩(職牒)을 돌려주라고 명했다.

○ 여러 전(殿)의 본명초례(本命醮禮)[19]를 없앴다. 예조에 명해 말했다.

"상왕전(上王殿)과 대비전(大妃殿) 그리고 나와 정비(靜妃)의 본명초례(本命醮禮)를 금후로는 다시 설행(設行)하지 말라."

경오일(庚午日-21일)에 상이 덕수궁에 나아가 병환을 묻고 상왕(上

---

17 교죄(絞罪)와 참죄(斬罪)를 말한다.

18 1407년에 어떤 일로 경상도 진주로 유배 갔는데 이때는 경외종편 중이었다.

19 도교와 불교에서 주관하는 행사로 법단(法壇)을 만들어 그 사람의 본명에 식재(息災-재앙의 그침)와 연명(延命)을 비는 제의다.

王)도 나아갔다.

신미일(辛未日-22일)에 상이 두 번이나 덕수궁에 나아가고 상왕도 나아갔다.

○ 전라도의 군관(軍官)이 왜적(倭賊)을 막지 못한 죄를 다스렸다. 수군첨절제사(水軍僉節制使) 구성미(具成美), 좌도도만호(左道都萬戶) 정간(鄭幹)은 태형(笞刑)을 가해 환임(還任)시키고, 우도(右道) 도만호(都萬戶) 방구령(方九齡)은 두 번이나 범(犯)했으므로 장형(杖刑) 60대를 가해 환임시키고, 법성포 만호(法聖浦萬戶) 하소(河疏)는 적선(賊船)이 지나가도 미처 쫓아가 잡지 못했으므로 탐진포 만호(耽津浦萬戶) 노지충(魯之忠)과 함께 각각 장형 100대를 가해 돌산포(突山浦) 수군(水軍)에 채워 넣었다.

○ 외방(外方)에 유배 보낸 가벼운 죄인들을 용서해 모두 서울과 외방에 종편(從便)[20]시켰다. 태상왕의 병환 때문이었다. 박희종(朴熙宗), 최은(崔隱), 조혼(曹渾), 이각(李恪) 등이 모두 종편됐다.

임신일(壬申日-23일)에 상이 두 번이나 덕수궁에 나아갔다.

○ 왜적(倭賊)이 (전라도) 조양진(兆陽鎭-고흥 일대)에 침입해 병선 한 척을 불태웠고 죽은 자가 35명이었다.

---

20 죄인의 자원(自願)에 따라 어느 한곳을 지정하고 거처(居處)하게 하는 유배형의 일종이다.

계유일(癸酉日-24일)에 상이 덕수궁에 나아갔다.

○ 운암사(雲巖寺)의 전지(田地) 120결(結)을 속공(屬公)했다. 호조(戶曹)에서 아뢰었다.

"운암사의 전지를 상등사(上等寺)의 예(例)에 의거해 200결을 주고, 나머지 전지 120결은 속공해야 할 것입니다."

그것을 따랐다.

갑술일(甲戌日-25일)에 상이 덕수궁에 나아갔다.

을해일(乙亥日-26일)에 상이 두 번이나 덕수궁에 나아갔다.

○ 일본의 원만직(源滿直)이 사자(使者)를 보내 예물(禮物)을 바치고, 또 불로원(不老圓) 100알을 바쳤는데 나라 사람들이 잘 알지 못하는 약이었다.

○ 경기 수군도절제사(京畿水軍都節制使) 김문발(金文發)을 충청·전라도 수군도체찰추포사(水軍都體察追捕使)로 삼아 경기의 병선 15척을 거느리고 가게 했다.

병자일(丙子日-27일)에 상이 두 번이나 덕수궁에 나아갔다.

○ 경상도 도관찰사 안성(安省)이 아비의 병으로 사직(辭職)하니 권진(權軫)으로 교체했다.

○ 유사(有司)에게 명해 매년 봄 가을에 연안부(延安府) 남지(南池)에 제사(祭祀)를 지내게 했다. 경기 도관찰사 안노생(安魯生)이 말씀을 올렸다.

'연안부의 남지에 신룡(神龍)이 있는데 고로(故老)들이 서로 전하기를 "매년 겨울에 얼음이 터지는 것을 '용경(龍耕)'이라고 하는데 물 근원부터 하류까지 곧게 터지면 그것은 홍수가 날 것을 점치는 것이고, 못 가운데를 가로 끊어서 얼음과 흙이 서로 섞이면 그것은 풍년을 점치는 것이고, 만일 전혀 터지지 않으면 그 점은 흉년이다. 올 겨울에 터진 것은 풍년의 조짐이다"라고 합니다.'

상이 그것을 기이하게 여겨 이런 명이 있었다.

정축일(丁丑日-28일)에 상이 두 번이나 덕수궁에 나아갔다. 지신사 황희(黃喜)에게 일러 말했다.

"부왕(父王)의 병환이 오래 낫지 않으니[彌留]미류 부처를 섬기는 것이 비록 예가 아니지만[非禮]비례 차마 하지 못하는 마음[不忍之心]불인 지 심을 스스로 제지하지 못해 승도(僧徒)를 소집(召集)해 정근기도(精勤祈禱)를 행하고자 하는데 어떠한가?"

희(喜)가 대답했다.

"부모를 위해 병(病)을 낫게 하려는 것이니 해로울 것이 없을 듯합니다."

드디어 예조참의 변계량(卞季良)을 불러 불소(佛疏)를 짓고 덕수궁 곁에 장막(帳幕)을 베풀어 승도 100명을 모아 약사정근(藥師精勤)을 거행했다. 상이 입은 옷을 벗어 약사(藥師)의 상(像) 앞에 드리고 몸소 스스로 향(香)을 태우고 팔뚝에 불을 살랐는데[燃臂]연비 새벽에 이르러서야 끝났다. 또 중관(中官-환관) 박유(朴猷)를 시켜 연수도량(延壽道場)을 덕수궁 북쪽 정자에 베풀고 도승통(都僧統) 운오(雲悟)는 수륙재(水陸齋)를 덕방사(德方寺)에 베풀었다. 태상왕의 병이 조금 나았다.

무인일(戊寅日-29일)에 상이 덕수궁에 나아갔다. 애초에 태상왕이 영선(營繕-공사)을 하려고 하니 상이 명해 충청과 강원도의 군정(軍丁) 300명을 징발해 그 역사(役事)에 투입하려 했는데, 이날 서울에 도착하니 곧 모두 풀어서 돌려보냈다.

○ 예조참의 변계량(卞季良)과 성균대사성 유백순(柳伯淳)을 생원시원(生員試員-시험관)으로 삼았다. 애초에 상이 지신사 황희(黃喜)를 낙점해 시원으로 삼으니 희(喜)가 사양하며 말했다.

"예전의 예(例)에 따르면 반드시 성균대사성을 명했습니다. 신은 학문이 얕고 짧은데[淺短](천단) 유백순은 박흡(博洽)하고 노성(老成)하니 신을 대신하게 하소서."

그것을 따랐다.

기묘일(己卯日-30일)에 상이 두 번이나 덕수궁에 나아갔다. 태상왕의 병이 조금 나아 의원 양홍적(楊弘迪)과 평원해(平原海)에게 추포(麤布) 500필을 상으로 주었다. (태상왕이) 상에게 그 까닭을 말하니 상이 대답했다.

"신도 상을 주겠습니다."

정포(正布) 200필을 더 주었다.

○ 좌정승 성석린(成石璘) 등을 불러 일을 토의했다[議事](의사). 상이 지신사 황희(黃喜)를 시켜 뜻을 전해 말했다.

“지난번에 경들이 사양해 피하는 말을 지나치게 듣고, 좌·우정승이 이조(吏曹)와 병조(兵曹)를 겸해 맡는 것[兼判]겸판을 해임했는데 내가 지금에 이르러 후회한다. 다시 이조와 병조를 겸해 맡아 전선(銓選)을 주장(主掌)하게 하려 한다. 경들은 한때의 한 몸의 혐의(嫌疑)를 피하지 말고 사실대로 대답하라. 좌우상(左右相)이 정조(政曹)를 나눠 맡는 것이 예전 법이 아닌가?”

성석린이 대답했다.

“신은 늙고 또 부서(簿書)에 어둡습니다. 전하께서는 춘추(春秋)가 젊으시고 학문이 정밀하고 밝으시어[精明]정명 정사(政事)를 하는 것이나 사람 쓰는 것을 신이 관계할 바가 없습니다. 만일 잘못이 있다면 인물을 천거하는 것이 재상(宰相)의 직책이니 어찌 반드시 정조(政曹)를 겸해 맡아야만 그 잘못을 바로잡아 구제할 수[匡救]광구 있겠습니까?”

하륜(河崙)이 대답했다.

“신이 지난날에 일찍이 여러 번 전하께 직접 진달했으니 전하께서 반드시 기억하실 것입니다.”

조영무(趙英茂)가 대답했다.

“이것은 신들의 일이 아니니 신은 감히 말하지 못하겠습니다.”

庚戌朔 上服冕服 行向闕禮 停百官朝賀.
경술 삭 상 복 면복 행 향궐례 정 백관 조하

辛亥 分遣海島察訪軍器監李季控于忠清道 巡禁司大護軍韓雍
신해 분견 해도 찰방 군기감 이계공 우 충청도 순금사 대호군 한옹

于全羅道 判禮賓寺事安騰于慶尙道. 先是 司諫院上言:
우 전라도 판 예빈시 사 안등 우 경상도 선시 사간원 상언

騎船軍爲國藩籬 扞禦外侮 民之所恃以安者 而民之所苦而
기선군 위국 번리 한어 외모 민 지 소시 이 안자 이 민 지 소고 이

咨怨者 亦在此也. 今諸道觀察使 摠一方之事 節制使統軍馬之
자원 자 역 재차 야 금 제도 관찰사 총 일방 지 사 절제사 통 군마 지

政 然不過遙領以制之耳 至於親管軍人者 萬戶千戶也. 除授之
정 연 불과 요령 이 제지 이 지어 친관 군인 자 만호 천호 야 제수 지

際 朝廷惟取慣於船上者 此輩豈能上體委任之意 撫恤軍士乎? 或
제 조정 유 취관 어 선상 자 차배 기 능 상체 위임 지 의 무휼 군사 호 혹

私役而營求所利 放還而因求所産 是以民不料生 至於流亡. 願依
사역 이 영구 소리 방환 이 인 구 소산 시이 민 불 요생 지어 유망 원 의

程驛察訪例 置水軍察訪 使之日巡各浦 專以撫恤軍士爲務; 其
정역 찰방 례 치 수군 찰방 사지 일순 각포 전 이 무휼 군사 위무 기

萬戶千戶 如有私役軍人 私受餉遺者 不勤不恪 不勝其任者 隨卽
만호 천호 여유 사역 군인 사수 향유 자 불근 불각 불승 기임 자 수즉

具聞 依律施行 以懲姦猾 以慰船軍.
구문 의율 시행 이징 간활 이위 선군

仍條上考察事目:
잉 조 상 고찰 사목

一, 萬戶千戶色掌 擅役船軍 以營己私 壯者放還 只留無知
일 만호 천호 색장 천역 선군 이영 기사 장자 방환 지 류 무지

易使者 一遇賊變 不惟不戰 皆伏船底 拱手就死. 察訪嚴加推劾
이사 자 일우 적변 불유 부전 개 복 선저 공수 취사 찰방 엄가 추핵

如有上項之事 重者申聞 軍法論罪 輕者直斷.
여유 상항 지 사 중자 신문 군법 논죄 경자 직단

一, 各官守令 於船軍點送之際 將壯實穎悟之人 多方托故 留
일 각관 수령 어 선군 점송 지 제 장 장실 영오 지 인 다방 탁고 유

以供官中役使 只遣老弱無用者. 萬戶千戶通同 不肯强推 雖或

이공 관중 역사 지 견 노약 무용 자 만호 천호 통동 불긍 강추 수 혹

有推 守令輕蔑而不肯聽從. 上項之事 窮推禁理.

유추 수령 경멸 이 불긍 청종 상항 지 사 궁추 금리

一, 各浦船隻 造作已久 朽惡不用 而萬戶千戶色掌等 任置

일 각포 선척 조작 이구 후악 불용 이 만호 천호 색장 등 임치

不卽改造 陸物諸緣火㷁火藥 至爲虛疎. 如此之輩 論罪鑑後.

부즉 개조 육물 제연 화통 화약 지위 허소 여차 지 배 논죄 감후

一, 賊船入侵各浦 萬戶千戶不爲用心防禦 經過各浦不行邀擊

일 적선 입침 각포 만호 천호 불위 용심 방어 경과 각포 불행 요격

任其過行 殊失設立之意. 乞入侵處經過處萬戶千戶 推考論罪.

임 기 과행 수 실 설립 지 의 걸 입침 처 경과 처 만호 천호 추고 논죄

一, 騎船軍中累年有功 壯勇有才 未蒙褒賞者 訪問申聞.

일 기선군 중 누년 유공 장용 유재 미몽 포상 자 방문 신문

一, 烽火海望 係是軍情緊急重事 如有虛疎 嚴加考察 不輕

일 봉화 해망 계 시 군정 긴급 중사 여유 허소 엄가 고찰 불경

定體.

정체

一, 水軍僉節制使以下軍事陵夷者 三品以上申聞; 四品以下

일 수군첨절제사 이하 군사 능이 자 삼품 이상 신문 사품 이하

各以罪狀輕重直斷. 各官守令於騎船事遲晚者 四品以上申聞;

각 이 죄상 경중 직단 각관 수령 어 기선사 지만 자 사품 이상 신문

五品以下 亦皆直斷.'

오품 이하 역 개 직단

下議政府擬議 請依狀申施行 故有是命.

하 의정부 의의 청 의 장신 시행 고 유 시명

賜宮醞于全羅道兵馬都節制使成發道 賜廐馬一匹于興德鎭

사 궁온 우 전라도 병마도절제사 성발도 사 구마 일필 우 흥덕진

兵馬使成達生.

병마사 성달생

慶尙道都觀察使安省 啓其道事宜. 啓: '曾有王旨 點考各色

경상도 도관찰사 안성 계 기도 사의 계 증 유 왕지 점고 각색

煙戶軍丁 又令擧行隣保之法. 當此凶年 似難一時竝行 乞俟隣保

연호군정 우 령 거행 인보 지 법 당 차 흉년 사난 일시 병행 걸사 인보

籍成 然後點考軍丁.' 從之.

적성 연후 점고 군정 종지

壬子 上詣德壽宮起居.

임자 상 예 덕수궁 기거

始以議政府庶務 歸之六曹. 左政丞成石璘等上言:

시 이 의정부 서무 귀지 육조 좌정승 성석린 등 상언

‘謹按宋臣 上官均司馬光奏議 其略云:“宰相不當關決細務 蓋
근안 송신 상관균 사마광 주의 기략 운 재상 부당 관결 세무 개

位有卑高 則事有煩簡 事有煩簡 則心有勞逸. 位尊者宜逸 不逸
위 유 비고 즉 사 유 번간 사 유 번간 즉 심 유 노일 위 존자 의 일 불일

則不足以謀天下之大務; 位卑者宜勞 不勞則不足以理天下之
즉 부족이 모 천하 지 대무 위 비자 의 로 불로 즉 부족이 이 천하 지

庶事. 夫宰相之職 弼諧人主 運旋樞極 其視百官 位尊任重 天下
서사 부 재상 지 직 필해 인주 운선 추극 기시 백관 위 존 임 중 천하

之事 無所不摠. 然而所該者衆 則力有所不逮 致詳於小 則大有
지 사 무 소불총 연이 소해 자 중 즉 역 유 소불체 치상 어 소 즉 대 유

所不及 此勢之必然. 今之六部上書 分領列部 委寄選任 不爲
소불급 차 세 지 필연 금 지 육부상서 분령 열부 위기 선임 불위

不重. 乞以省中事務 類分輕重 舊有條例 事不至大者 並委六部
부중 걸 이 성중 사무 유분 경중 구 유 조례 사 부지 대자 병 위 육부

長官 應奏上者奏上 應行下者行下; 其有或改條貫及事關大體 非
장관 응 주상 자 주상 응 행하 자 행하 기 유 혹 개 조관 급 사 관 대체 비

六部所能專決者 即申都省. 若六部上書判斷不當及住滯不決 則
육부 소능 전결 자 즉 신 도성 약 육부상서 판단 부당 급 주체 불결 즉

別委不干礙官 定奪是非. 所貴上下相承 各有職分. 如是則位
별위 불간 애관 정탈 시비 소귀 상하 상승 각 유 직분 여시 즉 위

愈高者任愈大 任愈大者事愈簡. 事簡心逸 則天下之大務 得以
유고 자 임 유대 임 유대 자 사 유간 사 간 심 일 즉 천하 지 대무 득이

熟慮而詳究 長策遠馭 建萬世之基業. 較省覽訴牒勞心細務 利之
숙려 이 상구 장책 원어 건 만세 지 기업 교 성람 소첩 노심 세무 이 지

大小 固相遠矣.”
대소 고 상원 의

我朝議政府六曹之設 與宋朝同制 其議論又切中今時之弊. 今
아조 의정부 육조 지 설 여 송조 동제 기 의논 우 절중 금시 지 폐 금

六曹判書 皆增其秩 以曾經兩府者爲之 其委任各有所掌 又有
육조 판서 개 증 기질 이 증경 양부 자 위지 기 위임 각 유 소장 우 유

其屬 本府則無所不摠 而持其大體者也. 今乃勞於煩冗細務 反
기속 본부 즉 무 소불총 이 지 기 대체 자 야 금 내 노어 번용 세무 반

若六曹之所役屬 大失設官分職之體. 自今凡事之有前例者 皆
약 육조 지 소역속 대실 설관 분직 지 체 자금 범사 지 유 전례 자 개

委各曹 有別例 然後呈報本府. 本府參酌輕重 應啓聞者啓聞 應
위 각조 유 별례 연후 정보 본부 본부 참작 경중 응 계문 자 계문 응

行移者行移; 其各曹所爲 如有錯誤住滯者 本府考察勤慢 定奪
행이 자 행이 기 각조 소위 여유 착오 주체 자 본부 고찰 근만 정탈

是非. 如此則大小相維 煩簡相濟 宰相不勞於細務 庶官不至於
시비 여차즉 대소 상유 번간 상제 재상 불 노어 세무 서관 부 지어

曠職 綱擧目張 其於治道 庶幾得體矣.'
광직 강거 목장 기어 치도 서기 득체 의

從之.
종지

領議政府事李和乞辭 從之.
영 의정부 사 이화 걸사 종지

置濟州監牧官. 東西道各設監牧官二 鎭撫四 考察放牧馬匹
치 제주 감목관 동서도 각설 감목관 이 진무 사 고찰 방목 마필

以革前朝愛馬孶長官提領之號 從本州都安撫使之啓也.
이혁 전조 애마 자장관 제령 지 호 종 본주 도안무사 지 계 야

癸丑 命司憲府推劾戶曹不給檜巖寺田之故. 上召持平金庚曰:
계축 명 사헌부 추핵 호조 불급 회암사 전 지 고 상 소 지평 김경 왈

"檜巖寺 乃有志僧徒居椄之地. 予於丙戌年四月 命加給田一百結
회암사 내 유지 승도 거접 지 지 여 어 병술년 사월 명 가 급전 일백 결

議政府卽移文戶曹 而戶曹迨今不肯折給. 丙戌四月以後戶曹官
의정부 즉 이문 호조 이 호조 태금 불긍 절급 병술 사월 이후 호조 관

劾問其故以聞." 司憲府上言: "臣等奉旨 劾問檜巖田地折給之緩
핵문 기고 이문 사헌부 상언 신등 봉지 핵문 회암 전지 절급 지 완

罪在前戶曹判書李至 全伯英 正郞李公祗 佐郞李伯恭等." 命囚
죄 재 전 호조판서 이지 전백영 정랑 이공지 좌랑 이백공 등 명수

至及伯英家奴各十口 下伯恭于巡禁司 尋釋之. 公祗以功臣子免.
지 급 백영 가노 각 십구 하 백공 우 순금사 심 석지 공지 이 공신 자 면

丁巳 命義勇巡禁司 毋繫雜囚. 巡禁司上言:
정사 명 의용순금사 무계 잡수 순금사 상언

'本司係詔獄之任 罪人囚放 皆取上旨施行 非他法司之比 而
본사 계 조옥 지 임 죄인 수방 개 취 상지 시행 비 타 법사 지 비 이

兵曹以犯巡人員及侍衛遲晩人員家奴 囚于本司 又待兵曹移文 方
병조 이 범순 인원 급 시위 지만 인원 가노 수 우 본사 우 대 병조 이문 방

始決笞 有違詔獄之體. 且典獄囚禁之人 滿三日輒放 本司則雖滿
시 결태 유위 조옥 지 체 차 전옥 수금 지 인 만 삼일 첩 방 본사 즉 수 만

三日 無兵曹行移 則不敢放出 以致累日滯獄 實爲未便. 乞今後
삼일 무 병조 행이 즉 불감 방출 이치 누일 체옥 실 위 미편 걸 금후

下旨外罪囚 勿許囚禁於司.'
하지 외 죄수 물허 수금 어 사

從之.
종지

賜內官黃稻麤布六百五十匹 漢城參軍金知逈二百匹. 以稻獻
사 내관 황도 추포 육백 오십 필 한성 참군 김지형 이백 필 이 도 헌

珊瑚帽珠 知逈獻白玉鈒花帶也.
산호 모주 지형 헌 백옥 삽화대 야

戊午 木星犯月.
무오 목성 범 월

癸亥 分命各道 造進獻紙一萬張.
계해 분명 각도 조 진헌 지 일만 장

甲子 遣參贊議政府事柳龍生如京師. 賀聖節也.
갑자 견 참찬 의정부 사 유용생 여 경사 하 성절 야

丁卯 命囚醫員楊弘迪 張祉于巡禁司. 二人針灸上體 錯誤正穴
정묘 명수 의원 양홍적 장지 우 순금사 이인 침구 상체 착오 정혈

上以之未寧者數日. 於是司憲府上言: '醫藥針灸 所係至重.
상 이지 미령 자 수일 어시 사헌부 상언 의약 침구 소계 지중

楊弘迪 張祉 以御府醫員 醫灸上體 而乃用心不謹 以致錯誤 皆
양홍적 장지 이 어부 의원 의구 상체 이 내 용심 불근 이치 착오 개

大不敬. 請收職牒 鞫問其罪 依律施行 以懲不敬.' 疏上留中.
대 불경 청수 직첩 국문 기죄 의율 시행 이징 불경 소상 유중

參贊議政府事尹柢遘微疾 上命弘迪治之. 柢遣人請弘迪 弘迪
참찬 의정부 사 윤저 구 미질 상 명 홍적 치지 저 견인 청 홍적 홍적

在家 隱而不出. 柢知之 馳至其家 搜得弘迪曳出 使奴毆之. 柢
재가 은 이 불출 저 지지 치 지 기가 수득 홍적 예출 사 노 구지 저

卽詣闕啓曰: "殿下憐臣有疾 命醫往治 而乃不至 臣不勝憤怒 遂
즉 예궐 계왈 전하 연 신 유질 명 의 왕치 이 내 부지 신 불승 분노 수

至於此. 請伏擅毆之罪."
지어 차 청복 천구 지 죄

下宦官廉有恥于巡禁司. 有恥監督本宮之役 毆長興庫令史
하 환관 염유치 우 순금사 유치 감독 본궁 지 역 구 장흥고 영사

誤折其齒故也.
오절 기치 고야

戊辰 上詣德壽宮. 太上王暴得風疾. 上時以針灸失誤 不能
무진 상 예 덕수궁 태상왕 폭 득 풍질 상 시 이 침구 실오 불능

運身 聞之驚懼 卽以便服 出闕東小門 馳馬而進 侍衛者皆不及.
운신 문지 경구 즉 이 편복 출 궐 동소문 치마 이 진 시위 자 개 불급

急召楊弘迪于巡禁司侍疾 分入番甲士 令直闕東小門 以備倉卒
급소 양홍적 우 순금사 시질 분 입번 갑사 영직 궐 동소문 이비 창졸

問安時侍衛.
문안 시 시위

己巳 上詣德壽宮. 以太上王疾篤也. 上王亦詣問疾 未得入見
기사 상 예 덕수궁 이 태상왕 질 독 야 상왕 역 예 문질 미득 입현

涕泣而還. 命放二罪二下見囚 張祉 廉有恥亦免. 命還給柳謙
체읍 이 환 명방 이죄 이하 견수 장지 염유치 역 면 명 환급 유겸

職牒.
직첩

罷諸殿本命醮禮. 命禮曹曰: "上王殿 大妃殿 予及靜妃本命
파 제전 본명 초례 명 예조 왈 상왕 전 대비전 여 급 정비 본명
醮禮 今後勿復設行."
초례 금후 물부 설행

庚午 上詣德壽宮問疾 上王亦詣焉.
경오 상 예 덕수궁 문질 상왕 역 예 언

辛未 上再詣德壽宮 上王亦詣焉.
신미 상 재 예 덕수궁 상왕 역 예 언

治全羅道軍官不能御倭之罪. 水軍僉節制使具成美 左道
치 전라도 군관 불능 어왜 지 죄 수군 첨절제사 구성미 좌도
都萬戶鄭幹 決笞還任; 右道都萬戶方九齡以再犯決杖六十
도만호 정간 결태 환임 우도 도만호 방구령 이 재범 결장 육십
還任; 法聖浦萬戶河疏 以敵船過行不及追捕 與耽津萬戶魯之忠
환임 법성포 만호 하소 이 적선 과행 불급 추포 여 탐진 만호 노지충
各決杖一百 充突山浦水軍.
각 결장 일백 충 돌산포 수군

宥外方付處輕罪 皆令京外從便. 以太上王之疾也. 朴熙宗
유 외방 부처 경죄 개 령 경외 종편 이 태상왕 지 질 야 박희종
崔隱 曹渾 李恪等皆從便.
최은 조혼 이각 등 개 종편

壬申 上再詣德壽宮.
임신 상 재 예 덕수궁

倭寇兆陽鎭 焚兵船一隻 死者三十五名.
왜구 조양진 분 병선 일척 사자 삼십 오 명

癸酉 上詣德壽宮.
계유 상 예 덕수궁

以雲巖寺田百二十結屬公. 戶曹啓: "雲巖寺田地 依上等寺例
이 운암사 전 백 이십 결 속공 호조 계 운암사 전지 의 상등사 예
給二百結 餘田一百二十結屬公." 從之.
급 이백 결 여전 일백 이십 결 속공 종지

甲戌 上詣德壽宮.
갑술 상 예 덕수궁

乙亥 上再詣德壽宮.
을해 상 재 예 덕수궁

日本源滿直 遣使獻禮物 且獻不老圓百粒 國人所未達也.
일본 원만직 견사 헌 예물 차 헌 불로원 백립 국인 소미달 야

以京畿水軍都節制使金文發爲忠淸全羅道水軍都體察追捕使
이 경기 수군 도절제사 김문발 위 충청 전라도 수군 도체찰추포사
領京畿兵船十五隻以往.
영 경기 병선 십오 척 이 왕

丙子 上再詣德壽宮.
병자 상 재 예 덕수궁

慶尚道都觀察使安省 以父病辭 以權軫代之.
경상도 도관찰사 안성 이 부 병 사 이 권진 대지

命有司以每歲春秋 致祭于延安府南池. 京畿都觀察使安魯生
명 유사 이 매세 춘추 치제 우 연안부 남지 경기 도관찰사 안노생
上言: '延安府南池有神龍. 故老相傳: "每歲冬月 氷拆 謂之
상언 연안부 남지 유 신룡 고로 상전 매세 동월 빙 탁 위지
龍耕 自源縱流 其占水溢; 橫截池中 氷土相雜 其占豐年; 若都
용경 자 원 종류 기점 수일 횡 절 지중 빙 토 상잡 기점 풍년 약 도
不拆 其占爲歲凶. 今冬之拆 豐年之兆也."' 上奇之 有是命.
불탁 기점 위 세흉 금동 지 탁 풍년 지 조 야 상 기지 유 시명

丁丑 上再詣德壽宮 謂知申事黃喜曰:"父王彌留 事佛雖爲
정축 상 재예 덕수궁 위 지신사 황희 왈 부왕 미류 사불 수 위
非禮 不忍之心 難以自止 欲召集僧徒 精勤祈禱 若何?" 喜對曰:
비례 불인 지 심 난 이 자지 욕 소집 승도 정근 기도 약하 희 대왈
"爲親救病 似無害也." 遂召禮曹參議卞季良 製佛疏設帳幕于
위친 구병 사 무해 야 수 소 예조참의 변계량 제 불소 설 장막 우
德壽宮側 集僧徒百人 行藥師精勤. 上解所御衣① 獻藥師像前
덕수궁 측 집 승도 백인 행 약사정근 상 해 소어 의 헌 약사 상 전
躬自點香燃臂 至曉乃罷. 又令中官朴猷 設延壽道場於宮北亭
궁자 점향 연비 지효 내 파 우 영 중관 박유 설 연수 도량 어 궁 북정
都僧統雲悟 設水陸齋於德方寺. 太上之疾稍愈.
도승통 운오 설 수륙재 어 덕방사 태상 지 질 초유

戊寅 上詣德壽宮. 初 太上欲有營繕 上命徵忠淸 江原道軍
무인 상 예 덕수궁 초 태상 욕유 영선 상 명징 충청 강원도 군
三百 以供其役 是日至京 卽皆放還.
삼백 이공 기역 시일 지경 즉 개 방환

以禮曹參議卞季良 成均大司成柳伯淳爲生員試員. 初 上點
이 예조참의 변계량 성균 대사성 유백순 위 생원 시원 초 상 점
知申事黃喜爲試員 喜辭曰: "舊例必命成均大司成. 臣學問淺短
지신사 황희 위 시원 희 사왈 구례 필명 성균 대사성 신 학문 천단
柳伯淳博洽老成 請以代臣." 從之.
유백순 박흡 노성 청 이대 신 종지

己卯 上再詣德壽宮. 太上以疾小愈 賞醫員楊弘迪 平原海麤布
기묘 상 재예 덕수궁 태상 이 질 소유 상 의원 양홍적 평원해 추포
五百匹. 見上言其故 上對曰: "臣亦賞之." 乃加賜正布二百匹.
오백 필 견 상 언 기고 상 대왈 신 역 상지 내 가사 정포 이백 필

召左政丞成石璘等議事. 上使知申事黃喜傳旨曰: "向者過聽
소 좌정승 성석린 등 의사 상 사 지신사 황희 전지 왈 향자 과청

卿等遜避之言 左右政丞 解兼判 吏兵曹 予至今悔之 欲使復判
경 등 손피 지 언 좌우 정승 해 겸판 이 병조 여 지금 회지 욕사 부 판

吏兵曹 掌銓選. 卿等毋避一時一己之嫌 對之以實. 左右相分
이 병조 장 전선 경 등 무피 일시 일기 지 혐 대지 이실 좌우 상분

判政曹 非古法乎?" 成石璘對曰: "臣老耄 且困於簿書 殿下
판 정조 비 고법 호 성석린 대왈 신 노모 차 곤어 부서 전하

春秋鼎盛 學問精明 爲政用人 臣無間然. 苟有其失 則薦進人物
춘추 정성 학문 정명 위정 용인 신 무간 연 구유 기실 즉 천진 인물

宰相之職 何必兼判政曹 然後得以匡救其失乎?" 河崙對曰: "臣
재상 지 직 하필 겸판 정조 연후 득이 광구 기실 호 하륜 대왈 신

昔者累曾面陳 殿下必應記得." 趙英茂對曰: "此非臣等之事 臣
석자 누 증 면진 전하 필 응 기득 조영무 대왈 차 비 신등 지 사 신

不敢言."
불감 언

| 원문 읽기를 위한 도움말 |

① 上解所御衣(상해소어의). 여기서 所御(소어)는 衣(의)를 꾸며준다, 즉 '입고 있는 옷'이라는 뜻이다.

태종 8년 무자년
2월

二月

경진일(庚辰日-1일) 초하루에 상이 덕수궁에 나아가 병환을 물었다. 이튿날부터 날마다 상례(常例)로 했는데 어떤 때는 하루에 두 번 나아갔다.

○ 일기 수호대(一岐守護代) 원거(源擧)가 사람을 보내 예물(禮物)을 바쳤다.

임오일(壬午日-3일)에 혜화궁주(惠和宮主) 이씨(李氏)의 상(喪)에 부의(賻儀)를 내려주었다. 궁주는 고려(高麗) 시중(侍中) 이제현(李齊賢, 1287~1367년)[1]의 딸이다. 공민왕(恭愍王)이 아들이 없어 후궁(後宮)에 뽑혀 들어가 혜비(惠妃)에 봉(封)해졌고 뒤에 여승(女僧)이 돼 정업원(淨業院)[2]에 머물러 있었다. 쌀과 콩 30석과 종이 100권을 부의로 주고, 소도군(昭悼君-이방석)의 처(妻) 심씨(沈氏)로 하여금 그를 대신해 정업원 주지(住持)로 삼았다.

○ 왜선(倭船) 9척이 연일 (전라도) 암태도(巖泰島)를 노략질하니 염

---

1 뛰어난 유학자로 성리학의 수용·발전에 매우 중요한 역할을 했다. 우선 고려에 성리학을 처음 들여온 백이정(白頤正)의 제자였고 『사서집주(四書集註)』를 간행해 성리학의 보급에 크게 노력한 권보의 문생이요 사위였다. 이색이 이제현의 묘지명에서 "도덕의 으뜸이요, 문학의 종장이다"라고 말한 바와 같이 후세에 커다란 추앙을 받았다.

2 조선시대 도성(都城) 내에 있었던 여승방(女僧房)이다.

간(鹽干-소금 굽는 사람) 김나진(金羅進)과 갈금(葛金) 등이 쳐서 쫓아버렸다. 나진(羅進) 등 20여 인이 혈전을 벌여 적의 머리 3급(級)을 베고 잡혀갔던 사람 2명을 빼앗으니 적(賊)이 마침내 물러갔다.

계미일(癸未日-4일)에 사역원부사(司譯院副使) 이자영(李子瑛)을 보내 네 번째 운반분의 무역할 말 430필을 이끌고 요동(遼東)에 가게 했다.

○다시 좌정승 성석린(成石璘)을 겸 판이조사(判吏曹事), 우정승 이무(李茂)를 겸 판병조사(判兵曹事), 이문화(李文和)를 호조판서, 정구(鄭矩)를 예조판서, 김한로(金漢老)를 공안부판사(恭安府判事)로 삼았다. 예전 제도에 좌우정승(左右政丞)이 이조와 병조를 겸해 맡아[兼判] 전선(銓選-인사선발)을 관장했다. 지신사 황희(黃喜)가 지이조(知吏曹)로서 중간에서 일을 담당한 지[用事]가 오래돼 비록 두 정승(政丞)이 천거한 자라도 쓰지 않는 것이 많았고 문득 자기와 친하거나 믿는 사람을 상께 여러 번 칭찬해 벼슬에 임명하게 하니 재상(宰相)들이 자못 꺼렸다. 그러나 어찌할 수가 없어 매번 전선(銓選)할 때면 사양하고 회피하여 물러갔다. 이에 좌우상(左右相)이 모두 겸령(兼領)하는 것을 사면(辭免)했다. 희(喜)의 공정(公正)치 못한 일을 갖춰 익명서(匿名書)를 만들어 두세 번 게시(揭示)한 일이 있으니 희가 조금 뉘우치고 깨달아 이때에 이르러 계문(啓聞)해 예전 제도를 회복하게 했으나 역시 재상의 의견을 쓰지 않고 붕당(朋黨)을 가까이 하니 사람들이 모두 눈을 흘겼다[目].

○구례(舊例)에 사간원과 사헌부에서 고신(告身-직첩)을 서출(署出-

서명)할 때 그 조계(祖系)를 상고해 혹 한미(寒微)한 데서 나왔거나 혹 흔구(痕咎-흠결)가 있으면 곧바로 고신에다 반드시 '작불납(作不納)' 세 글자를 쓰고 심한 자는 '정조외(政曹外)' 세 글자를 썼다. 이때에 이르러 헌부에서 공조서(供造署) 영(令) 홍구해(洪龜海, ?~?)[3]의 고신을 서출하면서 '작불납(作不納)'이라고 썼다. 헌부의 장무(掌務)를 불러 명하여 말했다.

"세 글자를 삭제하고 고쳐서 서출하라. 내가 장차 덕수궁(德壽宮)에 갖다 드려야 한다."

대개[蓋개] 태상왕(太上王)의 마음을 기쁘게 하려고 한 것이다. 나라 풍속에 세계문적(世系文籍)을 '작(作)'이라고 칭했다.

○ 진위사(陳慰使)의 서장관(書狀官) 박강생(朴剛生), 통사(通事) 장홍수(張洪壽)[4]에게 각각 쌀과 콩 20석(石)을 내려주었다. 강생(剛生) 등이 (명나라) 경사(京師)로부터 (먼저) 돌아와 세자(世子)가 경사에 도착한 뒤에 황제께서 접대하는 것이 매우 넉넉하고 두텁다고 갖춰 아뢰니 상이 기뻐해 이런 상사(賞賜)가 있었다.

병술일(丙戌日-7일)에 흠차(欽差)[5] 천호(千戶) 진경(陳敬), 백호(百戶) 이빈(李賓) 등이 (명나라) 예부(禮部)의 자문(咨文)을 싸 가지고 왔다.

---

3 태조의 사위로 후궁 화의옹주(和義翁主) 김씨(金氏) 소생인 숙신옹주(淑愼翁主)의 남편이다. 봉호는 당성위(唐城尉)이다. 처음에는 홍구해(洪龜海)라 했는데 뒤에 구(龜) 자를 없애고 이름을 해(海)로 고쳤다.

4 이처럼 사신단으로 갔다가 별도로 먼저 와서 소식을 전하는 통사를 선래통사(先來通事)라고 했다.

5 중국 황제가 보낸 사신을 말한다.

자문(咨文)은 이러했다.

'지금 각건(各件)의 사리(事理)를 쓴 자문을 진경(陳敬)에게 부쳐 보내 이자(移咨)하니 조선국(朝鮮國)은 알아서 말한 바 사건에 의거해 속히 모두 회보(回報)하고 시행하라.

일건(一件)은 서적(書籍) 등에 대한 일. 본국왕(本國王)에게 흠사(欽賜)[6]하는 『대명효자고황후전서(大明孝慈高皇后傳書)』 50본(本), 영락 6년 대통력일(永樂六年大統曆日) 100본(本), 황릉면(黃綾面) 1본을 본국(本國-조선)에서 온 사신(使臣) 호조참의 구종지(具宗之)에게 교부(交付)하고 행이(行移)하니 알아서 영수(領受)하고 시행하라.

일건(一件)은 인민(人民)을 기취(起取)하는 일. 병부(兵部)의 자문에 준하면 "당해(當該) 건주위지휘(建州衛指揮) 망가불화(莽哥不花)가 아뢰기를 '삼만위(三萬衛) 백호(百戶) 양합라(楊哈剌)가 홍무(洪武) 19년에 가족을 데리고 토문(土門) 지역에 살고 있었는데, 33년에 조선국 만호 쇄교납(鎖咬納) 등이 본관(本官)과 가족 30호(戶)를 기취(起取)하여 아한(阿罕) 지역에 살고 있다'고 했으므로 갖춰 아뢰고 이미 조선국에 행이(行移)하여 취발(取發)하게 했는데, 지금 본국왕(本國王)의 자문에 경성(鏡城) 등지의 만호 최교납(崔咬納)의 공사(供辭)에 의거하면 '양합라(楊哈剌) 등은 원래 현성(玄城)에 부적(付籍)된 인씨(人氏)인데, 지난날 올적합(兀狄哈)에게 잡혀갔던 것을 홍무(洪武) 23년에 찾아와 아한(阿罕) 지역에 함께 살게 하고, 차역(差役)을 부과해 생업(生業)을 편안히 하고 살고 있다'고 하므로 이에 회자(回

6 중국 황제가 내려주었다는 뜻이다.

咨)한다"라고 했다. 참조(參照)하면 양합라 등은 원래 삼만위(三萬衛)에 소속된 사람이므로 말해온 바를 허가하기 어렵다. 그러므로 취발(取發)해 요동 도사(遼東都司)의 삼만위(三萬衛)에 살게 하는 것이 합당하겠으므로 이를 갖춰 아뢰었더니 "이미 백성이 생업(生業)을 잃지 않고 군사(軍士)가 항오(行伍)를 잃지 않았다면 저쪽 말을 허가하고, 도로 문서(文書)를 보내 국왕에게 주어서 알게 하라"고 하셨다. 이에 삼가 받들어[欽遵](흠준) 행이해서 알린다.

일건(一件)은 도망 중에 있는 인구(人口)에 대한 일. 병부(兵部)의 자문에 준하면 "요동(遼東) 동녕위 천호(東寧衛千戶) 김성(金聲) 등이 아뢰기를 '조선국에 가서 만산군(漫散軍)의 나머지 가족을 기취(起取)하여 취발(取發)했는데, 그 외에 1,100여 구(口)가 남아 있습니다. 이들은 모두 홍무 연간에 오정타(五丁垜)의 군적(軍籍)에 편입된 인수(人數)들인데, 본국(本國)에서 도리어 오래된 향호(鄕戶)이며 관사노복(官私奴僕) 등이라 하여 취발하지 않는다'"라고 했다. 이에 갖춰 아뢰었더니 영락(永樂) 5년 11월 초1일 아침에 본부(本府)의 관원(官員)이 서각문(西角門)에서 성지(聖旨)를 삼가 받들었는데 "조선 국왕이 떠돌이 생활을 하는 인구 1만이나 되는 집을 요동(遼東)으로 돌려보내 이들이 차역(差役)에 복귀하고 생업(生業)에 정착했으니, 그 나머지 남아 있는 것을 어찌 점유하고 아껴서[恡=吝](인 인) 취발하지 않겠느냐? 김성이 그곳에서 재물을 탐하고 술을 좋아해 남의 집 자녀들을 가지고 간사하게 속였다. 지극히 나쁜 사람이다. 저자가 조선 국왕에게 알리지도 않고, 살그머니 저 사람들을 모두 팔아먹은 것이다. 곧 김성 그놈을 잡아서 법사(法司)에 보내 문죄(問罪)하고, 다시 진경

(陳敬)을 시켜 역마(驛馬)를 타고 문서(文書)를 가지고 가서 국왕에게 말해 즉시 김성이 팔아먹은 인구를 모조리 요동(遼東)으로 돌려보내게 해서 역사(役事)에 복귀시켜 생업(生業)에 정착하게 하라"고 하셨다.

여기에 의해 이자(移咨)해서 본부(本部)에 이르렀으므로 본국에 행이(行移)하는 것이다. 삼가 받들어 시행하고, 인해 돌려보내는 인구의 수(數)를 회보(回報)하라. 모두 취발할 인구수는 동녕위 천호(東寧衛千戶) 김성이 처음에 다 취(取)하지 못한 인구 1,123구와 본국에서 오래된 향호(鄕戶), 관사노복(官私奴僕) 등이라 하여 수감(收監)하고 청후(聽候)하고 있는 473구와 조사가 끝나지 않은 650구(口)와 천호 진경(陳敬)이 처음에 다 취(取)하지 못한 백성 도을마(都乙麻) 등 6구다.'

정해일(丁亥日-8일)에 생원 시원(生員試員-선발관) 변계량(卞季良) 등이 윤수(尹粹) 등 100명을 뽑았다. 초시일(初試日) 개장(開場)할 때에 김관(金寬)이라는 자가 대가(大駕) 앞에 꿇어앉아 말했다.

"신(臣)은 (경상도) 선주(善州-선산) 사람입니다. 지금 삼관(三館)[7]에서 신(臣)의 조계(祖系-출신)가 비천하고 한미하다[卑微 비미] 하여 쫓아냅니다."

상이 그를 불쌍히 여겨 곧바로 성균 장무(成均掌務)를 불러 말했다.

---

7 성균관(成均館) 예문관(藝文館) 교서관(校書館)을 말한다.

"이 사람의 조계가 만일 양천(良賤)을 변명(辨明)할 정도가 아니거든 부시(赴試-응시)하게 하라."

관이 시험에 나아갔으나 끝내 합격하지 못했다[不中].
부중

○ 윤사수(尹思修)를 강원도 도관찰사로 삼았다.

○ 상이 태평관(太平館)에 가서 흠차(欽差) 진경(陳敬) 등에게 잔치를 베풀었다.

기축일(己丑日-10일)에 대호군(大護軍) 이각(李慤)을 동북면 경차관(東北面敬差官)으로 삼고, 한성소윤(漢城少尹) 이권(李睠), 내섬소윤(內贍少尹) 한유문(韓有紋)을 서북면 경차관으로 삼고, 종부령(宗簿令) 이관(李灌)을 충청도 경차관으로 삼았다. 만산군(漫散軍)으로서 아직까지 나타나지 않은 자를 붙잡기 위함이었다. 진경(陳敬)이 데리고 온 역사(力士)들이 각각 한 사람씩 따라갔다.

경인일(庚寅日-11일)에 셋째 아들【금상(今上)의 휘(諱)】을 봉(封)해 충녕군(忠寧君)으로 삼고 진산부원군(晉山府院君) 하륜(河崙)을 영의정부사 및 세자사(世子師), 좌정승 성석린(成石璘)을 세자부(世子傅), 한산부원군(漢山府院君) 조영무(趙英茂)를 삼군영사(三軍領事), 이직(李稷)을 이조판서 겸 의용순금사판사(義勇巡禁司判事), 남재(南在)를 의정부찬성사 겸 사헌부대사헌, 이구령(李龜齡)을 의정부참찬사, 이지(李至)를 예조판서, 이문화(李文和)를 호조판서, 설미수(偰眉壽)를 공조판서, 이래(李來)를 의정부지사(知事), 정구(鄭矩)를 한성부판사(漢城府判事), 함부림(咸傅霖)을 의정부참지사(參知事)로 삼았다.

○ 태상왕이 도총제(都摠制) 김남수(金南秀, 1350~1423년)[8]의 집으로 피병(避病)[9]했다.

임진일(壬辰日-13일)에 사역원지사(司譯院知事) 강방우(康邦祐)를 보내 다섯 번째 운반말[五運馬] 310필을 이끌고 요동(遼東)으로 가게 했다.

계사일(癸巳日-14일)에 명하여 조혼(曹渾)과 이각(李恪)의 직첩(職牒)을 도로 주었다.

○ 태상왕(太上王)이 세자궁(世子宮)[10]으로 피병했다. 태상왕이 피병소(避病所)에 있어 상이 날마다 새벽과 저녁에 두 번씩 병문안을 드렸다. 이날 밤 3경(更)에 상이 친히 태상왕을 받들어 세자전으로 피병시켰다. 전(殿)은 창덕궁(昌德宮) 옆에 있는데, 또 북쪽 담장을 터서 문(門)을 만들었다. 이때부터 상이 하루종일 시병(侍病)해 친히 약(藥)을 드렸고 병세(病勢)가 위태로우면 밤새워[通宵=徹夜] 곁에서 모셨다. 세자궁은 의안대군(義安大君) 화(和)의 집으로 옮겼다.

---

8 공민왕 때 현화사(玄化寺)의 진전직(眞殿直)으로 출발, 홍주목사·호조판서 등을 지냈다. 조선 개국 후에 순제등처(蓴堤等處)병마사, 중군동지총제가 됐다. 1402년(태종 2년) 충청도도절제사로 있을 때 재물을 탐했다는 사헌부의 탄핵으로 파직돼 황해도 장단에 유배됐다. 1407년 중군도총제를 지냈으며, 이듬해인 이때 태조가 피병을 위하여 그의 집에 왔다. 1410년 여진족이 동북면을 침략하자 길주도 도안무찰리사로 파견됐고, 그 뒤 의정부 지사, 공조판서 등을 역임했다.

9 병을 피해 거처를 옮기는 것을 말한다.

10 이때 궁은 특정한 궁궐을 말하는 것이 아니라 세자가 머무는 공간을 지칭한다. 그래서 뒤에 나오는 세자궁은 오히려 세자 자신을 가리키는 것이다.

을미일(乙未日-16일)에 이조판서 이직(李稷)을 지공거(知貢擧),[11] 병조판서 유량(柳亮)을 동지공거(同知貢擧)로 삼았다.

○ 충녕군(忠寧君)이 우부대언(右副代言) 심온(沈溫, 1375~1418년)[12]의 딸을 아내로 맞았다[娶 취].

병신일(丙申日-17일)에 민씨(閔氏)를 봉(封)해 변한 국대부인(卞韓國大夫人)으로 삼고, 정씨(鄭氏)를 숙의옹주(淑懿翁主), 심씨(沈氏)를 경숙옹주(敬淑翁主)로 삼았다. 민씨(閔氏)는 심온(沈溫)의 어머니이고 정씨(鄭氏)는 정역(鄭易, ?~1425년)[13]의 딸이고 심씨(沈氏)는 온(溫)의

---

11 고려시대에 과거를 관장한 고시관을 지공거, 부고시관을 동지공거(同知貢擧)라고 했다. 조선초라 아직 고려의 제도와 풍습이 남아 있는 것이다. 지공거와 동지공거를 좌주(座主)라 하고, 좌주가 실시한 과거에서 급제한 자를 문생(門生)이라 했다. 좌주와 문생은 혈연으로 맺어진 부자에 비교될 만큼 집단의식을 가지고 있었다. 공민왕은 전시를 실시하고, 고시관을 늘려 좌주와 문생의 유대를 일으키지 않는 제도적 장치를 실시하려고 했다. 그러나 공민왕 이후에는 이러한 개혁 방향이 환원됐고, 조선의 건국 직전에 집권한 개혁파들은 고시관을 6인으로 늘리고, 전시의 고시관도 2인으로 했다.

12 아버지는 개국공신 청성백(青城伯) 심덕부(沈德符)다. 세종의 장인이다. 문과에 급제해 고려 조정에서 벼슬을 하다가 아버지와 함께 조선 창업에 참여, 간관의 직무를 맡아보았다. 1408년(태종 8년) 딸이 충녕군(忠寧君-뒤의 세종)의 비가 되면서 왕실과 인척 관계를 맺고, 벼슬도 높아졌다. 1411년 풍해도 관찰사가 돼 백성을 침탈하고 병기 관리에 소홀한 수군첨절제사 박영우(朴英祐)를 파직시키고, 이어 대사헌이 되어서는 관기 확립에 힘썼다. 1414년 변정도감제조(辨正都監提調)·형조판서를 역임하면서 고려 후기에 권세가들에 의해 천민으로 바뀐 양민들의 신분정리 사업에 이바지했다. 이어서 호조판서·좌군총제·판한성부사를 역임했는데, 세자인 양녕대군(讓寧大君)의 행동에 연루되어 대간의 탄핵을 받기도 했다. 그 뒤에 이조판서·공조판서를 역임하고, 양녕대군을 대신해 충녕대군이 세자로 책봉되고, 이어 세종으로 즉위하자 국구(國舅)로서 영의정이 돼 정치의 실권을 가까이하기에 이르렀다. 1418년에는 사은사(謝恩使)로서 명나라에 가게 됐는데 이때에 동생 심정(沈泟)이 병조판서 박습(朴習)과 함께 상왕인 태종의 병권 장악을 비난한 것이 화근이 돼 이듬해 귀국 도중에 의주에서 체포돼 수원으로 압송, 사사됐다.

13 효령대군(孝寧大君)의 장인이다.
1383년(우왕 9년) 이방원(李芳遠)과 함께 문과에 급제해 친밀한 사이가 됐다. 1411년(태종

딸이다. 온은 정승 청성백(青城伯) 심덕부(沈德符)의 아들이다.

무술일(戊戌日-19일)에 전 호조판서 김희선(金希善)[14]이 졸(卒)했다. 조회(朝會)를 3일 동안 정지하고 시호(諡號)를 원정(元靖)이라 내려 주었다. 아들이 없었다.

기해일(己亥日-20일)에 경성 병마사(鏡城兵馬使)가 통사(通事) 장천우(張天祐)를 보내 야인(野人) 지역에 가서 사변(事變)을 정탐하게 했는데 천호(千戶) 파가자(波加者)가 요로(要路)에서 마주치자 그를 쏘아 죽였다.

○ 사재 소감(司宰少監) 임군례(任君禮)를 보내 여섯 번째 운반말 [六運馬] 300필을 이끌고 요동(遼東)으로 가게 했다.
육운 마

11년)에 한성부윤으로 정조부사(正朝副使)가 되어 명나라에 다녀왔고 다음 해 대사헌이 됐다. 1414년 충청도 관찰사로 나갔다가 이듬해 예조·형조의 판서를 지내고, 1416년 대제학을 거쳐 호조판서가 됐다. 1419년(세종 1년)에 한성부판사·좌찬성, 다음 해에 호조판서를 거쳐 대제학이 됐다. 사림의 중망(重望)으로 4조(朝)를 섬기는 데 한결같았고 내외의 자손 수십 명에 복록을 겸비했으나 더욱 스스로 겸손했다고 한다.

14 1392년(태조 1년) 호조판서를 거쳐 이듬해 전라도 안렴사로 있으면서 전국 각도에 의학원을 설치할 것을 건의했다. 1395년 노비변정도감의 판사가 됐으며 동지중추부사로 재직 중 정조사가 되어 명나라에 다녀왔다.
이듬해 중추원부사로서 충청·전라·경상도에 내려가 백성들의 병고를 묻고 돌보았다. 1398년 원주목사를 거쳐 1402년 참지의정부사·서북면 도순문찰리사가 됐다. 1404년 대사헌·지의정부사를 거쳐 이듬해 경상도 관찰사, 1406년 형조판서가 됐다. 이듬해 부친의 병으로 참찬의정부사 겸 대사헌직을 사직하고자 하니 효성이 지극함이 더욱 빛났다. 곧 호조판서가 됐으며 의학에 정통해 중요한 의학서적들을 저술했다. 편저로는 『향약제생집성방(鄕藥濟生集成方)』·『우마의방(牛馬醫方)』 등이 있다.

경자일(庚子日-21일)에 명하여 한성시(漢城試)[15]의 액수(額數-정원)를 늘려 30명으로 했다. 예조(禮曹)에서 말씀을 올렸다.

"동당 한성시(東堂漢城試)의 액수가 예전에는 20인이었는데 지금은 종사(從仕)하는 인원(人員)과 신생원(新生員)이 부시(赴試)하는 자가 전보다 배나 됩니다. 청컨대 성균관시(成均館試)의 예(例)에 의해 30인으로 액수를 정해야 할 것입니다."

그것을 따랐다.

신축일(辛丑日-22일)에 철성군(鐵城君) 이원(李原)을 보내 세자를 요동(遼東)에서 맞이하게 했다.

임인일(壬寅日-23일)에 경기(京畿) 각포(各浦)의 하령선군(下領船

---

15 조선시대 과거 중 한성부에서 실시한 생원·진사 초시와 식년문과의 제1차 시험을 말한다. 생원·진사 초시는 감시초시(監試初試)·초시·생진시(生進試)라고도 불렸는데, 선비들이 처음으로 응시하는 과거의 첫 관문이었다. 이는 식년 바로 전년의 가을에 한성부와 8도에서 각각 실시됐는데, 한성부에서 실시된 것을 한성시라고 한다. 한성시는 생원초시와 진사초시로 나눠 실시했다. 생원초시에서는 5경의 의(義) 1편과 사서의 의(疑) 1편을 짓게 하고, 진사초시에서는 부(賦) 1편과 고시(古詩) 명(銘) 잠(箴) 가운데 1편을 짓게 했다. 여기에서 선발된 200인은 식년생원진사복시(式年生員進士覆試)에 응시할 수 있는 자격을 주었다. 또 식년문과초시는 크게 제술시(製述試)와 명경시(明經試)로 구분했으며, 제술시는 초장(初場)·중장(中場)·종장(終場)의 3단계로 나눠 실시했다. 제술시는 초장에서 오경·사서의 의(義)·의(疑), 또는 논(論) 중에서 2편을, 중장에서 부·명·잠·송(頌)·기(記) 중 1편과 표(表)·전(箋) 중 1편을, 종장에서 대책(對策) 1편을 짓게 했다. 명경시는 오경·사서의 9서에서 약(略) 이상을 받은 자를 뽑았으나 뒤에 폐지했다. 여기에서 선발된 40인은 식년문과복시(式年文科覆試)에 응시할 수 있었다. 위의 두 경우 모두 시관(試官)은 정3품 이하의 관리 3인이 차정(差定)되었고, 감찰(監察) 1인에게 이를 감독하게 했다.

軍)[16]을 방환(放還)해 귀농(歸農)하게 했다. 해도 찰방(海道察訪)의 아뢲에 따른 것이다. 이때 왜변(倭變)이 있었으므로 당령(當領)[17] 하령(下領)을 합하여 모두 방어에 나서게[赴防](부방) 했는데 이때에 이르러 놓아 보냈다.

계묘일(癸卯日-24일)에 경기·경상·충청도의 도관찰사(都觀察使)가 모두 도내(道內)의 백성들이 굶주린다고 아뢰고 창고를 열어[發倉](발창) 신휼 구제할 것[賑濟](진제)을 청하니 그것을 따랐다.

○ 사역원 판관(司譯院判官) 오의(吳義)를 보내 일곱 번째 운반말[七運馬](칠운마) 400필을 이끌고 요동(遼東)으로 가게 했다.

갑진일(甲辰日-25일)에 예조(禮曹)에 명해 영삼군사(領三軍事)의 체통(體統)과 예도(禮度)를 상정(詳定)했다. 예조에서 말씀을 올렸다.

"무릇 군령(軍令)은 병조에서 맡아서 삼군도총제부(三軍都摠制府)와 십사(十司)[18]에 행이(行移)하면, 삼군호군(三軍護軍)과 십사진무(十司鎭撫), 그리고 각도(各道) 절제사도(節制使道)[19]의 색장(色掌)이 곧 영삼군사(領三軍事)가 있는 곳에 가서 과정(課程)을 아뢰어 시행하고, 십사(十司)의 갑사(甲士) 각 한 사람과 각도(各道)의 군관(軍官)

---

16 번(番)을 마친 선군(船軍)을 말한다.

17 번(番)을 맡은 선군(船軍)을 말한다.

18 조선조(朝鮮朝) 초기의 군제(軍制)의 하나다. 곧 응양군(鷹揚軍)·용호군(龍虎軍)과 좌우위(左右衛)·신호위(神虎衛)·흥위위(興威衛)·금오위(金吾衛)·천우위(千牛衛)·감문위(監門衛) 및 의흥 친군 좌·우위(義興親軍左右衛)를 말한다.

19 절제사의 군영을 말한다.

각 한 사람은 매일 영삼군사가 있는 곳에 나와 기다렸다가 명령을 듣고, 봄과 가을의 강무(講武)와 경외(京外)에 거둥할 때에는 상항(上項)의 호군(護軍)·진무(鎭撫)·색장(色掌) 등이 모두 영삼군사의 호령을 듣고, 좌차(坐次)는 영삼군사는 북벽(北壁)에, 부마(駙馬)·겸상호군(兼上護軍) 및 자헌(資憲)[20] 이상의 도총제, 십사 겸상호군, 각도 절제사는 동벽(東壁)에 앉고, 각군의 총제(摠制)·동지총제(同知摠制) 및 가선(嘉善)[21] 이상의 겸상호군 및 절제사는 서벽(西壁)에 앉게 해야 할 것입니다."

그것을 따랐다.

○ 민무구와 무질에게 쌀과 콩 40석을 내려주었다.

을사일(乙巳日-26일)에 사역원 판관(司譯院判官) 박무(朴茂)를 보내 여덟 번째 운반말[八運馬(팔운마)] 400필을 이끌고 요동(遼東)으로 가게 했다.

병오일(丙午日-27일)에 동북면 찰리사(東北面察理使) 김승주(金承霔)가 건주위 지휘(建州衛指揮) 어허출(於虛出) 등이 준 기견(綺絹-비단의 일종) 등의 물건을 바쳤다. 어허출은 단자(段子) 남견(藍絹) 각 1필(匹), 동맹가첩목아(童猛哥帖木兒)는 단자(段子) 황견(黃絹) 각 1필, 천호(千戶) 어허리(於虛里)는 사슴가죽 1령(領), 천호(千戶) 부을거수

20 정2품을 가리킨다.

21 종2품을 가리킨다.

(夫乙居愁)는 해달피(海獺皮) 1령, 모련위 지휘(毛憐衛指揮) 보을호대(甫乙好大)는 사슴가죽 1령이었다. 찰리사가 말씀을 올렸다.

'이것은 모두 신(臣)에게 보내준 것이온데 신이 감히 사사로 받을 수 없어 삼가 하나하나 봉(封)해 바칩니다.'

명하여 유사(有司)에게 내려보냈다.

○ 일본 진서탐제장군(鎭西探題將軍) 원도진(源道鎭)이 사자(使者)를 보내 예물을 바쳤다.

정미일(丁未日-28일)에 윤수(尹須)의 상에 쌀과 콩 30석, 종이 100권을 부의(賻儀)하고 더불어 유사(有司)에 명해 관곽(棺槨)을 내려주었다. 수(須)가 대언(代言)으로 있다가 죽었기 때문에 이 하사(下賜)가 있은 것이다.

○ 의정부에서 제주(濟州)의 법화(法華) 수정(修正) 두 절의 노비의 수를 아뢰어 정했다. 의정부에서 아뢰어 말했다.

"제주 목사(濟州牧使)의 정문(呈文-보고서)에 의거하면 주경(州境)에 비보 사찰(裨補寺刹)[22]이 두 곳인데 수정사(修正寺)에는 현재 노비

---

22 비보사탑설 또는 비보사상이란 나말여초의 격변기에 도선이 불교교단을 재정비하고 나아가 전국토를 재개발하기 위해 수립한 사상체계다. 이 사상은 불교의 밀교사상(密教思想)과 도참사상(圖讖思想)이 결합돼 형성된 것이다. 도선에 의하면 지기(地氣)는 왕성하기도 하고 쇠퇴하기도 하는데, 쇠퇴하는 곳에 자리잡은 인간이나 국가는 쇠망하게 마련이다. 따라서 이를 막기 위해 산천의 역처(逆處)나 배처(背處)에 인위적으로 사탑을 건립해서 지기를 보완해야 한다는 것이다. 이와 반대로 산천지세에 어긋나게 하거나, 비보를 믿지 않고 사원불탑을 파괴하면 나라가 망하고 인민이 불행하게 된다는 것이다. 비보사탑설은 신라 쇠망의 한 원인을 사원의 무분별한 창건에 따른 지덕(地德) 손실에서 찾는 고려 태조에 의해 신봉되었다. 조선시대에도 비보사탑설은 조선불교의 한 사상으로 수용됐지만 억불숭유정책의 엄격한 제약을 받았다.

130구가 있고, 법화사(法華寺)에는 현재 노비 280구가 있습니다. 청컨대 두 절의 노비를 다른 사사(寺社)의 예에 의거하여 각각 30구를 주고, 그 나머지 382구는 전농(典農)에 소속시켜야 할 것입니다."

그것을 따랐다.

○서북면 도순문사(西北面都巡問使) 이구철(李龜鐵)이 태주(泰州)에서 캔 은(銀) 53냥(兩)을 바쳤다.

기유일(己酉日-30일)에 왜선(倭船) 11척이 (전라도) 영광(靈光)의 소금 굽는 곳[鹽所(염소)]을 노략질하니 지군사(知郡事) 조유(趙瑜)가 싸워서 물리치고 2급(級)을 베었다. 상이 사람을 보내 표리(表裏)[23]를 가지고 가서 상을 주도록 했다.

○사역원 판관 강유경(姜庾卿)을 보내 아홉 번째 운반말[九運馬(구운마)] 360필을 이끌고 요동으로 가게 했다.

---

23 옷의 겉감과 안감을 말한다.

庚辰朔 上詣德壽宮問疾. 自後日以爲常 或一日再詣焉.
경진 삭 상 예 덕수궁 문질 자 후일 이위 상 혹 일일 재예 언

一岐守護代 源擧 使人獻禮物.
일기 수호 대 원거 사인 헌 예물

壬午 賜賻惠和宮主李氏之喪. 宮主高麗侍中齊賢之女. 恭愍王
임오 사부 혜화 궁주 이씨 지 상 궁주 고려 시중 제현 지 녀 공민왕
無子 選入後宮 封惠妃 後爲尼 時住淨業院. 賻米豆三十石 紙百
무자 선입 후궁 봉 혜비 후 위 니 시주 정업원 부 미두 삼십 석 지 백
卷 以昭悼君妻沈氏 代爲淨業院住持.
권 이 소도군 처 심씨 대위 정업원 주지

倭船九隻 連日寇巖泰島 鹽干金羅進 葛金等擊走之. 羅進等
왜선 구척 연일 구 암태도 염간 김나진 갈금 등 격 주지 나진 등
二十餘人血戰斬三級 獲被擄人二名 賊乃退.
이십 여인 혈전 참 삼급 획 피로인 이명 적 내 퇴

癸未 遣司譯院副使李子瑛 管押易換四運馬四百三十匹如
계미 견 사역원 부사 이자영 관압 역환 사운 마 사백 삼십 필 여
遼東.
요동

復以左政丞成石璘兼判吏曹事 右政丞李茂兼判兵曹事 李文和
부 이 좌정승 성석린 겸 판이조사 우정승 이무 겸 판병조사 이문화
戶曹判書 鄭矩禮曹判書 金漢老判恭安府事. 舊制 左右政丞
호조판서 정구 예조판서 김한로 판공안부사 구제 좌우 정승
兼判吏兵曹 掌銓選. 知申事黃喜以知吏曹 居中用事久 雖兩相
겸판 이 병조 장 전선 지신사 황희 이 지이조 거중 용사 구 수 양상
所擧 多不用 輒以己所親信者 延譽於上而注官 宰相頗忌之. 然
소거 다 불용 첩 이 기 소친신 자 연 예 어 상 이 주관 재상 파 기지 연
無如之何 每當銓選之時 讓避而退. 於是左右相皆辭兼領. 有具
무 여지하 매당 전선 지 시 양피 이 퇴 어시 좌우 상 개 사 겸령 유 구
喜不公之狀 爲匿名書 再三揭示 喜稍悔悟 至是啓聞 使復舊制
희 불공 지 상 위 익명서 재삼 게시 희 초 회오 지시 계문 사 복 구제
然亦不用宰相之議 朋黨相比 人皆目之.
연 역 불용 재상 지 의 붕당 상비 인 개 목지

舊例 司諫院司憲府署出告身 考其祖系 或出寒微 或有痕咎 卽
구례 사간원 사헌부 서출 고신 고 기 조계 혹 출 한미 혹 유 흔구 즉
於告身必書作不納三字 甚者書政曹外三字. 至是憲府署供造署令
어 고신 필 서 작불납 삼자 심자 서 정조외 삼자 지시 헌부 서 공조서 령
洪龜海告身 書曰作不納. 召憲府掌務命之曰: "可削三字改出. 我
홍구해 고신 서 왈 작불납 소 헌부 장무 명지 왈 개출 아
將持獻於德壽宮矣." 蓋①欲悅太上之心也. 國俗稱世系文籍爲作.
장 지헌 어 덕수궁 의 개 욕열 태상 지 심 야 국속 칭 세계 문적 위 작

賜陳慰使書狀官朴剛生 通事張洪壽各米豆二十石. 剛生等回自
사 진위사 서장관 박강생 통사 장홍수 각 미두 이십 석 강생 등 회자
京師 備啓世子赴京 皇帝接待優厚之狀 上悅 有是賜.
경사 비계 세자 부경 황제 접대 우후 지 상 상 열 유 시사

丙戌 欽差千戶陳敬 百戶李賓等 齎禮部咨來. 咨曰:
병술 흠차 천호 진경 백호 이빈 등 재 예부 자 래 자왈

'今將各件事理 書塡咨文 付陳敬齎奉前去 理合移咨 朝鮮國
금 장 각건 사리 서전 자문 부 진경 재봉 전거 이합 이자 조선국
知會 照依開去事件 作急完報施行.
지회 조 의 개거 사건 작급 완보 시행

一件書籍等事. 欽賜本國王 大明孝慈高皇后傳 書五十本幷
일건 서적 등사 흠사 본국 왕 대명 효자 고황후 전 서 오십 본 병
永樂六年 大統曆日一百本 黃綾面一本 除交付本國差來使臣
영락 육년 대통력일 일백 본 황릉면 일본 제 교부 본국 차래 사신
戶曹參議具宗之領去外 合行知會領受施行.
호조참의 구종지 영 거 외 합행 지회 영수 시행

一件起取人民事. 准兵部咨 先該建州衛指揮莽哥不花奏 有
일건 기취 인민 사 준 병부 자 선해 건주위 지휘 망가불화 주 유
三萬衛百戶楊哈剌 洪武十九年 將帶家小 於土門地面寄住;
삼만위 백호 양합라 홍무 십구 년 장 대 가소 어 토문 지면 기주
三十三年 朝鮮國萬戶鎖咬納等 將本官連家小三十戶 起在阿罕
삼십 삼년 조선국 만호 쇄교납 등 장 본관 연 가소 삼십 호 기 재 아한
地面住坐等詞具奏 已行朝鮮國取發. 今本國王咨 據鏡城等處
지면 주좌 등 사 구주 이행 조선국 취발 금 본국 왕 자 거 경성 등처
萬戶 崔咬納供 楊哈剌等原係玄城附籍人氏 先被兀狄哈擄去
만호 최교납 공 양합라 등 원계 현성 부적 인씨 선 피 올적합 노 거
洪武二十三年 尋來 阿罕地面同住. 當差安業居生等因回咨.
홍무 이십 삼년 심래 아한 지면 동주 당차 안업 거생 등 인 회자
參照 楊哈剌等原係 三萬衛人數 難以準理 合行取發 遼東都司
참조 양합라 등 원계 삼만위 인수 난 이 준리 합행 취발 요동도사
三萬衛住坐 具奏欽依: "旣是民不失業 軍不失伍 準他還行文書
삼만위 주좌 구주 흠의 기 시민 불실 업 군 불실 오 준타 환행 문서

與國王知道.” 除欽遵外 合行知會.
여 국왕 지도 제 흠준 외 합행 지회

一件在逃人口事. 準兵部咨 該遼東東寧衛千戶金聲等奏 往
일건 재도 인구 사 준 병부 자 해 요동 동녕위 천호 김성 등 주 왕

朝鮮國取漫散軍餘家小 除取發外 有一千一百餘口 俱係洪武
조선국 취 만산군 여 가소 제 취발 외 유 일천 일백 여구 구계 홍무

年間五丁垜一充軍籍定人數 本國却作遠年鄕戶 官私奴僕等項
연간 오정타 일 충 군적 정 인수 본국 각 작 원년 향호 관사 노복 등항

不發等因具奏. 永樂五年十一月初一日早 本部官於西角門 欽奉
불발 등 인 구주 영락 오년 십일 월 초 일일 조 본부 관 어 서각문 흠봉

聖旨: “朝鮮國王 將流移人口成萬家 發回遼東復役着業了 其餘
성지 조선 국왕 장 유이 인구 성 만가 발회 요동 복역 착업 료 기여

遺下的 怎肯占恡不發! 金聲在那裏 貪財好酒 奸騙人家子女
유하 적 즘 긍 점 린 불발 김성 재 나리 탐재 호주 간편 인가 자녀

好生不才 他不使朝鮮國王 知道 密地裏將這些人都賣放了 便將
호생 부재 타 불사 조선 국왕 지도 밀 지 리 장 저 사인 도매 방료 편 장

金聲那廝拿送法司問罪. 再着陳敬鋪馬裏齎文書 說與國王 卽將
김성 나 시 나 송 법사 문죄 재 착 진경 포마 이재 문서 설 여 국왕 즉 장

金聲賣放的人口 盡數送回遼東 復役着業.”
김성 매방 적 인구 진 수 송회 요동 복역 착업

欽此. 移咨到部 合行本國欽遵施行 仍將發還人口數目回報.
흠차 이자 도부 합행 본국 흠준 시행 잉 장 발환 인구 수목 회보

計取東寧衛千戶金聲原取未完人口一千一百二十三口 本國担
계취 동녕위 천호 김성 원 취 미완 인구 일천 일백 이십 삼 구 본국 단

作遠年鄕戶官私奴僕等項 收監聽候四百七十三口; 挨究未完
작 원년 향호 관사 노복 등항 수감 청후 사백 칠십 삼 구 애구 미완

六百五十口; 千戶陳敬原取未完百姓都乙麻等六口.’
육백 오십 구 천호 진경 원취 미완 백성 도을마 등 육구

丁亥 生員試員卞季良等 取尹粹等百人. 初試日開場 有金寬
정해 생원 시원 변계량 등 취 윤수 등 백인 초시 일 개장 유 김관

者跪駕前曰: “臣善州人也. 今三館以臣祖系卑微見黜.” 上憐之
자 궤 가전 왈 신 선주 인 야 금 삼관 이 신 조계 비미 견출 상 연지

卽召成均掌務曰: “此人祖系 如非辨明良賤者 可令赴試.” 寬得
즉 소 성균 장무 왈 차인 조계 여 비 변명 양천 자 가령 부시 관 득

赴試 竟不中.
부시 경 부중

以尹思修爲江原道都觀察使.
이 윤사수 위 강원도 도관찰사

上如太平館 宴欽差陳敬等.
상 여 태평관 연 흠차 진경 등

己丑 以大護軍李慤爲東北面敬差官 漢城少尹李睠 內贍少尹
기축 이 대호군 이각 위 동북면 경차관 한성 소윤 이권 내섬 소윤
韓有紋爲西北面敬差官 宗簿令李灌爲忠淸道敬差官. 推刷
한유문 위 서북면 경차관 종부 령 이관 위 충청도 경차관 추쇄
漫散軍之未現者也. 陳敬率來力士 各一人隨之.
만산군 지 미현 자 야 진경 솔래 역사 각 일인 수지

庚寅 封第三子【今上諱】爲忠寧君 以晉山府院君河崙領議政府
경인 봉 제삼자 금상 휘 위 충녕군 이 진산부원군 하륜 영 의정부
事世子師 左政丞成石璘世子傅 漢山府院君趙英茂領三軍事
사 세자사 좌정승 성석린 세자부 한산부원군 조영무 영 삼군 사
李稷吏曹判書兼判義勇巡禁司事 南在議政府贊成事兼司憲府
이직 이조판서 겸 판 의용순금사 사 남재 의정부 찬성사 겸 사헌부
大司憲 李龜齡參贊議政府事 李至禮曹判書 李文和戶曹判書
대사헌 이구령 참찬 의정부 사 이지 예조판서 이문화 호조판서
偰眉壽工曹判書 李來知議政府事 鄭矩判漢城府事 咸傅霖參知
설미수 공조판서 이래 지 의정부 사 정구 판한성부사 함부림 참지
議政府事.
의정부 사

太上王避病于都摠制金南秀之第.
태상왕 피병 우 도총제 김남수 지 제

壬辰 遣知司譯院事康邦祐 管押五運馬三百一十匹如遼東.
임진 견 지 사역원 사 강방우 관압 오운 마 삼백 일십 필 여 요동

癸巳 命還給曹渾李恪職牒.
계사 명 환급 조혼 이각 직첩

太上王避病于世子宮. 太上在避病所 上日以晨夕再詣問疾.
태상왕 피병 우 세자궁 태상 재 피병 소 상 일이 신석 재예 문질
是夜三更 上親奉太上 避病于世子殿. 殿在昌德宮側 又鑿北墻
시야 삼경 상 친봉 태상 피병 우 세자전 전 재 창덕궁 측 우 착 북장
爲門. 自是上竟日侍疾 親奉藥餌 至病勢危殆 則通宵侍側. 移
위문 자시 상 경일 시질 친봉 약이 지 병세 위태 즉 통소 시측 이
世子宮于義安大君和之第.
세자궁 우 의안대군 화 지 제

乙未 以吏曹判書李稷知貢擧 兵曹判書柳亮同知貢擧.
을미 이 이조판서 이직 지공거 병조판서 유량 동지공거

忠寧君娶右副代言沈溫之女.
충녕군 취 우부대언 심온 지 녀

丙申 封閔氏爲卞韓國大夫人 鄭氏爲淑懿翁主 沈氏爲敬淑
병신 봉 민씨 위 변한 국대부인 정씨 위 숙의 옹주 심씨 위 경숙
翁主. 閔氏 沈溫之母; 鄭氏 易之女; 沈氏 溫之女也. 溫政丞
옹주 민씨 심온 지 모 정씨 역 지 녀 심씨 온 지 녀 야 온 정승

青城伯德符之子也.
청성백 덕부 지 자 야

戊戌 前戶曹判書金希善卒. 輟朝三日 賜諡元靖. 無子.
무술 전 호조판서 김희선 졸 철조 삼일 사시 원정 무자

己亥 鏡城兵馬使 遣通事張天祐如野人地面 體探事變 千戶
기해 경성 병마사 견 통사 장천우 여 야인 지면 체탐 사변 천호
波加者遇諸要路 射殺之.
파가자 우 저 요로 사살 지

遣司宰少監任君禮 管押六運馬三百匹如遼東.
견 사재 소감 임군례 관압 육운 마 삼백 필 여 요동

庚子 命增漢城試額數爲三十. 禮曹上言: "東堂漢城試額數 舊
경자 명증 한성시 액수 위 삼십 예조 상언 동당 한성시 액수 구
止二十人 今從仕人員及新生員赴試者倍舊. 乞依成均館試例 以
지 이십 인 금 종사 인원 급 신생원 부시 자 배구 걸의 성균관시 례 이
三十人爲額." 從之.
삼십 인 위액 종지

辛丑 遣鐵城君李原 迎世子于遼東.
신축 견 철성군 이원 영 세자 우 요동

壬寅 放京畿各浦下領船軍歸農. 從海道察訪之啓也. 時有倭變
임인 방 경기 각포 하령 선군 귀농 종 해도 찰방 지 계 야 시 유 왜변
合當領下領皆赴防 至是放之.
합 당령 하령 개 부방 지시 방지

癸卯 京畿 慶尙 忠淸道都觀察使 皆啓道內民飢 請發倉賑濟
계묘 경기 경상 충청도 도관찰사 개 계 도내 민 기 청 발창 진제
從之.
종지

遣司譯院判官吳義 管押七運馬四百匹如遼東.
견 사역원 판관 오의 관압 칠운 마 사백 필 여 요동

甲辰 命禮曹詳定領三軍事體統禮度. 禮曹上言:
갑진 명 예조 상정 영 삼군 사 체통 예도 예조 상언

'凡軍令 兵曹掌之 行移三軍都摠制及十司 三軍護軍 十司
범 군령 병조 장지 행이 삼군 도총제 급 십사 삼군 호군 십사
鎭撫 各道節制使道色掌 卽詣領三軍事處 告課施行; 十司甲士
진무 각도 절제사도 색장 즉 예 영삼군사 처 고과 시행 십사 갑사
各一員 各道軍官各一員 每日進領三軍事處 伺候聽領. 春秋講武
각 일원 각도 군관 각 일원 매일 진 영삼군사 처 사후 청령 춘추 강무
及京外行幸之時 上項護軍 鎭撫 色掌等 竝聽領三軍事號令.
급 경외 행행 지 시 상항 호군 진무 색장 등 병청 영삼군사 호령
坐次則領三軍事 北壁; 駙馬 兼上護軍及資憲以上都摠制 十司
좌차 즉 영삼군사 북벽 부마 겸 상호군 급 자헌 이상 도총제 십사

兼上護軍 各道節制使 東壁; 各軍摠制 同知摠制及嘉善以上兼
겸 상호군 각도 절제사 동벽 각군 총제 동지총제 급 가선 이상 겸
上護軍 節制使 西壁.'
상호군 절제사 서벽

從之.
종지

賜閔無咎 無疾米豆四十石.
사 민무구 무질 미두 사십 석

乙巳 遣司譯院判官朴茂 管押八運馬四百匹如遼東.
을사 견 사역원 판관 박무 관압 팔운 마 사백 필 여 요동

丙午 東北面察理使金承霔 進建州衛指揮於虛出等所贈②綺絹
병오 동북면 찰리사 김승주 진 건주위 지휘 어허출 등 소증 기견
等物. 於虛出段子藍絹各一匹 童猛哥帖木兒段子黃絹各一匹
등물 어허출 단자 남견 각 일필 동맹가첩목아 단자 황견 각 일필
千戶於虛里鹿皮一領 千戶夫乙居愁海獺皮一領 毛憐衛指揮
천호 어허리 녹피 일령 천호 부을거수 해달피 일령 모련위 지휘
甫乙好大鹿皮一領. 察理使上言: '此皆贈送於臣 臣不敢私受 謹
보을호대 녹피 일령 찰리사 상언 차 개 증송 어 신 신 불감 사수 근
一一封進.' 命下有司.
일일 봉진 명하 유사

日本 鎭西探題將軍源道鎭 遣使獻禮物.
일본 진서 탐제 장군 원도진 견사 헌 예물

丁未 賻尹須之喪米豆三十石 紙一百卷 仍命有司給棺槨. 須以
정미 부 윤수 지 상 미두 삼십 석 지 일백 권 잉 명 유사 급 관곽 수 이
代言死 有是賜.
대언 사 유 시사

議政府啓定濟州 法華 修正二寺奴婢之數. 啓曰: "據
의정부 계정 제주 법화 수정 이 사 노비 지 수 계왈 거
濟州牧使呈 州境裨補二處 修正寺見有奴婢一百三十口 法華寺
제주목사 정 주경 비보 이처 수정사 현 유 노비 일백 삼십 구 법화사
見有二百八十口. 乞將兩寺奴婢 依他寺社例各給三十口 其餘
현 유 이백 팔십 구 걸 장 양사 노비 의 타 사사 례 각급 삼십 구 기여
三百八十二口 屬典農." 從之.
삼백 팔십 이 구 속 전농 종지

西北面都巡問使李龜鐵 獻泰州所採③銀五十三兩.
서북면 도순문사 이구철 헌 태주 소채 은 오십 삼 량

己酉 倭船十一隻 寇靈光鹽所 知郡事趙瑜戰却之 斬二級. 上
기유 왜선 십일 척 구 영광 염소 지군사 조유 전 각지 참 이급 상
遣人齎表裏以賞之.
견인 재 표리 이 상지

遣司譯院判官姜庾卿 管押九運馬三百六十匹如遼東.
견 사역원 판관 강유경 관압 구운 마 삼백 육십 필 여 요동

| 원문 읽기를 위한 도움말 |

① 蓋欲悅太上之心也. 이런 경우의 蓋는 십중팔구 앞의 내용을 설명하기
개 욕열 태상 지 심 야 개
위해 시작하는 문장의 첫 머리에 나온다. 그냥 '대개'라고 옮기지만 실은 풀자면 '왜 이렇게 했느냐 하면~'이라는 뜻을 담고 있다.

② 進建州衛指揮於虛出等所贈①綺絹等物. 여기서는 於虛出이 주어이고
진 건주위 지휘 어허출 등 소증 기견 등물 어허출
所曾은 동사가 되면서 綺絹을 수식한다.
소증 기견

③ 獻泰州所採銀五十三兩. 여기서는 장소를 나타내는 泰州에 이어 所採가
헌 태주 소채 은 오십 삼 량 태주 소채
와서 은 53냥을 수식한다.

태종 8년 무자년
3월

三月

경술일(庚戌日-1일) 초하루에 세자 수종관(隨從官)인 상호군 이공효(李公孝)와 군기감판사(軍器監判事) 곽해룡(郭海龍)[1]이 (명나라) 경사(京師)로부터 (먼저) 돌아와 황제(皇帝)의 두터운 접대와 융숭한 상사(賞賜), 그리고 세자가 정월 16일에 남경(南京)을 출발해 2월 17일에 북경(北京)에 도착해 편안하게 아무일 없이[安穩](안온) 돌아오는 중이라고 아뢰었다. 상이 매우 기뻐해 각각 안장 갖춘 말[鞍馬](안마)을 내려주고 정비(靜妃)도 비단 한 필씩 내려주었다. 의정부가 백관을 거느리고 대궐에 이르러 하례했다.

○ 호조좌랑(戶曹佐郎) 장안지(張安之)를 순금사 옥(獄)에 내렸다. 전지(田地)를 다시 측량해 (농민들에게) 지급할 때 호조에서 간혹 본래부터 군자(軍資)에 속해 있던 양전(良田)을 가지고 친한 사람의 척박한 전지와 바꿔주고 또 남의 양전을 많이 빼앗아 친한 사람에게

---

1 고려말 조선초의 유명한 역관(譯官)이다. 1384년(우왕 10년) 왕에게 건의해 무예도감(武藝都監)을 설치했다. 1385년 역관으로 명나라 경사에서 돌아와 명나라 왕이 조서사(詔書使)와 시책사(諡冊使)를 보내온다고 알렸다. 다음 해 안익(安翊) 유화(柳和) 등이 남경(南京)에서 돌아와 명나라가 "비단 1만 필과 무명 4만 필을 가지고 와서 말 5,000필을 사려고 한다"라고 하니 곧 왕은 곽해룡을 사신으로 명나라에 보내 "우리나라에는 말이 많지 않고 또 키가 작아서 별로 쓸모가 없으니 값을 받을 수 없다"라고 하고 다만 요구해 온 말 5,000필만 무상으로 보내겠다고 했다. 다음 해 2월에 곽해룡이 명경에 다녀와서 명나라에서는 결코 무상으로는 말을 받을 수 없다고 하니 물품과 물품으로써 교환하되 말 1필당 포(布) 8필, 비단 2필로 하여 교역할 것을 건의했다. 조선시대에 들어 벼슬은 군기감판사(軍器監判事)를 지냈다.

주었으므로 물의(物議)가 심히 들끓어 올랐다[喧騰(훤등)].

이에 호조에 명해 말했다.

"경기(京畿)의 군자에 속한 전지를 하나하나 마련해서 문서를 작성해[成籍(성적)] 아뢰라."

시일이 오래 경과했는데도 호조가 아뢰지 않았다. 안지(安之)를 옥에 가둔 것은 그 책임을 물은 것이다. 한성부판사 정구(鄭矩)와 (호조) 참의 구종지(具宗之), 정경(鄭耕), 정랑(正郎) 민심언(閔審言) 김이남(金以南), 좌랑 하형(河逈)을 순금사 옥에 내렸다. 안지의 공술이 이들과 관련된 때문이었다. 구(矩) 등은 일찍이 호조(戶曹-호조판서)를 지냈으므로 함께 체포된 것인데 구(矩), 종지(宗之), 이남(以南), 심언(審言), 안지, 형(逈)은 모두 파직하고 경(耕)만은 새로 안주목사(安州牧使)로 제수해 장차 부임하기 때문에 특별히 용서했다[原=宥(원 유)].

○ 병조(兵曹)에서 각도(各道) 군영(軍營)의 색장(色掌) 천전법(遷轉法-인사고과)을 상정(詳定)했다. 각도 절제사도(節制使道) 색장 139명이 신문고를 쳐서 서용(敍用)해 주기를 청하니 병조에 내려 액수(額數-인원수) 및 직품(職品)의 높고 낮음과 천전(遷轉)의 품차(品次-품계)를 상정하게 했다. 병조에서 아뢰어 말했다.

"각도 군영이 모두 11개소인데, 매 한 도(道)의 색장을 15인으로 액수를 정해 5품 이하가 입속(入屬)하는 것을 허락하고, 11도를 합해 한 도목(都目)으로 해서, 그중에 도(到)[2]가 많은 자 한 사람은 4품 행 사직(行司直)으로 거관(去官)하게 하고, 사직(司直) 둘, 부사직(副

2 근무일수를 말한다.

司直) 둘, 사정(司正) 셋, 부사정(副司正) 넷은 모두 도(到)가 많은 자의 순서대로 서용(敍用)하게 해야 할 것입니다.'

그것을 따랐다.

계축일(癸丑日-4일)에 태백성(太白星)이 낮에 보였다가 하늘을 가로질러 갔다.

을묘일(乙卯日-6일)에 병조좌랑 유장(柳暲)을 (경기도) 수원(水原)에 유배 보내고 (병조) 참의 이발(李潑)과 좌랑 유면(兪勉)을 파직시켰다. 이소을진(李所乙進)이라는 자가 있어 대장(隊長)으로서 병조사령(兵曹使令)이 됐다가 물러나[去官](거관) 부사정(副司正)이 됐다. 유장의 집이 소을진(所乙進)의 집과 가까워 집터의 경계를 다퉈 소을진이 유장과 더불어 항형 분쟁(抗衡憤爭)[3]을 하니 장(暲)이 본조(本曹)에 고발했다. 발(潑)과 면(勉)이 소을진을 불러 장관(長官)을 능멸한 죄를 헤아리고 곧바로 장(杖)을 때리니 소을진이 북을 쳐서 원통함을 호소했다. 사헌부에 내리니 헌부에서 말씀을 올렸다.

'이소을진이 비록 병조사령(兵曹使令)에서 나왔으나 지금 이미 갑사(甲士)가 됐는데 장이 사사로운 분노[私憤](사분)를 가지고 본조(本曹)에 고해 타상(打傷)케 했고, 이발과 유면은 동료의 사송(私訟)을 믿고 문득 소을진을 때렸으며 이소을진 또한 하교(下敎)를 어기고 월소(越

---

3 서로 양보하지 않고 다투며 싸우는 것을 말한다.

訴)[4]했으니 모두 부당합니다.'

그래서 이런 명이 있었다. 이소을진도 역시 율(律)에 따라 뒷사람을 경계하게 했다.

○ 왜선(倭船) 23척이 충청도 수영(水營)을 노략질하니 수군첨절제사(水軍僉節制使) 현인귀(玄仁貴)가 이에 맞서 싸우다가 화살에 맞아 죽었고 적(賊)이 우리 병선(兵船) 2척을 빼앗아갔다.

병진일(丙辰日-7일)에 흠차관(欽差官) 진경(陳敬)과 이빈(李賓)에게 광연루(廣延樓) 아래에서 잔치를 베풀었다.

○ (서북면) 가주(嘉州)의 충개(蟲介)라는 여자의 문려(門閭)를 세워 정표(旌表)하도록 명하고 이어서 쌀과 콩 20석을 내려주었다. 서북면 도순문사 이구철(李龜鐵)이 말씀을 올렸다.

'도내(道內) 가주에 이름이 충개라는 여자가 있사온데, 나이 16세 때 그 어미가 악질(惡疾)에 걸리자 충개가 산 사람의 뼈를 먹이면 치료할 수 있다는 말을 듣고 마침내 오른손 무명지(無名指)를 잘라 가루를 만들어 먹이고, 또 그 뼈를 백회혈(百會穴) 가운데에 넣어두었는데, 어미 병이 곧 나아서 지금 7년이 되었습니다.'

그래서 이런 명이 있었다.

정사일(丁巳日-8일)에 이지(李枝, 1349~1427년)[5]를 순녕군(順寧君)

---

4 정상적인 절차를 뛰어넘어 소송을 제기하는 것을 말한다.

5 태조의 종제(從弟)다. 8세 때 부모를 여의고 이왕기(李王琦)의 집에서 양육됐다. 뒤에 태

으로 삼고, 좌군도총제 박자안(朴子安)을 경기·충청·전라도 수군도체찰사(水軍都體察使), 풍천군(豐川君) 심구령(沈龜齡)과 우군동지총제 유습(柳濕) 및 좌군동지총제 김만수(金萬壽)를 삼도조전절제사(三道助戰節制使), 좌군동지총제 김중보(金重寶, ?~1413년)[6]를 풍해도 병마도절제사 겸 수군도절제사로 삼았다. 이때 왜구(倭寇)가 몹시 자주 출몰해 충청도 도관찰사 유정현(柳廷顯)이 급히 보고해[飛報 비보] 말했다.

'도내에 병선수(兵船數)가 적어 적을 당할 수 없으니 급히 경기(京畿)의 병선을 내어 추포(追捕)하게 하소서.'

이에 자안(子安) 등에게 명해 경기의 병선을 거느리고 가게 하고 각각 활과 화살을 주어 그날로 출동하게 했다. 의정부는 숭례문(崇禮門) 밖에서 전송하고 좌부대언(左副代言) 안순(安純)을 보내 선온(宣醞-임금이 내려준 술)을 싸 가지고 가서 위로해 보냈다.

○ 충청도 병마도절제사 이도분(李都芬)에게 구마(廐馬) 한 필을 내려주었다. 왜구가 결성현(結城縣)에 침입하자 도분이 이들과 싸워 적 3급(級)을 베었다. 대호군 원윤(元胤)을 보내 궁온(宮醞)을 내려 주어 위로했다.

---

6 2차 왕자의 난 뒤에 대호군으로서 한규(韓珪)와 함께 이방간(李芳幹) 부자를 토산(兎山)에까지 호송했으며 1408년에는 풍해도 병마도절제사로서, 또 경기좌우도 조전첨제절사(京畿左右道助戰僉制節使)로서 왜구 방어에 차출돼 공을 세웠다. 왜구 방어와 여진 정벌에 탁월한 재능을 보였는데 특히 1410년 조연(趙涓)의 지휘 하에 신유정(辛有定)·곽승우(郭承祐) 등과 함께 두만강을 건너 여진족 지휘관 8명을 비롯, 부족 수백 명을 토벌한 것은 대표적인 군공으로 기록되고 있다. 이후 호용시위사총제(虎勇侍衛司摠制)를 거쳐서 충청도병마도절제사 등을 역임했다.

무오일(戊午日-9일)에 남성군(南城君) 홍서(洪恕, ?~1418년)[7]를 (경기도) 수원(水原)에 두었다[置(치)=安置(안치)]. 서(恕)가 (지난해 사은사로 명나라) 경사(京師)에 갈 때 형조좌랑 김위민(金爲民)[8]이 서장관(書狀官)이 됐는데 사사로이 소목(蘇木-약재)을 싸 가지고 가다가 행대감찰(行臺監

조의 잠저(潛邸)에서 생활하면서 항상 태조의 측근에 있었다. 1388년 이성계가 위화도에서 회군할 당시에는 중랑장(中郎將)이 돼 정기(精騎-정예기병)를 인솔하고 앞장서서 큰 공을 인정받았다. 1392년 조선이 건국되면서 원종공신(原從功臣)이 되어 상호군(上護軍)에 오른 뒤, 이조·호조·예조의 전서(典書)를 거쳐 순녕군(順寧君)에 봉해졌고 좌상군사(左廂軍士)를 겸했다. 1398년(태조 7년) 이방원(李芳遠)에 의해 정도전(鄭道傳)·남은(南誾) 등이 척살되는 1차 왕자의 난이 일어났을 때 이 일에 연루돼 귀양을 갔다가 1400년 방원이 왕위(태종)에 오르자 유배에서 풀려나서 다시 순녕군에 봉해졌다. 1414년(태종 14년) 영공안돈녕부사(領恭安敦寧府事)에서 우의정에 오른 뒤 좌의정을 거쳐 1418년 영의정으로 치사했다가 다시 영돈녕부사가 됐다.

7 고려말에 대호군을 역임하고 1399년(정종 1년) 우군동지총제가 됐다가 1400년(태종 즉위년) 12월 시위에 소홀한 일로 파직됐으나 이듬해 좌명공신(佐命功臣) 4등에 책록되면서 남성군(南城君)에 봉해졌다. 1402년 전라도 병마도절제사로 파견돼 왜구를 소탕했으며 1407년 사은사(謝恩使)가 돼 명나라에 다녀왔다. 이때 전년의 사행시에 사물을 매매한 죄로 수원부에 안치됐으나 그해 남성군에 복봉됐다. 1412년 개천도감제조(開川都監提調)가 되고 곧이어 남양군에 개봉(改封)됐다가 병으로 죽었다.

8 1403년(태종 3년)에 조선 최초의 금속활자인 계미자(癸未字)를 동(銅)으로 만드는 일에 수녕부승의 자격으로 참여했다. 1406년(태종 6년)에는 신량(身良), 수군(水軍), 석이(石伊)의 죄를 본원에 알리지 않고 옥에 가둔 일과 어버이가 병이 나자 광주(光州)로 내려가서 여러 날을 머물면서 역마(役馬)를 간청한 일 등으로 인해 사헌부의 탄핵을 받아 우정언(右正言) 직에서 파직됐다. 이때인 1408년(태종 8년)에는 남성군(南城君) 홍서(洪恕)가 사행을 가면서 사사로이 소목(蘇木)을 가지고 가서 매매(賣買)를 하려다 행대감찰(行臺監察) 이유희(李有喜)에게 규찰당한 일로 파직됐다. 1426년(세종 8)에는 제주(濟州)로 파견돼 백성들의 생활을 살피고 제주목사(濟州牧使) 조희정(趙希鼎), 전 정의현감(旌義縣監) 양맹지(梁孟智), 대정현감(大靜縣監) 이신(李伸) 등을 국문하는 계를 올리면서 백성을 괴롭히는 폐단 10개조를 언급했다. 1428년(세종 10년)에는 전라도의 금산수령(錦山首領)으로 부임했다. 그는 임지에서 동헌(東軒)을 새로 중수하고 북쪽에 영벽루(映碧樓)라는 누각을 짓고 시회(詩會)를 여는 등의 활동을 해 문학(文學)으로서 사림(士林)의 추앙을 받았다. 1445년(세종 27년)에는 김위민의 파면이 있었는데 성균관 생원들이 파면 반대 상소를 올릴 정도로 인망이 있었다. 1455년(세조 1년)에는 원종공신 3등에 녹훈(錄勳)됐다.

察)[9] 이유희(李有喜)에게 규찰당했다. 타각부(打角夫)[10] 한중로(韓仲老)는 사사로이 세포(細布)를 진헌방물(進獻方物) 궤짝 속에 감췄다가 (명나라) 조정(朝廷)에 이르러 내사(內使)가 방물을 점검하던 중 (감추어둔 세포를) 보고서 힐난(詰難)하니 서 등이 대답하지 못했다. 서가 또 타고 다니던 개인말[私馬(사마)]을 팔아서 채견(綵絹)을 사가지고 왔는데 이때에 이르러 일이 발각됐다. 헌부(憲府)에서 탄핵하니 상은 서가 공신(功臣)이니 논하지 말라 하고, 그 종관(從官)을 죄주라고 명했다. 헌부에서 말씀을 올렸다.

'전하께서 사대(事大)를 지성(至誠)으로 하는 것은 중국이 일찍이 아는 바인데 서(恕)가 사사로운 물건을 가지고 가서 전하께서 친히 봉(封)하신 진헌 방물(進獻方物)의 궤짝 속에 감췄다가 조정(朝廷)에서 발각됐습니다. 만일 "사사로운 물건을 감춘 자는 한중로(韓仲老)이니 서가 무슨 관계가 있느냐?"고 말씀하신다면 호시(虎兕-호랑이와 외뿔 들소)가 합(柙-우리)에서 나오고 구옥(龜玉)이 독(櫝) 속에서 깨지는 것이 누구의 허물입니까?[11] 하물며 상국(上國)에 사명(使命)을

9 사헌부에서 사신단에 파견된 감찰(監察)이다.

10 조선조(朝鮮朝) 때 중국에 보내던 사신(使臣) 일행의 모든 기구를 감수(監守)하는 사람으로 역관의 하나다.

11 이는 『논어(論語)』 「계씨(季氏)」편에 나오는 말이다. 계씨가 장차 부용국 전유를 치려 하니 염유와 계로가 공자를 찾아 뵙고 말한다. "계씨가 장차 전유를 정벌하는 일(事)이 있을 것입니다."
공자는 말했다. "구(염유)야! 네가 이 잘못을 한 것 아니냐? 모름지기 전유는 옛날에 선왕이 동몽산의 제주로 삼았고 또 그 나라가 우리나라 영토 범위 안에 있으니 이는 노나라 사직을 지켜온 신하다. 어찌 정벌할 필요가 있겠는가?"
이에 염유가 변명했다. "계손께서 정벌하려 했을지언정 우리 두 신하된 사람은 모두 정벌을 원하지 않았습니다."

받들고 가서 불경(不敬)한 죄가 이미 나타났는데 종관만 죄를 주면 형전(刑典)에 어떠하겠습니까? 또 무역으로 이익을 꾀하는 것이 대신의 일이 아닌데 개인 말을 팔아 물건을 샀으니 탐오(貪汚)가 이보다 더 심할 수 없습니다. 청컨대 율(律)에 의해 과죄(科罪)해 뒷사람을 징계해야 할 것입니다.'

소(疏)를 궁중에 머물러 두었다. 다시 말씀을 올렸다.

"서(恕)가 공신이자 재상(宰相)으로서 (명나라) 조정(朝廷)에 사명(使命)을 받들었으니 진실로 마땅히 조심해 직무를 받들어야 할 터인데 도리어 간탐(姦貪)하고 무식한 한중로(韓仲老)와 장호(張浩)의 말을 듣고서 행대 감찰(行臺監察)이 의주(義州)에 이르러서 가지고 있는 사물(私物)을 조사할 때에 핑계하여 말하기를 "궤(樻)는 어인(御印)으로 봉(封)한 것이어서 열고 닫을 수 없다"라고 했으니 얕은 꾀를 쓴 것이 명백합니다. 한중로가 감히 사사로운 물건을 궤 속에 감췄다가 조정(朝廷)에서 발각됐는데, 서가 죄를 힐난할 즈음에 곧 발명(發明)하지 못했고, 본국(本國)에 돌아와서도 계달(啓達)하지 않고 있다가, 10여 일을 지체하여 김위민(金爲民)의 말을 기다려서 감

공자는 말했다. "구야, 주임이 한 말 중에 이런 말이 있다. '온 힘을 다해 지위에 나아가서 능히 할 수 없는 자는 그만두라'고 했으니 (모시는 주군이) 위태로운데도 잡아주지 않고 넘어지려는 데도 부축해주지 못한다면 장차 어디다 저 신하를 쓰겠느냐? 또 너의 말은 지나치다. 호랑이와 외뿔들소가 우리에서 뛰어나오고 고귀한 거북등껍질과 옥이 궤 속에서 훼손되는 것, 이것이 누구의 잘못이겠는가?" 이에 대한 정약용의 풀이다. "호랑이와 들소는 계씨의 난폭하고 도리에 거슬리는 행위를 비유한 것이고 거북등껍질과 옥은 계씨의 존귀함을 비유한 것이다. (호랑이와 들소가) 뛰쳐나가 (사람들을) 들이받고 물면 이는 우리를 지키던 자의 죄이며, (거북등껍질과 옥을) 훼손하여 파괴하면 이는 궤짝을 지키던 자의 죄이다. 계씨가 악을 행하여 죄를 짓는 것은 가신이 그 허물을 지지 않을 수 없음을 밝힌 것이다."

히 정상을 숨기지 못했으며, 또 중로(中路)에서 말을 팔아 물건을 샀으니 부끄러움이 없기가 이보다 심할 수 없습니다. 청컨대 서의 직첩(職牒)을 회수하고 국문(鞫問)해 논죄(論罪)해야 할 것입니다. 통사(通事) 정교(鄭喬)와 압물(押物)[12] 장호(張浩) 한중로(韓仲老)는 이미 직첩을 회수하고 가뒀으며 도망 중인 공명의(孔明義)는 곧 옥사(獄事)가 이뤄진 것과 같으니 빌건대 형조(刑曹)로 하여금 죄상의 경중에 의하여 죄를 결단하게 하시고, 김위민은 금물(禁物)을 가지고 매매를 행하려 했으니 정상과 연유를 국문해 또한 법에 의거해 처치해야 할 것입니다.'

명하여 서는 자원(自願)에 따라 안치(安置)하고 위민은 파직(罷職)시켰으며 중로는 장(杖) 80대에 처했다.

○ 형조(刑曹)에서 아뢰어 말했다.

"『경제육전(經濟六典)』에 '국경(國境)을 넘어 장사하는[興利 흥리] 자는 전물(錢物)의 많고 적은 것을 논하지 않고 수범(首犯)인 자는 전형(典刑)한다'라고 했습니다. 지금 한중로(韓仲老)와 장호(張浩) 등이 진헌하는 종이의 궤짝 속에다 나라에서 금하는 포물(布物)을 은밀히 감췄다가 행대감찰이 잡물(雜物)을 수색할 때 진헌궤(進獻樻)를 열고자 하니 두 사람이 대답하기를 '의정부(議政府)에서 싸고 어인(御印)을 찍어 봉(封)했다'라고 하고서 이를 열지 못하게 했는데 봉천문(奉天門)에 이르러 종이를 진헌할 즈음에 포물(布物)이 발견돼 중국(中國)에 비웃음을 샀습니다. 청컨대 『육전(六典)』에 의거해 논죄하시

12 사신단 역관 중에서 물건을 관리하는 사람을 말한다.

고, 종범(從犯)인 정교(鄭喬)와 공명의(孔明義)는 장 100대를 때려 유 3,000리(流三千里)[13]에 처해야 할 것입니다."

명하여 각각 1등(等)을 감해 시행하게 했다.

○사간원에서 말씀을 올렸다.

'홍서(洪恕)가 사명(使命)을 받들고 입조(入朝)할 때 싸 가지고 가던 진헌물(進獻物) 궤짝 속에 포물(布物)을 몰래 숨겨뒀다가 제정(帝庭)에서 발각됐고[現=見] 또 개인 말을 가지고 무역을 감히 행해 상국(上國)에 비웃음을 샀습니다. 일찍이 대신으로서 이런 행동을 한 사람이 있습니까? 만일 전하(殿下)의 사대(事大)하시는 정성이 천심(天心)을 감격하게 하지 않았다면 어찌 상국의 견책과 노여움을 사지 않았겠습니까? 이것은 종사(宗社)에 관계되는 것이니 마땅히 먼저 (책임을) 물었어야 할 것입니다. 지난번에 지평(持平) 유빈(柳濱)이 이것은 내버려두고서 논하지 않고, 종자(從者)인 정교(鄭喬) 장호(張浩) 한중로(韓仲老)의 죄만을 청했으니 본말(本末)과 경중(輕重)의 차례를 크게 잃었습니다. 지금 헌부에서 다시 홍서의 죄를 논핵해 두 번이나 그 청을 거듭했사온데 전하께서 특별히 공신이란 이유로 너그러운 법전을 가해 자원(自願)에 따라 안치(安置)하셨으니 신 등은 남몰래 전하를 위하여 매우 실망하고 있습니다. 바라건대 헌사(憲司)에서 아뢴 바에 따라 그 직첩을 거두고, 유사(有司)에게 맡기시어 율(律)에 의거해 시행해야 할 것입니다. 그리고 지평(持平) 유빈(柳濱)의 소임을 잃은 죄[失任之罪] 또한 징계하지 않을 수 없습니다.'

13 3,000리 밖으로 유배 보내는 것을 말한다.

소(疏)가 올라가자 궁중(宮中)에 머물러 두었다. 사간원에서 또 소를 올려 말했다.

'사대(事大)의 예(禮)는 삼가지 않을 수 없기 때문에 차견(差遣-파견)하는 신하도 잘 선택하지 않을 수 없습니다. 근래에 조빙 왕래(朝聘往來)가 빈번함으로 인해 사신을 보낼 때 제대로 선택할 겨를이 없어 무릇 재상(宰相)이 된 자는 으레 차례로 보내게 되니 그 결과 그중에 간혹 더럽고 인색하며 부끄러움이 없는 자가 전재(錢財)를 가지고 들어가 조정(朝廷)에 웃음거리가 되기를 홍서(洪恕)와 같은 자가 있었습니다. 우리는 동방(東方) 예의(禮義)의 나라로서 이 같은 오욕(汚辱)의 이름을 얻어 상국(上國)의 무시를 당하게 되니 어찌 마음이 아프지 않겠습니까? 바라건대 이제부터 무릇 중국(中國)에 사신을 보낼 때에는 반드시 정부(政府)와 대간(臺諫) 육조(六曹)로 하여금 물망(物望)이 많은 자를 뽑아 고르게 하고, 전하께서 다시 신중하게 간택(簡擇)하면 거의 상의 명령을 욕되게 하지 않을 것입니다. 또 왕래할 때에 이미 역마(驛馬)가 있으니 반드시 사마(私馬)를 가지고 상국에 갈 필요도 없습니다. 마땅히 엄격하게 금해 영리를 도모하는 계책을 뿌리뽑아야 할 것입니다.'

의정부에 내려 깊이 토의하게 하니 정부에서 이렇게 의견을 모았다.

"경사(京師)에 가는 대소사신(大小使臣)은 전례(前例)에 의거해 차견(差遣)하고, 그중에 만일 전대(專對)[14]하지 못할 사람이 있으면 대

---

14 이는 『논어(論語)』 「자로(子路)」편에 나오는 말로 외교관의 핵심 능력 중 하나가 바로 전

간(臺諫)이 그때마다 아뢰게 하며, 개인말을 가지고 가는 것은 장신(狀申)에 따라 일절 금지해야 할 것입니다."

그것을 따랐다.

기미일(己未日-10일)에 공안부판사(恭安府判事) 박자청(朴子靑)과 검교 한성부판사(檢校漢城府判事) 유한우(劉旱雨)에게 전지(田地) 40결(結)씩을 내려주고 또 선공소감(繕工少監) 홍리(洪理)에게 말 1필을, 주부(注簿) 반영(潘泳)에게 쌀과 콩 15석을, 사복직장(司僕直長) 이형(李逈)에게 쌀과 콩 20석을 내려주었다. 자청(子靑) 등이 제릉(齊陵)의 석란(石欄-돌난간)과 석인(石人) 등의 역사(役事)를 감독해 잘 끝냈다고 고했으므로 상준 것이다.

경신일(庚申日-11일)에 진경(陳敬)과 이빈(李賓)이 서교(西郊)에서 매사냥[放鷹]을 구경하는데 우대언(右代言) 이승간(李承幹)을 보내 선온(宣醞)을 싸 가지고 가서 영서역(迎曙驛)에서 기다리게 했다. 이보다 먼저 경(敬) 등이 관문(館門)을 나왔다가 우연히 한산 부원군(漢山府院君) 조영무(趙英茂)의 가인(家人)이 매를 가지고 지나가는 것을 보고서 마침내 이를 빼앗았는데 이날 교외(郊外)에 나가서 시험한 것이었다.

권을 갖고서 응대할 수 있는 능력임을 강조한 것이다. 공자는 말했다. "『시경』 삼백편을 외우더라도 정사를 맡겼을 때 잘하지 못하고, 외국에 사신으로 나가 혼자서 응대하여 처결하지[專對] 못한다면 비록 많이 배웠다 한들 또한 어디에다 쓰겠는가?"

○ 전 문하부지사(門下府知事) 조림(趙琳)[15]이 졸했다. 조회(朝會)를 3일 동안 정지하고 강소공(康昭公)이란 시호(諡號)를 내려주었다.

신유일(辛酉日-12일)에 이직(李稷) 등이 뽑은 김자(金赭, ?~1428년)[16] 등 33인을 인정전(仁政殿)에서 복시(覆試)[17]해 어변갑(魚變甲, 1381~1435년)[18]을 제일(第一)로 삼고 변갑(變甲)에게 교서부교리(校書副校理)를 제수했다.

---

15 고려말 문과에 급제하여 여러 요직을 거치고 은천군(銀川君)에 봉해졌다. 1386년(우왕 12년) 한양도원수 겸한양부윤이 됐고, 1388년 밀직사사가 돼 명나라에 다녀왔다. 위화도 회군 뒤 이성계(李成桂)에 의해 최영(崔瑩)과 함께 요동을 친 죄로 풍주(豊州)에 장류(杖流)됐다. 1392년(태조 1년) 조선이 개국되자 풀려나서 개국원종공신이 됐고, 책봉주청사(冊封奏請使)로 명나라에 가서 태조를 권지고려국사(權知高麗國事)에 봉한다는 명제(明帝)의 조서를 받아 돌아왔다. 1394년 지문하부사(知門下府事)가 돼 성절사(聖節使)로 명나라에 다녀왔다. 나라의 중요한 임무를 띠고 외교사절로 세 번이나 명나라를 다녀왔지만, 그때마다 자기의 맡은 바를 충실히 수행했다. 1395년 찬성문하부사(贊成門下府事)가 돼 과전(科田)을 과다하게 받은 죄로 파직됐다가 죽은 뒤에 복직됐다.

16 이때인 1408년(태종 8년) 생원으로 진사시에 급제해 부교리(副校理)를 제수받고 1416년 이조정랑으로 문과 중시에 장원, 직예문관(直藝文館)이 됐다. 1422년 부대언(副代言)이 되고 다른 관직을 여러 차례 역임한 뒤 1426년 우대언(右代言)에 이르렀으며, 이듬해 인정전(仁政殿) 문과 전시 때 대독관(對讀官)이 됐다. 뒤에 관직이 좌대언에 이르렀다.

17 서울과 지방에서 초시에 합격한 자들을 재시험하여 합격자를 정하는 중요한 시험으로 이 복시에 뽑힌 자만이 마지막 3단계의 전시(殿試)에 진출할 수 있었다. 잡과만은 이 복시만으로 합격자를 결정했다.

18 1408년(태종 8년) 식년문과에 장원한 뒤 교서관 부교리·성균관 주부를 거쳐 좌정언(左正言)·우헌납(右獻納) 등을 역임했다. 충주판관일 때 아버지 어연은 하양현감이었는데 부자의 직책을 바꿔달라 상소해 태종은 어연의 직급을 올려주었다. 1420년에 집현전이 발족되자 응교(應教)로서 지제교(知製教)·경연검토관(經筵檢討官)을 겸임하고, 1424년에는 집현전 직제학이 됐다. 늙은 어머니 봉양을 위해 관직을 버리고 함안으로 돌아갔다. 조정에서 어변갑의 행동과 의리를 아껴 김해부사 사간 등의 벼슬을 내렸으나 취임하지 아니하고 세상을 마쳤다.

계해일(癸亥日-14일)에 일본 통신관(日本通信官) 박화(朴和)가 본국(本國)에서 잡혀간 남녀 100여 인을 추쇄(推刷)해 돌아왔다.

○각도(各道) 양전 경차관(量田敬差官)의 죄를 차등 있게 처단(處斷)하도록 명했다. 사헌부에서 각도 경차관이 전지(田地)를 높고 중하게[高重 고중] 측량한 자를 핵문(劾問)하고, 전객(佃客-농민)들이 아뢴 소장(訴狀)의 수(數)를 갖춰 아뢰었다.

'내섬시판사(內贍寺判事) 김여지(金汝知)는 아뢴 자가 342인이고, 전 의랑(議郎) 임중선(任中善)은 아뢴 자가 268인이고, 형조우참의(刑曹右參議) 정역(鄭易)은 아뢴 자가 201인이고, 홍주목사(洪州牧使) 허해(許晐)는 아뢴 자가 135인이고, 전 교수관(敎授官) 한은(韓殷)은 아뢴 자가 150인이고, 은주지사(殷州知事) 한온(韓穩)은 아뢴 자가 136인이고, 전 현령(縣令) 허취(許就)는 아뢴 자가 177인이고, 순흥 부사(順興府使) 박수기(朴竪基)는 아뢴 자가 64인이고, 전 예빈시판사(禮賓寺判事) 정절(鄭節)은 아뢴 자가 59인이고, 전 사윤(司尹) 김관(金灌)과 사복 정(司僕正) 이옹(李邕) 등 10인은 아뢴 자가 모두 50명 이하입니다.'

명하여 현임관(現任官)은 정직(停職)시키고, 전직 관리[前銜 전함]는 자원(自願)에 따라 부처(付處)하게 하고, 50명 이하인 자는 거론하는 것을 보류하게 했다[安徐 안서].

○사헌부에서 또 각도(各道)의 양전차사원(量田差使員)과 감고(監考) 등이 매(每) 10분(分)에 2분(分) 이상을 축소한 것을 핵문해 이름으로 아뢰었다.

'차사원(差使員)은 지금의 통례문 인진사(通禮門引進使) 황눌(黃

訥), 풍저창사(豐儲倉使) 임인산(林仁山), 공조좌랑 황득수(黃得粹) 등 14인이고, 감고(監考)는 전 산원(散員) 김유지(金有智), 전 역승(驛丞) 정맹명(丁孟明) 등 59인입니다. 일찍이 내린 교지(敎旨)에 의거하여 논죄(論罪)할 것을 청합니다.'

명하여 현임관(現任官)은 정직(停職)시키고, 전함(前銜-전직)은 자원(自願)에 따라 부처(付處)하게 했다.

경오일(庚午日-21일)에 경외(京外)의 이죄(二罪)[19] 이하의 죄수를 사면했다. 태상왕(太上王)이 다시 평안치 못했기[未寧]미령 때문이었다. 역마(驛馬)로 양홍달(楊弘達)을 불러 태상의 병을 치료하게 했다. 홍달(弘達)이 이때 세자의 행차를 따라갔기 때문이다.

○ 진경(陳敬) 등이 서교(西郊)에서 매사냥을 하니 의정부(議政府)가 반송정(盤松亭)에서 기다렸다가 연향(宴享)을 베풀었다.

○ 김천석(金天錫)과 하자종(河自宗)이 (명나라) 경사(京師)에서 돌아왔는데 (황제가) 삼가 내려준[欽賜]흠사 『고황후전(高皇后傳)』을 싸 가지고 왔다.

○ 이조(吏曹)에서 사람을 천거하는 법[薦人之法]천인 지 법을 올렸다. 말씀을 올렸다.

"무릇 사람의 재주는 한 달이나 한 해에 성취되는 것이 아닙니다. 비록 각사(各司)로 하여금 한 해에 두 번 천거(薦擧)하게 한다 해도 인재(人才)에 있어서는 다시 (좋은 인재를) 얻는 바는 없고, 한갓 문

19 참죄(斬罪)와 교죄(絞罪)를 말한다.

서만을 허비할 뿐입니다. 바라건대 이제부터 서울과 외방의 대소 관원이 천거한 것을 유(類)에 따라 직품(職品)을 나눠 책(冊)을 만들어 뒀다가 매번 전주(銓注)할 때가 되면 품(品)에 따라 계문(啓聞)해 낙점(落點)을 받아서 제수(除授)하게 하고, 혹은 3년, 혹은 5년 뒤에 인재의 성취(成就)를 기다려서 다시 천거하게 해 영원히 항규(恒規)로 삼아야 합니다. 만일 재주를 가진 유일(遺逸)[20]이 있거든 대소관(大小官)으로 하여금 연한(年限)에 구애치 말고 실봉(實封)[21]해 특천(特薦)하게 해야 할 것입니다."

○ 의정부(議政府)에서 각도(各道) 병선(兵船)의 수(數)를 늘릴 것을 청했다.

"경기 좌우도(京畿左右道)의 원수(元數-정해진 수)가 51척인데 지금 25척을 더 정하고, 전라도는 원수가 81척인데 30척을 더 정하고, 경상도는 원수가 137척인데 지금 50척을 더 정하고, 풍해도는 원수가 26척인데 지금 20척을 더 정하고, 강원도는 원수가 16척인데 지금 10척을 더 정하고, 충청도는 원수가 47척인데 지금 30척을 더 정하고, 서북면(西北面)은 원수가 40척인데 지금 15척을 더 정하고, 동북면(東北面)은 원수가 30척인데 지금 5척을 더 정하여 상항(上項)의 선척(船隻)을 관찰사들이 각관(各官)의 잔성(殘盛) 등차(等差), 재목(材木)의 유무(有無), 그리고 운반하기에 어렵고 쉬운 것으로 분간(分揀)해 일의 실상을 정해 만들게 해야 할 것입니다."

---

20 벼슬의 등용(登用)에서 제외된 사람을 말한다.

21 상주문(上奏文)이나 문서 따위를 봉함(封緘)하여 올리는 것을 말한다.

그것을 따랐다.

○ 서흥 현령(瑞興縣令) 박지(朴持)를 인주(仁州-인천)로 유배 보냈다. 헌부(憲府)에서 말씀을 올렸다.

"지(持)는 정해(丁亥)년에 풍해도(豊海道) 녹전 차사원(祿轉差使員)이 돼 계수관(界首官)의 평교 두승(平校斗升)을 쓰지 않고 임의로 각관(各官)의 말과 되를 마음대로 조작해[雕掘](조굴) 매(每) 한 말에 한 되를 남기고, 한 되에 두 홉을 남겼으니 백성을 괴롭히고 근심을 끼친 죄가 심합니다."

이에 유배를 보냈다.

신미일(辛未日-22일)에 공안부윤(恭安府尹) 민량(閔亮)이 졸했다. 종이 100권을 부의(賻儀)하고 곽(槨)을 내려주었다. 량(亮)은 여흥 부원군(驪興府院君) 제(霽)의 아우다.

○ 한성부판사 김한로(金漢老)를 사은사(謝恩使)로 삼았다. 사간원(司諫院)에서 소(疏)를 올려 말했다.

'공자(孔子)가 말하기를 "몸을 행함에 있어 부끄러워할 줄 알고, 사방(四方)에 사신(使臣)으로 가서 군명(君命)을 욕되게 하지 않아야 선비라 할 수 있다"[22]라고 했습니다. 그렇다면 사명(使命)을 받드는 신하

---

22 이는 『논어(論語)』「자로(子路)」편에 나오는 말이다. 자공이 묻는다. "어찌해야 선비라 이를 수 있습니까?" 공자는 말했다. "몸가짐에 부끄러워함이 있으면서 사방으로 사신이 되어 가서 임금의 명에 욕됨이 없게 한다면 선비라 이를 수 있다." 이에 대한 주희의 풀이다. "자공은 말을 잘했다. 그러므로 사신 가는 일을 가지고 말씀하셨으니, 사신 노릇하기의 어려움이 비단 말만 잘하는 것을 귀히 여길 뿐만이 아니다."

는 반드시 몸을 행함에 부끄러워할 줄 안 연후에야 마침내 군명(君命)을 욕되게 하지 않을 수 있는 것입니다. 한성부판사 김한로는 일찍이 (명나라) 조정(朝廷)에 사신(使臣)으로 갈 때 장사꾼 백귀(白貴)를 변명(變名)시켜 평양(平壤)까지 데리고 갔다가 국가에서 저지(沮止)한 바 있습니다. 그 몸을 행함에 부끄러움이 없기가 이미 이와 같은데 지금 또 사은사의 명을 받아 (명나라) 경사(京師)에 가게 됐습니다. 사은(謝恩)은 국가의 대사(大事)이고, 오늘날의 일은 더욱 중하건만 어찌 부끄러움이 없는 사람으로 시킬 수 있습니까? 엎드려 바라옵건대 재택(裁擇)하여 시행하셔야 할 것입니다.'

소(疏)가 올라가자 상이 장무(掌務)인 정언(正言) 이종화(李種華)를 불러 뜻을 전해 말했다.

"내가 이 사람을 보내려던 것은 다만 휴척(休戚)을 같이하기 때문에 반드시 사신(使臣)의 일에 삼가리라 생각했던 것이다. 지금 내가 이미 경 등의 청을 윤허했으니 의정부(議政府)로 하여금 다른 사람을 골라 대신하게 하고 경 등은 부디 이 말을 누설하지 말라."

계유일(癸酉日-24일)에 태상왕(太上王)의 구병정근(救病精勤)을 사리전(舍利殿)에 베풀었다. 상왕(上王)이 친히 향(香)을 태우며 밤새도록 불상(佛像) 앞에 꿇어앉아 팔뚝에 불을 지지기[燃臂(연비)]를 12심지[炷(주)]나 했다.

○ 완평군(完平君) 이조(李朝)가 졸했다. 부의(賻儀)로 쌀 40석, 콩 30석, 종이 150권을 내려 주고 조회(朝會)를 3일 동안 정지했다. 조

(朝)는 원계(元桂)[23]의 아들이다.

○ 패(牌)가 없는 매[鷹子(응자)]의 금지를 거듭 밝혔다[申明(신명)].

갑술일(甲戌日-25일)에 상이 안장 있는 말과 궁대(弓帒-활집) 전통(箭筒-화살통)을 진경(陳敬)과 이빈(李賓)에게 주었다.

을해일(乙亥日-26일)에 (충청도) 면주지사(沔州事知) 이치(李致)와 당진감무(唐津監務) 김숙량(金叔良)에게 태형(笞刑) 50대를 때려 환임(還任)시켰다. 왜적(倭賊)이 당진과 면주에 침입해 세 사람을 죽이고 한 사람을 사로잡아 갔다. 치(致)와 숙량(叔良)이 영을 어기고 들판을 비워 성안에 거둬들이지 않았기 때문에 적에게 노략질을 당한 것이다.

○ 환자(宦者) 윤흥부(尹興阜)와 윤덕흥(尹德興) 등 네 사람을 순금사(巡禁司)에 가뒀다가 조금 뒤에[尋(심)] 풀어주었다. 상이 태상왕(太上王)의 피병소(避病所)에 나아가 문안하고 돌아오는데 호위사(扈衛司) 제원(諸員) 세 사람이 어도(御道)를 범하고 지나갔기 때문에 상이 흥부(興阜) 등이 (사전에 제대로) 고찰하지 못한 죄를 꾸짖은 것이다.

---

23 태조 이성계(李成桂)의 백형이다. 자식으로는 이양우(李良祐), 이천우(李天祐), 이조(李朝), 이백온(李伯溫) 등 아들 4형제와 딸 4명을 두었다.

庚戌朔 世子隨從官上護軍李公孝 判軍器監事郭海龍 回自
경술 삭 세자 수종 관 상호군 이공효 판군기감사 곽해룡 회자
京師 啓以皇帝接待之厚 賞賜之隆; 世子於正月十六日發南京
경사 계 이 황제 접대 지 후 상사 지 륭 세자 어 정월 십육 일 발 남경
二月十七日到北京 安穩回還. 上甚喜 各賜鞍馬 靜妃亦各賜帛
이월 십칠 일 도 북경 안온 회환 상 심희 각 사 안마 정비 역 각 사 백
一匹. 議政府率百官詣闕陳賀.
일필 의정부 솔 백관 예궐 진하

下戶曹佐郎張安之于巡禁司獄. 田地改量折給之際 戶曹或以
하 호조좌랑 장안지 우 순금사 옥 전지 개량 절급 지 제 호조 혹 이
元屬軍資良田 易所厚者薄田 又多奪人良田 以給所厚者 物論
원속 군자 양전 역 소후 자 박전 우 다 탈 인 양전 이급 소후 자 물론
喧騰. 乃命戶曹曰: "京畿軍資屬田 一一磨鍊 成籍以聞." 戶曹
훤등 내 명 호조 왈 경기 군자 속전 일일 마련 성적 이문 호조
久未之啓 下安之于獄 問其故也. 下判漢城府事鄭矩 參議具宗之
구 미지 계 하 안지 우옥 문 기고 야 하 판한성부사 정구 참의 구종지
鄭耕 正郎閔審言 金以南 佐郎河逈于巡禁司獄. 以安之之事連及
정경 정랑 민신언 김이남 좌랑 하형 우 순금사 옥 이 안지 지 사 연급
也. 矩等以嘗經戶曹 亦在逮中. 矩 宗之 以南 審言 安之 逈 皆
야 구 등 이 상 경 호조 역 재 체중 구 종지 이남 심언 안지 형 개
罷職 唯鄭耕新除安州牧使將赴任 故特原之.
파직 유 정경 신제 안주목사 장 부임 고 특 원지

兵曹詳定各道軍營色掌遷轉之法. 各道節制使道色掌
병조 상정 각도 군영 색장 천전 지 법 각도 절제사도 색장
一百三十九名擊申聞鼓 乞敍用 下兵曹令詳定額數及職品高下
일백 삼십 구 명 격 신문고 걸 서용 하 병조 영 상정 액수 급 직품 고하
遷轉品次. 兵曹啓: "各道軍營凡十一所 每一道色掌 以十五人
천전 품차 병조 계 각도 군영 범 십일 소 매 일도 색장 이 십오 인
爲額 許五品以下入屬 十一道合爲一都目 其中到多者一人四品
위액 허 오품 이하 입속 십일 도 합 위 일도목 기중 도 다자 일인 사품
行司直去官. 司直二 副司直二 司正三 副司正四 皆以到多者
행사직 거관 사직 이 부사직 이 사정 삼 부사정 사 개 이도 다자

次第敍用.” 從之.
차제 서용 종지

癸丑 太白晝見經天.
계축 태백 주견 경천

乙卯 流兵曹佐郞柳暲于水原. 罷參議李潑 佐郞兪勉職. 有
을묘 유 병조좌랑 유장 우 수원 파 참의 이발 좌랑 유면 직 유

李所乙進者 以隊長爲兵曹使令 去官爲副司正. 柳暲家 與所乙進
이소을진 자 이 대장 위 병조 사령 거관 위 부사정 유장 가 여 소을진

家近 爭基限 所乙進與之抗衡憤爭 暲告本曹. 潑與勉召所乙進
가 근 쟁 기한 소을진 여지 항형 분쟁 장 고 본조 발 여 면 소 소을진

數其埋沒長官之罪杖之 所乙進擊鼓訟冤 下司憲府. 憲府上言:
수 기 매몰 장관 지 죄 장지 소을진 격고 송원 하 사헌부 헌부 상언

“李所乙進 雖出兵曹使令 今旣爲甲士 暲挾私憤 告本曹打傷;
이소을진 수 출 병조 사령 금 기 위 갑사 장 협 사분 고 본조 타상

李潑 兪勉聽信同僚私訟 輒將所乙進杖之; 李所乙進亦違敎越訴
이발 유면 청신 동료 사송 첩 장 소을진 장지 이소을진 역 위교 월소

俱各不當.” 故有是命. 李所乙進 亦令照律鑑後.
구 각 부당 고 유 시명 이소을진 역 령 조율 감후

倭船二十三隻 寇忠淸道水營 水軍僉節制使玄仁貴與戰 中矢而
왜선 이십 삼 척 구 충청도 수영 수군첨절제사 현인귀 여 전 중시 이

死 賊奪我兵船二隻.
사 적 탈 아 병선 이척

丙辰 宴欽差官陳敬 李賓于廣延樓下.
병진 연 흠차관 진경 이빈 우 광연루 하

命旌表嘉州蟲介女門閭 仍給米豆二十石. 西北面都巡問使
명 정표 가주 충개 녀 문려 잉급 미두 이십 석 서북면 도순문사

李龜鐵上言: ‘道內嘉州 有女名蟲介 年十六時 其母得惡疾.
이구철 상언 도내 가주 유 녀 명 충개 연 십육 시 기모 득 악질

蟲介聞生人之骨可治 遂折右手無名指 作末食之 又以其骨納諸
충개 문 생인 지 골 가치 수 절 우수 무명 지 작말 식지 우 이 기골 납 저

百會穴中 母病卽愈 今七年矣.’ 故有是命.
백회혈 중 모병 즉 유 금 칠년 의 고 유 시명

丁巳 以李枝爲順寧君 左軍都摠制朴子安爲京畿忠淸全羅道
정사 이 이지 위 순녕군 좌군 도총제 박자안 위 경기 충청 전라도

水軍都體察使 豐川君沈龜齡右軍同知摠制 柳濕左軍同知摠制
수군 도체찰사 풍천군 심구령 우군 동지총제 유습 좌군 동지총제

金萬壽爲三道助戰節制使 左軍同知摠制金重寶爲豐海道
김만수 위 삼도 조전 절제사 좌군 동지총제 김중보 위 풍해도

兵馬都節制使兼水軍都節制使. 時倭寇甚熾 忠淸道都觀察使
병마도절제사 겸 수군도절제사 시 왜구 심치 충청도 도관찰사

柳廷顯飛報: '道內兵船數少 不能當敵 請急發京畿兵船追捕.'
유정현 비보 도내 병선 수 소 불능 당적 청 급발 경기 병선 추포

乃命子安等領京畿兵船以行 各賜弓矢 卽日發行. 議政府餞于
내 명 자안 등 영 경기 병선 이행 각 사 궁시 즉일 발행 의정부 전 우

崇禮門外 遣左副代言安純 齎宣醞慰送之.
숭례문 외 견 좌부대언 안순 재 선온 위 송지

賜忠淸道兵馬都節制使李都芬廐馬一匹. 倭寇結城縣 都芬
사 충청도 병마도절제사 이도분 구마 일필 왜구 결성현 도분

與戰斬三級. 遣大護軍元胤 賜宮醞以慰之.
여전 참 삼급 견 대호군 원윤 사 궁온 이 위지

戊午 置南城君洪恕于水原. 恕之赴京也 刑曹佐郎金爲民爲
무오 치 남성군 홍서 우 수원 서 지 부경 야 형조좌랑 김위민 위

書狀官 私齎蘇木以行 爲行臺監察李有喜所糾.① 打角夫韓仲老
서장관 사재 소목 이행 위 행대감찰 이유희 소규 타각부 한중로

私藏細布於進獻方物樻內 及至朝廷 有內使點視方物 見而詰之
사장 세포 어 진헌 방물 궤 내 급지 조정 유 내사 점시 방물 견 이 힐지

恕等無以對. 恕又賣所騎私馬 易綵絹而來. 至是事覺 憲府劾之
서 등 무이 대 서 우 매 소기 사마 역 채견 이 래 지시 사각 헌부 핵지

上以恕功臣勿論 命罪其從官. 憲府上言.
상 이 서 공신 물론 명죄 기 종관 헌부 상언

'殿下事大至誠 中國之所曾知 而恕將私物 藏諸殿下親封進獻
전하 사대 지성 중국 지 소증지 이 서 장 사물 장 저 전하 친봉 진헌

樻內 發於朝廷. 若曰藏私物者 韓仲老也 恕何與焉 則虎兕出
궤 내 발 어 조정 약왈 장 사물 자 한중로 야 서 하 여 언 즉 호시 출

柙 龜玉毁樻 是誰過歟? 況奉使上國 不敬之迹已見 而但罪從官
합 구옥 훼 독 시 수과 여 황 봉사 상국 불경 지 적 이현 이 단 죄 종관

其於刑典何哉? 且貿易爲利 非大臣之事 賣馬得貨 貪汚莫甚. 乞
기어 형전 하재 차 무역 위리 비 대신 지 사 매마 득화 탐오 막심 걸

依律科罪 以懲後來.'
의율 과죄 이징 후래

疏留中. 又上言.
소 유중 우 상언

'洪恕以功臣宰相 奉使朝廷 誠宜小心奉職 反聽姦貪無識
홍서 이 공신 재상 봉사 조정 성의 소심 봉직 반 청 간탐 무식

韓仲老 張浩之言 行臺監察至義州 考察挾持私物之時 托言樻子
한중로 장호 지 언 행대감찰 지 의주 고찰 협지 사물 지 시 탁언 궤자

御印所封 不可開閉 用謀明白. 韓仲老敢以私物 納諸樻內 見於
어인 소봉 불가 개폐 용모 명백 한중로 감 이 사물 납 저 궤 내 현 어

朝廷 恕於詰罪之際 不卽發明 回還本國 又不啓達 遲留十餘日
조정 서 어 힐죄 지 제 부즉 발명 회환 본국 우 불 계달 지류 십 여일

待金爲民之言 不敢匿情; 又於中路 賣馬得貨 無恥莫甚. 乞將
대 김위민 지 언 불감 익정 우 어 중로 매마 득화 무치 막심 걸 장

洪恕職牒收取 鞫問論罪. 通事鄭喬 押物張浩 韓仲老 已曾職牒
홍서 직첩 수취 국문 논죄 통사 정교 압물 장호 한중로 이증 직첩

收取囚禁 其在逃孔明義 卽同獄成 乞令刑曹 依罪狀輕重斷罪.
수취 수금 기 재도 공명의 즉 동옥 성 걸령 형조 의 죄상 경중 단죄

金爲民挾持禁物 欲行買賣 鞫問情由 亦置於法.'
김위민 협지 금물 욕행 매매 국문 정유 역 치 어 법

命恕自願安置 爲民罷職 仲老決杖八十.
명 서 자원안치 위민 파직 중로 결장 팔십

刑曹啓曰: "經濟六典 越境興利者 勿論錢物多少 爲首者
형조 계왈 경제육전 월경 흥리 자 물론 전물 다소 위수 자

典刑. 今韓仲老 張浩等 於進獻紙櫃內 以國禁布物 隱密挾藏.
전형 금 한중로 장호 등 어 진헌 지 궤 내 이 국금 포물 은밀 협장

行臺監察 當雜物搜探 欲幷開進獻櫃子 二人答以議政府結裹
행대감찰 당 잡물 수탐 욕 병 개 진헌 궤자 이인 답 이 의정부 결과

御印着封 使不得開 及至奉天門 紙地進獻之際 布物乃見 貽笑
어인 착 봉 사 부득 개 급지 봉천문 지지 진헌 지 제 포물 내 현 이소

中國. 乞依六典論罪. 爲從鄭喬 孔明義 決杖一百 流三千里."
중국 걸 의 육전 논죄 위종 정교 공명의 결장 일백 유 삼천리

命各減一等施行.
명 각 감 일등 시행

司諫院上言:
사간원 상언

'洪恕奉使入朝 於所賫進獻櫃內 藏匿布匹 現於帝庭 又將私馬
홍서 봉사 입조 어 소재 진헌 궤 내 장닉 포필 현 어 제정 우 장 사마

敢行貿易 貽笑上國. 曾謂大臣而有如此之行乎? 若非殿下事大
감행 무역 이소 상국 증 위 대신 이 유 여차 지 행 호 약비 전하 사대

之誠 感格天心 豈不爲上國之譴怒乎? 是則關於宗社 固當先問.
지 성 감격 천심 기 불위 상국 지 견노 호 시즉 관어 종사 고 당 선문

向者持平柳濱 釋此不論 只請從者鄭喬 張浩 韓仲老等罪 殊失
향자 지평 유빈 석 차 불론 지 청 종자 정교 장호 한중로 등 죄 수 실

本末輕重之序. 今憲府更劾洪恕之罪 再申其請 殿下特以功臣之
본말 경중 지 서 금 헌부 갱 핵 홍서 지 죄 재신 기청 전하 특 이 공신 지

故 優加寬典 自願安置 臣等竊爲殿下缺望焉. 願依憲司所申 收
고 우 가 관전 자원안치 신등 절 위 전하 결망 언 원 의 헌사 소신 수

其職牒 付之有司 依律施行. 持平柳濱失任之罪 亦不可不懲.'
기 직첩 부지 유사 의율 시행 지평 유빈 실임 지 죄 역 불가 부징

疏上留中. 司諫院又上疏曰:
소상 유중 사간원 우 상소 왈

'事大之禮 不可不謹 故差遣之臣 不可不擇. 近因朝聘往來
사대 지례 불가 불근 고 차견 지신 불가 불택 근인 조빙 왕래

之頻 遣使之際 未暇擇焉. 凡爲宰相者例以次而遣之 故其間
지빈 견사 지제 미가 택언 범위 재상 자예 이차 이 견지 고 기간

或有鄙吝無恥之人 懷挾錢財 貽笑朝廷 有如洪恕者. 以我
혹유 비린 무치 지인 회협 전재 이소 조정 유여 홍서 자 이아

東方禮義之國 得此汚辱之名 爲上國之所侮 寧不爲之痛心也哉!
동방예의지국 득차 오욕 지명 위 상국 지 소모 녕 불위 지 통심 야재

願自今 凡遣使於中國 必令議政府臺諫六曹選擧 取其望多者 而
원 자금 범 견사 어 중국 필령 의정부 대간 육조 선거 취기 망다 자 이

殿下更加愼簡 則庶不至於辱命矣. 且於往來之際 旣有郵驛 則
전하 갱가 신간 즉서 부지 어 욕명 의 차어 왕래 지제 기유 우역 즉

不必齎持私馬 以赴上國. 宜加痛禁 以絶求利之計.'
불필 재지 사마 이부 상국 의가 통금 이절 구리 지계

下議政府擬議. 政府議得: "赴京大小使臣 依前例差遣. 其中
하 의정부 의의 정부 의득 부경 대소 사신 의 전례 차견 기중

如有不能專對者 臺諫臨時申聞; 私馬齎持 依狀申一禁." 從之.
여유 불능 전대 자 대간 임시 신문 사마 재지 의 장신 일금 종지

己未 賜判恭安府事朴子青 檢校判漢城府事劉旱雨田各四十
기미 사 판공안부사 박자청 검교 판한성부사 유한우 전 각 사십

結 又賜繕工少監洪理馬一匹 注簿潘泳米豆十五石 司僕直長李逈
결 우사 선공 소감 홍리 마 일필 주부 반영 미두 십오 석 사복 직장 이형

米豆二十石. 子青等監督齊陵石欄石人等役告訖 賞之也.
미두 이십 석 자청 등 감독 제릉 석란 석인 등 역 고흘 상지 야

庚申 陳敬 李賓觀放鷹于西郊 遣右代言李承幹 齎宣醞候于
경신 진경 이빈 관 방응 우 서교 견 우대언 이승간 재 선온 후 우

迎曙驛. 先是 敬等出館門 偶見漢山府院君趙英茂家人持鷹子而
영서역 선시 경 등 출 관문 우 견 한산부원군 조영무 가인 지 응자 이

過者 遂奪之 是日出郊試之.
과 자 수 탈지 시일 출교 시지

前知門下府事趙琳卒. 輟朝三日 賜謚康召公.
전 지문하부사 조림 졸 철조 삼일 사시 강소공

辛酉 覆試李稷等所取金赭等三十三人于仁政殿 以魚變甲爲
신유 복시 이직 등 소취 김자 등 삼십 삼 인 우 인정전 이 어변갑 위

第一 授變甲校書副校理.
제일 수 변갑 교서 부교리

癸亥 日本通信官朴和 推刷本國被擄人男女百餘以還.
계해 일본 통신 관 박화 추쇄 본국 피로인 남녀 백여 이환

命斷各道量田敬差官罪有差. 司憲府劾問各道敬差官田地高重
명단 각도 양전 경차관 죄 유차 사헌부 핵문 각도 경차관 전지 고중

打量者 具佃客告狀數以聞: '判內贍寺事金汝知 告者三百四十二
타량 자 구 전객 고장 수 이문 판내섬시사 김여지 고자 삼백 사십 이
人; 前議郞任中善 告者二百六十八人; 刑曹右參議鄭易 告者
인 전 의랑 임중선 고자 이백 육십 팔 인 형조 우참의 정역 고자
二百一人; 洪州牧使許晐 告者一百三十五人; 前敎授官韓殷
이백 일 인 홍주목사 허해 고자 일백 삼십 오 인 전 교수관 한은
告者一百五十人; 知殷州事韓穩 告者一百三十六人; 前縣令
고자 일백 오십 인 지 은주 사 한온 고자 일백 삼십 육 인 전 현령
許就 告者一百七十七人; 順興府使朴竪基 告者六十四人; 前
허취 고자 일백 칠십 칠 인 순흥부사 박수기 고자 육십 사 인 전
判禮賓寺事鄭節 告者五十九人; 前司尹金灌 司僕正李邕等十人
판 예빈시 사 정절 고자 오십 구 인 전 사윤 김관 사복 정 이옹 등 십인
告者皆五十名以下.'
고자 개 오십 명 이하

命現任官停職 前銜官自願付處 五十名以下 擧論安徐.
명 현임 관 정직 전함 관 자원부처 오십 명 이하 거론 안서

司憲府又劾問各道量田差使員 監考等每十分縮二分以上 以名
사헌부 우 핵문 각도 양전 차사원 감고 등 매 십분 축 이분 이상 이명
聞: '差使員 今通禮門引進使黃訥 豐儲倉使林仁山 工曹佐郞
문 차사원 금 통례문 인진사 황눌 풍저창 사 임인산 공조좌랑
黃得粹等十四人 監考前散員金有智 前驛丞丁孟明等五十九人 乞
황득수 등 십사 인 감고 전 산원 김유지 전 역승 정맹명 등 오십 구 인 걸
依曾降敎旨論罪.'
의 증강 교지 논죄

命現任官停職 前銜自願付處.
명 현임 관 정직 전함 자원부처

庚午 宥中外二罪以下囚. 以太上王復未寧也. 驛召楊弘達
경오 유 중외 이죄 이하 수 이 태상왕 부 미령 야 역소 양홍달
令侍太上之疾. 弘達時從世子之行.
영시 태상 지 질 홍달 시 종 세자 지 행

陳敬等放鷹于西郊 議政府迎候于盤松亭 設享.
진경 등 방응 우 서교 의정부 영후 우 반송정 설향

金天錫 河自宗回自京師 齎奉欽賜高皇后傳而來.
김천석 하자종 회자 경사 재봉 흠사 고황후 전 이 래

吏曹上薦人之法. 上言:
이조 상 천인 지 법 상언

"凡人之才 非一月一年之所成就. 雖令各司一年再擧 於人才更
범 인 지 재 비 일월 일년 지 소성취 수 영 각사 일년 재거 어 인재 갱
無所得 徒費文籍. 願自今 京外大小官所薦 類分職品 開寫成冊
무소득 도비 문적 원 자금 경외 대소 관 소천 유분 직품 개사 성책

每當銓注 隨品啓聞 受點差除 或三年或五年待人才作成 更令
매당 전주 수품 계문 수점 차제 혹 삼년 혹 오년 대 인재 작성 갱 령
薦擧 永爲恒規; 如有懷才遺逸者 令大小官不拘年限 實封特薦."
천거 영 위 항규 여유 회재 유일 자 영 대소 관 불구 연한 실봉 특천

議政府請加各道兵船之數:
의정부 청가 각도 병선 지 수

"京畿左右道元數五十一隻 今加定二十五隻; 全羅道元數
경기 좌우 도 원수 오십 일 척 금 가정 이십 오 척 전라도 원수
八十一隻 今加定三十隻; 慶尙道元數一百三十七隻 今加定五十
팔십 일 척 금 가정 삼십 척 경상도 원수 일백 삼십 칠 척 금 가정 오십
隻; 豐海道元數二十六隻 今加定二十隻; 江原道元數十六隻 今
척 풍해도 원수 이십 육 척 금 가정 이십 척 강원도 원수 십육 척 금
加定十隻; 忠淸道元數四十七隻 今加定三十隻; 西北面元數四十
가정 십 척 충청도 원수 사십 칠 척 금 가정 삼십 척 서북면 원수 사십
隻 今加定十五隻; 東北面元數三十隻 今加定五隻. 上項船隻
척 금 가정 십오 척 동북면 원수 삼십 척 금 가정 오 척 상항 선척
觀察使以各官殘盛等差 材木有無 轉輸難易 分揀定體造作."
관찰사 이 각관 잔성 등차 재목 유무 전수 난이 분간 정체 조작

從之.
종지

流瑞興縣令朴持于仁州. 憲府上言: "持爲丁亥年 豐海道祿轉
유 서흥현령 박지 우 인주 헌부 상언 지 위 정해년 풍해도 녹전
差使員 不用界首官平校斗升 擅將各官斗升 自加雕掘 每一斗剩
차사원 불용 계수관 평교 두승 천 장 각관 두승 자 가 조굴 매 일두 잉
一升 每一升剩二合 病民貽患 其罪甚矣." 乃流之.
일승 매 일승 잉 이합 병민 이환 기죄 심의 내 유지

辛未 恭安府尹閔亮卒. 賻紙一百卷 仍賜槨. 亮 驪興府院君霽
신미 공안부 윤 민량 졸 부 지 일백 권 잉 사 곽 량 여흥부원군 제
之弟也.
지 제 야

以判漢城府事金漢老爲謝恩使. 司諫院上疏曰:
이 판한성부사 김한로 위 사은사 사간원 상소 왈

'孔子曰: "行己有恥 使於四方 不辱君命 可謂士矣." 然則奉使
공자 왈 행기 유치 사 어 사방 불욕 군명 가위 사 의 연즉 봉사
之臣 必行己有恥 然後乃可以不辱君命矣. 判漢城府事金漢老
지 신 필 행기 유치 연후 내 가이 불욕 군명 의 판한성부사 김한로
嘗奉使朝廷 以賈人白貴 變名從行 至平壤 國家沮之. 其行己之
상 봉사 조정 이 고인 백귀 변명 종행 지 평양 국가 저지 기 행기 지
無恥 旣如此矣 今又受謝恩之命 以赴京師. 謝恩 國之大事也 而
무치 기 여차 의 금 우 수 사은 지 명 이부 경사 사은 국 지 대사 야 이

今日之事爲尤重 豈可以無恥之人而使之乎? 伏望裁擇施行.'
금일 지 사 위 우중 기 가이 무치 지 인 이 사지 호 복망 재택 시행

疏上 召掌務正言李鍾華傳旨曰: "吾所以遣此人者 但以同休戚
소상 소 장무 정언 이종화 전지 왈 오 소이 견 차인 자 단 이 동 휴척

故意必謹於使事耳. 今吾已允卿等之請 使議政府擇他人以代之
고 의 필 근 어 사사 이 금 오 이 윤 경 등 지 청 사 의정부 택 타인 이 대지

卿等愼勿洩此言."
경 등 신 물설 차언

癸酉 設太上王救病精勤於舍利殿. 上王親點香 徹夜跪於佛像
계유 설 태상왕 구병 정근 어 사리 전 상왕 친 점향 철야 궤 어 불상

前 燃臂至十二炷.
전 연비 지 십이 주

完平君李朝卒. 賜賻米四十石 豆三十石 紙百五十卷 輟朝三日.
완평군 이조 졸 사부 미 사십 석 두 삼십 석 지 백 오십 권 철조 삼일

朝 元桂之子也.
조 원계 지 자 야

申明無牌鷹子之禁.
신명 무패 응자 지 금

甲戌 上以安馬 弓帒 箭筒 遺陳敬 李賓.
갑술 상 이 안마 궁대 전통 유 진경 이빈

乙亥 知沔州事 李致 唐津監務金叔良 決笞五十 還任. 倭寇
을해 지 면주 사 이치 당진 감무 김숙량 결태 오십 환임 왜구

唐津 沔州 殺三人擄一人而去. 致 叔良違令 不肯淸野入城 爲賊
당진 면주 살 삼인 노 일인 이 거 치 숙량 위령 불긍 청야 입성 위 적

所掠.
소략

下宦者尹興阜 尹德興等四人于巡禁司 尋釋之. 上詣太上王
하 환자 윤흥부 윤덕흥 등 사인 우 순금사 심 석지 상 예 태상왕

避病所 問安而還 有扈衛司諸員三人 犯御道而過 上責興阜等
피병 소 문안 이 환 유 호위사 제원 삼인 범 어도 이 과 상 책 흥부 등

不能考察之罪也.
불능 고찰 지 죄 야

| 원문 읽기를 위한 도움말 |

① 爲行臺監察李有喜所糾, 여기서 '爲~所~'는 전형적으로 '~에게 ~당
위 행대감찰 이유희 소규 위 소
하다'는 뜻으로 所는 이어지는 동사를 수동형으로 만든다.
소

태종 8년 무자년
4월

四月

기묘일(己卯日-1일) 초하루에 사헌부에서 전 총제(摠制) 신효창(申孝昌, ?~1440년)[1]의 죄를 청했으나 용서했다[原=宥=赦]. 효창(孝昌)은 (정승을 지낸) 김사형(金士衡)의 사위다. 사형(士衡)의 아들 륙(陸)과 그 아내 곽씨(郭氏)가 모두 먼저 죽었는데[先歿] 사형의 병(病)이 위독하니 무당[巫覡]들이 모두 말하기를 '륙의 부처(夫妻)가 빌미[祟]가 됐다'라고 하니 효창이 그 말에 혹(惑)해 드디어 륙의 무덤을 파서 그 시체를 불태워 버렸다. 사헌부에서 효창을 탄핵해 죄줄 것을 청하니 상이 (그가) 원종공신(原從功臣)이라 해 특별히 용서했다[宥]. 효창이 그 아들 자수(自守)에게 글읽기를 가르치다가 공부를 게을리하는 것에 화가 나 아들을 묶어 놓고 노예(奴隷)를 시켜 형(刑)을 가해 거의[幾] 죽게 했고 혹은 토굴(土窟) 가운데에 두고 준엄(峻嚴)한 형벌을 가해 원수같이 해 천총(天聰-임금의 귀)에까지 들렸으며 사람들의 입에 파다했으니 그 참혹하고 은혜롭지 못한 것이 이와 같았다고

---

1 조선 개국 당시 음관으로서 사헌시사(司憲侍史)에 올랐으며 상장군에 천거됐다. 1394년(태조 3년)에 호조전서(戶曹典書)의 직책을 맡았고, 1396년(태조 5년)에는 대사헌이 되고 태조가 북행(北幸)할 때에 동행했다. 1403년(태종 3년)에 동지중추원사(同知中樞院事), 1404년(태종 4년) 충청도 도관찰사를 역임했다. 1405년(태종 5) 동지총제(同知摠制)의 직을 받아 서울로 돌아왔고 1418년(태종 18년) 봄에는 좌군도총제(左軍都摠制)를 역임했다. 그러나 그해 겨울에 탄핵을 받아 삭직되어 무주로 귀양갔다. 7년간의 유배 생활을 마치고 1425년(세종 7년)에 서울로 돌아왔다. 손녀가 왕자와 결혼하게 되자 고신(告身)을 돌려받았다.

한다[云].

경진일(庚辰日-2일)에 세자 제(褆-훗날의 양녕대군)가 (명나라) 경사(京師)에서 돌아오니 거리[街巷]에 결채(結綵)[2]했다. 좌정승 성석린(成石璘)과 육조 판서 등은 성(城) 서쪽 석적(石積)의 들판에 나가서 맞이하고 공신 안평부원군(安平府院君) 이서(李舒) 등은 영서역(迎曙驛) 동교(東郊)에서 맞이하고, 기로(耆老)[3] 영의정부사(領議政府事)로 치사(致仕-은퇴)한 권중화(權仲和) 등은 홍제원(洪濟院) 서교(西郊)에서 영접하고, 각사(各司)의 한 사람씩은 반송정(盤松亭)에서 맞이했다. 상이 광연루(廣延樓)에 행차해 술자리를 베풀고 맞아서 위로했다. 완산군(完山君) 이천우(李天祐), 우정승 이무(李茂) 이하 종사관(從事官)에 이르기까지 모두 참여했다. 의정부에서 백관(百官)을 거느리고 하례했다. 상이 세자에게 일러 말했다.

"내가 보니 네 형체(形體)가 장대(壯大)해져서 옛날과 아주 달라졌다."

또 말했다.

"대체로 일행이 많으면 그 가운데는 반드시 우환(憂患)이 있는 것이다. 이번 일행의 사람수가 내가 조근(朝覲)하던 때의 배(倍)나 되는데도 한 사람도 근심을 끼친 자가 없었으니 다시 무슨 말을 하겠느냐? 황제께서 너를 대접하는 것이 성심(誠心)에서 나와 상사(賞賜)가 두터울 뿐 아니라, 세세한 일에 이르기까지 가르쳐 주지 않음이 없었

---

2 색실이나 색종이 따위로 문이나 거리를 꾸미는 것을 말한다.

3 나이 70세 이상의 벼슬에서 물러난 노인을 말한다.

으니 성은(聖恩)이 무겁고 커서 보답하여 감사할[報謝](보사) 길이 없다."

천우(天祐) 등이 대답했다.

"황제께서 호송(護送)하는 내관(內官)에게 명하기를 '조선 국왕이 15세 된 아들을 시켜 만리(萬里) 길에 조근했으니 그 충성이 지극하다. 네가 호송할 때 만일 세자로 하여금 조금이라도 마음에 불안한 것이 있게 하면 용서 없이 너를 죄줄 것이다'라고 했으므로 호송하는 내관이 잠시도 세자의 곁을 떠나지 않고 물을 건너고 험한 곳을 지날 때에 몸소 부축하여 세자로 하여금 편안하게 지나게 했습니다."

○ 애초에 세자가 조현(朝見)할 때 제(帝)가 금의위(錦衣衛) 지휘(指揮)와 천호(千戶)를 보내 1,000여 기(騎)로 강동역 관사(江東驛館舍)에 맞아들이게 하고 예부상서(禮部尙書) 정사(鄭賜)와 내관(內官) 황엄(黃儼)이 영위(迎慰)했다. 세자가 경사(京師)에 들어가 회동관(會同館)[4]에 머무르니 예부상서 조공(趙玒)이 제의 명으로 와서 위로했다.

○ 제가 서각문(西角門)에 좌정하니 세자가 천관(千官-천자의 나라는 천관이라 함)과 함께 행례(行禮)했다. 제가 홍려(鴻臚) 왕소경(王小卿)을 시켜 세자와 이천우(李天祐), 이무(李茂), 이래(李來), 맹사성(孟思誠), 이현(李玄)을 이끌어 섬돌[陛](폐)에 오르게 하고 세자의 나이가

---

4 명나라 초기 난징(南京)(남경)에 설치된 관원 접대 겸 역참(驛站)의 장소로 출발해 성조 영락제 때 베이징에도 설치됐다. 이후 1441년(세종 23년)에 남관(南館, 3개소)과 북관(北館, 6개소)으로 분리됐고 대사, 부사 등의 관원을 두었다. 회동관은 조선의 사신 일행이 머물렀으므로 '조선 사신관(朝鮮使臣館)' 또는 '조선관(朝鮮館)'이라고도 한다. 회동관 남관은 옥하교의 곁에 있어서 '옥하관(玉河館)'으로 많이 불렸다.

몇 살이냐고 물으니 현(玄)이 대답했다.

"열네 살입니다."

제가 매우 온화한 얼굴로 접견하고 채사의(綵絲衣) 다섯 벌[套투], 한삼(汗衫), 이의(裏衣), 상(裳), 화(靴) 각각 한 벌씩 내려주고, 이천우(李天祐) 이하 종사관(從事官) 35인에 이르기까지는 채사의(綵絲衣) 한 벌, 타각부(打角夫) 이하 종인(從人) 78명에 이르기까지는 각각 초의(綃衣) 한 벌씩을 내려주었다.

○ 제가 내전(內殿)으로 들어가자 서각문(西角門)에서 먹을 것을 내려주었다. 세자가 동궁(東宮)과 한왕(漢王)들에게 예(禮)를 행하려고 하니 모두 사람을 시켜 예(禮)를 면제해주었으므로 마침내 관(館)에 돌아왔다. 제가 황엄(黃儼)과 이부상서(吏部尙書) 건의(蹇義)를 시켜 저녁 식사를 대접하게 하고 또 야표(椰瓢-야자)와 과실(果實)을 주었다. 세자가 청사(廳舍)로 맞아들이니 황엄과 건의는 동쪽에, 세자는 서쪽에서 재배례(再拜禮)를 거행했다.

○ 제가 서각문(西角門)에 나아와서[御어] 세자가 대궐에 이르러 사은(謝恩)하니 제가 또 섬돌에 오르기를 명하고 묻기를 "왕경(王京)을 출발한 지가 며칠이나 되었느냐"라고 하고서 또 물었다.

"글을 읽느냐?"

대답했다.

"글을 읽습니다."

이미 물러 나오자 호부상서(戶部尙書) 하원길(夏原吉)과 황엄(黃儼) 한첩목아(韓帖木兒), 상보사 승(尙寶司丞) 기원(奇原)이 와서 저녁[夕飯석반]을 같이 했다. 이 뒤로부터 엄(儼) 등 세 사람은 매일 한 번씩

오고, 육부상서(六部尙書)는 번갈아 왔다.

○ 제가 서각문(西角門)에서 세자를 불러 만나보고 섬돌에 오르기를 명하여 자세히[諦=詳] 보고서 말했다.
체 상

"용모는 네[乃=汝] 아버지와 같은데 키만 좀 다를 뿐이구나!"[5]
내 여

○ 제가 세자에게 『인효황후 권선서(仁孝皇后勸善書)』 150본(本)과 『효자황후전(孝慈皇后傳)』 150본을 내려주었다.

○ 이해 정조(正朝-정월 초하루)가 되자 제가 봉천문(奉天門)에 나아와 조하(朝賀)를 받으니 홍려시(鴻臚寺)[6]에서 세자를 인도해 육부시랑(六部侍郎)의 아래에서 줄서서 행례(行禮)하게 했다.

○ 세자(世子)가 황후(皇后)의 빈전(殯殿)에 제사를 지냈다. 홍려(鴻臚) 왕소경(王小卿)이 세자를 인도해 우순문(右順門)으로 들어가 사선문(思善門) 앞에 이르러 문(門)이 열리기를 기다렸다가 빈전(殯殿)을 바라보며 사배(四拜)와 곡(哭)을 하고, 또 사배를 한 다음에 물러나왔다.

○ 제가 세자에게 일러 말했다.

"종일 관(館)에 있으니 심심하지[寂寞] 않으냐? 조천궁(朝天宮), 영곡사(靈谷寺), 천희사(天禧寺), 천계사(天界寺), 능인사(能仁寺)를 구경하면 좋을 것이다."
적막

○ 제가 봉천전(奉天殿)에 좌정해 천관(千官)에게 재계(齋戒)할 것을 명했다. 장차 정월 신유일에 하늘과 땅에 제사를 지내려 했기 때

---

5 영락제는 연왕(燕王)으로 있을 때 왕자 이방원을 직접 만나본 적이 있었다.

6 외국의 사신들을 접대하는 기관이다.

문이다. 천관이 조복(朝服)을 갖춰 예(禮)를 행하고 세자는 상복(常服)으로 서반(西班) 9품 아래에 섰다. 물러 나온 뒤에 이무(李茂)가 이현(李玄)을 시켜 예부상서 정사(鄭賜)와 조공(趙玒)에게 말했다.

"태조 황제(太祖皇帝)께서 우리나라에 관복(冠服)을 내려주신 조서(詔書)에 '국왕(國王)의 1품(品)은 중조(中朝) 3품(品)에 준한다'라고 하셨고, 신미년(辛未年-1391년)에 고려(高麗) 세자 정성군(定城君, ?~?)[7]이 입조(入朝)했을 때 위차(位次)가 육부상서(六部尙書) 다음에 있었습니다. (그런데) 지금 우리 세자로 하여금 조정 반열[朝列](조열)에 끼지 못하고 9품 밖에 있게 해 야인(野人)이나 달자(㺚子)와 섞여 있게 했으니 바라건대 폐하께 직접 아뢰고자 합니다."

상서(尙書)가 말했다.

"가능합니다."

조금 뒤에[旣而](기이) 제가 서각문(西角門)에 옮겨 좌정하니 세자가 섬돌을 올라가 아뢰었다.

"태조 때 외국(外國)으로서 중조(中朝-중국 조정)의 의관(衣冠)을 받은 것은 우리나라뿐이었습니다. 지금 신(臣)이 조복(朝服)이 없어 9품 밖에 서립(序立)했으니 성찰(聖察)을 얻드려 바랍니다."

---

7 이름은 왕석(王奭), 초명은 왕서(王瑞)이며 공양왕의 맏아들로, 어머니는 순비 노씨(純妃盧氏)다. 1389년(공양왕 1년)에 세자로 책봉됐다. 1391년 전정당문학(前政堂文學) 이원굉(李元紘)의 딸을 맞이해 세자비로 삼았다. 그해 겨울 명나라 서울에 가서 하정(賀正)할 때 시중 심덕부(沈德符)와 설장수(偰長壽), 밀직부사 민개(閔開) 등이 시종했는데 하정표전(賀正表箋)의 주계(奏啓)에 모두 세자라는 칭호를 사용하지 않고 장남 정성군 석으로 표기했다. 그런데 명나라 황제가 매우 사랑해 공(公) 후(侯) 밑에 서차(序次)하도록 대우해 주었으며 내전에서 다섯 차례에 걸쳐서 향연을 베풀어주고 황금 2정(錠), 백금(白金) 10정, 견단 100필을 하사했으며 다음 해에 귀국했다.

제가 정사(鄭賜)를 불러 물었다.

"짐(朕)이 이미 2품(品)에 자리하게 했는데 어째서 그렇게 하지 않았는가?"

사(賜)가 대답했다.

"조복(朝服)이 없기 때문입니다."

제가 말했다.

"정강왕(靖江王-태조 주원장의 만형의 손자)의 아들의 예(例)에 의거해 조복(朝服)과 제복(祭服)을 만들어주어 천지단(天地壇)에 배사(陪祀-제사 참여)하게 하라."

이무(李茂) 등이 예부(禮部)에 말했다.

"천자(天子)께서 이미 세자의 배사(陪祀)를 허락하셨으니 배신(陪臣)도 세자를 따라 제사에 참여하게 해 주시오."

두 상서(尙書)가 말했다.

"이 일은 반드시 주문(奏聞)할 것도 없다. 재상(宰相) 다섯 사람과 종사관(從事官) 두 사람은 제사에 참여할 수 있으니 성명(姓名)과 보단(保單-보증서)을 갖춰 오라."

이에 보단을 예부에 바치고 아패(牙牌) 8면(面)을 받았는데 배사관패(陪祀官牌) 하나, 공사관패(供事官牌) 일곱이었다. 제가 황엄을 시켜 회동관(會同館)에 가서 세자에게 조복과 제복을 주었다.

○ 제(帝)가 친히 남교(南郊)에서 향사(享祀)하는데 세자가 배사(陪祀)하는 조관(朝官)들과 더불어 단(壇) 아래 동쪽 가[東邊(동변)]에 들어가 반차(班次-서열)가 공후(公侯)의 뒤에 있었고 이천우(李天祐) 등 7인은 배사관(陪祀官)의 동쪽에 순서에 따라 섰다. 예(禮)가 끝나자 제

가 돌아와 봉천전(奉天殿)에 좌정해 조하(朝賀)를 받았다. 세자만 홀로 육부상서(六部尙書)의 뒤 시랑(侍郎)의 앞에 순서에 따라 섰고, 이천우 등은 5품의 끝에 서장관(書狀官) 설칭(薛偁)과 통사(通事) 오진(吳眞)은 6품의 끝에 순서에 따라 섰으며 그 나머지 종사관(從事官)은 공복(公服)이 없었기 때문에 9품의 끝에 순서에 따라 섰다.

○ 예부(禮部)에서 이래(李來), 맹사성(孟思誠), 설칭(薛偁), 이회(李薈)로 하여금 영곡사(靈谷寺)에 나아가 각각 황제가 지은 찬불시(讚佛詩)에 운(韻)을 이어[賡(갱)] 시를 올리게 했다. 어제시(御製詩)는 이러했다.

'세상 사람이 해탈(解脫)하여 세상 사이[世間(세간)]에 나오면
건달바성(乾闥波城)[8]은 길이 닫히지 않았도다
이 경지에 일찍이 연계할 줄 알았다면
일진(一塵)으로도 미루산(彌樓山)[9]을 쪼갤 수 있었으리
화운(火雲)이 빙빙 도니 뜬 구름 일어나고
달 그림자 밝을락 말락 강물에 비치는구나
홀연히 베개 위에서 꿈을 처음 깨니
이미 항하사겁(恒河沙劫)[10] 속을 지나왔구나[歷(역)]

---

8 불교에서 말하는 건달바(乾闥波)가 만든 성(城)이다. 건달바는 팔부중(八部衆)의 하나로서 수미산(須彌山) 남쪽의 금강굴(金剛窟)에 살며 제석천(帝釋天)의 아악(雅樂)을 맡아 보는 신(神)이다. 술과 고기를 먹지 않고 향(香)만 먹고 공중으로 날아다닌다고 한다.

9 수미산 주위의 칠금산(七金山)이라고도 하고 칠금산 중에 있는 니민달라산(尼民達羅山)이라고도 한다.

10 항하(恒河)의 모래알처럼 많은 헤아릴 수 없는 세월(歲月)이란 뜻이다. 항하(恒河)는 인도

유리(瑠璃)로 눈을 가리고[籠眼](농안) 산하(山河)를 보니
모진 바람 바다에 불어 큰 물결 일으키는도다
마땅히 거울 속 비친 것과 같으리니 이는 허망(虛妄)이요
종래에는 암마라(菴摩羅)[11]를 알지 못했도다
비로소 도(道)를 말하고 배워 삼매(三昧)에 들어가니
어찌 몸과 마음이 서로 대신하지 않는 것을 믿으리
장차 이 진심(眞心)을 분별(分別)하려 하니
나타남이 없으면 구모(龜毛)[12]가 무엇이 있으랴!
우물을 파서 흙을 꺼내면 우물은 응당 텅 빌 것이고
모나고 둥근[方圓](방원) 그릇 본래 서로 같도다
천리(千里)를 싸 가지고 와서 서로 주니
누가 빈가(頻伽)[13]를 병 속에 두었느냐
자세히 만물(萬物)을 보니 사라져 없어지는 것이 있음에도
누가 허공(虛空)이 이 진체(眞體)인 것을 알리오
만일 생(生)하고 멸(滅)하는 것을 가지고 근원(根源)을 캐보면
거울속 등불꽃[燈花](등화)이 붉은 빛 자줏빛으로 떨어진다
눈 앞의 지경이 마음의 의혹[心惑](심혹) 일으키니
전도(顚倒)된 인연(因緣)이 서로 얽히는구나

(印度)의 갠지스강이다.

11 불식(佛識) 또는 불도(佛道)의 뜻을 말한다.

12 거북의 털이란 매우 진귀(珍貴)한 것을 비유한 말이다.

13 불경(佛經)에 나타나는 상상(想像)의 새로 극락정토(極樂淨土)에 깃들이며 언제나 미묘한 소리를 내며 인두조신(人頭鳥身)의 모양을 하고 있다 한다.

한 점(點)의 영서(靈犀)가 구연(九淵)에 비치니
털끝에 삼천국(三千國)을 받아 얻는도다
법왕(法王)이 서천(西天) 서쪽에서 와서
묘법(妙法)을 넓혀 여러 미혹(迷惑)한 사람을 열어주기로 맹세했도다
둥근 얼굴은 바다 조수(潮水)에 두루 솟아오르고
보배 빛[寶光]은 참된 파려(玻瓈)[14]가 나타나 드러나도다
설법(說法)을 하여 영곡(靈谷)에 머문 뒤부터
서기(瑞氣)가 어리고 채색 노을이 빛나는구나
기원(祇園)에 날이 따뜻하니 금련(金蓮)이 터지고
만수(萬樹)에 꽃이 늘어져 향기를 뿜는도다
가슴속에 백천광(百千光)을 뿜어내어
멀리 망망(茫茫)한 대지(大地)에 비치는도다
영롱(玲瓏)한 누전(樓殿)은 금벽(金碧)이 휘황찬란하고
보탑(寶塔)의 묘한 그림자는 회랑(廻廊)에 퍼지는구나
다시 기천척(幾千尺)이나 되는 장대가 있어,
번개(幡蓋)가 조석(朝夕)으로 휘날려 나부끼도다
나무 그림자 흔들흔들 새 그림자 지나가고
뭇 그림자 어지러이 창틈으로 지나가네
여래(如來)가 전륜대(轉輪對)에 조용히 앉아
널리 청정(淸淨)하여 진애(塵埃)가 없게 하도다

---

14 칠보(七寶)의 한 가지로서 수정류(水晶類)다.

천추 만세(千秋萬歲)에 황도(皇度)를 보좌하여

묘덕(妙德)이 원만하고 맑아 연꽃이 피네

육결(六結)을 가차없이 제거하고 얽힌 것을 풀어

흰 눈이 개인 공중(空中)에 빛이 빛나도다

대명(大明)의 일월(日月)이 중천(中天)에 걸리어

통일(統一)된 산하(山河)에 봄 새벽[春曉](춘효)이 비치는구나'

이때 호승(胡僧-오랑캐 승려) 갈니마(曷尼摩)가 있어 '생불(生佛)'로 불렸다. 제가 그를 맞아 경사(京師)에 데려다 영곡사에 거처하게 하고 매우 공경하며 믿으니 조관(朝官)과 사인(士人)들이 모두 달려가서 이마를 땅에 대면[摩頂](마정) 기(記)를 주었다.

○ 황제가 무영전(武英殿)에 나아와 세자에게 어제시 한 편을 내려 주었다. 시는 이러했다.

'패수(浿水) 동쪽의 옛 봉역(封域), 팔조(八條)[15]로 가르치니 누가 능히 (이만큼) 옛날 법식대로 따를 수 있으리오

간편(簡篇)이 스스로 만족하여 평안함과 위태로움의 거울로 삼을 수 있으니

---

15 기자(箕子)의 범금팔조(犯禁八條)를 말하는데 이중 3개 조(條)만 전하고 나머지는 전하지 않는다. 하나 살인자는 사형에 처하고, 하나 남을 상하게 한 자는 곡물(穀物)로써 보상(報償)하며, 하나 남의 물건을 도둑질하면 그 주인의 노예가 되는 것이 원칙이나, 속죄(贖罪)하고자 하면 매인(每人) 당 50만 전(萬錢)을 내놓아야 한다는 것 등이다.

연수(淵藪)[16]가 되어 어찌 다시 감추고 숨기랴?

하늘과 땅[乾坤]은 덮어주고 실어주어[覆載] 용납하지 않는 것이
건곤 복재
없으니

재배(栽培)하고 축발(蹙拔)하는 것이 모두 하늘의 공(工)이로다

때가 오는 것은 얻기 어렵고 심히 잃기는 쉬우니

삼한(三韓)에 너울너울거리는 것이 부질없게 자취만 남겼도다

우거(右渠)[17]가 방자하게 꾀어서 간사한 휼궤(譎詭)를 다하였으니

지나는 눈으로 잠깐 한 번 보았도다

구루(溝婁)[18]의 나무는 푸르고 풀은 청청(青青)하니

구름이 현토(玄菟)의 한(漢)나라 봉역(封域)을 싸고 있도다

너의 집이 정성을 펴서 (중국) 조정(朝廷)을 섬기어

남자는 밭갈고 여자는 베짜서 강역(疆域)이 편안하도다

갈대 피리를 불고 북을 쳐서 날마다 즐거움을 삼으니

넓은 들에는 응당 송아지[19]를 차고 다니는 사람이 없을 것이다.

압록강 물은 잔술과 같고

마읍(馬邑)의 여러 산은 조그만 구릉(丘陵)에 연이어졌도다

시험삼아 지나간 자취를 보라, 이미 황량(荒涼)하구나

명예(名譽)는 빛나서 장구할 수 있도다

---

16 못에 물고기가 모여들고 숲에 새와 짐승이 모여드는 것처럼 여러 사물이나 사람이 모이는 곳을 비유적으로 이르는 말이다.

17 위만 조선(衛滿朝鮮)의 마지막 왕이다.

18 고구려(高句麗)의 성(城) 이름이다.

19 병기(兵器)를 말한 것이다.

마음 가지기를 어찌하면 금석(金石)과 같이 하랴
굳고 단단하여 마땅히 아침 저녁으로 삼가야 한다
교만하고 꽉 차면 영종(永終)함이 적은 것이 걱정이도다
누가 침잠(沈潛)하여 그윽한 지경에 이르는 것을 알리오
옛날에 왕자(王子)가 와서 조회(朝會)하여
거기(車騎)가 소소(蕭蕭)하게 평양(平壤)을 나왔도다
맑은 서리는 버들을 죽이고 물은 얼음이 엉기었는데
머리를 찬 들에 돌이키니 아득한 들빛이 연(連)하였으리
너 제(禔)가 수공(修貢)하여 만리(萬里)에 왔고
나이 15세가 지났으니 재주를 이룰 만하다
글을 읽고 도리를 배워 스스로 버리지 말고
힘써서 가성(家聲)을 무너뜨리지 말라
전부터 화(禍)와 복(福)은 문(門)과 자물쇠가 없고
의복(倚伏)[20]의 기틀은 선(善)과 악(惡)에 따른다
높은 산은 숫돌 같이 될 수 있고 바다는 옮길 수 있어도
만고(萬古)의 충성(忠誠)은 성곽(城郭)이니라.'

제가 세자에게 명하여 읽게 하고 세자에게 일러 말했다.
"나는 네 아비와 같다."
이천우(李天祐) 등에게 일러 말했다.
"짐(朕)이 시(詩)를 지어서 너의 세자에게 주었다. 이것이 수재(秀

20 화(禍)와 복(福)은 서로 인연(因緣)이 되어 일어나고 갈아앉음을 말한다.

才)의 시부(詩賦)는 아니지만, 이 시가 너희 나라에 유익하니, 여기에 있는 수재들은 각각 한 수씩 화답(和答)하라."

세자에게 『통감강목(通鑑綱目)』, 『대학연의(大學衍義)』 각 한 부(部), 법첩(法帖) 3부(部), 붓 150자루, 먹 25정(丁)을 주니 세자가 고두(叩頭)하고 나왔다. 이튿날 대궐에 나아가 사은(謝恩)했다.

○ 제가 예부상서 조공(趙羾)을 시켜 세자에게 금(金) 2정(錠), 은(銀) 10정, 저사(紵絲) 50필(匹), 선라(線羅) 50필을 내려주고 이천우(李天祐)에게 표리(表裏) 각 8필, 은 2정을, 이무(李茂)·이래(李來)에게 각각 은 2정, 표리 각 6필, 맹사성(孟思誠)·이현(李玄)에게 각각 은 1정, 표리 각 4필, 서장관(書狀官) 이하 구마군(驅馬軍)에 이르기까지 각각 색초(色綃) 4필, 보초(寶鈔)[21] 50장(張)을, 각관(各官)의 종인(從人)에게 각각 보초 50장을 주었다. 이날 저녁에 정상서(鄭尙書)가 찬불시(讚佛詩) 한 편(篇)을 받들고 관(館)에 와서 말했다.

"이것은 오늘 황제께서 영곡사(靈谷寺)에 행차하시어 지은 것이니 종관(從官)들은 차운(次韻)해야 합니다."

그 시는 이러했다.

'고요하게 만물(萬物)을 보면 어찌 그리 어지러운지
누가 보리(菩提)[22]의 묘담(妙湛)한 뿌리를 심었는가

---

21 당시 화폐의 일종이다.

22 도(道), 지(智), 각(覺)의 뜻으로 불교에서 최상의 이상(理想)인 불타 정각(佛陀正覺)의 지혜를 말한다.

눈 가운데 드리운 터럭이 실 같이 엉클어져

모니(牟尼)의 백팔문(百八門)을 궁구(窮究)하지 못하도다

시험 삼아 삼상(三相)[23]과 업(業)과 진(眞)을 말하면

업(業)과 상(相)은 응당 멸(滅)하고 진(眞)은 항상 있도다

육진(六塵)[24]의 연영(緣影)이 심상(心相)이 되어,

고해(苦海)에 빠져서 파도(波濤)가 번득인다

가령 성혜(聖慧)가 세운 것이라 하면

체용(體用)이 더욱 의논하기 어려움을 알아야 한다

철우(鐵牛)를 채찍질하여 일으켜 봄비에 파종하고

척박(瘠薄)한 돌밭을 부지런히 매어 가꾼다

천곡(千斛)의 진여자(眞如子)를 거둬 이루니

낟낟이 둥글고 밝아서 세상에서 듣기 드물도다

일기(一機)도 움직이지 아니하고 징적(澄寂)을 깨달아

성경(聖境)을 초월(超越)하여 울타리가 없도다

어리석은 자는 지리(支離)하게 분별(分別)함이 넓어서

환(幻)이 진실(眞實)이 아닌데도 한갓 말만을 하도다

아아! 떼로 모여 배불리 먹고 자며

저는 나귀 굴레 씌워 서로 저는 것을 쫓는도다

물결 흐르듯 구름 빠르듯 찰나(刹那)에 무너지는데

---

23 몸과 입과 마음을 말한다.

24 심성(心性)을 더럽히는 육식(六識)의 대상계(對象界)로서 색(色)·성(聲)·향(香)·미(味)·촉(觸)·법(法)의 육경(六境)을 말한다.

조급하게 움직이고 허망(虛妄)하게 행동함이 원숭이와 같도다

두루 법계(法界)를 보면 무엇이 남과 나인가

여러 땅을 비치는 것은 오직 심원(心元)이로다

공장(空藏)이 모두 충만(充滿)한 것을 알면

창진(窓塵) 안에 건곤(乾坤)이 포함되었도다

다만 명상(名相)만 떠나면 곧 정지(正智)이니

관정(灌頂)[25]하느라 수고하지 않고 열반(涅槃)을 이룰 것이다

훌륭한 의원(醫員)은 병(病)에 따라 방문(方文)과 약(藥)을 주어

돈연(頓然)히 소생시켜 병을 제거한다

광겁(曠劫)의 벙어리 귀머거리가 총명하게 깨달아

영산(靈山)의 양족존(兩足尊)[26]에 의지하도다

법운(法雲)이 두루 덮어 광제(廣濟)하여 빼어내고

크게 불쌍히 여김을 일으켜 자애(慈愛)와 은혜를 베풀도다

항하(恒河)[27]의 모래가 다하지 않으면 도(道)는 상존(常存)하니

등등(燈燈)이 서로 이어서 새벽과 밤이 없도다

여래(如來)는 본래 화신(化身)이니

옛날 일찍이 급고원(給孤園)[28]에서 설법(說法)했도다

가고 온 것을 묻고자 하면 누가 곧 그이인가

---

25 수계(受戒)하여 불문(佛門)에 들어갈 때에 향수(香水)를 정수리에 끼얹는 의식(儀式)을 말한다.

26 복(福)과 지(知)를 원만하게 구비하고 있다는 뜻으로 부처를 말한다.

27 인도의 갠지스강이다.

28 중인도(中印度) 교살라국(憍薩羅國) 사위성(舍衛城) 남쪽에 있는 승원(僧園)을 말한다.

응당 가섭(迦葉) 구류(拘留)의 손자(孫子)인 것을 알 것이다
지금 다시 나타나 공(空)의 뜻을 말하니
광명(光明)이 나타나고 빛나서 천돈(千暾)과 같도다
염부단(閻浮檀)이 지금 상(相)이 그대로 있어
외도(外道)를 강복(降伏)시키고 마군(魔軍)을 무너뜨린다
시방(十方)을 개발(開發)하여 섭수(攝受)[29]를 겸(兼)하고
이이염(離爾燄)을 보내 진원(眞源)에 돌아간다
짐(朕)의 마음이 숙야(夙夜)로 고비(考妣)를 생각하여
길이 효도 생각 항상 잊지 못한다
멀리 사자(使者)를 시켜 서축(西竺)에 가서
멀리 설령(雪嶺)을 쳐다보며 헌거(軒車)를 치영(馳迎)했도다
신통(神通)하고 광대(廣大)하여 느끼지 않음이 없어
미리 짐(朕)의 뜻 알고 더욱 기뻐하였도다
사자(使者)가 멀리 돌아서 중로(中路)에 있으니
편연(翩然)히 동쪽으로 향하여 오는 수레를 재촉했도다
회오리바람 타고 서쪽으로 지나는 것이 어찌 그리 빠른가
아래로 도영(倒影)을 무시하고 곤륜(崑崙)을 넘었도다
지나는 곳의 하악(河嶽)이 모두 진동(震動)하고
새는 날고 짐승은 춤춰 서로 훤호(喧呼)했도다
마침내 설법(說法)하여 회매(晦昧)함을 열어 주어
경지(境地)를 좇아서 방일(放逸)과 분망(奔忙)이 없게 하도다

29 부처가 자비심(慈悲心)으로 일체 중생(一切衆生)을 두호(斗護)하는 것을 말한다.

만상(萬像)이 개명(開明)되어 울억함이 사라지고
구소(九霄)가 깨끗이 개어서 요망한 기운이 걷혔도다
정(情)이 있어 한번 보면 삼매(三昧)를 깨달아
망령되게 효번(囂煩)함을 돈연(頓然)히 맑게 한다
참으로 통(通)한 것이 어찌 몽상(夢想)의 사이에서이겠는가
멀고 가까운 것이 막히지 않고 소리가 담을 격(隔)했도다
하물며 이 공덕(功德)이 가장 기이(奇異)하고 좋으니
제천(諸天)이 모두 모이고 상서(祥瑞)가 많도다
보광(寶光) 오채(五彩)는 천 길로 흩어지고
허공(虛空)에 나부끼는 표묘(縹緲)한 나당번(羅童幡)
만수(曼殊)와 보현(普賢)이 좌우(左右)에 참열(參列)하고
때로 백상(白象)과 청사(青獅)가 쭈그리고 앉아 있는 것을 본다
촉룡(燭龍)이 등불을 머금어 아래로 비치니
밤은 깊어 홀연히 붉은 불이 환한 것을 보겠도다
푸른 숲의 달콤한 이슬이 옥(玉)가루와 연(連)하고
이것이 연꽃 되어 황금(黃金)과 같도다
군생(群生)이 수도(受度)하여 두루 편안하고 즐거워서
시(詩)를 지어 송미(頌美)하니 여번(璵璠)[30]보다 중하도다
마침내는 찰토(刹土)[31]를 모공(毛孔)에 넣을 것이니
창해(滄海)의 일적(一滴)을 무얼 삼킬 것 있겠는가'

30 춘추시대(春秋時代) 노(魯)나라의 보옥(寶玉)이다.

31 불가(佛家)에서 국토(國土)를 이르는 말이다.

세자가 대궐에 나아가 사은(謝恩)하니 제가 세자를 불러 섬돌 앞에 나오게 하고서 물었다.

"네가 명일(明日)에 떠나느냐?"

대답했다.

"그렇습니다. 그러나 예부(禮部)에서 전례(前例)가 없다 하여 장행마(長行馬) 50필(匹)의 초료(草料)를 주지 않습니다."

제가 예부(禮部)와 병부(兵部)에 명하여 말했다.

"각각 사람을 차출(差出)하여 반송(伴送)하라. 짐(朕)도 또한 내관(內官)을 차출해 요동(遼東)에 보내겠다."

세자에게 명하여 말했다.

"네가 중로(中路)에서 먼저 본국(本國)에 통보해 요동(遼東)에서 맞이하게 하라."

세자가 고두(叩頭)하고 내려왔다. 계성군(雞城君) 이래(李來)와 제학(提學) 맹사성(孟思誠), 봉상령(奉常令) 이회(李薈)가 각각 세자에게 내려 준 어제시(御製詩)의 운(韻)에 화답(和答)하여 드리니 제가 불러 섬돌에 오르게 하고서 만나보았다. 제가 무영전(武英殿)에 좌정하여 세자를 불러 말 4필을 내려주고, 또 건마(乾馬) 둘, 건양(乾羊) 여덟, 건아(乾鵝) 스물, 원안(圓眼) 여지(荔枝) 귤(橘) 야표(椰瓢-야자열매) 어해(魚醢) 모두 열 여섯 짐과 보초(寶鈔) 1,000관(貫), 먹 다섯 정(丁)을 주었다. 무릇 사물(賜物)은 제가 반드시 친히 본 연후에 황엄(黃儼)을 시켜 관(館)에 압령(押領)해 보냈다. 사물(賜物)을 받을 때에 세자가 사례해 말했다.

"조공(朝貢)은 신자(臣子)가 마땅히 해야 할 일인데, 성은(聖恩)이 여기에 이르리라고는 생각지 못했습니다."

그러고 나서 눈물을 흘리며 우니 제가 다시 말했다.

"시종(始終) 한결같이 하라."

○ 세자가 대궐에 나아가 하직하니 제가 세자와 이천우(李天祐) 등 5인을 불러 섬돌에 오르게 하고서 물었다.

"너희들이 오늘 돌아가느냐?"

세자가 대답했다.

"경사(京師)에 도착한 이래로 여러 번 성은(聖恩)을 입었으니 몸이 가루가 돼도 갚기 어렵습니다."

제가 천우(天祐) 등에게 일러 말했다.

"세자가 나이 어리니 노중(路中)에서 너희 두목(頭目)은 소홀히 하지 말라."

또 말했다.

"짐(朕)이 노왕(老王)이 병들었다는 말을 듣고 의원(醫員)을 보내 치료하고자 했으나 지금 다시 생각하니 의원이 실상 효과가 없다. 짐이 황후(皇后)의 질환(疾患) 때 더욱 잘 알았다. 네가 병(病)의 근원을 적어 오면 짐이 장차 약(藥)을 (주도록) 명하게 하겠다."

이회(李薈)가 또 제의 뜻에 의거해[欽依](흠의) 어제(御製)의 찬불시(讚佛詩)를 차운한 시 한 수를 바치니 제가 손수 받아서 내전(內殿)으로 들어갔다.

○ 예부상서 정사(鄭賜)와 황엄(黃儼), 한첩목아(韓帖木兒), 기원(奇原)이 세자를 강동역(江東驛)에서 전송했다. 세자가 눈물을 흘리며 방황(彷徨)하니 정 상서(鄭尙書)가 말했다.

"조선(朝鮮)이 사대(事大)하는 정성은 이미 일찍이 알았습니다. 행여 길이길이 잊지 마소서."

흠차 내관(欽差內官)[32] 곽경(郭敬)과 병부(兵部)에서 보낸 행인(行人)[33] 왕용(王用)이 반행(伴行)했다. 세자와 재상 이하 정관(正官) 35원(員)은 늠급(廩給)이 있고, 타각부(打角夫) 이하 종인(從人)에 이르기까지 78명은 구량(口糧)을, 재상(宰相) 5인은 포마(鋪馬-역마)를, 서장관(書狀官) 이하 40인은 나귀와 짐 싣는 수레 36량(兩)을 주었다. 요동 진무(遼東鎭撫) 진경천(陳景千) 진민(陳敏)과 백호(百戶) 이충(李忠)도 또한 반행했다.

○ 세자가 돌아와 북경(北京)에 이르러 조왕(趙王)의 궁(宮)에 나아가 하직하니 왕(王)이 좌장사(左長史) 고성(顧晟)을 시켜 뜻을 전해 예(禮)를 그만두게 했다.

"지금 최질(衰絰-상) 중에 있으니 예(禮)를 받을 수 없다."

표리(表裏) 각각 10필(匹)을 내려주고 말했다.

"남의 신하된 자는 외교(外交)의 의리가 없으니 (지난번) 올 때의 예물(禮物)은 받아서는 안 되는 것이었다. 그러나 세자의 성의(誠意)로 인해 받고 주문(奏聞)했다. 지금 회환(回還)하여 돌아간다고 고(告)하니 예(禮)를 할 것이 없어서 이나마 주는 바이다."

신사일(辛巳日-3일)에 태상왕(太上王)의 병이 오래도록 낫지 않으니

32 황제가 보낸 내관(內官)이란 말이다.

33 빈객(賓客)의 접대를 맡아 보는 일종의 외교관 벼슬이다.

[彌留] 상왕(上王)이 의위(儀衛-행차 절차)를 기다리지 않고 수레를 재촉하여 병환을 묻고 곁에서 모시고 잤다. 상은 항상 곁을 떠나지 않고 음선(飮膳-음식)과 약이(藥餌)를 반드시 친히 맛본 뒤에야 드렸다.

갑신일(甲申日-6일)에 전 사재감(司宰監) 이진(李震)을 평주(平州)로, 전 사윤(司尹) 김조(金稠)를 수원(水原)으로 유배 보냈다. 진(震)이 외방(外方-지방)에서 서울로 들어올 때 그 종을 시켜 황색 보자기를 가지고 따르게 했다. 사헌부 서리(書吏) 김을지(金乙持)가 그것을 보고 빼앗으려 하니 진이 기꺼워하지 않자 을지(乙持)가 진의 옷깃을 붙잡고 서로 힐난(詰難)했다. 조(稠)가 길에서 만나 진을 두둔하려고 [右=佑] 하다가 그 또한 을지에게 욕을 당했다[所辱]. 조가 분(忿)을 품고 대원(臺員-사헌부 관리)을 만나서 말했다.

"을지의 무리가 3품(品) 조관(朝官)을 능욕(凌辱)했으니 그 죄에 대해 마땅히 형벌을 주어야 한다."

헌부(憲府)에서 탄핵하기를 이진은 법령을 범해 황색 보자기를 싸가지고 다니면서 스스로 굴복하지 않았고 조는 자기와 관계도 없는 일로 대리(臺吏-사헌부 관리)와 서로 힐난하여 스스로 가볍게 욕을 당했습니다."

글을 올려 죄주기를 청하니 모두 자원(自願)에 의해 부처(付處)했다. 헌부에서는 또 을지를 조관(朝官)을 능욕한 죄로 곤장을 때려 내쫓았다.

을유일(乙酉日-7일)에 광연루(廣延樓)에 술자리를 베풀었는데 세자가 돌아온 것을 위로하는 자리였다. 수행하여 입조(入朝)했던 재추(宰樞)와 시종관(侍從官)이 모두 참여했다.

○ 설칭(薛偁)을 예조 우참의, 허조(許稠)를 내섬시판사(內贍寺判事)로 삼고 (세자를) 수행해 입조해 여러 가지 일을 잘 처리한[供辦 공판] 자들을 품수(品數)를 제한해 벼슬길을 열어주었다. 사직(司直) 홍의성(洪義成) 등 두 사람은 5품(品)에 한하고, 전 낭장(郎將) 박신우(朴臣佑) 등 두 사람은 6품(品)에 한하고, 부사정(副司正) 안룡(安龍) 등 25인은 7품(品)에 한하였다. 이들은 모두 여러 창고(倉庫)의 종들이었다.

○ 흠차관(欽差官) 진경(陳敬)과 이빈(李賓)이 서북면(西北面)을 향해 출발했다. 서북면 도순문사가 치달려 보고하기를 "천사(天使) 황엄(黃儼)이 3월 19일에 압록강을 건넜다"라고 하니 두 사람이 이를 듣고 중로(中路)에서 엄(儼)을 맞이하고자 함이었다.

병술일(丙戌日-8일)에 상이 세자를 데리고 모화루(慕華樓)의 역사(役事)를 구경하고 드디어 서교(西郊)에 가서 매사냥을 구경한 다음에 돌아왔다. 이때 태상왕의 병이 조금 나았다.

무자일(戊子日-10일)에 전 호군(護軍) 이지성(李之誠 ?~1416년)[34]을

---

34 하륜이 그의 고모부다. 세자를 호위해 명나라에 다녀오는 길에 세자에게 은밀히 이르기를 민씨 형제에게 죄가 없다고 했다.

(경상도 상주목) 용궁현(龍宮縣)에 유배 보냈다. 지성(之誠)이 세자를 따라 조현(朝見)하고 돌아왔는데 상이 편전(便殿)에 좌정하고 불러서 앞으로 가까이 오게 해 비밀스럽게 물어보고 드디어 옥에 내리고 부처(付處-유배)했으니 바깥 사람들은 이유를 알 수 없었다. 사헌 지평(司憲持平) 최자해(崔自海)가 아뢰어 말했다.

"지성의 유배에 대해 유사(攸司)가 그 죄를 알지 못합니다. 조정(朝廷)에서 실례(失禮)하여 나라를 욕되게 한 것이 아닙니까? 청컨대 잡아와 국문(鞫問)해 그 죄를 밝게 바로잡아야 할 것입니다."

상이 말했다.

"지성의 죄는 내가 말하지 않았는데 네가 어떻게 알았겠는가? 본래 큰 죄는 없고 내가 이미 외방(外方)에 유배 보냈다."

○사간원에서 소(疏)를 올려 말했다.

'신 등이 듣건대 전하께서 세자(世子)인 원자(元子)와 더불어 서교(西郊)에 거둥하셨다가 날이 저물어 돌아오셨다 합니다. 생각건대 저부(儲副)[35]는 나라의 근본이니 노사(老師)와 숙덕(宿德)[36]을 사부(師傅)로 삼고 반듯한 사람[端人](단인)과 바른 선비[正士](정사)를 요속(僚屬)으로 삼아 아침 저녁으로 권(勸)하고 강(講)해도 오히려 희롱하고 놀며 안일(安逸)함이 있을까 두려운데 전하께서 도리어 더불어 놀고 구경하시니 신은 두렵건대, 치빙(馳騁)[37]의 마음이 한번 열리면 다시 막지

---

35 세자를 이르는 호칭이다.

36 덕망이 높은 선비를 가리킨다.

37 말을 달려 이곳저곳 돌아다니며 노는 것을 말한다.

못할까 염려됩니다. 하물며 태상 전하께서 아직도 강녕(康寧)치 못한 때이겠습니까? 임금의 거동(擧動)은 사관(史官)이 반드시 쓰니 바라건대 유의(留意)하셔야 할 것입니다.'

또 소를 올려 말했다.

'상벌(賞罰)은 국가의 큰 칼자루[大柄](대병)입니다. 한 사람을 상주면 천만 사람에게 권(勸)해지고, 한 사람을 벌주면 천만 사람이 징계되는 것입니다. 그러므로 예전의 밝은 임금[明王](명왕)은 한 사람을 벌주면 백성이 반드시 알므로 백성으로 하여금 피할 줄을 알고 착한 일을 하도록 권하였던 것입니다. 지금 전하께서 이지성(李之誠)을 순금사에 가뒀다가 조금 뒤에 곧 부처(付處)하셨으니 신 등은 알지 못하거니와 무슨 까닭으로 그리 하셨습니까? 신 등은 이목(耳目)의 관원이면서도 오히려 알지 못하는데 하물며 나라 사람들이겠습니까? 예전의 권선징악(勸善懲惡)의 도리가 아닙니다. 바라건대 전하께서는 유사(攸司)로 하여금 그 까닭을 국문하게 해 밝게 그 죄를 바로잡아 권하고 징계하는 바를 밝게 보이셔야 할 것입니다.'

○ 대사헌(大司憲) 남재(南在) 등이 소(疏)를 올려 말했다.

'근일에 이지성(李之誠)을 순금사에 가뒀다가 하룻밤을 묵힌 뒤에 고향으로 돌아가게 하셨으니 이는 필시 그 죄(罪)가 무거운데 전하께서 인애(仁愛)하시어 차마 형벌을 가하지 못하신 것입니다. 신 등은 직책이 이목(耳目)에 있어 그 범한 바를 토의해 그 벌(罰)을 가볍게 하고 무겁게 하는 것이 직분입니다. 바라건대 본부(本府)에 내려서 그 까닭을 국문해 일국(一國)의 신민으로 하여금 그 죄를 밝게 알게 해야 할 것입니다.'

상이 간원(諫院)의 소를 보고 사간(司諫) 김자지(金自知)를 불러 욕(辱)을 보이려고 하니 병조판서 유량(柳亮)이 모시고 앉았다가 간언해 말했다.

"간관(諫官)을 설치한 것은 본래 허물을 바로잡고자 한 것이온데 지금 만일 욕을 보이면 설치하지 않은 것만 못합니다. 바라건대 포용(包容)해 주소서."

상이 이에 그만두고 다시 자지(自知)에게 이지성의 일로써 말을 전했다.

"이 사람의 죄는 오직 세자(世子)와 과인(寡人)만이 알 일이고 다른 사람은 마땅히 알아야 할 일이 아니니 다시는 청하지 말라."

○ 대마도(對馬島) 종정무(宗貞茂)가 사자(使者)를 보내 말 3필을 바쳤다.

○ 유습(柳濕) 등을 소환했다. 의정부(議政府)에서 아뢰어 말했다.

"삼도 도체찰사(三道都體察使) 등이 바다에 내려간 뒤에 연해(沿海) 각 고을에 왜적(倭賊)이 가끔 침입해도 사로잡지 못하니 이것은 각각 병선(兵船)을 가지고 머뭇거리고 전진하지 않는 것이 아니면, 반드시 여러 사람의 모책(謀策)이 같지 않아서 군령(軍令)이 행해지지 않기 때문입니다. 경기(京畿)의 병선(兵船)을 거느린 도체찰사 박자안(朴子安)과 조전 절제사(助戰節制使) 심구령(沈龜齡)을 제외한 그 나머지 절제사들은 모두 올라오게 하고, 육지(陸地)의 방수(防守)는 농사일이 바야흐로 한창이니 영(營)에 딸린 진속(鎭屬) 군관(軍官)으로 하여금 전과 같이 비어(備禦)를 소홀히 하지 않게 해야 할 것입니다."

그것을 따랐다.

임진일(壬辰日-14일)에 편전(便殿)에 좌정해 나례(儺禮)와 잡희(雜戲)를 구경하고 정포(正布) 100필(匹)을 내려주면서 말했다.

"어찌 내가 (이것을) 구경하고 싶었겠느냐? 아이들이 보고 싶어 했던 것이다."

이때 사신(使臣)이 장차 오므로 유사(有司)가 나례(儺禮)와 백희(百戲)를 갖는데 평상시에 비해 등수(等數)를 더했다.

계사일(癸巳日-15일) 밤에 지진(地震)이 일어나 집이 모두 흔들렸다.

갑오일(甲午日-16일)에 조정(朝廷)의 내사(內史) 황엄(黃儼), 전가화(田嘉禾), 해수(海壽), 한첩목아(韓帖木兒)와 상보사상보(尙寶司尙寶) 기원(奇原) 등이 오니 산붕(山棚)을 만들고 나례(儺禮)와 백희(百戲)를 베풀었고 상이 백관을 거느리고 모화루(慕華樓)에서 맞이했다. 사신이 경복궁(景福宮)에 이르러 칙서(勅書)를 선포했다. 칙서는 이러했다.

'조선 국왕 이(李)【휘(諱)】에게 칙(勅)하노라. 마련해서 보낸 말 3,000필은 이미 계속해 도착하고 있다. 지금 왕에게 화은(花銀) 40개(箇), 매개(每箇)의 중량(重量)이 25냥(兩) 합계 1,000냥과 저사(紵絲) 50필(匹), 소선라(素線羅) 50필(匹), 숙견(熟絹) 100필(匹)을 내려준다.'

상이 칙서에 절하고 나서 서계(西階)로 올라가 사신 앞에 나아가서 꿇어앉았다. 엄(儼)이 성지(聖旨)를 선유(宣諭)했다.

"네가 조선국(朝鮮國)에 가서 국왕(國王)에게 말하여 잘생긴 여자

(女子)가 있으면 몇 명을 간택해 데리고 오라."

상이 고두(叩頭)하고 말했다.

"어찌 감히 마음을 다해 명령을 받들지 않겠습니까?"

○ 황엄(黃儼)이 또 칙서(勅書)를 싸 가지고 태상왕의 궁(宮)에 가니 태상왕이 병으로 인하여 영접하지 못하고 세자 제(禔)를 시켜 대신 칙명(勅命)을 받았다. 칙서에 일러 말했다.

'전 조선 국왕(朝鮮國王) 이(李)【휘(諱)】에게 저사(紵絲) 15필, 선라(線羅) 15필, 숙견(熟絹) 30필을 내려준다.'

사신이 태평관(太平館)에 이르니 상이 따라가 하마연(下馬宴)을 베풀고 사신 5인과 두목(頭目) 23인에게 안마(鞍馬-안장 달린 말)를 주었다.

○ 진헌색(進獻色)[38]을 설치해 동녀(童女)를 모으고 서울과 지방의 혼가(婚嫁-결혼)를 금지했다. 의정부 찬성사 남재(南在), 의정부 참지사 함부림(咸傅霖), 한성윤 맹사성(孟思誠)을 제조(提調)로 삼고 경차관(敬差官)을 각도에 나눠 보내 처녀를 뽑게 했다. 공사(公私) 천례(賤隷)는 제외하고 양가(良家)의 처녀 13세 이상 25세 이하를 모두 골라 뽑게 했다. 조금 뒤에 전지(傳旨)를 내려 노비가 없는 양반(兩班)과 서인(庶人)의 딸은 일절 쇄출(刷出)하지 말게 했다. 조금 뒤에 또 경차 내관(敬差內官)을 각도에 보내 간택(揀擇)하니, 중외(中外)가 흉흉(洶洶)하게 소동해 몰래 서로 혼인하는 자가 매우 많았다. 의정부에서 외방의 혼인을 금지하는 영(令)을 아뢰었다.

38 중국에 진헌할 때 그 물품을 마련하기 위해 임시로 둔 관청이다.

"경차관이 입경(入境)하면 관찰사를 기다리지 말고 곧 차사원(差使員)을 정해 정식(程式)에 따라 말을 주어 각 고을 수령(守令)의 초사(招辭)[39]를 받되 만일 영(令)을 범한 사람과 은닉(隱匿)해 나타나지 않는 자가 있으면 수령까지 죄를 주어 4품 이상은 관찰사에게 보고하고 5품 이하는 직접 처결하게 해야 할 것입니다."

을미일(乙未日-17일)에 세자에게 명해 태평관에 가서 사신에게 문안하게 했다. 세자가 (명나라) 경사(京師)에 입조(入朝)했을 때 황엄(黃儼)이 날마다 사관(舍館)에 이르러 대접하기를 매우 두텁게 했으므로 그가 오자 세자가 날마다 태평관에 가서 문안했다.

○ 황엄 등이 한첩목아(韓帖木兒)를 시켜 채백(綵帛)과 분색 사기(粉色砂器), 주기(酒器), 양각조등(羊角照燈)을 바쳤다.

병신일(丙申日-18일)에 상이 태평관에 가서 사신에게 잔치를 베풀었는데 진경(陳敬)은 참여하고 이빈(李賓)은 아비의 상사(喪事)를 듣고 나오지 않았다. 이튿날 엄이 한첩목아를 시켜 대궐에 와서 위연(慰宴)에 대해 사례하고 이어서 원숭이를 바쳤는데 수컷이 둘, 암컷이 하나였다.

정유일(丁酉日-19일)에 황엄 등 5인이 태상왕 궁에 가서 엄이 동(銅)으로 만든 작은 불상(佛像)을 드렸다. 태상왕이 병으로 인해 일

---

39 죄인의 범죄 사실을 진술하는 말이다.

어나지 못하는 바람에 상이 대신 다례(茶禮)를 행했다.

○ 일본(日本) 구사전(仇沙殿)이 사자(使者)를 보내 예물(禮物)을 바쳤다.

무술일(戊戌日-20일)에 파평군(坡平君) 윤곤(尹坤), 공안부윤(恭安府尹) 김겸(金謙)을 보내 (명나라) 경사(京師)에 가게 했다. 사은(謝恩)하기 위함이었다.

기해일(己亥日-21일)에 사신(使臣)에게 각각 옷 1습(襲), 신발과 갓 1건(件)씩을 주고, 두목(頭目) 23인에게도 또한 갓과 신을 내려주었다.

○ 상호군(上護軍) 곽승우(郭承祐)와 전 감무(監務) 강안식(康安式)을 순금사(巡禁司)에 내렸다. 승우(承祐)가 영(令)을 어기고 몰래 안식(安式)의 딸에게 장가든 때문이었다.

○ 태상왕이 세자를 보내 태평관에 가서 사신(使臣)에게 잔치를 베풀게 했다.

○ 전 소감(少監) 김종남(金從南)을 장(杖) 60대를 쳐서 경상도(慶尙道) 수군(水軍)에 채워넣었다. 동북면 도순문사(東北面都巡問使) 김승주(金承霔)가 아뢰었다.

'진명포(鎭溟浦)에 부처한 전 소감 김종남은 왕지(王旨)를 따르지 않고 마음대로 출입하며 이 농사 때를 당해 함부로 남의 전지(田地)를 빼앗으므로 수령이 법(法)을 받들어 금지했으나 도리어 꾸짖고 욕을 해댔으니 정상(情狀)과 범한 바가 깊고 무거우므로 이미 종남을 의천(宜川) 관옥(官獄)에 가뒀습니다. 위 사람의 죄상(罪狀)을 상(上)께서 재결(裁決)하시기 바랍니다.'

그래서 이런 명이 있었다.

경자일(庚子日-22일)에 황엄(黃儼)과 전가화(田嘉禾) 및 해수(海壽)에게 안마(鞍馬)를 내려주었다. 정비(靜妃)의 뜻에 따른 것이다. 엄(儼) 등이 창덕궁(昌德宮)에 이르러 정비를 들어가 뵈었는데 정비는 동벽(東壁)에 서고 엄 등은 서벽(西壁) 아래에서 재배(再拜)했다. 상이 대신 답배하고 다례(茶禮)를 행하고서 나왔다. 엄 등이 불상(佛像)과 진언(眞言)[40]을 바쳤다. 상이 광연루(廣延樓)에 나아가 잔치를 베풀었는데 한첩목아 기원 진경이 참여했다.

○ 길창군(吉昌君) 권근(權近)을 세자이사(世子貳師)로 삼았다.

○ 명하여 모화루(慕華樓)에 남지(南池)를 파게 했다.

임인일(壬寅日-24일)에 공조판서 설미수(偰眉壽)와 중군총제(中軍摠制) 심인봉(沈仁鳳)을 보내 (명나라) 경사(京師)에 가게 했다. 상사(賞賜)에 대해 사례(謝禮)하기 위함이었다. 이와 함께 백지(白紙) 1만 장(張)을 바치고 예부(禮部)에 자문(咨文)했다.

'영락(永樂) 4년 2월 초8일에 공용지차(公用紙箚)에 대한 일로써 자문(咨文)을 받았습니다. 이에 삼가 의거해[欽依]흠의 지금 다시 의정부에 행이(行移)해서 원초조지(原抄造紙) 장인(匠人)이 떠서 만든[抄造]초조

40 불경을 말한다.

순백지(純白紙) 1만 장(張)을 잘 골라 설미수를 시켜 (명나라) 조정(朝廷)에 싸 가지고 가서 바치게 하는[進呈 진정] 바입니다.'

○ 예문관대제학 성석인(成石因), 전 총제 구성량(具成亮), 전 판원주목사사(判原州牧使事) 유구산(庾龜山), 검교한성윤(檢校漢城尹) 김충민(金忠敏)을 순금사에 내렸다. 죽은 예문관 대학사 한상질(韓尙質)의 처 송씨(宋氏), 전 병조참의 이은(李垠)의 처 한씨(韓氏), 전 서령(署令) 최천로(崔天老)의 처 윤씨(尹氏)와 고(故) 검교한성윤 이양중(李養中)의 처 강씨(姜氏)도 또한 영(令)을 어기고 몰래 자녀를 혼가(婚嫁)시켰으므로 헌부(憲府)에서 추핵(推劾)해 아뢰었다. 이튿날 석인 성량 충민은 자원(自願)에 따라 부처(付處)하고 구산 승우 안식은 직첩(職牒)을 거둬 원방(遠方)에 부처하고 주혼부(主婚婦) 상질의 처 등은 율(律)에 의거해 속을 거두게 했다.

계묘일(癸卯日-25일)에 황엄 전가화 해수 기원 및 진경이 금강산(金剛山)에 가서 놀기를 청하니 세자에 명해 흥인문(興仁門) 밖에서 전송하게 했다. 호조판서 이문화(李文和), 예문관제학 권완(權緩), 총제 이간(李衎), 철성군(鐵城君) 이원(李原)을 반행(伴行)으로 삼았다.

○ 총제(摠制) 김계지(金繼志)를 파직(罷職)시켰다. 계지(繼志)가 일찍이 전라도 도절제사(全羅道都節制使)가 돼 박광계(朴光桂)를 천거해 삼내도 만호(三內島萬戶)로 삼고 허승량(許承亮)을 천거해 광양포 만호(光陽浦萬戶)로 삼았다. 두 사람이 모두 탐오(貪汚)해 죄를 얻으니 계지가 잘못 천거한 것에 좌죄(坐罪)돼 파면된 것이다.

갑진일(甲辰日-26일)에 강화부(江華府)에서 사람이 벼락을 맞았다.

○ 조박(趙璞)을 호조판서, 이문화(李文和)를 예문관대제학, 최이(崔迤)를 길주도 도안무찰리사(吉州道都安撫察理使)로 삼았다.

○ 군자감(軍資監) 조사덕(曹士德)을 보내 동녕위만산군(東寧衛漫散軍) 유사경(劉思京) 등 781명을 이끌고 요동(遼東)으로 가게 했다.

병오일(丙午日-28일)에 전 광주목사(廣州牧使) 최식(崔湜)의 직첩을 거두어 외방(外方)에 부처(付處)하라고 명했다. 식(湜)이 좌군(左軍) 숙자패(宿字牌)[41]에 속해 전지(田地)를 받고 윤번(輪番)의 숙직(宿直)을 당했는데도 그날에 이르러 거짓으로 말에서 떨어졌다고 칭탁(稱託)했다. 병조에서 형조에 관문(關文-대등한 기관끼리의 공문)을 보내 '숙직할 차례인데 숙직하지 않은 죄'를 논핵(論劾)하니 그래서 이런 명이 있었다.

○ 동북면 도순문사(東北面都巡問使)에게 명해 정성을 다해 안변(安邊)과 정주(定州), 함주(咸州) 등 각 고을의 성황신(城隍神)에게 기도(祈禱)하게 했다. 태상왕의 병이 위독했기 때문이다.

정미일(丁未日-29일)에 일본국(日本國) 구사전(仇沙殿)의 사인(使人)이 대궐에 나아가 하직하니 쌀 150석과 황두(黃豆) 50석을 주어 보냈다. 박화(朴和)가 돌아올 때 잡혀갔던 사람 100명을 추쇄(推刷)해 보내주었기 때문이다.

---

41 숙위군(宿衛軍)을 말한다.

○사헌지평 최자해(崔自海)가 대궐에 나아가 조회 보기[視朝]를 청했으나 윤허하지 않았다.
시조

"전하께서 지난 겨울부터 태상왕의 미령(未寧)으로 인해 매일의 조계(朝啓)와 육아일(六衙日)의 수조(受朝)를 모두 다 정지하셨습니다. (그런데) 지금 듣건대 태상왕의 병세가 조금 나으셨다 합니다. 빌건대 5일에 한 번씩 조회를 보소서."

상이 말했다.

"내가 일을 보지 못하는 것은 다만 부왕(父王)께서 미령(未寧)하신 때문이다. 지금 조금 차도(差度)가 있긴 하나 자식된 마음에 어찌 담담하게 근심이 없겠는가? 내가 주색(酒色)에 빠져서 그런 것은 아니다. 그렇지 않으면 어찌 대간(臺諫)의 말이 있기를 기다린 연후에 일을 보겠느냐?"

○이조정랑 박관(朴冠)과 좌랑 유미(柳渼)를 파직했다. 이조에서 완평군(完平君) 이조(李朝)의 시호(諡號)를 의논해 올렸는데 모두 악명(惡名)이었고 또 장기(葬期)가 거의 다가왔기 때문에 (새로운 사람을) 낙점(落點)하지 않았다. 상이 사헌부로 하여금 그 지체한 죄를 탄핵하게 해 파면시켰다.

○사헌부에서 강원도 도관찰사 조면(趙勉)과 전 판원주목사(判原州牧使) 유구산(庾龜山) 등의 죄를 청했다. 원주교수관(原州敎授官) 신도(申圖)가 일찍이 목사 유구산의 불법(不法)한 일을 소송(訴訟)했는데 면(勉)이 도(圖)에게 죄를 돌리고 구산(龜山)은 묻지 않았다. 그러나 구산도 또한 여기에 연루돼 면관(免官)됐다. 헌부(憲府)에서 논핵(論劾)해 아뢰었다.

'전 판원주목사 유구산이 사전(祀典)[42]에 실려 있는 산신(山神)을 가지고 수죄(數罪-죄를 가함)하며 태형(笞刑)을 가했으니 이미 불경(不敬)하고, 또 황후(皇后)를 위해 거애(擧哀)[43]하던 날에 풍악을 울리며 연음(宴飮)했고 또 관찰사 조면과 더불어 함께 부처(付處)한 사람 전직(全直)의 우사(寓舍)에 가서 술이 몹시 취했 춤을 췄으니 수령(守令)의 마땅함이 조금도 없습니다. 전 원주교수관 신도는 사랑하는 기생을 투기(妬忌)하여 구산을 불충 불효(不忠不孝)로 송사하고, 또 거애하던 날 본인 자신도 연석(宴席)에 참여해 놓고 허물을 목사(牧使)에게만 돌리니 또한 부당합니다. 그러나 도는 이미 조면에게 논죄(論罪)돼 상주(尙州)에 부처(付處)했고, 조면은 구산의 말을 듣고 함께 전직의 집에서 마시고, 도가 고소하자 구산의 죄는 묻지 않고 도리어 도를 죄주었으니 공평하지 못하고 살피지 못해 감사(監司)의 직임에 합당하지 않습니다. 전 횡천감무(橫川監務) 단순(段純)은 조면과 구산의 뜻에 아첨하여 지나치게 신도를 형벌하고, 옥사(獄辭)를 증감(增減)했는데 스스로 잘못한 것을 알고 중로(中路)에서 도망했으니, 상항(上項)의 인원의 죄상(罪狀)을 율(律)에 의해 과단(科斷)하시기 바랍니다.'

명하기를 구산과 도는 이미 벌써 죄를 받았으니 다시 거론(擧論)하지 말라고 했고 면은 현재 병으로 앓고 있으니 단순(段純)이 나타나기를 기다려서 한꺼번에 죄를 토의하라[議罪]고 했다.

42 제사(祭祀)에 대한 예전(禮典)이다.

43 곡읍(哭泣)하는 예(禮)를 말한다.

己卯朔 司憲府請前摠制申孝昌之罪 原之. 孝昌 金士衡之壻
기묘 삭 사헌부 청 전 총제 신효창 지 죄 원지 효창 김사형 지 서
也. 士衡之子陸與其妻郭氏皆先歿 及士衡疾篤 巫覡皆言 陸夫妻
야 사형 지 자 륙 여 기처 곽씨 개 선몰 급 사형 질 독 무격 개 언 륙 부처
爲祟 孝昌惑之 遂發陸塚 焚其屍. 司憲府劾孝昌而請罪 上以
위수 효창 혹지 수 발 륙 총 분 기시 사헌부 핵 효창 이 청죄 상 이
原從功臣 特宥之. 孝昌敎子自守讀書 怒其怠業 束縛而使奴隷
원종공신 특 유지 효창 교 자 자수 독서 노 기 태업 속박 이 사 노예
加刑 幾至於死; 或置之土窟之中 嚴刑峻罰 視如仇讎 聞于天聰
가형 기 지어 사 혹 치지 토굴 지 중 엄형 준벌 시 여 구수 문 우 천총
播在人口. 其慘酷少恩 如此云.
파 재 인구 기 참혹 소은 여차 운

庚辰 世子禔回自京師 街巷結綵. 左政丞成石璘六曹判書
경진 세자 제 회자 경사 가항 결채 좌정승 성석린 육조판서
等 出迎于城西 石積之郊; 功臣安平府院君李舒等 迎于迎曙驛
등 출영 우 성서 석적 지 교 공신 안평 부원군 이서 등 영우 영서역
東郊; 耆老領議政府事致仕權仲和等 迎于洪濟院西郊; 各司
동교 기로 영 의정부 사 치사 권중화 등 영우 홍제원 서교 각사
一員 迎于盤松亭. 上御廣延樓 置酒以迎慰之. 完山君李天祐
일원 영우 반송정 상 어 광연루 치주 이영 위지 완산군 이천우
右政丞李茂 下至從事官 皆與焉. 議政府率百官稱賀. 上謂世子
우정승 이무 하지 종사관 개 여 언 의정부 솔 백관 칭하 상 위 세자
曰: "吾見汝形體壯大 殊異乎昔日." 且曰: "大抵一行人多 其中
왈 오 견 여 형체 장대 수이 호 석일 차왈 대저 일행 인 다 기중
必有憂患焉. 今此行人數 倍我朝覲之時 無有一人貽戚者 夫復
필유 우환 언 금 차 행인 수 배 아 조근 지 시 무유 일인 이척 자 부 부
何言! 帝之待汝 出於誠心 非特賞賜之厚 至於細事無不敎誨
하언 제 지 대 여 출어 성심 비 특 상사 지 후 지어 세사 무불 교회
聖恩重大 報謝無由." 天祐等對曰: "皇帝命護送內官曰: '朝鮮
성은 중대 보사 무유 천우 등 대왈 황제 명 호송 내관 왈 조선
國王 使十五歲兒子 朝覲萬里 其忠誠至矣. 汝於護送之際 若使
국왕 사 십오 세 아자 조근 만리 기 충성 지의 여 어 호송 지 제 약 사

世子小有不安於心者 罪汝無赦.' 是以護送內官 須臾不離世子之
세자 소 유 불안 어 심 자 죄 여 무사 시이 호송 내관 수유 불리 세자 지
側 渡水涉險 身自扶掖 使世子安穩過行."
측 도수 섭험 신 자 부액 사 세자 안온 과행

初 世子之朝見也 帝遣錦衣衛指揮千戶 以千餘騎迎入
초 세자 지 조현 야 제 견 금의위 지휘 천호 이 천여 기 영입
江東驛館 禮部尙書鄭賜 內官黃儼迎慰之. 世子入京師 館于
강동역관 예부상서 정사 내관 황엄 영 위지 세자 입 경사 관 우
會同館 禮部尙書趙𤦹 以帝命來勞之.
회동관 예부상서 조공 이 제명 래 노지

帝御西角門 世子偕千官行禮. 帝使鴻臚王少卿 引世子及
제 어 서각문 세자 해 천관 행례 제 사 홍려 왕소경 인 세자 급
李天祐 李茂 李來 孟思誠 李玄升陛. 帝問世子年幾歲 玄對曰:
이천우 이무 이래 맹사성 이현 승폐 제 문 세자 연 기세 현 대왈
"十四歲." 帝特加溫顔以接之 賜綵絲衣五套 汗衫裏衣裳靴各一;
십사 세 제 특 가 온안 이 접지 사 채사의 오 투 한삼 이의 상 화 각일
李天祐以下至從事官三十五人 綵絲衣一套; 打角夫以下至從人
이천우 이하 지 종사관 삼십 오인 채사의 일 투 타각부 이하 지 종인
七十八名 各綃衣一套.
칠십 팔명 각 초의 일 투

帝入內 賜食于西角門. 世子欲展禮於東宮及漢王 皆使人免禮
제 입내 사식 우 서각문 세자 욕 전례 어 동궁 급 한왕 개 사인 면례
乃還館. 帝使黃儼及吏部尙書蹇義 來對夕飯 且賜椰瓢果實.
내 환관 제 사 황엄 급 이부상서 건의 내대 석반 차 사 야표 과실
世子迎入廳 黃儼 蹇義在東 世子在西 行再拜禮.
세자 영입 청 황엄 건의 재동 세자 재서 행 재배례

帝御西角門 世子詣闕謝恩 帝又命升陛 問發王京幾日
제 어 서각문 세자 예궐 사은 제 우 명 승폐 문 발 왕경 기일
又問: "讀書乎?" 對曰: "讀書." 旣退 戶部尙書夏原吉及黃儼
우문 독서 호 대왈 독서 기 퇴 호부상서 하원길 급 황엄
韓帖木兒 尙寶司丞奇原 來對夕飯. 自是儼等三人 每日一至
한첩목아 상보사 승 기원 내대 석반 자시 엄 등 삼인 매일 일지
六部尙書以次而來.
육부 상서 이차 이 래

帝引見世子于西角門 命升陛 諦視之曰: "貌似乃父 但身長稍
제 인견 세자 우 서각문 명 승폐 체 시지 왈 모 사 내부 단 신장 초
異耳."
이 이

帝賜世子仁孝皇后勸善書一百五十本 孝慈皇后傳一百五十本.
제 사 세자 인효 황후 권선서 일백 오십 본 효자 황후전 일백 오십 본

至是年正朝 帝御奉天門受朝賀 鴻臚寺引世子 班在六部侍郎之
지 시년 정조 제 어 봉천문 수 조하 홍려시 인 세자 반 재 육부 시랑 지
下行禮.
하 행례

世子祭皇后殯殿. 鴻臚王少卿引世子由右順門入 至思善門前待
세자 제 황후 빈전 홍려 왕소경 인 세자 유 우순문 입 지 사선문 전 대
門開 望殯殿四拜哭 又四拜而退.
문개 망 빈전 사배 곡 우 사배 이 퇴

帝謂世子曰: “終日在館 無乃寂寞乎? 可游觀朝天宮 靈谷寺
제 위 세자 왈 종일 재관 무내 적막 호 가 유관 조천궁 영곡사
天禧寺 天界寺 能仁寺.”
천희사 천계사 능인사

帝御奉天殿 勅千官齋戒. 將以正月辛酉日祭天地也. 千官具
제 어 봉천전 칙 천관 재계 장 이 정월 신유일 제 천지 야 천관 구
朝服行禮 世子以常服 立於西班九品之下. 旣退 李茂使李玄 言
조복 행례 세자 이 상복 입 어 서반 구품 지 하 기 퇴 이무 사 이현 언
於禮部尙書鄭賜 趙玒曰: “太祖皇帝賜我國冠服之詔 有曰:
어 예부상서 정사 조공 왈 태조황제 사 아국 관복 지 조 유 왈
‘國王一品 準中朝三品.’ 在辛未年 高麗世子定城君入朝 位在
국왕 일품 준 중조 삼품 재 신미년 고려 세자 정성군 입조 위 재
六部尙書之次. 今使我世子 不間於朝列 而位於九品之外 與野人
육부 상서 지 차 금 사 아 세자 불간 어 조열 이 위 어 구품 지 외 여 야인
㺚子雜處 願親奏陛下.” 尙書曰: “可.” 旣而帝移御西角門 世子
달자 잡처 원 친주 폐하 상서 왈 가 기이 제 이어 서각문 세자
升陛奏曰: “在太祖時 以外國蒙賜中朝衣冠 惟我國耳. 今臣無
승폐 주왈 재 태조 시 이 외국 몽사 중조 의관 유 아국 이 금 신 무
朝服 序於九品之外 伏望聖察.” 帝召鄭賜問曰: “朕已令位於
조복 서 어 구품 지 외 복망 성찰 제 소 정사 문왈 짐 이령 위 어
二品 何故不然?” 賜對曰: “無朝服故也.” 帝曰: “可依靖江王
이품 하고 불연 사 대왈 무 조복 고야 제 왈 가 의 정강왕
兒子之例 製朝服祭服以與之 令陪祀天地壇.” 李茂等言於禮部
아자 지 례 제 조복 제복 이 여지 영 배사 천지단 이무 등 언 어 예부
曰: “天子旣許世子陪祀 陪臣願從世子與祭.” 兩尙書曰: “此事
왈 천자 기 허 세자 배사 배신 원 종 세자 여제 양 상서 왈 차사
不必奏聞. 宰相五人從事官二人 可以與祭 其具姓名保單以來.”
불필 주문 재상 오인 종사관 이인 가이 여제 기 구 성명 보단 이래
乃以保單呈禮部 受牙牌八面 陪祀官牌一 供事官牌七. 帝使黃儼
내 이 보단 정 예부 수 아패 팔면 배사 관 패 일 공사관 패 칠 제 사 황엄
至會同館 賜世子朝服祭服.
지 회동관 사 세자 조복 제복

帝親享于南郊 世子與陪祀朝官 入壇下東邊 班在公侯之後
제 친향 우 남교 세자 여 배사 조관 입 단하 동변 반 재 공후 지 후

李天祐等七人 序於陪祀官之東. 禮畢 帝還御奉天殿受朝賀.
이천우 등 칠인 서어 배사관 지 동 예필 제 환어 봉천전 수 조하

世子獨序於六部尙書之後 侍郞之前 李天祐等序於五品之末
세자 독 서어 육부 상서 지 후 시랑 지 전 이천우 등 서어 오품 지 말

書狀官薛偁 通事吳眞序於六品之末 其餘從事官 以①無公服
서장관 설칭 통사 오진 서어 육품 지 말 기여 종사관 이 무 공복

序於九品之末.
서어 구품 지 말

禮部使李來 孟思誠 薛偁 李薈 詣靈谷寺 各賡御製讚佛詩
예부 사 이래 맹사성 설칭 이회 예 영곡사 각 갱 어제 찬불 시

以進. 御製詩曰:
이진 어제시 왈

'世人解脫出世間 乾闥波城長不關
세인 해탈 출세간 건달바성 장 불관

了知是境曾可繫 一塵剖却彌樓山
요지 시경 증 가계 일진 부각 미루산

火雲旋轉浮雲起 月影曈曨映江水
화운 선전 부운 기 월영 동롱 영 강수

忽然枕上夢初醒 已歷恒河沙劫裏
홀연 침상 몽 초성 이력 항하사 겁 리

瑠璃籠眼見山下 猛風吹海騰洪波
유리 농안 견 산하 맹풍 취해 등 홍파

應同慶尙是虛妄 從來未識菴摩羅
응 동 경상 시 허망 종래 미식 암마라

始言學道入三昧 豈信心身不相代
시 언 학 도 입 삼매 기 신 심신 불 상대

欲將分別是眞心 無着龜毛有何在
욕장 분별 시 진심 무착 구모 유 하재

鑿井出土井應空 方圓之器本相同
착정 출토 정 응 공 방원 지 기 본 상동

貯將千里以相遺 誰置頻伽甁口中
저장 천리 이 상유 수 치 빈가 병구 중

細觀萬物有消毁 孰解虛空是眞體
세관 만물 유 소훼 숙 해 허공 시 진체

若將生滅究根源 鏡裏燈花落紅紫
약 장 생멸 구 근원 경 리 등화 락 홍자

眼前之境起心惑 顚倒因緣相糾纆
안전 지 경 기 심혹 전도 인연 상 규묵

一點靈犀照九淵 毫端受得三千國
일점 영서 조 구연 호단 수 득 삼천 국

法王來自西天西 誓弘妙法開群迷
법왕 래 자 서천 서 서 홍 묘법 개 군미

圓容徧涌海潮水 寶光顯出眞玻瓈
원용 편 용 해 조수 보광 현출 진 파려

自從說法住靈谷 瑞氣絪縕霞綵煜
자종 설법 주 영곡 서기 인온 하 채욱

祇園日暖綻金蓮 萬樹葳蕤播芳馥
기원 일 난 탄 금련 만수 위유 파 방복

胸中放出百千光 遙燭大地何茫茫
흉중 방출 백천 광 요 촉 대지 하 망망

玲瓏樓殿炫金碧 寶塔妙影敷廻廊
영롱 누전 현 금벽 보탑 묘영 부 회랑

更有長干幾千尺 幡蓋飛揚竟朝夕
갱 유 장간 기 천척 번개 비양 경 조석

樹影飄飖鳥影過 衆影紛紛度窓隙
수영 표요 조영 과 중영 분분 도 창극

如來宴坐轉輪對 普令淸淨無塵埃
여래 연좌 전륜 대 보령 청정 무 진애

千秋萬歲翼皇度 妙德圓湛蓮花開
천추만세 익 황도 묘덕 원담 연화 개

頓除六結釋纏繞 白雪晴空光皎皎
돈제 육결 석 전요 백설 청공 광 교교

大明日月麗中天 一統山下照春曉'
대명 일월 여 중천 일통 산하 조 춘효

時有胡僧曷尼摩 號生佛. 帝迎至京師 舍諸靈谷寺 甚加敬信
시 유 호승 갈니마 호 생불 제 영 지 경사 사 저 영곡사 심가 경신

朝官士人皆奔趨 摩頂授記焉.
조관 사인 개 분추 마정 수기 언

帝御武英殿 賜世子御製詩一篇. 詩曰:
제 어 무영전 사 세자 어제시 일편 시 왈

'浿水東邊舊封域 八敎疇能遵古式
패수 동변 구 봉역 팔교 주 능준 고식

簡篇自足鑑安危 淵藪何須更藏匿
간편 자족 감 안위 연수 하 수 갱 장닉

乾坤覆載靡不容 栽培蹷拔皆天工
건곤 복재 미 불용 재배 축발 개 천공

時來難得苦易失 三韓揮霍空遺蹤
시 래 난득 고 이실 삼한 휘곽 공 유종

右渠肆誘逞憸譎 過眼相看曾一瞥
우거 사 유 령 섬휼 과 안 상간 증 일별

溝婁樹綠草靑靑 雲擁玄菟漢封埒
구루 수 녹 초 청청 운 옹 현토 한 봉랄

爾家攄悃事朝廷 男耕女織疆域寧
이가 터곤 사 조정 남경여직 강역 녕

吹蘆撾鼓日爲樂 曠野應無佩犢行
취로 과고 일 위락 광야 응 무 패독 행

鴨綠江流似巵酒 馬邑諸山連培塿
압록강 유 사 치주 마읍 제산 연 배루

試看往迹已荒涼 名譽光華可長久
시간 왕적 이 황량 명예 광화 가 장구

秉心安得如金石 堅確惟當愼朝夕
병심 안득 여 금석 견확 유 당 신 조석

驕盈只患鮮永終 孰解沈潛到幽賾
교 영 지 환 선 영종 숙 해 침잠 도 유색

昔年王子來朝享 車騎蕭蕭出平壤
석년 왕자 내조 향 거기 소소 출 평양

淸霜殺柳水凝氷 回首寒郊連莽蒼
청상 살 류 수 응 빙 회수 한교 연 망창

爾禔修貢萬里來 年過十五堪成才
이 제 수공 만리 래 연 과 십오 감 성재

讀書學道勿自棄 勉旃毋使家聲隤
독서 학도 물 자기 면전 무사 가성 퇴

從來禍福無扃鑰 倚伏之幾乘善惡
종래 화복 무 경약 의복 지 기 승 선악

高山可礪海可移 萬古忠誠是郛郭'
고산 가려 해 가이 만고 충성 시 부곽

帝命世子讀過 謂世子曰: "朕猶爾父也." 謂李天祐等曰: "朕
제 명 세자 독과 위 세자 왈 짐 유 이부 야 위 이천우 등 왈 짐

作詩與爾世子 不是秀才詩賦 此詩有益於汝國. 在此秀才 宜
작시 여 이 세자 불시 수재 시부 차시 유익 어 여국 재차 수재 의

各和一首." 仍賜世子 通鑑綱目 大學衍義各一部 法帖三部 筆
각 화 일수 잉 사 세자 통감강목 대학연의 각 일부 법첩 삼부 필

一百五十枝 墨二十五丁 世子叩頭而出 翼日詣闕謝恩.
일백 오십 지 묵 이십 오 정 세자 고두 이 출 익일 예궐 사은

帝使禮部尙書趙玒賜世子金二錠 銀十錠 紵絲五十匹 線羅五十
제 사 예부상서 조공 사 세자 금 이 정 은 십 정 저사 오십 필 선라 오십

匹 李天祐表裏各八匹 銀二錠 李茂 李來 各銀二錠 表裏各六匹
필 이천우 표리 각 팔 필 은 이 정 이무 이래 각 은 이 정 표리 각 육 필

孟思誠 李玄各銀一錠 表裏各四匹 書狀官以下至驅馬軍各色綃
맹사성 이현 각 은 일 정 표리 각 사 필 서장관 이하 지 구마 군 각 색초

四匹 寶鈔五十張 各官從人各寶鈔五十張. 是夕 鄭尙書奉讚佛詩
사 필 보초 오십 장 각관 종인 각 보초 오십 장 시석 정 상서 봉 찬불 시

一篇至館曰: 此今日帝幸靈谷寺所製也. 從官宜次韻." 詩曰:
일편 지관 왈 차 금일 제 행 영곡사 소제 야 종관 의 차운 시 왈

'靜觀萬物何紛紜 誰植菩提妙湛根
정관 만물 하 분운 수 식 보리 묘담 근

眼中垂髮如絲棼 未究牟尼百八門
안중 수발 여 사분 미구 모니 백팔 문

試言三相轉業眞 業相應滅眞常存
시언 삼상 전업 진 업 상 응멸 진 상존

六塵緣影爲心相 漂淪苦海波濤飜
육진 연 영 위 심상 표륜 고해 파도 번

借令聖慧所建立 要知體用尤難論
차 령 성혜 소건립 요 지 체용 우 난론

鐵牛鞭起種春雨 石田磽埆勤耔耘
철우 편기 종 춘우 석전 교각 근 자운

收成千斛眞如子 顆顆圓明世罕聞
수성 천곡 진여자 과과 원명 세 한문

一機不動覺澄寂 超越聖境無籬藩
일기 부동 각 징적 초월 성경 무 이번

愚者支離廣分別 幻非眞實徒爲言
우자 지리 광 분별 환 비 진실 도 위언

嗟哉群聚飽眠睡 跛驢羈勒相追蹇
차재 군취 포 면수 파려 기륵 상 추건

波流雲駃刹那壞 躁動虛妄如猴猿
파 류 운 결 찰나 괴 조동 허망 여 후원

周觀法界孰人我 照明諸地唯心元
주관 법계 숙 인아 조명 제지 유 심원

從知空藏悉充滿 窓塵之內含乾坤
종지 공장 실 충만 창진 지 내 함 건곤

但離名相卽正智 不勞灌頂成泥洹
단 리 명상 즉 정지 불로 관정 성 니원

良醫隨病授方藥 頓令蘇息除遘痻
양의 수병 수 방약 돈 령 소식 제구 민

曠劫暗聾獲聰悟 憑杖靈山兩足尊
광겁 암롱 획 총오 빙장 영산 양족존

法雲遍覆廣濟拔 大興哀愍施慈恩
법운 편복 광제 발 대흥 애민 시 자은

恒沙不盡道常存 燈燈相續無晨昏
항사 부진 도 상존 등등 상속 무 신혼

如來本自是化身 昔曾說法給孤園
여래 본 자시 화신 석 증 설법 급 고원

欲問去來誰卽是 應知迦葉拘留孫
욕문 거래 수 즉시 응 지 가섭 구류 손

只今復現演空旨 光明顯耀猶千暾
지금 부현 연 공지 광명 현요 유 천돈

閻浮檀今相自在 降伏外道隳魔軍
염부단 금 상 자재 강복 외도 휴 마군

十方開發兼攝受 遣離爾燄歸眞源
시방 개발 겸 섭수 견 이이염 귀 진원

朕心夙夜念考妣 永言孝思恒弗諼
짐 심 숙야 념 고비 영언 효사 항 불원

遙令使者往西竺 遠瞻雪嶺馳迎軒
요 령 사자 왕 서축 원 첨 설령 치영 헌

神通廣大靡不感 預知朕意尤懽欣
신통 광대 미 불감 예지 짐 의 우 환흔

使者倭遲在中路 翩然東向趣來轅
사자 왜지 재 중로 편연 동향 취래 원

乘飇西度何欻忽 下凌倒影踰崑崙
승 표 서도 하 훌훌 하 릉 도영 유 곤륜

所經下嶽悉震動 鳥飛獸舞相呼喧
소경 하악 실 진동 조 비 수 무 상 호훤

終朝說法啓晦昧 要使逐境無逸奔
종조 설법 계 회매 요 사 축경 무 일분

萬像開明消鬱㶿 九霄澄霽歛餘氛
만상 개명 소 울 발 구소 징 제 렴 여분

有情一見領三昧 頓使淸淨妄囂煩
유정 일견 영 삼매 돈 사 청정 망 효번

眞通豈得間夢想 遐邇不礙音隔垣
진통 기 득 간 몽상 하이 불 애음 격원

矧玆功德最奇勝 諸天畢集祥瑞繁
신 자 공덕 최 기승 제천 필 집 상서 번

寶光五彩散千道 騰虛縹緲羅幢幡
보광 오채 산 천도 등 허 표묘 나당번

曼殊普賢參左右 時見白象靑獅蹲
만수 보현 참 좌우 시 견 백상 청사 준

燭龍含燈下照耀 夜深忽覩赤火煇
촉룡 함등 하 조요 야심 홀 도 적화 휘

青林甘露綴玉屑 化作菡萏猶金鞼
청림 감로 철 옥설 화작 함담 유 금돈

群生受度普安樂 作詩頌美重璵璠
군생 수도 보 안락 작시 송미 중 여번

會將刹土納毛孔 滄海一滴何容呑'
회 장 찰토 납 모공 창해 일적 하 용탄

世子詣闕謝恩 帝召世子就陛前問曰: "爾明日發行乎?" 對曰:
세자 예궐 사은 제 소 세자 취 폐전 문왈 이 명일 발행 호 대왈

"然. 但禮部以無前例 不給長行馬五十匹草料." 帝命禮部兵部
연 단 예부 이 무 전례 불급 장행 마 오십 필 초료 제 명 예부 병부

曰: "各差人伴送 朕亦差內官送遼東矣." 命世子曰: "爾於中路
왈 각 차인 반송 짐 역 차 내관 송 요동 의 명 세자 왈 이 어 중로

先報本國 使之迎于遼東." 世子叩頭而下. 雞城君李來 提學
선보 본국 사지 영 우 요동 세자 고두 이 하 계성군 이래 제학

孟思誠 奉常令李薈 各和賜世子御製詩韻以獻 帝召陞陛而見之.
맹사성 봉상 령 이회 각 화 사 세자 어제시 운 이헌 제 소 승폐 이 견지

帝御武英殿 召世子 賜馬四匹 又賜乾馬二 乾羊八 乾鵝二十
제 어 무영전 소 세자 사마 사 필 우 사 이 건양 팔 건아 이십

圓眼茘枝橘椰瓢魚醢摠十六擔 寶鈔一千貫 墨五丁. 凡賜物 帝必
원안 여지 귤 야표 어해 총 십육 담 보초 일천 관 묵 오 정 범 사물 제 필

親視 然後使黃儼押送于館. 當受賜之際 世子謝曰: "朝貢 臣子
친시 연후 사 황엄 압송 우 관 당 수사 지 제 세자 사왈 조공 신자

所當爲 不意盛恩至此." 因泣下 帝再言終始如一.
소당위 불의 성은 지차 인 읍하 제 재언 종시 여일

世子詣闕辭 帝召世子及李天祐等五人升陛問曰: "爾今日
세자 예궐 사 제 소 세자 급 이천우 등 오인 승폐 문왈 이 금일

回去?" 世子對曰: "到京以來 累蒙聖恩 粉身難報." 帝謂天祐
회거 세자 대왈 도경 이래 누몽 성은 분신 난보 제 위 천우

等曰: "世子幼年 路次 爾頭目毋忽." 又曰: "朕聞老王病 欲遣
등 왈 세자 유년 노차 이 두목 무홀 우왈 짐 문 노왕 병 욕견

醫療治 今再思之 醫實無效. 朕於皇后之疾 尤有以知之也. 爾錄
의료 치 금 재 사지 의 실 무효 짐 어 황후 지 질 우 유 이 지지 야 이 록

病源來 朕將使之命藥." 李薈又欽依次御製讚佛詩韻一首投進 帝
병원 래 짐 장 사지 명약 이회 우 흠의 차 어제 찬불 시 운 일수 투진 제

手受入內.
수수 입내

禮部尙書鄭賜及黃儼 韓帖木兒 奇原 餞世子于江東驛. 世子
예부상서 정사 급 황엄 한첩목아 기원 전 세자 우 강동역 세자

涕泣彷徨 鄭尙書曰: "朝鮮事大之誠 已曾知之也 幸永永不忘."
체읍 방황 정 상서 왈 조선 사대 지 성 이증 지지 야 행 영영 불망

欽差內官郭敬 兵部差行人王用伴行. 世子及宰相以下正官
흠차 내관 곽경 병부 차 행인 왕용 반행 세자 급 재상 이하 정관

三十五員有廩給; 打角夫以下至從人七十八名 給口糧; 宰相
삼십 오 원 유 늠급 타각부 이하 지 종인 칠십 팔 명 급 구량 재상

五人給鋪馬; 書狀官以下四十人給驢任載車三十六兩. 遼東鎭撫
오인 급 포마 서장관 이하 사십 인 급 여 임재거 삼십 육 량 요동 진무

陳景千 陳敏 百戶李忠亦伴行.
진경천 진민 백호 이충 역 반행

世子還至北京 詣趙王宮辭 王使左長史顧晟傳旨免禮曰: "今在
세자 환지 북경 예 조왕 궁 사 왕 사 좌장사 고성 전지 면례 왈 금 재

衰絰 不可受禮." 賜表裏各十匹曰: "人臣無外交之義 來時禮物
최질 불가 수례 사 표리 각 십 필 왈 인신 무 외교 지 의 내시 예물

所不當受. 然以世子之誠 受而奏聞. 今還告歸 無以爲禮 聊此爲贈."
소부당 수 연 이 세자 지 성 수 이 주문 금 환 고귀 무이 위례 요차 위 증

辛巳 太上王疾彌留 上王不待儀衛 促駕問疾 侍側而寢. 上常
신사 태상왕 질 미류 상왕 부대 의위 촉가 문질 시측 이 침 상 상

不離於側 飮膳藥餌 必親嘗而後乃進.
불리 어 측 음선 약이 필 친상 이후 내 진

甲申 流前司宰監李震于平州 前司尹金稠于水原. 震自外入京
갑신 유 전 사재감 이진 우 평주 전 사윤 김조 우 수원 진 자외 입경

時 令其奴帶黃色袱以從. 司憲府書吏金乙持見而欲奪 震不肯
시 영 기노 대 황색 보 이종 사헌부 서리 김을지 견 이 욕탈 진 불긍

乙持執震衣襟相詰. 稠遇諸塗 欲右震 亦爲乙持所辱. 稠懷忿
을지 집 진 의금 상힐 조 우 저 도 욕우 진 역 위 을지 소욕 조 회분

見臺員曰: "乙持輩埋沒三品朝官 罪可典刑." 憲府劾震犯令齎
견 대원 왈 을지 배 매몰 삼품 조관 죄 가 전형 헌부 핵 진 범령 재

黃色袱不自屈 稠以不干己事 與臺吏相詰 自輕致辱 上書請罪 皆
황색 보 부 자굴 조 이 불간 기사 여 대리 상힐 자 경 치욕 상서 청죄 개

自願付處. 憲府又杖乙持 以凌辱朝官之罪而黜之.
자원부처 헌부 우 장 을지 이 능욕 조관 지 죄 이 출지

乙酉 置酒廣延樓 勞世子之還也. 隨朝宰樞侍從官 皆與焉.
을유 치주 광연루 노 세자 지 환 야 수조 재추 시종관 개 여언

以薛偁爲禮曹右參議 許稠判內贍寺事. 隨朝供辦諸事者 限品
이 설칭 위 예조 우참의 호조 판 내섬시 사 수조 공판 제사 자 한품

許通: 洪義成等二人限五品 前郎將朴臣佑等二人限六品 副司正
허통 홍의성 등 이인 한 오품 전 낭장 박신우 등 이인 한 육품 부사정

安龍等二十五人限七品 皆諸倉庫奴也.
안룡 등 이십 오인 한 칠품 개 제 창고 노 야

欽差官陳敬 李賓發向西北面. 西北面都巡問使馳報: "天使
흠차관 진경 이빈 발 향 서북면 서북면 도순문사 치보 천사

黃儼 於三月十九日 渡鴨綠江." 二人聞之 欲迎見儼於路次也.
황엄 어 삼월 십구 일 도 압록강 이인 문지 욕 영견 엄 어 노차 야

丙戌 上率世子觀慕華樓之役 遂如西郊 觀放鷹而還. 時太上之疾稍愈.
병술 상 솔 세자 관 모화루 지 역 수 여 서교 관 방응 이 환 시 태상 지 질 초유

戊子 流前護軍李之誠于龍宮縣. 之誠從世子朝見而還 上御便殿 召致于前 密有所問 遂下獄付處 外人莫知所由. 司憲地坪崔自海啓曰: "之誠之流 攸司未知其罪 無乃失禮於朝廷以辱國乎? 請逋還鞫問 明正其罪." 上曰: "之誠之罪 予旣不言 汝何得知? 本無大罪 予已流之外方矣."
무자 유 전 호군 이지성 우 용궁현 지성 종 세자 조현 이 환 상 어 편전 소치 우전 밀 유 소문 수 하옥 부처 외인 막지 소유 사헌 지평 최자해 계왈 지성 지 유 유사 미지 기죄 무내 실례 어 조정 이 욕국 호 청 포환 국문 명정 기죄 상 왈 지성 지 죄 여 기 불언 여 하 득지 본 무 대죄 여 이 유지 외방 의

司諫院上疏曰:
사간원 상소 왈

'臣等竊聞 殿下與世子元子 駕幸西郊 日暮乃還. 竊惟儲副國本 使老師宿德爲之師傅 端人正士爲之僚屬 朝夕勸講 猶恐嬉游逸豫之或至 殿下顧乃與之游觀 臣恐馳騁之心一啓 而不可復塞矣. 況太上殿下猶未康寧乎? 人君擧動 史必書之 願留意焉.'
신등 절문 전하 여 세자 원자 가행 서교 일모 내 환 절유 저부 국본 사 노사 숙덕 위지 사부 단인 정사 위지 요속 조석 권강 유 공 희유 일예 지 혹 지 전하 고 내 여지 유관 신 공 치빙 지 심 일계 이 불가 부색 의 황 태상 전하 유 미 강녕 호 인군 거동 사 필 서지 원 유의 언

又上疏曰:
우 상소 왈

'賞罰 國家之大柄 賞一人而千萬人勸 罰一人而千萬人懲. 是以古之明王 罰一人而民必知之 所以使民有所知避 而勸於爲善也. 今殿下繫李之誠于巡禁司 尋卽付處. 臣等未審何故而然歟? 臣等以耳目之官 尙且不知 況國人乎? 非古者勸善懲惡之道也. 願殿下 令攸司鞫問其故 明正其罪 昭示勸懲.'
상벌 국가 지 대병 상 일인 이 천만인 권 벌 일인 이 천만인 징 시이 고 지 명왕 벌 일인 이 민 필 지지 소이 사민 유 소지피 이 권 어 위선 야 금 전하 계 이지성 우 순금사 심 즉 부처 신등 미심 하고 이 연 여 신등 이 이목 지 관 상 차 부지 황 국인 호 비 고자 권선징악 지 도 야 원 전하 영 유사 국문 기고 명정 기죄 소시 권징

大司憲南在等上疏曰:
대사헌 남재 등 상소 왈

‘近日下李之誠于巡禁司 一宿賜歸其鄉 是必其罪重 而殿下
근일 하 이지성 우 순금사 일숙 사귀 기향 시 필 기죄 중 이 전하

仁愛 不忍加以刑也. 臣等職居耳目 議其所犯 輕重其罪 職也. 願
인애 불인 가이 형 야 신등 직 거 이목 의 기 소범 경중 기죄 직 야 원

下本府 鞫問其故 使一國臣民明知其罪.’
하 본부 국문 기고 사 일국 신민 명지 기죄

上覽諫院疏 召司諫金自知 欲折辱之 兵曹判書柳亮侍坐諫曰:
상 람 간원 소 소 사간 김자지 욕 절 욕지 병조판서 유량 시좌 간 왈

“諫官之設 本欲繩愆 今若辱之 不如不設. 願賜包容.” 上乃止.
간관 지 설 본 욕 승건 금 약 욕지 불여 불설 원 사 포용 상 내 지

更傳語自知以之誠之事曰: “此人之罪 唯世子與寡人所知 非他人
갱 전어 자지 이 지성 지 사 왈 차인 지 죄 유 세자 여 과인 소지 비 타인

所當知 勿復申請.”
소당지 물부 신청

對馬島宗貞茂遣使獻馬三匹.
대마도 종정무 견사 헌마 삼 필

召柳濕等還. 議政府啓曰:
소 유습 등 환 의정부 계왈

‘三道都體察使等下海之後 沿海各官 倭賊往往入侵 而不能
삼도 도체찰사 등 하해 지 후 연해 각관 왜적 왕왕 입침 이 불능

擒捕. 若非各擁兵船 逗留不進 必其僉謀不同 軍令不行故也.
금포 약 비 각 옹 병선 두류 부진 필 기 첨모 부동 군령 불행 고야

除京畿兵船率領都體察使朴子安及助戰節制使沈龜齡外 其餘
제 경기 병선 솔령 도체찰사 박자안 급 조전 절제사 심구령 외 기여

節制使 皆令上來; 其陸地防守 農務方殷 且以隨營鎭屬軍官 依
절제사 개 령 상래 기 육지 방수 농무 방 은 차 이 수영 진속 군관 의

前不輕備禦.’
전 불경 비어

從之.
종지

壬辰 御便殿 觀儺禮雜戲 賜正布一百匹曰: “予豈欲觀之哉?
임진 어 편전 관 나례 잡희 사 정포 일백 필 왈 여 기 욕 관지 재

小兒輩欲觀之也.” 時使臣將至 有司備儺禮百戲 比常加等焉.
소아 배 욕 관지 야 시 사신 장 지 유사 비 나례 백희 비상 가등 언

癸巳 夜 地震 屋宇皆動.
계사 야 지진 옥우 개 동

甲午 朝廷內史黃儼 田嘉禾 海壽 韓帖木兒 尙寶司尙寶奇原等
갑오 조정 내사 황엄 전가화 해수 한첩목아 상보사 상보 기원 등

來 結山棚陳儺禮百戲 上率百官 迎于慕華樓. 使臣至景福宮 宣
래 결 산붕 진 나례 백희 상 솔 백관 영우 모화루 사신 지 경복궁 선

勑書 勑曰:
칙서 칙 왈

'勑朝鮮國王 李【諱】. 所取馬三千匹 已陸續送到 今賜王花銀
칙 조선 국왕 이 휘 소취 마 삼천 필 이 육속 송도 금 사 왕 화은

四十箇 每箇重二十五兩 計一千兩. 紵絲五十匹 素線羅五十匹
사십 개 매개 중 이십 오 량 계 일천 냥 저사 오십 필 소선라 오십 필

熟絹一百匹.'
숙견 일백 필

上拜勑訖 升自西階 就使臣前跪 儼宣諭聖旨云: "恁去朝鮮國
상 배칙 흘 승 자 서계 취 사신 전 궤 엄 선유 성지 운 임 거 조선국

和國王說 有生得好的女子 選揀幾名將來." 上扣頭曰: "敢不
화 국왕 설 유 생득 호적 여자 선간 기명 장래 상 고두 왈 감 부

盡心承命!"
진심 승명

黃儼等又齎勑書 如太上王宮. 太上以疾不能迎命 使世子禔
황엄 등 우 재 칙서 여 태상왕 궁 태상 이질 불능 영명 사 세자 제

代受勑命. 勑曰: '賜前朝鮮國王 李【諱】紵絲十五匹 線羅十五匹
대수 칙명 칙 왈 사 전 조선 국왕 이 휘 저사 십오 필 선라 십오 필

熟絹三十匹.'
숙견 삼십 필

使臣至太平館 上隨至 設下馬宴 贈使臣五人及頭目二十三人
사신 지 태평관 상 수지 설 하마연 증 사신 오인 급 두목 이십 삼 인

鞍馬.
안마

置進獻色採童女 禁中外婚嫁. 以議政府贊成事南在 參知
치 진헌색 채 동녀 금 중외 혼가 이 의정부 찬성사 남재 참지

議政府事咸傅霖 漢城尹孟思誠爲提調 分遣敬差官于各道 選
의정부 사 함부림 한성윤 맹사성 위 제조 분견 경차관 우 각도 선

處女. 除公私賤隸外良家十三歲以上 二十五歲以下 皆令選取.
처녀 제 공사 천예 외 양가 십삼 세 이상 이십 오 세 이하 개 령 선취

尋下旨 無家奴兩班及庶人之女 勿幷刷出 旣而又遣敬差內官于
심 하지 무 가노 양반 급 서인 지 녀 물 병 쇄출 기이 우 견 경차 내관 우

各道選揀. 於是中外洶動 潛相婚嫁者甚衆. 議政府啓外方禁婚
각도 선간 어시 중외 흉동 잠 상 혼가 자 심중 의정부 계 외방 금혼

之令: "敬差官入境 不待觀察使 直定差使員 依式給馬 取各官
지 령 경차관 입경 부대 관찰사 직정 차사원 의식 급마 취 각관

守令招辭 如有犯令人及隱匿不現者 幷罪守令. 四品以上 報
수령 초사 여유 범령 인 급 은닉 불현 자 병 죄 수령 사품 이상 보

觀察使 五品以下 直斷."
관찰사 오품 이하 직단

乙未 命世子如太平館 問安於使臣也. 世子之朝京也 儼日到
을미 명 세자 여 태평관 문안 어 사신 야 세자 지 조경 야 엄 일 도

所館 待之特厚 故其來也 世子日至館問安.
소관 대지 특후 고 기래 야 세자 일 지 관 문안

黃儼等使韓帖木兒 獻綵帛粉色砂器酒器羊角照燈.
황엄 등 사 한첩목아 헌 채백 분색 사기 주기 양각 조등

丙申 上如太平館宴使臣 陳敬與焉 李賓聞父喪不出. 翼日 儼使
병신 상 여 태평관 연 사신 진경 여 언 이빈 문 부상 불출 익일 엄 사

韓帖木兒 至闕謝慰宴 仍獻猿雄二雌一.
한첩목아 지궐 사 위연 잉 헌 원 웅 이 자 일

丁酉 黃儼等五人至太上王宮 儼獻鑄銅佛小像. 太上以疾莫能
정유 황엄 등 오인 지 태상왕 궁 엄 헌 주동 불 소상 태상 이질 막 능

興 上爲之代行茶禮.
흥 상 위지 대행 다례

日本 仇沙殿遣使來獻禮物.
일본 구사전 견사 내헌 예물

戊戌 遣坡平君尹坤 恭安府尹金謙如京師. 謝恩也.
무술 견 파평군 윤곤 공안부 윤 김겸 여 경사 사은 야

己亥 贈使臣各衣一襲 靴笠一件 頭目二十三人 亦賜笠靴.
기해 증 사신 각 의 일습 화 립 일건 두목 이십 삼 인 역 사 입 화

下上護軍郭承祐 前監務康安式于巡禁司. 承祐犯令潛娶安式
하 상호군 곽승우 전 감무 강안식 우 순금사 승우 범령 잠취 안식

之女也.
지 녀 야

太上王遣世子如太平館 宴使臣.
태상왕 견 세자 여 태평관 연 사신

杖前少監金從南六十 充慶尙道水軍. 東北面都巡問使金承霔
장 전 소감 김종남 육십 충 경상도 수군 동북면 도순문사 김승주

啓: '鎭溟浦付處前少監金從南不從王旨 擅自出入 當此農時 擅
계 진명포 부처 전 소감 김종남 부종 왕지 천자 출입 당 차 농시 천

奪他人之田. 守令奉法禁止 反以詬罵 情犯深重 已將從南囚於
탈 타인 지 전 수령 봉법 금지 반 이 후매 정범 심중 이 장 종남 수 어

宜川官獄. 右人罪狀 伏取上裁.' 故有是命.
의천 관옥 옹;ㄴ 죄상 복취 상재 고 유 시명

庚子 贈黃儼 田嘉禾 海壽鞍馬. 以靜妃意也. 儼等至昌德宮
경자 증 황엄 전가화 해수 안마 이 정비 의 야 엄 등 지 창덕궁

入見靜妃 靜妃立於東壁 儼等再拜於西壁下 上代之答拜 行茶禮
입현 정비 정비 입어 동벽 엄 등 재배 어 서벽 하 상 대지 답배 행 다례

而出. 儼等獻佛像 眞言 上御廣延樓設宴 韓帖木兒 奇原 陳敬
이 출 엄 등 헌 불상 진언 상 어 광연루 설연 한첩목아 기원 진경

與焉.
여언

以吉昌君權近爲世子貳師.
이 길창군 권근 위 세자이사

命鑿慕華樓南池.
명착 모화루 남지

壬寅 遣工曹判書偰眉壽 中軍摠制沈仁鳳如京師. 謝賞賜也.
임인 견 공조판서 설미수 중군 총제 심인봉 여 경사 사 상사 야

仍獻純白紙一萬張. 咨禮部曰:
잉 헌 순백 지 일만 장 자 예부 왈

'永樂四年二月初八日 承準來咨 該公用紙劄事. 欽此 除欽依
영락 사년 이월 초 팔일 승준 내자 해 공용 지 차사 흠차 제 흠의

外 今再行移議政府 揀選原抄造紙匠抄造到純白紙一萬張 就差
외 금 재 행이 의정부 간선 원 초조 지 장 초조 도 순백 지 일만 장 취 차

偰眉壽 齎領送赴朝廷進呈.'
설미수 재 영송 부 조정 진정

下藝文館大提學成石因 前摠制具成亮 前判原州牧使事庾龜山
하 예문관 대제학 성석인 전 총제 구성량 전 판 원주목사 사 유구산

檢校漢城尹金忠敏于巡禁司. 卒藝文館太學士韓尙質妻宋氏 前
검교 한성윤 김충민 우 순금사 졸 예문관 태학사 한상질 처 송씨 전

兵曹參議李垠妻韓氏 前署令崔天老妻尹氏 故檢校漢城尹李養中
병조참의 이은 처 한씨 전 서령 최천로 처 윤씨 고 검교 한성윤 이양중

妻姜氏亦犯令 潛使其子女婚嫁 憲府推劾以聞. 翼日 命石因
처 강씨 역 범령 잠 사 기 자녀 혼가 헌부 추핵 이문 익일 명 석인

成亮 忠敏以自願付處; 龜山 承祐 安式收其職牒 遠方付處;
성량 충민 이 자원부처 구산 승우 안식 수 기 직첩 원방 부처

主婚婦尙質妻等 依律收贖.
주혼 부 상질 처 등 의율 수속

癸卯 黃儼 田嘉禾 海壽 奇原及陳敬 請遊金剛山 命世子餞
계묘 황엄 전가화 해수 기원 급 진경 청유 금강산 명 세자 전

于興仁門外. 以戶曹判書李文和 藝文館提學權緩 摠制李衎
우 흥인문 외 이 호조판서 이문화 예문관 제학 권완 총제 이간

鐵城君李原爲伴行.
철성군 이원 위 반행

罷摠制金繼志職. 繼志嘗爲全羅道都節制使 薦朴光桂三內島
파 총제 김계지 직 계지 상 위 전라도 도절제사 천 박광계 삼내도

萬戶 許承亮爲光陽浦萬戶. 二人皆以貪汚得罪 繼志坐謬擧免官.
만호 허승량 위 광양포 만호 이인 개 이 탐오 득죄 계지 좌 유거 면관

甲辰 震人于江華府.
갑진 진 인 우 강화부

以趙璞爲戶曹判書 李文和藝文館大提學 崔迤吉州道都按撫
이 조박 위 호조판서 이문화 예문관 대제학 최이 길주도 도 안무
察理使.
찰리사

遣軍資監曹士德 管押東寧衛漫散軍劉思京等七百八十一名 如
견 군자감 조사덕 관압 동녕위 만산군 유사경 등 칠백 팔십 일 명 여
遼東.
요동

丙午 命收前廣州牧使崔湜職牒 外方付處. 湜屬左軍宿子牌以
병오 명수 전 광주목사 최식 직첩 외방부처 식 속 좌군 숙자패 이
受田 輪當直宿 至其日妄稱落馬. 兵曹移關刑曹 劾其應直不直之
수전 윤 당 직숙 지 기일 망칭 낙마 병조 이관 형조 핵 기 응직 부직 지
罪 故有是命.
죄 고 유 시명

命東北面都巡問使 盡誠祈禱于安邊及定州 咸州各官城隍之
명 동북면 도순문사 진성 기도 우 안변 급 정주 함주 각관 성황 지
神. 以太上王疾篤也.
신 이 태상왕 질 독 야

丁未 日本國仇沙殿使人 詣闕辭 賜送米百五十石 黃豆五十石.
정미 일본국 구사전 사인 예궐 사 사송 미 백 오십 석 황두 오십 석
以朴和之還 推刷被擄人百名以送也.
이 박화 지 환 추쇄 피로인 백 명 이송 야

司憲持平崔自海 詣闕請視朝 不允. 啓曰: "殿下自去冬 以
사헌 지평 최자해 예궐 청 시조 불윤 계왈 전하 자 거동 이
太上王之未寧 每日朝啓六衙受朝 悉皆停之. 今聞太上疾勢少間
태상왕 지 미령 매일 조계 육아 수조 실 개 정지 금 문 태상 질세 소간
乞五日一視朝." 上曰: "予之未得視事 但以父王未寧耳. 今雖
걸 오일 일 시조 상 왈 여 지 미득 시사 단 이 부왕 미령 이 금 수
少間 其於人子之心 豈得恝然無憂乎? 予非耽于酒色而然也.
소간 기어 인자 지 심 기 득 괄연 무우 호 여 비 탐 우 주색 이 연야
不然則豈待臺諫有言 然後視事乎?"
불연 즉 기 대 대간 유언 연후 시사 호

罷吏曹正郎朴冠 佐郎柳渼職. 吏曹議完平君李朝諡號以進 皆
파 이조정랑 박관 좌랑 유미 직 이조 의 완평군 이조 시호 이진 개
惡名 且逼葬期 故不落點. 上令司憲府劾其遲緩之罪而罷之.
악명 차 핍 장기 고 불 낙점 상 영 사헌부 핵 기 지완 지 죄 이 파지

司憲府請江原道都觀察使趙勉 前判原州牧使庾龜山等罪.
사헌부 청 강원도 도관찰사 조면 전 판 원주목사 유구산 등 죄
原州教授官申圖 嘗訟牧使庾龜山不法事 勉歸罪於圖 不問龜山.
원주 교수관 신도 상 송 목사 유구산 불법 사 면 귀죄 어 도 불문 구산

然龜山亦坐此免官. 憲府劾啓曰:
연 구산 역 좌 차 면관 헌부 핵 계왈

'前判原州牧使庾龜山 將祀典所載山神 數罪決笞 已爲不敬 又
전 판 원주목사 유구산 장 사전 소재 산신 수죄 결태 이위 불경 우

於皇后擧哀之日 動樂宴飮 又與觀察使趙勉 同至付處人 全直
어 황후 거애 지 일 동락 연음 우 여 관찰사 조면 동 지 부처 인 전직

寓舍 沈醉起舞 殊無守令之義. 前原州教授官申圖 因妬愛妓 訟
우사 침취 기무 수 무 수령 지 의 전 원주 교수관 신도 인 투 애기 송

龜山以不忠不孝 且於擧哀之日 身與宴席 獨歸咎於牧使 亦爲
구산 이 불충 불효 차 어 거애 지 일 신 여 연석 독 귀구 어 목사 역 위

不當. 然而圖已爲趙勉論罪 付處尙州. 若趙勉請龜山之言 同飮
부당 연이 도 이위 조면 논죄 부처 상주 약 조면 청 구산 지 언 동음

于全直之舍 及圖告訴 不問龜山之罪 反以罪圖 不公不察 不合
우 전직 지 사 급 도 불문 구산 지 죄 반 이 죄 도 불공 불찰 불합

監司之任. 前橫川監務段純 阿趙勉 龜山之意 過刑申圖 增減
감사 지 임 전 횡천 감무 단순 아 조면 구산 지 의 과형 신도 증감

獄辭 自知其非 中路在逃. 上項人員罪狀 伏請依律科斷.
옥사 자지 기비 중로 재도 상항 인원 죄상 복청 의율 과단

命龜山及圖 已曾受罪 勿復擧論; 勉見患疾病 且待段純現身
명 구산 급 도 이증 수죄 물부 거론 면 견환 질병 차 대 단순 현신

一處議罪.
일처 의죄

| 원문 읽기를 위한 도움말 |

① 以無公服. 이때의 以는 이유를 나타내는 '때문에'라는 뜻이다.
이 무 공복 이

태종 8년 무자년
5월

五月

기유일(己酉日-1일) 초하루에 한성윤(漢城尹)·맹사성(孟思誠)을 세자 우부빈객(世子右副賓客), 내섬시판사 허조(許稠)를 우보덕(右輔德)으로 삼았다. 조(稠)가 일찍이 문학(文學)이 돼 곧은 말[直言 직언]로 (세자의) 꺼림을 받았는데 조가 보덕이 되자 세자가 듣고서 말했다.

"허 문학(許文學)이 또 왔다."

경술일(庚戌日-2일)에 일죄(一罪)[1] 이하를 사유(赦宥)했다. 태상왕(太上王)의 병이 위독하기 때문이었다. 모반 대역(謀叛大逆)과 조부모(祖父母)나 부모(父母)를 구타하고 살해한 것, 처첩(妻妾)이 남편을 죽인 것, 노비(奴婢)가 상전(上典)을 죽인 것, 계획하여 고의(故意)로 사람을 죽인 것, 고독(蠱毒)[2]이나 염매(魘魅),[3] 강도(强盜)를 제외하고 금월(今月) 초1일 이전에 이미 발각됐거나 발각되지 않은 중외(中外)의 죄수를 일절 모두 석방해 용서하고, 각도(各道)에 경차관(敬差官)을 나눠 보내 선포(宣布)하고 더불어 명했다.

---

1 참죄(斬罪)를 말한다.

2 뱀이나 두꺼비 지네 등의 독(毒)을 써서 사람을 고의로 해(害)하는 일을 말한다.

3 방술(方術)을 써서 사람을 고의로 해(害)하는 일을 말한다.

"처녀를 고르는 것이 거듭 농민을 소요(騷擾)시키고 있다. 중등(中等) 이하는 모두 다 풀어내 돌려보내라."

○ 성석인(成石因) 등 77인을 경외(京外)에 종편(從便)하도록 명하고 홍서(洪恕) 등 35인의 직첩(職牒)을 환급(還給)했다.

○ 한첩목아(韓帖木兒)가 회암사(檜岩寺)에 가서 놀며 구경했다[遊賞 유상].

신해일(辛亥日-3일)에 벌레가 백악산(白岳山) 솔잎을 갉아먹었다.

임자일(壬子日-4일)에 상왕(上王)이 태상전(太上殿)에 나아가서 문병(問病)했다.

○ 황엄(黃儼) 등이 금강산(金剛山)의 표훈사(表訓寺)에 이르러 견(絹) 30필(匹)을 내어[出 출] 반승(飯僧)의 비용에 충당했다. 엄(儼) 등이 도관찰사 윤사수(尹思修)에게 부탁해[囑 촉] 말했다.

"채견(綵絹) 1필에는 쌀 4석, 생견(生絹) 1필에는 쌀 3석으로 하여 승도(僧徒)들에게 공급하라."

사수(思修)가 아뢰니 창고(倉庫)의 쌀로 주라고 명했다.

갑인일(甲寅日-6일)에 의원군(義原君) 황거정(黃居正)을 보내 (명나라) 경사(京師)에 가게 했다. 천추절(千秋節)을 하례(賀禮)하기 위함이었다.

을묘일(乙卯日-7일)에 사헌부에서 공안부판사(恭安府判事) 박자청

(朴子靑 1357~1423년)[4]을 탄핵했다. 자청(子靑)이 선공소감(繕工少監) 홍리(洪理) 등을 거느리고 모화루(慕華樓) 남지(南池)의 역사(役事)를 감독해 열흘이 넘어도 성취하지 못하고, 역도(役徒)들은 피로해 지쳤다. 사헌집의 권우(權遇) 등이 이를 탄핵하고자 해 먼저 서리(書吏) 김사진(金思進)·오귀진(吳貴珍)을 보내 몰래 못의 깊이와 넓이, 수맥(水脈)의 유무(有無)를 살피게 했다. 리(理)가 이를 알고 두 사람에게 일러 말했다.

"못이 모화루까지 150여 보(步)이고, 길이는 380척(尺), 넓이는 300척(尺), 깊이는 두세 길[丈]이고, 수맥(水脈)의 유무(有無)는 자네가 보는 바대로다."

비밀리에 자청(子靑)에게 그 상황을 말했다. 자청이 그 서리를 잡아다 욕을 보이고 매질을 하려는데 옆에서 말리는 자가 있어 그만두었으나 반드시 탄핵을 당할 것을 스스로 헤아려 말을 달려 먼저 대궐에 나아가 아뢰었다.

"헌부(憲府)에서 아전을 시켜 신 등이 감독하는 형태를 엿봅니다

---

4 황희석(黃希碩)의 가인(家人)이다. 내시로 출사해 낭장(郎將)에 오르고 1392년 조선이 건국되자 중랑장으로 승진했다. 철야로 직무에 충실해 선공감소감(繕工監少監)이 되고 1396년(태조 5년) 호익사대장군(虎翼司大將軍)으로 동북면 선위사(東北面宣慰使)가 되어 오랑캐 동맹가첩목아(童猛哥帖木兒)를 불러 타일렀다. 1402년(태종 2년) 공조·예조전서, 1406년 중군총제 겸 선공감사가 되는 등 주로 영선(營繕-보수 공사)을 맡았다. 문묘(文廟)를 새로 지을 때 역사의 감독을 맡아 주야로 살피고 계획해 4개월 만에 완공시켰다. 그러나 이때 모화관(慕華館) 남지(南池) 조성 작업은 시일만 끌고 완성하지 못해 사헌부로부터 탄핵을 받았다. 1408년 공조판서를 역임할 때 제릉(齊陵)과 건원릉(健元陵)의 공사를 감독했다.
그 뒤 좌우군도총제, 1415년 한성부판사를 지내고, 1419년(세종 1년) 의정부 참찬사에 이르렀다. 이해 인정문(仁政門) 밖의 행랑 축조를 감독했으나 측량 실수로 기울어지자 직무태만으로 하옥되기도 했다.

[窺覘=窺伺].”

조금 뒤에 헌부(憲府)에서 자청(子靑)을 탄핵했다.

‘여러 날 못을 파도 물을 얻지 못했는데 오히려 토목(土木)의 역사(役事)를 마음속으로 달게 여겨 계문(啓聞)해 이를 정파(停罷)하려 하지 않고 한갓 백성의 힘을 수고롭게 하니 재상(宰相)의 의취(意趣)가 없습니다.’

리(理)를 탄핵했다.

‘자청에게 아부해 아침 저녁으로 그 집에 드나들어[造門] 마치 가신(家臣)과 같고 억지로 물 없는 못을 파며 정파(停罷)할 것을 청하지 못하니 사풍(士風)을 더럽힙니다.’

상이 듣고 노(怒)하여 장무(掌務)인 지평(持平) 최자해(崔自海)를 불러 힐난(詰難)했다.

“못을 파는 역사는 내가 명한 것인데 자청과 리가 무슨 죄가 있느냐?”

자해(自海)를 순금사(巡禁司)에 가두려고 하다가 조금 뒤에 노여움이 좀 풀려 순금사 나장(螺匠)[5]을 시켜 자해를 데려다 그의 집에 두었다[寘=置]. 이에 우(遇) 등이 모두 그들의 집에서 대죄(待罪)했다. 상이 명해 헌부에서 자청과 리를 탄핵한 공함(公緘)[6]을 가져다 보고 심히 노하여 의정부(議政府)에 그것을 보이면서 말했다.

“헌사(憲司)가 하는 짓이 저와 같으니 어떻게 처치해야겠는가?”

영의정부사(領議政府事) 하륜(河崙), 좌정승 성석린(成石璘), 우정승

---

5 죄인을 문초할 때 매를 때리는 하예(下隸)다.

6 글로써 죄인을 심문하는 것 또는 그 내용을 말한다.

이무(李茂) 등이 아뢰었다.

"헌사가 하는 짓이 비록 적중해야 할 도리[中道]를 잃었다 하더라도 언관(言官)의 잘못은 죄를 가할 수 없습니다."

이에 자청과 리에게 명해 다시 역사를 감독하게 하고 순금사에 명했다.

"사진(思進)과 귀진(貴珍)을 결박해 못 옆에 두어 여러 사람들에게 보이라."

또 병조좌랑 최진성(崔進誠)과 내관(內官) 두 사람에게 명해 감역관(監役官)으로 삼고, 내자시(內資寺) 내섬시(內贍寺)의 종과 군기감(軍器監) 별군(別軍)을 더 징발해 그 역사를 돕게 했다. 못을 깊게 파니 그제서야 물이 나왔다. 우사간(右司諫) 김자지(金自知) 등이 대궐에 나와 아뢰었다.

"생각건대 대신(臺臣)[7]은 말하는 것을 책임으로 삼으니 다만 직책을 다하고자 한 것뿐이온데 전하께서 이와 같이 꺾으시니[挫折] 오늘날의 견문(見聞)에 해괴할 뿐 아니라, 사책(史冊)에 쓴다면 후세에 모범을 남기는 바가 아닙니다. 또 이제부터 언관(言官)의 책임이 가벼워지고 언로(言路)가 막힐까 두렵습니다."

상이 중관(中官)을 시켜 뜻을 전했다.

"너희들이[若等=爾等] 진실로 헌부(憲府)에서 핵문(劾問)한 정실(情實)을 안다면 역시 집에 물러가서 출입(出入)하지 말아야 하고 만일 알지 못했다면, 사실을 조사하여 다시 아뢰라."

---

7 사헌부의 대사헌 이하 지평까지의 벼슬아치를 말한다.

자지(自知) 등이 대답했다.

"신 등은 다만 헌부(憲府)에서 못 파는 일로 인해 자청을 논핵했다는 말을 들었을 뿐이며 정실(情實) 같은 것은 감히 알 바가 아닙니다."

이튿날 자지 등이 합문(閤門)[8]에 엎드려 아뢰었다.

"어제 전하께서 뜻을 전하시기를 '사실을 조사해 다시 아뢰라'고 하셨사온데 신 등이 듣건대 헌부(憲府)에서 역사(役事)가 오래도록 끝나지 않으므로 사람을 시켜 살펴보게 했다고 하는데 리(理)가 자청(子青)에게 이를 말하여 도리어 능욕(凌辱)을 가했으므로 헌부에서 이것을 논집(論執)한 것뿐입니다. 비록 중도(中道)에 맞지 않았더라도 포용을 해주셔야 할 것입니다."

상이 말했다.

"이 역사(役事)에 본래 사망한 자가 없는데, 헌부(憲府)에서 공연히 역도(役徒)가 죽은 자가 있는가 생각해 사람을 시켜 엿보고 조금 뒤에 또 탄핵했다. 내가 못을 파게 한 까닭은 조수(鳥獸)나 어별(魚鱉)의 구경을 위한 것이 아니라, 오직 상국(上國)의 사명(使命-사신)을 위해서 한 것이다. 자청이 토목(土木)을 마음속으로 달게 여겼다는 것은 무슨 일이며, 리가 사풍(士風)을 더럽혔다는 것은 무슨 연고이며, 사필(史筆)이 쓰는 데 있어서는 어찌해서 허물이 되는가?"

이에 대답했다.

"헌부(憲府)에서 논한 것을 신 등이 정확히 알 수 없사오나 다만 언관이 중도(中道)에 맞지 않았다 하더라도 또한 받아주고 포용하는

---

8 편전(便殿)의 앞문을 가리킨다.

[含容]함용 것이 언로(言路)를 열어주고 옹폐(壅蔽)[9]를 막는 것입니다. 만일 너그러이 받아들이지 아니하고 간언을 할 때마다 죄책(罪責)을 가한다면 사책(史册)에 쓰게 될 경우 아름다운 일이 아닙니다."

상이 말했다.

"토목(土木)을 마음속으로 달게 여기고 사풍(士風)을 더럽힌 것으로 만일 지적할 만한 일이 있다면 너희도 마땅히 탄핵해야 한다. 언관(言官)이 중도(中道)에 맞지 않는 말을 한 것을 또한 너그러이 용납한다면 언관(言官)이 죄가 있는 것은 장차 어떻게 할 것이냐?"

이튿날 자지 등이 또 합문에 엎드려 아뢰었다.

"헌부는 전하의 이목(耳目)의 관원인데 어찌 자청의 일로 인해 이목의 관원을 가벼이 여기십니까?"

상이 말했다.

"너희는 헌부(憲府)의 죄가 가볍다고 생각하는가? 지금 비록 세 번째 간(諫)하더라도 내가 듣지 않겠다."

이에 자지 등이 모두 물러나와 사직했다.

병진일(丙辰日-8일)에 한첩목아(韓帖木兒)가 대궐에 나아오니 상이 광연루(廣延樓) 아래에 술자리를 베풀고 안마(鞍馬)를 내려주었다.

정사일(丁巳日-9일)에 평양부윤 윤목(尹穆)[10]이 마땅히 해야 할 일

---

9 임금의 총명(聰明)을 막아서 가리는 것을 말한다.

10 1400년(정종 2년) 전중군장군(前中軍將軍) 때 이방간(李芳幹)의 난을 평정하고 태종이 왕

[便宜] 몇 조목을 올렸다.
편의

'하나, 우리 동방의 예악 문물(禮樂文物)이 중국과 짝하는 것은 기자(箕子)[11]의 유풍(遺風)이 있기 때문입니다. 그러므로 구주(九疇)[12]가 밝아지고 팔조(八條-팔조 법금)가 행해져서 백성들이 그 혜택을 받아 만세(萬歲)에 우러러 사모하는데 그 분묘(墳墓)가 풀숲 속에 있습니다. (명나라) 조정(朝廷) 사신으로서 이곳을 지나는 자는 반드시 물어서 예(禮)를 행합니다. 우리나라에서 황폐화된 것을 수거(修擧)하지 않음이 없는데 오직 이 한 가지 일만은 예전 폐습을 그대로 따르고 거행하지 않으니 참으로 슬픈 일입니다. 신 등의 생각에는 소분가토(掃墳加土)하고 석양(石羊) 석수(石獸)를 설치하며 유사(攸司)에 명해 송덕(頌德)의 비(碑)를 세우고 분묘를 지킬 민호(民戶)를 정했으

위에 오르는 데 기여한 공으로 1401년(태종 1년)에 익대좌명공신(翊戴佐命功臣) 4등에 책록됐다. 그해 4월에 이무(李茂)의 추천으로 지합주사(知陝州使)로 임명됐으나 불만을 품고 임지로 떠났다. 임지인 합주에서 몽계사(夢溪寺)의 백종법회를 금지시키고 많은 양곡을 빼앗은 죄로 탄핵을 받았다. 1403년 태종 즉위에 협력한 공으로 원평군(原平君)으로 봉작됐다. 1405년 9월에 천추사(千秋使)가 돼 명나라에 다녀왔고 1407년에 평양부윤이 됐다. 1409년 9월에 사은부사로 명나라에 다녀왔다. 그해 10월에 민무구(閔無咎)·민무질(閔無疾) 옥사에 관련돼 사천으로 유배됐다가 다음 해 유배지에서 처형됐다.

11 상(商)나라 때 사람으로 주(紂)임금의 제부(諸父) 또는 서형(庶兄)이라고 한다. 자작(子爵)에 봉해지고 기(箕)에 봉국을 받았다. 주임금이 폭정을 행하자 충간했지만 듣지 않았다. 나중에 비간(比 干)이 살해당하는 것을 보고 두려워 머리를 풀어헤치고 거짓으로 미친 척하다가 감옥에 갇혔다. 주무왕(周武王)이 상나라를 멸망시킨 뒤에 풀려났다. 무왕이 기자를 방문하여 대화를 나눈 내용이 『서경(書經)』 홍범(洪範)이라고 한다. 한편 기자조선(箕子朝鮮)의 시조라고도 한다. 이름은 서여(胥餘) 또는 수유(須臾)다. 주무왕이 상나라를 멸망시키자 동쪽으로 도망하여 고조선에 들어와 예의와 베 짜는 법, 팔조금법(八條禁法)을 가르쳤다고 한다.

12 기자(箕子)가 주(周)의 무왕(武王)의 물음에 응답한 천하(天下)를 다스리는 아홉 가지의 대법(大法)이다. 곧 오행(五行)·오사(五事)·팔정(八政)·오기(五紀)·황극(皇極)·삼덕(三德)·계의(稽疑)·서징(庶徵)·오복(五福)을 말한다.

면 합니다.

하나, 갑주(甲冑)·궁시(弓矢)·모순(矛盾)·검노(劍弩)는 군국(軍國)의 급무(急務)이니 준비하지 않을 수 없습니다. 하물며 이 도(道)는 남의 땅과 지경(地境)이 연접했는데 묵은 폐단을 그대로 이어받아 왕래하는 크고 작은 사신에게 인정(人情)으로 증행(贈行)하는 잡무(雜務)는 끊이지 않고, 군기(軍器)의 역사(役事)는 도리어 허드렛일[餘事(여사)]이 되니 이것이 염려스럽습니다. 신 등이 생각건대 이제부터 인정으로 주는 잡물은 일절 모두 금단(禁斷)하고, 여러 도(道)의 각 계수관(界首官)에 달마다 부과하는 군기(軍器)의 액수(額數)를 정해 매 월말이 되면 호조(戶曹)의 회계(會計)의 예(例)에 따라 군기감(軍器監)으로 하여금 회계(會計) 고찰(考察)하여 아뢰게 하되 영구히 항식(恒式)으로 삼아야 할 것입니다.

하나, 감사(監司)는 사명(使命)을 받들어 한 방면(方面)의 사람과 재물[人物(인물)]을 독자적으로 책임지고[專制(전제)] 통솔하지 않는 것이 없으니 어찌 따로 영속(營屬) 노비를 둘 필요가 있겠습니까? (그런데) 오직 이 도에만 있으니 청컨대 혁파(革罷)해 살고 있는 주현(州縣)에 분속시켜 영구히 왕래하는 폐단을 없애 각각 생업(生業)을 편안하게 해야 할 것입니다.'

그것을 따랐다.

무오일(戊午日-10일)에 예조(禮曹)에서 도승첩(度僧牒-도첩)[13]을 주

13 고려시대와 조선시대에 관청에서 출가(出家)한 승려에게 발행해주던 공인장(公認狀)이다.

는 법을 아뢰었다.

'삼가 『육전(六典)』을 상고하건대 양반 자제로부터 아래로 공사천구(公私賤口-공사노비)에 이르기까지 제멋대로 삭발하는 것은 심히 부당합니다. 지금부터는 양반의 자제로서 중이 되기를 자원하는 자는 부모와 친족(親族)이 사인(辭因)을 갖춰 적어서 승록사(僧錄司)[14]에 고(告)하고 승록사에서는 예조에 보고하여 (임금께) 계문(啓聞)해 (임금의) 뜻을 받은[取旨] 뒤에 정전(丁錢) 오승포(五升布) 100필을 징수하고 도첩(度牒)을 주어야 비로소 출가(出家)하는 섯을 허락하고 그 나머지 구실[役]이 있는 인정(人丁)과 독자(獨子) 처녀(處女)는 일절 금지해야 할 것입니다. 또 영락(永樂) 원년(1403년) 2월 11일에 사헌부에서 (임금으로부터) 수교(受敎)한 도첩의 법은 일절 육전(六典)에 의거하고, 이미 일찍이 삭발한 승도(僧徒)는 정전(丁錢)을 추징해 국용(國用)에 충당하고 도첩을 추급(追給)하도록 해야 할 것입니다. 지금 승록사의 첩정(牒呈-보고)에 의거하면 각종(各宗)의

도패(度牌)라고도 한다. 예조(禮曹)에서 발급한 중의 신분증명서로서 중이 죽거나 환속(還俗)하게 되면 국가에 반납하게 돼 있었다. 이 제도는 납세의무(納稅義務)를 버리는 일과 장정(壯丁)이 함부로 승려가 되는 것을 막아 군정(軍丁)을 비롯한 인적 자원을 확보하기 위하여 실시했다.

중국 당(唐)나라에서 전래돼 고려시대부터 시행했으며 조선시대에는 억불책(抑佛策)으로 더욱 강화했다. 고려시대에는 포(布) 50필(疋)을 바치면 발급해줬으며 조선시대에는 송경시험(誦經試驗)에 합격한 자는 정포(正布) 20필, 양반 자제는 100필, 서인(庶人)은 150필, 천인(賤人)은 200필을 바쳐야 발급해 주었다.

14 불교의 제반 사무를 맡아보기 위해 중앙에 둔 관청이다. 고려 때 처음으로 설치, 승관(僧官)으로 승록(僧錄)·부승록(副僧錄)·승정(僧正) 등이 있었다. 조선시대에는 태종 5년(1405년) 육조(六曹)의 분식(分識)을 정할 때 이 승록사(僧錄司)는 예조(禮曹)에 부속되었고 세종 6년(1424년) 4월 불교를 양종(兩宗) 36사(寺)로 통폐합할 때 폐지됐다.

선시(選試)가 임박했으므로 도첩을 줄 것을 청했습니다. 본조(本曹)에서 자세히 보아서 이미 도첩을 받은 승도 이외에 관가(官家)에 고하지 않고 사사로이 스스로 머리를 깎은 자는 도첩을 줘서는 안 될 것입니다.'

다음과 같이 가르쳐 말했다.

"계미년(癸未年 1403년) 2월 11일 이전에 삭발한 승도(僧徒)는 정전을 면제하고 도첩을 주도록 하라."

○ 일본국(日本國) 회례관(回禮官) 김서(金恕)가 샅샅이 찾아낸 [刷出(쇄출)] 피로인(被擄人) 20명을 데리고 돌아왔다.

기미일(己未日-11일)에 사역원(司譯院) 직장(直長) 김유진(金有珍)을 보내 만산군(漫散軍) 이륭(李隆) 등 남녀(男女) 모두 159명을 이끌고 요동(遼東)으로 가게 했다.

○ 귀화(歸化)하는 사람과 제주(濟州) 유경진무소(留京鎭撫所)를 모두 병조(兵曹)에 소속시켰다. 의정부에서 아뢰었다.

"귀화한 사람들이 서울에 살면서 왕실(王室)을 호위(護衛)하는데 이들이 통속(統屬)이 없어서 때때로 경외(京外)에 임의로 출입(出入)하니 다만 고찰(考察)하는 관사(官司)가 없을 뿐 아니라 만일 병폐가 있다면 진달(陳達)할 길이 없습니다. 청컨대 병조(兵曹)로 하여금 관장하게 해 인명(人名)마다 적(籍)에 올려 항식(恒式)으로 삼고 제주 유경진무소도 또한 병조로 하여금 고찰하게 해야 할 것입니다."

그것을 따랐다.

○ 상이 정비(靜妃)와 함께[同=與(동 여)] 내전(內殿)에 좌정해 친히 처녀

들을 보았다. 영의정부사(領議政府事) 하륜(河崙), 좌정승 성석린(成石璘) 등이 광연루(廣延樓) 아래에 들어가 경중(京中)에서 잘 가려 뽑은 처녀 총 73인을 아뢰었다.

○삼도 도체찰사(三道都體察使) 박자안(朴子安)과 조전 절제사(助戰節制使) 심구령(沈龜齡)에게 궁온(宮醞)을 내려주었다. 자안(子安) 등이 전라도에서 왜선(倭船) 한 척을 잡고 머리 20급(級)을 베고 5인을 생포했다. 그중 한 명은 본국(本國)에서 잡혀간 자였다. 그러므로 자안이 제집으로 놓아보내고 도진무(都鎭撫)인 전 상호군(上護軍) 이추(李推)를 보내 아뢰니 추(推)에게 표리(表裏-옷감)를 내려주고 이어서 자안의 아들 상호군 박실(朴實)에게 명해 선온(宣醞)을 싸 가지고 가서 위로하게 했다. 상이 추에게 물었다.

"놓아준 사람에 대해 마음속으로 불쌍한 점이 있었느냐?"

대답했다.

"본국 사람이기 때문에 놓아 보낸 것뿐이고 별다른 뜻은 없었습니다."

상이 말했다.

"그 사람이 왜적을 따라다닌 지가 여러 해가 됐으니 도적질한 죄가 도리어 왜적보다 심한 자다. 마땅히 아울러 베어야 할 것인데 그 고향으로 돌려보낸 것은 잘못이다."

○전라도 해도찰방(海道察訪) 한옹(韓雍)이 각포(各浦)의 긴급 현안을 올려 아뢰었다.

'각포의 만호(萬戶)·천호(千戶) 영선두목(領船頭目)이 해상의 방어를 허드렛일로 여기고 군기감(軍器監)에 바치는 관갑피(貫甲皮)와 내

상(內廂)[15]에서 매달 부과하는 관갑피를 판비(辦備)한다 칭하고서 영선군(領船軍)을 거느리고 항상 사냥하는 것을 일로 삼으니 혹시라도 적(賊)을 만나게 되면 패할 염려가 없지 않습니다. 내상(內廂)의 월과(月課)와 군기감(軍器監)에 바치는 관갑피를 일절 모두 면제해 오로지 방어에 전력하게 해야 할 것입니다.

하나, 해변의 봉졸(烽卒)은 왜적의 왕래를 정찰하기 위해 밤낮을 가리지 않고 호랑(虎狼)과 함께 지내면서 사생(死生)을 돌보지 아니하고 고생하며 입역(立役)하는데 내상절제사(內廂節制使)가 구멍이 없는 큰 녹비(鹿皮)와 천아(天鵝)의 진우(眞羽-깃털)를 의무적으로 바치게 해[責納 책납] 해마다 상례(常例)로 삼으니 배(倍)나 되는 값으로 이를 무역하느라 큰 폐단이 됩니다. 내상에서 연례로 거두는 큰 녹비(鹿皮)와 천아의 진우를 모두 면제해야 할 것입니다.'

의정부에 내려 깊이 토의하게 하니 의정부에서 결론을 얻어 아뢰었다.

"군기감에 바치는 관갑피 이외의 그 나머지는 아뢴 바에 의거해 시행하게 해야 할 것입니다."

그것을 따랐다.

경신일(庚申日-12일)에 우박이 내렸다.

○ 일본(日本) 지좌전(志佐殿) 객인(客人)의 호송관(護送官) 이춘발(李春發)이 샅샅이 찾아낸[刷出 쇄출] 피로인(被擄人) 28명을 데리고 돌아왔다.

---

15 절제사 본영(節制使本營)을 말한다.

임술일(壬戌日-14일)에 안개가 꼈다.

○ 대호군(大護軍) 한옹(韓雍)을 충청·전라도의 감전경차관(監戰敬差官)으로 삼았다. 애초에 왜선 14척이 고만량(高巒梁)에 이르러 전라도의 조전선(漕轉船)을 약탈하려 하므로 박자안(朴子安)과 심구령(沈龜齡) 등이 먼저 병선 3척을 거느리고 나가서 막았다. 왜선(倭船)이 분산(分散)하려 들지 않고 결진(結陣)하여 가므로 후원(後援)이 없어서 감히 쫓지를 못했다. 의정부에서 왜구가 점점 왕성한 활동을 벌이는데 자안 등이 사로잡지 못한다고 했기에 보낼 것을 아뢰었다.

○ 왜선(倭船) 14척이 (충청도) 서주(瑞州-서산) 서근량(鋤近梁)에 침입해 병선 2척을 불태우고, 삼도 도체찰사 군영(軍營)에 저축한 군량(軍糧) 100여 석을 약탈하고 그 영(營)을 불살랐다. 또 서주의 창포(倉浦)에 침입해 병선 3척을 불태웠는데 선군(船軍)으로서 싸움을 전후해 탈출한 자가 겨우 수십 인이었다.

○ 사헌부와 사간원에 일을 보라[視事]고 명했다. 대사헌 남재(南在)가 소(疏)를 올려 말했다.

'대간(臺諫)은 임금의 눈과 귀가 되는 관원입니다. 임금이 억조(億兆-백성)의 위에 처하고 구중(九重)의 깊은 궁궐에 있어 만기(萬機)의 이해(利害)와 생민(生民)의 휴척(休戚-평안과 근심)과 여러 신하의 현부(賢否-뛰어남의 여부)를 어찌 능히 두루 알겠습니까? 그러므로 옛날 뛰어난 임금[古之人君]이 이 벼슬을 설치해 크고 작은 일 할 것 없이 모두 다 말하게 하고 비록 혹시 중도(中道)에 맞지 않더라도[不中] 또한 죄를 가하지 않은 것은 언로(言路)를 열고 임금의 눈과 귀[視聽]를 넓혀 만세(萬世)의 계책을 위한 것입니다. 빼어남[聖]이 순(舜)·우(禹) 성탕(成湯)보다 더 빼어난 이가 없지마는 순(舜)은 묻기를 좋아하고 이언(邇言)[16]을 살피기 좋아했으니 이언(邇言)도 오히려 살피면 좋다는 것을 알 수 있습니다. 우(禹)는 창언(昌言)[17]을 들으면 절을 했고 탕(湯)은 간언을 좇아서 어기지 않았으니 선(善)을 용납하는 도량을 알 수 있습니다. 이들 세 빼어난 임금은 천하 만세(天下萬世) 임금의 표준입니다.

지금 전하께서는 하늘이 내신 빼어난 자질[聖資]로서 집희(緝熙)와 광명(光明)의 학문(學問)을 더하시어 성경(聖敬)이 날로 오르시니 고금(古今) 천하 인군(天下人君)의 득실(得失)과 인신(人臣)의 충성되고 간사한 것을 두루 알지 못하심이 없습니다. 어찌 신하의 시끄럽게 말 많이 하는 것을 기다리겠습니까? 그러나 대간(臺諫)의 직책에 있는 자가 어찌 "우리 임금은 이미 빼어나서 다툴 만한 잘못이 없고, 나라의 정사(政事)는 이미 다스려져서 의논할 만한 일이 없고, 백관(百官)은 모두 정직(正直)해 탄핵할 만한 사람이 없다"라고 하겠습니까? 그러므로 지난번에 헌사(憲司)에서 박자청(朴子靑)·홍리(洪理)를 논핵(論劾)하다가 상(上)의 뜻에 맞지 않아서 사제(私第)로 돌아가게 했습니다. 간신(諫臣)이 헌사(憲司)에서 봉직(奉職)하다가 견책을 당한 것을 보고, 그 죄를 용서해주기를 청해 세 번이나 궐문(闕門)에 나아갔으나 윤허(允許)를 얻지 못해 또한 사직하고 집으로 물러갔습니다. 이로 말미암아 대간(臺諫)이 여러 날 자리를 비우고 조야(朝野)

---

16 천근(淺近)한 말로 흔히 주변에서 듣게 되는 말들을 가리킨다.

17 도리(道理)에 맞는 정당한 말이다.

가 놀라고 두려워하니, 전하(殿下)의 간언을 좇는 아름다움에 손실이 있을 뿐 아니라 이목(耳目)이 통하지 못하는 점이 있을까 합니다. 자청(子青)이 탄핵을 당한 것은 일이 작으므로 족히 논할 것이 없지마는, 만일 간신(奸臣)이 권세를 써서 일이 대체(大體)에 관계되는데도 대간(臺諫)이 비록 탄핵하고자 하나 (임금의) 위엄 밑에 용린(龍鱗)에 저촉될까 두려워해 입만 들먹이고 말하지 못한다면 작은 연고가 아닙니다. 엎드려 바라건대 신의 말을 굽어 채납(採納)하시어 대간(臺諫)을 복직(復職)시켜 일을 보게 하시면 어찌 일월(日月)의 밝음과 건곤(乾坤)의 도량이 아니겠습니까?'

소(疏)가 올라가자 궁중에 머물러두고 내리지 아니했다. 상이 재를 불러 순(舜)·우(禹)·탕(湯) 세 빼어난 이의 일을 묻고 대간(臺諫)이 모두 출사(出仕)하여 공직(供職)하도록 명했다.

계해일(癸亥日-15일)에 안개가 꼈다.

○ 왜선(倭船) 14척이 (충청도) 당진현(唐津縣)에 이르러 육지에 올라와 도둑질하고 약탈하니 도절제사(都節制使) 이도분(李都芬)이 쳐서 물리치고 머리 1급(級)을 베었다.

갑자일(甲子日-16일)에 탄신(誕晨)의 조하(朝賀)를 정지했다.

을축일(乙丑日-17일)에 (경상도) 상주(尙州)의 임내(任內) 단밀현(丹密縣) 사람 김철(金哲)이 벼락을 맞았다.

○ 내섬시 판사(內贍寺判事) 허조(許稠)를 삼도 체복사(三道體覆使)

로 삼아 박자안(朴子安)과 심구령(沈龜齡)과 충청도 도절제사(忠淸道都節制使) 이도분(李都芬), 감전경차관(監戰敬差官) 한옹(韓雍), 도관찰사(都觀察使) 유정현(柳廷顯) 및 각포(各浦)의 만호가 왜적을 잡지 못하고 도리어 패한 까닭을 가서 조사하게 했다. 개성유후사(開城留後司) 유후(留後) 안원(安瑗)을 동서강(東西江) 등지의 병마도절제사(兵馬都節制使)로 삼고, 다시 김중보(金重寶)를 풍해도(豐海道) 병마도절제사(兵馬都節制使) 겸 수군도절제사(水軍都節制使)로 삼고, 대호군(大護軍) 이배(李培)를 조전첨절제사(助戰僉節制使)로 삼았다. 이날 저녁에 갑사(甲士) 100명을 각도(各道)에 나눠 보냈는데 왜적을 막는 데 대비한 것이었다.

○사헌집의 권우(權遇), 장령 이당(李堂)이 글을 올려 사직했다. 그 글은 이러했다.

'생각건대 무릇 빼어난 다움[聖德]에 더해짐이 있고 국가에 보탬이 있다면 아는 것을 말하지 않음이 없고 경대부(卿大夫)로부터 사서인(士庶人)에 이르기까지 규탄(糾彈)하지 않음이 없어 조정의 기강을 엄숙하게 하고, 풍속을 바르게 하는 것이 풍헌(風憲-사헌부)을 맡은 자의 직분입니다. 신 등이 외람되게 성은(聖恩)을 입어 헌사에 자리를 차지하고 있으니 어찌 감히 정백(精白)하게 마음을 한결같이 해 충애(忠愛)를 다하지 않겠습니까마는 품성(稟性)이 혼우(昏愚)하고 재주가 전혀 없어 학문(學問)은 정미(精微)한 데에까지 이르지 못하고 지혜(智慧)는 통변(通變-두루 통함)에 적합지 못해 일에 임하면 어렵기만 하고 움직이면 기회를 잃어서 혹은 시비(是非)를 밝히기가 어렵고 혹은 완급(緩急)이 차서(次序)를 잃어 당연(當然)한 이치(理致)

에 부합하지 못합니다. 다행히 전하(殿下)의 천지(天地) 같은 생성(生成)의 다움에 힘입어 광망(狂妄)한 직언(直言)을 너그러이 용서받아 아직 직위(職位)에 있으니, 감격(感激)의 지극함은 몸이 가루가 돼도 갚기 어렵습니다. 그러나 돌이켜 몸에 반성하면 마음에 부끄러운 것이 많아서 위로는 위임(委任)한 뜻을 저버리고 아래로는 물의(物議)의 나무람을 부르니 장차 어떻게 빼어난 다움을 보좌하고 국가를 이익되게 하며, 조정의 기강을 엄숙하게 하고 풍속을 바로잡겠습니까? 전(傳)에 이르기를 "힘을 다해 반열(班列)에 나가되 능하지 못한 자는 그만두라"[18]고 했으니 신 등이 어떻게 재주 없는 몸으로 오래도록 풍기(風紀)의 관사(官司)에 있어 현자(賢者)의 길을 막겠습니까? 엎드려 바라건대 전하께서는 요(堯)와 같이 명철(明哲)히 살피시고 널리 탕(湯)과 같이 구(求)하시어 다시 현량(賢良)한 선비를 써서 풍헌(風憲)의 부탁을 맡기시어 신 등으로 하여금 직사(職事)를 면(免)하게 해주십시오.'

병인일(丙寅日-18일)에 희천군(熙川君) 김우(金宇) 등을 경기좌우도(京畿左右道)에 나눠 보냈다. 왜적을 막기 위함이었다. 김우(金宇)를 경기우도(京畿右道) 교동(喬桐) 등지 병마 도절제사, 김귀보(金貴寶)를 조전 첨절제사(助戰僉節制使), 김만수(金萬壽)를 좌도(左道) 연흥(延興) 및 자월(紫月) 등지 수군도절제사, 최용화(崔龍和)를 조전 첨절제사, 조비형(曹備衡)을 경기좌도 대진(大津) 등지 수군첨절제사로 삼

18 『논어(論語)』「계씨(季氏)」편에 나오는 말이다.

았다. 호군 이도(李韜)를 경기좌도 병선군기점고별감(京畿左道兵船軍器點考別監), 군기주부(軍器注簿) 최해산(崔海山)을 경기우도 병선군기점고별감(京畿右道兵船軍器點考別監)으로 삼아 그날로 길을 떠나게 했다. 이관(李灌)을 사헌집의, 권헌(權軒) 신간(申簡)을 장령으로 삼고 권우(權遇) 등은 모두 면관(免官)시켰다.

정묘일(丁卯日-19일)에 광연루(廣延樓) 아래에서 친히 처녀(處女)를 뽑았다.

○황엄(黃儼) 등이 금강산(金剛山)에서 돌아왔다. 엄(儼) 등이 상의 출영(出迎)을 번거롭게 하지 않으려고 양주(楊州)로부터 말을 달려 태평관(太平館)에 (곧장) 들어갔다. 상이 지신사 황희(黃喜)를 보내 문안하고 위로했다[問慰 문위]. 엄 등이 금강산에 이르러 공중(空中)을 우러러보니 오색(五色) 구름이 흩어져 꽃이 되어 날아 내려오고, 또 백학(白鶴)과 청학(靑鶴)이 산중(山中)에서 날며 춤을 췄다. 엄이 이에 종자(從者)에게 경계해 소찬(素餐)을 먹게 하고 살생(殺生)하지 말게 했다.

○모화루(慕華樓)의 남지(南池)가 완성됐다. 부역(赴役)한 대장(隊長)과 대부(隊副) 400명에게 쌀 1석씩을 내려주고, 구경(舊京)에 있는 숭교사(崇敎寺) 못의 연(蓮)을 배로 실어다 심었다.

○사간원에서 글을 올려 조호(趙瑚)·김첨(金瞻)·허응(許應)·박돈지(朴惇之) 등의 죄를 청했다. 그 글은 이러했다.

'생각건대 신하로서 불충(不忠)한 것은 하늘과 땅[覆載 복재][19]이 용납하

---

19 하늘은 덮어주고 땅은 실어주기 때문에 覆載(복재)는 곧 하늘과 땅이 되는 것이다.

지 않고 신민(臣民)이 모두 분하게 여겨서 천하 고금(天下古今)에 사람 사람마다 (임의로) 다 벨 수 있는 것입니다.[20] 지난번에 민무구(閔無咎)·민무질(閔無疾) 등이 인친(姻親)인 까닭으로 인해 다행히 관대한 법을 받아 목숨[首領]을 보전했으니 그 아비 여흥부원군(驪興府院君) 민제(閔霽)는 전하(殿下)의 재조(再造-다시 살려줌)의 은혜에 깊이 감사해 문을 닫고 스스로 뉘우쳐서 빈객(賓客)을 접촉하지 말고 전일(前日)의 허물을 고쳐야 마땅한데 지금 검교찬성사(檢校贊成事) 조호와 전 총제(摠制) 김첨·허응과 전 공안부윤(恭安府尹) 박돈지를 불러서 서로 붕당(朋黨)을 맺어 모이지 않는 때가 없으니 그 정상이 헤아리기 어렵습니다. 엎드려 바라건대 민제의 죄상(罪狀)을 상(上)께서 재가(裁可)해 시행하소서. 호와 첨은 민씨에게 붙어서 전하께서 내선(內禪)하시려던 때를 당해 호는 그 아들 희민(希閔)을 내집사(內執事)로 시키려 했고, 첨은 따로 이의(異議)를 했습니다. 대간(臺諫)의 신하들이 교장(交章)하여 죄주기를 청했으나 전하의 살리기를 좋아하시는 다움[好生之德]을 입었으니 마땅히 뉘우쳐 깨달아서 스스로 새로워져야 할 것인데 지금 일국(一國)의 신민(臣民)이 분하게 여김을 돌보지 않고 다시 응 돈지 등과 더불어 박혁(博奕)[21]을 핑계로 항상 민씨(閔氏)의 집에 모이며 응은 전일(前日)의 헌사(憲司)의 장(長)으로서 아무 거리낌도 없이 아부해 잘 보이려고 했으며 돈지는 일찍이 풍속을 더럽혀 그 이름이 형서(刑書)에 기록돼 있는데 지나치

20 별도로 관에 고하지 않고서도 누구나 벨 수 있다는 말이다.

21 바둑과 장기를 말한다.

게 상(上)의 은혜를 입어서 벼슬이 양부(兩府)에 이르렀으니 성은(聖恩)에 보답하기를 도모하는 것이 그 분수인데 도리어 호 등과 더불어 불충(不忠)한 집을 두둔하니 그 마음이 반드시 달라서 난(亂)의 계제(階梯)를 이룰까 두렵습니다. 『주역(周易)』에 이르기를 "서리를 밟으면[履霜](이상) 단단한 얼음이 이른다"라고 했으니 이는 대개 미연(未然)에 제지하고자 한 것입니다. 엎드려 바라건대 전하께서는 유사(攸司)로 하여금 호, 첨, 응, 돈지의 직첩(職牒)을 거두시고 그 까닭을 국문하게 하여 붕당(朋黨)의 근원을 막고 이상(履霜)의 조짐(兆朕)[漸](점)[22]을 경계하셔야 할 것입니다.'

또 소(疏)를 올려 말했다.

'어제 조호 김첨 허응 박돈지 등의 붕비(朋比-붕당 맺음)에 대한 죄상(罪狀)을 갖춰 아뢰었사온데 그대로 윤허를[兪允](유윤) 입지 못했으니 황송하고 두려움을 이기기 못하겠습니다. 그러나 일이 종사(宗社)에 관계되기 때문에 감히 침묵을 지키지 못하고 다시 빼어나신 귀 밝음[聖聰](성총)을 어지럽게 하오니 엎드려 상(上)의 재가를 바랍니다. 호 등이 서로 붕당을 맺어 민씨(閔氏)의 집에 드나든 것이 일조일석(一朝一夕)이 아니어서 나라 사람들이 모두 듣고 본 바입니다. 탄핵을 당하자 그 죄를 피하려고 꾀해 정상을 숨기고 자수(自首)하지 않아서 여흥부원군(驪興府元君) 민제(閔霽)의 공함(公緘)과 답통(答通)[23]이 서로 반대됩니다. 그러니 호 등이 정상을 숨기고 자수하지 않는 것

22 조짐은 점점 조금씩 이뤄진다는 뜻이다.

23 통문(通文)에 대한 회답을 말한다.

이 반드시 까닭이 있을 것입니다. 이것을 다스리지 않으면 뒤에 반드시 도모하기 어려울 것입니다. 전(傳)에 이르기를 "먼저 그 당(黨)을 끊어놓으면 악한 짓을 하는 자가 외로워진다"라고 했습니다. 엎드려 바라건대 전하께서는 한결같이 전(前)에 청(請)한 것에 의거해 호 등 네 신하의 죄를 다스려서 은미(隱微)한 것을 (미리) 삼가 경계하셔야 할 것입니다.'

모두 궁중에 머물러두고 (유사에) 내리지 않았다. 간원(諫院)에서 대궐에 나아가 명령을 기다리니 상이 말했다.

"내가 어찌 간(諫)하는 것을 거절하는 것이겠느냐? 내가 이미 잘 헤아려 보았다."

좌사간 대부(左司諫大夫) 안속(安束) 등이 아뢰었다.

"민제가 이미 네 사람이 왔다는 사실을 숨기지 못했는데 호 등은 모두 정상을 숨기고 자수하지 않았으니 그 계교가 간사합니다."

상이 말했다.

"그것은 진실로 옳다. 그러나 나 또한 이미 많이 숙고한 것이다. 후일에 다시 오늘과 같은 모임이 있으면 내가 어찌 경 등이 말하는 것을 금하겠는가? 소사(所司-유사)의 기강(紀綱)을 이미 떨쳤으니 반드시 다시 물을 것은 없다."

○ 길창군(吉昌君) 권근(權近)에게 명해 『예기(禮記)』에 실려 있는 상제(喪制)를 뽑아서 베껴 바치게 했다.

무진일(戊辰日-20일)에 면성군(沔城君) 한규(韓珪)를 개성유후사(開城留後司) 동서강(東西江) 등지의 조전절제사(助戰節制使)로 삼고, 한평군(漢平君) 조연(趙涓)을 부평(富平)·안산(安山) 등지의 조전 절제사, 장천군(長川君) 이종무(李從茂)로 남양(南陽)·수원(水原) 등지의 조전절제사, 마성군(麻城君) 서익(徐益)을 풍해도 조전절제사, 상호군(上護軍) 곽승우(郭承祐)를 풍해도 조전첨절제사(助戰僉節制使)로 삼았다. 풍해도 도관찰사가 잘못 보고하기를 왜선 14척이 도내(道內) 바다 가운데에 이르러 형적이 나타났다고 했기 때문이다. 조금 뒤에 변보(邊報-변방 보고)가 다시 이르렀는데 풍해도에 형적이 나타난 선척(船隻)은 왜구(倭寇)가 아니고 본국(本國)의 선척(船隻)이 표류된 것이라고 했다. 이에 조연과 서익 등에게 돌아오라고 명했다.

○ 의정부 사인(舍人) 이명덕(李明德) 유사눌(柳思訥)에게 말 1필씩을 내려 주었다. 사신(使臣)이 오랫동안 머물러 있을 때 계품(啓稟)의 공무(公務)에 부지런했기 때문이다.

○ 충청·전라도 감전경차관(監戰敬差官) 한옹(韓雍)에게 명해 양부(兩府) 이상의 수신(帥臣)으로 왜적을 막지 못한 자를 모두 상고(詳考)하게 했다. 옹(雍)이 아뢰었다.

"왜선 14척이 각포(各浦)에 침입해 병선을 빼앗고 사람과 물자를 노략질했는데 신이 명령을 받고 돌아다니며 방어의 형태를 살펴보니 기강이 엄하지 못하고 비어(備禦-방비)의 계책이 없었습니다. 청컨대 방어하지 못한 데 관계된 군민관(軍民官) 6품(品) 이상은 직단(直斷)을 허락해주시기 바랍니다."

그래서 이런 명이 있었다.

○ 황엄(黃儼)이 진경(陳敬)을 보내 대궐에 이르러 사례(謝禮)했다. 지신사 황희(黃喜)가 나가서 더불어 말했다.

"노왕 전하(老王殿下)의 병환이 위독하여 우리 전하께서 문안(問安)하러 가셨으니 잠시 쉬는 곳[歇次](헐차)에 머물러서 기다리시오."

경(敬)이 말했다.

"황 대인(黃大人) 등이 오랫동안 금강산에 머물러 있으려고 했으나 전하께서 사신(使臣)을 보내 문안(問安)하기를 심히 자주 하고 또 진귀한 음식을 보내므로 거듭 후의(厚意)를 번거롭게 하고 때가 또한 농사철을 만났으므로 빨리 돌아온 것이오. 황 대인이 즉시 와서 감사의 뜻을 말하려고 했으나 전하께서 노왕(老王)의 병환에 시병(侍病)한다는 말을 듣고 예(禮)로 인해 번거롭게 움직여 수고를 끼칠까 염려하여 나를 보내 사례하는 것이오."

희가 대답했다.

"사신께서 열흘이 넘는 여행을 하셨으니 전하께서 사자를 보내 문안하는 것은 예(禮)입니다."

경이 말했다.

"그렇지만 내 입장에서는 마땅히 사례(謝禮)해야 합니다."

기사일(己巳日-21일)에 내사(內史) 황엄 등에게 해온정(解慍亭)에서 잔치를 베풀었다. 금강산 여행을 위로하기 위함이었다. 엄이 태평관에 돌아가서 전가화(田嘉禾) 등에게 일러 말했다.

"그대들은 전하(殿下)의 얼굴빛을 보았는가? 근래에 노왕(老王)의 병환을 시병(侍病)하느라고 수척(瘦瘠)함이 더욱 심해졌다."

경오일(庚午日-22일)에 백악(白岳)·목멱(木覓-남산)·한강(漢江)의 신

(神)에게 비를 빌고 각전(各殿)에 공상(供上)하는 약주(藥酒)를 정지했다.

○사간원에서 민무구(閔無咎)·무질(無疾)의 죄를 청했다. 그 소(疏)는 이러했다.

'생각건대 법(法)이라는 것은 천하의 공공물(公共物)이어서 사사로움으로써 폐기하지 않고 친(親)으로써 해(害)치지 않은 연후에야 천하(天下)에 행할 수 있는 것입니다. 지난날 무구 무질 등의 불궤(不軌)한 죄는 마땅히 극형(極刑)에 처해야 하는데 전하께서 인친(姻親)인 까닭으로 인해 특별히 가벼운 법전에 따르시어 각각 그 시골에 안치(安置)했습니다. 이것이 비록 전하의 살리기를 좋아하는 은혜[好生之恩]이나 천하의 대의(大義)에는 어떠하겠습니까? 무구와 무질 등의 불궤한 죄는 천지(天地) 조종(祖宗)이 함께 주벌(誅罰)하는 바이고, 일국(一國)의 신민(臣民)이 불공대천(不共戴天)[24]하는 바이니 실로 전하께서 사사(私私)로이 할 수 있는 것이 아닙니다. 지난해에 가뭄이 심해 기근(飢饉)이 거듭 이르렀고 지금 여름철을 당해 서리가 내리고 안개가 끼며, 지진(地震)이 일고 바람이 차니, 이것은 비록 무구 등이 불궤(不軌)를 음모(陰謀)한 소치(所致)이나 신 등은 또한 전하께서 형벌을 잘못해 그런 것이 아닌가 두렵습니다. 옛적에 (주나라) 성왕(成王)이 죄인을 잡자 하늘이 바람을 돌리고, 세월(歲月)이 풍년(豐年)이 들었으니, 하늘과 사람이 서로 감응(感應)하는 이치가 현저하지 않습니까? 듣건대 무구와 무질 등이 조정 사신(朝廷使臣)

24 한 하늘 아래에서 함께 살 수 없는 원수를 말한다.

에게 인연(夤緣)해서 참소(讒訴)를 당했다고 호소해 도리어 전하로 하여금 참소를 믿는 과실을 얻게 했다 하니 그 흉역(凶逆)한 것을 어찌 이루 다 말할 수 있겠습니까? 엎드려 바라건대 전하께서는 은혜를 끊고 법(法)대로 거행해 그 죄를 밝게 바로잡아 천지(天地)의 마음에 답하고 신민(臣民)의 바람을 통쾌하게 해야 할 것입니다.'

궁중에 머물러두고 내리지 않았다.

○ 일본(日本) 회례관(回禮官) 최재전(崔在田)이 돌아왔다. 재전(在田)이 대내전(大內殿) 사인(使人)과 추쇄(推刷)한 본국(本國) 피로인(被擄人) 44명을 데리고 울산포(蔚山浦)에 이르러 먼저 사람을 보내 말씀을 올렸다.

'신(臣)이 일본에 이르러 그 형세를 보니, 대내전(大內殿)이 한 방면의 거진(巨鎭)을 담당해 땅이 풍부하고 군사가 강하여 여러 추장(酋長)들이 모두 두려워하고 복종합니다. 지금 본국(本國)에 대해 충성이 지극히 간절하고, 신을 대접하기를 대빈(大賓)을 본 것 같이 하여 연식(燕食)을 베풀고 양향(糧餉)을 주는 것이 모두 지극히 두터웠으며, 작별할 때에 이르러 언사(言辭)가 관곡(款曲)했습니다. 지금 온 사신은 타례(他例)로 대접할 수 없습니다. 청구한 『대장경(大藏經)』을 작량(酌量)하여 하사(下賜)하소서. 신이 돌아올 때 왜인 구라온(仇羅穩) 등 5명이 배를 따라 왔사온데 구라온은 씩씩하고 용맹하여 대적(對敵)할 자가 없고 또 칼을 잘 갑니다. 스스로 말하기를 "조선(朝鮮) 경내(境內)가 살 만하면 돌아가서 처자(妻子)를 데리고 오겠다"라고 했습니다. 엎드려 바라건대 상(賞)을 주어 서울에 올라오게 해야 할 것입니다.'

의정부(議政府)에 명했다.

"구라온은 재전(在田)과 함께 일시(一時)에 서울로 오게 하라."

○ 충청도 도관찰사 유정현(柳廷顯)이 왜적의 포로 한 명을 바쳤다. 왜적이 창포(倉浦)에 침입했을 때 우리 군사가 추격하니 한 명의 왜적이 미처 배에 오르지 못하고 순성진 병마사(蓴城鎭兵馬使)에게 사로잡힌 것이다.

신미일(辛未日-23일)에 비가 내렸다.

임신일(壬申日-24일)에 큰 비가 내렸다.

○ 태상왕(太上王)이 별전(別殿)에서 훙(薨)[25]했다. 상이 항상 광연루(廣延樓) 아래에서 자면서 친히 진선(進膳)의 많고 적음과 복약(服藥)에 있어서 선후(先後)의 마땅함을 보살폈다. 이날 새벽에 이르러 파루(罷漏)가 되자 태상왕께서 가래가 많이 끓어 부축해 일어나 앉아서 소합향원(蘇合香元)을 드셨다. 병(病)이 급하자 상이 도보로 빨리 달려와 청심원(淸心元)을 드렸으나 태상이 삼키지 못하고 눈을 들어 두 번 쳐다보고 훙하셨다. 상왕(上王)이 단기(單騎)로 빨리 달려왔고 상이 가슴을 두드리고 몸부림을 치며 울부짖으니 소리가 밖에까지 들렸다. 치상(治喪)은 한결같이 『주자가례(朱子家禮)』에 의거하고 봉녕군(奉寧君) 복근(福根)[26]으로 하여금 전(奠-상례)을 주장하게

---

25 천자의 죽음을 붕(崩), 제후의 죽음을 훙(薨)이라 한다.

26 이성계의 장남인 이방우(李芳雨)의 장남이다.

했다. 예조(禮曹)에서 아뢰었다.

'삼가 『문헌통고(文獻通考)』에서 「동한지(東漢志)」의 국휼고사(國恤故事)를 상고해보면 "백관(百官)이 5일에 한 번 회림(會臨)하고, 고리(故吏)·이천석(二千石-지방장관)·자사(刺史)·경도(京都)에 머무르고 있는 각 지방의 상계 연리(上計掾吏)는 모두 5일에 한 번 회림(會臨)하고, 천하(天下) 이민(吏民)은 발상(發喪)하여 3일을 임(臨)한다"라고 했고, 또 대명(大明) 영락(永樂) 5년 7월 초4일 황후(皇后) 붕서(崩逝) 때의 예부 상례 방문(禮部喪禮榜文)을 상고해보면 "경사(京師)에 있는 문무 백관(文武百官)은 본월(本月) 초6일 아침에 각각 소복(素服)·흑각대(黑角帶)·오사모(烏紗帽)를 갖추고 사선문(思善門) 밖에 다달아, 곡림례(哭臨禮)가 끝나면 봉위례(奉慰禮)를 행하고, 초8일 아침에 각 관원(官員)은 소복(素服)으로 띠[帶]와 효복(孝服-상복)을 가지고 우순문(右順門) 밖에 이르러 착용하고, 성복(成服)을 기다려서 사선문(思善門)에 들어와 곡림례(哭臨禮)가 끝나면 소복(素服)으로 바꿔 입고 봉위례(奉慰禮)를 행하고, 이것이 끝나면 각각 효복(孝服)을 가지고 나간다. 초9일·초10일도 예(禮)가 같다"라고 했습니다. 지금 우리 대행 태상왕 전하(大行太上王殿下)께서 5월 24일에 승하하셨으니 즉일(卽日)로 각사(各司)에서 소복(素服)·흑각대(黑角帶)·오사모(烏紗帽)를 갖추고 곡림 봉위(哭臨奉慰)하고, 26일에 이르러 각각 효복(孝服)을 착용하고 곡림 봉위하며, 28일 즉 승하하신 후 제5일에 이르러 시왕(時王)의 복제(服制)에 따라 삼차(三次)의 곡림 봉위례(哭臨奉慰禮)를 행하게 해야 할 것입니다.'

예조에서 또 아뢰었다.

'경외(京外)의 음악(音樂)을 정지하고, 도살(屠殺) 가취(嫁娶-혼인)를 금하고 대소례(大小禮)와 조시(朝市-조정과 시장)를 정지하고, 제3일에 이르러 대신(大臣)을 보내 종묘(宗廟)에 고하게 해야 할 것입니다.'

○ 의정부(議政府)에서 빈전(殯殿)·국장(國葬)·조묘(造墓)·재(齋)의 4도감(都監-위원회)과 상복(喪服)·옥책(玉冊)·복완(服玩)·관곽(棺槨) 제기(祭器)·유거(柳車)·법위의(法威儀)·상유소조(喪帷小造)·산소(山所) 영반(靈飯)·의장(儀仗)·묘소포진(墓所鋪陳)·반혼(返魂) 등 13색(色-임시기구)을 설치했다. 길창군(吉昌君) 권근(權近)과 예조판서 이지(李至)를 상복색 제조(喪服色提調)로 삼았다.

계유일(癸酉日-25일)에 소렴(小斂)[27]을 했다. 더위가 심한 때문이었다.

○ 흥덕사(興德寺)에 참경(懺經) 법석(法席)을 베풀었다.

○ 예조(禮曹)에서 상제(喪制)를 상정(詳定)했다. 주상전(主上殿)의 상복(喪服)은 무굴관(武屈冠) 수질(首絰) 【생마(生麻)를 씀】 의상대(衣裳帶) 【생마(生麻)를 씀】 요질(腰絰) 【생마(生麻)를 씀】 죽장(竹杖) 관구(管屨)[28]【백사혜(白絲鞋)로 대용(代用)함】 다. 상왕전(上王殿)과 세자전(世子殿)의 상복(喪服)은 주상전 상복과 같으며 왕자(王子)와 왕친(王

27 죽은 다음 날에 시체를 당중(堂中)으로 옮겨 옷을 갈아입히고 이불을 덮어주는 일을 말한다.

28 엄 짚신을 말한다.

親)의 상복은 백피혜(白皮鞋)에 나머지는 위와 같고 정비전(靜妃殿)의 상복(喪服)은 개두(蓋頭)[29]【포모(布帽)와 나화립(羅火笠)】 포두수(布頭須)[30]【결개(結介)】 대수(大袖) 【장삼(長衫)】 장군(長裙) 【상(裳)】 죽채(竹釵) 【잠(簪)】 대(帶) 마구(麻屨)[31]【백사혜(白絲鞋)로 대용(代用)함】 백저포 선자(白苧布扇子) 백저포 수의(手衣) 백저포 과시(裹腮)이고, 대비(大妃) 성비(誠妃) 숙빈(淑嬪)의 상복은 위와 같고, 궁주(宮主)의 상복은 배자(背子) 개두(蓋頭) 포두수(布頭須) 죽채(竹釵) 대(帶) 백피온혜(白皮溫鞋) 백저포 선자(白苧布扇子) 수의(手衣) 과시(裹腮)이고, 옹주(翁主)의 상복은 위와 같고, 각전(各殿) 시녀(侍女)의 상복은 배자(背子) 개두(蓋頭) 생마대(生麻帶) 백피혜(白皮鞋)이며, 수사(水賜)[32]는 배자(背子) 생마대(生麻帶) 백피혜(白皮鞋)이며, 내관(內官)의 상복은 백두건(白頭巾) 참최 직령(斬衰直領) 생마대(生麻帶) 백피혜(白皮鞋) 포과립(布裹笠) 백립(白笠) 중(中)으로 하며, 각 차비(各差備)는 백두건(白頭巾) 포과립(布裹笠) 백의(白衣) 생마대(生麻帶) 백승혜(白繩鞋)이며, 문무 백관(文武百官)은 포과 사모(布裹紗帽) 참최 직령(斬衰直領) 생마대(生麻帶) 백화(白靴) 포과립(布裹笠) 백립(白笠) 중(中)으로 하고, 부마(駙馬)의 상복은 백관(百官)과 같고, 각도(各道)의 대소사신(大小使臣)과 수령(守令)은 위와 같으며, 내시(內侍) 다방(茶房)은 포과 사모(布裹紗帽) 백의(白衣) 백화(白靴) 생마대(生麻帶)이고, 녹사

29 모립(帽笠)을 말한다.

30 베로 만든 머리에 매는 건(巾)을 말한다.

31 삼으로 만든 짚신을 말한다.

32 무수리를 말한다.

(錄事) 지인(知印)과 각사 이전(各司吏典)은 포과 평정건(布裹平頂巾)에 나머지는 위와 같다.

이상 문무백관의 상복(喪服)을 행하는 일한(日限)은 한(漢)나라 이후로 날로 해를 바꾸어서 3일 만에 제복(除服)한 일이 있고, 송(宋)나라에서는 날로 달을 바꾸어 13일에 소상(小祥), 25일에 대상(大祥), 27일에 담사(禫祀)를 행하여 제복(除服)했으니, 송나라 제도로 법(法)을 삼아 무관(武官) 5품 이하는 3일 만에 제복(除服)하고, 모든 문무백관은 다 백의(白衣) 흑각대(黑角帶)로 3년을 마치고, 전함(前銜-전직) 대소 품관(大小品官)은 모두 다 백의(白衣)·백립(白笠)·백대(白帶)·백화(白靴)·초혜(草鞋)로 하고, 27일 이후에는 백의(白衣) 흑대(黑帶)로 3년을 마치며, 성균생원(成均生員)·생도(生徒)·승도(僧徒)는 소의(素衣)·소대(素帶)로 하고, 각사 조례(各司皂隷) 순금사 나장(巡禁司螺匠)과 정리(丁吏)·소유(所由)·장수초(杖首抄)는 소의(素衣)·소대(素帶)·백승혜(白繩鞋)로 하고, 서인(庶人) 남녀(男女)는 3일 만에 제복(除服)하되, 제도(制度)는 모두 『문공가례(文公家禮)』에 의하고, 중궁(中宮)은 본국(本國)의 여복(女服)을 참작하여 쓰고, 백관복(百官服)은 송조(宋朝)의 건흥(乾興) 고사(故事)를 참작해 쓴다고 했다.

갑술일(甲戌日-26일)에 대렴(大斂)하여 후별실청(後別室廳)에 빈소(殯所)를 정하고 남쪽으로 머리를 두고서 전(奠)을 베풀었다. 상이 상왕(上王) 및 백관(百官)과 더불어 성복(成服)과 곡림(哭臨)하기를 의절(儀節)과 같이 하고 의정부(議政府)에서 전(箋)을 올려 봉위(奉慰)했다.

○ 예조(禮曹)에서 아뢰었다.

'각도(各道)의 대소 별상(大小別常)[33]과 외방(外方) 관원(官員)은 문서(文書)가 이르는 날에 즉시 소복(素服)을 입고 공청(公廳)에서 서울을 바라보고 발애(發哀)하되 본 아문(衙門)에서 자며 다음 날 이른 새벽에 공청에서 성복(成服)하고 거애(擧哀)해 예(禮)를 마치되, 상복(喪服)의 제도는 단령(團領) 소대(素帶)에 추포[粗布]로 지은 포과 사모(布裹紗帽)와 입자(笠子) 상마대(上麻帶)를 착용하고 3일 동안 곡림(哭臨)하고 제복(除服)하며, 연변(沿邊)은 거애하지 않습니다.'

상이 목이 메어 미음도 받아들이지 못했다. 영의정부사(領議政府事) 하륜(河崙), 좌정승 성석린(成石璘) 등이 죽(粥)을 드시길 청하고 안성군(安城君) 이숙번(李叔蕃)으로 하여금 받들어 올리게 하니 상이 비로소 한 종(鍾)을 드셨다[啜].

○ 비로소 여막에 거처했다[居廬]. 창덕궁(昌德宮) 동남(東南)쪽 모퉁이에 작은 집이 있는데 왕자(王子)가 글을 읽는 곳이다. 상이 비로소 거처하고 날마다 『주자가례(朱子家禮)』를 보았다.

을해일(乙亥日-27일)에 상왕(上王)이 빈전(殯殿)에 전(奠)을 베풀었다. 이날 상이 비로소 소사(蔬食)를 들었다.

○ 영의정부사(領議政府事) 하륜(河崙) 좌정승 성석린(成石璘) 우정승 이무(李茂) 한산부원군(漢山府院君) 조영무(趙英茂)를 4개 도감(都監) 도제조(都提調)로 삼고, 옥천군(玉川君) 유창(劉敞) 의정부참

---

33 별례(別例) 상례(常例)의 대소 사신(大小使臣)을 통칭한 말이다.

지사 이응(李膺) 철성군(鐵城君) 이원(李原)을 빈전도감판사(殯殿都監判事), 한천군(漢川君) 조온(趙溫) 의정부참찬사 이귀령(李貴齡) 서천군(西川君) 한상경(韓尙敬)을 재도감판사(齋都監判事), 의정부 찬성사 남재(南在,) 공안부판사 박자청(朴子靑) 의정부참지사 함부림(咸傅霖) 총제(摠制) 성발도(成發道)를 국장도감판사(國葬都監判事), 이조판서 이직(李稷) 공안부판사(恭安府判事) 박자청(朴子靑) 한성부판사(漢城府判事) 김한로(金漢老) 총제(摠制) 이간(李衎)을 조묘도감판사(造墓都監判事)로 삼았다. 예조(禮曹)에서 아뢰어 말했다.

'삼가 『예기(禮記)』 단궁(壇弓)에 상고하면 "천자(天子)가 붕(崩)하면 항시(巷市) 7일이고, 제후(諸侯)가 훙(薨)하면 항시(巷市) 3일"이라고 했는데 주(註)에 이르기를 "항시(巷市)라는 것은 (마을 가운데) 거리에서 물건을 교역(交易)하는 것이다"라고 했습니다. 이것은 서인(庶人)이 나라의 대상(大喪)을 위해 근심하고 슬퍼해서 저자를 파(罷)하는 것인데, 일용(日用)에 필요한 물건이 또 없을 수 없기 때문에 마을 거리에서 저자를 보는 것입니다. 국조 고전(國朝故典)에 대신(大臣)이 죽으면 저자를 3일 동안 정지하게 돼 있으니 지금 국상(國喪)에는 저자를 5일 동안 정지하게 하소서'

또 아뢰어 말했다.

'삼가 고례(古禮)를 상고하면 소상(小祥)에는 연관(練冠)을 쓰고 수질(首絰)을 버리며, 대상(大祥)에는 상복(喪服)을 벗고 담사(禫祀) 뒤에 길복(吉服)을 입는 것이니 지금 국상(國喪)에 문무신료(文武臣僚)들의 상복(喪服)을 전의 수판(受判)에 의하여 13일 소상(小祥)에 비로소 유각 백사모(有角白紗帽)를 쓰고, 25일 대상(大祥)에 효복(孝服)

을 벗고 비로소 백의(白衣)·오사모(烏紗帽)를 쓰되, 요질(腰絰)은 그대로 띠고, 27일 담사(禫祀) 뒤에 요질(腰絰)을 버리고 비로소 백의(白衣) 백립(白笠) 오사모(烏紗帽) 흑각대(黑角帶)를 착용하여 3년을 마치고, 전직 대소신료(大小臣僚)는 백의(白衣)·백립(白笠)으로 3년을 마치며, 외방(外方)의 대소 사신(大小使臣)과 수령(守令)은 경중(京中)의 백관(百官)의 예(例)에 따르고 빈전 도감(殯殿都監)과 전내(殿內)의 여러 집사(執事)는 산릉(山陵)의 안장일(安葬日)까지 한(限)하여 상복(喪服)을 벗지 말며, 정조(停朝)는 13일 소상(小祥)으로 한(限)하고, 민간(民間)의 가취(嫁娶)와 사사(祠祀)는 『문헌통고(文獻通考)』에 의거해 장사지낸 뒤에는 금하지 말며, 문무 신료(文武臣僚)의 효복(孝服)은 산릉(山陵)의 안장일(安葬日)에 이르러 다시 입고 시위(侍衛)하게 해야 할 것입니다.'

정축일(丁丑日-29일)에 청성군(淸城君) 정탁(鄭擢), 공안부 윤(恭安府尹) 정부(鄭符)를 보내 (명나라) 경사(京師)에 가게 했다. 부음(訃音)을 고하고 시호(諡號)를 청함이었다. 창덕궁(昌德宮)에 허위(虛位)를 베풀고 백관(百官)이 효복(孝服)을 벗고 백의(白衣)·오사모(烏紗帽)·흑각대(黑角帶)로 배표례(拜表禮)를 행했는데 음악을 쓰지 않았다. 백관(百官)이 전송(餞送)하여 숭례문(崇禮門) 밖까지 이른 뒤에 효복(孝服)을 입고 돌아왔다. 표전(表箋)에 '조선국(朝鮮國) 고자 신(孤子臣) 아무개'라 일컫고 인신(印信)은 쓰지 않았는데 예부(禮部)와 요동(遼東)에는 의정부(議政府)로 하여금 상신(上申)하게 했다.

己酉朔 以漢城尹孟思誠爲世子右副賓客 判內贍寺事許稠爲
기유 삭 이 한성윤 맹사성 위 세자 우부빈객 판 내섬시 사 허조 위
右輔德. 稠嘗爲文學 以直言見憚① 及爲輔德 世子聞之曰: "許
우보덕 조 상 위 문학 이 직언 견탄 급 위 보덕 세자 문지 왈 허
文學又來矣."
문학 우 래 의

庚戌 宥一罪以下. 以太上王疾篤也. 除謀叛大逆及毆殺祖父母
경술 유 일죄 이하 이 태상왕 질 독 야 제 모반 대역 급 구살 조부모
父母 妻妾殺夫 奴婢殺主 謀故殺人 蠱毒魘魅 但犯强盜外② 今月
부모 처첩 살 부 노비 살 주 모고 살인 고독 염매 단 범 강도 외 금월
初一日以前 已發覺未發覺中外罪囚 一皆放宥. 分遣各道敬差官
초 일일 이전 이 발각 미발각 중외 죄수 일개 방유 분견 각도 경차관
宣布 仍命之曰: "處女採擇 重擾農民. 其中等以下 悉皆放還."
선포 잉 명지 왈 처녀 채택 중 요 농민 기 중등 이하 실개 방환

命成石因等七十七人 京外從便; 洪恕等三十五人 職牒還給.
명 성석인 등 칠십 칠 인 경외종편 홍서 등 삼십 오인 직첩 환급

韓帖木兒如檜巖寺遊賞.
한첩목아 여 회암사 유상

辛亥 蟲食白岳山松葉.
신해 충 식 백악산 송엽

壬子 上王詣太上殿問疾.
임자 상왕 예 태상전 문질

黃儼等至金剛山表訓寺 出絹三十匹 充飯僧之費. 儼等囑
황엄 등 지 금강산 표훈사 출 견 삼십 필 충 반승 지 비 엄 등 촉
都觀察使尹思修曰: "綵絹一匹米四石 生絹一匹米三石 以供
도관찰사 윤사수 왈 채견 일필 미 사석 생견 일필 미 삼석 이공
僧徒." 思修以啓 命以倉庫米給之.
승도 사수 이계 명 이 창고 미 급지

甲寅 遣義原君黃居正如京師. 賀千秋節也.
갑인 견 의원군 황거정 여 경사 하 천추절 야

乙卯 司憲府劾判恭安府事朴子靑. 子靑率繕工少監洪理等
을묘 사헌부 핵 판 공안부 사 박자청 자청 솔 선공 소감 홍리 등

監督慕華樓南池之役 旬日未就 役徒勞困. 司憲執義權遇等欲
감독 모화루 남지 지 역 순일 미취 역도 노곤 사헌 집의 권우 등 욕
劾之 先遣書吏金思進 吳貴珍 密度池之深廣與水脈有無. 理知之
핵지 선견 서리 김사진 오귀진 밀탁 지 지 심 광 여 수맥 유무 리 지지
謂二人曰: “池距樓一百五十餘步 長三百八十尺 廣三百尺 深二三
위 이인 왈 지 거 루 일백 오십 여 보 장 삼백 팔십 척 광 삼백 척 심 이삼
丈. 水之有無 則在汝所見.”
장 수 지 유무 즉 재 여 소견

遂密爲子靑言其狀 子靑執其吏折辱之 幾欲箠楚 旁有禁之者
수 밀 위 자청 언 기상 자청 집 기리 절 욕지 기 욕 추초 방 유 금지 자
乃止. 自度必見彈劾 馳馬先詣闕啓曰: “憲府使吏窺覘臣等監督
내 지 자탁 필 견 탄핵 치마 선 예궐 계왈 헌부 사리 규첨 신등 감독
形止.” 俄而 憲府劾子靑曰: “累日鑿池 乃不得水 尙且甘心土木
형지 아이 헌부 핵 자청 왈 누일 착지 내 부득 수 상 차 감심 토목
之役 不肯啓聞停罷 徒勞民力 無宰相意趣.” 劾理曰: “阿附子靑
지 역 불긍 계문 정파 도로 민력 무 재상 의취 핵 리 왈 아부 자청
朝夕造門 有似家臣. 强鑿無水之池 不能請罷 玷累士風.” 上聞之
조석 조문 유 사 가신 강 착 무수 지 지 불능 청파 점루 사풍 상 문지
怒 召掌務持平崔自海詰之曰: “鑿池之役 予所命也. 子靑與理
노 소 장무 지평 최자해 히지 왈 착지 지 역 여 소명 야 자청 여 리
有何罪焉?” 欲下自海于巡禁司 旣而怒稍解 使巡禁司螺匠 押
유 하죄 언 욕하 자해 우 순금사 기이 노 초해 사 순금사 나장 압
自海寘于其家. 於是 遇等皆待罪于家. 上命取憲府劾子靑 洪理
자해 치 우 기가 어시 우 등 개 대죄 우가 상 명취 헌부 핵 자청 홍리
公緘覽之 怒甚 以示議政府曰: “憲司所爲如彼 何以處之?” 領
공함 람지 노 심 이시 의정부 왈 헌사 소위 여피 하이 처지 영
議政府事河崙 左政丞成石璘 右政丞李茂等啓曰: “憲司所爲雖
의정부 사 하륜 좌정승 성석린 우정승 이무 등 계왈 헌사 소위 수
失中 言官之失 不可加罪.” 乃命子靑洪理復督役. 命巡禁司曰:
실중 언관 지 실 불가 가죄 내 명 자청 홍리 부 독역 명 순금사 왈
“思進 貴珍 宜縛而揭于池側 以示諸人.” 又命兵曹佐郎崔進誠
사진 귀진 의 박 이 게 우 지 측 이시 제인 우 명 병조좌랑 최진성
及內官二人 爲監役官 益發內資 內贍寺奴 軍器監別軍 助其役.
급 내관 이인 위 감역관 익발 내자 내섬시 노 군기감 별군 조 기역
鑿池旣深 乃得水焉.
착지 기 심 내 득수 언

右司諫金自知等 詣闕啓曰: “竊惟臺臣 以言爲責 但欲盡職
우사간 김자지 등 예궐 계왈 절유 대신 이 언 위책 단 욕 진직
而已 而殿下如此挫折之 非惟駭於今日之見聞 書於史冊 非所以
이이 이 전하 여차 좌절 지 비유 해 어 금일 지 견문 서 어 사책 비 소이

貽範後世也. 且恐自今言官任輕 而言路閉塞矣." 上使中官傳旨:
이범 후세 야 차 공 자금 언관 임경 이 언로 폐색 의 상 사 중관 전지
"若等誠知憲府所以劾問之情實者 亦宜退就於家 毋得出入. 如
약등 성 지 헌부 소이 핵문 지 정실 자 역 의 퇴 취 어 가 무득 출입 여
曰不知 覈實復啓." 自知等對曰: "臣等但聞憲府以鑿池之故 劾
왈 부지 핵실 부 계 자지 등 대왈 신등 단 문 헌부 이 착지 지 고 핵
子靑耳 若情實則非所敢知." 翼日 自知等伏閤啓曰: "昨日 殿下
자청 이 약 정실 즉 비 소감지 익일 자지 등 복합 계왈 작일 전하
有旨 覈實復啓. 臣等竊聞 憲府以役久未訖 使人視之 洪理乃
유지 핵실 부계 신등 절문 헌부 이 역 구 미흘 사인 시지 홍리 내
言於子靑 反加凌辱 憲府以此論執耳. 雖或不中 願加包容." 上
언 어 자청 반 가 능욕 헌부 이차 논집 이 수 혹 부중 원가 포용 상
曰: "此役本無死亡者 而憲府妄意役徒有死者 使人覘之 尋又
왈 차역 본 무 사망자 이 헌부 망의 역도 유 사자 사인 첨지 심 우
劾之. 予所以使鑿池者 非爲鳥獸魚鼈之玩 但爲上國使命而爲之
핵지 여 소이 사 착지 자 비 위 조수 어별 지 완 단 위 상국 사명 이 위지
也. 子靑之甘心土木者 何事 洪理之汚染士風者 何故 史筆所書
야 자청 지 감심 토목 자 하사 홍리 지 오염 사풍 자 하고 사필 소서
者 未知何以爲有過乎?" 對曰: "憲府所論 臣等未知所指 但言官
자 미지 하이 위 유과 호 대왈 헌부 소론 신등 미지 소지 단 언관
雖或不中 亦且含容 所以開言路防壅蔽也. 若不優納 動加罪責
수 혹 부중 역 차 함용 소이 개 언로 방 옹폐 야 약 불 우납 동 가 죄책
史册書之 則非美事矣." 上曰: "甘心土木 汚染士風 若有可指
사책 서지 즉 비 미사 의 상 왈 감심 토목 오염 사풍 약유 가지
之事 則若等亦當劾之. 言官不中 亦且優容 則言官有罪者 且將
지 사 즉 약등 역 당 핵지 언관 부중 역 차 우용 즉 언관 유죄 자 차 장
如何?" 翼日 自知等又伏閤啓曰: "憲府 乃殿下耳目之官 乃何以
여하 익일 자지 등 우 복합 계왈 헌부 내 전하 이목 지 관 내 하이
子靑之故 輕耳目之官乎?" 上曰: "若等以憲府之罪爲輕乎? 今雖
자청 지 고 경 이목 지 관 호 상 왈 약등 이 헌부 지 죄 위경 호 금 수
三諫 予未之聽矣." 於是 自知等皆退而辭職.
삼간 여 미지 청 의 어시 자지 등 개 퇴 이 사직

丙辰 韓帖木兒詣闕 上置酒于廣延樓下 贈以鞍馬.
병진 한첩목아 예궐 상 치주 우 광연루 하 증 이 안마

丁巳 平壤府尹尹穆 進便宜數條:
정사 평양부윤 윤목 진 편의 수조

'一 吾東方禮樂文物 侔擬中國者 以有箕子之風. 是以 九疇
일 오 동방 예악 문물 모의 중국 자 이 유 기자 지 풍 시이 구주
明八條行 民受其賜 萬世景慕 而其墳墓在於草莽之中 朝廷使臣
명 팔조 행 민 수 기사 만세 경모 이 기 분묘 재 어 초망 지 중 조정 사신

過此者 必問而禮焉. 我國家修擧廢墜 無所不至 獨此一事 尙循
과 차 자 필문 이 예 언 아 국가 수거 폐추 무 소부지 독 차 일사 상 순

舊弊而不擧 良可慨也. 臣等以爲掃墳加土 置石羊石獸 命攸司
구폐 이 불거 양 가개 야 신등 이위 소분 가토 치 석양 석수 명 유사

頌德立碑 委定守塚民戶.
송덕 입비 위정 수총 민호

一, 甲冑弓矢矛盾劍弩 軍國之急務也 不可不備. 況此道 境連
일 갑주 궁시 모순 검노 군국 지 급무 야 불가 불비 황 차도 경련

異土 而因仍舊弊 往來大小使臣人情贈行雜務未斷 軍器之役 反
이토 이 인 잉 구폐 왕래 대소 사신 인정 증행 잡무 미단 군기 지 역 반

爲餘事 是可慮也. 臣等以爲 自今人情雜物 一皆禁斷; 各於諸道
위 여사 시 가려 야 신등 이위 자금 인정 잡물 일개 금단 각 어 제도

每界首官 定其月課軍器額數 每當月季 依戶曹會計例 令軍器監
매 계수관 정 기월 과 군기 액수 매당 월계 의 호조 회계 례 영 군기감

會計考察以聞 永爲恒式.
회계 고찰 이문 영 위 항식

一, 監司奉使專制 一方人物 無所不統 豈有別置營屬奴婢之
일 감사 봉사 전제 일방 인물 무 소불통 기 유 별치 영속 노비 지

義乎? 獨於此道有之 請革去分屬 所居州縣 永斷往來之弊 各安
의 호 독 어 차도 유지 청 혁거 분속 소거 주현 영단 왕래 지 폐 각 안

其業.'
기업

從之.
종지

戊午 禮曹啓給度僧牒之法:
무오 예조 계 급 도승첩 지 법

"謹按六典 兩班子弟 下至公私賤口 擅自削髮 甚爲不當. 今後
근안 육전 양반 자제 하 지 공사 천구 천자 삭발 심 위 부당 금후

兩班子弟自願爲僧者 父母親族具錄辭因 告僧錄司 轉報禮曹
양반 자제 자원 위 승 자 부모 친족 구록 사인 고 승록사 전보 예조

啓聞取旨 然後徵丁錢五升布一百匹 給度帖 方許出家 其餘有役
계문 취지 연후 징 정전 오승포 일백 필 급 도첩 방 허 출가 기여 유 역

人丁及獨子處女一禁. 又永樂元年二月十一日 司憲府受教度牒
인정 급 독자 처녀 일금 우 영락 원년 이월 십일 일 사헌부 수교 도첩

之法 一依六典 已曾削髮僧徒 追徵丁錢 以充國用 度牒追給. 今
지 법 일의 육전 이증 삭발 승도 추징 정전 이충 국용 도첩 추급 금

據僧錄司牒呈 各宗選試臨近 請給度牒. 本曹看詳 已受度牒僧徒
거 승록사 첩정 각종 선시 임근 청급 도첩 본조 간상 이 수 도첩 승도

外 其不告於官 私自剃髮者 不當給度牒."
외 기 불고 어 관 사 자 체발 자 부당 급 도첩

教曰: "癸未年二月十一日以前闕位僧徒 除丁錢給度牒."
교왈 계미년 이월 십일 일 이전 궐위 승도 제 정전 급 도첩

日本國回禮官金恕 以刷出被擄人二十名而還.
일본국 회례 관 김서 이 쇄출 피로인 이십 명 이 환

己未 遣司譯院直長金有珍 管押漫散軍李隆等男婦共
기미 견 사역원 직장 김유진 관압 만산군 이륭 등 남부 공

一百五十九口如遼東.
일백 오십 구 구 여 요동

以投化向國人及濟州留京鎭撫所 皆屬兵曹. 議政府啓: "投化
이 투화 향국 인 급 제주 유경 진무소 개 속 병조 의정부 계 투화

向國人等 居京城衛王室 以無統屬 時於京外 任其出入 非獨考察
향국 인 등 거 경성 위 왕실 이 무 통속 시 어 경외 임 기 출입 비독 고찰

無門 如有弊瘼 陳達無由. 乞令兵曹掌之 逐名付籍 以爲恒式;
무문 여유 폐막 진달 무유 걸령 병조 장지 축 명 부적 이위 항식

濟州留京鎭撫所 亦令兵曹考察." 從之.
제주 유경 진무소 역 영 병조 고찰 종지

上同靜妃御內殿 親視處女. 領議政府事河崙 左政丞成石璘等
상 동 정비 어 내전 친시 처녀 영 의정부 사 하륜 좌정승 성석린 등

入廣延樓下 揀閱京中所選處女凡七十三人以啓.
입 광연루 하 간열 경중 소선 처녀 범 칠십 삼인 이계

賜宮醞于三道都體察使朴子安 助戰節制使沈龜齡. 子安等 捕
사 궁온 우 삼도 도체찰사 박자안 조전 절제사 심구령 자안 등 포

倭船一艘于全羅道 斬首二十級 生擒五人. 其一 本國被擄者也
왜선 일 소 우 전라도 참수 이십 급 생금 오인 기 일 본국 피로 자 야

故子安放歸其家 遣其都鎭撫前上護軍李推以聞 賜推表裏 仍命
고 자안 방귀 기가 견 기 도진무 전 상호군 이추 이문 사 추 표리 잉 명

子安之子上護軍實 齎宣醞往慰之. 上問推曰: "所放之人 情有可
자안 지 자 상호군 실 재 선온 왕 위지 상 문 추 왈 소방 지 인 정 유

矜歟?" 對曰: "以本國之人 故放還耳 別無他意." 上曰: "此人
여 대왈 이 본국 지 인 고 방환 이 별무 타의 상 왈 차인

從倭歲久 盜竊之罪 反有甚於倭者. 宜當竝斬 發還其鄕誤矣."
종왜 세 구 도절 지 죄 반 유 심 어 왜 자 의당 병 참 발환 기향 오의

全羅道海道察訪韓雍 進各浦事宜. 啓曰: '各浦萬戶 千戶
전라도 해도 찰방 한옹 진 각포 사의 계왈 각포 만호 천호

領船頭目 以海上防禦爲餘事 率領軍船 稱爲備辦軍器監納
영선 두목 이 해상 방어 위 여사 솔령 군선 칭 위 비판 군기감 납

貫甲皮 內廂月課貫甲皮 常以畋獵爲事 如或遇賊 不無敗衄. 其
관갑피 내상 월과 관갑피 상 이 전렵 위사 여혹 우적 불무 패뉵 기

內廂月課及軍器監納貫甲皮 一皆蠲除 專委防禦.
내상 월과 급 군기감 납 관갑피 일개 견제 전위 장어

一, 海邊烽卒伺察 倭賊來往 不分晝夜 與虎狼相雜 不顧死生
일 해변 봉졸 사찰 왜적 내왕 불분 주야 여 호랑 상잡 불고 사생

艱苦立役. 內廂節制使 却令責納無孔大鹿皮 天鵝眞羽 歲以
간고 입역 내상 절제사 각 영 책납 무공 대녹피 천아 진우 세 이

爲常 倍價貿易 至爲巨弊. 其內廂年例所收大鹿皮 天鵝眞羽
위상 배가 무역 지 위 거폐 기 내상 연례 소수 대녹피 천아 진우

盡行蠲免. 下議政府擬議. 政府議得: '軍器監納貫甲皮外 其餘
진행 견면 하 의정부 의의 정부 의득 군기감 납 관갑피 외 기여

乞依所啓施行.' 從之.
걸의 소계 시행 종지

庚申 雨雹.
경신 우박

日本志佐殿客人護送官李春發 以刷出被擄人二十八名還.
일본 지좌전 객인 호송 관 이춘발 이 쇄출 피로인 이십 팔 명 환

壬戌 霧.
임술 무

以大護軍韓雍 爲忠淸全羅道監戰敬差官. 初 倭船十四隻至
이 대호군 한옹 위 충청 전라도 감전 경차관 초 왜선 십사 척 지

高巒梁 欲掠全羅道漕轉船 朴子安 沈龜齡等 先以兵船三隻出禦
고만량 욕략 전라도 조전선 박자안 심구령 등 선 이 병선 삼척 출어

倭船不肯分散 結陣而去 以無後繼不敢追. 議政府以倭寇漸熾 而
왜선 불긍 분산 결진 이 거 이 무 후계 불감 추 의정부 이 왜구 점 치 이

子安等不能擒捕 故白遣之.
자안 등 불능 금포 고 백 견지

倭船十四隻 寇瑞州鋤近梁 燬兵船二隻 奪三道都體察使軍營
왜선 십사 척 구 서주 서근량 훼 병선 이척 탈 삼도 도체찰사 군영

所儲軍糧百餘石 燔其營. 又寇瑞州倉浦 燬兵船三隻 船軍前後
소저 군량 백여 석 번 기영 우 구 서주 창포 훼 병선 삼척 선군 전후

得脫者 纔數十人.
득탈 자 재 수십 인

命司憲府司諫院視事. 大司憲南在上疏曰:
명 사헌부 사간원 시사 대사헌 남재 상소 왈

'臺諫 人主耳目之官也. 人主處億兆之上 居九重之心 萬機
대간 인주 이목 지 관 야 인주 처 억조 지 상 거 구중 지 심 만기

利害 生民休戚 群臣賢否 豈能周知而徧識乎? 故古之人君 特設
이해 생민 휴척 군신 현부 기 능 주지 이 편식 호 고 고 지 인군 특설

此官 事無大小 使得盡言 雖或不中 亦不加罪者 所以開言路
차관 사 무 대소 사득 진언 수혹 부중 역 불 가죄 자 소이 개 언로

廣視聽 爲萬世計也. 聖莫聖於舜 禹 成湯 舜好問而好察邇言.
광 시청 위 만세 계 야 성 막성 어 순 우 성탕 순 호문 이 호찰 이언

邇言猶察 則其無遺善可知; 禹拜昌言 湯從諫不咈 則 其容善之
이언 유찰 즉기무 유선 가지 우배 창언 탕 종간 부불 즉 기 용선 지
量可知. 三聖人者 天下萬世人主之標準也. 今殿下以天縱之聖
량 가지 삼 성인 자 천하 만세 인주 지 표준 야 금 전하 이 천종 지 성
加以緝熙光明之學 聖敬日躋 其於古今天下 人主得失 人臣忠佞
가이 즙희 광명 지 학 성경 일제 기어 고금 천하 인주 득실 인신 충녕
靡不周知 豈待人臣聒聒多言爲哉! 然居臺諫之職者 豈以爲吾君
미불 주지 기 대 인신 괄괄 다언 위 재 연 거 대간 지 직 자 기 이위 오군
已聖 無可爭之失; 國政已治 無可論之事; 百官皆正 無可劾之
이 성 무 가쟁 지 실 국정 이치 무 가론 지 사 백관 개 정 무 가핵 지
人哉? 是以前者憲司 論劾朴子靑 洪理 而未中上意 令歸私第.
인 재 시이 전자 헌사 논핵 박자청 홍리 이 미중 상의 영귀 사제
諫臣具憲司奉職見責 請寬其罪 三進闕門 未得蒙允 亦辭職退家.
간신 구 헌사 봉직 견책 청관 기죄 삼 진 궐문 미득 몽윤 역 사직 퇴가
由是臺諫 曠日闕位 朝野驚懼 其於殿下從諫之美 恐有所損 而
유시 대간 광일 궐위 조야 경구 기어 전하 종간 지 미 공 유 소손 이
耳目有所不通矣. 子靑被劾 事微不足論 設若奸臣用權 事關大體
이목 유 소불통 의 자청 피핵 사 미 부족 론 설약 간신 용권 사 관 대체
而臺諫雖欲彈劾 威稜之下 恐觸龍鱗 囁嚅未發 則非細故也.
이 대간 수 욕 탄핵 위릉 지 하 공촉 용린 섭유 미발 즉 비 세고 야
伏望俯採臣言 使臺諫復職視事 則日月之明 乾坤之量 豈不恢廓
복망 부채 신언 사 대간 복직 시사 즉 일월 지 명 건곤 지 량 기 불 회곽
也哉!'
야재

疏上留中不下. 上召在 問舜禹湯 三聖之事 乃命臺諫竝出供職.
소상 유중 불하 상 소 재 문 순 우 탕 삼성 지 사 내 명 대간 병출 공직

癸亥 霧.
계해 무

倭船十四隻 至唐津縣 登陸寇掠 都節制使李都芬擊退之 斬
왜선 십사 척 지 당진현 등륙 구략 도절제사 이도분 격 퇴지 참
一級.
일급

甲子 停誕晨朝賀.
갑자 정 탄신 조하

乙丑 震尙州任內丹密縣人金哲.
을축 진 상주 임내 단밀현 인 김철

以判內贍寺事許稠爲三道體覆使 往問朴子安 沈龜齡 忠淸道
이 판 내섬시 사 허조 위 삼도 체복사 왕 문 박자안 심구령 충청도
都節制使李都芬 監戰敬差官韓雍 都觀察使柳廷顯及各浦萬戶
도절제사 이도분 감전 경차관 한옹 도관찰사 유정현 급 각포 만호

不能捕倭 反致敗衂之故. 以開城留後司留侯安瑗爲東西江等處
불능 포왜 반치 패뉵 지고 이 개성유후사 유후 안원 위 동서강 등처
兵馬都節制使 復以金重寶豊海道兵馬都節制使兼水軍都節制使
병마도절제사 부이 김중보 풍해도 병마도절제사 겸 수군도절제사
大護軍李培爲助戰僉節制使. 是夕 分遣甲士一百名于各道 備防
대호군 이배 위 조전 첨절제사 시석 분견 갑사 일백 명 우 각도 비방
倭也.
왜 야

司憲執義權遇 掌令李堂 上書辭職. 其書曰:
사헌 집의 권우 장령 이당 상서 사직 기서 왈

'竊謂凡有輔於聖德 有益於國家者 知無不言 自卿大夫至於
절위 범 유보 어 성덕 유익 어 국가 자 지 무불 언 자 경대부 지어
士庶人 莫不糾彈 以肅朝綱 以正風俗 此在司憲者之職分也.
사서인 막불 규탄 이숙 조강 이정 풍속 차 재 사헌 자 지 직분 야
臣等叨荷聖恩 承乏憲司 敢不精白一心 以盡忠愛 而稟性昏愚
신등 도하 성은 승핍 헌사 감 부 정백 일심 이진 충애 이 품성 혼우
受材濩落 學不足以造微 智不足以適變 莅事惟艱 動失機會 或
수재 호락 학 부족이 조미 지 부족이 적변 이사 유 간 동 실 기회 혹
是非之難明 或緩急之失序 未能合乎當然之理. 幸賴殿下天地
시비 지 난명 혹 완급 지 실서 미능 합호 당연 지 리 행뢰 전하 천지
生成之德 優容狂直 尙居職位 感激之至 粉糜難酬 然反求諸己
생성 지 덕 우용 광직 상 거 직위 감격 지 지 분미 난수 연 반 구 저 기
心多愧怍. 上負委任之意 下招物議之尤 將何以輔聖德而益國家
심 다 괴작 상 부 위임 지 의 하 초 물의 지 우 장 하이 보 성덕 이 익 국가
肅朝綱而正風俗乎? 傳曰: "陳力就列 不能者止." 臣等豈宜以
숙 조강 이 정 풍속 호 전 왈 진력 취열 불능 자 지 신등 기 의 이
不才 久居風紀之司 而塞賢者之路乎? 伏望殿下 明垂堯哲 廣致
부재 구거 풍기 지 사 이 색 현자 지 로 호 복망 전하 명수 요철 광치
湯求 更用賢良之士 任以風憲之寄 俾③臣等獲免職事.'
탕 구 갱 용 현량 지 사 임 이 풍헌 지 기 비 신등 획면 직사

丙寅 分遣熙川君金宇等于京畿左右道. 禦倭也. 宇爲京畿右道
병인 분견 희천군 김우 등 우 경기 좌우도 어 왜 야 우 위 경기 우도
喬桐等處兵馬都節制使 金貴寶助戰僉節制使 金萬壽左道 延興
교동 등처 병마도절제사 김귀보 조전 첨절제사 김만수 좌도 연흥
紫月等處水軍都節制使 崔龍和助戰僉節制使 曺備衡京畿左道
자월 등처 수군 도절제사 최용화 조전 첨절제사 조비형 경기 좌도
大津等處水軍僉節制使. 以護軍李韜爲京畿左道兵船軍器點考
대진 등처 수군 첨절제사 이 호군 이도 위 경기 좌도 병선 군기 점고
別監 軍器注簿崔海山京畿右道兵船軍器點考別監 卽日發行. 以
별감 군기 주부 최해산 경기 우도 병선 군기 점고 별감 즉일 발행 이

李灌爲司憲執義 權軒 申簡掌令 權遇等皆免官.
이관 위 사헌 집의 권헌 신간 장령 권우 등 개 면관

丁卯 親選處女于廣延樓下.
정묘 친선 처녀 우 광연루 하

黃儼等來自金剛山. 儼等不欲煩殿下出迎 自楊州疾驅入太平館
황엄 등 내자 금강산 엄 등 불욕 번 전하 출영 자 양주 질구 입 태평관

上遣知申事黃喜問慰. 儼等至金剛山 仰見空中有五色雲散爲花而
상 견 지신사 황희 문위 엄 등 지 금강산 양견 공중 유 오색 운 산위 화 이

飛下 又有白鶴青鶴翔舞山中 儼乃戒從者食素勿殺生.
비하 우 유 백학 청학 상무 산중 엄 내 계 종자 식소 물 살생

慕華樓南池成. 賜赴役隊長隊副四百米各一石 船載舊京
모화루 남지 성 사 부역 대장 대부 사백 미 각 일석 선재 구경

崇教寺池蓮種之.
숭교사 지련 종지

司諫院上書請趙瑚 金瞻 許應 朴惇之等罪. 書曰:
사간원 상서 청 조호 김첨 허응 박돈지 등 죄 서왈

'竊惟臣之不忠 覆載所不容 臣民所共憤 天下今古人人之所當
절유 신 지 불충 복재 소불용 신민 소공분 천하 금고 인인 지 소당

誅也. 向者閔無咎 無疾等 以姻親之故 幸蒙寬典 獲保首領. 若
주 야 향자 민무구 무질 등 이 인친 지 고 행몽 관전 획보 수령 약

其父驪興府院君閔霽者 深感殿下再造之恩 掩戶自撾 不接賓客
기부 여흥부원군 민제 자 심감 전하 재조 지 은 엄호 자과 부접 빈객

以改前日之愆 宜也 今乃招致檢校贊成事趙瑚 前摠制金瞻 許應
이개 전일 지 건 의야 금 내 초치 검교 찬성사 조호 전 총제 김첨 허응

前恭安府尹朴惇之 交結朋比 無時聚會 其情難測. 伏望閔霽
전 공안부 윤 박돈지 교결 붕비 무시 취회 기정 난측 복망 민제

罪狀 上裁施行. 趙瑚 金瞻黨於閔氏 當殿下內禪之時 瑚欲以
죄상 상 재 시행 조호 김첨 당어 민씨 당 전하 내선 지 시 호 욕 이

其子希閔爲內執事 瞻則別建異議. 臺諫之臣 交章請罪 得蒙殿下
기자 희민 위 내집사 첨 즉 별건 이의 대간 지 신 교장 청죄 득몽 전하

好生之德 宜其悔悟自新 今也不顧一國臣民之憤 更與應 惇之等
호생 지 덕 의 기 회오 자신 금야 불고 일국 신민 지 분 갱 여 응 돈지 등

托以博奕 常聚閔氏之門. 應則以前日憲司之長 無所忌憚 而依阿
탁 이 박혁 상 취 민씨 지 문 응 즉 이 전일 헌사 지 장 무 소기탄 이 의아

取容; 惇之則曾汚風俗 附名刑書 濫受上慈 位至兩府 圖報聖恩
취용 돈지 즉 증 오 풍속 부명 형서 남 수 상자 위 지 양부 도보 성은

其分也 反與瑚等黨不忠之家 其心必異 恐生亂階. 易曰: "履霜
기분 야 반 여 호 등 당 불충 지 가 기심 필 이 공 생 난계 역 왈 이상

堅氷至." 蓋欲制之於未然也. 伏望殿下 令攸司收瑚 瞻 應 惇之
견빙 지 개 욕 제지 어 미연 야 복망 전하 영 유사 수 호 첨 응 돈지

職牒 鞫問其故 以杜朋黨之源 以戒履霜之漸.'
직첩 국문 기고 이두 붕당 지 원 이계 이상 지 점

又上疏曰:
우 상소 왈

'昨日 具趙瑚 金瞻 許應 朴惇之等朋比之狀以聞 未蒙兪允
작일 구 조호 김첨 허응 박돈지 등 붕비 지 상 이문 미몽 유윤

不勝惶懼. 然事關宗社 不敢緘默 再瀆聖聰 伏惟上裁. 瑚等交結
불승 황구 연 사 관 종사 불감 함묵 재독 성총 복유 상재 호 등 교결

朋比 出入閔氏之門 非一朝一夕 而國人所共聞見 及其被劾 規避
붕비 출입 민씨 지 문 비 일조일석 이 국인 소공문견 급 기 피핵 규피

其罪 匿情不首 與驪興府院君閔霽公緘答通相反. 然則瑚等匿情
기죄 익정 불수 여 여흥부원군 민제 공함 답통 상반 연즉 호 등 익정

不首 必有以也. 此而不治 後必難圖. 傳曰: "先絶其黨 則爲惡者
불수 필 유 이야 차 이 불치 후 필 난도 전 왈 선 절 기당 즉 위악 자

孤." 伏望殿下 一依前請 治瑚等四臣之罪 以謹防微之戒.'
고 복망 전하 일의 전청 치 호 등 사신 지 죄 이 근 방미 지 계

皆留中不下. 諫院詣闕待命 上曰: "我豈欲拒諫哉? 我已熟計
개 유중 불하 간원 예궐 대명 상 왈 아 기 욕 거간 재 아 이 숙계

矣." 左司諫大夫安束等啓曰: "霽旣不敢隱四人之來 而瑚等皆
의 좌사간대부 안속 등 계왈 제 기 불감 은 사인 지 래 이 호 등 개

匿情不首 其計譎矣." 上曰: "是固然矣 然我之計亦熟矣. 後日復
익정 불수 기계 휼 의 상 왈 시 고연 의 연 아 지 계 역 숙의 후일 부

有今日之會 我豈敢禁卿等有言也! 所司之紀綱已振 不必更問."
유 금일 지 회 아 기 감 금 경 등 유언 야 소사 지 기강 이 진 불필 갱문

命吉昌君權近 抄寫禮記所載喪制以進.
명 길창군 권근 초사 예기 소재 상제 이진

戊辰 以沔城君韓珪爲開城留後司 東西江等處助戰節制使
무진 이 면성군 한규 위 개성유후사 동서강 등처 조전 절제사

漢平君趙涓爲富平 安山等處助戰節制使 長川君李從茂南陽
한평군 조연 위 부평 안산 등처 조전 절제사 장천군 이종무 남양

水原等處助戰節制使 麻城君徐益豐海道助戰節制使 上護軍
수원 등처 조전 절제사 마성군 서익 풍해도 조전 절제사 상호군

郭承祐豐海道助戰僉節制使 以豐海道都觀察使錯報倭船十四隻
곽승우 풍해도 조전 첨절제사 이 풍해도 도관찰사 착보 왜선 십사 척

至道內 海中形見也. 旣而 邊報再至 豐海道形見船隻 非倭寇 乃
지 도내 해중 형 현 야 기이 변보 재지 풍해도 형 현 선척 비 왜구 내

本國船隻漂散者 乃命趙涓 徐益等還.
본국 선척 표산 자 내 명 조연 서익 등 환

賜議政府舍人李明德 柳思訥馬各一匹. 以使臣久留 勤於啓稟
사 의정부 사인 이명덕 유사눌 마 각 일필 이 사신 구류 근어 계품

公務也.
공무 야

命忠淸 全羅道監戰敬差官韓雍 幷考兩府已上帥臣不能禦倭
명 충청 전라도 감전 경차관 한옹 병 고 양부 이상 수신 불능 어왜

者. 雍啓: "倭船十四隻侵各浦 奪兵船掠人物 臣受命行視防禦
자 옹 계 왜선 십사 척 침 각포 탈 병선 략 인물 신 수명 행시 방어

形止 紀綱不嚴 備禦無策. 乞將係于防禦不能軍民官六品以上
형지 기강 불엄 비어 무책 걸 장 계 우 방어 불능 군민 관 육품 이상

請許直斷." 故有是命.
청허 직단 고 유 시명

黃儼遣陳敬至闕陳謝. 知申事黃喜出與語曰: "老王殿下疾
황엄 견 진경 지궐 진사 지신사 황희 출 여어 왈 노왕 전하 질

篤 我殿下進問安 請姑留歇次以俟." 敬曰: "黃大人等 欲久留
독 아 전하 진 문안 청 고 류 헐차 이사 경 왈 황 대인 등 욕 구류

金剛山 殿下遣使問安甚數 且致珍羞 重煩厚意 時亦値農 是以
금강산 전하 견사 문안 심삭 차 치 진수 중 번 후의 시 역 치 농 시이

速還. 黃大人卽欲趨造陳謝 聞殿下侍老王之病 恐其禮煩動勞 使
속환 황 대인 즉 욕 추조 진사 문 전하 시 노왕 지 병 공 기례 번 동로 사

予來謝." 喜對曰: "使臣有浹旬之行 殿下遣使問安 禮也." 敬曰:
여 내사 희 대왈 사신 유 협순 지 행 전하 견사 문안 예 야 경 왈

"雖然在我當謝."
수연 재아 당사

己巳 宴內史黃儼等于解慍亭. 慰金剛山之行也. 儼還館 謂
기사 연 내사 황엄 등 우 해온정 위 금강산 지 행 야 엄 환관 위

田嘉禾等曰: "爾見殿下容色否? 近因侍老王之疾 瘦瘠特甚."
전가화 등 왈 이 견 전하 용색 부 근 인 시 노왕 지 질 수척 특심

庚午禱雨白岳 木筧 漢江之神 停各殿供上藥酒.
경오 도우 백악 목멱 한강 지 신 정 각전 공상 약주

司諫院請閔無咎 無疾之罪. 疏曰:
사간원 청 민무구 무질 지 죄 소왈

'竊惟法者 天下公共之物. 不以私廢之 不以親害之 然後得以
절유 법 자 천하 공공 지 물 불이 사 폐지 불이 친 해지 연후 득이

行於天下. 頃者無咎 無疾等不軌之罪 當置極刑 殿下特以姻親
행 어 천하 경자 무구 무질 등 불궤 지 죄 당치 극형 전하 특 이 인친

之故 曲從輕典 各置其鄕. 是雖殿下好生之恩 其於天下之大義
지 고 곡종 경전 각치 기향 시 수 전하 호생 지 은 기어 천하 지 대의

何哉? 無咎 無疾等不軌之罪 天地祖宗之所共誅 一國臣民所
하재 무구 무질 등 불궤 지 죄 천지 조종 지 소공주 일국 신민 소

不共戴天 實非殿下所得以私也. 去歲旱甚 飢饉荐臻; 今當夏月
불공대천 실 비 전하 소득 이사 야 거세 한심 기근 천진 금 당 하월

霜降霧塞 地震風凄. 是雖無咎等陰謀不軌之所致 臣等竊恐亦
상강 무색 지진 풍처 시 수 무구 등 음모 불궤 지 소치 신등 절 공 역

殿下失刑之使然也. 昔成王 罪人斯得 天乃反風 歲則大熟. 天人
전하 실형 지 사연 야 석 성왕 죄인 사 득 천 내 반 풍 세 즉 대숙 천인

相感之理 不其顯哉! 竊聞無咎 無疾等夤緣朝廷使臣 訴以被讒
상감 지 리 불 기현 재 절문 무구 무질 등 인연 조정 사신 소 이 피참

返使殿下得信讒之失 其爲兇逆 可勝言哉! 伏望殿下 割恩擧法
반 사 전하 득 신참 지 실 기위 흉역 가승 언 재 복망 전하 할은 거법

明正其罪 以答天地之心 以快臣民之望.'
명정 기죄 이답 천지 지 심 이쾌 신민 지 망

留中不下.
유중 불하

日本回禮官崔在田還. 在田以大內殿使人及推刷本國被擄人
일본 회례 관 최재전 환 재전 이 대내전 사인 급 추쇄 본국 피로인

四十四名 至蔚山浦 先遣人上言曰:
사십 사 명 지 울산포 선 견인 상언 왈

'臣至日本 觀其形勢 大內殿當一面巨鎭 土富兵彊 諸酋長皆
신 지 일본 관 기 형세 대내전 당 일면 거진 토부 병강 제 추장 개

畏服. 今向本國忠誠至切 待臣如見大賓 燕食之設 糧餉之贈 皆
외복 금 향 본국 충성 지절 대신 여 견 대빈 연식 지 설 양향 지 증 개

致其厚 及至辭別 言辭款曲. 今來使臣 不可以他例支待 其所求
치 기후 급 지 사별 언사 관곡 금래 사신 불가이 타례 지대 기 소구

大藏經 伏望酌量行下. 臣之還也 有倭仇羅穩等五名 隨船出來.
대장경 복망 작량 행하 신 지 환 야 유 왜 구라온 등 오명 수선 출래

其仇羅穩 壯勇無敵 且善磨劍 自言: "朝鮮境內可居 則還率妻子
기 구라온 장용 무적 차 선 마검 자언 조선 경내 가거 즉 환 솔 처자

而來." 伏望賞給赴京.'
이 래 복망 상급 부경

命議政府曰: "仇羅穩 可令與在田一時赴京."
명 의정부 왈 구라온 가 령 여 재전 일시 부경

忠淸道都觀察使柳廷顯獻倭俘一名. 倭寇倉浦 我軍追之 有一
충청도 도관찰사 유정현 헌 왜부 일명 왜구 창포 아군 추지 유 일

倭落後 不及上船 爲蓴城鎭兵馬使④生擒.
왜 낙후 불급 상선 위 순성진 병마사 생금

辛未 雨.
신미 우

壬申 大雨.
임신 대우

太上王薨于別殿. 上常寢於廣延樓下 親視進膳多少服藥先後
태상왕 훙 우 별전 상 상침 어 광연루 하 친시 진선 다소 복약 선후

之宜. 至是曉旣罷漏 太上發痰 扶起而坐 服蘇合香元病革 上
지 의 지시 효 기 파루 태상 발담 부기 이 좌 복 소합향 원 병 혁 상

徒步趨至 進淸心元 太上不能嚥下 擧目再視而薨. 上王以單騎
도보 추지 진 청심 원 태상 불능 연하 거목 재시 이 훙 상왕 이 단기

疾馳而至 上擗踊呼泣 聲聞于外. 治喪一依朱子家禮 以奉寧君
질치 이 지 상 벽용 호읍 성문 우외 치상 일의 주자가례 이 봉녕군

福根主奠. 禮曹啓:
복근 주전 예조 계

'謹按 文獻通考 東漢志 國恤故事: "百官五日一會臨; 故吏
근안 문헌통고 동한 지 국휼 고사 백관 오일 일회 임 고리

二千石 刺史 在京都郡國上計掾吏 皆五日一會; 天下吏民 發喪
이천석 자사 재 경도 군국 상계 연리 개 오일 일회 천하 이민 발상

臨三日." 又按 大明 永樂五年七月初四日 皇后崩逝 禮部喪禮
임 삼일 우 안 대명 영락 오년 칠월 초 사일 황후 붕서 예부 상례

榜文內: "在京文武百官 於本月初六日早 各素服黑角帶烏紗帽
방문 내 재경 문무백관 어 본월 초 육일 조 각 소복 흑각대 오사모

赴思善門外哭臨. 禮畢 行奉慰禮. 初八日早 各官素服 將帶孝服
부 사선문 외 곡림 예필 행 봉 위례 초 팔일 조 각관 소복 장대 효복

赴右順門外穿着 伺候成服 入思善門哭臨. 禮畢 就易素服 行
부 우순문 외 천착 사후 성복 입 사선문 곡림 예필 취역 소복 행

奉慰. 禮畢 各將孝服出. 初九日初十日禮同." 今我大行太上王
봉 위 예필 각 장 효복 출 초 구일 초 십일 예 동 금 아 대행 태상왕

殿下 以五月二十四日上昇 卽日 各司具素服黑角帶烏紗帽 哭臨
전하 이 오월 이십 사일 상승 즉일 각사 구 소복 흑각대 오사모 곡림

奉慰 至二十六日 各將孝服穿着 哭臨奉慰 至二十八日 係上昇後
봉위 지 이십 육일 각 장 효복 천착 곡림 봉위 지 이십 팔일 계 상승 후

第五日. 乞依時王之制 行三次哭臨奉慰禮.'
제 오일 걸의 시왕 지 제 행 삼차 곡림 봉위례

禮曹又啓:
예조 우 계

'停京外音樂 禁屠殺 禁嫁娶 停大小禮 停朝市. 至第三日 遣
정 경외 음악 금 도살 금 가취 정 대소 례 정 조시 지 제 삼일 견

大臣告于宗廟.'
대신 고우 종묘

議政府設 殯殿 國葬 造墓 齋四都監 喪服 玉册 服玩 棺槨
의정부 설 빈전 국장 조묘 재 사 도감 상복 옥책 복완 관곽

祭器 柳車 法威儀 喪帷小造 山所 靈飯 儀仗 墓所鋪陳 返魂等
제기 유거 법위의 상유소조 산소 영반 의장 묘소 포진 반혼 등

十三色. 以吉昌君權近 禮曹判書李至爲喪服色提調.
십삼 색 이 길창군 권근 예조판서 이지 위 상복색 제조

癸酉 小斂. 以熱甚故也.
계유 소렴 이 열 심 고야

設懺經法席于興德寺.
설 참경 법석 우 흥덕사

禮曹詳定喪制:
예조 상정 상제

主上殿喪服 武屈冠 首絰【用生麻】 衣裳帶【生麻】 腰絰【生麻】
주상 전 상복 무굴관 수질 용 생마 의상대 생마 요질 생마
竹杖 菅屨【代白絲鞋】.
죽장 관구 대 백사혜

上王殿世子殿喪服上同. 王子王親喪服 白皮鞋 餘上同. 靜妃
상왕 전 세자 전 상복 상동 왕자 왕친 상복 백피혜 여 상동 정비
殿喪服 蓋頭【布帽羅火笠】布頭纃【結介】 大袖【長衫】 長裙【裳】竹釵
전 상복 개두 포모 나화립 포두수 결개 대수 장삼 장군 상 죽채
【簪】 帶 麻屨【代白絲鞋】 白苧布扇子 白苧布手衣 白苧布裹腮.
잠 대 마구 대 백사혜 백저포 선자 백저포 수의 백저포 과시
大妃 誠妃 淑嬪喪服上同. 宮主喪服 背子 蓋頭 布頭纃 竹釵 帶
대비 성비 숙빈 상복 상동 궁주 상복 배자 개두 포두수 죽채 대
白皮溫鞋 白苧布扇子 手衣 裹腮. 翁主喪服上同. 各殿侍女喪服
백피 온혜 백저포 선자 수의 과시 옹주 상복 상동 각전 시녀 상복
背子 蓋頭 生麻帶 白皮鞋. 水賜 背子 生麻帶 白皮鞋. 內官
배자 개두 생마 대 백피혜 수사 배자 생마 대 백피혜 내관
喪服 白頭巾 斬衰直領 生麻帶 白皮鞋 布裹笠 白笠中. 各差備
상복 백두건 참최 직령 생마 대 백피혜 포과 립 백립 중 각 차비
白頭巾 布裹笠 白衣 生麻帶 白繩鞋. 文武百官 布裹紗帽 斬衰
백두건 포과 립 백의 생마 대 백승 혜 문무백관 포과 사모 참최
直領 生麻帶 白靴 布裹笠 白笠中. 駙馬喪服與百官同. 各道
직령 생마 대 백화 포과 립 백립 중 부마 상복 여 백관 동 각도
大小使臣守令上同. 內侍茶房 布裹紗帽 白衣 白靴 生麻帶.
대소 사신 수령 상동 내시 다방 포과 사모 백의 백화 생마 대
錄事知印各司吏典 布裹平頂巾. 餘上同. 已上文武百官 行喪
녹사 지인 각사 이전 포과 평정 건 여 상동 이상 문무백관 행상
日限.
일한

自漢以後 有以日易年 三日而除者. 宋以日易月 十三日小祥
자 한 이후 유 이일 역년 삼일 이 제자 송 이일 역월 십삼 일 소상
二十五日大祥 二十七日禫而除. 以宋制爲法 武官五品以下 三日
이십오 일 대상 이십 칠 일 담 이 제 이 송제 위법 무관 오품 이하 삼일
而除. 凡文武百官 俱以白衣 黑角帶終三年 前銜大小品官 竝皆
이 제 범 문무백관 구 이 백의 흑각대 종 삼년 전함 대소 품관 병개

白衣 白笠 白帶 白靴 草鞋. 二十七日以後 以白衣 黑帶終三年.
백의 백립 백대 백화 초혜 이십 칠일 이후 이 백의 흑대 종 삼년
成均生員生徒僧徒 素衣素帶; 各司皂隷巡禁司螺匠及丁吏 所由
성균 생원 생도 승도 소의 소대 각사 조예 순금사 나장 급 정리 소유
杖首抄 素衣 素帶 白繩鞋; 庶人男女 三日而除 制度竝依文公
장수초 소의 소대 백승 혜 서인 남녀 삼일 이 제 제도 병 의 문공
家禮. 中宮 參用本國女服; 百官服 參用宋朝乾興故事.
가례 중궁 참용 본국 여복 백관 복 참용 송조 건흥 고사

甲戌 大斂 殯于後別室廳南首 仍設奠. 上與上王及百官成服
갑술 대렴 빈 우 후 별실 청 남수 잉 설전 상 여 상왕 급 백관 성복
哭臨如儀 議政府進箋奉慰.
곡림 여의 의정부 진전 봉위

禮曹啓: '各道大小別常及外官員 文書到日 卽着素服於公廳
예조 계 각도 대소 별상 급 외 관원 문서 도 일 즉 착 소복 어 공청
望京都發哀 宿于本衙門. 次日早晨 成服於公廳 擧哀禮畢. 其
망 경도 발애 숙 우 본 아문 차일 조신 성복 어 공청 거애 예필 기
喪服之制 團領素帶用粗布製布裹紗帽及笠子上麻帶 臨三日而除.
상복 지 제 단령 소대 용 조포 제 포과 사모 급 입자 상마 대 임 삼일 이 제
沿邊不用擧哀.'
연변 불용 거애

上嗌不容漿 領議政府事河崙 左政丞成石璘等請啜粥 令
상 애 불용 장 영 의정부 사 하륜 좌정승 성석린 등 청 철죽 영
安城君李叔蕃奉獻 上始啜一鍾.
안성군 이숙번 봉헌 상 시 철 일종

始居廬. 昌德宮東南隅有小室 王子讀書處也. 上始居 日覽
시 거려 창덕궁 동남 우 유 소실 왕자 독서 처 야 상 시 거 일람
朱子家禮.
주자가례

乙亥 上王設奠于殯殿. 是日 上始進蔬食.
을해 상왕 설전 우 빈전 시일 상 시 진 소식

以領議政府事河崙 左政丞成石璘 右政丞李茂 漢山府院君
이 영 의정부 사 하륜 좌정승 성석린 우정승 이무 한산부원군
趙英茂爲四都監提調 玉川君劉敞 參知議政府事李膺 鐵城君
조영무 위 사 도감 제조 옥천군 유창 참지 의정부 사 이응 철성군
李原殯殿都監判事 漢川君趙溫 參贊議政府事李貴齡 西川君
이원 빈전 도감 판사 한천군 조온 참찬 의정부 사 이귀령 서천군
韓尙敬齋都監判事 議政府贊成事南在 判恭安府事朴子靑 參知
한상경 재 도감 판사 의정부 찬성사 남재 판 공안부 사 박자청 참지
議政府事咸傅霖 摠制成發道國葬都監判事 吏曹判書李稷 判
의정부 사 함부림 총제 성발도 국장 도감 판사 이조판서 이직 판

恭安府事朴子靑 判漢城府尹金漢老 摠制李衎造墓都監判事.
공안부 사 박자청 판 한성부 윤 김한로 총제 이간 조묘 도감 판사

禮曹啓: '謹按禮記檀弓曰; "天子崩 巷市七日; 諸侯薨 巷市
예조 계 근안 예기 단궁 왈 천자 붕 항시 칠일 제후 홍 항시

三日." 註曰: "巷市者 從交易之物於巷也." 此庶人爲國之大喪
삼일 주 왈 항시 자 종 교역 지 물 어 항 야 차 서인 위국 지 대상

憂慼罷市 而日用所須 又不可缺 故從市於巷也. 國朝故典 大臣
우척 파시 이 일용 소수 우 불가결 고 종 시 어 항 야 국조 고전 대신

卒 停市三日. 今於國喪 乞停市五日.
졸 정시 삼일 금 어 국상 걸 정시 오일

又啓: '謹按古禮 小祥練冠去首絰 大喪去喪服 禫而卽吉. 今
우 계 근안 고례 소상 연 관 거 수질 대상 거 상복 담 이 즉 길 금

國喪 文武臣僚喪服 乞依前受判十三日小祥 始着有角白紗帽;
국상 문무 신료 상복 걸의 전 수판 십삼 일 소상 시 착 유 각 백사모

二十五日大喪 去孝服 始着白衣烏紗帽 仍帶腰絰; 二十七日禫後
이십 오일 대상 거 효복 시 착 백의 오사모 잉 대 요질 이십 칠일 담 후

去腰絰 始着白衣白笠烏紗帽黑角帶終三年. 前銜大小臣僚 白衣
거 요질 시 착 백의 백립 오사모 흑각대 종 삼년 전함 대소 신료 백의

白笠終三年; 外方大小使臣守令 依京中百官例. 殯殿都監及殿內
백립 종 삼년 외방 대소 사신 수령 의 경중 백관 례 빈전도감 급 전내

諸執事則山陵安葬日爲限 不去喪服; 停朝以十三日小祥爲限;
제 집사 즉 산릉 안장 일 위한 불거 상복 정조 이 십삼일 소상 위한

民間嫁娶祠祀 乞依文獻通考 旣葬後無禁; 文武臣僚孝服 至
민간 가취 사사 걸의 문헌통고 기 장후 무금 문무 신료 효복 지

山陵安葬日 更穿着侍衛.'
산릉 안장 일 갱 천착 시위

丁丑 遣淸城君鄭擢 恭安府尹鄭符如京師. 告訃請諡也.
정축 견 청성군 정탁 공안부 윤 정부 여 경사 고부 청시 야

昌德宮設虛位 百官釋孝服 以白衣 烏紗帽 黑角帶拜表禮 不用
창덕궁 설 허위 백관 석 효복 이 백의 오사모 흑각대 배표례 불용

音樂. 百官送至 崇禮門外後 着孝服而還. 表箋稱 朝鮮國 孤子臣
음악 백관 송지 숭례문 외 후 착 효복 이 환 표전 칭 조선국 고자 신

某 而不用印信 禮部 遼東則令議政府申.
모 이 불용 인신 예부 요동 즉 영 의정부 신

| 원문 읽기를 위한 도움말 |

① 以直言見憚(이직언견탄). 見(견)은 수동형을 만드는 일종의 조동사다. '꺼림을 당하다'라는 뜻이다.

② 除謀叛大逆及歐殺祖父母父母 妻妾殺夫 奴婢殺主 謀故殺人 蠱毒魘魅 但犯强盜外(제모반대역급구살조부모부모 처첩살부 노비살주 모고살인 고독염매 단범강도외). '~를 제외한다'고 할 때 그 제외되는 대상들이 다 除~外(제~외) 사이에 들어가게 된다.

③ 俾臣等獲免職事(비신등획면직사). 이때의 俾(비)는 使(사)와 같은 뜻으로 '~로 하여금 ~하게 하다'라는 뜻이다.

④ 爲蓴城鎭兵馬使生擒(위순성진병마사생금). 이는 문법적으로는 生擒(생금) 앞에 수동형을 만드는 所(소)가 있어야 한다. 즉 '爲~所~(위~소~)'의 구문이다. '~에게 ~당하다'라는 뜻이다.

태종 8년 무자년
6월

六月

무인일(戊寅日-1일) 초하루에 상이 상왕(上王)과 더불어 빈전(殯殿)에 삭제(朔祭)[1]를 거행했다.

○ 영의정부사(領議政府事) 하륜(河崙)에게 명해 날마다 본부(本府)에 앉아 공사(公事)를 상의(商議)하게 했다.

기묘일(己卯日-2일)에 진언(眞言) 법석(法席)을 빈전(殯殿)에 베풀고 상이 상왕(上王)과 더불어 친히 전(奠)을 베풀고 행향(行香)했다. 예조에서 아뢰었다.

"빈전(殯殿)에 삭망일(朔望日)과 유명일(有名日)에 별요전(別澆奠)[2]을 친히 행할 때에는 각사(各司)의 시위(侍衛)와 예도(禮度)를 한결같이 인소전(仁昭殿)[3]의 예(例)에 의거해야 할 것입니다."

경진일(庚辰日-3일)에 의정부에서 처녀를 가려서 골랐다[揀擇 간택]. 각도(各道)에서 선발한 처녀가 서울에 이르렀다. 경상도에서 6인, 전라

---

1 왕실에서 음력 초하룻날마다 조상에게 지내던 제사를 말한다.

2 장사 지내기 전에 빈소(殯所)에 간단한 술과 과실을 드리는 예식(禮式)을 말한다.

3 태조 이성계의 비(妃) 신의왕후(神懿王后) 한씨(韓氏)를 모신 혼전(魂殿)이다. 이때인 1408년(태종 8년)에 태조가 승하하자 이름을 문소전이라 고치고 태조와 신의왕후의 혼백을 같이 모시고 제사를 지냈다.

도에서 4인, 충청도에서 3인, 개성유후사(開城留後司)에서 12인, 경기좌우도(京畿左右道)에서 4인, 풍해도(豐海道)에서 1인이었다. 정부에서 7인을 뽑아 머물러 두고 부모의 3년상을 당했거나 독녀(獨女)로서 형제가 없는 자는 모두 풀어서 돌려보냈다.

○ 일본(日本)의 지좌전(志佐殿)과 어주전(御廚殿)이 모두 사자(使者)를 보내 예물을 바쳤다.

갑신일(甲申日-7일)에 백관(百官)이 빈전(殯殿)에 나아가 곡림(哭臨)하고 봉위(奉慰)했으니 13일 소상(小祥)[4]인 때문이었다. 비로소 유각백모(有角白帽)를 착용했다.

○ 황엄(黃儼)과 전가화(田嘉禾) 등이 빈전(殯殿)에 전(奠)을 베풀었다. 엄(儼) 등이 초(綃) 30필(匹)을 내어 전물(奠物)을 판비(辦備)했다.

병술일(丙戌日-9일)에 장의사(藏義寺)[5]에 참경(懺經) 법석을 베풀었다. 매 49일 동안에 오일법석(五日法席)을 한 차례씩 베풀었는데 그 기점(起點)을 대판 회향일(大辦回向日)[6]에서 시작했다. 상이 항상 빈전(殯殿)에 나아가 별전(別奠)을 베풀고 서천군(西川君) 한상경(韓尙敬), 형조참의 윤규(尹珪) 등 7인에게 명해 이금(泥金)으로 『묘법연

---

4 원래는 사망한 날로부터 1년이 지난 뒤에 지내는 상례의 한 절차다. 날로 달을 계산하는 송나라 제도를 썼기 때문에 이날이 소상이 되는 것이다.

5 현재는 당간지주(幢竿支柱)만이 남아 있을 뿐인데 절터는 현재의 서울 창의문(彰義門) 밖 세검정 북쪽에 있었다고 한다. 창의문의 이름도 여기서 유래했다.

6 크게 회향(回向)을 베푸는 날이다. 회향(回向)이라 함은 불사(佛事)를 베풀어 죽은 사람의 명복(冥福)을 비는 것을 말한다.

화경(妙法蓮花經)』을 쓰게 했으니 명복(冥福)을 빌기[資] 위함이었다.
자

무자일(戊子日-11일)에 (중국의) 내사(內史), 반인(伴人) 등이 빈전(殯殿)에 제사(祭祀)를 베풀었는데 초(綃) 26필(匹)을 내어 전물(奠物)을 판비(辦備)했다.

○ 동북면에 큰비가 내려 물이 흘러넘쳤다.

기축일(己丑日-12일)에 영의정부사(領議政府事) 하륜(河崙) 등을 보내 산릉(山陵) 자리를 보게 했다[相視]. 검교판한성부사(判漢城府事) 유한우(劉旱雨), 전 서운정(書雲正) 이양달(李陽達) 등이 아뢰어 말했다.
상시

"신 등이 산릉 자리를 잡으려고 원평(原平)의 예전 봉성(蓬城)에 이르렀사온데 길지(吉地)를 얻었습니다."

륜(崙) 등을 보내 가서 보게 했다. 륜이 돌아와서 아뢰어 말했다.

"양달(陽達) 등이 본 봉성(蓬城)의 땅은 쓸 수가 없고 해풍(海豊)의 행주(幸州)에 땅이 있사온데 지리(地理)의 법에 조금 합당합니다."

상이 말했다.

"다시 다른 곳을 골라라."

신묘일(辛卯日-14일)에 왜선(倭船) 15척이 (풍해도) 장연진(長淵鎭)의 아랑포(阿郎浦)에 침입하니 병마사 유은지(柳殷之, 1370~1441년)[7]가

---

7 문음으로 벼슬길에 들어섰다. 이조와 병조의 정랑을 역임하고, 1403년(태종 3년) 판통

싸워 물리치고 2급(級)을 베었다.

○ 매를 놓아서 풀어주었다.

임진일(壬辰日-15일)에 의정부참찬사 유용생(柳龍生)이 (명나라) 예부(禮部)의 자문(咨文)을 가지고 경사(京師)에서 돌아왔다. 자문은 이러했다.

'한 건(件)은 인구에 대한 일. 병부(兵部)의 자문에 "건주위 지휘사(建州衛指揮使) 아합출(阿哈出) 등이 아뢰기를 '해관 만호부(奚官萬戶府) 소속인 찰한(察罕) 등 13호(戶)의 인민 가운데 조선국(朝鮮國)에서 목답올련(木答兀連)의 처자(妻子) 4명만 돌려보내 왔고 12가(家)는 아직 돌아오지 않았다'라고 했다. 이를 갖춰 아뢰려고 할 때에 본위 지휘(本衛指揮) 망가불화(莽哥不花) 등의 말을 들었는데 '해관 만

례문사(判通禮門事) 때 우왕비 왕씨(王氏)를 처로 삼은 일로 탄핵돼 봉주(鳳州)에 유배됐다. 그 뒤 사면돼 이때인 1408년(태종 8년) 장연진병마사(長淵鎭兵馬使)로 나갔다. 이듬해 풍해도(豊海道) 병마도절제사에 승직했다. 1412년 1월 총제(摠制)로서 개천도감제조(開川都監提調)를 겸대했다. 같은 해 7월 의흥부(義興府)를 개혁적으로 없애고 삼군별시위, 응양위절도사, 별사금제조를 설치할 때 별사금우변(右邊) 제조에 임명됐다. 1413년 동지중추부사를 거쳐 1418년(태종 18) 6월 이전에 총제가 됐다. 1418년(세종 즉위년) 8월 시위 강화를 위해 사도(司導)와 좌(左)·우패(右牌)를 각각 별사엄(別司嚴)과 좌우 금위(禁衛)로 개편할 때, 좌금위삼번절제사(左禁衛三番節制使)에 제수됐다. 1429년(세종 11년) 이전에 우군도총제에 승직했다. 1431년 7월 우군총제를 거쳐 같은 해 8월 함길도 순찰사로 파견되고, 곧 총제로 입조했다가 진응사(進鷹使)가 돼 명나라를 다녀왔다. 1432년 동지중추부사를 거쳐 1434년 6월 이전에 지중추부사에 제수되고, 같은 해 12월 중추사(中樞使)에 체직되었다. 1436년 딸과 손자가 음행을 자행한 일로 인해 전일의 행실을 추궁받으면서 서흥(瑞興)에 유배됐다. 다음 해에 사면(赦免)되고, 1439년 4월에 고신(告身-관직임명장)을 돌려받았으며, 곧 동지중추부사에 서용됐다가 졸했다. 학식이 부족하고 방자한 행동으로 공론을 야기하기도 했다. 그러나 탁월한 무예와 장략으로 장기간 시위군을 지휘하면서 태종과 세종대의 왕권 안정에 기여했다.

호부에 인호(人戶) 110여 가구가 있었는데 동녕위 지휘(東寧衛指揮) 고탑해첩목아(高塔海帖木兒)가 그 가구수 안에 있는 두목(頭目) 실가(失加)를 불러 경사(京師)에 오게 해서 부천호(副千戶)를 제수하자 찰한(察罕) 등 12호(戶)가 모두 실가와 같은 채(寨)의 관할에 매이게 되었고 실가(失加)가 (부천호를) 제수(除授)받고 회환(回還)하자, 조선 국왕이 파관 병마(把關兵馬)를 보내 실가(失加)의 가족과 찰한(察罕)의 12호를 데려갔는데 뒤에 실가의 가족은 영락(永樂) 5년 8월에 건주(建州)에 도착했으나 찰한의 12호는 일찍이 오지 않았다'라고 했다. 이에 실가(失加)의 관할인 인수(人數)에 대해 갖춰 아뢰고 부(部)에 이자(移咨)하는 것이니 본국(本國)에 자문(咨文)을 보내 그 인수(人數)를 취(取)해 건주위(建州衛)로 돌려보내 살게 하고, 인하여 돌려보낸 인수(人數)를 보고할 것"이라고 했다.

한 건(件)은 완취(完聚)에 대한 일. 병부(兵部)의 자문에 "건주위(建州衛) 지휘첨사(指揮僉事) 마완자(馬完者)의 정문(呈文)에 의거하면 '각호(各戶)에 매인 인구(人口)가 현재 아한(阿罕) 등처의 지역에 살고 있으니 정문(呈文)을 갖춰 반취(搬取)하기를 빈다'라고 했다." 이에 갖춰 아뢰고 부(部)에 이자(移咨)하는 것이니 본국(本國)에 자문(咨文)을 보내 자문에 말한 남녀 구수(男女口數)에 의해 건주위(建州衛)로 돌려보내 완취(完聚)하게 하고 떠나보낸 월일(月日)을 회보(回報)할 것이라고 했다.

지금 적어 보내는 지휘첨사(指揮僉事) 마완자(馬完者)의 호하(戶下) 남부(男婦) 11구(口)는 현재 올련(兀連) 지역에 살고 있고, 6구(口)는 홍긍(紅肯) 지역에 살고 있으며, 지휘첨사 아합출(阿哈出)의 호하(戶

下) 남부(男婦) 2구(口)는 실리(失里) 지역에 살고 있다.'

계사일(癸巳日-16일)에 빈전(殯殿)에 화엄(華嚴) 삼매참(三昧懺)[8] 법석(法席)을 베풀었다.

병신일(丙申日-19일)에 백관(百官)이 빈전(殯殿)에 나아가 곡림(哭臨) 봉위(奉慰)하고 마침내 복(服)을 벗었다. 25일 되는 날이 대상(大祥)인 때문이다. 막차(幕次)에 나와 백의(白衣) 오사모(烏紗帽)로 고쳐 입고 위(位)에 들어가서 봉위례(奉慰禮)를 행했다.

무술일(戊戌日-21일)에 백관이 빈전(殯殿)에 나아가 곡림(哭臨) 봉위(奉慰)했다. 27일 되는 날이 담사(禫祀)인 때문이다. 비로소 요질(腰絰)[9]을 풀었다.

○ 영의정부사(領議政府事) 하륜(河崙) 등이 백관을 거느리고 대궐에 나아가 청정(聽政)하기를 청했으나 윤허하지 않았다. 아뢰어 말했다.

"백관이 이미 담례(禫禮)를 행했으니 송(宋)나라 제도에 의해 효복

8 화엄을 일심으로 닦으면서 참회하는 도량. 화엄삼매는 불화엄삼매(佛華嚴三昧), 또는 화엄정(華嚴定)이라고도 한다. 『무량수경(無量壽經)』 상(上)에 '부처의 화엄삼매를 얻으면 일체 경전을 선양한다'라고 했고, 60화엄경 37에 '보현보살이 바른 삼매를 받았는데 그 삼매를 불화엄이라 한다'라고 했다. 참(懺)은 범어(梵語)로 참마(懺摩)의 약칭이며 참회(懺悔)나 회과(悔過)라는 뜻이다. 대승의 참회에는 도량을 장엄하고 향을 땅에 뿌리며 단을 설치하는 방법을 쓴다.

9 상복을 입을 때 허리에 띠는 것으로 짚과 삼으로 동아줄처럼 굵게 만든 띠를 말한다.

(孝服)을 벗고 정사(政事)를 들으셔야 합니다."

상이 말했다.

"이 같은 대고(大故)를 당하니 반호(攀呼)[10]해도 미칠 데가 없다. 내가 무인년(戊寅年-1398년) 가을에 사직(社稷)의 대계(大計)로 인해 어쩔 수 없이 거사(擧事)했는데 그 뒤에 부왕(父王)께서 항상 불평(不平)한 마음을 품으셨다. 내가 생전(生前)에 제대로 승순(承順)하지 못하여 마음을 상하시게 했는데 지금 승하(昇遐)하셨다 하여 어찌 차마 잊어버리고 급히 정사(政事)를 들을 수 있겠는가?"

륜이 말했다.

"전일의 거사는 대체(大體)를 위해서입니다. 금일에 이르러서도 마땅히 대체를 위해 정사를 들으셔야 합니다. 한(漢)나라 당(唐)나라 이후의 임금으로 3일이 지나서 정사를 듣지 않은 이가 없습니다."

성석린(成石璘)과 이무(李茂)가 말했다.

"지금 (중국의) 사신(使臣)이 관(館)에 있고 왜적(倭賊)이 변방을 범하는데 어떻게 여러 날 정사를 듣지 않을 수 있습니까? 사직(社稷)이 연장돼 만세(萬歲)에 이르게 하는 것이 대효(大孝)입니다. 하늘에 계신 영령이 어찌 모르시겠습니까?"

상이 말했다.

"지금 재천(齋薦)이 끝나지 않고 장기(葬期)가 이르지 않았으니 흉사(凶事)를 무릅쓰고 길사(吉事)를 당할 수 없다. 국사(國事)에 이르러서는 오로지 노정승(老政丞)을 믿으니 반드시 최질(衰絰)을 벗고

10 부여잡고 호읍(號泣)하는 것을 말한다.

정사를 들을 것이 없다. 만일 나라에 대사(大事)가 있다면 비록 최질 중에 있더라도 어찌 감히 말없이 좌시(坐視)만 하겠는가?"

상이 또 말했다.

"세자(世子)로 하여금 복(服)을 벗고 사신(使臣)을 접대하게 하려고 하는데 어떠한가?"

륜 등이 대답했다.

"신 등이 전하께서 청정(聽政)하시기를 바라는데, 하물며 세자(世子)이겠습니까? 또 세자를 어찌 친아들로 논하겠습니까?"

상이 말했다.

"내 뜻도 그와 같다."

기해일(己亥日-22일)에 세자가 비로소 소복(素服)을 입고 태평관(太平館)에 가서 사신을 만나보고 문안(問安)했다.

경자일(庚子日-23일)에 빈전(殯殿)에 능엄(楞嚴) 법석(法席)을 베풀었다.

신축일(辛丑日-24일)에 왜선(倭船) 12척이 (서북면) 선주(宣州-선천)에 침입했다.

○ 내사(內史) 황엄(黃儼) 등이 창덕궁(昌德宮)에 나아가 문위(問慰)하니 상이 광연루(廣延樓) 아래에 나와 서서 전송(餞送)했다.

임인일(壬寅日-25일)에 의정부(議政府)와 백관(百官)이 소(疏)를 올려 정사(政事) 듣기를 청했으나 윤허하지 않았다. 영의정부사(領議政府事) 하륜(河崙) 등이 소를 올려 말했다.

'신 등이 생각건대 임금의 다움 중에 효도(孝道)보다 더 큰 것이 없고 (임금이) 효도하는 도리는 일반 사람들과 같지 않습니다. 양암(諒闇)[11]의 법(法)은 은(殷)나라나 주(周)나라 전에도 이미 행하지 못하고 오직 은나라 고종(高宗)이 행했으며 주 성왕(周成王)이 붕서(崩逝)하고 강왕(康王)이 즉위(卽位)하자 여러 신하의 조회를 받은 다음 면복(冕服)을 벗고 도로 상복(喪服)을 입었는데 선유(先儒) 주자(朱子)가 말하기를 "천자(天子) 제후(諸侯)의 예(禮)는 사서인(士庶人)과 같지 않다"라고 했습니다. 대개 임금은 마땅히 천하 국가(天下國家)를 체통으로 삼고 종사(宗社) 생령(生靈-백성)으로 계책을 삼아야 하니 대위(大位)는 오래 비울 수가 없고 대권(大權)은 잠시도 나눌 수가 없습니다. 이는 그때와 형세로 보아서 그렇게 하지 않을 수 없기 때문입니다. 은나라와 주나라의 성시(盛時)에 인심이 순후(醇厚)하고 세도(世道)가 융평(隆平)했어도 양암(諒闇)의 법을 행하기 어려웠었는데 하물며 후세(後世)이겠습니까?

한 문제(漢文帝)가 유조(遺詔)로써 단상(短喪-상기 단축)하게 한 뒤로부터 역대 임금들이 그대로 준수해 모두 3년상을 행하지 못했고 오직 진 무제(晉武帝), 위 효문제(魏孝文帝), 주 고조(周高祖)만이 행했으나 군국(軍國)의 중대한 사무는 모두 스스로 청단(聽斷)했고, 송(宋)나라의 진종(眞宗)·인종(仁宗)·영종(英宗)·신종(神宗) 네 임금은

---

11 임금이 3년 동안 거상(居喪)함을 이르는 명칭이다.

모두 뛰어난 임금[賢主]인데 외정(外庭)의 여러 신하는 모두 역월(易月)의 제도를 썼고 내정(內庭)에서는 실지로 3년상(三年喪)을 행했습니다. 지금 당시의 제기(帝紀)를 상고하면 조정에 앉아 정사(政事)를 들은 것과 제배(除拜-인사발령) 대사(大赦)로부터 친시(親試)하여 사람을 뽑는 일까지 모두 장사지내기 전에 있었습니다. 대체로 송나라는 삼대(三代-하·은·주) 이후에 치교(治敎)가 아름답고 밝은 세상이었으므로 진유(眞儒)가 배출(輩出)되어 제도(制度)와 문물(文物)이 모두 후세의 법이 될 만합니다. 그러므로 오늘날 외정(外庭)의 여러 신하가 그 행상(行喪)의 예(禮)를 모두 송나라 제도를 준수하는 것입니다.

지금 우리 전하께서 태상왕(太上王)을 애모(哀慕)하시고 효성(孝誠)이 지극하시어 깊이 양암(諒闇)에 거처하시며 정사(政事)를 들으려고 하지 않으시니, 여러 신하가 황황(遑遑)하여 영(令)을 품의할 수 없습니다. 전일(前日)에 신 등이 백관을 거느리고 대궐에 나아가 합사(合辭)해 청정(聽政)하시기를 청했으나 전하께서 곧 유윤(兪允)하지 않으시고, 또 재청(再請)하는 것을 금하셨으니 신 등이 명령을 듣고 슬픔을 이길 수 없었습니다.

엎드려 생각건대 순(舜)은 대효(大孝)로 일컫고 주공(周公)은 달효(達孝)로 일컫는데 이분들은 대개 부모형제(父母兄弟)의 변(變)을 만나 잘 처리한 분들입니다. 무인년 변(變)에 간신(奸臣)들이 우리 태상왕께서 편치 않으신 때를 틈타 어린 사람을 끼고 난(亂)을 꾀해 종사(宗社)의 안위(安危)가 털끝을 용납할 틈도 없었는데, 다행히 전하께서 사기(事機)에 응해 제거하시고 다시 종사(宗社)를 편안하게 하여 만세(萬世)에 길이 힘입게 되었기에 우리 조선(朝鮮)의 억만년 무강(無疆)한 업(業)을 태상(太上)께서 전에 열어놓으시고 전하께서 뒤에 정(定)하셨으니 잘 처변(處變)하고 능히 계술(繼述)한 것이 실로 순(舜)과 주공(周公)에게 부끄러울 바 없습니다. 이것은 대개 종사(宗社)의 대체(大體)로써 생각을 해 대효(大孝)를 행하신 것입니다.

지금 우리 국가가 소강(小康)이라고 말하나 중외(中外)의 근심이 염려하지 않을 수 없습니다. 전하께서 삼대(三代) 성시(盛時)의 예(禮)를 본받고자 공묵 불언(恭默不言)하여 정사(政事)를 들어 결단하려 하지 않으시니 신 등은 두렵건대 여러 일들이 점점 해이해져서 혹 종사(宗社)의 근심을 끼쳐 마침내는 대효(大孝)에 결함이 있을까 염려됩니다. 엎드려 바라건대 전하께서는 슬픔을 억제하고 변(變)을 순(順)히 하여 한결같이 송나라 제도에 따라 소복(素服)으로 조정에 임해 날마다 서정(庶政)을 들음으로써 위로는 종사(宗社)에 대한 대효(大孝)를 성하게 하시고 아래로는 신민(臣民)의 여망(輿望)을 위로하시어 태상(太上)께서 창시(創始)하신 업(業)을 길이 하고 만세(萬世)에 준수할 수 있는 법을 남기셔야 할 것입니다.'

소(疏)가 올라가자 궁중에 머물러두었다.

○육조판서 조박(趙璞) 등이 백관을 거느리고 소를 올려 말했다.

'생각건대 대효(大孝)는 계술(繼述-전승)하는 데 있고 대의(大義)는 변통(變通)하는 것이 귀합니다. 구차하고 어려운 것을 힘써서 후세에 전할 수 없으면 계술의 효도가 결함이 있게 되고, 마땅한 것을 따르는 데 잘못이 있어 시중(時中)에 부합하지 않으면 변통의 의리를 다하지 못하는 것입니다. 그러므로 양암(諒闇)에 거처해 말하지 않는 것이 삼대(三代)의 성시(盛時)에 행하기 어려웠던 것이고, 소복(素服)으로 조정에 임한 것은 역대의 철왕(哲王)이 이미 행한 것입니다. 대개 대위(大位)는 오래 비울 수 없고 대권(大權)은 잠시도 나눌 수 없으며 천자(天子) 제후(諸侯)의 예(禮)는 사서인(士庶人)과 같지 않으니 그 형세상 그렇지 않을 수 없는 것입니다. 지금 우리 주상 전하(主上殿下)께서 간절하고 지극한 효성이 천성(天性)에서 나오셔서 양암에 깊이 거처하시며 정사를 들으려 하지 않으시니 여러 신하가 황황(遑遑)해 품령(稟令)할 곳이 없습니다. 전일에 의정부에서 백관을 거느리고 청정(聽政)하시기를 아뢰어 청했으나 유윤(兪允)을 받지 못했고 이어서 봉장(封章)을 올렸으나 또한 윤허를 받지 못했으니 대소 신민(大小臣民)이 실망하지 않음이 없어서 어찌할 바를 알지 못합니다. 하물며 지금 국가에는 중국의 사신(使臣)이 바야흐로 이르렀고, 해구(海寇)가 외방(外方)에 침입하여 안팎으로 일이 많아서 참으로 염려가 되는데 전하께서 삼대(三代)의 성시(盛時)의 예(禮)를 본받고자 해 정사를 들으려 하지 않으시니 신 등은 두렵건대 서정(庶政)이 점점 해이(解弛)해져서 종사(宗社)의 근심을 끼치게 되면 계술(繼述)의 도리와 변통(變通)의 의리에 모두 잘하는 것이 되지 못해 대효(大孝)에 결함이 있을까 염려됩니다. 전하께서는 비록 효도를 다하시나 종사의 대계에 있어 어찌합니까?

엎드려 바라건대 전하께서는 종사 안위(宗社安危)의 대계(大計)를 생각하시고 태상(太上)께서 초창(草創)하신 대업(大業)을 생각하시어 전대(前代) 철왕(哲王)의 제도를 본받으시고 당시 사세(事勢)의 마땅함을 살피시어 대의(大義)로 결단(決斷)하시고, 한결같이 정부(政府)

에서 글로 아뢴 바와 같이 시행하시어 대소 신민(大小臣民)의 소망(所望)을 위로하시고, 만세 자손(萬世子孫)의 법을 세우셔야 할 것입니다.'

소(疏)가 올라가자 또 궁중에 머물러 두고 내리지 않았다.

○서북면 행대감찰(西北面行臺監察) 이사청(李士淸)이 의주(義州)에서 돌아왔는데, 정탁(鄭擢)이 숨겨 싸 가지고 간 흑세마포(黑細麻布) 10필(匹)과 정부(鄭符)가 숨겨 싸 가지고 간 흑마포(黑麻布) 43필, 교기 단령(交綺團領) 두 벌, 세마포 단령(細麻布團領) 다섯 벌을 수색해 내어 관(官)에 몰수했다.

갑진일(甲辰日-27일)에 (동북면) 길주(吉州) 사람 이만(李萬)의 아내와 그 종이 벼락을 맞았다.

○황엄(黃儼) 등이 양화도(楊花渡) 북쪽 봉우리에서 구경하며 놀았는데 세속(世俗)에서는 이 봉우리를 가을두(加乙頭)라고 부른다.

을사일(乙巳日-28일)에 순덕후(順德侯) 진리(陳理)[12]가 졸했다. 리(理)는 곧 우량(友諒)의 아들이다. 아들 명선(明善)이 있다. 리가 졸하자 쌀과 콩 50석(石)과 종이 100권(卷)을 부의(賻儀)로 주고 관곽(棺

12 중국 양산(梁山) 사람으로 세칭 진왕(陳王)이라 불렸다. 부친은 안남국(安南國)의 왕 진우량(陳友諒)으로 원나라 말기 주원장(朱元璋)과 파양호(鄱陽湖)에서 싸우다 전사했고 진리(陳理)는 무창(武昌)으로 도망갔다 항복했다. 이후 명태조(太祖) 주원장이 한가하게 살라며 고려로 보냈다. 조선조로 들어와 생활이 어려워졌는데, 태조 이성계(李成桂)가 순덕후(順德候)에 봉하고 전지(田地)를 하사했다. 조부는 진보재(陳普材), 아들로 진명선(陳明善)이 있다.

槨)을 내려주었다. 이어서 예부(禮部)에 자문(咨文)을 보내 알렸다.

○산릉(山陵)을 양주(楊州)의 검암(儉巖)에 정했다. 애초에 영의정부사 하륜(河崙) 등이 다시 유한우(劉旱雨), 이양달(李陽達), 이량(李良) 등을 거느리고 양주의 능자리를 보았다. 검교참찬의정부사(檢校參贊議政府事) 김인귀(金仁貴)가 륜 등을 보고 말했다.

"내가 사는 검암(儉巖)에 길지(吉地)가 있다."

륜 등이 가서 보니 과연 좋았다. 조묘도감 제조(造墓都監提調) 박자청(朴子青)이 공장(工匠)을 거느리고 역사(役事)를 시작했다.

○동·서북면(東西北面)과 풍해도(豐海道)에 황충(蝗蟲)이 일었다.

○이달에 일기 태수(一岐太守) 원량희(源良喜)가 지담(至曇)을 보내 잡혀갔던 사람 23명을 돌려보내고 예물(禮物)을 바쳤으며 또 삼랑좌위문(三郎左衛門)을 보내 쌀과 베를 준 것에 대해 사례했다. 하송포 삼하 수(下松浦三河守)가 또한 사자를 보내 예물(禮物)을 바쳤다.

戊寅朔 上與上王行朔祭于殯殿.
무인 삭 상 여 상왕 행 삭제 우 빈전

命領議政府事河崙 日坐本府 商議公事.
명 영 의정부 사 하륜 일좌 본부 상의 공사

己卯 設眞言法席于殯殿 上與上王親設奠行香. 禮曹啓: "殯殿
기묘 설 진언 법석 우 빈전 상 여 상왕 친 설전 행향 예조 계 빈전
朔望日及有名日別澆奠親幸時 各司侍衛及禮度 一依仁昭殿例."
삭망 일 급 유명일 별요전 친행 시 각사 시위 급 예도 일의 인소전 예

庚辰 議政府揀擇處女. 各道所選處女至京; 慶尙道六人 全羅道
경진 의정부 간택 처녀 각도 소선 처녀 지경 경상도 육인 전라도
四人 忠淸道三人 開城留後司十二人 京畿左右道四人 豐海道一人.
사인 충청도 삼인 개성유후사 십이 인 경기좌우도 사인 풍해도 일인
政府擇留七人 其在父母喪三年及獨女無兄弟者 皆放還.
정부 택 류 칠인 기재 부모상 삼년 급 독녀 무 형제 자 개 방환

日本志佐殿 御廚殿 皆遣使獻禮物.
일본 지좌전 어주전 개 견사 헌 예물

甲申 百官詣殯殿哭臨奉慰. 以十三日小祥也. 始着有角白帽.
갑신 백관 예 빈전 곡림 봉위 이 십삼 일 소상 야 시 착 유각 백모

黃儼 田嘉禾等設奠于殯殿. 儼等出綃三十匹辦奠物.
황엄 전가화 등 설전 우 빈전 엄 등 출 초 삼십 필 판

丙戌 設懺經法席于藏義寺. 每於七七日之間 設五日法席
병술 설 참경 법석 우 장의사 매어 칠칠 일 지 간 설 오일 법석
一次 其起始大辦回向日. 上常詣殯殿 設別奠; 命西川君韓尙敬
일차 기기 시 대판회향일 상 상 예 빈전 설 별전 명 서천군 한상경
刑曹參議尹珪等七人 泥金寫妙法蓮華經 爲資冥福.
형조참의 윤규 등 칠인 이금 사 묘법연화경 위 자 명복

戊子 內史伴人等設祭于殯殿 出其綃二十六匹 備奠物.
무자 내사 반인 등 설제 우 빈전 출 기초 이십 육 필 비 전물

東北面大雨水溢.
동북면 대우 수일

己丑 遣領議政府事河崙等 相視山陵. 檢校判漢城府事劉旱雨
기축 견 영 의정부 사 하륜 등 상시 산릉 검교 판한성부사 유한우

前書雲正李陽達等啓曰:“臣等卜相山陵 至原平古蓬城得吉地.”
전 서운 정 이양달 등 계왈 신등 복상 산릉 지 원평 고 봉성 득 길지
乃 遣崙等相視. 崙還啓曰:“陽達等所相蓬城之地 不可用. 海豐
내 견 륜 등 상시 륜 환 계왈 양달 등 소상 봉성 지 지 불가 용 해풍
幸州有地 稍合地理之法.” 上曰:“更擇他處.”
행주 유 지 초 합 지리 지 법 상 왈 갱 택 타처

辛卯 倭船十五隻 寇長淵鎭阿郎浦 兵馬使柳殷之與戰却之 斬二級.
신묘 왜선 십오 척 구 장연진 아랑포 병마사 유은지 여전 각지 참 이급
解縱鷹子.
해종 응자

壬辰 參贊議政府事柳龍生齎禮部咨 回自京師. 咨曰:
임진 참찬 의정부 사 유용생 재 예부 자 회자 경사 자왈

‘一件人口事. 兵部咨:“該建州衛指揮使阿哈出等奏:‘有奚官
일건 인구 사 병부 자 해 건주위 지휘사 아합출 등 주 유 해관
萬戶府所屬 察罕等一十三戶人民 朝鮮國將木答兀連妻子四口
만호부 소속 찰한 등 일십 삼 호 인민 조선국 장 목답올련 처자 사 구
送回來了 有十二家不曾回還.’ 具奏間 得本衛指揮 莽哥不花等
송회 래 료 유 십이 가 부증 회환 구주 간 득 본위 지휘 망가불화 등
設稱:‘奚官萬戶府有人戶百十餘家 東寧衛指揮 高塔海帖木兒
설칭 해관 만호부 유 인호 백 십여 가 동녕위 지휘 고탑해첩목아
招到數內頭目失加赴京 除授副千戶; 察罕等十二戶 俱係失加
초도 수 내 두목 실가 부경 제수 부천호 찰한 등 십이 호 구계 실가
同寨管的. 因是失加除授回還 有朝鮮國王 差把關兵馬 將失加
동채 관 적 인시 실가 제수 회환 유 조선 국왕 차 파관 병마 장 실가
家小 同察罕一十二戶搬裹去訖. 後有失加家小 永樂五年八月內
가소 동 찰한 일십 이 호 반과 거흘 후 유 실가 가소 영락 오년 팔월 내
到於建州 有察罕十二戶不曾來委 係失加所管人數.’ 除具奏外
도 어 건주 유 찰한 십이 호 부증 내위 계 실가 소관 인수 제 구주 외
移咨到部 合行本國 取發建州衛住坐 仍將發過人數開報.”
이자 도부 합행 본국 취발 건주위 주좌 잉 장 발과 인수 개보

一件給聚事. 兵部咨:“據建州衛指揮僉事 馬完者呈:“有各戶
일건 급취 사 병부 자 거 건주위 지휘 첨사 마완자 정 유 각호
下人口 見在阿罕等處地面住坐 具呈搬取.’” 除具奏外 移咨到部
하 인구 현재 아한 등처 지면 주좌 구정 반취 제 구주 외 이자 도부
合行本國照依 開去男婦口數 起發建州衛完聚 仍將發過日月
합행 본국 조의 개거 남부 구수 기발 건주위 완취 잉 장 발과 일월
回報. 今開指揮僉事馬完者戶下男婦一十一口 見在 兀連地面
회보 금 개 지휘 첨사 마완자 호 하 남부 일십 일 구 현재 올련 지면
住坐; 六口見在 紅肯地面住坐; 指揮僉事阿哈出戶下男婦二口
주좌 육구 현재 홍긍 지면 주좌 지휘 첨사 아합출 호 하 남부 이구

見在失里地面住坐.'
현재 실리 지면 주좌

癸巳 設華嚴 三昧懺 法席于殯殿
계사 설 화엄 삼매 참 법석 우 빈전

丙申 百官詣殯殿 哭臨奉慰 乃釋服. 以二十五日大祥也. 出就
병신 백관 예 빈전 곡림 봉위 내 석복 이 이십오 일 대상 야 출 취

次 改着白衣烏紗帽 入就位 行奉慰禮.
차 개착 백의 오사모 입 취위 행 봉위례

戊戌 百官詣殯殿 哭臨奉慰. 以二十七日禫祭也. 始去腰絰.
무술 백관 예 빈전 곡림 봉위 이 이십 칠 일 담제 야 시 거 요질

領議政府事河崙等率百官詣闕 請聽政 不允. 啓曰: "百官已行
영 의정부 사 하륜 등 솔 백관 예궐 청 청정 불윤 계왈 백관 이행

禫禮 乞依宋制 去孝服聽政." 上曰: "大故如此 攀呼莫及. 予於
담례 걸의 송제 거 효복 청정 상 왈 대고 여차 반호 막급 여 어

戊寅之秋 以社稷大計 不獲已而擧事 其後父王常懷不平. 我於
무인 지 추 이 사직 대계 불획이 이 거사 기후 부왕 상 회 불평 아 어

生前 不克承順 以傷厥心. 顧今上昇 何忍忘之 急於聽政乎?" 崙
생전 불극 승순 이상 궐심 고 금 상승 하인 망지 급어 청정 호 륜

曰: "前日之擧 爲大體也. 至於今日 亦宜以大體聽政. 自漢唐
왈 전일 지 거 위 대체 야 지어 금일 역 의 이 대체 청정 자 한당

以後之君 未有經三日而不聽政者." 石璘 茂曰: "今使臣在館
이후 지 군 미유 경 삼일 이 불 청정 자 석린 무 왈 금 사신 재관

倭賊犯邊 豈可曠日不聽政乎? 社稷延長 至於萬世 是謂大孝.
왜적 범변 기 가 광일 불 청정 호 사직 연장 지어 만세 시 위 대효

在天之靈 夫豈不知?" 上曰: "當今齋薦未訖 葬期未至 不可冒凶
재천 지 령 부 기 부지 상 왈 당금 재천 미흘 장기 미지 불가 모흉

而當吉也. 至於國事 專恃老政丞 不必去衰絰而聽政也. 儻國有
이 당길 야 지어 국사 전시 노 정승 불필 거 최질 이 청정 야 당 국 유

大事 則雖在衰絰之中 安敢默然坐視乎?" 上又曰: "欲使世子
대사 즉 수 재 최질 지 중 안감 묵연 좌시 호 상 우왈 욕사 세자

釋服 接待使臣 如何?" 崙等對曰: "臣等欲殿下聽政 而況世子
석복 접대 사신 여하 륜 등 대왈 신등 욕 전하 청정 이 황 세자

乎? 且世子 豈可以親子論也?" 上 曰: "我意正如此."
호 차 세자 기 가이 친자 논 야 상 왈 아의 정 여차

己亥 世子始以素服 如太平館 見使臣問安.
기해 세자 시 이 소복 여 태평관 견 사신 문안

庚子 設楞嚴法席于殯殿.
경자 설 능엄 법석 우 빈전

辛丑 倭船十二隻寇善州.
신축 왜선 십이 척 구 선주

內史黃儼等問慰于昌德宮 上出廣延樓下 立辭而送之.
내사 황엄 등 문위 우 창덕궁 상 출 광연루 하 입사 이 송지

壬寅 議政府及百官上疏請聽政 不允. 領議政府事河崙等上疏曰:
임인 의정부 급 백관 상소 청 청정 불윤 영 의정부 사 하륜 등 상소 왈

‘臣等竊謂 人君之德 莫大於孝 而致孝之道 與衆人不同. 諒闇
신등 절위 인군 지 덕 막대 어 효 이 치효 지 도 여 중인 부동 양암

之法 殷周之前 已不能行 惟高宗行之. 周成王崩 康王卽位 受
지 법 은 주 지 전 이 불능 행 유 고종 행지 주 성왕 붕 강왕 즉위 수

群臣朝 釋冕反喪服. 先儒朱子謂: “天子諸侯之禮 與士庶人
군신 조 석면 반 상복 선유 주자 위 천자 제후 지 례 여 사서인

不同.” 蓋①人主當以天下國家爲體 宗社生靈爲計 大位不可以
부동 개 인주 당 이 천하 국가 위체 종사 생령 위계 대위 불가이

久曠 大權不可以暫分 觀其時勢 不得不然故也. 殷周盛時 人心
구광 대권 불가이 잠분 관 기 시세 부득 불연 고야 은 주 성시 인심

醇厚 世道隆平 諒闇之法 猶且難行 況後世乎? 自漢文帝遺詔
순후 세도 융평 양암 지 법 유 차 난행 황 후세 호 자 한 문제 유조

短喪之後 歷代遵守 皆不能行三年之喪 惟晋武帝 魏孝文 周高祖
단상 지 후 역대 준수 개 불능 행 삼년 지 상 유 진 무제 위 효문 주 고조

獨能行之. 然軍國重務 皆自聽斷. 宋之眞仁英神四宗 皆賢主也
독 능 행지 연 군국 중무 개 자 청단 송 지 진 인 영 신 사종 개 현주 야

外庭群臣 皆用易月之制 而內庭實行三年之喪. 今考當時帝紀
외정 군신 개 용 역월 지 제 이 내정 실행 삼년 지 상 금 고 당시 제기

坐朝聽政 除拜大赦 以至親試擧人之事 皆在未葬之前.
좌조 청정 제배 대사 이지 친시 거인 지 사 개 재 미장 지 전

夫宋 三代以後治敎休明之世 眞儒輩出 制度文爲 皆可爲後世
부 송 삼대 이후 치교 휴명 지 세 진유 배출 제도 문 위 개 가위 후세

之法 故今日外庭群臣行喪之禮 悉遵宋制. 今我殿下哀慕太上
지 법 고 금일 외정 군신 행상 지 례 실 준 송제 금 아 전하 애모 태상

孝誠切至 深居諒闇 不肯聽政 群臣遑遑 罔有稟令. 前日 臣等謹
효성 절지 심거 양암 불긍 청정 군신 황황 망유 품령 전일 신등 근

率百官 詣闕合辭 以請聽政 殿下不卽兪允 且禁再請 臣等聞命
솔 백관 예궐 합사 이청 청정 전하 부즉 유윤 차 금 재청 신등 문명

不勝感愴. 竊伏惟念 舜稱大孝 周公稱達孝 蓋遭父母兄弟之變
불승 감창 절복 유념 순 칭 대효 주공 칭 달효 개 조 부모 형제 지 변

而善處之者也. 戊寅之變 奸臣乘我太上之不豫 挾幼謀亂 宗社
이 선 처지 자 야 무인 지 변 간신 승 아 태상 지 불예 협유 모란 종사

安危 間不容髮.
안위 간 불용 발

幸賴殿下應機討除 再安宗社 萬世永賴 則我朝鮮億萬年無疆之
행뢰 전하 응기 토제 재안 종사 만세 영뢰 즉 아 조선 억만 년 무강 지

業 太上開之於前 殿下定之於後 其善處變而能繼述者 實可與舜
업 태상 개 지어 전 전하 정 지어 후 기 선 처변 이 능 계술 자 실 가 여 순

周公無愧矣. 是蓋以宗社大體爲念 以行大孝矣. 今我國家 雖號
주공 무괴 의 시 개 이 종사 대체 위념 이행 대효 의 금 아 국가 수 호

小康 中外之虞 不可不慮 殿下欲効三代盛時之禮 恭默不言 不肯
소강 중외 지 우 불가 불려 전하 욕효 삼대 성시 지 례 공묵 불언 불긍

聽斷. 臣等竊恐庶事必至於陵替 或貽宗社之憂 終有虧於大孝也.
청단 신등 절공 서사 필 지어 능체 혹 이 종사 지 우 종 유 휴 어 대효 야

伏望殿下 抑哀順變 一遵宋朝之制 素服臨朝 日聽庶政 上以隆
복망 전하 억애 순변 일준 송조 지 제 소복 임조 일 청 서정 상 이륭

宗社之大孝 下以慰臣民之輿望 以永太上草創之業 以貽萬世
종사 지 대효 하 이위 신민 지 여망 이영 태상 초창 지 업 이이 만세

持循之法.'
지순 지 법

疏上留中.
소상 유중

六曹判書趙璞等 率百官上疏曰:
육조 판서 조박 등 솔 백관 상소 왈

'竊謂大孝 在於繼述 大義 貴於變通. 務爲苟難 而不可以傳後
절위 대효 재어 계술 대의 귀어 변통 무 위 구난 이 불가이 전후

繼述之孝有虧; 失於從宜 而不合於時中變通之義未盡. 故諒闇
계술 지 효 유휴 실어 종의 이 불합 어 시중 변통 지 의 미진 고 양암

不言 三代盛時之小難行; 素服臨朝 歷代哲王之所已爲也. 蓋
불언 삼대 성시 지 소난 행 소복 임조 역대 철왕 지 소이위 야 개

以大位不可以久曠 大權不可以暫分 天子諸侯之禮 自與士庶人
이 대위 불가이 구광 대권 불가이 잠분 천자 제후 지 례 자 여 사서인

不同 其勢不得不然也. 今我主上殿下 孝誠切至 出於天性 深居
부동 기세 부득 불연 야 금 아 주상전하 효성 절지 출어 천성 심거

諒闇 不肯聽政 群臣遑遑 罔攸稟令. 前日議政府 謹率百官 申請
양암 불긍 청정 군신 황황 망유 품령 전일 의정부 근 솔 백관 신청

聽政 未蒙兪允 繼上封章 亦未蒙允 大小臣民無不缺望 罔知
청정 미몽 유윤 계상 봉장 역 미 몽윤 대소 신민 무불 결망 망지

所措. 況今國家 帝使方至 海寇外侵 中外多事 誠可爲慮.
소조 황 금 국가 제사 방 지 왜구 외침 중외 다사 성 가위 려

殿下欲効三代盛時之禮 不肯聽政 臣等竊恐庶政陵替 以貽宗社
전하 욕효 삼대 성시 지 례 불긍 청정 신등 절공 서정 능체 이이 종사

之憂 則於繼述之道 變通之義 皆未爲得 而有虧於大孝也. 殿下縱
지 우 즉 어 계술 지 도 변통 지 의 개 미 위 득 이 유휴 어 대효 야 전하 종

自盡孝 其於宗社大計何哉? 伏望殿下念宗社安危之大計 思太上
자 진효 기어 종사 대계 하재 복망 전하 염 종사 안위 지 대계 사 태상

草創之大業 法前代哲王之制 察當時事勢之宜 斷以大義 一如
초창 지 대업 법 전대 철왕 지 제 찰 당시 사세 지 의 단 이 대의 일여

政府所申狀內施行 以慰大小臣民之望 以立萬世子孫之法.'
정부 소 신장 내 시행 이위 대소 신민 지 망 이립 만세 자손 지 법

疏上 又留中不下.
소상 우 유중 불하

西北面行臺監察李士清 還自義州 搜得鄭擢匿賫黑細麻布一十
서북면 행대감찰 이사청 환자 의주 수득 정탁 익재 흑 세마포 일십

匹 鄭符匿賫黑麻布四十三匹 交綺團領二 細麻布團領五 沒于官.
필 정부 익재 흑마포 사십 삼 필 교기 단령 이 세마포 단령 오 몰 우 관

甲辰 震吉州人李萬妻及婢.
갑진 진 길주 인 이만 처 급 비

黃儼等遊賞楊花渡北峯 俗號加乙頭.
황엄 등 유상 양화도 북봉 속호 가을두

乙巳 順德侯陳理卒. 理卽友諒之子也. 有子曰明善. 及卒 賻
을사 순덕후 진리 졸 리 즉 우량 지 자 야 유 자 왈 명선 급 졸 부

米豆五十石 紙百卷 賜棺槨 仍咨報于禮部.
미두 오십 석 지 백 권 사 관곽 잉 자보 우 예부

定山陵于楊州儉巖. 初 領議政府事河崙等復率劉旱雨 李陽達
정 산릉 우 양주 검암 초 영 의정부 사 하륜 등 부 솔 유한우 이양달

李良等 相地于楊州. 檢校參贊議政府事金仁貴見崙等告之曰:
이량 등 상지 우 양주 검교 참찬 의정부 사 김인귀 견 륜 등 고지 왈

"我所居儉巖有吉地." 崙等相之 果善. 造墓都監提調朴子青率
아 소거 검암 유 길지 륜 등 상지 과 선 조묘 도감 제조 박자청 솔

工匠始役.
공장 시역

東西北面豐海道蝗.
동 서북면 풍해도 황

是月 一岐太守源良喜遣至曇 發還被擄人二十三名 獻禮物 又
시월 일기 태수 원량희 견 지담 발환 피로인 이십 삼 명 헌 예물 우

遣三郎左衛門 來謝米布之賜. 下松浦三河守 亦使人獻禮物.
견 삼랑 좌위 문 내사 미포 지 사 하송포 삼하 수 역 사인 헌 예물

| 원문 읽기를 위한 도움말 |

① 蓋人主當以天下國家爲體 이런 경우의 蓋는 일반적으로 앞에서 누가 했
개 인주 당 이 천하 국가 위체 개
던 말을 풀이하면서 이끄는 말이다.

태종 8년 무자년
7월

七月

정미일(丁未日-1일) 초하루에 무지개[虹]가 서북방(西北方)에 나타났다.

○ 흥천사(興天寺)에서 원각 법석(圓覺法席)을 베풀었다.

○ 영의정부사 하륜(河崙) 등이 백관을 거느리고 대궐에 이르러 다시 청정(聽政)하기를 청하여 아뢰었다.

"전일(前日)에 신 등이 청정(聽政)하시기를 두 번이나 청했사온데 지금까지 윤허를 받지 못했습니다. 만일 전하께서 청정하지 않으신다면 신 등도 또한 사직(辭職)하고자 합니다."

상이 말했다.

"몸이 빈소(殯所) 곁에 있은 지 백일(百日)도 되지 못했으니 어찌 차마 복(服)을 벗고 정사(政事)를 듣겠는가?"

륜 등이 아뢰었다.

"대효(大孝)는 계술(繼述)[1]에 있는 것이지 한 절문(節文)을 굳이 지키는 것을 말하는 것이 아닙니다. 전하께서 만일 청정하지 않으신다면 신 등이 장차 어떻게 명령을 품(稟)하겠습니까?"

상이 말했다.

"백일(百日)의 제도가 비록 우리나라의 풍속이라고는 하나, 옛글에

---

1 아버지의 뜻을 이어받아 일을 행하는 것을 말한다.

상고하여 보면 송(宋)나라 승상(丞相) 왕회(王淮, 1126~1189년)[2]가 효종(孝宗)께 한 말에 '백일(百日) 뒤에 청정(聽政)하라'는 말이 있었으니 내가 이것을 본받고자 한다."

륜 등이 대답했다.

"백일에 대한 말은 경전(經傳)에 보이지 않았으니 어찌 본받을 수 있습니까?"

이무(李茂)가 아뢰었다.

"백일 동안 상(喪)을 행하는 것은 전조(前朝-고려)의 풍속이고 지금은 사람들이 3년상을 행합니다. 전하께서 만일 백일 뒤에 청정한다고 하신다면 이것은 전조(前朝)의 백일의 풍속으로 돌아가는 것이니 참으로 불가합니다."

상이 말했다.

"경들의 말이 모두 나를 보좌하는 것이나, 장사지내기 전에는 대신(大臣)을 접견할 수 없다. 내가 내전(內殿)에서 대언(代言)으로 하여금 일을 아뢰게 하고자 하니 정사(政事)를 청단(聽斷)할 때의 관복(冠服) 제도를 상정(詳定)하여 아뢰라."

---

2 고종(高宗) 소흥(紹興) 15년(1145년) 진사가 되고 추천을 받아 감찰어사(監察御史)에 오른 뒤 우정언(右正言)으로 옮겼다. 일찍이 재상 탕사퇴(湯思退)를 탄핵해 파직시켰고 학자 정백웅(鄭伯熊)과 이도(李燾) 등을 천거했다. 효종(孝宗) 순희(淳熙) 2년(1175년) 동지추밀원사(同知樞密院使)와 참지정사(參知政事)를 역임했다. 8년(1181년) 우승상 겸 추밀사(右丞相兼樞密使)에 오르고 얼마 뒤 좌승상(左丞相)으로 옮겼다. 당중우(唐仲友)와 가깝다 하여 주희(朱熹)의 탄핵을 받았고 진가(陳賈)와 정병관(鄭丙官)을 발탁했으며 그들에게 도학(道學)을 공격하게 해 경원당안(慶元黨案)을 만들었다. 경원당안은 영종(寧宗) 때의 당화(黨禍)로, 한탁주(韓侂冑)가 반대파인 조여우(趙汝愚)와 주희를 몰아내기 위해 주희가 제창한 이학(理學)을 위학(僞學)이라고 하여 조여우와 주희 등 59인을 축출한 사건을 일컫는 말이다.

이에 성석린(成石璘) 등이 아뢰었다.

"삼가 송(宋)나라 효종(孝宗)의 고사(故事)를 상고하면, 여러 신하가 여러 번 복(服)을 바꿔 입고 대궐에 좌기해 청정(聽政)하기를 청했기 때문에 포소(布素)로써 내전(內殿)에서 정사를 보았습니다. 지금 그 관복을 상고해 보면 백포 절상건(白布折上巾)이었고, 재궁(梓宮)에 나아갈 때에는 최질(衰絰)에 지팡이를 짚었습니다. 대개 절상건은 그 모양과 제도가 자세하지 않고 또 시왕(時王)의 제도가 아니니 빌건대 백포건(白布巾)에 포삼(布衫)으로써 내전(內殿)에서 정사를 보소서."

상이 정부(政府)에 명했다.

"여러 신하가 이미 담사(禫祀)를 지냈는데도 소찬(素饌)을 하니 예전 법이 아니다. 경들이 먼저 소찬을 그쳐서 여러 신료들에게 보이도록 하라. 경들이 소찬을 그치기를 기다려서 나도 또한 약주(藥酒)를 들겠다."

의정부가 물러가서 비로소 건포(乾脯)를 먹고 이어서 대궐에 나아와 약주를 드리니 상이 비로소 한 종(鍾-종지)을 들었다.

무신일(戊申日-2일)에 내사(內史) 황엄(黃儼) 등이 의정부와 더불어 경복궁(景福宮)에서 경외(京外)의 처녀를 함께 선발했다. 엄(儼)이 처녀 중에 미인이 없다고 노해 경상도 경차내관(慶尙道敬差內官) 박유(朴輶)를 잡아 결박하고 죄를 따졌다.

"경상 한 도가 나라의 반이나 되는 것을 상국(上國)에서 이미 알고 있는데 어째서 미색(美色)이 없겠느냐? 네가 감히 사사로운 마음을 가지고 이따위 여자들을 뽑아 올린 것이지?"

곤장을 치려고 하다가 그만두고 교의(交倚)에 걸터앉아 정승을 앞에 세우고 욕(辱)을 보이고 나서 태평관으로 돌아갔다. 상이 지신사 황희(黃喜)를 보내 엄에게 일러 말했다.

"이 계집아이들이 멀리 부모 곁을 떠날 것을 근심해 먹어도 음식 맛을 알지 못해 날로 수척해진 때문이니 괴이할 것이 없소. 다시 중국의 화장(化粧)을 시켜놓고 보시오."

엄이 말했다.

"좋습니다."

이날 평성군(平城君) 조견(趙狷)의 딸은 중풍(中風)이 든 것같이 입이 반듯하지 못하고 이조참의 김천석(金天錫)의 딸은 중풍이 든 것같이 머리를 흔들었으며 전 군자감 이운로(李云老)의 딸은 다리가 병든 것같이 절룩거리니 엄 등이 매우 화가 났다. 헌사(憲司)에서 견(狷) 등의 딸을 잘못 가르친 죄를 탄핵해 아전을 보내 수직(守直)[3]하게 하고 견은 개령(開寧)에, 운로는 음죽(陰竹)에 부처(付處)하고 천석은 정직(停職)시켰다.

기유일(己酉日-3일)에 비로소 소의(素衣)에 백모(白帽)를 착용하고 내전(內殿)에서 정사(政事)를 들었다. 큰일은 대언사(代言司)로 하여금 들어와 아뢰게 하고 작은 일은 정부(政府)로 하여금 행이(行移)하게 했다.

○각도에 순찰사(巡察使)를 나눠 보내 다시 처녀를 선발하게 하고

---

3 죄인이 도망하지 못하도록 그 집을 지키는 것을 말한다.

또 내관(內官) 한 사람씩을 따라가게 했는데 이름을 경차내관(敬差內官)이라 했다. 경기좌도·강원도·동북면(東北面)은 서천군(西川君) 한상경(韓尙敬)과 내관(內官) 김용기(金龍奇), 경기우도·풍해도(豐海道) 서북면(西北面)은 전 도순문사 여칭(呂稱) 내관 이원봉(李元鳳), 충청도는 의정부지사 이래(李來) 내관 윤백안(尹伯顏), 전라도는 의정부 참찬사 이귀령(李貴齡) 내관 염유치(廉有恥), 경상도는 철성군(鐵城君) 이원(李原)·내관 박유(朴輶)였다. 의정부에서 각도에 이첩(移牒)했다.

'지난번에 도관찰사(都觀察使)·도순문사(都巡問使)와 경차관(敬差官) 등이 도내(道內)의 처녀들을 마음을 써서 찾아내지 않았기 때문에 보고(報告)에 빠진 자가 많이 있었다. 다시 대소(大小) 수령(守令)과 품관(品官) 향리(鄉吏) 일수 양반(日守兩班)[4] 향교 생도 및 백성 각호(各戶)에 만일 자색(姿色)이 있거든 일절 모두 가려 뽑아서 정결하게 빗질하고 단장시켜 천사(天使)의 사열(查閱)을 기다려야 한다. 만일 여자를 숨기고 내놓으려고 하지 않거나 혹은 침구(針灸)하거나 머리를 자르고 약(藥)을 붙이고 해 여러 가지 방법으로 꾀를 써서 선택을 피하려고 꾀하는 자는 통정(通政) 이하는 직접 처단하고 가선(嘉善) 이상은 신문(申聞)해 모두 왕지(王旨)를 따르지 않는 죄로 논하여 직첩(職牒)을 회수하고 가산(家產)을 적몰(籍沒)하라'

○ 황엄(黃儼)이 몰래 반인(伴人)을 한강(漢江)에 보내 각도에 순찰사가 떠나는 것을 엿보았다[覘視(첨시)].

○ (풍해도) 철화현(鐵和縣)을 없애 황주(黃州)에 붙이고 그것을 계

---

4 지방 각역(各驛)에서 심부름하는 하노(下奴)를 말한다.

기로 판관(判官)을 두었다.

경술일(庚戌日-4일)에 한첩목아(韓帖木兒)와 기원(奇原)이 대궐에 이르니 상이 광연루(廣延樓) 아래에 나가 서서 작별을 하고 전송했다.

신해일(辛亥日-5일)에 황엄(黃儼) 등이 두 번째로 처녀를 골랐다. 엄(儼) 등이 대궐에 이르니 상이 광연루 아래에 나가 서서 작별하고 전송하고서 드디어 경복궁(景福宮)에 가서 처녀를 골랐다. 그 의장(衣粧)과 수식(首飾)을 모두 중국 제도와 같이 했다. 엄이 말했다.

"이중에 그런대로 쓸 만한 것은 서너 사람 있을 뿐이다."

권집중(權執中)과 임첨년(任添年) 등의 딸 31인을 머물러 두고 나머지는 모두 놓아 보냈다. 엄 등이 선발된 처녀의 수가 적다고 하여 외방(外方)에 나가 직접 선택하려고 하므로 세자 이제(李禔)가 의정부와 더불어 먼저 한강정(漢江亭)에 가서 전송할 자리를 베풀고자 했다. 한첩목아와 기원이 대궐에 이르러 하직하니 상이 말했다.

"사신(使臣)이 직접 외방에 간다 하더라도 모두 농가(農家)의 계집아이니 미색(美色)을 어디서 얻을 수 있겠소?"

두 사람이 돌아가서 엄에게 고하니 엄이 노해 말했다.

"우리들이 짐짓[陽(양)] 외방에 간다고 하여 국왕의 성의가 있는가 없는가를 보려는 것이지, 실지로 가고자 한 것은 아니다. 마땅히 경사(京師)로 돌아가겠다."

상이 지신사 황희(黃喜)를 보내 공손한 말로 굳게 청하니 엄이 그만두었다.

○ 사간원에서 아뢰었다.

'사신들이 서울에 가까이 오던 날에 지진의 이변이 있었고 처녀를 샅샅이 찾기 시작한 이래로 또 음려(陰沴)[5]의 재앙이 있었습니다. 순찰사를 떠나보낸 뒤로 여름과 가을의 환절기를 당해 황충(蝗蟲)의 피해가 있고 선선한 바람이 연일 불어 재이(災異)가 여러 번 나타났습니다. 지금 다시 각사(各司) 각 성중관(各成衆官)[6] 및 대소 한량관(大小閑良官)으로 하여금 처녀를 숨긴 자를 조사하게 해 가재(家財)를 관가(官家)에 몰수하고 과전(科田)을 대신 세우게 하자[遞(체)立(립)] 유사(有司-해당 부서)가 명령을 받고 각사(各司)의 이전(吏典)과 방리(坊里)의 부녀(婦女)를 잡아 가두고 매질하고 하니 마을 사람들이 원통하게 울부짖어 화기(和氣)를 상(傷)하게 하고 있습니다. 게다가 또 재변(災變)을 불러 기근(饑饉)이 거듭 이른다면 장래의 일이 실로 염려됩니다. 바라건대 전례(前例)에 따라 엄하게 추고(推考)해 처녀를 숨긴 자는 그 자신만 죄주어 백성의 원망을 그치게 해야[弭(미)=止(지)] 할 것입니다.'

○ 왜선(倭船) 2척이 서북면(西北面) 영삭현(寧朔縣)에 침입했다.

○ 여러 도(道)의 군정(軍丁)을 징발하여 산릉(山陵)의 역사(役事)에 나아가게 했다. 충청도에서 3,500명, 풍해도(豐海道)에서 2,000명, 강

---

5 음산한 요기(妖氣)를 말한다.

6 조선조(朝鮮朝) 때 내금위(內禁衛) 충의위(忠義衛), 충찬위(忠贊衛), 충순위(忠順衛), 별시위(別侍衛), 족친위(族親衛) 등에 속해 궁궐(宮闕)의 숙위(宿衛)와 근시(近侍)의 일을 맡은 관원을 말한다.

원도에서 500명이었다. 7월 그믐날을 기한으로 해[期]기 역사를 시작하게 했다.

임자일(壬子日-6일)에 일본(日本) 대내전(大內殿)이 사자(使者)를 보내 예물을 바쳤는데, 옥교자(屋轎子) 하나, 병풍(屛風) 여섯, 약재(藥材) 기명(器皿) 능견(綾絹) 등이었다.

계축일(癸丑日-7일)에 (강원도) 춘주(春州-춘천)에 황충이 일었다.

갑인일(甲寅日-8일)에 빈전(殯殿)에 법화 삼매참 법석(法華三昧懺法席)을 베풀었다.

○ 김우(金宇)를 강계(江界) 등처 도병마사(都兵馬使) 겸 강계부판사(江界府判事), 권충(權衷)을 이성(泥城) 등처 도병마사(都兵馬使) 겸 삭주도호부판사(朔州都護府判事), 박령(朴齡)을 길주도 찰리사(吉州道察理使) 겸 판길주목사(判吉州牧事), 한흥보(韓興寶)를 경원(慶源) 등처 병마사(兵馬使) 겸 경원부사(慶源府使), 윤사수(尹思修)를 강원도 도관찰사(江原道都觀察使) 겸 판원주목사(判原州牧事), 이간(李衎)을 강원도 병마도절제사(江原道兵馬都節制使) 겸 강릉대도호부판사(江陵大都護府判事), 함부림(咸傅霖)을 풍해도 도관찰사(豐海道都觀察使) 겸 판황주목사(判黃州牧事), 김계지(金繼志)를 풍해도 병마도절제사(豐海道兵馬都節制使) 겸 판해주목사(判海州牧事)로 삼았다. 모두 의정부에서 입초(入抄)한 것을 가지고 낙점(落點)해 파견한 것이다. 가족을 데리고[挈家]설가 부임하는 것을 허락했다.

을묘일(乙卯日-9일)에 황엄(黃儼) 등이 경복궁(景福宮)에 가서 다시 처녀(處女)를 살펴보았다.

○서운관(書雲觀)에서 글을 올려 석실(石室)을 만들 것을 청했다. 그 글은 이러했다.

'신 등이 삼가 호씨(胡氏)[7]의 글을 살펴보니 기혈론(基穴論)에 이르기를 "지금 시속(時俗)에 전석(塼石)으로 곽(槨)을 만들고 오직 밑바닥은 벽돌을 쓰지 않고 관(棺)을 달아서 내리는데 이것이 모두 취할 만하다. 대개 밑바닥에 벽돌을 쓰지 않는 이유의 하나는 지기(地氣)를 통하게 하고 또 하나는 수맥(水脈)이 새어 나가게 하는 것이고 관(棺)을 달아서 내리면 땅을 넓게 깨뜨리지 않아서 그 기운을 아낄 수 있기 때문이다"라고 했고 『문공가례(文公家禮)』 작회격(作灰隔)의 주(注)에 이르기를 "회(灰)는 나무뿌리를 막고 물과 개미를 방지한다. 석회(石灰)는 모래를 얻으면 단단해지고 흙을 얻으면 들러붙어서 여러 해가 되면 굳어져서 전석(塼石)이 돼 땅강아지, 개미 그리고 도적이 모두 가까이 오지 못한다"라고 했으며 부주(附注)에 이르기를 "숯가루[炭屑 탄설]와 사회(沙灰)를 혈(穴)의 밑바닥과 사방을 서로 접하여 평평하게 쌓은 다음, 석곽(石槨)을 그 위에 안치한다"라고 했습니다. 이것으로 보자면 돌을 사용해 곽(槨)을 만드는 것이 예전에도 있었고, 또 사회(沙灰)로 격지(隔地)를 만들어서 오랜 뒤에 전석(塼石)이 되면, 이것도 또한 석실(石室)이 된다는 뜻입니다. 신 등이 가만히 보건대 우리 국가(國家)에서 예전부터 지금까지 능실(陵室)을

7 송나라 풍수지리학자 호순신(胡舜申)을 가리킨다.

만드는 데 돌을 사용하지 않은 것이 없고, 신서(臣庶)에 이르러서도 돌을 써서 장사지내는 자가 가끔[比比] 있습니다. 신 등의 얕은 소견(所見)으로 생각하기에 지금 우리 대행 태상왕(大行太上王)의 능(陵)을 마땅히 돌을 써서 실(室)을 만들고 그 밑바닥은 벽돌을 쓰지 않을 것 같으면 본조(本朝)의 능실(陵室) 제도에 어긋나지 않고, 문공(文公)의 필성(必誠) 필신(必信)의 의리와 호씨(胡氏)의 통기(通氣)[8] 삼맥(滲脈)[9]의 법이 거의 갖춰질 것으로 여겨집니다.'

의정부에 내려 깊이 토의하게 했다.

○ 예조(禮曹)에서 개성유후사(開城留後司) 지인(知印)[10]이 유각두건(有角頭巾)을 쓰고 7품(品)에 거관(去官)[11]하도록 상정(詳定)했다.

무오일(戊午日-12일)에 (서북면) 성주(成州-성천)에 큰물이 나서 백성 김철(金哲)의 한가족 5인이 익사(溺死)했다.

○ 한첩목아(韓帖木兒), 기원(奇原), 진경(陳敬) 등이 대궐에 이르니 (갈 때) 상이 나와 서서 작별하며 전송했다.

기미일(己未日-13일)에 세자(世子) 제(禔)를 보내 회암사(檜巖寺)에서 제칠재(第七齋)를 베풀었는데 각사(各司)에서 한 사람씩 시위(侍

---

8 지기(地氣)를 통하게 하는 것을 말한다.

9 수맥(水脈)을 새어 나가게 하는 것을 말한다.

10 서울의 녹사(錄事)와 비슷한 신분으로 각 지방의 토관(土官)들 밑에서 지방 행정 및 군사에 관련된 일을 맡아 보았다.

11 벼슬아치가 임기가 차서 다른 벼슬자리로 옮겨가는 것을 말한다.

衛)했다.

○ 조박(趙璞)을 동북면 도체찰사(東北面都體察使), 임정(林整)을 동북면 도순문찰리사(東北面都巡問察理使) 겸 영흥부윤(永興府尹), 이직(李稷)을 서북면 도체찰사(西北面都體察使), 박신(朴信)을 기복(起復)[12]시켜 서북면 도순문찰리사(西北面都巡問察理使) 겸 평양부윤(平壤府尹), 조원(曹瑗)을 계림 안동도 병마도절제사(鷄林安東道兵馬都節制使) 겸 계림부윤(鷄林府尹), 윤자당(尹子當)을 진주 상주도(晉州尙州道) 병마도절제사 겸 창원부판사(昌原府判事), 안처선(安處善)을 진주목판사(晉州牧判事), 윤향(尹向)을 전라도 도관찰사 겸 완산부윤(完山府尹), 유정현(柳廷顯)을 충청도 도관찰사 겸 청주목판사(淸州牧判事), 이원(李原)을 경상도 도관찰사 겸 상주목영사(尙州牧領事), 이구철(李龜鐵)를 충청도 병마도절제사 겸 홍주목영사(洪州牧領事), 강사덕(姜思德)을 전라도 병마도절제사 겸 나주목영사(羅州牧領事), 이지실(李之實)을 안주(安州) 등처 도병마사 겸 안주목판사(安州牧判事)로 삼았다.

○ 비로소 의창(義昌) 회원(會原) 두 현을 병합해 창원부(昌原府)로 삼았다.

○ (충청도) 공주(公州) 백성 안부개(安夫介)가 은(銀) 19냥(兩)을 바쳤다. 부개(夫介)가 가재(家財)가 표류(漂流)되는 바람에 물가를 따라가며 찾다가 은(銀)을 얻어서 바치니 값[直=値]에 준해 상(賞)을 주라고 명했다.

12 부모의 상중(喪中)에 있는 사람을 벼슬에 복용(復用)하는 것을 말한다.

신유일(辛酉日-15일)에 황엄(黃儼) 등이 다시 경복궁(景福宮)에서 처녀(處女)를 살펴보았다.

○ 강원도의 원주(原州), 정선(旌善), 인제(麟蹄)와 풍해도(豐海道)의 봉주(鳳州), 장연(長淵)에 황충(蝗蟲)이 일었다.

임술일(壬戌日-16일)에 사역원 사인(司譯院舍人) 임종의(任種義)를 보내 만산군(漫散軍) 유막수(劉莫遂) 등 99명을 이끌고 요동(遼東)으로 가게 했다. 이때 요동 전위(遼東前衛)의 전소군(前所軍) 장주사(張朱士) 등 4인이 영수(領受)한 관마(官馬)를 먹여 기르다가 여위어 죽었기 때문에 이를 충당해 세울 수가 없어서 무리를 만들어 가만히 압록강(鴨綠江)을 건너와 민가(民家)의 말 5필을 훔쳐 가지고 돌아가다 방산구자(方山口子)에 이르러 파수(把守)하는 군사에게 붙잡혔다. 의주 병마사(義州兵馬使) 박구(朴矩)가 상께 보고하니 상이 말했다.

"이 사람들은 비록 마적(馬賊)이기는 하나 이미 상국(上國-중국)의 군인(軍人)에 매어 있으니 감히 임의로 죄를 처단할 수 없다."

종의(種義)로 하여금 단단히 붙잡아[牢固(뇌고)] 이끌고 가서 요동도사(遼東都司)에 보내 처리하게 했다.

계해일(癸亥日-17일)에 해수(海壽), 한첩목아(韓帖木兒), 기원(奇原)이 대궐에 이르렀는데 상이 종기(瘇氣-다리가 붓는 증상)가 났다고 사양하고 접대(接待)하지 않았다.

○ 황엄(黃儼)이 은(銀) 50냥(兩)을 회암사(檜巖寺)에 시주했다.

○ 의정부에서 각도(各道) 도절제사(都節制使)의 군관수를 아뢰어

정했다[啓定]계정. 계림 안동도(鷄林安東道) 상주 진주도(尙州晉州道) 전라도 충청도 동서북면(東西北面)의 도순문사는 각각 10인이고, 강원도·풍해도(豐海道)·길주(吉州)·경원(慶源)·이성(泥城)·강계(江界)는 각각 7인이고, 함주(咸州)·청주(靑州-북청)·안주(安州) 및 각진(各鎭)의 병마사는 각각 5인이었다.

○ 예조(禮曹)에서 포제(酺祭)[13]를 행하는 의식(儀式)을 아뢰었다.

'신 등이 삼가 『문헌통고(文獻通考)』를 상고해보니 송(宋)나라 고종(高宗) 때에 예부 태상시(禮部太常寺)가 말하기를 "생각건대 포제(酺祭)를 사령(祀令)에 의해 황충(蝗蟲)이 재앙이 되면 제사(祭祀)하려고 하여 본시(本寺)에서 날을 골라 의식에 따라 제고(祭告)하려 합니다. 제고할 곳은 국성(國城) 밖의 서북쪽에 위(位)를 베풀어 행제(行祭)하게 하시고, 차견(差遣)할 제고관(祭告官)과 배판(排辦-준비)하는 일은 모두 평상시에 제고하는 소사례(小祀禮)의 예(例)에 의거하고, 외방(外方)의 주현(州縣)으로 황충이 있는 곳에는 곧 의식(儀式)에 의하여 일면(一面)에 수령을 보내서 위(位)를 베풀고 제고하여 시행하소서"라고 했습니다. 또 태상 인혁례(太常因革禮)에 이르기를 "역대 서사(歷代書史)를 상고하여 보아도 모두 제포(祭酺)에 대한 의식은 없으니 마보(馬步)[14]에 제사하는 의식에 준해 시행하고자 합니다. 단(壇)은 국성(國城) 서북쪽에 있고 제의(祭儀)는 예과 소사(禮

13 농작물(農作物)에 충해(蟲害)가 심할 때 이를 기양(祈禳)하기 위해 포신(酺神)에게 지내는 제사(祭祀)다. 포신(酺神)은 재해(災害)의 신(神)이다.

14 말을 해치는 신(神)이다.

科小祀)이니 빌건대 관원을 보내 마단(馬壇)에 나아가 제사를 베풀어 포신(酺神)이라 칭하고 축문(祝文)은 학사원(學士院)에서 찬정(撰定)하게 하소서. 외방(外方) 고을에서는 대략 영제례(禜祭禮)[15]에 의하여 먼저 편의한 방향(方向)을 택(擇)해 땅을 다듬고 표(表)를 세우고 노끈[繩]을 매어 단(壇)을 대신하고, 치재(致齋)와 행례(行禮) 기물(器物) 등은 모두 소사(小祀)와 같이 해야 할 것입니다." 축문(祝文)은 "황연(蝗蝝-황충과 메뚜기)이 거듭 생겨서 곡식에 해가 되니 오직 신(神)은 도움을 내려서 때에 응해 없어지게 하라"고 했습니다. 지금 황충(蝗蟲)이 곡식을 해치니 경중(京中)과 외방(外方)의 황충이 있는 주군(州郡)에서는 포제(酺祭)를 행해 기양(祈禳-푸닥거리)하되 경중에서 제사할 곳은 마보단(馬步壇)에 나아가서 전물(奠物)과 제복(祭服)을 마보(馬步)에 제사하는 예(例)에 의거하고, 외관(外官)에서는 상항(上項)의 외주(外州)의 예(例)에 의거하게 해야 할 것입니다.'

의정부에 내렸다.

갑자일(甲子日-18일)에 남쪽에 무지개가 나타났다.

을축일(乙丑日-19일)에 의정부에서 시무(時務) 몇 조목을 올렸다.

'하나, 각도(各道)의 성(城)을 무너진 곳은 보수(補修)하고, 낮은 곳은 더 쌓고, 새로 쌓을 곳은 농한기에 역사를 시작할 것 등의 일을 적당히 헤아려서 시행할 것.

---

15 입추(立秋) 뒤까지 장마가 질 때에 날이 개기를 비는 제사(祭祀)다.

하나, 수륙(水陸) 제색군정(諸色軍丁)과 마병(馬兵)·보병(步兵)의 강약(强弱)을 분간(分揀)하여 마병(馬兵)은 정관(正官) 하나에 말이 있고 몸이 튼튼한 봉족(奉足)을 둘로 하고, 보병(步兵)은 정관(正官) 하나에 말이 없고 몸이 튼튼한 봉족(奉足)을 둘로 하고, 창(槍) 쓰는 것과 활 쏘는 것을 분간하여 매패(每牌)에 50명씩으로 체제를 정할 것.

하나, 큰 고을[大官](대관)의 총패(摠牌)는 4~5명 작은 고을[小官](소관)의 총패는 2~3명으로 하여 군액(軍額)의 많고 적은 것에 따라 각각 그 고을의 중심과 사방에서 서로 가까운 곳에 분정(分定)하여 매년 2월 초1일부터 그믐날까지, 10월 초1일부터 그믐날까지 창쓰는 법과 기사(騎射) 보사(步射)의 법을 익히게 하고, 수령(守令)이 때 없이 고찰(考察)하게 하되, 만일 마음을 쓰지 않는 자가 있으면 수령과 총패를 논죄(論罪)하여 후일(後日)을 경계할 것.

하나, 각도(各道) 각관(各官)의 의창미(義倉米)와 군자미(軍資米)를 꾸어간 자가 여러 해가 돼도 이를 갚지 아니하는데, 감사(監司) 수령(守令)이 추납(推納)해 회계(會計)하지 않고 빈 숫자(數字)로만 시행하니, 추수(秋收) 뒤에는 일절 모두 받아들여서 수목(數目)을 정보(呈報)하게 할 것.

하나, 각관(各官)의 수령(守令)이 수많은 쌀과 콩을 한 창고에 쌓아두고, 쓸 때를 당해 햇곡과 묵은 것을 구별하지 않아서 여러 해 동안 묵고 썩게 되니, 금후로는 곳간(庫間) 3~4간(間)에 칸막이 하나씩을 만들어 햇곡과 묵은 것을 나눠두어 묵은 것은 먼저 쓰고 햇곡을 머물러 두게 하되, 마음을 쓰지 않는 자는 『육전(六典)』에 의거하여 죄를 논할 것.

하나, 각관(各官)의 취련(吹鍊)을 고찰(考察)하여 계수관(界首官)마다 제색(諸色) 장인(匠人)을 평균하게 정해서 매월(每月) 군기(軍器)의 수(數)를 정하여 만들 것.

하나, 호구(戶口)의 법이 오랫동안 폐지되어 양천(良賤)이 서로 섞이고, 유리(流離)하여 도망하는 것이 끊이지 않습니다. 일찍이 내린 판지(判旨)를 참고하여 양천(良賤)을 분간(分揀)하되, 3년을 한(限)하여 성적(成籍)해서 항산(恒産)이 있게 해야 할 것입니다.'

의정부(議政府)에 내려 보냈다.

병인일(丙寅日-20일)에 전 예빈시 판사(禮賓寺判事) 위충(魏种)의 직첩(職牒)을 거두고 (충청도) 덕산(德山)에 부처했다. 사간원에서 말씀을 올렸다.

'예(禮)에 이르기를 "임금의 말[君言(군언)]을 집에서 묵히지 않는다"[16]라고 했고 『시경(詩經)』에 이르기를 "왕사(王事)를 허술히 할 수 없는지라 아비를 봉양할 겨를이 없다"[17]라고 했습니다. 그렇다면 사명(使命)을 받들고 공경하지 못한 것은 남의 신하된 자[人臣(인신)]의 대죄(大罪)입니다. 지난번에 전하께서 태상왕(太上王)의 병환이 위급한 때를 당해 사신(使臣)을 나눠 보내 유지(宥旨-사면령)를 선포하게 하셨는데 대개 이는 태상왕의 강령(康寧)을 바란 것이니 사신된 자가 잠시나마 소홀히 하여 급하게 하지 않을 수 있겠습니까? 전 판사(判事) 위

16 『예기(禮記)』「곡례(曲禮)」에 나오는 말이다.

17 「소아(小雅)」'녹명(鹿鳴)'에 나오는 구절이다.

충(魏种)은 경상도 경차관(慶尙道敬差官)의 명(命)을 받고서 상(上)의 뜻을 체득하지 아니하고 여흥(驪興)에 들러 먼저 불충(不忠)한 신하 민무구(閔無咎)를 만나보고, 또 경상도에 이르러서 급히 민무질(閔無疾)을 만나 보아, 왕사(王事)를 급(急)히 여기지 않고 간당(奸黨)에게 아부하여 상의 은택(恩澤)을 지체하게 했으니 불경(不敬)한 것이 이보다 더 심할 수 없습니다. 바라건대 전하께서는 유사(攸司)로 하여금 그 직첩(職牒)을 회수하고 그 까닭을 국문(鞫問)하게 해 율(律)에 따라 시행하셔야 할 것입니다.'

상이 의정부에 내려 토의해 결단케 하여[議斷 의단] 직첩을 거두고 부처한 것이다.

○ 황엄(黃儼) 등이 경복궁(景福宮)에 가서 다시 처녀를 살펴 보았다.

○ 일본(日本) 살마주 태수(薩摩州太守)가 사자(使者)를 보내 예물(禮物)을 바쳤다.

기사일(己巳日-23일)에 오랜 비로 인해 경성(京城) 사문(四門)에 기청제(祈晴祭)를 지냈다.

○ 백관(百官)이 대궐에 나아가 천추절(千秋節-황태자의 생일)을 요하(遙賀-멀리서 축하하는 일)했는데 시복(時服)[18] 차림으로 행례(行禮)했다.

---

18 평상복을 말하는데 여기서는 상복을 벗었음을 보여주기 위함이다.

임신일(壬申日-26일)에 석실(石室)을 만들라고 명했다. 산릉(山陵)의 기일(期日)이 가까웠는데 고사(故事)를 따르는 자는 석실을 만들자고 하고 『가례(家禮)』에 의거하는 자는 회격(灰隔)[19]을 쓰자고 해 양설(兩說)이 정해지지 않았다. 상이 세자 제(禔)에게 명해 종묘에 나아가 점[牲]을 쳐서 석실로 정했다.

○ 황엄(黃儼) 등이 경복궁(景福宮)에서 처녀(處女)를 살펴보았다.

○ 이추(李推)를 함주(咸州), 청주(青州) 등처 병마사(兵馬使) 겸 청주부사(青州府使)로 삼았다.

○ 대호군(大護軍) 조정(趙定)을 파직(罷職)시켰다. 정(定)이 국상(國喪)을 당하여 술과 고기를 싸 가지고 회음(會飮)했으므로 헌부(憲府)에서 그 죄를 논(論)했기 때문이었다.

○ 장무 호군(掌務護軍) 김우생(金祐生)을 순금사에 내렸다. 우생(祐生)이 방주(房主)가 사진(仕進)하지 않은 날에 혼자 본방(本房-호군방)에 좌정하고서 인(印)을 열어 망령되게 죄명(罪名)을 만들어서 도리어 방주 호군(房主護軍) 변예(邊預)를 논핵(論劾)했기 때문이다. 헌부(憲府)에서 그 죄를 탄핵하여 아뢰니 의정부에 내렸다. 의정부에서 아뢰고 우생을 순금사에 가뒀더니 감등(減等)하여 논죄하도록 명했다.

갑술일(甲戌日-28일)에 전 좌부대언(左副代言) 유두명(柳斗明)이 졸(卒)했다. 부의(賻儀)로 쌀과 콩 30석과 종이 100권 및 관곽(棺槨)을 내려주었다.

---

19 석회를 다져 쌓아 실(室)을 만드는 것을 말한다.

을해일(乙亥日-29일)에 산릉(山陵)의 재궁(齋宮)에 개경사(開慶寺)라는 이름을 내려주고 조계종(曹溪宗)에 소속시켜 노비(奴婢) 150구(口)와 전지(田地) 300결(結)을 정속(定屬)시켰다. 연경사(衍慶寺)의 원속(元屬) 노비가 80구(口)인데 이번에 20구를 더 정속시켰다. 상이 황희(黃喜)에게 일러 말했다.

"불씨(佛氏-불교)의 그른 것을 내 어찌 알지 못하랴마는, 이것을 행하는 것은 부왕(父王)의 대사(大事)를 당해 마음속으로 시비(是非)를 따질 겨를이 없다. 내 자신에 대해서는 마땅히 해야 할 일을 자세히 제정해 후사에게 전하겠다."

○ 산릉(山陵)의 수호군(守護軍) 10명을 두었다.

○ (일본의) 준주 태수(駿州太守) 원원규(源圓珪)와 일향주(日向州) 지공하(地公河)가 각각 사람을 보내 우리의 피로인(被擄人)을 돌려보냈다.

丁未朔 虹見西北方.
정미 삭 홍 현 서북방

設圓覺法席于興天寺.
설 원각 법석 우 흥천사

領議政府事河崙等 率百官詣闕 復請聽政. 啓曰:“前日臣等
영 의정부 사 하륜 등 솔 백관 예궐 부청 청정 계왈 전일 신등

再請聽政 迨今未蒙允許. 若殿下不肯聽政 則臣等亦欲辭職.”上
재청 청정 태금 미몽 윤허 약 전하 불긍 청정 즉 신등 역 욕 사직 상

曰:“身居殯側 未盈百日 安忍釋服聽政?”崙等啓曰:“大孝在於
왈 신 거 빈측 미영 백일 안인 석복 청정 륜 등 계왈 대효 재어

繼述 非固守一節之謂也. 殿下若不聽政 則臣等將何稟令?”上
계술 비 고수 일절 지위 야 전하 약 불 청정 즉 신등 장 하 품령 상

曰:“百日之制 雖曰鄕風 然稽諸古書 宋丞相王淮言於孝宗 有
왈 백일 지 제 수 왈 향풍 연 계 저 고서 송 승상 왕회 언 어 효종 유

百日後聽政之言. 予欲法此.”崙等對曰:“百日之語 不見經傳
백일 후 청정 지 언 여 욕법 차 륜 등 대왈 백일 지 어 불현 경전

豈足爲法?”李茂啓曰:“百日行喪 前朝之風 今則人行三年之
기 족 위법 이무 계왈 백일 행상 전조 지 풍 금즉 인 행 삼년 지

喪. 殿下若曰百日後聽政 則是復前朝百日之風 誠爲不可.”上乃
상 전하 약왈 백일 후 청정 즉 시 복 전조 백일 지 풍 성 위 불가 상 내

曰:“卿等之言 皆所以輔我也 然未葬之前 不可接見大臣. 予欲於
왈 경 등 지 언 개 소이 보 아 야 연 미장 지 전 불가 접견 대신 여 욕 어

內殿 使代言啓事 聽斷之時 冠服制度 詳定以聞.”於是 成石璘
내전 사 대언 계사 청단 지 시 관복 제도 상정 이문 어시 성석린

等啓曰:“謹按宋朝孝宗故事 群臣屢請易服御殿聽政 故以布素
등 계왈 근안 송조 효종 고사 군신 누청 역복 어전 청정 고 이 포소

視事內殿. 今考其冠服則白布折上巾 詣梓宮則衰絰而杖. 蓋
시사 내전 금 고 기 관복 즉 백포 절상건 예 재궁 즉 최질 이 장 개

折上巾 形制未詳 且非時王之制. 乞以白布巾 布衫 坐內殿視事.”
절상건 형제 미상 차 비 시왕 지 제 걸 이 백포 건 포삼 좌 내전 시사

上命政府曰:“群臣旣禫而猶素饌 非古也. 卿等宜先開素 以示
상 명 정부 왈 군신 기 담 이 유 소찬 비 고 야 경 등 의 선 개소 이시

衆僚. 待卿等開素 然後予亦嘗藥酒." 議政府退 始食乾脯 仍
중료 대경등 개소 연후 여역상 약주 의정부 퇴 시식 건포 잉
詣闕獻藥酒 上始進一種.
예궐 헌 약주 상시진 일종

戊申 內史黃儼等 與議政府同選京外處女于景福宮. 儼怒其無
무신 내사 황엄 등 여 의정부 동선 경외 처녀 우 경복궁 엄노기무
美色 執慶尙道敬差內官朴輶 縛而數之曰: "慶尙一道 爲國之半
미색 집 경상도 경차 내관 박유 박이수지 왈 경상 일도 위 국지반
上國已曾知之 豈無美色? 汝敢以私意 選進如此之女乎?" 欲
상국 이증 지지 기무 미색 여감이 사의 선진 여차 지녀호 욕
杖之而止. 踞交倚 立政丞于前 挫辱之 遂還大平館. 上遣知申事
장지 이지 거 교의 입 정승 우전 좌 욕지 수환 대평관 상견 지신사
黃喜 謂儼曰: "此兒女輩 以終遠父母爲憂 食不知味 日至瘦瘠
황희 위엄왈 차아 여배 이 종원 부모 위우 식 부지 미 일지 수척
不足怪也. 請更飾以中國之粧見之." 儼曰: "然." 是日 平城君
부족 괴야 청갱식이 중국 지장 견지 엄왈 연 시일 평성군
趙狷女 若中風而口不正; 吏曹參議金天錫女 若中風而顫頭; 前
조견 녀 약 중풍 이구 부정 이조참의 김천석 녀 약 중풍 이 전두 전
軍資監李云老之女 若病脚而蹇步 儼等大怒. 憲司劾狷等敎女
군자감 이운로 지녀 약 병각 이 건보 엄등 대노 헌사 핵견등 교녀
不謹之罪 遣吏守直 狷開寧付處 云老陰竹付處 天錫停職.
불근지죄 견리 수직 견 개령 부처 운로 음죽 부처 천석 정직

己酉 始以素衣白帽 聽政于內殿. 大事 令代言司入啓; 小事 令
기유 시이 소의 백모 청정 우 내전 대사 영 대언사 입계 소사 영
政府行移.
정부 행이

分遣各道巡察使 更選處女 又使內官一人從之 名曰敬差
분견 각도 순찰사 갱선 처녀 우사 내관 일인 종지 명왈 경차
內官. 京畿左道 江原道 東北面 西川君韓尙敬 內官金龍奇;
내관 경기좌도 강원도 동북면 서천군 한상경 내관 김용기
京畿右道 豐海道 西北面 前都巡問使呂稱 內官李元鳳; 忠淸道
경기우도 풍해도 서북면 전 도순문사 여칭 내관 이원봉 충청도
知議政府事李來 內官 尹伯顔; 全羅道 參贊議政府事李貴齡
지의정부사 이래 내관 윤백안 전라도 참찬 의정부 사 이귀령
內官廉有恥; 慶尙道 鐵城君李原 內官朴輶. 議政府移牒各道
내관 염유치 경상도 철성군 이원 내관 박유 의정부 이첩 각도
曰:
왈

'前者 都觀察使 都巡問使及敬差官等 道內處女 不肯用心推刷
전자 도관찰사 도순문사 급 경차관 등 도내 처녀 불긍 용심 추쇄

多有漏報者. 更於大小守令 品官 鄉吏 日守兩班 鄉校生徒 百姓
다 유 누보 자 갱 어 대소 수령 품관 향리 일수양반 향교 생도 백성

各戶 如有姿色 一皆採擇 竝令精潔梳粧 以待天使之閱視. 如有
각호 여유 자색 일개 채택 병 령 정결 소장 이대 천사 지 열시 여유

隱匿女子 不肯見出 或有針灸短髮帖藥 多方作謀 規避選擇者
은닉 여자 불긍 현출 혹 유 침구 단발 첩약 다방 작모 규피 선택 자

通政以下直斷 嘉善以上申聞 竝以王旨不從論 職牒收取 籍沒
통정 이하 직단 가선 이상 신문 병 이 왕지 부종 논 직첩 수취 적몰

家産.’
가산

黃儼潛遣伴人于漢江 覘視各道巡察之行.
황엄 잠견 반인 우 한강 첨시 각도 순찰 지 행

革鐵和縣屬之黃州 仍置判官.
혁 철화현 속지 황주 잉 치 판관

庚戌 韓帖木兒 奇原至闕 上出廣延樓下 立辭而送之.
경술 한첩목아 기원 지궐 상 출 광연루 하 입사 이 송지

辛亥 黃儼等再擇處女. 儼等至闕 上出廣延樓下 立辭而送之
신해 황엄 등 재택 처녀 엄 등 지궐 상 출 광연루 하 입사 이 송지

遂如景福宮擇處女. 其衣粧首飾 皆用華制 儼曰: “間有僅可者
수 여 경복궁 택 처녀 기 의장 수식 개 용 화제 엄 왈 간 유 근 가자

三四人而已.” 留權執中 任添年等女子三十一人 餘皆放遣. 儼等
삼사 인 이이 유 권집중 임첨년 등 여자 삼십 일 인 여개 방견 엄 등

以被選處女數小 欲分至外方親擇 世子禔與議政府先往漢江亭
이 피선 처녀 수 소 욕 분지 외방 친택 세자 제 여 의정부 선왕 한강정

欲設餞. 韓帖木兒 奇原 至闕辭 上曰: “使臣雖親至外方 皆農家
욕 설전 한첩목아 기원 지궐 사 상 왈 사신 수 친지 외방 개 농가

女兒 美色何從而得之!” 二人還以告儼 儼怒曰: “我等陽欲分往
여아 미색 하 종이 득지 이인 환 이고 엄 엄 노왈 아등 양 욕 분왕

外方 以觀國王之誠不誠 非實欲往也. 當還京師耳.” 上遣知申事
외방 이관 국왕 지 성 불성 비 실 욕왕 야 당 환 경사 이 상 견 지신사

黃喜 遜辭固請 儼乃止.
황희 손사 고청 엄 내 지

司諫院上啓以爲①:
사간원 상계 이위

‘使臣近京之日 始有地震之異; 處女推刷以來 又有陰沴之
사신 근경 지 일 시 유 지진 지 이 처녀 추쇄 이래 우 유 음려 지

災; 巡察使發遣之後 當夏秋之交 蝗蟲爲害 凄風連日 災異屢現.
재 순찰사 발견 지 후 당 하추 지 교 황충 위해 처풍 연일 재이 누현

今更令各司各成衆官及大小閑良官 各擧處女隱匿者 家財沒官
금 갱 령 각사 각성중반 급 대소 한량관 각 거 처녀 은닉 자 가재 몰관

科田遞立. 有司承此 各司吏典及坊里婦女 縶縲鞭扑 閭里寃呼
과전 체립 유사 승차 각사 이전 급 방리 부녀 계류 편복 여리 원호
感傷和氣 加又召致災變 饑饉荐至 則將來之事 實爲可慮. 願依
감상 화기 가 우 소치 재변 기근 천지 즉 장래 지 사 실 위 가려 원의
前例 嚴加推考 隱匿者 止罪己身 以弭民怨.
전례 엄 가 추고 은닉 자 지 죄 기신 이미 민원

倭船二隻 寇西北面寧朔縣.
왜선 이척 구 서북면 영삭현

徵諸道軍丁 赴山陵役. 忠淸道三千五百 豐海道二千 江原道
징 제도 군정 부 산릉 역 충청도 삼천 오백 풍해도 이천 강원도
五百 期以七月晦日始役.
오백 기 이 칠월 회일 시역

壬子 日本大內殿 遣使獻禮物 有屋轎子一 屛風六 藥材 器皿
임자 일본 대내전 견사 헌 예물 유 옥교자 일 병풍 육 약재 기명
綾絹等物.
능견 등물

癸丑 春州蝗.
계축 춘주 황

甲寅 設法華三昧懺法席于殯殿.
갑인 설 법화 삼매 참 법석 우 빈전

以金宇爲江界等處都兵馬使判江界府事 權衷爲泥城等處
이 김우 위 강계 등처 도병마사 판 강계부 사 권충 위 이성 등처
都兵馬使 判朔州都護府事 朴齡吉州道察理使兼判吉州牧事
도병마사 판 삭주도호부 사 박령 길주도 찰리사 겸 판 길주목 사
韓興寶慶源等處兵馬使兼慶源府使 尹思修江原道都觀察使判
한흥보 경원 등처 병마사 겸 경원부사 윤사수 강원도 도관찰사 판
原州牧事 李衎江原道兵馬都節制使判江陵大都護府事 咸傅霖
원주목 사 이간 강원도 병마도절제사 판 강릉대도호부 사 함부림
豐海道都觀察使判黃州牧事 金繼志豐海道兵馬都節制使判
풍해도 도관찰사 판 황주목 사 김계지 풍해도 병마도절제사 판
海州牧事. 皆以議政府入抄 落點差遣 許令挈家赴任.
해주목 사 개 이 의정부 입초 낙점 차견 허령 설가 부임

乙卯 黃儼等如景福宮 更視處女.
을묘 황엄 등 여 경복궁 갱시 처녀

書雲觀上書請營石室. 書曰:
서운관 상서 청영 석실 서왈

‘臣等謹按胡氏書 基穴論云: “今俗以塼石爲槨 唯不甃底 與夫
신등 근안 호씨 서 기혈론 운 금속 이 전석 위곽 유 불 추저 여 부
釣棺而下 此皆可取. 蓋不甃底者 一以通地氣 一以滲水脈; 釣棺
조관 이하 차 개 가취 개 불 추저 자 일이 통 지기 일이 삼 수맥 조관

則破地不廣 得以惜其氣故也." 文公家禮 作灰隔注云: "灰禦

즉 파지 불광 득이 석 기기 고야 문공 가례 작회격 주 운 회 어

木根辟水蟻. 石灰得沙而實 得土而粘 歲久結爲塼石. 螻蟻盜賊

목근 벽 수 의 석회 득 사 이 실 득 토 이 점 세구 결 위 전석 누의 도적

皆不能近也." 附注云: "炭屑沙灰 穴底四旁相接 築之旣平 然後

개 불능 근 야 부주 운 탄설 사회 혈저 사방 상접 축 지 기평 연후

安石槨於其上." 以此觀之 用石爲槨 古有之矣. 且沙灰以隔 久爲

안 석곽 어 기상 이차 관지 용석 위곽 고 유지 의 차 사회 이격 구 위

塼石 則是亦石室之義也. 臣等竊見 惟我國家 自古迄今 陵室之

전석 즉 시 역 석실 지 의 야 신등 절견 유 아 국가 자고 흘금 능실 지

作 靡不用石 至於臣庶 用石爲葬者 比比有之. 臣等之淺見 以爲

작 미불 용석 지어 신서 용석 위장 자 비비 유지 신등 지 천견 이위

今我大行太上王之陵 誠宜用石爲室 不甃其底 則本朝陵室之制

금 아 대행 태상왕 지 능 성의 용석 위실 불 추 기저 즉 본조 능실 지 제

不乖 而文公必誠必信之義 胡氏通氣滲脈之法 庶幾備矣.'

불괴 이 문공 필성 필신 지 의 호씨 통기 삼맥 지 법 서기 비의

下議政府擬議.

하 의정부 의의

禮曹詳定: 開城留後司知印著有角頭巾 七品去官.

예조 상정 개성유후사 지인 저 유각 두건 칠품 거관

戊午 成州大水 民金哲一家五人溺死.

무오 성주 대수 민 김철 일가 오인 익사

韓帖木兒 奇原 陳敬等至闕 上出 立辭而送之.

한첩목아 기원 진경 등 지궐 상 출 입사 이 송지

己未 遣世子禔 設第七齋于檜巖寺 各司一員侍衛.

기미 견 세자 제 설 제칠 재 우 회암사 각사 일원 시위

以趙璞爲東北面都體察使 林整東北面都巡問察理使

이 조박 위 동북면 도체찰사 임정 동북면 도순문찰리사

兼永興府尹 李稷西北面都體察使 起復朴信爲西北面

겸 영흥부윤 이직 서북면 도체찰사 기복 박신 위 서북면

都巡問察理使兼平壤府尹 曹瑗雞林安東道兵馬都節制使

도순문찰리사 겸 평양부윤 조원 계림 안동도 병마도절제사

兼鷄林府尹 尹子當晉州尙州道兵馬都節制使兼判昌原府事

겸 계림부윤 윤자당 진주 상주도 병마도절제사 겸 판 창원부 사

安處善判晉州牧事 尹向全羅道都觀察使兼完山府尹 柳廷顯

안처선 판 진주목 사 윤향 전라도 도관찰사 겸 완산부 윤 유정현

忠淸道都觀察使兼判淸州牧事 李原慶尙道都觀察使兼領尙州牧

충청도 도관찰사 겸 판 청주목 사 이원 경상도 도관찰사 겸 영 상주목

事 李龜鐵忠淸道兵馬都節制使兼 領洪州牧事 姜思德全羅道

사 이구철 충청도 병마도절제사 겸 영 홍주목 사 강사덕 전라도

兵馬都節制使兼領羅州牧事 李之實安州等處都兵馬使兼判
병마도절제사 겸 영 나주목 사 이지실 안주 등처 도병마사 겸 판
安州牧事.
안주목 사

始幷義昌 會原兩縣 爲昌原府.
시 병 의창 회원 양현 위 창원부

公州民安夫介獻銀十九兩. 夫介因家財漂流 沿水涯尋覓 得銀
공주 민 안부개 헌 은 십구 냥 부개 인 가재 표류 연 수애 심멱 득 은
以獻 命準直賞給.
이헌 명 준치 상급

辛酉 黃儼等更視處女于景福宮.
신유 황엄 등 갱시 처녀 우 경복궁

江原道 原州 旌善 麟蹄 豐海道 鳳州 長淵蝗.
강원도 원주 정선 인제 풍해도 봉주 장연 황

壬戌 遣司譯院舍人任種義 管押漫散軍劉莫遂等九十九名 如
임술 견 사역원 사인 임종의 관압 만산군 유막수 등 구십 구 명 여
遼東. 時有遼東前衛前所軍張朱士等四人 因領受官馬喂養瘦死
요동 시 유 요동 전위 전소군 장주사 등 사인 인 영수 관마 위양 수사
無以充立 遂結黨潛渡鴨綠江 盜民家馬五匹 還至方山口子 爲
무이 충립 수 결당 잠도 압록강 도 민가 마 오 필 환지 방산구자 위
守把軍兵所獲.② 義州兵馬使朴矩以聞 上曰: "此人雖是馬賊 旣
수파 군병 소획 의주 병마사 박구 이문 상 왈 차인 수 시 마적 기
係上國軍人 未敢擅便斷罪." 乃令種義牢固管押 解發遼東都司
계 상국 군인 미감 천편 단죄 내 령 종의 뇌고 관압 해발 요동도사
區處.
구처

癸亥 海壽 韓帖木兒 奇原至闕 上辭以瘇氣 不接待.
계해 해수 한첩목아 기원 지궐 상 사 이 종기 부 접대

黃儼以銀五十兩 施納檜巖寺.
황엄 이 은 오십 양 시납 회암사

議政府啓定各道都節制使軍官數: 雞林安東道 尙州晉州道
의정부 계정 각도 도절제사 군관 수 계림 안동도 상주 진주도
全羅道 忠淸道 東西北面都巡問使各十人 江原道 豐海道 吉州
전라도 충청도 동 서북면 도순문사 각 십인 강원도 풍해도 길주
慶源 泥城 江界各七人 咸州 靑州 安州及各鎭兵馬使各五人.
경원 이성 강계 각 칠인 함주 청주 안주 급 각진 병마사 각 오인

禮曹啓行酺祭之儀:
예조 계행 포제 지 의

'臣等謹按文獻通考 宋高宗朝 禮部太常寺言: "看詳酺祭 欲依
신등 근안 문헌통고 송 고종 조 예부 태상시 언 간상 포제 욕의

祀令 蝗蟲爲災則祭之 本寺擇日 依儀祭告. 其祭告之所 國城
사령 황충 위재 즉 제지 본시 택일 의의 제고 기 제고 지 소 국성

外西北 乞設位行祭; 所差祭告官 幷合排辦事 竝依常時祭告
외 서북 걸 설위 행제 소차 제고 관 병합 배판 사 병 의 상시 제고

小祀禮例. 在外州縣 有蝗蟲處 卽依儀式 一面差守令 設位祭告
소사 예 례 재외 주현 유 황충 처 즉 의 의식 일면 차 수령 설위 제고

施行." 又按太常因革禮: "歷代書史 悉無祭酺儀式 欲準祭馬步
시행 우 안 태상 인 혁례 역대 서사 실 무 제포 의식 욕 준 제 마보

儀施行. 壇在國城西北 祭儀禮科小祀 乞差官就馬壇設祭. 稱
의 시행 단 재 국성 서북 제의 예과 소사 걸 차관 취 마단 설제 칭

爲酺神 祝文係學士院撰定. 若外州者 略依禜祭禮 先擇便方
위 포신 축문 계 학사원 찬정 약 외주 자 약 의 영제례 선택 편방

除地立表 施繩以代壇. 其致祭行禮器物等 竝如小祀." 祝文曰:
제지 입표 시승 이대 단 기 치제 행례 기물 등 병여 소사 축문 왈

"蝗蝝荐生 害於嘉穀. 惟神降祐 應時消殄." 卽今蝗蟲害穀 京中
황연 천생 해 어 가곡 유 신 강우 응시 소진 즉금 황충 해 곡 경중

及外方 有蝗蟲州郡 行酺祭祈禳; 京中祭處 就馬步壇 奠物祭服
급 외방 유 황충 주군 행 포제 기양 경중 제처 취 마보단 전물 제복

依祭馬步禮; 外官依上項外州例.'
의 제 마보 례 외관 의 상항 외주 례

下議政府.
하 의정부

甲子 虹見南方.
갑자 홍 현 남방

乙丑 議政府進時務數條:
을축 의정부 진 시무 수조

'一, 各道城子頹毁處修補 低微處加築 新築處 農隙始役等事
일 각도 성자 퇴훼 처 수보 저미 처 가축 신축 처 농극 시역 등사

量宜施行.
양의 시행

一, 水陸諸色軍丁 馬步兵 强弱分揀 馬兵正官一 有馬身實
일 수륙 제색 군정 마 보병 강약 분간 마병 정관 일 유마 신 실

奉足二; 步兵正官一 無馬身實奉足二. 槍射分揀 每牌五十名式
봉족 이 보병 정관 일 무마 신 실 봉족 이 창 사 분간 매패 오십 명 식

定體.
정체

一, 大官摠牌四五名 小官摠牌二三名 隨其軍額多少 各其官
일 대관 총패 사오 명 소관 총패 이삼 명 수 기 군액 다소 각 기관

中心及四面各其相近處分定. 每年二月初一日始 晦日至 十月初
중심 급 사면 각 기 상근 처 분정 매년 이월 초 일일 시 회일 지 십월 초

一日始 晦日至 俾習用槍騎步射. 守令無時考察 如有不用心者
일일 시 회일 지 비 습용 창 기 보사 수령 무시 고찰 여유 불 용심 자
守令及摠牌 論罪戒後.
수령 급 총패 논죄 계후

一, 各道各官義倉米 軍資米貸者 累年不償 監司守令不爲推納
일 각도 각관 의창 미 군자미 대자 누년 불상 감사 수령 불위 추납
會計虛數施行. 秋收後 一皆徵納 數目呈報.
회계 허수 시행 추수 후 일개 징납 수목 정보

一, 各官守令數多米太 合置一庫 當其用時 不揀新陳 以致
일 각관 수령 수다 미태 합치 일고 당 기용 시 불간 신진 이치
積年陳朽. 今後庫間三四間一隔式造 分置新陳 陳者先用 新者
적년 진후 금후 고간 삼사 간 일 격 식 조 분치 신진 진자 선용 신자
留置 不爲用心者 依六典論罪.
유치 불위 용심 자 의 육전 논죄

一, 各官吹鍊考察 每於界首官諸色匠人 平均定體 每月軍器
일 각관 취련 고찰 매어 계수관 제색 장인 평균 정체 매월 군기
定數造作.
정수 조작

一, 戶口之法久廢 以致良賤相混 流亡不息. 曾降判旨 參考
일 호구 지 법 구폐 이치 양천 상혼 유망 불식 증 강 판지 참고
良賤分揀 限三年成籍 致有恒産.'
양천 분간 한 삼년 성적 치 유 항산

下議政府.
하 의정부

丙寅 收前判禮賓寺事魏种職牒 德山付處. 司諫院上言曰:
병인 수 전 판 예빈시 사 위충 직첩 덕산 부처 사간원 상언 왈
'禮曰: "君言不宿于家." 詩曰: "王事靡盬 不遑將父." 然則
예 왈 군언 불숙 우가 시 왈 왕사 미고 불황 장부 연즉
奉使不敬 人臣之大罪也. 曩者殿下當太上疾劇之時 分遣使臣
봉사 불경 인신 지 대죄 야 낭자 전하 당 태상 질 극 지 시 분견 사신
宣布宥旨 蓋欲太上之康寧也. 爲使臣者 其可暫忽而不急乎? 前
선포 유지 개 욕 태상 지 강녕 야 위 사신 자 기 가 잠홀 이 불급 호 전
判事魏种受慶尙道敬差之命 不體上意 枉至驪興 先見不忠之臣
판사 위충 수 경상도 경차 지 명 불체 상의 왕 지 여흥 선견 불충 지 신
閔無咎 又至慶尙道 亟見無疾. 不以王事爲急 而附會奸黨 壅滯
민무구 우 지 경상도 극 견 무질 불이 왕사 위급 이 부회 간당 옹체
上澤 其爲不敬 莫甚於此. 願殿下 令攸司收其職牒 鞫問其故
상 택 기위 불경 막심 어차 원 전하 영 유사 수 기 직첩 국문 기고
依律施行.'
의율 시행

上付議政府議斷 收職牒付處.
상 부 의정부 의단 수 직첩 부처

黃儼等如景福宮 復視處女.
황엄 등 여 경복궁 부시 처녀

日本薩摩州 遣使獻禮物.
일본 살마주 견사 헌 예물

己巳 以久雨 祈晴于京城四門.
기사 이 구우 기청 우 경성 사문

百官詣闕 遙賀千秋節 以時服行禮.
백관 예궐 요하 천추절 이 시복 행례

壬申 命造石室. 山陵期近 遵故事者 欲作石室; 據家禮者 欲用
임신 명조 석실 산릉 기 근 준 고사 자 욕작 석실 거 가례 자 욕용
灰隔 兩說未定 上命世子禔詣宗廟探柱 定爲石室.
회격 양설 미정 상 명 세자 제 예 종묘 탐생 정 위 석실

黃儼等視處女于景福宮.
황엄 등 시 처녀 우 경복궁

以李推爲咸州靑州等處兵馬使兼靑州府使.
이 이추 위 함주 청주 등처 병마사 겸 청주부 사

罷大護軍趙定. 憲府論定當國喪齋酒肉會飮之罪也.
파 대호군 조정 헌부 논 정 당 국상 재 주육 회음 지 죄 야

下掌務護軍金祐生于巡禁司. 祐生於房主不仕之日 獨坐本房
하 장무 호군 김우생 우 순금사 우생 어 방주 불사 지 일 독좌 본방
開印 妄構罪名 反劾房主護軍邊預. 憲府劾其罪以啓 下議政府
개인 망구 죄명 반 핵 방주 호군 변예 헌부 핵 기죄 이계 하 의정부
政府啓下祐生于巡禁司 命減等論罪.
정부 계하 우생 우 순금사 명 감등 논죄

甲戌 前左副代言柳斗明卒. 賜賻米豆三十石 紙一百卷及棺槨.
갑술 전 좌부대언 유두명 졸 사부 미두 삼십 석 지 일백 권 급 관곽

乙亥 賜山陵齋宮名開慶寺 屬曹溪宗 定屬奴婢一百五十口
을해 사 산릉 재궁 명 개경사 속 조계종 정속 노비 일백 오십 구
田地三百結; 衍慶寺元屬奴婢八十口 今加定二十口. 上謂黃喜
전지 삼백 결 연경사 원속 노비 팔십 구 금 가정 이십 구 상 위 황희
曰: "佛氏之非 予豈不知! 所以爲此者 當父王之大事 心不暇計
왈 불씨 지 비 여 기 부지 소이 위 차자 당 부왕 지 대사 심 불 가 계
其是非也. 至於予身 必詳制其所當爲之事 以傳後嗣."
기 시비 야 지어 여 신 필 상제 기 소당위 지 사 이전 후사

置山陵守護軍一百名.
치 산릉 수호군 일백 명

駿州太守源圓珪及日向州地公河 各使人歸我被擄人.
준주 태수 원원규 급 일향주 지공하 각 사인 귀 아 피로인

| 원문 읽기를 위한 도움말 |

① 司諫院(사간원)上啓(상계)以爲(이위). 以爲(이위)는 '~라고 여기다' 혹은 '~라고 생각하다'라는 뜻이다. 그래서 여기서는 '아래와 같은 내용이다'는 뜻이 된다.

② 爲(위)守把(수파)軍兵(군병)所獲(소획). 전형적인 '爲(위)~所(소)~' 구문이다. '~에게 ~당하다'는 뜻이다.

태종 8년 무자년
8월

八月

병자일(丙子日-1일) 초하루에 전 서운관승(書雲觀丞) 김협(金浹)을 보내 대내전(大內殿) 다다량덕웅(多多良德雄)에게 보빙(報聘)[1]하게 하고 『대장경(大藏經)』 1부(部), 나옹(懶翁) 화상(畫像), 중종(中鍾) 1건(件), 홍묵전모(紅墨氈帽), 호표피(虎豹皮), 암수 염소 2쌍(雙), 발합(鵓鴿)[2] 5대(對-쌍), 안자(鞍子) 1면(面), 화(靴), 혜(鞋), 송자(松子), 화석(花席), 주포(紬布), 면포(綿布)를 주었다.

무인일(戊寅日-3일)에 진경(陳敬), 이빈(李賓)에게 각각 저포(苧布) 16필(匹), 인삼(人蔘) 30근(斤)을 주었다.

기묘일(己卯日-4일)에 세자 제(禔)를 태평관에 보내 황엄(黃儼) 등에게 잔치를 베풀었다.

○ 최식(崔湜)의 직첩(職牒)을 돌려줄 것을 명했다.

경진일(庚辰日-5일)에 창원부판관(昌原府判官)을 두었다.

○ 길창군(吉昌君) 권근(權近)과 안성군(安城君) 이숙번(李叔蕃)을

1 이웃나라의 방문을 받은 데 대한 답례를 하는 것을 말한다.

2 비둘기를 말한다.

국장도감(國葬都監)이 추가로 정한 제조(提調)로 삼았다.

신사일(辛巳日-6일)에 황엄(黃儼) 등이 다시 경복궁에 가서 처녀를 살펴보았다.

임오일(壬午日-7일)에 사헌지평(司憲持平) 이백공(李伯恭)을 충주(忠州)에 부처(付處)했다.[3] 사헌부에서 아뢰었다.

'훈련관(訓鍊觀) 장무사직(掌務司直) 정존의(鄭存義)가 무과 관시(武科觀試) 날에 양맹지(梁孟智), 양하(楊夏) 등의 하찮은 허물[痕咎 흔구]을 끄집어내 정거(停擧)[4]시켰습니다. (이는) 국가에서 인재를 취하고 사람을 쓰는 뜻에 어긋납니다. 사람의 앞길[前程 전정]을 해쳐 풍속을 아름답지 못하게 했으니 만일 엄하게 징계하지 않으면 후일(後日)을 경계할 수 없습니다. 직첩(職牒)을 회수하고 율(律)에 따라 논죄해야 할 것입니다.'

상이 그 글을 의정부(議政府)에 내리면서 일이 사유(赦宥-사면령) 전에 있었다고 하여 거론(擧論)치 말게 했다.

○ 헌부(憲府)에서 소(疏)를 올려 다시 청하니 상이 (사헌부) 지평(持平) 이백공(李伯恭)에게 물었다.

"존의(存義)의 죄는 사유(赦宥) 전의 일인데 어째서 다시 청하는가?"

---

3 이 부분은 다음 기사에 연결된다.

4 과거를 보지 못하게 하는 벌(罰)을 말한다.

대답했다.

"이 죄는 사유의 대상에 들지 않습니다."

상이 말했다.

"크게 사유를 내렸는데 어째서 사유의 대상에 들지 않는가?"

대답했다.

"의정부에서 왕지(王旨)를 받든 관문(關文)에 다만 '서울과 외방의 죄수를 방유(放宥)한다'라고 칭했으므로 신 등은 생각하기를 가둔 사람만 석방해 내보내는 것이고 대유(大宥)는 아니라고 여겼습니다. 그리하여 전하의 명령이 이와 같지 않은 것을 알지 못했습니다."

물러나와 의정부 사인(舍人) 유사눌(柳思訥)을 논핵했다.

"당초에 명령을 받고 정부(政府)에 전할 때에 상(上)의 뜻을 착각하여 이문(移文)한 내용이 잘못되게 했다."

의정부에서 검상(檢詳) 이양명(李陽明)을 시켜 관자(關字)의 입안(立案)을 가져오게 해 아뢰었다.

"살펴보건대 본부(本府)에서 왕지(王旨)를 받들어 행이(行移)한 관문(關文) 내(內)의 '경외 죄수(京外罪囚)' 네 글자는 가볍거나 무거운 죄인 전부 지적해서 말한 것인데, 지금 헌부(憲府)에서 지적해 말하는 '수인방출(囚人放出)'이란 말은 잘못된 것입니다. 또 그 당시에 이 관문(關文)에 의해 대소 죄인을 모두 다 방면했는데 지금 도리어 수인방출이란 말이 가(可)하겠습니까?"

상이 그 관문(關文)을 보고 말했다.

"정부(政府)의 문자(文字)에도 포함돼 있으니 의리에 해로울 것이 없다. 하물며 관문 안에 모반(謀叛) 대역(大逆)으로부터 강도 등에 이르는 8조(條) 외에 이발각(已發覺)·미발각(未發覺)을 일절 모두 방면한다 칭했으니 대유(大宥)가 아니고 무엇인가? 존의의 죄가 대역(大逆)이나 강도(强盜)의 예에 드는가? 아니면 이발각(已發覺)·미발각(未發覺)의 예에 드는가?"

의정부에서 식목녹사(式目錄事)[5]로 하여금 백공(伯恭)을 탄핵하게 하여 말씀을 올렸다.

'지난번에 대행 태상왕(大行太上王)께서 오래 미령(靡寧)하실 때 전하께서 마음 아프게 생각하시어 5월 초1일에 모반 대역 강도 등을 제외하고 이발각(已發覺)·미발각(未發覺)된 것을 모두 다 사유(赦宥)하셨으므로 중외(中外)의 신료(臣僚)들이 받들어 행하지 않은 자가 없었습니다. 지금 대사헌(大司憲) 남재(南在) 등이 감히 정존의(鄭存義)의 대유(大宥) 전의 가벼운 죄를 핵문(劾問)해 신청(申請)하므로 전하께서 본부(本府)로 하여금 토의해 시행토록 하셨습니다. 신 등은 생각하기를 대유 전에 범한 것은 마땅히 논하지 말아야 되므로 왕지(王旨)를 받들어 행이(行移)하였사온데 남재 등이 자기들의 그른 것은 돌보지 않고 두 번씩이나 신청해 본부(本府)에 죄를 돌리고자 합니다. 남재 등은 편견(偏見)으로 이미 상지(上旨)에 위배됐고 또 곡설(曲說)로써 상총(上聰)을 모롱(冒弄)했으니 행수(行首)인 남재(南在)와 장무(掌務)인 이백공(李伯恭)을 율(律)에 따라 논죄해서 후래(後來)를 경계해야 합니다.'

---

5 조선시대 중앙 지방 관서의 행정실무를 맡은 서리(書吏)와 경아전(京衙前)에 속한 상급 서리(胥吏)를 말한다.

상이 그 글을 의정부에 내려 남재는 공신(功臣)이라 해 논하지 말게 하고, 백공은 충주(忠州)에 부처(付處)하게 했다.

○ 상승(上昇)하신 태상왕(太上王)의 존시(尊諡)를 올리기를 지인계운성문신무대왕(至仁啓運聖文神武大王)[6]이라 하고 묘호(廟號)[7]를 태조(太祖)라 했다. 예조(禮曹)에서 아뢰었다.

---

6 뜻을 풀면 지극히 어지시어 하늘의 명을 받았고 문무가 모두 빼어나고 신령스러웠다는 말이다.

7 임금이 죽은 뒤 종묘에 그 신위를 모실 때 드리는 존호(尊號)다. 묘호로는 종(宗)과 조(祖)의 두 가지를 썼다. 신라시대는 오직 무열왕이 태종이란 묘호를 가졌고, 고려시대는 태조만이 조자(祖字)의 묘호를 가졌으며, 그 밖의 모든 왕은 종자의 묘호를 가졌다. 조선조에 있어서는 태조 외 세조·선조·인조·영조·정조·순조 등 조자 묘호가 많다. 조나 종을 쓰는 데는 꼭 일정한 원칙이 있었던 것은 아니나 대체로 조는 나라를 처음 일으킨 왕이나 국통(國統), 즉 나라의 정통이 중단되었던 것을 다시 일으킨 왕에게 쓰고, 종은 왕위를 정통으로 계승한 왕에게 붙였다. 이와 같이 조가 창업이나 중흥의 공업(功業)을 남긴 왕에게 붙인다는 원칙 때문에, 은연중 종보다 조가 격이 더 높다는 관념을 낳게 했다. 조선조에 있어서 조의 묘호가 많은 까닭도 이러한 관념에 기인한 것이라고 할 수 있다.
조선조 때 반정(反正)을 통해 왕위에 오른 경우이거나 또는 재위시에 큰 국난을 치렀던 임금은 대체로 조의 묘호를 가지게 되었다. 반정을 통해 왕위에 오른 인조, 임진왜란을 치른 선조, 홍경래의 난을 치른 순조 등이 모두 그 예이고, 비록 반정은 아니라 하더라도 단종을 몰아내고 왕위에 오른 세조도 같은 범주에 들어간다고 할 수 있다.
반정을 통해 왕위에 오른 임금으로 중종이 있다. 중종의 묘호도 인종 초에 왕이 교서를 내려 "선왕이 난정(亂政)을 바로잡아 반정을 하여 중흥의 공이 있으므로 조로 칭하고자 한다"고 했으나, 예관(禮官)이 "선왕이 비록 중흥의 공이 있기는 하나 성종의 직계로 왕위를 계승했으므로 조로 함이 마땅하지 않다"고 하여 중종으로 하게 됐다.
조의 묘호에 우월성을 인정함으로써 본래 종의 묘호였던 것을 조로 바꾼 예가 많다. 선조도 본래 선종(宣宗)이었던 것을 광해군 8년 이를 선조로 바꿨던 것이다. 이때 윤근수(尹根壽)는 "업의 임금을 조라 칭하고 정체(正體)를 계승한 임금을 종이라 하는 것이 정도(正 道)이다"라고 하여 선조로 개호(改號)하는 것을 반대했다. 또한 인조 1년 정경세(鄭經世)는 "조는 공(功)으로써 일컫는 것으로 하등 좋고 나쁜 차이가 없는 것이니, 이는 본래대로 선종(宣 宗)으로 복귀시킴이 옳다"고 주장한 바가 있다.
영조·정조·순조도 본래는 영종·정종·순종이었던 것을 후세에 이를 모두 조로 고쳤던 것이다. 영조와 정조는 고종 때 고친 것이고, 순조는 철종 때 이를 개정한 것이다.

'신주(神主)로 반혼(返魂)[8]하는 것은 『예경(禮經)』에 실려 있는 것이요, 사진(寫眞-어진이나 영정)으로 봉사(奉祀)하는 것은 후세(後世)에서 하는 일입니다. 지금 우리 상승하신 태상왕의 재궁(梓宮)을 산릉(山陵)에 안치(安置)한 뒤에 마땅히 고례(古禮)에 따라 신주(神主)를 봉영(奉迎)하여 반혼제(返魂祭) 우제(虞祭) 부제(祔祭) 등의 제사를 거행해야 합니다. 신의 왕후(神懿王后)는 진용(眞容-어진)으로써 신주(神主)에 배사(配祀)할 수 없으니 먼젓번 인소전(仁昭殿)에 봉안(奉安)한 진용은 궤속에 간직해두고, 신주(神主)로써 배사(配祀)하여 3년 뒤에 부묘(祔廟)토록 하며 그 연후에 태상왕의 진용을 봉안한 다음 신의 왕후의 진용을 배향(配享)하면 거의 고금(古今)의 예전(禮典)이 아울러 행해져서 폐기하지 않게 될 것입니다.'

의정부에 내렸다.

○ 병조(兵曹)에서 아뢰었다.

'전에는 신기방(神騎房)[9]에서 국장(國葬)의 전유마(前遊馬)와 농마(弄馬)를 관장했었는데 지금은 이 방(房)을 혁파(革罷)해버렸으니 병자년(丙子年-1396년)의 예(例)에 의거해 반혼색(返魂色)으로 하여금 관장하게 해야 할 것입니다.'

의정부에 계하(啓下)했다.

을유일(乙酉日-10일)에 진경(陳敬)과 이빈(李賓)이 돌아가니 세자 제

8 반곡(反哭)이라고도 하며 혼백을 다시 집으로 모시고 온다는 뜻이다.

9 의위(儀衛)를 관장하던 병조의 속관(屬官)이다.

(禔)를 보내 모화루(慕華樓)에서 전송했다.

경인일(庚寅日-15일)에 전 사헌감찰(司憲監察) 정제(鄭提)가 도망쳤다. 제(提)는 고(故) 집의(執義) 옹(雍)의 아들이다. 호조(戶曹)의 관문(關文-공문서)을 위조해 사람을 시켜 군자감(軍資監)에 가지고 가게 했는데 그 관문은 이러했다.

'귀화(歸化)한 사람 이불화(李不花)가 쌀 60석을 평양부(平壤府)에 보내려고 하는데 우부(右府)는 사신(使臣)이 지나는 곳이어서 비용의 지출이 많으니 마땅히 저축을 많이 해야 한다. 경감(京監)의 쌀 60석을 속히 환급(換給)하도록 하라.'

판사(判事) 이종선(李種善) 등이 그 문세(文勢)가 왜곡된 것을 의심하여 그 사람을 머물러 두고 은밀히 관원을 시켜 호조에 가서 조사하여 그것이 허위인 것을 알았다. 곧 그 사람을 구속하고 이불화의 집을 대라고 하니 그 사람이 마을을 배회하다가 마침내 정제의 집에 이르니 제는 드디어 도망쳤다. 사헌부에서 아뢰었다.

"제가 이미 도망쳤으니 율(律)에 이르기를 '도망 중에 옥사(獄事)가 이뤄진 뒤에 잡으면 율(律)에 의하여 죄를 결단한다'라고 했으니 직첩(職牒)을 거두고 죄안(罪案)을 시행해야 할 것입니다."

그것을 따랐다.

임진일(壬辰日-17일)에 남쪽에 무지개가 나타났다.

○ 화엄삼매참법석(華嚴三昧懺法席)을 빈전(殯殿)에 베풀었다. 상이 사재(私財)를 들여 법회(法會)를 판비(辦備)하고 흥덕사(興德寺) 주지

住持) 설오(雪悟)를 강주(講主)로 삼았다. 중[緇徒]이 무릇 108명인데 각각 옷과 바리[衣鉢]를 내려주었다. 상왕(上王) 또한 각각 가사(袈裟)를 내려주었다.

○ 영의정부사 하륜(河崙)을 총호사(摠護使)로 삼고, 이조판서 이직(李稷)을 산릉사(山陵使), 안성군(安城君) 이숙번(李叔蕃)을 교량 돈체사(橋梁頓遞使)[10]로 삼았다.

계사일(癸巳日-18일)에 전 판사(判事) 박유손(朴有孫)을 (충청도) 남포(藍浦)로 유배 보냈다. 별시위 패두(別侍衛牌頭) 위충(魏种)이 죄를 얻게 되자 병조(兵曹)에서 세 사람을 다시 의망(擬望-후보 추천)했는데 유손(有孫)이 첫째이고 황한우(黃旱雨)의 이름이 셋째 번에 있었다. 상이 한우(旱雨)를 낙점(落點)하여 썼다. 유손이 지신사 황희(黃喜)의 집에 가서 노(怒)하여 말했다.

"패두(牌頭)의 망장(望狀-후보군을 적은 글)을 상(上)께서 친히 보시고 낙점(落點)했는가? 상께서 만일 아셨다면 어찌하여 끝의 사람에게 낙점하셨겠는가?"

희(喜)가 이를 갖춰 아뢰고 또 말했다.

"신이 오랫동안 근밀(近密)한 자리에 있으므로 남의 의견을 매우 두려워하는데 지금 유손에게 욕을 당했으니 사제(私第)로 물러가겠습니다."

상이 사헌부에 유손을 탄핵하라고 명했는데 헌부가 마침 의정부

---

10 교량의 가설과 도로를 닦는 일을 맡아 보는 임시직이다.

(議政府)의 탄핵을 당했기 때문에 사간원에서 소(疏)를 올려 말했다.

'생각건대 별시위(別侍衛)는 항상 전하의 좌우의 지척에 있으면서 의위(儀衛)를 엄하게 하고 만일의 사태[不虞 불우]에 대비하는 것이니 그 선택을 무겁게 하지 않을 수 없습니다. 하물며 패두(牌頭)는 그 무리를 통섭(統攝)하니 더욱 중하게 하지 않을 수 없습니다. 근래에 병조에서 패두가 될 만한 자 세 사람을 계문(啓聞)했으니 이는 신충(宸衷-임금)의 판단에 달려 있고 신하의 참여할 바가 아닙니다. 유손이 외람되게 세 사람의 열(列)에 끼었다가 그 임명을 받지 못한 것에 감정을 품어 분경(奔競-인사청탁)의 금법(禁法)을 두려워하지 않고 직접 희의 집에 가서 언색(言色)을 드러내며 그 까닭을 힐난했으니 이는 희에게 노(怒)한 것이 아니라 실상은 전하의 명령을 업신여긴 것입니다. 그 죄를 징계하지 않을 수 없으니 빌건대 유사(攸司)에 내려 그 직첩(職牒)을 회수하고 그 까닭을 국문하게 해, 각근(恪謹)하지 못한 것을 징계해야 할 것입니다. 한천군(漢川君) 조온(趙溫)은 개국원훈(開國元勳)으로서 궁금(宮禁)의 의위(儀衛)의 책임을 독차지하고 있으니 마땅히 그 붙이들을 신중히 선택해 왕실을 호위해야 할 것인데, 유손과 같은 간사한 사람을 수망(首望)으로 천거해 병조에 보고했으니 사람을 천거하는 의리를 크게 잃었습니다. 상(上)께서 재결(裁決)해 시행하셔야 할 것입니다.'

의정부에 계하(啓下)해 유손은 부처하고 온(溫)은 공신(功臣)이므로 논하지 말게 했다. 희는 불러서 다시 일을 보라고 명했다.

갑오일(甲午日-19일)에 제주(濟州)에 큰비가 내렸다. 물이 제주성(濟

州城)에 들어와 관사(官舍)와 민가(民家)가 표몰(漂沒)되고 화곡(禾穀)의 태반(殆半)이 침수됐다.

○ 황엄(黃儼) 등이 경복궁(景福宮)에 가서 처녀를 선택했다. 각도(各道)의 처녀로서 서울에 이른 자가 80여 인이었는데, 엄(儼)이 7인을 뽑아 머물러 두었다.

을미일(乙未日-20일)에 황엄 등이 서강(西江)에 나가서 놀므로 하륜(河崙)과 이무(李茂)가 따라가서 술자리를 베풀었다.

○ 이조정랑 신개(申槪)를 전라도에, 공조정랑 이효인(李孝仁)을 경상도에 보냈다. 처녀들을 서울로 보내도록 독촉하기 위함이었다.

○ 계림 안동도 도절제사(鷄林安東道都節制使) 조원(曹瑗)은 경상좌도 수군도절제사(慶尙左道水軍都節制使)를 겸하게 하고 상주 진주도 도절제사(尙州晉州道都節制使) 윤자당(尹子當)은 경상우도 수군 도절제사를 겸하게 했다.

병신일(丙申日-21일)에 의정부에서 대궐에 이르러 음식(飮食)을 비박(菲薄)하게 하지 말기를 청했다.

"전하께서 근일에 음선(飮膳)을 심히 비박하게 하시니 신 등이 두려움을 이길 수 없습니다. 바라건대 성체(聖體)를 보전하소서."

상이 말했다.

"내가 평소에도 성찬(盛餐)을 즐기지 않고 오직 먹을 만한 것 한 그릇만 올리게 했으니 성품이 본래 좋아하는 것만 치중한다. 상례(喪禮)로 인해 그런 것이 아니다."

○ 일본국(日本國) 구주 절도사(九州節度使)가 사자(使者)를 보내 토산물을 바쳤다.

정유일(丁酉日-22일)에 해주(海州)판관을 다시 두었다.

경자일(庚子日-25일)에 크게 바람이 불고 우박이 내렸다.

○ 산릉사(山陵使) 이직(李稷)을 보내 산릉의 참초제(斬草祭)와 개토제(開土祭)를 행했다.

신축일(辛丑日-26일)에 인소전(仁昭殿)을 문소전(文昭殿)이라 고치고, 혼전도감(魂殿都監) 판사(判事)·사(使)·부사(副使) 각 한 사람, 판관(判官) 두 사람, 별감(別監)·내시(內侍) 다방(茶房)의 참상(參上)·참외(參外) 각 한 사람, 녹사(錄事) 두 사람을 두었다. 사(使) 이하 별감(別監)에 이르기까지 매일 세 사람씩 입직(入直)하여 시위(侍衛)하게 했다.

계묘일(癸卯日-28일)에 의정부(議政府)에서 공처 노비(公處奴婢)의 신공(身貢)[11]을 계정(啓定)했다.

"그전부터 관청에 원래 속해 있던 노비의 신공은 너무 가볍고 혁파(革罷)해버린 사사 노비(寺社奴婢)의 신공은 너무 무거워 같은 공천

11 조선시대 국가에 딸린 공노비(公奴婢)들은 일정 기간 동안 노역에 종사하거나 노역에 나가지 않을 경우에는 일정한 양의 현물을 바쳐야 했다. 이것을 신공이라 했다.

(公賤)이라도 신공에 대한 경중(輕重)이 고르지 않습니다. 두 건(件) 노비의 신공을 노자(奴子)는 추포(麤布) 5필(匹), 비자(婢子)는 4필로 하여 항식(恒式)으로 삼아야 할 것입니다."

○ 평주지사(平州知事) 권문의(權文毅)를 순금사 옥(巡禁司獄)에 내렸다. 애초에 풍해도 순찰사(豐海道巡察使) 여칭(呂稱)이 돌아와 황엄(黃儼)에게 일러 말했다.

"문의(文毅)의 딸의 자색(姿色)이 권집중(權執中)의 딸만 못하지 않다[不下 불하]."

이에 엄(儼)이 권씨(權氏)의 절색(絶色)을 구해서 하루 속히 보려고 하는데 문의가 그 딸이 병이 났다 칭탁하고 시일을 오래 끌며 기꺼이 떠나보내려 하지 않았다. 의정부(議政府)에서 지인(知印) 양영발(楊榮發)을 보내 독촉하니 문의가 마지못해 치장(治粧)을 하여 길을 떠나는 체하였다. 영발이 말을 달려 돌아오니 문의는 마침내 딸을 보내지 않았다. 엄이 노해 말했다.

"저런 미관(微官)도 국왕이 제재하지 못하니 하물며 거가(巨家) 대실(大室)에 미색(美色)이 있다 한들 어찌 내놓으려 하겠는가?"

상이 노해 문의를 가뒀다.

원문

丙子朔 遣前書雲觀丞金浹 報聘于大內多多良德雄 賜以
병자 삭 견 전 서운관 승 김협 보빙 우 대내 다다량 덕웅 사 이
大藏經一部 懶翁畫像 中鍾一事 紅墨氈帽 虎豹皮 雌雄羔二隻
대장경 일부 나옹 화상 중종 일사 홍묵 전모 호표피 자웅 고 이척
鵓鴿五對 鞍子一面 靴鞋 松子 花席 紬布 緜布.
발합 오대 안자 일면 화혜 송자 화석 주포 면포

戊寅 贈陳敬 李賓各苧布十六匹 人蔘三十斤.
무인 증 진경 이빈 각 저포 십육 필 인삼 삼십 근

己卯 遣世子禔如太平館 宴黃儼等.
기묘 견 세자 제 여 태평관 연 황엄 등

命還給崔湜職牒.
명 환급 최식 직첩

庚辰 置昌原府判官.
경진 치 창원부 판관

以吉昌君權近 安城君李叔蕃 爲國葬都監加定提調.
이 길창군 권근 안성군 이숙번 위 국장도감 가정 제조

辛巳 黃儼等復如景福宮 視處女
신사 황엄 등 부 여 경복궁 시 처녀

壬午 司憲持平李伯恭 忠州付處. 司憲府啓曰: '訓鍊觀掌務
임오 사헌 지평 이백공 충주 부처 사헌부 계왈 훈련관 장무
司直鄭存義 於武科觀試之日 捃摭梁孟智 楊夏等細屑痕咎停擧.
사직 정존의 어 무과 관시 지 일 군척 양맹지 양하 등 세설 흔구 정거
有違國家取才用人之意. 害人前程 風俗不美 若不痛懲 無以
유 위 국가 취재 용인 지 의 해인 전정 풍속 불미 약 불 통징 무이
戒後. 乞收職牒 依律論罪.' 上下其書議政府 以事在宥前 毋得
계후 걸수 직첩 의율 논죄 상 하 기서 의정부 이 사 재 유전 무득
擧論.
거론

憲府上疏復請 上問持平李伯恭曰: "存義之罪 宥前事也. 何以
헌부 상소 부청 상 문 지평 이백공 왈 존의 지 죄 유전 사 야 하이
復請?" 對曰: "此罪不在宥例." 上曰: "大宥矣 何以不在宥
부청 대왈 차죄 부재 유 례 상 왈 대유 의 하이 부재 유

例?" 對曰: "議政府奉王旨關 但稱京外罪囚放宥 臣等以爲囚人
례 대왈 의정부 봉 왕지 관 단 칭 경외 죄수 방유 신등 이위 수인

放出耳 非大宥也. 未知殿下之命本不如此." 退乃劾議政府舍人
방출 이 비 대유 야 미지 전하 지 명 본 불여 차 퇴 내 핵 의정부 사인

柳思訥. 厥初承命 傳于政府 失錯上旨 以致移文差誤. 議政府
유사눌 궐초 승명 전 우 정부 실착 상지 이치 이문 차오 의정부

乃使檢詳李陽明 齎關字立案 啓曰: "看詳本府奉王旨 行移關內
내 사 검상 이양명 재 관자 입안 계왈 간상 본부 봉 왕지 행이 관내

京外罪囚四字 摠指輕重之罪而言. 今憲府指爲囚人放出 誤矣.
경외 죄수 사자 총지 경중 지 죄 이 언 금 헌부 지 위 수인 방출 오의

且當其時 以此關 凡大小罪人 幷皆放免 今反謂囚人放出可乎?"
차 당 기시 이 차관 범 대소 죄인 병개 방면 금 반 위 수인 방출 가호

上覽其關曰: "政府文字亦包含 不害於義. 況關內稱: '自謀叛
상 람 기관 왈 정부 문자 역 포함 불해 어 의 황 관내 칭 자 모반

大逆以至强盜等八條外 已發覺未發覺 一皆放免.' 非大宥而何?
대역 이지 강도 등 팔조 외 이발각 미발각 일개 방면 비 대유 이 하

存義之罪 在大逆强盜之例乎? 抑在已未發覺之例乎?" 議政府使
존의 지 죄 재 대역 강도 지 례 호 억 재 이 미발각 지 례 호 의정부 사

式目錄事 劾李伯恭 乃上言:
식목녹사 핵 이백공 내 상언

'向値大行太上王失豫彌留之際 殿下痛心軫念 於五月初一日
향 치 대행 태상왕 실예 미류 지 제 전하 통심 진념 어 오월 초 일일

除謀叛大逆强盜等罪外 已未發覺者 幷皆肆宥 中外臣僚 罔不
제 모반 대역 강도 등 죄 외 이 미발각 자 병개 사유 중외 신료 망불

奉行. 今大司憲南在等 敢以鄭存義宥前輕罪 劾問申請 殿下令
봉행 금 대사헌 남재 등 감 이 정존의 유전 경죄 핵문 신청 전하 영

本府擬議施行. 臣等以宥前所犯 當在勿論 奉旨行移 在等不顧
본부 의의 시행 신등 이 유전 소범 당 재 물론 봉지 행이 재 등 불고

己非 再行申請 反欲歸罪本府. 在等旣以偏見 違背上旨 又爲
기비 재행 신청 반 욕 귀죄 본부 재 등 기 이 편견 위배 상지 우 위

曲說 冒弄上總 宜將行首南在 掌務李伯恭 照律論罪 以戒後來.'
곡설 모롱 상총 의 장 행수 남재 장무 이백공 조율 논죄 이계 후래

上下其書議政府 以南在功臣勿論 伯恭忠州付處.
상 하 기서 의정부 이 남재 공신 물론 백공 충주 부처

上上昇太上王尊謚至仁啓運聖文神武大王 廟號太祖. 禮曹啓:
상 상승 태상왕 존시 지인 계운 성문 신무 대왕 묘호 태조 예조 계

'神主返魂 禮經所載 寫眞奉祀 後世所爲. 今我上昇太上王梓宮
신주 반혼 예경 소재 사진 봉사 후세 소위 금 아 상승 태상왕 재궁

山陵安厝之後 當依古禮 奉迎神主 以行返虞及祔等祭; 神懿王后
산릉 안조 지 후 당의 고례 봉영 신주 이행 반우 급 부 등 제 신의왕후

不可以眞容配祀神主 其先所奉安 仁昭殿眞容 捲藏櫃中 亦以
불가이 진용 배사 신주 기선 소봉안 인소전 진용 권장 궤중 역 이

神主配祀 以待三年祔廟 然後奉安太上王眞容 仍以神懿眞容配
신주 배사 이대 삼년 부묘 연후 봉안 태상왕 진용 잉 이 신의 진용 배

庶古今禮典 竝行不廢.' 下議政府.
서 고금 예전 병행 불폐 하 의정부

兵曹啓: '在前神騎房 掌國葬前遊馬弄馬 今是房已革去. 乞依
병조 계 재전 신기방 장 국장 전유마 농마 금 시방 이 혁거 걸의

丙子年例 令返魂色掌之.' 啓下議政府.
병자년 예 영 반혼색 장지 계하 의정부

乙酉 陳敬 李賓還 遣世子禔 餞于慕華樓.
을유 진경 이빈 환 견 세자 제 전 우 모화루

庚寅 前司憲監察鄭提逃. 提故執義雍之子也. 僞造戶曹關 使
경인 전 사헌 감찰 정제 도 제 고 집의 옹 지 자 야 위조 호조 관 사

一人齎至軍資監 其關曰: '向國人 李不花 欲輸米六十石于
일인 재 지 군자감 기관 왈 향국 인 이불화 욕수 미 육십 석 우

平壤府. 右府乃使臣經歷之處 費出多端 當廣其儲蓄. 可將京監
평양부 우부 내 사신 경력 지 처 비출 다단 당 광 기 저축 가 장 경감

米六十石 速爲換給.' 判事李種善等 疑其文勢委曲 留其人 密使
미 육십 석 속 위 환급 판사 이종선 등 의 기 문세 위곡 유 기인 밀사

官員之戶曹審復 乃知其妄 卽拘其人 使指李不花家 其人徘徊
관원 지 호조 심복 내 지 기망 즉 구 기인 사 지 이불화 가 기인 배회

里閭 竟到提家 提遂逃. 司憲府啓: "提旣在逃. 律云: '在逃成獄
이려 경 도 제 가 제 수 도 사헌부 계 제 기 재도 율 운 재도 성옥

後若得獲 當依律決罪.' 乞收職牒 罪案施行." 從之.
후 약 득획 당 의율 결죄 걸수 직첩 죄안 시행 종지

壬辰 虹見南方.
임진 홍 현 남방

設華嚴三昧懺法席于殯殿. 上用私財辦會 以興德寺住持雪悟
설 화엄 삼매 참 법석 우 빈전 상 용 사재 판회 이 흥덕사 주지 설오

爲講主. 緇徒凡百八 各賜衣鉢. 上王亦各賜袈裟.
위 강주 치도 범 백팔 각 사 의발 상왕 역 각 사 가사

以領議政府事河崙爲摠護使 吏曹判書李稷爲山陵使 安城君
이 영 의정부 사 하륜 위 총호사 이조판서 이직 위 산릉사 안성군

李叔蕃橋梁頓遞使.
이숙번 교량 돈체사

癸巳 流前判事朴有孫于藍浦. 別侍衛牌頭魏种得罪 兵曹改望
계사 유 전 판사 박유손 우 남포 별시위 패두 위충 득죄 병조 개망

三人 有孫爲首 黃旱雨名在第三 上點旱雨而用之. 有孫至知申事
삼인 유손 위수 황한우 명 재 제삼 상 점 한우 이 용지 유손 지 지신사

黃喜家 怒曰:“牌頭望狀 上親見而落點歟? 上如知之 豈肯落點
황희 가 노왈 패두 망장 상 친견 이 낙점 여 상 여 지지 기 긍 낙점

於終末人乎?” 喜具以啓 且曰:“臣久在近密 誠畏人議. 今受辱
어 종말 인 호 희 구 이계 차 왈 신 구재 근밀 성 외 인의 금 수욕

於有孫 請退歸私第.” 上命司憲府劾有孫. 憲府適被議政府劾①
어 유손 청 퇴 귀 사제 상 명 사헌부 핵 유손 헌부 적 피 의정부 핵

司諫院乃上疏言:
사간원 내 상소 언

‘竊惟別侍衛 常咫尺殿下之左右 嚴儀衛而備不虞 其選不可
절유 별시위 상 지척 전하 지 좌우 엄 의위 이 비 불우 기선 불가

不重 矧牌頭統攝其衆 則尤不可不重也. 近者 兵曹以堪爲牌頭者
부중 신 패두 통섭 기중 즉 우 불가 부중 야 근자 병조 이 감 위 패두 자

三人啓聞 是在宸衷之斷 非臣下之所得與也. 朴有孫濫在三人之
삼인 계문 시 재 신충 지 단 비 신하 지 소득여 야 박유손 남 재 삼인 지

列 以不得其任有憾 不畏奔競之禁 直至黃喜之門 形於言色 以詰
열 이 부득 기임 유감 불외 분경 지 금 직지 황희 지 문 형어 언색 이힐

其故. 是則非怒於喜也 實慢殿下之命也 其罪不可不懲. 乞下攸司
기고 시즉 비 노 어 희 야 실 만 전하 지 명 야 기죄 불가 부징 걸 하 유사

收其職牒 鞫問其故 以懲不恪. 漢川君趙溫以開國元勳 身都宮禁
수 기 직첩 국문 기고 이징 불각 한천군 조온 이 개국 원훈 신 도 궁금

儀衛之任 宜當愼簡其屬 以衛王室 乃以憸人如有孫者首薦 以報
의위 지 임 의당 신간 기속 이위 왕실 내 이 섬인 여 유손 자 수천 이보

兵曹 殊失擧人之義 上裁施行.’
병조 수 실 거인 지 의 상 재 시행

啓下議政府 有孫付處 溫以功臣勿論 召黃喜復視事.
계하 의정부 유손 부처 온 이 공신 물론 소 황희 부 시사

甲午 濟州大雨. 水入濟州城 漂溺官舍民居禾穀殆半.
갑오 제주 대우 수입 제주성 표익 관사 민거 화곡 태반

黃儼等如景福宮擇處女. 各道處女至京者八十餘人 儼擇留
황엄 등 여 경복궁 택 처녀 각도 처녀 지경 자 팔십 여인 엄 택 류

七人.
칠인

乙未 黃儼等遊西江 河崙 李茂從之 置酒.
을미 황엄 등 유 서강 하륜 이무 종지 치주

遣吏曹正郎申概于全羅道 工曹正郎李孝仁于慶尙道. 催督
견 이조정랑 신개 우 전라도 공조정랑 이효인 우 경상도 최독

處女赴京也.
처녀 부경 야

以雞林安東道都節制使曺瑗 兼慶尙左道水軍都節制使; 尙州
이 계림 안동도 도절제사 조원 겸 경상좌도 수군도절제사 상주

晉州道都節制使尹子當 兼慶尙右道水軍都節制使.
진주도 도절제사 윤자당 겸 경상우도 수군도절제사

丙申 議政府詣闕 請勿菲飮食. 啓曰: "殿下近日飮膳甚菲
병신 의정부 예궐 청물 비 음식 계왈 전하 근일 음선 심비
臣等不勝驚懼. 願保聖體." 上曰: "予於平昔 亦不嗜盛饌 但進
신등 불승 경구 원 보 성체 상 왈 여 어 평석 역 불기 성찬 단 진
可嘗之味一器. 性本偏於所好 非以喪禮而然也."
가상 지 미 일기 성 본 편 어 소호 비 이 상례 이 연야

日本國 九州節度使 遣使來獻土物.
일본국 구주 절도사 견사 내헌 토물

丁酉 復置海州判官.
정유 부치 해주 판관

庚子 大風雨雹.
경자 대풍 우박

遣山陵使李稷 行山陵斬草開土祭.
견 산릉사 이직 행 산릉 참초 개토제

辛丑 改仁昭殿爲文昭殿 置魂殿都監判事 使 副使各一 判官
신축 개 인소전 위 문소전 치 혼전도감 판사 사 부사 각 일 판관
二 別監 內侍 茶房參上參外各一 錄事二. 自使以下至別監 每日
이 별감 내시 다방 참상 참외 각 일 녹사 이 자 사 이하 지 별감 매일
三人入直侍衛.
삼인 입직 시위

癸卯 議政府啓定公處奴婢身貢. 啓曰: "在前公處元屬奴婢
계묘 의정부 계정 공처 노비 신공 계왈 재전 공처 원속 노비
身貢過輕 革去寺社奴婢身貢過重 一般公賤身貢輕重不均. 乞將
신공 과경 혁거 사사 노비 신공 과중 일반 공천 신공 경중 불균 걸 장
兩件奴婢身貢 奴子則麤布五匹 婢子則四匹 以爲恒式."
양건 노비 신공 노자 즉 추포 오 필 비자 즉 사 필 이위 항식

下知平州事權文毅于巡禁司獄. 初 豐海道巡察使呂稱還 謂
하 지 평주 사 권문의 우 순금사 옥 초 풍해도 순찰사 여칭 환 위
儼曰: "文毅之女 姿色不下權執中之女." 儼方求權氏絶色 欲速
엄 왈 문의 지 녀 자색 불하 권집중 지 녀 엄 방 구 권씨 절색 욕속
見之 文毅托其女有疾 遲留不肯發行. 議政府遣知印楊榮發促之
견지 문의 탁 기녀 유질 지류 불긍 발행 의정부 견 지인 양영발 촉지
文毅不得已治粧 若起程者. 榮發馳還 文毅竟不遣. 儼怒曰:
문의 부득이 치장 약 기정 자 영발 치환 문의 경 불견 엄 노왈
"如許微官 國王尙不能制 況巨家大室 雖有美色 豈肯出乎?" 上
여허 미관 국왕 상 불능 제 황 거가 대실 수 유 미색 기 긍출호 상
怒囚文毅.
노 수 문의

| 원문 읽기를 위한 도움말 |

① 憲府適被議政府劾(헌부 적 피 의정부 핵). 수동형을 이끄는 被(피)와 劾(핵) 사이에 의정부가 들어 있다. 즉 헌부가 의정부로부터 탄핵을 받았다는 말이다.

태종 8년 무자년
9월

九月

병오일(丙午日-1일) 초하루에 상이 백관을 거느리고 빈전(殯殿)에 나아가 전(奠)을 행했다.

○ 예조(禮曹)에서 대행 태상왕(大行太上王)의 시책보(諡册寶)[1]를 받들어 내전(內殿)으로 들여왔다.

정미일(丁未日-2일)에 다시 처녀(處女)를 뽑도록 명했다. 승녕부판사(承寧府判事) 유용생(柳龍生)을 경기좌도 순찰사, 내시부판사(內侍府判事) 안거(安居)를 부사(副使)로 삼았다. 연성군(蓮城君) 김정경(金定卿)을 개성유후사(開城留後司) 겸 경기우도 순찰사, 내시부 판사 이광(李匡)을 부사로 삼았다.

무신일(戊申日-3일)에 정비(靜妃)가 여흥부원군(驪興府院君) 민제(閔霽)의 집에 가서 문병했다. 내관(內官) 박성우(朴成祐)에게 명해 역마(驛馬)를 타고 가서 민무구(閔無咎)와 무질(無疾)을 폄소(貶所-유배지)에서 불러오게 했다. 사헌집의(司憲執義) 이관(李灌)이 소를 올려 말했다.

---

1 존호(尊號)를 올릴 때 생전의 덕행을 기록하여 새긴 책자인 옥책(玉册)과 그 추상(追上)하는 존호를 새긴 도장인 금보(金寶)를 합칭한 것이다.

'지금 무구와 무질 등이 성명(性命)을 보전해 경기(京畿) 밖에 폄출(貶出)돼 그 거처와 즐거이 지내는 것[燕樂(연락)]이 평소와 다를 바가 없으니 은혜가 지극히 두텁습니다[至渥(지악)=至厚(지후)]. 위 사람들은 죄가 종사(宗社)에 관계되니 왕법(王法)에서 용서할 수 없는 바입니다. 대소 신료(大小臣僚)들이 마땅히 극형에 처해야 된다고 생각지 않는 이가 없건만 전하께서 너그럽게 사사로운 은혜[私恩(사은)]를 베푸셔서 대의(大義)로 친한 사이를 없애지 않으시니 실로 종사(宗社) 자손 만세(子孫萬世)의 계책이 아닙니다. 대체로 아프고 병든 것이 지극하면 부자(父子)가 서로 만나보고 싶어 하는 것은 사람의 지극한 정입니다. 지난번 대행 태상왕(大行太上王)의 병환이 계셨을 적에 회안군(懷安君)과 태상 전하(太上殿下)께서 어찌 서로 만나보고 싶은 마음이 없었겠습니까마는 끝내 부르지 못했고 승하(昇遐)하신 뒤에도 분상(奔喪)[2]하지 못한 것은 오직 공의(公義)를 사사로이 할 수 없었기 때문입니다. 지금 여흥부원군 민제가 하루아침에 병으로 눕게 되자 전하께서 갑자기 그 아들 무구와 무질 등을 부르시니 일국(一國)의 신민(臣民)들이 두려워해 놀랍니다. 엎드려 바라건대 전하께서는 대의(大義)로 결단(決斷)하시고 본부(本府)로 하여금 그 정상을 국문하게 해 난역(亂逆)의 죄를 바로잡고 신민이 바라는 바를 크게 터주셔야 할 것입니다.'

상이 관(灌)을 불러 말했다.

"여흥 부원군의 병이 위독하니 대부인(大夫人)께서 여러 아들들로

---

2 멀리서 부모의 죽음을 듣고 급히 돌아오는 것을 말한다.

하여금 영결(永訣)할 때에 서로 만나보게 하려는 것이다. 만나본 뒤에는 곧 돌려보내겠으니 아직 논하지 말라. 또 태상왕의 병환에 내가 회안군을 부르려고 하지 않은 것이 아니다. 그러나 태상왕의 승하가 너무 급작스러워서 상왕께서는 서울에 계시면서도 임종하지 못하셨다. 그러므로 회안을 부르지 못한 것이다."

사간원(司諫院)에서 소(疏)를 올려 말했다.

'지난날에 대간(臺諫)이 무구와 무질 등의 불충한 죄를 논집(論執)하여 여러 차례 교장(交章)을 올려 법대로 처치하기를 청했건만 전하께서 특별히 인아(姻婭-외척)의 연고로 인해 너그러운 법전을 가하셔서 자원 안치(自願安置)하셨으니 왕법에 어긋남이 있어 일국의 신민이 이미 실망했습니다. 지금 또 그 부친의 병으로 인하여 가만히 중사(中使-환관)를 보내서 무구 등으로 하여금 역마를 달려 서울로 돌아오게 했으니 조야(朝野)가 놀라지 않는 사람이 없습니다. 신 등은 생각건대 불충한 죄는 (나라의 명이 없어도 임의로) 사람마다 벨 수 있어 군상(君上)이 사사로이 할 수 있는 것이 아닙니다. 이처럼 임금이 사사로이 할 수 없는 것이건만 어찌 부친의 병으로 인해 갑자기 서울에 오게 할 수 있습니까? 바라건대 전하께서는 대의(大義)로 결단하시어 서울에 오지 못하게 해 사사로운 은혜를 끊고 공도(公道)를 바로잡아야 할 것입니다.'

소(疏)를 궁중에 머물러두고 (유사에) 내리지 않았다. 좌사간 대부(左司諫大夫) 안속(安束)이 아뢰었다.

"무구(無咎) 형제는 나라에 죄를 얻었으니 여흥(驪興)이 자식으로 여길 수도 없고, 전하께서 인친(姻親)으로 여길 수도 없습니다. 어찌 다시 국문(國門)에 들어올 이치가 있겠습니까?"

윤허하지 않았다. 이관(李灌)이 또 소를 올려 말했다.

'무구와 무질 등은 죄가 용서할 수 없는데 전하께서 어지심이 지극해 다만 (극형에 처하지 않고) 안치(安置)하도록 허락하고 자원(自願)에 따라 부처(付處)해 그 몸을 보전케 했으니 실로 종사(宗社) 대계(大計)에 어긋남이 있습니다. 어제 그 아비의 병으로 인해 비밀리에 관인(官人)을 보내 소환(召還)하셨으니 신은 두렵건대 악한 짓을 하는 자가 징계됨이 없어서 서로 잇달아 일어날까 염려됩니다. 옛날 회안군(懷安君)의 변(變)과 이거이(李居易)의 불충한 음모를 나라 사람들이 모두 훤하게 알고 있는데 전하께서 특별히 너그러운 은전(恩典)을 베풀어 일찍이 죄를 가하시지 않고 각각 그 생(生)을 편안히 하게 했습니다. 지금 무구와 무질이 두 눈으로 회안과 거이가 천주(天誅)를 요행히 면한 것을 보고 스스로 생각하기를 "비록 역란(逆亂)의 죄가 있더라도 반드시 너그러운 은전(恩典)을 입을 것이다"라고 여기고 항상 임금을 업신여기는 마음을 품어 불충한 말을 저도 모르게 문득[輒](첩) 지껄였으니 이는 전하께서 친히 보고 들으신 바이니 그 악을 징계하지 않을 수 없습니다. 바라건대 전하께서는 『춘추(春秋)』의 법을 본받으시어 대의(大義)로 결단해 한결같이 전일에 아뢴 바에 따라 그대로 윤허해 시행하셔야 할 것입니다.'

드디어 대궐에 엎드려서 청했다. 상이 일깨워 말했다.

"무구와 무질이 그 아비를 만나본 뒤에는 곧바로 돌려보내겠다."

'생각건대 무구·무질 등의 죄는 용서할 수 없건만 지금 전하께서 그 아비의 병을 칭탁하여 서울로 소환하시므로 신 등이 죽음을 무릅쓰고[昧死] 계문(啓聞)하고 대궐에 나아가 두 번이나 청했사오나 그렇게 하라는 윤허[兪允]를 입지 못했으니 운월(隕越)[3]함을 이기지 못하여 문득 광고(狂瞽)[4]의 말씀을 드리오니 엎드려 바라건대 잘 판단하시옵소서. 신 등은 생각건대 지난날에 무구와 무질 등이 인친(姻親)의 연고로 뿌리를 펼치고 당(黨)을 만들어 가만히 불궤(不軌)를 도모(圖謀)하다가 다행히 상제(上帝)의 권고(眷顧-보살핌)를 입어 전하께서 그 마음을 밝게 아셔서 음모가 모두 드러나 끝내 그 간계(奸計)를 이루지 못했습니다. 전하께서 사사로운 애정(愛情)에 못 이겨 전리(田里)로 돌려보내시고 지금 그 아비 제(霽)가 하루아침에 병들어 눕자 특별히 중사(中使)를 보내 저들 형제들로 하여금 역마(驛馬)를 타고 서울로 들어오게 했으니 일국(一國)의 신민(臣民)이 마음을 상하지 않는 이가 없습니다. 전하께서 아직도 한때의 고식적(姑息的) 사랑을 잊지 못하시고 또 신 등에게 명하시기를 "무구·무질 등이 그 아비를 만나본 뒤에는 곧 돌려보내겠다"라고 하셨습니다. 대개 인군(人君)을 넘보는 역적은 죄가 반드시 베어야만 마땅한 것이니 임금이 신하로 여길 수 없고 아비가 자식으로 여길 수 없습니다. 아비가 비록 병이 들었다 하더라도 어찌 서로 만나볼 이치가 있겠습니까? 엎드려 바라건대 전하께서는 은혜를 끊고 의(義)를 들어 왕법(王法)을 보이셔서 위로 조종(祖宗)의 마음에 보답하고 아래로 신민(臣

3 원하는 마음이 간절한 것을 뜻한다.

4 미치광이와 눈먼 사람을 의미한다. 뜻이 변하여 도리(道理)를 알지 못해 앞뒤를 가리지 않고 마구 달려드는 것을 가리킨다.

民)의 바라는 바를 위로하셔야 할 것입니다.'

모두 궁중에 머물러 두고 내리지 않았다.

○ 여칭(呂稱)을 순금사에 내렸다. 권문의(權文毅)의 딸이 아직도 서울에 도착하지 않아 황엄(黃儼) 등이 더욱 노했기 때문이다.

기유일(己酉日-4일)에 대신(大臣)을 보내 산릉(山陵)의 발인(發引)을 종묘(宗廟)와 사직(社稷)에 고했다.

○ 섭태부(攝太傅)[5] 예조판서 이지(李至)와 섭중서령(攝中書令) 한성윤(漢城尹) 맹사성(孟思誠)을 보내 여러 관원을 거느리고 시책(諡册) 시보(諡寶)를 빈전(殯殿)에 올리게 했다. 시책(諡册)은 이러했다.

'왕업(王業)을 창건(創建)하고 자손에게 모유(謀猷-계책이나 대업)를 남기는 것은 실로 대덕(大德)으로 말미암고 이름을 바꿔 시호(諡號)를 정하는 것은 오직 지공(至公)으로써 하는 것입니다.

공경하여 옛법에 따라서 아름다운 칭호[徽號]를 드립니다.
휘호

공손히 생각건대 대행 태상왕(大行太上王)께서는 신성(神聖)한 자품(資稟)을 타고나시고 너그럽고 어진 마음을 가지셨습니다. 전조(前朝-고려)의 쇠퇴한 말년을 당해 능히 많은 난(難)을 평정하시고 상천(上天)의 두터운 권우(眷佑-돌보심)에 응해 큰 기업(基業)을 창조하셨습니다.

---

5 섭(攝) 혹은 섭직(攝職)은 다른 관리를 대신하여 임시로 맡는 벼슬이다. 고려 시대 관제의 일종으로 문반(文班)의 시직(試職)과 마찬가지로 주로 무반(武班)의 상품(上品)과 하품(下品) 사이에 따로 설치되던 정규적 관직체계 내의 직위다. 원래의 관직명 앞에 섭(攝)자를 덧붙여 사용했다. 겸직이라는 의미도 있다.

무위(武威)를 바람과 우레처럼 떨치고 문치(文治)를 해와 달처럼 밝히셨습니다.

공경히 황제(皇帝)의 명령을 받아 국호(國號)를 고쳐서 새롭게 했고 신도(神都)를 달관(達觀)하시어 백성의 삶을 길이 편안하게 하셨습니다.

우리의 무강(無疆)한 운수(運數)를 열어주었으니 실로 호생(好生)의 마음에 근원한 것입니다.

정사(政事)는 곤궁한 사람을 먼저하고 은혜는 동식물(動植物)에 미쳤습니다.

외람히 간대(艱大)함을 계승하시어 백년을 영양(榮養)할까 했더니, 어찌 빈천(賓天)의 수레를 재촉하시어 홀연히 땅을 치는 슬픔을 남기셨습니까?

마땅히 추숭(追崇)의 예(禮)를 거행해 귀미(歸美)의 정성을 펴야 하겠습니다.

그러므로 아름다운 칭호를 지어서 후세 자손에게 전해 보입니다.

삼가 모관(某官)을 보내 옥책(玉册)을 받들어 존호(尊號)를 올리기를 "지인계운성문신무대왕(至仁啓運聖文神武大王)"이라 하고 묘호(廟號)를 "태조(太祖)"라 합니다.

충감(沖鑑)을 우러러 생각하고 정충(精衷)을 굽어살피셔서 거듭 많은 복(福)을 주시어 자손을 천억년(千億年)에 보존하고 가만히 홍조(洪祚)를 도우시어 천지(天地)와 더불어 구장(久長)하게 하소서.'

시보(諡寶)는 전자(篆字)로 '지인계운성문신무대왕지보(至仁啓運聖文神武大王之寶)'라 쓰고 체제(體制)는 봉숭(封崇)하는 금보(金寶)의 예(例)를 썼다.

경술일(庚戌日-5일)에 대행 태상왕의 백일재(百日齋)를 흥덕사(興德寺)에 베풀었다.

○사간원(司諫院)에서 소(疏)를 올려 전 원주목판사(原州牧判使) 정남진(鄭南晉) 등의 죄를 청했다. 소(疏)는 이러했다.

'『춘추(春秋)』의 법을 가만히 보건대 난신(亂臣) 적자(賊子)에게 대단히 엄격하고 난신 적자의 당여(黨與)에게 더욱 엄격해 사람 사람으로 하여금 난신 적자가 대악(大惡)인 것을 알고 상종하지 말게 했으니 세상에 설 수 없게 해 악한 짓을 한 자를 고립(孤立)시키고자 한 것입니다. 지금 무구(無咎) 등의 불충(不忠)한 죄가 이미 드러나서 모든 백성들이 분하게 여기지[憝대] 않는 이가 없습니다. 하물며 임금의 녹(祿)을 먹고서 사사로이 서로 당부(黨附)할 수 있겠습니까? 또 일찍이 양부(兩府)를 지낸 자는 외방(外方)에 나갈 수 없도록 이미 나타난 법령이 있는데 전 원주목 판사 정남진(鄭南晉)과 전 안동부사 민계생(閔繼生) 등은 나라의 법을 두려워하지 않고 마음대로 여흥(驪興)에 돌아가 가만히 무구를 만나보았고, 전 원주목판사 우희열(禹希烈, 1354~1420년)[6]은 현임(現任)으로 있을 때에 지역의 경계를

6 음서(蔭敍)로 관직에 나아갔다. 1408년(태종 8년)에 민무구(閔無咎)사건에 관련돼 하옥되기도 했으나 곧 풀려났으며 이듬해 3월에는 제언(堤堰) 수축을 통한 수리의 개발을 주장해 태종대의 수리시설 확장사업에 중심적인 역할을 했다. 1413년에는 충청도 도관찰사의 직임을 띠고 조운(漕運)의 편의를 위해 시도된 태안반도 운하개통사업, 즉 제방을 쌓는 일을 주관했다. 그 이듬해에는 경기·충청 양도의 권과농상사(勸課農桑使)로 나가 제언수축과 식상(植桑-뽕나무를 심음)의 일을 권장했다. 1415년에 다시 충청도 관찰사, 같은 해

넘고 도(道)를 넘어 연락 방문했습니다. 이것은 모두 간당(姦黨)에게 아부해 다른 사람의 신하된 자의 대의(大義)를 크게 잃은 것입니다. 바라건대 전하께서는 남진, 계생, 희열 등을 유사(攸司)에 회부하여 그 직첩(職牒)을 회수하고 그 까닭을 국문(鞫問)하게 해 이상(履霜)[7]의 조짐을 경계하고 『춘추(春秋)』의 법을 바로잡으신다면 공도(公道)가 다행이겠습니다.'

상이 말했다.

"남진은 본래부터 여흥에 살고 또 견식(見識)도 없으며 계생(繼生)의 경우는 친척이니 모두 용서할 만하다."

○황엄(黃儼) 등이 경복궁(景福宮)에 가서 처녀(處女)를 살펴보았다.

신해일(辛亥日-6일)에 상이 빈전(殯殿)에 나아가 군신(群臣)을 거느리고 계빈제(啓殯祭)[8]를 거행하고 또 조전(祖奠)[9]을 베풀었다.

○민무구(閔無咎)가 가만히 서울에 들어오니 사헌부에서 아전을 보내 수직(守直)하고 대간(臺諫)이 합문(閤門)에 엎드려 아뢰어 말했다.

"무구 등은 죄가 용서할 수 없으니 그 죄를 바로잡을 것을 청합

말에 경기도 관찰사에 이어 판광주목사(判廣州牧事)가 됐다. 1418년 판청주목사로 있을 때 전국 각지에 제방과 관개시설의 목록을 갖춰 매년 수치하게 하고, 경차관을 보내 감독하게 하자는 건의를 올려 이를 실현시켰다. 김제 벽골제(碧骨堤), 부평 수용제(水桶堤) 등의 수축에 큰 공을 세웠으며 농업 전문가로서의 활약이 컸다.

7 서리를 밟는다는 것은 장차 물이 어는 추운 겨울이 닥쳐온다는 뜻으로 앞일을 경계(警戒)하는 말이다.

8 발인(發靷)할 준비로서 관을 꺼내기 위해 빈전(殯殿)에 나아가 빈소(殯所)를 여는 것을 말한다.

9 발인 전에 영결(永訣)을 고하는 제식(祭式)이다.

니다."

간원(諫院)에서 또 아뢰어 말했다.

"어제 하유(下諭)를 받자오니 남진(南晉) 계생(繼生)은 죄가 용서할 만하고 희열(希烈)은 논하지 말라 하셨습니다. 이들 세 사람은 죄가 마땅히 국문을 해야 하니 청컨대 소(疏)에 의거해 시행해야 합니다."

상이 일깨워 말했다.

"무구(無咎)와 무질(無疾)이 성명(性命)을 보전한 것은 오직 인정(人情) 때문일 뿐이다. 지금 그 아비의 병이 위중하니 조금만 나으면 마땅히 돌려보낼 것이다. 남진은 향곡(鄕曲)에 물러가 살고 또 의리를 알지 못하니 다시 거듭 청하지 말라. 그리고 계생은 그 돌아갔던 까닭을 추문하여 다시 아뢰고 희열은 의정부로 하여금 토의해 결단하게 하겠다."

다시 아뢰었다.

"무구 등을 일찌감치 법에 의해 처치했다면 어찌 아비를 만나볼 이치가 있겠습니까? 청컨대 법에 따라 논하시고 계생은 어린 딸을 데려온다고 칭탁하니 비록 다시 추핵하더라도 반드시 다른 말이 없을 것입니다."

상이 다시 일깨워 말했다.

"무구 등의 일은 다시 청하지 말고 계생은 아울러 죄를 의논하게 하라."

대간(臺諫)이 유윤(兪允)을 얻지 못하자 모두 사직(辭職)했다. 상이 의정부에 일깨워 말했다.

"지금 대간이 사직을 하니 어찌할까?"

정부(政府)에서 아뢰었다.

"만일 계청(啓請)한 대로 하면 좋을 것입니다."

상이 마침내 그대로 윤허하지 않고 대간에게 명했다.

"지금 바야흐로 대고(大故) 중이니 마땅히 각각 직사(職事)에 나아가라."

또 사헌부에 영을 내려 무구(無咎)의 수직(守直)을 풀게 했다.

○ 신의왕후(神懿王后-한씨)의 존시(尊諡)를 더 높여 '승인순성신의왕태후(承仁順聖神懿王太后)'[10]라 했다.

임자일(壬子日-7일)에 상이 백관을 거느리고 빈전(殯殿)에 나아가 견전례(遣奠禮)[11]를 행하고, 영구(靈柩)를 받들어 발인(發引)했다. 애책(哀冊)을 읽고 나서 영구를 받들어 발인하는데 종친(宗親) 백관(百官)은 참최(斬衰)를 입고 앞에서 인도했고 번개(幡蓋), 거여(車輿), 쟁고(錚鼓-징과 북) 등은 의장(儀仗) 가운데에 모두 늘어섰으며 상왕(上王)과 상(上)은 최질(衰絰)을 입고 소연(素輦)을 타고 유거(柳車-관을 실은 수레)의 뒤를 따랐고 군위(軍威)는 뒤에서 옹위했다. 의정부(議政府), 육조(六曹), 공신(功臣), 승녕부(承寧府), 공안부(恭安府)는 각각 주구전(住柩奠)을 베풀고 흥인문(興仁門)으로 나오고, 전함(前銜-전직) 대소 신료와 도성(都城)에 머무르는 각사(各司)는 문밖 5리(里)에서 하직하

10 어짊을 잘 이어받고[承仁(승인)] 빼어남을 고분고분 따랐다[順聖(순성)]는 뜻이 추가된 것으로 태조 이성계를 안에서 잘 받들었다는 의미다. 그리고 왕태후로 존칭을 높였다.

11 영구가 장지(葬地)를 향해서 떠날 때 지내는 제사를 말한다.

고 거가(車駕)를 따르는 백관은 말을 타고 오시(午時)에 검암(儉巖) 동구(洞口)에 이르러 영구를 받들어 악차(幄次)에 모셨다.

계축일(癸丑日-8일)에 상이 상왕과 더불어 산릉(山陵)의 제도를 두루 살펴보았다.

갑인일(甲寅日-9일)에 상이 영구를 받들어 건원릉(健元陵)에 장사 지냈다. 자시(子時)에 상이 백관을 거느리고 임광제(臨壙祭)를 거행하고 현궁(玄宮)에 봉안(奉安)하고 나서 드디어 하직하고 신주(神主)를 썼다. 백관은 최복을 벗고 오사모(烏紗帽)에 흑각대(黑角帶)로 입시(入侍)하고 다음에 반혼 동가제(返魂動駕祭)를 행하고 우주(虞主)를 받들고 돌아왔다. 길장(吉仗)이 앞서고 문무 백관이 앞에서 인도하며, 상왕과 상은 소연(素輦)을 타고 반혼거(返魂車)의 뒤를 따르고 군위(軍威)는 뒤에서 옹위했다. 사헌집의 이관(李灌)을 머물게 해 현궁(玄宮)의 봉함을 감독케 하고 엄광제(掩壙祭)를 거행하게 했다. 도성에 머물러 있던 각사(各司)와 한량(閑良), 기로(耆老) 등이 동교(東郊)에서 받들어 맞이해 흥인문(興仁門)으로 들어와 오시(午時)에 우주(虞主)를 문소전(文昭殿)에 봉안했다. 상이 백관을 거느리고 초우제(初虞祭)를 행하고 환궁(還宮)했다. 의정부에서 권도(權道-일시적 조치)로 최질(衰絰)을 벗고 소복(素服)을 입을[著=着(저 착)] 것을 청하니 그것을 따랐다.

○ 정비(靜妃)가 여흥 부원군(驪興府院君) 민제(閔霽)의 집에 문병(問病)했다.

○ 각도(各道) 수군도절제사(水軍都節制使)의 수령관(首領官)을 파견하도록 명했다. 정부에서 아뢰었다.

"수군도절제사의 영(營)에 장무녹사(掌務錄事) 한 사람만 파견하는데 수륙(水陸)의 방어(防禦)가 일체인데 일찍이 일을 경험하지 못한 신진 녹사(新進錄事)로 장무(掌務)를 삼는 것은 아마도[似 사] 사안에 맞지 않는[未便 미편] 것 같습니다. 청컨대 간사(幹事) 한 사람을 골라 경력(經歷)이나 도사(都事) 중에서 파견하는 것을 항식(恒式)으로 삼아야 할 것입니다."

을묘일(乙卯日-10일)에 상이 태평관(太平館)에 가서 사신을 만나 보았다. 애초에 황엄(黃儼)이 기보(祁保)가 장차 도착한다는 말을 듣고서 말했다.

"전하께서 우리들을 만나보지 않으셨다. 그렇다면 뒤에 오는 사신도 만나 보지 않을 것인가?"

상이 어쩔 수 없이 소복(素服)에 오사모(烏紗帽), 흑각대(黑角帶)를 하고서 소연(素輦)을 타고 백관을 거느리고 엄(儼) 등을 만나본 뒤에 민제(閔霽)의 집에 들러[歷 역] 문병했다. 대간(臺諫)이 제(霽)의 집 문밖에 엎드려 간언하려고 하니 상이 이를 알고 수레를 재촉해 환궁했다. 이때 무질(無疾) 또한 이미 서울에 들어왔는데 대간이 대궐에 나아와 다시 무구(無咎)와 무질(無疾)을 빨리 안치처(安置處)로 돌려보낼 것을 청했다. 상이 말했다.

"지금 부원군(府院君)의 병이 위독하니[亟 극] 만일 대고(大故-죽음)가 있으면 장사(葬事)한 뒤에 안치처로 돌려보내겠다."

대간이 물러가 소를 올려 말했다.

'신 등의 직임이 언책(言責)에 있으므로 감히 함묵(緘默-침묵)하지 못하고 무구·무질의 불충한 죄를 가지고 복합 신청(伏閤申請)하기를 두세 번 했으나 신 등이 외람(猥濫)하고 미세(微細)하여 회천(回天)의 정성을 펴지 못하고 사직(辭職)해 물러갔었는데 전하께서 조금 뒤에 신 등에게 명해 다시 직사(職事)에 나오게 하셨습니다. 신 등이 생각건대 마침 국가(國家)의 대사(大事)를 당했고 또 무구 등이 아비를 만나본 뒤에는 곧 돌려보낸다는 명이 계셨으므로 신 등은 명을 받고 물러갔었습니다. (그런데) 지금 무구 등이 서울에 들어온 지 여러 날이 되었으므로 신 등이 마음이 아파 다시 청했으나 채청(採聽)을 입지 못했고, 또 갖춰 진달하여 다시 아뢰었으나 전하께서 중관(中官)을 시켜 다시 신청(申請)하지 못하도록 하여 언로(言路)를 막으셨으니 신 등은 더욱 전하를 위하여 애석하게 여깁니다. 대체로 무구 무질의 불궤(不軌)의 음모는 전하께서 친히 보셔서 아시는 바인데 도리어 편안한 곳에 안치하고 또 그 아비의 병을 칭탁해 특별히 역마(驛馬)를 타고 돌아오게 하셨습니다. 무구 등의 불충한 죄는 제(儕) 또한 주살해야 마땅한데 지금 비록 병이 들어 누웠다 하더라도 어찌 감히 만나볼 마음이 있겠습니까? 전하의 일신(一身)은 천지(天地)와 조종(祖宗)이 부탁하신 바이므로 불충에 대해서는 더욱 염려하셔야 하는데 어찌하여 무구·무질에게만 가벼이 왕법(王法)을 무너뜨리십니까? 자손 만세의 계책이 아닙니다. 또 무구 등은 그 악한 것을 고치지 않고 서로 붕당끼리 도와[朋援](붕원) 결탁하니 그 조짐이 의심스럽습니다. 하물며[矧(신)=況(황)] 무질은 이웃 고을 양가(良家)의 딸과 결혼까지 했으니 그 방자한 것이 더욱 심합니다. 어찌 내버려두고 징계하지 않을 수 있습니까? 엎드려 바라건대 전하께서는 한결같이 전의 소장(疏章)에 의거해 밝고 바르게 시행(施行)하셔야 할 것입니다.'

○ 대간(臺諫)이 합문(閤門)에 엎드려 전의 소장(疏章)에 신청(申請)한 바에 의거할 것을 청하니 상이 일러 말했다.

"무구 등을 소환한 것은 반드시 뜻이 있다. 병든 아비가 맥이 끊어진 지 이미 수일이 됐다. 낫든지 아니 낫든지 간에 가능한 한 빨리[從近 종근] 마땅히 돌려보내겠다."

대간이 아뢰었다.

"말한 것이 맞지 않거든 신 등을 죄주소서."

상이 중관(中官)에게 입계(入啓)하지 못하도록 금지했다. 대간이 저녁때가 돼서야 물러갔다.

병진일(丙辰日-11일)에 여칭(呂稱)을 감옥에서 풀어주었다. 기원(奇原)이 그것을 청했기 때문이다.

○ 전 원주목판사 우희열(禹希烈)을 전옥서(典獄署)에 가두고, 전 안동 대도호부사 민계생(閔繼生)을 자원부처(自願付處)했다. 간원(諫院)의 청을 따른 것이다. 정남진(鄭南晉)은 거론하지 말라 했다. 대간이 또 교장(交章)해 말씀을 올렸다.

'난적(亂賊)의 당(黨)은 수종(首從)을 구분하지 않고 모두 법에 의해 처치하는 것이 고금(古今)의 일정한 법도[常典 상전]입니다. 남진 계생 희열 세 사람은 죄는 같은데 벌은 다르니 신 등은 전하께서 법을 쓰는 것이 어찌 이토록 경중(輕重)을 잃는지 알 수가 없습니다. 남의 신하된 자로서 불충(不忠)으로 당을 지어 한 패가 되면[黨比(당비)] 곧 난적(亂賊)이니 엎드려 바라건대 남진 계생 등을 전날에 올린 소장(疏章)에 의거해야 할 것입니다.'

이튿날 대간이 합문(閤門)에 엎드려 무구 등과 남진 등의 죄를 청하려고 하니 좌부대언(左副代言) 심온(沈溫)이 사간(司諫) 안속(安束)을 맞아 일렀다.

"전일에 올린 '죄가 같은데 벌이 다르다'라는 소장은 내가 이미 계문(啓聞)했소."

상이 말했다.

"옛날에 사사로이 서로 붕비(朋比)하고도 제 집에 편안히 있는 자가 있는데 지금 대간이 어찌하여 남진 등의 죄만을 심하게 청하는가? 남진은 집이 여흥(驪興)에 있어 무구의 집과 매우 가깝다. 이웃 마을에 있으면서 그 집에 왕래한 것은 거의 해롭지 않을 것 같았다. 내가 그래서 용서했다. 계생은 무구의 재종숙(再從叔-아버지의 6촌형제)이다. 족친(族親)으로서 서로 만나봤으므로 내가 말감(末減)[12]에 따라 시행한 것이다. 그리고 희열은 본래 민씨에게 붙어서 높은 벼슬을 했다. 지금도 사사로이 갔으니 이것은 국문할 만하다. 그러므로 아뢴 바에 의거해 삭직(削職)하고 옥에 내렸다. 그런데 지금 대간이 말하기를 '죄는 같은데 벌은 다르다'라고 하니 이는 장차 나로 하여금 계생까지 용서하게 하자는 것이다."

속(束) 등이 아뢰었다.

---

12 가벼운 죄에 처하는 것을 말한다.

"사사로이 서로 당비(黨比)한 자는 신 등이 알지 못합니다."

다시 무구의 죄를 청하니 임금이 말했다.

"무구와 무질은 가능한 한 빨리[從近(종근)] 돌려보내겠다. 그리고 남진과 계생은 사사로이 붕비하여 모의한 자에 비하면 죄가 없다. 다시는 말하지 말라."

대간이 모두 물러가 사직했다.

정사일(丁巳日-12일)에 처음으로 제주(濟州)의 공부(貢賦)[13]를 정했다. 의정부에서 아뢰었다.

"제주(濟州)가 바다를 두고 떨어져 있어 민호(民戶)의 공부(貢賦)를 지금까지 정하지 못했으니 대호(大戶)·중호(中戶)·소호(小戶)를

---

13 지방의 특산물을 나라에 물납(物納)하던 현물세다. 고려 이전에는 뚜렷하지 않았고 고려에서도 이 제도의 규제가 명확하지 않아 수시로 변동됐다. 조선시대에 와서는 잡공(雜貢)과 잡공의 대납인 호포(戶布)가 병행돼 폐단이 많았는데 이것을 정리하기 위해 1401년(태종 1년) 공부상정도감(貢賦詳定都監)을 설치하고 공부제를 정리한 다음 신법(新法)을 정하고 각 주·현 단위로 지방의 산물과 전결(田結)을 표준으로 나라의 수요에 따라서 세공(歲貢)하도록 했다. 공부(貢賦)는 일정한 관청을 두어 주관하지 않고, 관청별로 받아들이게 했으므로 혼란이 일어났으며 또한 전결(田結) 표준, 민호(民戶) 표준을 병행함으로써 폐단이 많았을 뿐만 아니라, 공납자 본위가 아니고 수요자측이 중심이 됐기 때문에 불평이 많았다. 따라서 방납(防納)이라는 현상을 초래했으며 방납에 의한 백성들의 부담은 2중 3중으로 가중돼 수공업(手工業)의 전부가 공납으로 바쳐졌다. 세종 때에 와서 공부상정소(貢賦詳定所)를 설치해 새 공법을 실시했으나 공물의 규정은 조세와 같이 풍흉작 등을 고려하지 않고 매년 일정하게 부과했기 때문에 집현전에서도 폐단을 논하기도 하여 세조 때에는 세종 때의 3분의 1을 감했으며, 연산군 때에는 공부상정청(貢賦詳定廳)을 설치하고 공부를 재조정했으나 공납액을 증가시켰다. 공물(貢物)의 종류는 ① 수공업품으로 기물류(器物類)·직조류(織造類)·지물류(紙物類)·석자류(席子類) 등, ② 광산물로 금·은·납[鉛]·철 등, ③ 수산물로 30여 종, ④ 수피(獸皮)·수모(獸毛)·수육(獸肉), ⑤ 과실류(果實類), ⑥ 목재류(木材類) 기타 150여 종과 수백 종의 약재물(藥材物)이었다. 선조 때에 와서 방납의 폐단이 극심해짐에 따라 사주인(私主人) 경주인(京主人) 등이 소속관리와 결탁함으로써 착복이 심해져 국가는 국가대로 백성은 백성대로 고통이 심했다.

분간해 그 토산물인 마필(馬匹)로 하되 대호는 대마(大馬) 1필, 중호는 중마(中馬) 1필, 소호는 5호(戶)가 함께 중마 1필을 내게 해 암수[雌雄](자웅)를 묻지 않고 탈 만한 마필을 가려서 공부(貢賦)하게 하고 기축년(己丑年-1409년) 봄부터 모두 육지에 내보내게 하소서. 또 제주는 병선(兵船)이 없기 때문에 왜적이 계속 침입하고 대소 사신(大小使臣)과 신구 수령(新舊守令)이 가고 오는 것으로부터 공사 조전(公私漕轉)의 들고 남에 이르기까지 모두 전라도의 얼마 안 되는 병선으로 내왕 호송(來往護送)하니 그 폐단이 또한 심합니다. 빌건대 전라도의 병선장(兵船匠)을 보내 병선 10척을 제조하고 선상(船上)에 어울리는 사람을 골라 채워 정박(碇泊)시켜 왜적을 추포(追捕)하고 왕래하는 선박을 호송하게 하여 항식(恒式)을 삼아야 할 것입니다."

또 다음과 같이 아뢰었다.

"영락(永樂) 2년(1404년) 11월 초1일 본부(本府)에서 받은 판지(判旨-왕의 판단)에 이르기를 '무릇 법을 세우고 제도를 고치는 것은 반드시 만세(萬世)에 전해 폐단이 없는 것을 기약해야 하는데 각사(各司)의 원리(員吏)가 각기 소견(所見)을 고집해 새 법을 만들기를 좋아하니 해당 관리(官吏)가 준수하기 어려울 뿐만 아니라 다시 또 하나의 폐단이 생기게 되니 금후로는 각사에게 수판(受判)하려는 자가 있으면 갖춰 본부(本府)에 보고하게 하고, 그중에 행할 만한 사건을 본부에서 의논해 수판하여 시행하라'고 하시어 이미 법령이 세워져 있습니다. 그런데 각사에서 또다시 판지를 준행하지 않고 여전히 소견을 고집해 임의로 판지를 받으니 진실로 나라를 다스리는 체통이 아닙니다. 빌건대 영락 2년 11월 초1일 이후에 각사에서 임의로 판지를 받은 사건은 모두 본부에 보고하게 해 본부에서 다시 의논해 판지를 받은 연후에 시행하게 해야 할 것입니다."

무오일(戊午-13일)에 (사간원) 좌정언(左正言) 이종화(李種華)가 사직했다. 종화(種華)가 대궐에 나와 아뢰었다.

"신(臣)이 전일에 마침 가기(家忌-집안 상사)로 인해 대간(臺諫)이 청하는 데 참여하지 못했습니다. 알지 못하겠지만 전하께서는 어떻게 처리하실 것입니까? 전하께서 공도(公道)로 처리하시면 국조(國祚-나라의 운명)가 장구할[緜長 면장] 것인데 지금 사사로이 공도를 폐기하시니 어찌 장구한 도리이겠습니까?"

상이 대답하지 않으니 종화가 물러가 사직했다.

○황엄(黃儼) 등이 경복궁에 가서 처녀들을 골랐다. 전후로 (각도에서) 올린 처녀가 200여 인인데 50인을 뽑아 남게 했다.

○상이 태평관에 가서 황엄 등에게 잔치를 베풀었다. 엄이 매우 기뻐하여 고기 반찬을 상께 권하려고 하자 상이 사양하며 말했다.

"3년의 상(喪)은 천자(天子)로부터 서인(庶人)에 이르기까지 통하는 것이오. 지금 내가 담복(淡服-평복)을 입은 것은 다만 사신 때문이오. 궁중에 있을 때에는 최질(衰絰-상복)을 입으니 고기를 먹을 수 없소."

엄이 다시 청했으나 임금이 굳게 사양했다. 조금 뒤에 엄이 나가 손을 씻다가 술이 몹시 취해 뜰 아래로 떨어져 정신이 어지러웠다[恍惚 황홀]. 부축해 방 가운데 뉘었다.

기미일(己未日-14일)에 비로소[始 시] 대언(代言)으로 하여금 편전(便

殿)에 들어와 일을 아뢰게 했다[啓事(계사)].

○상이 태평관에 갔다. 황엄을 문병하기 위함이었다.

경신일(庚申日-15일)에 달이 토성을 범했다.

○제주(濟州)에 많은 눈이 내렸고 성내(城內) 민가(民家)에 복숭아와 오얏이 모두 꽃피었다.

○여흥부원군(驪興府院君) 민제(閔霽)가 죽었다[卒(졸)]. 제(霽)의 자(字)는 중회(仲晦)이고 호(號)는 어은(漁隱)이며 여흥군(驪興君) 변(抃)의 아들이다. 나이 19세에 (원나라) 지정(至正) 정유(丁酉-1357년) 과제(科第-과거)에 합격해 한림(翰林)에 뽑혀 들어가 여러 벼슬을 거쳐서 상의 밀직(商議密直)에 이르렀다. 홍무(洪武) 임신년(1392년)에 우리 태조(太祖)가 개국(開國)하자 정당 문학(政堂文學)에 승진했고 무인년(1398년)에 여흥백(驪興伯)에 봉해졌고 영예조사(領禮曹事)가 되었다. 젊어서부터 예(禮)를 잘 안다고 알려져 무릇 국가의 전례(典禮)를 모두 상정(詳定)했다. 건문(建文) 기묘년(1399년)에 지공거(知貢擧)가 됐다. 경진년(1400년)에 상께서 세자가 되자 승진해 문하 우정승(門下右政丞)에 제수되고 조금 뒤에[尋(심)] 좌정승(左政丞)으로 옮겼다. 상께서 즉위(卽位)하자 국구(國舅-임금의 장인)로서 다시 여흥백(驪興伯)에 봉해졌다. 신사년(1401년)에 '순충 동덕 보조 찬화 공신(純忠同德補祚贊化功臣)'의 호(號)를 주고 부원군(府院君)으로 고쳐 봉했다. 이때에 이르러 병이 심해졌으므로 상이 가서 보니 의관(衣冠)을 정제하고 말하는 바가 조금 평시와 같았는데 엿새 만에 죽었다. 향년(享年)이 70이었다. 상이 슬퍼하여 조회(朝會)를 정지하고 친림(親臨)

했으며 시호(諡號)를 문도(文度)라고 했다.

제(霽)는 타고난 자품(資稟)이 온인 청검(溫仁淸儉)하여 경사(經史)에 마음을 두고 가산(家産)은 일삼지 않았으며 이단(異端)을 배척하고 음사(淫祠)를 미워해 화공(畫工)을 시켜 노복(奴僕)이 막대기를 가지고 개를 불러 중과 무당을 쫓는 그림과 약(藥)으로 사람과 동물을 구제하는 모양을 벽에 그려놓고 보았다. 존귀(尊貴)와 영화(榮華)가 극진했으나 조금도 부귀(富貴)한 티가 없이 날마다 바둑판과 더불어 스스로 즐기고 시(詩)를 잘 평론해 담백하게 속세를 벗어나 있는 듯한[出塵]출진 정취(情趣)가 있었다. 평소에 늘 아들 무구(無咎) 등에게 일러 말했다.

"너희들은 교만으로 가득하니[驕盈]교영 고치지 않으면 반드시 패망할 것이다."

이를 보면 이른바 그는 자식을 알아보는 사람[知子]지자이라고 할 것이다.

○ 예조(禮曹)에서 부묘(祔廟)[14]의 예(禮)를 상정(詳定)했다.

"삼가 부묘(祔廟)의 예(禮)를 상고하건대 『의례(儀禮)』와 『문공가례(文公家禮)』에 실려 있는 것은 모두 사례(士禮)이고, 국가의 예(禮)는 경문(經文)에 상고할 만한 것이 없습니다. 『주관(周官)』 대종백(大宗伯)과 『시경(詩經)』 은송(殷頌-은나라 시가)의 주(注)에 정강성(鄭康成)[15]이 말하기를 '노례(魯禮)에 3년상이 끝나면 태조(太祖)에게 협제

14 선왕의 신주를 종묘에 봉안하는 것을 말한다.

15 후한말(後漢末)의 학자(學者) 정현(鄭玄)의 자(字)다. 『주서(周書)』·『상서(尙書)』·『모시(毛

(祫祭)[16]한다'라고 해, 협(祫)을 부(祔)로 훈석(訓釋)했으니 이는 신주(新主)를 구주(舊主)에 합하고 비로소 체협(禘祫)[17]의 길제(吉祭)를 행한 것입니다. 『문헌통고(文獻通考)』에는 역대 제왕(帝王)들이 졸곡(卒哭) 뒤에 모두 고부(告祔)하지 않고 곧 사당[廟]에 영부(永祔)해 상담(祥禫)[18] 전에 이미 길제를 행했으니 이는 대개 후세에 단상(短喪)으로 인하여 그렇게 된 것입니다. 그러나 상(喪)이 끝나지 않았는데 갑자기 길제를 행하는 것은 사리에 부합하지 않는 것 같습니다. 지금 우리 태조(太祖)의 신주(神主)를 부묘(祔廟)하는 제사(祭祀)는 고금(古今)을 참작해 고부(告祔)하지 말고 정강성의 '3년상을 마친 뒤에 행한다'는 설에 의거해 대상(大祥)을 기다린 뒤에 영부(永祔)의 예(禮)를 행하는 것이 거의 사리에 합치할까 합니다."

그것을 따랐다.

신유일(辛酉日-16일)에 해수(海壽)가 풍해도(豐海道)로 갔는데 기보(祁保)가 오는 것을 영접하기 위함이었다. 세자가 모화루(慕華樓)에 나가 전송했다. 수(壽)가 벽제역(碧蹄驛)에 이르러 공돈(供頓-물자지원)이 누락됐다고 해 경기 도사(京畿都事) 조유인(曹由仁), 정역 찰방(程驛察訪) 유선(柳善), 양주 부사(楊州府使) 이양(李揚), 고봉 감무(高

詩)』·『의례(儀禮)』·『예기(禮記)』·『논어(論語)』·『효경(孝經)』·『상서대전(尙書大傳)』 등의 주해(注解)를 썼다.

16 합제(合祭)하는 것을 말한다.

17 조상의 영혼을 합하여 제사지내는 것을 말한다.

18 대상(大祥)과 담제(禫祭)를 말한다.

峰監務) 곽정부(郭廷府) 등을 채찍질하고 욕을 보였다.

○ 상이 태평관에 가서 황엄의 병을 묻고 드디어 인덕전(仁德殿-상왕전)에 나아갔다가 또 여흥부원군 민제(閔霽)의 집에 가서 전(奠)을 베풀었다.

○ 예조(禮曹)에서 정비(靜妃)의 상복(喪服)을 상정(詳定)했다.

"이달 15일에 국구(國舅) 민제(閔霽)가 죽었사온데 중궁(中宮)의 상례(喪禮)를 경문(經文)에 상고할 만한 것이 없습니다. 그러나 『예기(禮記)』에 이르기를 '부모의 상(喪)은 귀천(貴賤)이 없이 한가지다'라고 했고, 『홍무예제(洪武禮制)』에 이르기를 '출가한 딸은 본종(本宗) 부모를 위하여 재최 기년(齊衰期年)이다'라고 했습니다. 마땅히 시왕(時王)의 제도에 의해 재최 기년을 입었다가 제복(除服)하고 궁중(宮中)의 여시(女侍)도 역시 이에 따르게 하소서."

그것을 따랐다.

임술일(壬戌日-17일)에 영의정부사 하륜(河崙) 우정승 이무(李茂)가 아뢰었다.

"대간(臺諫)으로 하여금 일을 보게 하소서."

허락하지 않았다.

○ 정비(靜妃)가 여흥부원군 민제의 집에 가서 성복(成服)했다.

○ 전라도 병마 도절제사 강사덕(姜思德)이 관련 현안 몇 조목(條目)을 올렸다.

'하나, 도내(道內)의 군영(軍營)이 바다와의 거리[去海]거해가 130여 리(里)나 되므로 매번 왜적(倭賊)이 육지에 내려도 쫓아가 미치지 못합니다. 영암(靈巖)이나 회진(會津) 등지에 땅을 보아 옮겨 배치하면 막아내기가 편리할 것입니다.

하나, 흥덕진(興德鎭) 근처의 금모포(黔毛浦)는 물이 얕고 언덕이 막혀 왜적(倭賊)이 하선(下船)하면 서로의 거리가 60여 리나 돼 왜적을 잡을 수 없으니 해변(海邊) 요해처(要害處)인 장사(長沙)로 옮겨 배치하도록 해야 할 것입니다.

하나, 김제군(金堤郡)의 벽골제(碧骨堤)는 뚝 밑이 아득하게 넓고 비옥하며 제언(堤堰)의 고기(古基)가 산같이 견고하고 튼튼하니 청컨대 예전과 같이 수축(修築)하고 혁파(革罷)한 사사(寺社) 노비(奴婢)로 둔전(屯田)을 경작하게 해 국용(國用)에 보태도록 해야 할 것입니다.'

그것을 따랐다.

계해일(癸亥日-18일)에 하륜(河崙), 이무(李茂) 등이 다시 대간(臺諫)을 출사(出仕)시키자고 청하자 상이 말했다.

"대간이 나오면 반드시 무구(無咎) 형제의 죄를 청할 것이다. 내가 이들 형제를 보낸 뒤에 대간을 나오게 하겠다."

○ 일본 국왕의 사자(使者)와 구주절도사(九州節度使)의 사자가 대궐에 나아와 하직하니 상이 명해 서상(西廂)에서 음식을 대접하게 했다. 사자가 상께서 친히 와서 보지 않는다 해 기꺼이 잔치에 나오려 하지 않고 물러 나와 곧 길을 떠나려고 했다. 상이 동부대언(同副代言) 오승(吳陞)을 보내 타이르게 하고 그래서 또 내일 와서 알현하게 했다.

○ 황엄 등이 다시 경복궁에서 처녀들을 살펴보았다.

○ 우희열(禹希烈)을 옥에서 풀어주었다.

갑자일(甲子日-19일)에 상이 문소전(文昭殿)에서 칠우제(七虞祭)를 거행했다. 초우(初虞)에서 칠우(七虞)까지 상이 모두 친히 거행했다.

○ 소복(素服)으로 정전(正殿)에 좌정해 일본 국왕의 사자를 불러 만나보고 사자에게 명해 전(殿)에 오르게 하고서 말했다.

"어제 왔을 때는 내가 마침 혼전(魂殿)에 나가 있었으므로 명(命)을 전하는 소환(小宦)이 내게 알리지 않아서 보지 못했다. 이웃나라 사신이 오랫동안 객관(客館)에 머물러 있는데 마침 국가에 일이 많아서 두텁게 위로하지 못했으니 부끄러운 점이 많다."

사자가 아뢰었다.

"한번 청광(淸光)을 뵙기를 원한 지가 오래였는데 지금 뵙게 되었으니 무엇이 이보다 기쁘겠습니까?"

상이 말했다.

"너희 나라 임금이 끊이지 않고 사자를 보내고 또 이양중(李養中)이 갔을 때에 대우를 심히 두텁게 했는데, 내가 국상(國喪)으로 인하여 마음같이 하지 못했다."

내시(內侍)에게 명해 서상(西廂)에서 대접하게 했다.

○ 좌정승 성석린(成石璘)이 노병(老病)으로 사직했다.

○ 형조(刑曹)에서 무구(無咎) 등의 죄를 청했다. 소(疏)는 이러했다.

'예로부터 난신 적자(亂臣賊子)는 (나라의 명이 없어도) 사람마다 벨 수 있는 것입니다. 무구(無咎) 등은 불충한 죄를 짓고서도 다행히 상

(上)의 은혜를 입어 각각 성명(性命)을 보전해 편안히 살고 있는데 무질이 아직도[尙] 마음을 고치고 생각을 바꾸지 못하고 양가(良家)의 딸에게 장가를 들어 불법한 일을 자행해 못하는 짓이 없습니다. 요행히 아비의 병으로 인해 무구와 무질이 부름을 받아 역마(驛馬)를 타고 와서 부친을 보았으니 사사로운 은혜로는 곡진합니다. 그러나 불충한 신하와는 한 조정에 있을 수 없습니다. 그러므로 대간(臺諫)이 여러 날 죄주기를 청했사온데 전하께서는 윤허하지 아니하고 언로(言路)를 막으셨습니다. 이것이 신 등이 마음을 썩이고 실망해 하는 것입니다. 하물며 대간은 하루도 없을 수 없는 것인데 어찌하여 오랫동안 비워두고 불충한 무리로 하여금 서울에 발을 붙이게 하십니까? 신 등은 직책이 집법(執法)에 있어 법을 폐기할 수 없습니다. 엎드려 바라건대 전하께서는 대의(大義)로 결단해 무구와 무질을 율(律)에 따라 시행해 신민(臣民)의 소망에 부응하셔야 할 것입니다.'

궁중(宮中)에 머물러 두고 내리지 않았다.

을축일(乙丑日-20일)에 강원도 양주(襄州) 등 다섯 고을에 우박이 내려 깊이가 5촌(寸)이나 되는 곳도 있었다.

○ 한첩목아(韓帖木兒)가 대궐에 나오니 상이 경연청(經筵廳)에서 접대했다.

○ 풍해도(豐海道) 가화현(嘉禾縣)을 없애 청송현(青松縣)에 붙였다.

○ 대간원(臺諫員)에게 다시 일을 보도록 명하니 대간이 대궐에 나와 사은(謝恩)했다. 이날 저녁에 재차 대궐에 나와 무구 형제의 죄를 바로잡을 것을 청하니 상이 말했다.

"부원군(府院君)의 초재(初齋)를 지내면 돌려보내겠다."

병인일(丙寅日-21일)에 상이 문소전(文昭殿)에서 졸곡제(卒哭祭)를 거행하니 의정부에서 백관을 거느리고 위로를 올렸다[奉慰(봉위)]. 상이 태평관에 가서 황엄의 병을 위문했다.

○ 대간이 대궐에 나와 무구 등을 해변 지역[海上(해상)]으로 옮길 것을 청했다.

"무구 등의 죄는 귀양보내 견책하는 데에 그칠 것이 아니니 전일에 아뢴 바에 따라 시행하셔야 할 것입니다."

상이 말했다.

"지난해부터 대간이 청해 그치지 않으므로 내가 그 처치할 방법을 생각하고 있다. 그리고 붕비(朋比)하는 사람도 금절(禁絶)하려고 하니 번거롭게 다시 청하지 말라."

대간이 대답했다.

"두 사람은 죽어도 남는 죄가 있는데 목숨을 보전했습니다. 그런데도 역시 방자하니 바닷가[海上(해상)]로 옮겨 붕비(朋比)를 끊어야 할 것입니다."

상이 말했다.

"다시 교만하고 방자한 정상이 있으면 마땅히 다시 아뢰어라."

대간이 물러나와 교장(交章)해 말씀을 올렸다.

'무구·무질의 불궤(不軌)한 죄를 법으로 논한다면 비록 극형을 가한다 하더라도 오히려 남는 죄가 있습니다. 전하께서 차마 법에 따라 처리하지 못하시고 각각 자원(自願)하는 곳에 안치하셨으니 전하

의 인애(仁愛)하시는 은혜가 지극합니다. 무구 등은 마땅히 전의 잘못을 뉘우쳐야 할 것인데 혹은 서로 결탁해 붕비(朋比)를 만들고 혹은 임의로 혼가(婚嫁)를 행하여 교만 방자한 것이 평소와 다를 바가 없습니다. 지금 또 특별하신 부름을 받아 아비의 병(病)을 보고 아비의 상(喪)을 행했으니 다행함이 지극합니다. 난적(亂賊)으로서 특별한 은혜를 입는 것은 신 등이 듣지 못한 일입니다. 무구 무질은 본래 임금을 업신여기는 마음을 가졌었는데 전하께서 도리어 인친(姻親)의 애정(愛情)으로 인해 구처(舊處)로 돌아가게 하시니 이것은 그 악한 것을 자라게 해 난적(亂賊)으로 하여금 장차 이 세상에 발을 붙이게 하는 것입니다. 전하께서 만일 사사로운 애정에 끌려서 의(義)로 친(親)을 없애지 못하신다면 우선 상항(上項)의 사람들을 해변지역에 옮기는 것도 가합니다.'

소(疏)를 궁중에 머물러두고 내리지 않았다. 무구와 무질로 하여금 문밖 불사(佛寺)에 나아가 그 아비의 초재(初齋)를 행하게 하고 다시 서울에 들어오지 말고 각각 안치한 곳으로 돌아가게 했다.

정묘일(丁卯日-22일)에 (상이) 친히 민제(閔霽)의 빈소(殯所)에 전(奠)을 올리고 가인례(家人禮)[19]를 거행해 재배(再拜)했다.

○ 우정승 이무(李茂)가 병으로 사직했다. 애초에 무(茂)가 몰래 (의정부) 사인(舍人) 이명덕(李明德)을 시켜 (사헌부) 집의(執義) 이관(李灌)에게 일러 말했다.

---

19 집안 식구끼리 행하는 예법을 말한다.

"지금 무구와 무질이 서울에 이르렀는데 자식이 아비에게 대하는 효심(孝心)은 한가지다. 대개 듣건대[似聞(사문)] 주상(主上)께서 머지 않아 대간(臺諫)에게 출사(出仕)를 명한다고 하는 것 같으니 거동 진퇴(擧動進退)를 가벼이 하지 말고 만일 나와서 일을 보게 되거든 부디 각박(刻迫)하게 하지 말라."

관(灌)이 이미 (관직에) 나와서 일을 보게 되자 글을 올렸다.

'신이 사직하고 집에 있을 때에 사인 이명덕이 천기(天機)를 누설하고 또 연락해 대간(臺諫)의 진퇴(進退)를 지휘했으니 실로 마땅하지 못합니다. 청컨대 직첩을 거두고 실상과 연유를 국문해야 할 것입니다.'

소(疏)를 궁중에 머물러 두고 내리지 않았다. 지신사 황희(黃喜)를 무(茂)의 집에 보내 뜻을 전했다.

"이 일은 아이들 장난[兒戲(아희)]에 가까우니 피혐(避嫌)하지 말고 일을 보라."

이관에게 다음과 같이 일렀다.

"내가 사인 유사눌(柳思訥)에게 물어 명덕(明德)의 말이 곧 정승이 한 말이라는 것을 알았다. 이미 명덕을 출사하게 했으니 너는 마땅히 그것을 알고 있어야 할 것이다."

기사일(己巳日-24일)에 조정사신(朝廷使臣) 도지감 좌소감(都知監左少監) 기보(祁保), 예부낭중(禮部郎中) 임관(林觀)이 이르니 상이 면복(冕服)을 입고 여러 신하를 거느리고 모화루(慕華樓)에서 맞이했다. 애초에 상이, 사신(使臣)이 장차 오는데 흉복(凶服)으로 명을 맞을 수도 없고 또 길복(吉服)을 입을 수도 없기 때문에 담채복(淡綵服)을 쓰려고 해 예조좌랑 이초(李椒)를 보내 사신에게 예(禮)를 물으니 사신이 말했다.

"천자(天子)의 명령을 맞는 데 그렇게 할 수는 없소. 잠시 동안 길복을 입는 것이 위를 공경하는 의리요. 예복(禮服)으로 맞이하고 효복(孝服)으로 제사(祭祀)하는 것이 가하오."

상이 이에 소복(素服)으로 모화루에 가서 면복(冕服)을 입었고 여러 신하들은 조복(朝服)을 입었다. 태평관(太平館)에 이르러 예(禮)가 끝나자 상이 면복을 벗고 소복으로 사신을 보고 행례(行禮)하고, 여러 신하들도 또한 소복으로 사사로운 예[私禮 사례]를 행했다. 상이 조상(弔喪)을 받지 않았으므로 환궁(還宮)을 명하고 세자 제(禔)를 머물러 있게 하여 하마연(下馬宴)을 베풀었다. 임관(林觀)이 싸 가지고 온 예부(禮部)의 의주(儀注)를 예관(禮官)에게 주었다.

'예부(禮部)에서 예의(禮儀)에 대한 일을 위해 지금 예제(禮制) 중에서 마땅히 행할 의주(儀注)를 초록(抄錄)해 흠차 사신(欽差使臣)에게 주어 보내니 이를 준수하여 시행하라.

사제 의주(賜祭儀注):

전기(前期)하여 유사(有司)가 상가(喪家)의 영전(靈前)에 제의(祭儀)와 궤안(几案)을 진설하고, 사자(使者)의 치전위(致奠位)를 영전(靈前)에, 독축위(讀祝位)를 영좌(靈左)에 설치하고, 주상(主喪) 이하의 입위(立位)를 영우(靈右)에, 주부(主婦) 이하의 입위(立位)를 빈전(殯殿) 북만(北幔) 아래에 베푼다. 그날 사자(使者)가 상가(喪家)에 이르면, 인례(引禮)가 상주(喪主)를 인도하여 상장(喪杖)을 버리고 최질

(衰絰)을 벗고 곡(哭)을 그치고 대문(大門) 밖에 나와 맞이하고, 다시 먼저 들어가 자리에 나아간다. 인례가 사자를 인도하여 들어와 치전위(致奠位)에 나아가 향안(香案) 앞으로 나간다. 찬(贊)이 "상향(上香)·제주(祭酒)"라 하면, 사자가 서서 상향하고 서서 제주한다. 이를 마치면 자리로 돌아온다. 찬(贊)이 "독축(讀祝)"이라 하면, 독축자(讀祝者)가 축문(祝文)을 가지고 서서 읽어 끝낸다. 찬(贊)이 "분축(焚祝)"이라 하면, 축문을 받들고 요소(燎所)에 서서 불살라 끝낸다. 사자가 나가면, 상주가 대문 밖에서 절하여 보내고, 상장을 짚고 곡하며 들어간다.

사부 의주(賜賻儀注):

전기(前期)하여 상가(喪家)의 대청(大廳) 한가운데에 치안(置案)을 베풀고, 사자(使者)의 위(位)를 대청 동북(東北)쪽에, 주상자(主喪者) 이하의 배위(拜位)를 대청에 베풀고, 주부(主婦) 이하의 입곡위(立哭位)를 빈전(殯殿) 북만(北幔) 아래에 베푼다. 그날 용정(龍亭)으로 칙서(勅書)를 맞이하고, 부증(賻贈)하는 물건을 실어서 집으로 가져간다. 인례(引禮)가 상주(喪主) 이하를 인도하여 상장(喪杖)을 버리고 최질(衰絰)을 벗고 곡(哭)을 그치고 대문 밖에 나와 맞이한다. 집사(執事)가 용정(龍亭)과 부물(賻物)을 마주 들고 대청(大廳)으로 들어와 한가운데에 놓아두되, 남향(南向)하게 한다. 찬례(贊禮)가 사자를 인도하여 들어와 동북쪽에 서게 하고, 인례(引禮)가 상주 이하를 인도하여 자리로 나아간다. 찬(贊)이 "국궁(鞠躬) 사배(四拜) 평신(平身)" 한다. 사자가 용정에서 칙서(勅書)를 취(取)하여 상주에게 준다. 상주가 꿇어앉아 칙서를 안(案) 위에 놓고 자리로 돌아오면, 찬(贊)이 "사배(四拜) 흥(興) 평신(平身)" 한다. 예(禮)가 끝나면 안팎이 모두 곡(哭)한다. 집사가 부의(賻儀)를 받는다. 인례가 사자를 인도하여 나가면, 상주가 대문 밖에서 절하여 보내고, 상장을 짚고 곡하며 들어온다.

사시 의주(賜謚儀注):

전기(前期)하여 집사(執事)가 상가(喪家)에 사자(使者)의 자리[位]를 정청(正廳)의 동북편에 베풀되, 남향(南向)하게 하고, 상주(喪主) 즉 고명(誥命)을 대신 받는 자의 자리를 대청 앞에 베풀되, 북향(北向)하게 한다. 기일(期日)이 되면 고명(誥命)을 받는 집에서 용정(龍亭)과 의장(儀仗) 고악(鼓樂)으로써 맞이하여 집에 이른다. 대신 고명을 받는 자가 대문 밖에 나와서 이를 맞이한다. 집사가 용정을 마주 들어 대청 한가운데에 놓아두되, 남향(南向)하게 한다. 인례(引禮)가 사자를 인도하여 동북편에 서게 하고, 대신 고명을 받을 자를 인도하여 배위(拜位)로 들어온다. 찬(贊)이 "국궁(鞠躬) 사배(四拜) 평신(平身)" 한다. 사자가 "유제(有制)"라고 칭(稱)하면, 찬(贊)이 "궤(跪)"라 하여 대신 고명을 받을 자가 꿇어앉는다. 사자가 제서(制書)를 선독(宣讀)하기를 "황제(皇帝)가 도지감 좌소감(都知監左少監) 기보(祁保) 등을 보내 반고(頒誥)하여 고(故) 조선 국왕(朝鮮國王)이(李)【휘(諱)】에게 시호(謚號)를 주기를 강헌(康獻)이라 한다"라고 한다. 선독하기를 끝내면 찬례(贊禮)가 찬(贊)하기를 "부복(俯伏) 흥(興) 사배(四拜) 흥(興) 평신(平身)" 한다. 사자가 용정에서 고명(誥命)을 취(取)하여 대신 고명을 받는 자에게 주면, 대신 고명을 받는 자가 꿇어앉아서 고명을 받아 영좌(靈座) 앞에 드린다. 사자가 나가면, 대신 고명을 받은 자가 대문 밖에서 절하여 보낸다. 사자가 관(館)으로 돌아간다.

대신 고명을 받은 자가 영좌 앞에서 분황례(焚黃禮)[20]를 행한다.'

○ 대간(臺諫)이 대궐에 나아와 무구(無咎) 등의 죄를 청했다. 아뢰어 말했다.

"무구(無咎) 형제(兄弟)를 다만 안치(安置)한 곳으로 돌려보내셨으니 죄는 무겁고 벌은 가볍습니다. 청컨대 율(律)에 의거하여 시행하소서."

윤허하지 않았다.

○ 전 총제(摠制) 김첨(金瞻)을 전옥서(典獄署)에 내렸다. 사헌 집의 이관(李灌)이 말씀을 올렸다.

"청컨대 직첩(職牒)을 거두고 옥(獄)에 가두어 국문(鞫問)하셔야 할 것입니다."

그것을 따랐다. 민제(閔霽)의 임종시(臨終時)에 첨(瞻)이 몰래 가서 보았다. 대간(臺諫)과 형조(刑曹)가 교좌(交坐)[21]하여 첨을 곤장을 때리며 신문(訊問)하니 첨의 말이 영의정부사(領議政府事) 하륜(河崙)을 끌어대었다. 대간이 륜에게 핵문(劾問)했다.

"첨이 지난번에 그대의 집에 가서 무슨 말을 하였소?"

륜이 대답했다.

"일찍이 기억하건대 첨이 내 집에 와서 말하기를 '오늘 내가 여흥부원군의 집에 갔었는데 불가하지 않으오?' 하기에 내가 대답하기를, '가기 전에 가하고 불가한 것을 의논할 것이지, 이미 가고 난 뒤에 어찌 다시 가하고 불가한 것을 토의하겠소?'라고 했소."

---

20 칙서를 불사르는 것으로 이때의 칙서는 누런 종이를 썼다.

21 공동으로 죄를 다스리는 것을 말한다.

○ 예조(禮曹)에서 종묘(宗廟)의 제사를 행할 것을 청했다. 아뢰어 말했다.

"삼가 (『예기(禮記)』의) 왕제(王制)를 상고하면 상사(喪事) 3년 동안에는 제사를 행하지 않습니다. 그러나 『춘추좌씨전(春秋左氏傳)』에는 '졸곡(卒哭) 뒤에 부(祔)하고 부(祔)한 다음에 신주(神主)를 만들어 특별히 신주에 제사하고, 묘(廟-사당)에는 증(蒸-겨울 제사) 상(嘗-가을 제사) 체(禘-여름 제사)를 지낸다'라고 했습니다. 두예(杜預)[22]는 말하기를 '새 신주[新主]를 특별히 침(寢-사당)에 제사하면 종묘(宗廟)의 사시 상사(四時常祀)도 마땅히 전과 같이 해야 할 것이다'라고 했는데, 『문공가례(文公家禮)』 부주(附註)에 이르기를 '상사(喪事) 3년에 제사하지 않는 것이나, 지금 사람이 거상(居喪)하는 것은 예전 사람과 다르므로 졸곡(卒哭) 뒤에는 묵최(墨衰)로 출입(出入)하는 것을 면치 못하니, 대략 두주(杜註)의 말을 모방해 사시(四時)의 제일(祭日)을 만나면 상사(常祀)를 행할 수 있다'라고 했고, 또 『문헌통고(文獻通考)』를 상고하면 역대 제왕(帝王)이 졸곡 뒤에 모두 교묘(郊廟)의 제사를 행했으니 마땅히 역대의 법을 준수해 졸곡 뒤에 종묘(宗廟)에 치재(致齋)하되, 모두 전과 같이 효성(孝誠)을 펴야 합니다."

그것을 따랐다.

○ 예조(禮曹)에서 또 아뢰었다.

"삼가 상고하건대 송(宋)나라 희녕(熙寧) 원년(元年)에 조서(詔書)를

22 진(晉)의 명장(名將)이자 학자(學者)다. 자(字)는 원개(元凱), 호(號)는 성(成)이다. 무제(武帝) 때에 오(吳)를 쳐서 대공(大功)을 세웠으며, 『좌전(左傳)』의 학(學)에 정통(精通)했다.

내려 '양제(兩制)[23] 이상 대간관(臺諫官)과 태상예원(太常禮院)으로 하여금 함께 역월(易月)[24]로 복(服)을 벗은 뒤의 교묘(郊廟)의 예제(禮制)'를 상정(詳定)하게 했는데, 복면(服冕)·거로(車輅)·의물(儀物)·음악(音樂) 등의 신사(神事)에 관계되는 것은 모두 폐할 수 없다 하므로 조서를 내려 그대로 따랐습니다. 전일(前日)에 본조(本曹)에서 장신(狀申)해, 졸곡(卒哭) 뒤에 종묘(宗廟)에 치재(致齋)하는 것을 이미 역대(歷代)의 법에 의거했으니, 마땅히 사용해야 할 관복(冠服) 의물(儀物) 음악(音樂) 등의 신사(神事)에 관계되는 것은 모두 송나라 제도에 의거하는 것이 실정과 마땅함[情義]에 부합할까 합니다."

그것을 따랐다.

경오일(庚午日-25일)에 대간(臺諫)이 교장(交章)하여 무질(無疾) 등에게 붕비(朋比)한 자들의 죄를 청했다. 소(疏)는 이러했다.

'생각건대 예로부터 난역(亂逆)의 신하는 반드시 먼저 당(黨)을 만든 연후에 악한 짓을 감행하는 것이므로 『춘추(春秋)』에서 그 당(黨)을 엄하게 제거하는 것도 바로 이 때문입니다. 무구(無咎) 등은 그 죄가 베어야 마땅하니 어찌 남의 신하된 자가 함께 천지(天地) 사이에 설 수 있겠습니까? 전 계림부윤(鷄林府尹) 이은(李殷), 성주목사

---

23 송(宋)나라 때의 내제(內制)와 외제(外制)다. 즉 한림학사(翰林學士)로 내제(內制)를 맡게 하고, 지제고(知制誥)로 외제(外制)를 맡게 했으니, 내제(內制)는 사칙(赦勅)·국서(國書) 및 궁금(宮禁)에서 사용하는 문사(文辭)를 말하고, 외제(外制)는 백관(百官)의 벼슬을 제수하는 제사(制詞)를 말한다.

24 날로 달을 바꾸는 것을 말한다.

(星州牧使) 윤임(尹臨), 지선주사(知善州事) 윤개(尹愷), 지청도군사(知淸道郡事) 강해진(康海珍), 계림판관(鷄林判官) 은여림(殷汝霖), 경산현령(慶山縣令) 정구당(鄭九塘), 전 지영주사(知永州事) 강만령(姜萬齡), 판동래현사(判東萊縣事) 송극량(宋克良), 하양감무(河陽監務) 김도생(金道生), 지양주사(知梁州事) 이승조(李承祚), 인동감무(仁同監務) 김타(金沱), 진성감무(珍城監務) 최예(崔汭) 등은 모두 붕비(朋比)하여 (지방의) 경계(境界)를 넘어 아부했고 대구현령(大丘縣令) 옥고(玉沽)는 민제(閔霽)의 문생(門生)이라 해 제일 먼저 당부(黨附)하고 수령(守令)들 중에서 붕비(朋比)한 자들과 꾀를 통해 성혼(成婚)한 자를 숨기고 보고하지 않았으니 그 죄가 더욱 심합니다. 엎드려 바라건대 전하께서는 상항(上項)의 사람들을 직첩(職牒)을 거두고 그 까닭을 국문(鞫問)해 "악(惡)에 당(黨)이 되고 간인(奸人)에 아부한 죄"를 징치(懲治)하시면 사람들이 감히 악한 짓을 하는 자에게 당(黨)이 되지 못해 악한 것이 저절로 종식될 것입니다.'

소(疏)를 궁중에 머물러 두고 내리지 않았다.

신미일(辛未日-26일)에 대간(臺諫)들이 합문에 엎드려 이은(李殷) 등의 죄를 다시 청했으나 윤허하지 않았다.

임신일(壬申日-27일)에 기보(祁保)와 임관(林觀)이 태뢰(太牢)[25]로 문소전(文昭殿)에 사제(賜祭)를 행했다. 전기(前期)하여 진설(陳設)하고

25 나라의 제사에 소·양·돼지의 세 가지 희생(犧牲)을 통채로 바치는 일을 말한다.

사신(使臣)이 제문(祭文)을 받들고 전(殿)에 이르니 각사(各司)에서 한 사람씩 의장(儀仗)을 갖춰 앞에서 인도하고 상이 최복(衰服)으로 세자와 종친을 거느리고 대문 밖에 나가 맞이했다. 세자와 종친은 전정(殿庭)에 섰다. 사신이 전(殿)에 올라 남향하여 서서 상향(上香)하고 일전(一奠) 삼작(三爵)을 드렸다. 대축(大祝)[26] 우사간 대부(右司諫大夫) 김자지(金自知)가 서서 제문(祭文)을 읽었다. 제문은 이러했다.

'유(維) 영락(永樂) 6년 월(月) 일(日) 황제(皇帝)는 도지감 좌소감(都知監左少監) 기보(祁保)와 예부 낭중(禮部郎中) 임관(林觀)을 보내 고(故) 조선 국왕(朝鮮國王) 이(李)모【휘】의 영(靈)에게 사제(賜祭)한다. 왕은 명달(明達)하고 착한 것을 좋아하는 것이 천성(天性)에서 나와서 지성(至誠)으로 두 마음이 없었다. 옛날 황고(皇考) 태조 고황제(太祖高皇帝) 때에 공경히 천도(天道)를 고분고분하게 해 의(義)를 본받고 충성을 펴서 사대(事大)를 공근(恭勤)히 하고, 조정 명령을 준수해 받들어서 오랠수록 더욱 정성스럽게 해 한 방면의 백성을 보호 무휼(保護撫恤)하여 부서(富庶)하기에 이르러서 모두 안락(安樂)을 이뤘다. 우리 황고(皇考)께서 왕의 충성을 매우 아름답게 여겨 특별히 후국호(後國號)를 "조선(朝鮮)"이라 주시고 총애와 특별한 대우를 펴셨으니, 왕의 공덕(功德)이 두드러짐은 예전 조선의 어진 임금이라 하더라도 더할 수 없다. 근년에 나이가 높으므로 인해 왕위를 아들에게 전하고, 바야흐로 만년(晩年)에 편안히 놀아야 할 것인데 갑자기 죽었다 하니 부음(訃音)이 이르자 짐(朕)이 몹시 슬퍼하는 바

26 제사 때에 축문(祝文)을 읽는 사람을 말한다.

이다. 비록 그러하나 사람이 세상에 태어나서 아름다운 이름이 있어 후세에 전하고 자손이 있어 그 뜻을 이으면 죽더라도 무슨 한이 있겠는가? 왕이 동토(東土)에 울타리가 되어 위로는 능히 하늘을 두려워하여 조정을 섬기고 아래로는 능히 복(福)을 만들어 한 방면의 백성들을 비호(庇護)하여 이름이 후세에 나타나서 경경(耿耿)하여 마멸되지 않고, 왕의 아들 아무개【휘】가 또 능히 왕의 뜻을 계승해 천명(天命)을 공경히 숭봉(崇奉)하여 충성으로 조정을 섬기고, 두려워하고 근신하고 조심하여 예도(禮度)를 준수하고 계승하여 털끝만큼도 건과(愆過)가 없고, 힘써 화목한 것을 이뤄서 나라 사람을 복되게 하고 그 기업(基業)을 보존하여 영세(永世)에 미치게 한다. 대개 죽고 사는 것은 고금(古今) 인도(人道)의 정상적인 것이니 왕이 비록 죽었더라도 다시 무슨 한이 있겠는가? 이에 특별히 사신을 보내어 생(牲-희생)과 예(醴-단술)로써 왕에게 제사한다. 구원(九原)에 영(靈)이 있으면 흠향(歆饗)하기 바란다.'

읽기를 마치자 불사르고 사신이 나가니 상이 대문 밖까지 전송하고 상장을 짚고 곡하며 들어오기를 한결같이 의주(儀注)와 같이 했다. 때마침 제사를 지낼 때 크게 바람이 불고 비가 쏟아지기를 물을 붓듯이[如注 여주] 하므로 백관(百官)이 전정(殿庭)에 들어가 행례(行禮)하지 못했다. 예(禮)가 끝나자 비가 개었다.

계유일(癸酉日-28일)에 기보와 임관이 칙서(勅書)와 사부(賜賻)를 받들고 왕궁에 이르렀다. 백관 분사(百官分司)가 태평관에 나아가 앞에서 인도하고, 상이 상장(喪杖)을 버리고 질(絰)을 벗고 최복(衰服)

으로 대문 밖에 나아가 맞이했다. 정비(靜妃)의 곡위(哭位)를 경연청(經筵廳)에 베풀고 시녀(侍女)를 거느리고 유장(帷帳)을 쳤다. 백관은 전정(殿庭)에 서립(序立)했다. 사신이 정전(正殿)에 이르러 남향해 서자 상이 세자와 종친을 거느리고 정전에 올라가 북향해 서서 사배(四拜)하고 백관도 또한 사배했다. 예(禮)가 끝나서 사신이 나가자 상이 백관을 거느리고 대문 밖까지 전송했는데 한결같이 의주(儀注)대로 했다. 그 칙서(勅書)는 이러했다.

'조선 국왕(朝鮮國王) 이(李)【휘(諱)】에게 칙(勅)하노라. 표문(表文)을 보고 왕의 아비가 훙서(薨逝)한 사실을 알게 되니 참으로 매우 슬프다. 왕은 효정(孝情)이 도탑고 간절하니 호모(號慕)하고 최훼(摧毁)하는 바가 더욱 견디기 어려울 것이다. 대개 다움을 닦아 (아비를) 현양(顯揚)하는 것은 효도(孝道)의 큰 것이다. 왕은 슬픈 것을 절도 있게 하고 일을 이뤄 길이 도모(圖謀)할 것을 생각하라. 이제 특별히 사신을 보내 부의(賻儀)를 주는 바이니 이르거든 영수(領收)하라. 그러므로 칙(勅)한다. 견(絹) 500필, 포(布) 500필, 양(羊) 100공(羫-재갈), 술 100병(甁)이다.'

갑술일(甲戌日-29일)에 기보와 임관이 사시고(賜諡誥)를 받들고 왕궁(王宮)에 이르렀다. 백관 분사(百官分司)가 태평관에 이르러 공복(公服)을 입고 앞에서 인도하고 상이 면복(冕服)을 입고 군신을 거느리고 대문 밖에 나가 맞이했다. 백관은 전정(殿庭)에 서립(序立)했다. 사신이 전(殿)에 올라 남향하여 서서 고문(誥文)을 탁자 위에 놓았다. 상이 백관을 거느리고 사배(四拜)하니 사신이 고문(誥文)을 상에게 주었다. 상이 다 보고 나서 다시 탁자 위에 놓고 또 사배(四拜)하니 사신이 나갔다. 상이 백관을 거느리고 대문 밖에 나가 전송하고 상이 곧 최복(衰服)을 입고 문소전(文昭殿)에 나아갔다. 유사(有司)가 황지(黃紙)로 고명(誥命)을 써서 신좌(神座) 앞에 놓고 분황 제례(焚黃祭禮)를 거행했다. 그 글은 이러했다.

'짐(朕)이 공경히 천명(天命)에 응하여 만방(萬方)을 통어(統御)한다. 수정(綏靖)[27]을 넓혀서 인심(人心)에 흡족하게 하고 현덕(賢德)을 표(表)하여 치리(治理)를 일으켜서 사해(四海) 안팎을 평등하게 보고 공평하게 한다. 하물며 훌륭한 번신(藩臣)이 죽은 때를 당하여 반드시 포장(褒奬)하고 애휼(愛恤)하는 것을 융성히 하여 정표(旌表)하고 아름답게 여기는 것을 보인다. 고(故) 조선 국왕(朝鮮國王) 이(李)【휘(諱)】는 마음 가지기를 장엄(莊嚴)하게 하고 착한 것 좋아하기를 게을리 하지 않았다. 우리 황고(皇考)를 받들어서 하늘을 두려워하고 사대(事大)하는 마음을 엄하게 하여 이 동번(東藩)을 지켜 지경(地境)을 보전하고 백성을 편안케 하는 도(道)에 힘썼다. 오직 조정(朝廷) 명령을 들어서 세월이 오래도록 변하지 않았고, 자극(紫極=임금의 어좌)의 지존(至尊)으로 충성을 펴고 현토(玄菟)의 땅에 복(福)을 가져왔다. 바야흐로 정사(政事)를 사퇴함을 당하여 편안하고 한가함을 이루려 했는데 마침내 하늘이 남기려고 하지 않아서 갑자기 길이 서거(逝去)했다. 그 훈업(勳業)과 행적(行績)을 따져 보면 마땅히 포양(褒揚)이 있어야 하겠다. 시법(諡法)에 백성을 무휼하여 안락

27 백성을 편안하게 하는 것을 말한다.

[撫民安樂](무민 안락)하게 한 것을 "강(康)"이라 하고 선한 일을 행하여 기록할 만한 것[行善可記](행선 가기)을 "헌(獻)"이라 한다. 이제 그대의 시호(諡號)를 특별히 "강헌(康獻)"이라고 준다. 영상(靈爽)이 어둡지 않으니 흠향하여 받기 바란다. 공경할지어다."

의정부에서 백관(百官)을 거느리고 (상에게) 진하(陳賀)했다.

○ 영의정부사 하륜(河崙)에게 일을 볼 것을 명하고 또 헌부(憲府)에 다음과 같이 일렀다.

"지금 국가에 일이 많아서 이미 륜(崙)으로 하여금 출사(出仕)하게 했다."

○ 상이 태평관에 가서 기보와 임관에게 잔치를 베풀었다. 상이 소복(素服)에 오모(烏帽) 백선(白扇)으로 관(館)에 이르렀다. 전가화(田嘉禾) 등도 참여했다. 지신사 황희(黃喜)를 시켜 사신(使臣)과 반인(伴人)에게 안마(鞍馬) 한 필씩을 주었는데 관(觀)만 홀로 받지 않았다.

○ 대간(臺諫)이 교장(交章)해 상의원 별감(尙衣院別監) 행 사직(行司直) 고용림(高用霖)의 죄를 청했으나 윤허하지 않았다.

'전하께서 일찍이 저부(儲副)로 계실 때 입으시던 홍포(紅袍)를 고용림이 사사로이 민무구(閔無咎)에게 빌려 주었으니 불경(不敬)한 죄로서 무엇이 이보다 더 크겠습니까? 다른 사람의 신하된 된 자는 노마(路馬)[28]에 대해서도 오히려 반드시 공경하거늘 하물며 입으시던 물건을 사사로이 빌려 줄 수 있습니까? 빌건대 직첩(職牒)을 회수하고 그 까닭을 국문(鞫問)하셔야 할 것입니다.'

---

28 임금이 타는 말을 가리킨다.

상이 용림(用霖)의 범한 바가 사유(赦宥)하기 전에 있었던 일이라 하여 거론하지 말라고 명했다.

○ 사역원판관(司譯院判官) 강유경(康庾卿)을 보내 만산군(漫散軍) 정세(鄭世) 등 남녀 모두 114구(口)를 이끌고 요동(遼東)에 가게 했다.

○ 계품사(計稟使) 우군동지총제(右軍同知摠制) 권완(權緩)을 보내 경사(京師)에 가게 했다. 예부(禮部)에 보낸 자문(咨文)은 이러했다.

'조선 국왕이 근래에 승준(承准)한 내자(來咨) 가운데 "1건(件)은 도망 중에 있는 인구(人口)에 대한 일. 병부(兵部)의 자문(咨文)에 의하면 '동녕위 천호(東寧衛千戶) 김성(金聲) 등이 아뢰기를 조선국에 가서 만산군(漫散軍)의 나머지를 취(取)하여 기발(起發)한 외에 아직도 1,100여 구(口)가 있는데, 모두 홍무(洪武) 연간(年間)에 오정타(五丁垜)의 군적(軍籍)에 편입된 인수(人數)들로서 본국(本國)에서 원년향호(遠年鄕戶)와 관사 노복(官私奴僕) 등의 명목을 붙여 취발(取發)하지 않으므로 갖춰 아뢴다고 했다. 영락(永樂) 5년 11월 초1일 아침에 본부관(本部官)이 서각문(西角門)에서 흠봉(欽奉)한 성지(聖旨)에 조선 국왕이 유이(流移)한 인구(人口)들을 만가(萬家)나 되게 요동(遼東)에 발회(發回)하여 군역(軍役)에 복귀하고 생업(生業)에 정착하게 했으니, 그 나머지 남아 있는 것을 어찌 인색하게 취발하지 않을 리가 있겠는가? 김성(金聲)이 그곳에서 재물(財物)을 탐(貪)하고 술을 좋아하여 남의 자녀들을 속이기를 지극히 나쁘게 해, 국왕에게 알리지도 않고 비밀히 저 사람들을 팔아넘긴 것이다. 김성 그놈을 법사(法司)로 잡아 보내어 문죄(問罪)하고, 다시 진경(陳敬)을 시켜 역마(驛馬)를 타고 문서(文書)를 가지고 가서 국왕에게 말하게 하여 즉시 김성이 팔아먹은 인구를 빠짐 없이 요동에 돌려보내 복역(復役) 착업(着業)하게 하라 하셨다. 이 뜻을 받들어 이자(移咨)하여 부(部)에 보낸다'라고 했으므로 본국에 행이(行移)하니 흠준(欽遵)하여 시행하고 이를 계기로 돌려보낸 인구의 수목(數目)을 회보하라"고 했습니다.

여기에 준해 조득(照得)해 먼저 원년 향호와 관사 노복 등의 항목으로 머물러두고 명령을 기다린 것과, 깊숙한 산골에 도망해 숨어서 찾아내지 못했던 인수(人數)를 자문(咨文)하여 주달(奏達)하기를 청했으니 그사이에 어찌 팔아넘기는 폐단이 있었겠습니까? 이제 내자(來咨)를 받들어 의정부(議政府)의 장계(狀啓)에 의거하면 "흠의(欽依)하여 대호군(大護軍) 이의(李懿) 등을 보내어 본국(本國)의 동서북면(東西北面)과 평양(平壤) 등 부(府)·주(州)·현(縣)에 원래부터 존류(存留)해 있던 원년 향호와 관사 노복 유사경(劉思京) 등 473구를 점득(點得)한 수 내(內)에서, 죽은 25구를 제외하고 실지로 남아 있는 448구와, 원래 완전히 찾아내지 못한 수 내에서 현재 찾아 얻은 인구 김득부(金得富) 등 모두 1,153구를 나눠 4운(運)으로 만들어, 조사덕(曹士德) 김유진(金有珍) 임종의(任種義) 강유경(康庾卿)을 보내 영락 6년 월 일에 계속해서 압령(押領)하여 요동도사(遼東都司)로 해송(解送)해 인계하고, 지금 현재 해송한 인수(人數)와 물고(物故-사망)된 인구를 개계(開啓)합니다"라고 했습니다. 이것으로 전번 것을 참조하여 상항의 기록한 것에 의해 이자(移咨)하오니 조험(照驗)하여 주달(奏達)해 시행하기를 청합니다. 본국(本國)에서 취감(取勘)한 인구를 계산하면 현재 요동 도사에 보낸 인구가 1,153구인데, 초운(初運) 유사경(劉思敬) 등이 781구이고, 제2운 이융(李隆) 등이 159구

이고, 제3운 유막수(劉莫遂) 등이 99구이고, 제4운 정세(鄭世) 등이 114구이고, 물고(物故)가 455구, 존류(存留)한 원년 향호와 관사 노복이 25구이고, 완전히 찾아내지 못한 각 가호(家戶)가 67구이며, 영락 5년에 이미 요동 도사에 자보(咨報)한 것이 363구입니다.'

○ 강원도에 큰비가 내려서 벼를 손상했다.

○ 일본(日本) 축주 태수(筑州太守)가 사람을 보내 예물(禮物)을 바쳤다.

丙午朔 上率百官詣殯殿行奠.
병오 삭 상 솔 백관 예 빈전 행전

禮曹奉大行太上王謚册寶入于內.
예조 봉 대행 태상왕 시책보 입 우내

丁未 命更選處女. 以判承寧府事柳龍生爲京畿左道巡察使
정미 명 갱선 처녀 이 판 승녕부 사 유용생 위 경기좌도 순찰사
判內侍府事安居副之; 蓮城君金定卿爲開城留後司 京畿右道
판내시부사 안거 부지 연성군 김정경 위 개성유후사 경기우도
巡察使 判內侍府事李匡副之.
순찰사 판내시부사 이광 부지

戊申 靜妃問疾于驪興府院君閔霽之第. 命內官朴成祐 馳驛召
무신 정비 문질 우 여흥부원군 민제 지 제 명 내관 박성우 치역 소
閔無咎 無疾于貶所. 司憲執義李灌上疏曰:
민무구 무질 우 폄소 사헌 집의 이관 상소 왈

今無咎 無疾等獲保性命 貶於畿外 其居處燕樂 無異平昔 恩
금 무구 무질 등 획보 성명 폄 어 기외 기 거처 연락 무이 평석 은
至渥也. 上項人等 罪在宗社 王法所不赦 大小臣僚 罔不以爲
지악 야 상항 인등 죄 재 종사 왕법 소불사 대소 신료 망불 이위
當置極刑 殿下寬布私恩 不以大義滅親 實非宗社子孫萬世計也.
당치 극형 전하 관포 사은 불이 대의 멸친 실 비 종사 자손 만세 계 야
大抵痛疾之極 父子欲相見者 人之至情也. 向値大行太上王失豫
대저 통질 지 극 부자 욕 상견 자 인 지 지정 야 향 치 대행 태상왕 실예
之際 懷安君與太上殿下 豈不欲相見 而卒不敢召 及其大行之
지 제 회안군 여 태상 전하 기 불욕 상견 이 졸 불감 소 급 기 대행 지
後 亦不奔喪者 但以公義不可得而私也. 今驪興府院君閔霽 一朝
후 역 불 분상 자 단 이 공의 불가득 이 사 야 금 여흥부원군 민제 일조
臥疾 殿下遽召其子 無咎 無疾等 一國臣民悚然驚駭. 伏望殿下
와질 전하 거소 기자 무구 무질 등 일국 신민 송연 경해 복망 전하
斷以大義 令本府鞫問其狀 以正亂逆之罪 以快臣民之望.
단 이 대의 영 본부 국문 기상 이정 난역 지 죄 이쾌 신민 지 망

上召灌曰: "驪興府院君疾革 大夫人欲令諸子相見於永訣之時
상 소 관 왈 여흥부원군 질혁 대부인 욕령 제자 상견 어 영결 지 시

見則便還 姑置勿論. 且太上之疾 予非不欲召懷安君 然太上之薨
견 즉 편 환 고치 물론 차 태상 지 질 여 비 불욕 소 회안군 연 태상 지 훙

也急 上王在京中猶不及見終 故不召懷安也."
야 급 상왕 재 경중 유 불급 견종 고 부소 회안 야

司諫院上疏曰:
사간원 상소 왈

'曩者 臺諫論執無咎 無疾等不忠之罪 累次交章 請置於法.
낭자 대간 논집 무구 무질 등 불충 지 죄 누차 교장 청치 어법

殿下特以姻婭之故 曲加寬典 自願安置 有乖王法 一國臣民 旣已
전하 특 이 인아 지 고 곡가 관전 자원안치 유괴 왕법 일국 신민 기이

缺望. 今又以其父親之疾 潛遣中使 令無咎等馳馹赴京 朝野
결망 금 우 이 기 부친 지 질 잠견 중사 영 무구 등 치일 부경 조야

罔不驚駭. 臣等竊謂不忠之罪 人所當誅 非君上之所得私也. 君
망불 경해 신등 절위 불충 지 죄 인 소당주 비 군상 지 소득사 야 군

不得而私 則豈可以父親之疾 遽使赴京乎? 願殿下斷以大義 勿令
부득이 사 즉 기 가이 부친 지 질 거 사 부경 호 원 전하 단 이 대의 물령

赴京 以割私恩 以正公道.'
부경 이할 사은 이정 공도

疏留中不下. 左司諫大夫安束啓曰: "無咎兄弟得罪於國 驪興
소 유중 불하 좌사간대부 안속 계왈 무구 형제 득죄 어 국 여흥

不得以爲子 殿下不得以爲姻親. 安有復入國門之理?"
부득 이위 자 전하 부득 이위 인친 안유 부 입 국문 지 리

不允. 李灌又上疏曰:
불윤 이관 우 상소 왈

'無咎 無疾等 罪在不宥 殿下之仁至矣 只許安置 自願付處
무구 무질 등 죄 재 불유 전하 지 인지 의 지 허 안치 자원부처

保全其身 實有乖於宗社大計. 昨因其父之疾 密使官人召還 臣恐
보전 기신 실 유괴 어 종사 대계 작 인 기부 지 질 밀사 관인 소환 신 공

爲惡者罔有懲戒 相繼而起矣. 昔者懷安君之變 李居易不忠之謀
위악 자 망유 징계 상계 이 기 의 석자 회안군 지 변 이거이 불충 지 모

國人昭然共知 殿下特布寬恩 曾不加罪 各安其生. 今無咎 無疾
국인 소연 공지 전하 특 포 관은 증 불 가죄 각 안 기생 금 무구 무질

目見懷安居易 幸免天誅 自謂雖有逆亂之罪 必蒙寬典 常懷無君
목견 회안 거이 행면 천주 자위 수 유 역란 지 죄 필 몽 관전 상 회 무군

之心 不忠之言 自然輒見 殿下親所見聞 不可不懲其惡. 願殿下法
지 심 불충 지 언 자연 첩 현 전하 친 소견문 불가 부징 기악 원 전하 법

春秋之法 斷以大義 一依前日所申 兪允施行.'
춘추 지 법 단 이 대의 일의 전일 소신 유윤 시행

遂伏闕以請. 上諭之曰: "無咎 無疾若見其父 卽令遣還."
수 복궐 이청 상 유지 왈 무구 무질 약 견 기부 즉 령 견환

司諫院司憲府交章上言曰:
사간원 사헌부 교장 상언 왈

'竊惟無咎 無疾等 罪在不宥 今殿下托父之疾 召還京師. 臣等
절유 무구 무질 등 죄 재 불유 금 전하 탁 부지질 소환 경사 신등

昧死啓聞 以至詣闕再請 未蒙兪允 不勝隕越 輒貢狂瞽 伏惟
매사 계문 이지 예궐 재청 미몽 유윤 불승 운월 첩 공 광고 복유

上慈. 臣等以謂向者 無咎 無疾等 以姻親之故 根據樹黨 潛圖
상자 신등 이위 향자 무구 무질 등 이 인친 지 고 근거 수당 잠도

不軌 幸蒙上帝之眷 殿下灼見其心 陰謀畢露 不得終濟其奸.
불궤 행몽 상제 지 권 전하 작견 기심 음모 필로 부득 종 제 기간

殿下奪於私愛 放歸田里 而今其父霽一朝臥病 特遣中使 令彼
전하 탈 어 사애 방귀전리 이 금 기부 제 일조 와병 특 견 중사 영 피

兄弟乘傳赴京 一國臣民 罔不盡傷. 殿下尙仍一時姑息之愛 又
형제 승전 부경 일국 신민 망불 혁상 전하 상 잉 일시 고식 지 애 우

命臣等曰: "無咎 無疾等見父卽還." 大抵無君之賊 罪不容誅 則
명 신등 왈 무구 무질 등 견 부 즉 환 대저 무군 지 적 죄 불용 주 즉

君不可以謂之臣 父不可以謂之子. 父雖有疾 何有相見之理乎?
군 불가이 위지 신 부 불가이 위지 자 부 수 유질 하유 상견 지 리 호

伏望殿下 割恩擧義 以示王法 上答祖宗之心 下慰臣民之望.'
복망 전하 할은 거의 이시 왕법 상 답 조종 지 심 하 위 신민 지 망

皆留中不下.
개 유중 불하

下呂稱于巡禁司. 以權文毅之女 尙不到京 黃儼等愈怒故也.
하 여칭 우 순금사 이 권문의 지 녀 상 부도 경 황엄 등 유 노 고야

己酉 遣大臣 告山陵發引于宗廟社稷.
기유 견 대신 고 산릉 발인 우 종묘 사직

遣攝太傅禮曹判書李至 攝中書令漢城尹孟思誠 率衆官獻諡册
견 섭 태부 예조판서 이지 섭 중서령 한성윤 맹사성 솔 중관 헌 시책

諡寶于殯殿. 諡册曰:
시보 우 빈전 시책 왈

'創業貽謀 實由大德; 易名定諡 惟以至公. 祗率舊章 式薦
창업 이모 실 유 대덕 역명 정시 유 이 지공 지 솔 구장 식천

徽號. 恭惟大行太上王 稟資神聖 秉心寬仁. 値前朝衰叔之時
휘호 공유 대행 태상왕 품자 신성 병심 관인 치 전조 쇠숙 지 시

克平多難; 膺上天眷佑之篤 肇造丕基. 奮武威於風霆 昭文治於
극평 다난 응 상천 권우 지 독 조조 비기 분 무위 어 풍정 소 문치 어

日月. 欽受帝命 更國號以維新; 達觀神都 奠民居於有永. 以啓
일월 흠수 제명 경 국호 이 유신 달관 신도 전 민거 어 유영 이계

我無疆之運 實原於好生之心. 政先困窮 恩孚動植. 念叨承於
아 무강 지 운 실 원 어 호생 지 심 정 선 곤궁 은 부 동식 염도 승 어

艱大 謂榮養於期頤 何促駕於賓天 忽貽哀於擗地! 宜擧追崇之禮
간대 위 영양 어 기이 하촉 가 어 빈천 홀 이애 어 벽지 의거 추숭 지 례

用伸歸美之誠. 是撰休稱 垂示來裔. 謹遣某官 奉玉册上尊號曰
용신 귀미 지 성 시 찬 휴칭 수시 내예 근견 모관 봉 옥책 상 존호 왈

"至仁啓運聖文神武大王", 廟號曰 "太祖". 仰惟沖鑑 俯諒精衷.
지인 계운 성문 신무 대왕 묘호 왈 태조 앙유 충감 부량 정충

申錫繁禧 保子孫於千億; 幽贊洪祚 與乾坤而久長.'
신석 번희 보 자손 어 천억 유찬 홍조 여 건곤 이 구장

謚寶篆寫 '至仁啓運聖文神武大王之寶', 體制用封崇金寶例.
시보 전사 지인 계운 성문 신무 대왕 지 보 체제 용 봉숭 금보 례

庚戌 設大行太上王百日齋于興德寺.
경술 설 대행 태상왕 백일재 우 흥덕사

司諫院上疏請前判原州牧事鄭南晋等罪. 疏曰:
사간원 상소 청 전 판 원주목 사 정남진 등 죄 소왈

'竊觀春秋之法 深嚴於亂臣賊子 而尤嚴於亂賊之黨 使人人知
절관 춘추 지 법 심엄 어 난신적자 이 우엄 어 난적 지 당 사 인인 지

亂臣賊子之爲大惡而莫之與 則無以立於世 而爲惡者孤矣. 今
난신적자 지 위 대악 이 막지 여 즉 무이 립 어 세 이 위악 자 고의 금

無咎等不忠之罪已著 凡民罔不憝也. 況食君之祿 而其可私相
무구 등 불충 지 죄 이저 범민 망불 대 야 황 식 군지록 이 기 가 사 상

黨附乎? 且曾經兩府者 不得出外 已有著令 而前判原州牧事
당부 호 차 증 경 양부 자 부득 출외 이유 저령 이 전 판 원주목 사

鄭南晋 前安東府使閔繼生等 不畏邦憲 擅歸驪興 潛見無咎; 前
정남진 전 안동부사 민계생 등 불외 방헌 천귀 여흥 잠견 무구 전

判原州牧事禹希烈 當現任時 越境越道 綢繆進訪. 是皆附會姦黨
판 원주목 사 우희열 당 현임 시 월경 월도 주무 진방 시 개 부회 간당

殊失人臣之大義. 願殿下 將南晋 繼生 希烈等付攸司 收其職牒
수 실 인신 지 대의 원 전하 장 남진 계생 희열 등 부 유사 수 기 직첩

鞫問其故 以戒履霜之漸 以正春秋之法 公道幸甚.'
국문 기고 이계 이상 지 점 이정 춘추 지 법 공도 행심

上曰: "南晋本居驪興 且無見識; 繼生則親戚 皆可宥也."
상 왈 남진 본 거 여흥 차 무 견식 계생 즉 친척 개 가유 야

黃儼等如景福宮視處女.
황엄 등 여 경복궁 시 처녀

辛亥 上詣殯殿 率群臣行啓殯祭 又設祖奠.
신해 상 예 빈전 솔 군신 행 계빈 제 우 설 조전

閔無咎潛入于京 司憲府遣吏守直. 臺諫伏閤啓曰: "無咎等 罪
민무구 잠입 우 경 사헌부 견리 수직 대간 복합 계왈 무구 등 죄

在不宥 請正其罪." 諫院又啓曰: "昨承諭南晋 繼生 罪在可寬
재 불유 청정 기죄 간원 우 계왈 작 승유 남진 계생 죄 재 가관

希烈則無論焉. 此三人者 罪當鞫問 請依疏施行." 上諭之曰:
희열 즉 무론 언 차 삼인 자 죄 당 국문 청 의소 시행 상 유지 왈
"無咎 無疾獲保性命 但以人情之故耳. 今其父疾亟 若小間則
무구 무질 획보 성명 단 이 인정 지 고 이 금 기부 질극 약 소간 즉
當還矣. 南晋則退居鄉曲 且不識理 更勿申請; 繼生則推其歸往
당환 의 남진 즉 퇴거 향곡 차 불 식리 갱물 신청 계생 즉 추 기 귀왕
之故更聞; 希烈當使議政府議斷矣." 復啓曰: "無咎等 早置於法
지 고 갱문 희열 당 사 의정부 의단 의 부 계왈 무구 등 조치 어법
則豈有見父之理乎? 請論如法. 繼生則托以女孩兒率來之故 雖
즉 기 유 견부 지 리 호 청론 여법 계생 즉 탁 이 여 해아 솔래 지 고 수
更推劾 必無異辭." 復諭之曰: "無咎等事 勿煩更請. 繼生則併
갱 추핵 필 무 이사 부 유지 왈 무구 등사 물번 갱청 계생 즉 병
使議罪." 臺諫以未蒙兪允 皆辭職. 上諭議政府曰: "今臺諫呈辭
사 의죄 대간 이 미몽 유윤 개 사직 상 유 의정부 왈 금 대간 정사
柰何?" 政府啓曰: "若從啓請則可矣." 上竟不兪允 命臺諫曰:
내하 정부 계왈 약 종 계청 즉 가의 상 경 불 유윤 명 대간 왈
"今方大故 宜各就職." 又令司憲府解無咎守直.
금 방 대고 의 각 취직 우 령 사헌부 해 무구 수직

加上神懿王后尊諡承仁順聖神懿王太后.
가상 신의왕후 존시 승인 순성 신의 왕태후

壬子 上率百官詣殯殿 行遣奠禮 奉靈柩發引. 讀哀册訖 奉
임자 상 솔 백관 예 빈전 행견 전례 봉 영구 발인 독 애책 흘 봉
靈柩發引 宗親百官 以斬衰前導 幡蓋 車輿 錚鼓之屬 幷列儀仗
영구 발인 종친 백관 이 참최 전도 번개 거여 쟁고 지 속 병렬 의장
之中. 上王及上 以衰絰乘素輦 從柳車之後 軍威擁後 議政府
지 중 상왕 급 상 이 최질 승 소연 종 유거 지 후 군위 옹후 의정부
六曹 功臣 承寧府 恭安府 各設住柩奠. 出自興仁門 前銜大小
육조 공신 승녕부 공안부 각 설 주구전 출자 흥인문 전함 대소
臣僚及留都各司 奉辭於門外五里 隨駕百官乃乘馬 午時至儉巖
신료 급 유도 각사 봉사 어 문외 오리 수가 백관 내 승마 오시 지 검암
洞口 奉靈柩安于幄次.
동구 봉 영구 안 우 악차

癸丑 上與上王 周視山陵制度.
계축 상 여 상왕 주시 산릉 제도

甲寅 上奉靈柩葬于健元陵. 子時 上率百官行臨壙祭 奉安于
갑인 상 봉 영구 장 우 건원릉 자시 상 솔 백관 행 임광 제 봉안 우
玄宮 遂奉辭題神主. 百官釋衰服 以烏紗帽黑角帶入侍 次行返魂
현궁 수 봉 사제 신주 백관 석 최복 이 오사모 흑각대 입시 차 행 반혼
動駕祭 奉虞主而還. 吉仗居前 文武百官前導 上王及上 乘素輦
동가 제 봉 우주 이 환 길장 거전 문무 백관 전도 상왕 급 상 승 소연

隨返魂車之後 軍威擁後. 留司憲執義李灌 監鎖玄宮 行掩壙祭.
수 반혼거 지 후 군위 옹후 유 사헌 집의 이관 감쇄 현궁 행 엄광제
留都各司閑良耆老等 奉迎于東郊 入自興仁門 午時奉安虞主
유도 각사 한량 기로 등 봉영 우 동교 입 자 흥인문 오시 봉안 우주
于文昭殿. 上率百官行初虞祭 還宮. 議政府請權釋衰絰著素服
우 문소전 상 솔 백관 행 초우제 환궁 의정부 청권 석 최질 저 소복
從之.
종지

靜妃問疾于驪興府院君閔霽之第.
정비 문질 우 여흥부원군 민제 지 제

命差各道水軍都節制使首領官. 政府啓曰: "水軍都節制使營
명차 각도 수군 도절제사 수령관 정부 계왈 수군 도절제사 영
只差掌務錄事一人 然水陸防禦一體 乃以未嘗更事新進錄事爲
지 차 장무 녹사 일인 연 수륙 방어 일체 내 이 미상 갱사 신진 녹사 위
掌務 似爲未便. 乞擇幹事一人 經歷都事中差送 以爲恒式."
장무 사 위 미편 걸택 간사 일인 경력 도사 중 차송 이위 항식

乙卯 上如太平館見使臣. 初黃儼聞祁保將至 乃曰: "殿下不見
을묘 상 여 태평관 견 사신 초 황엄 문 기보 장 지 내 왈 전하 불견
我輩 然則後來使臣 亦且不見乎?" 上不得已以素服 烏紗帽
아배 연즉 후래 사신 역 차 불견 호 상 부득이 이 소복 오사모
黑角帶 乘素輦率百官 旣見儼等 歷至閔霽第問疾. 臺諫伏霽門外
흑각대 승 소연 솔 백관 기 견 엄 등 역 지 민제 제 문질 대간 복 제 문외
欲諫 上知之 促駕還宮. 時無疾亦已入京 臺諫詣闕復請 無咎
욕간 상 지지 촉가 환궁 시 무질 역 이 입경 대간 예궐 부청 무구
無疾宜速還安置之處 上曰: "今府院君病亟 若有大故 葬後當使
무질 의 속환 안치 지 처 상 왈 금 부원군 병극 약유 대고 장 후 당사
還安置處." 臺諫退 上疏曰:
환 안치 처 대간 퇴 상소 왈

'臣等職在言責 不敢緘默 將無咎 無疾不忠之罪 伏閤申請
신등 직 재 언책 불감 함묵 장 무구 무질 불충 지 죄 복합 신청
至再之三 臣等猥瑣 未展回天之懇 辭職以退. 殿下尋命臣等復令
지재지삼 신등 외쇄 미전 회천 지 간 사직 이퇴 전하 심 명 신등 부령
就職. 臣等竊念 適値國家大事 且有無咎等見父卽還之命 臣等
취직 신등 절념 적 치 국가 대사 차 유 무구 등 견 부 즉 환 지 명 신등
承命而退. 今無咎等入京累日 臣等痛心復請 未蒙採聽 具陳復啓
승명 이 퇴 금 무구 등 입경 누일 신등 통심 부청 미몽 채청 구진 부계
殿下乃令中官不得更申 壅蔽言路 臣等益爲殿下惜之. 夫無咎
전하 내 령 중관 부득 갱신 옹폐 언로 신등 익 위 전하 석지 부 무구
無疾不軌之謀 殿下所親見知 而返置自適之地 又托其父之疾
무질 불궤 지 모 전하 소친견 지 이 반치 자적 지 지 우 탁 기부 지 질

特令傳還. 無咎等不忠之罪 霽亦當誅 今雖臥病 其敢有相見之心
특령 전환 무구 등 불충 지 죄 제 역 당주 금 수 와병 기 감 유 상견 지 심

乎? 殿下之一身 天地祖宗之所付託 其於不忠 尤所當慮. 柰何獨
호 전하 지 일신 천지 조종 지 소부탁 기어 불충 우 소당려 내하 독

於無咎無疾 輕毁王法乎? 非子孫萬世之計也. 且無咎等不悛其惡
어 무구 무질 경훼 왕법 호 비 자손 만세 지 계 야 차 무구 등 부전 기악

交結朋援 其漸可疑. 矧無疾結婚隣邑良家之女 其爲放恣益甚矣.
교결 붕원 기점 가의 신 무질 결혼 인읍 양가 지 녀 기 위 방자 익심 의

其可置而不懲乎? 伏望殿下 一依前章 明正施行.'
기 가치 이 부징 호 복망 전하 일의 전장 명정 시행

臺諫伏閤 請依前章所申 上諭之曰: "召還無咎等 必有意焉.
대간 복합 청의 전장 소신 상 유지 왈 소환 무구 등 필유 의 언

病父脈絶 今已數日 愈與不愈 從近當還." 臺諫啓曰: "所言不中
병부 맥절 금 이 수일 유 여 불유 종근 당환 대간 계왈 소언 부중

請罪臣等." 上禁中官不得入啓 臺諫至晩而退.
청죄 신등 상 금 중관 부득 입계 대간 지만 이 퇴

丙辰 釋呂稱囚. 奇原請之也.
병진 석 여칭 수 기원 청지 야

下前判原州牧事禹希烈于典獄署; 前安東大都護府事閔繼生
하 전 판 원주목 사 우희열 우 전옥서 전 안동 대도호부 사 민계생

自願付處. 從諫院之請也. 鄭南晋勿擧論. 臺諫交章又上言:
자원부처 종 간원 지 청 야 정남진 물 거론 대간 교장 우 상언

'亂賊之黨 不分首從 皆置於法 古今常典. 南晋 繼生 希烈三人
난적 지 당 불분 수종 개 치어 법 고금 상전 남진 계생 희열 삼인

罪同罰異 臣等未知殿下擧法 何若是失輕重哉? 人臣之黨於不忠
죄동벌이 신등 미지 전하 거법 하 약시 실 경중 재 인신 지 당어 불충

卽是亂賊. 伏望將南晋 繼生等 亦依前疏.' 翼日 臺諫伏閤 欲請
즉시 난적 복망 장 남진 계생 등 역 의 전소 익일 대간 복합 욕청

無咎等及南晋等之罪 左副代言沈溫 迎謂司諫安束等曰: "前日
무구 등 급 남진 등 지 죄 좌부대언 심온 영 위 사간 안속 등 왈 전일

所上①罪同罰異之章 吾已啓聞."
소상 죄동벌이 지 장 오 이 계문

上曰: "昔之私相朋比 而安於自家者有之 今臺諫何獨亟請
상 왈 석 지 사상 붕비 이 안어 자가 자 유지 금 대간 하 독 극청

南晋等之罪乎? 南晋家在驪興 與無咎之家甚近. 旣爲隣里 而
남진 등 지 죄 호 남진 가 재 여흥 여 무구 지 가 심근 기 위 인리 이

往來其家 似不妨. 予故宥之. 繼生則無咎之再從叔也 . 以族親
왕래 기가 사 불방 여 고 유지 계생 즉 무구 지 재종숙 야 이 족친

而相見 予從末減施行. 希烈則素附閔氏 以取顯仕. 今亦私往 是
이 상견 여 종 말감 시행 희열 즉 소 부 민씨 이취 현사 금 역 사왕 시

可鞫問 故依所申削職下獄. 今臺諫曰: '罪同罰異.' 是將使予
가 국문 고 의 소신 삭직 하옥 금 대간 왈 죄동벌이 시 장 사 여
併繼生而宥之矣." 安東等啓曰: "私相黨比者 臣等未之知耳."
병 계생 이 유지 의 안속 등 계왈 사상 당비 자 신등 미지 지 이
復請無咎之罪 上曰: "無咎 無疾 從近當還. 南晋 繼生 若比
부청 무구 지 죄 상 왈 무구 무질 종근 당환 남진 계생 약 비
私相朋比謀議者 則無罪矣. 其②勿復言." 臺諫皆退而辭職.
사상 붕비 모의 자 즉 무죄 의 기 물 부언 대간 개 퇴 이 사직

丁巳 初 定濟州貢賦. 議政府啓:
정사 초 정 제주 공부 의정부 계

"濟州隔海 民戶貢賦 至今未定. 乞大中小戶分揀 以其土產
제주 격해 민호 공부 지금 걸 대중 소호 분간 이 기 토산
馬匹 大戶大馬一匹 中戶中馬一匹 小戶五幷中馬一匹. 勿論雌雄
마필 대호 대마 일필 중호 중마 일필 소호 오 병 중마 일필 물론 자웅
擇其可騎馬匹爲賦 自己丑年春節 竝令出陸. 又濟州因無兵船
택 기 가기 마필 위부 자 기축년 춘절 병령 출륙 우 제주 인 무 병선
倭賊續續入侵 大小使臣 新舊守令往還 以至公私漕轉出入 皆
왜적 속속 입침 대소 사신 신구 수령 왕환 이지 공사 조전 출입 개
以全羅道數少兵船 往來護送 其弊亦劇. 乞送全羅道兵船匠 造
이 전라도 수소 병선 왕래 호송 기폐 역 극 걸송 전라도 병선 장 조
兵船十隻 擇船上可當人 充騎泊立 使之追捕倭賊 護送往來船隻
병선 십 척 택 선상 가당 인 충기 박립 사지 추포 왜적 호송 왕래 선척
以爲恒式."
이위 항식

又啓:
우 계

"永樂二年十一月初一日 本府受判有云: '凡立法更制 必期
영락 이년 십일 월 초 일일 본부 수판 유 운 범 입법 경제 필기
傳之萬世而無弊 各司員吏 各執所見 喜作新法 非獨當該官吏
전지 만세 이 무폐 각사 원리 각 집 소견 희작 신법 비독 당해 관리
遵守之難 更生一弊. 今後各司如有欲受判者 開具報于本府 其中
준수 지 난 갱생 일폐 금후 각사 여유 욕 수판 자 개 구보 우 본부 기중
可行事件 本府擬議 受判施行.' 已有著令 各司又復不遵判旨
가행 사건 본부 의의 수판 시행 이유 저령 각사 우 부 부준 판지
依前各執所見 擅自受判 誠非爲國之體. 乞將永樂二年十一月初
의전 각 집 소견 천자 수판 성 비 위국 지 체 걸장 영락 이년 십일 월 초
一日以後 各司擅自受判旨事件 皆報本府 擬議受判 然後施行."
일일 이후 각사 천자 수 판지 사건 개 보 본부 의의 수판 연후 시행

戊午 左正言李種華辭職. 種華詣闕啓曰: "臣於前日 適以家忌
무오 좌정언 이종화 사직 종화 예궐 계왈 신 어 전일 적 이 가기

未參臺諫之請. 不識殿下何以處之? 殿下若以公道處事 國祚
미참 대간 지 청 불식 전하 하이 처지 전하 약 이 공도 처사 국조
緜長 今以私廢公 豈久長之道乎?" 上不答 種華退而辭職.
면장 금 이사 폐공 기 구장 지 도 호 상 부답 종화 퇴 이 사직

黃儼等如景福宮擇處女. 會前後所進處女二百餘人 擇留五十人.
황엄 등 여 경복궁 택 처녀 회 전후 소진 처녀 이백 여인 택 류 오십 인

上如太平館宴黃儼等. 儼甚喜 欲以肉膳勸上 上辭曰: "三年之
상 여 태평관 연 황엄 등 엄 심희 욕 이 육선 권상 상 사왈 삼년 지
喪 自天子達于庶人. 今我淡服 只爲使臣耳 在宮中服衰絰 不可
상 자 천자 달 우 서인 금 아 담복 지 위 사신 이 재 궁중 복 최질 불가
食肉." 儼再請 上固辭. 旣而儼出盥手 因醉墜階下恍惚 扶臥房中.
식육 엄 재청 상 고사 기이 엄 출 관수 인취 추 계하 황홀 부 와 방중

己未 始令代言入便殿啓事.
기미 시 령 대언 입 편전 계사

上如太平館. 問黃儼之疾也.
상 여 태평관 문 황엄 지 질 야

庚申 月犯土星.
경신 월 범 토성

濟州雨雪 城內民家桃李盡華.
제주 우설 성내 민가 도리 진 화

驪興府院君閔霽卒. 霽字仲晦 湖漁隱 驪興君抃之子也. 年
여흥부원군 민제 졸 제 자 중회 호 어은 여흥군 변 지 자 야 연
十九中至正丁酉科 選入翰林 歷官至商議密直. 洪武壬申 我太祖
십구 중 지정 정유 과 선입 한림 역관 지 상의 밀직 홍무 임신 아 태조
開國 陞政堂文學 戊寅 封驪興伯 領禮曹事. 自少以知禮聞 凡
개국 승 정당문학 무인 봉 여흥 백 영 예조 사 자소 이 지례 문 범
國家典禮 皆所詳定. 建文己卯 知貢擧. 庚辰 上爲世子 進拜
국가 전례 개 소상정 건문 기묘 지공거 경진 상 위 세자 진배
門下右政丞 尋遷左政丞. 上卽位 以國舅復封驪興伯. 辛巳 賜
문하 우정승 심 천 좌정승 상 즉위 이 국구 부 봉 여흥 백 신사 사
純忠同德補祚贊化功臣之號 改封府院君. 至是疾革 上視之 整
순충 동덕 보조 찬화 공신 지 호 개봉 부원군 지시 질혁 상 시지 정
衣冠 言辭稍似平時 越六日卒 享年七十. 上震悼 輟朝親臨 諡
의관 언사 초 사 평시 월 육일 졸 향년 칠십 상 진도 철조 친림 시
文度. 霽天資溫仁淸儉 留心經史 不事家產 闢異端惡淫祠 使工
문도 제 천자 온 인 청 검 유심 경사 불사 가산 벽 이단 오 음사 사 공
圖僕隸制挺嗾犬逐僧巫及以藥濟人若物之狀於壁以觀之. 尊榮旣
도 복예 제 정주 견 축 승무 급 이 약 제인 약 물 지 상 어 벽 이 관지 존영 기
極 略無富貴相 日以碁局自娛 善評詩 蕭然有出塵之趣. 常謂子
극 약무 부귀 상 일이 기국 자오 선 평시 소연 유 출진 지 취 상 위 자

無咎等曰:"汝輩驕盈不悛必敗."可謂知子矣.
무구 등 왈 여배 교영 부전 필패 가위 지자 의

禮曹詳定祔廟禮:
예조 상정 부묘 례

"謹按祔廟之禮 儀禮及文公家禮所載 皆是士禮 國家之禮則經文無可考. 周官大宗伯及詩殷頌注 鄭康成謂:'魯禮三年喪畢而祫於太祖'以訓祔. 是則以新主合于舊主 而始行禘祫之吉祭也. 文獻通考 歷代帝王卒哭之後 皆無告祔 卽行永祔于廟 祥禫之前 已行吉祭 蓋緣後世短喪而致然耳. 然喪未畢 而遽行吉祭似未合義. 今我太祖神主祔廟之祭 參酌古今 停行告祔 宜據康成三年喪畢之說 以待大祥之後 而行永祔之禮 庶合於義."
근안 부묘 지 례 의례 급 문공 가례 소재 개 시 사례 국가 지 례 즉 경문 무 가고 주관 대종백 급 시 은송 주 정강성 위 노례 삼년상 필 이 협 어 태조 이 훈 부 시즉 이 신주 합 우 구주 이 시 행 체협 지 길제 야 문헌통고 역대 제왕 졸곡 지 후 개 무 고부 즉 행 영부 우 묘 상담 지 전 이행 길제 개 연 후세 단상 이 치연 이 연 상 미필 이 거행 길제 사 미 합의 금 아 태조 신주 부묘 지 제 참작 고금 정 행 고부 의 거 강성 삼년상 필 지 설 이대 대상 지 후 이 행 영부 지 례 서 합어 의

從之.
종지

辛酉 海壽如豐海道 迎祁保之來也. 世子出餞于慕華樓. 壽至碧蹄驛 以供頓有闕 鞭辱京畿都事曹由仁 程驛察訪柳善 楊州府使李揚 高峰監務郭廷府等.
신유 해수 여 풍해도 영 기보 지 래 야 세자 출 전우 모화루 수 지 벽제역 이 공돈 유궐 편욕 경기 도사 조유인 정역찰방 유선 양주부 사 이양 고봉 감무 곽정부 등

上如太平館 問黃儼疾 遂詣仁德殿 又如驪興府院君閔霽第設奠.
상 여 태평관 문 황엄 질 수 예 인덕전 우 여 여흥부원군 민제 제 설전

禮曹詳定靜妃喪服. 启曰:"今月十五日 國舅閔霽卒 中宮喪禮經文無可考 然禮記云:'父母之喪 無貴賤一也.'洪武禮制曰:'出嫁女爲本宗父母齊衰期年.'當依時王之制 服齊衰期年而除宮中女侍從服."從之.
예조 상정 정비 상복 계왈 금월 십오 일 국구 민제 졸 중궁 상례 경문 무 가고 연 예기 운 부모 지 상 무 귀천 일야 홍무예제 왈 출가 녀 위 본종 부모 재최 기년 당의 시왕 지 제 복 재최 기년 이 제 궁중 여시 종복 종지

壬戌 領議政府事河崙 右政丞李茂啓:"願令臺諫視事."不許.
임술 영 의정부 사 하륜 우정승 이무 계 원령 대간 시사 불허

靜妃如驪興府院君閔霽第 成服.
정비 여 여흥부원군 민제 제 성복

全羅道兵馬都節制使姜思德 上便宜數條:
전라도 병마도절제사 강사덕 상 편의 수조

'一, 道內軍營 去海百三十餘里 每於倭賊下陸 追逐不及. 靈巖
일 도내 군영 거해 백 삼십 여리 매어 왜적 하륙 추축 불급 영암
會津等處 相地移排 捍禦便易.
회진 등처 상지 이배 한어 편이

一, 興德鎭近處 黔毛浦 水淺岸阻 倭賊下船 相去六十餘里
일 흥덕진 근처 검모포 수 천 안 조 왜적 하선 상거 육십 여리
未能捕倭. 海邊要害處長沙移排.
미능 포 왜 해변 요해처 장사 이배

一, 金堤郡 碧骨堤 堤下漫漫 廣逈沃饒 堤堰古基 堅實如山.
일 김제군 벽골제 제하 만만 광형 옥요 제언 고기 견실 여산
乞依舊修築 以革去寺社奴婢屯田 以補國用.'
걸의 구 수축 이 혁거 사사 노비 둔전 이보 국용

從之.
종지

癸亥 河崙 李茂等復請臺諫出仕 上曰: "臺諫出則必請無咎
계해 하륜 이무 등 부청 대간 출사 상 왈 대간 출 즉 필 청 무구
兄弟之罪. 我將送此兄弟而後 令臺諫出矣."
형제 지 죄 아 장 송 차 형제 이후 영 대간 출 의

日本國王使及九州節度使使者 詣闕辭 上命饋之于西廂. 使者
일본 국왕 사 급 구주 절도사 사자 예궐 사 상 명 궤지 우 서상 사자
以上不親見 不肯赴宴而退 卽欲發程 上遣同副代言吳陞諭之 故
이 상 불 친견 불긍 부연 이 퇴 즉 욕 발정 상 견 동부대언 오승 유지 고
且令明日來見.
차 영 명일 내현

黃儼等復視處女于景福宮.
황엄 등 부시 처녀 우 경복궁

釋禹希烈囚.
석 우희열 수

甲子 上行七虞祭于文昭殿. 自初虞至七虞 上皆親行.
갑자 상 행 칠우제 우 문소전 자 초우 지 칠우 상 개 친행

以素服御正殿 引見日本國王使者 命升殿語之曰: "昨日之來
이 소복 어 정전 인견 일본 국왕 사자 명 승전 어지 왈 작일 지 래
予適詣魂殿 小宦將命 不使我知 是以不見隣國之使 久淹客館.
여 적 예 혼전 소환 장명 불사 아 지 시이 불견 인국 지 사 구엄 객관
適値國家多事 未能厚慰 負愧多矣." 使者啓云: "願一望淸光
적 치 국가 다사 미능 후위 부괴 다의 사자 계운 원 일망 청광

久矣 今乃得見 何喜如之!" 上曰: "汝國王遣使不絶 且於李養中
구의 금 내 득현 하 희 여지 상 왈 여 국왕 견사 부절 차 어 이양중
之行 待遇甚厚 予因國喪 未獲如心." 命內侍饋于西廂.
지 행 대우 심후 여 인 국상 미획 여심 명 내시 궤 우 서상

左政丞成石璘 以老病辭.
좌정승 성석린 이 노병 사

刑曹請無咎等罪. 疏曰:
형조 청 무구 등 죄 소왈

'自古亂臣賊子 人得以誅之. 無咎等以不忠之罪 幸賴上恩 各
자고 난신적자 인 득이 주지 무구 등 이 불충 지 죄 행뢰 상은 각
保性命 以便其生 而無疾尙不能改心易慮 娶良家子女 恣行不法
보 성명 이편 기생 이 무질 상 불능 개심 역려 취 양가 자녀 자행 불법
無所不爲. 幸因父疾 無咎無疾被召乘馹 來見父親 於私恩則曲盡
무 소불위 행 인 부질 무구 무질 피소 승일 내 견 부친 어 사은 즉 곡진
矣. 然不忠之臣 不與同朝. 以是臺諫累日請罪 殿下不允 以塞
의 연 불충 지 신 불여 동조 이시 대간 누일 청죄 전하 불윤 이색
言路. 此臣等所以腐心缺望者也. 況臺諫不可一日無也 柰何久曠
언로 차 신등 소이 부심 결망 자 야 황 대간 불가 일일 무 야 내하 구광
使不忠之輩 接足於京師也哉? 臣等職在執法 法不可廢. 伏望
사 불충 지 배 접 족 어 경사 야재 신등 직 재 집법 법 불가 폐 복망
殿下 斷以大義 將無咎無疾 依律施行 以副臣民之望. 留中不下
전하 단 이 대의 장 무구 무질 의율 시행 이부 신민 지 망 유중 불하

乙丑 江原道襄州等五郡雨雹 深或五寸.
을축 강원도 양주 등 오군 우박 심 혹 오촌

韓帖木兒詣闕 上接待于經筵廳.
한첩목아 예궐 상 접대 우 경연청

革豐海道嘉禾縣 屬靑松縣.
혁 풍해도 가화현 속 청송현

命臺諫員復視事 臺諫詣闕謝恩. 是夕 再詣闕請正無咎兄弟之
명 대간 원 부 시사 대간 예궐 사은 시석 재 예궐 청정 무구 형제 지
罪 上曰: "過府院君初齋 則遣還矣."
죄 상 왈 과 부원군 초재 즉 견환 의

丙寅 上行卒哭祭于文昭殿 議政府率百官奉慰. 上如太平館 問
병인 상 행 졸곡제 우 문소전 의정부 솔 백관 봉위 상 여 태평관 문
黃儼之疾也.
황엄 지 질 야

臺諫詣闕請徙無咎等于海上. 啓曰: "無咎等罪 不止謫譴而已
대간 예궐 청사 무구 등 우 해상 계왈 무구 등 죄 부지 적견 이이
請依前日所啓施行." 上曰: "自去年 臺諫請之不已 吾慮其處置
청의 전일 소계 시행 상 왈 자 거년 대간 청지 불이 오 려 기 처치

之方. 其朋比之人 亦欲禁絶 勿煩再請.” 對曰: “二人死有餘罪
지방 기 붕비 지인 역욕 금절 물번 대왈 이인 사유 여죄

反得保全 猶且放恣. 請移海上 絶其朋比.” 上曰: “復有驕恣之狀
반득 보전 유차 방자 청이 해상 절기 붕비 상왈 부유 교자 지상

宜當更聞.” 臺諫退 乃交章上言曰:
의당 갱문 대간 퇴 내 교장 상언 왈

‘無咎無疾 不軌之罪以法論之 則雖加極刑 猶有餘辜 而殿下
무구 무질 불궤 지죄 이법 논지 즉 수 가 극형 유유 여고 이 전하

不忍置之於法 各置自願之地 殿下仁愛之恩至矣. 無咎等宜當
불인 치지 어법 각 치 자원 지지 전하 인애 지은 지의 무구 등 의당

懲艾前惡 而或交結朋比 或擅行婚嫁 其爲驕恣 無異平昔 今又
징애 전악 이혹 교결 붕비 혹 천행 혼가 기위 교자 무이 평석 금우

特蒙榮召 見父之疾 行父之喪 其幸極矣. 以亂賊而反蒙殊渥 實
특몽 영소 견 부지질 행 부지상 기행 극의 이 난적 이반 몽 수악 실

臣等之所未聞也. 無咎無疾素畜無君之心 而殿下反以姻親之愛
신등 지 소미문 야 무구 무질 소축 무군 지심 이 전하 반이 인친 지애

俾還舊處 是長其惡 而使亂賊將接踵於當世也. 殿下儻或牽於
비환 구처 시장 기악 이사 난적 장 접종 어 당세 야 전하 당혹 견어

私愛 不能以義滅親 姑將上項人等 徙諸海上 亦可矣.’
사애 불능 이의 멸친 고 장 상항 인등 사저 해상 역 가의

疏留中不下. 令無咎無疾詣門外佛寺 行其父初齋 更勿入京 各
소 유중 불하 영 무구 무질 예 문외 불사 행 기부 초재 갱물 입경 각

還安置處.
환 안치 처

丁卯 親奠于閔霽之殯 行家人禮再拜.
정묘 친전 우 민제 지빈 행 가인례 재배

右政丞李茂以疾辭. 初 茂密使舍人李明德 謂執義李灌曰: “今
우정승 이무 이질 사 초 무 밀사 사인 이명덕 위 집의 이관 왈 금

無咎無疾到京 子之於父 孝心一也. 似聞主上從近命臺諫出仕
무구 무질 도경 자 지어 부 효심 일야 사문 주상 종근 명 대간 출사

其擧動進退 不可輕易. 若出視事 則愼勿刻迫.” 灌 旣出視事
기 거동 진퇴 불가 경이 약 출 시사 즉 신물 각박 관 기 출 시사

上書曰: ‘臣之辭職在家也 舍人李明德漏洩天機 且綢繆指揮臺諫
상서 왈 신지 사직 재가 야 사인 이명덕 누설 천기 차 주무 지휘 대간

之進退 實爲不當. 乞收職牒 鞫問情由.’ 疏留中不下. 遣知申事
지 진퇴 실 위 부당 걸수 직첩 국문 정유 소 유중 불하 견 지신사

黃喜于茂第 傳旨曰: “此事近於兒戲 毋避嫌視事.” 謂李灌曰:
황희 우 무제 전지 왈 차사 근어 아희 무 피혐 시사 위 이관 왈

“予問諸舍人柳思訥 知明德之言 乃政丞之所言也. 已使明德出仕
여 문저 사인 유사눌 지 명덕 지언 내 정승 지 소언 야 이사 명덕 출사

汝宜知之.”
여 의 지지

己巳 朝廷使臣都知監左少監祁保 禮部郎中林觀至 上服冕服
기사 조정 사신 도지감 좌소감 기보 예부낭중 임관 지 상 복 면복
率群臣迎於慕華樓. 初 上以使臣將至 不可以凶服迎命 亦不可
솔 군신 영어 모화루 초 상 이 사신 장지 불가이 흉복 영명 역 불가
卽吉 故欲用淡綵服 遣禮曹佐郎李椒 問禮於使臣 使臣曰:“迎
즉 길 고 욕용 담채복 견 예조좌랑 이초 문례 어 사신 사신 왈 영
天子之命 不可如是. 斯須卽吉 乃敬上之義也. 迎以禮服 祭以
천자 지 명 불가 여시 사 수 즉 길 내 경상 지 의 야 영 이 예복 제 이
孝服可矣.” 上乃以素服 如慕華樓 服冕服 群臣服朝服 至太平館.
효복 가의 상 내 이 소복 여 모화루 복 면복 군신 복 조복 지 태평관
禮畢 上釋冕服 以素服見使臣行禮 群臣亦以素服行私禮. 上以
예필 상 석 면복 이 소복 견 사신 행례 군신 역 이 소복 행 사례 상 이
未受弔命還宮 留世子禔 設下馬宴.
미수 조 명 환궁 유 세자 제 설 하마연

林觀以齎來禮部儀注 授禮官:
임관 이 재래 예부 의주 수 예관

‘禮部爲禮儀事 今於禮制內 抄錄合行儀注 與欽差使臣齎執
예부 위 예의 사 금 어 예제 내 초록 합행 의주 여 흠차 사신 재 집
前去 遵守施行.
전거 준수 시행

賜祭儀注:
사제 의주

前期 有司於喪家靈前 陳設祭儀几案. 設使者致奠位於靈前
전기 유사 어 상가 영전 진설 제의 제안 설 사자 치전 위 어 영전
讀祝位於靈坐 主喪以下立位于靈右 主婦以下立位於殯北幔下.
독축 위 어 영좌 주상 이하 입 위 우 영우 주부 이하 입 위 어 빈 북만 하
其日 使者至喪家 引禮引喪主去杖免衰絰止哭 出迎於大門外 復
기일 사자 지 상가 인례 인 상주 거장 면 최질 지곡 출영 어 대문 외 부
先入就位. 引禮引使者入就致奠位 詣香案前 贊上香祭酒 使者立
선입 취위 인례 인 사자 입 취 치전 위 예 향안 전 찬 상향 제주 사자 입
上香立祭酒訖復位. 贊讀祝 讀祝者取祝文立讀訖 贊焚祝 奉祝文
상향 입 제주 흘 복위 찬 독축 독축 자 취 축문 입 독 흘 찬 분축 봉 축문
立燎所焚訖 使者出 喪主拜送于大門之外 杖哭而入.
입 요소 분 흘 사자 출 상주 배송 우 대문 지 외 장곡 이 입

賜賻儀注:
사부 의주

前期 於喪家設置案於廳之正中 設使者位於廳之東北 設主喪者
전기 어 상가 설치 안 어 청 지 정중 설 사자 위 어 청 지 동북 설 주상 자

以下拜位於廳 設主婦以下立哭位於殯北幔下. 其日 以龍亭迎勅書
이하 배위 어 청 설 주부 이하 입곡 위 어 빈 북만 하 기일 이 용정 영 칙서
及舁賻贈之物至家 引禮引喪主以下去杖免衰絰止哭 出迎於大門
급 여 부증 지 물 지가 인례 인 상주 이하 거장 면 최질 지곡 출영 어 대문
之外 執事舁龍亭及賻物入就廳 置于正中南向. 引禮引使入 立於
지 외 집사 여 용정 급 부물 입 취청 치 우 정중 남향 인례 인 사 입 입 어
東北 引禮引喪主以下就位 贊鞠躬四拜平身. 使者於龍亭取勅以
동북 인례 인 상주 이하 취위 찬 국궁 사배 평신 사자 어 용정 취 칙 이
授喪主 喪主跪以勅置于案 復位 贊四拜興平身. 禮畢 內外皆哭
수 상주 상주 궤 이 칙 치 우 안 복위 찬 사배 흥 평신 예필 내외 개 곡
執事者受賻. 引禮引使者出 喪主拜送于大門之外 杖哭而入.
집사자 수부 인례 인 사자 출 상주 배송 우 대문 지 외 장곡 이 입

賜諡儀注:
사시 의주

前期 執事於喪家設使者位於正廳之東北向南 喪主代受誥命者
전기 집사 어 상가 설 사자 위 어 정청 지 동북 향남 상주 대수 고명 자
位於廳前北向. 至期 受誥之家 以龍亭儀仗鼓樂迎至家 代受誥者
위 어 청전 북향 지기 수고 지 가 이 용정 의장 고악 영 지가 대 수고 자
出迎於大門外 執事舁龍亭置于廳正中向南 引禮引使者立於東北
출영 어 대문 외 집사 여 용정 치 우 청 정중 향남 인례 인 사자 입 어 동북
引代受誥者入拜位 贊鞠躬四拜平身 使者稱有制 贊跪 代受誥者
인 대 수고 자 입 배위 찬 국궁 사배 평신 사자 칭 유제 찬 궤 대 수고 자
跪. 使者宣制曰: "皇帝遣都知監左少監祁保等頒誥 賜故朝鮮
궤 사자 선제 왈 황제 견 도지감 좌소감 기보 등 반고 사 고 조선
國王 李【諱】諡曰康獻." 宣訖 贊禮 贊俯伏興四拜興平身 使者於
국왕 이 휘 시왈 강헌 선흘 찬 례 찬 부복 흥 사배 흥 평신 사자 어
龍亭取誥 授代受誥者 代受誥者跪受誥 奉于靈座前. 使者出 代
용정 취 고 수 대 수고 자 대 수고 자 궤 수고 봉 우 영좌 전 사자 출 대
受誥者拜送于大門外. 使者還館 代受誥者於靈座前行焚黃禮.'
수고 자 배송 우 대문 외 사자 환관 대 수고 자 어 영좌 전 행 분황 례

臺諫詣闕請無咎等罪. 啓曰: "無咎兄弟 只令送還安置之處
대간 예궐 청 무구 등 죄 계왈 무구 형제 지 령 송환 안치 지 처
罪重罰輕 請依律施行." 不允.
죄중벌경 청 의율 시행 불윤

下前摠制金瞻于典獄. 司憲執義李灌上言: "乞收職牒 下獄
하 전 총제 김첨 우 전옥 사헌 집의 이관 상언 걸수 직첩 하옥
鞫問." 從之. 閔霽之臨絶也 瞻潛往見之. 臺諫刑曹交坐 杖瞻而
국문 종지 민제 지 임절 야 첨 잠왕 견지 대간 형조 교좌 장 첨 이
訊之 瞻辭引領議政府事河崙. 臺諫劾問崙曰: "瞻昔者進于第 有
신지 첨 사 인 영 의정부 사 하륜 대간 핵문 륜 왈 첨 석자 진 우 제 유

何言?" 崙答曰: "曾記 瞻到吾家曰: '今日 余進驪興府院君之第
하언 륜 답왈 증기 첨 도 오가 왈 금일 여진 여흥부원군 지제
無乃不可乎?' 予答曰: '未往之前 宜議其可不可 旣往之後 何
무내 불가 호 여 답왈 미왕 지 전 의의기 가불가 기왕 지 후 하
更議其可不可乎?'"
갱의 기 가불가 호

禮曹請行宗廟之祭. 啓曰:
예조 청행 종묘 지 제 계왈

"謹按王制 喪三年不祭 然春秋左氏傳: '卒哭而祔 祔而作主
근안 왕제 상 삼년 부제 연 춘추좌씨전 졸곡 이 부 부 이 작주
特祀於主 蒸嘗禘於廟.' 杜預以爲 新主旣特祀於寢 則宗廟四時
특사 어 주 증 상 체 어 묘 두예 이위 신주 기 특사 어 침 즉 종묘 사시
常祀 自當如舊. 文公家禮附註曰: '喪三年不祭 今人居喪 與
상 사 자당 여구 문공 가례 부주 왈 상 삼년 부제 금인 거상 여
古人異 卒哭之後 不免墨衰出入. 可以略倣杜註之說 遇四時祭日
고인 이 졸곡 지 후 불면 묵최 출입 가이 약 방 두주 지 설 우 사시 제일
以行常祀.' 又按文獻通考 歷代帝王 卒哭之後 皆行郊廟之祀. 宜
이행 상사 우 안 문헌통고 역대 제왕 졸곡 지 후 개 행 교묘 지 사 의
遵歷代之典 卒哭之後 宗廟致齋 皆當如舊 以伸孝誠."
준 역대 지 전 졸곡 지 후 종묘 치재 개 당 여구 이신 효성

從之.
종지

禮曹又啓: "謹按宋朝 熙寧元年 詔令兩制以上至臺諫官與
예조 우 계 근안 송조 희령 원년 조령 양제 이상 지 대간 관 여
太常禮院 同詳定易月服除之後郊廟之制 服冕 車輅 儀物 音樂
태상 예원 동 상정 역월 복제 지 후 교묘 지 제 복면 거로 의물 음악
緣神事者 皆不可廢 詔從之. 前日本曹狀申卒哭之後 宗廟致齋
연 신사 자 개 불가 폐 조 종지 전일 본조 장신 졸곡 지 후 종묘 치재
旣依歷代之典 其合用冠服 儀物 音樂緣神事者 皆依宋制 庶合
기 의 역대 지 전 기 합용 관복 의물 음악 연 신사 자 개 의 송제 서합
情義." 從之.
정의 종지

庚午 臺諫交章請朋比無疾等者之罪. 疏曰:
경오 대간 교장 청 붕비 무질 등 자 지 죄 소왈

'竊惟自古 逆亂之臣 必先樹其黨 然後敢於爲惡 此春秋所以
절유 자고 역란 지 신 필선 수 기당 연후 감 어 위악 차 춘추 소이
深絶其黨也. 無咎等罪不容誅 爲人臣者 其可共立於天地之間
심절 기당 야 무구 등 죄 불용 주 위 인신 자 기 가 공립 어 천지 지 간
乎? 前鷄林府尹李殷 星州牧使尹臨 知善州事尹愷 知淸道郡事
호 전 계림부윤 이은 성주목사 윤림 지 선주 사 윤개 지 청도군 사

康海珍 雞林判尹殷汝霖 慶山縣令鄭九塘 前知永州事姜萬齡 判
강해진 계림 판윤 은여림 경산현령 정구당 전 지 영주 사 강만령 판

東萊縣事宋克良 河陽監務金道生 知梁州事李承祚 仁同監務
동래현 사 송극량 하양 감무 김도생 지 양주 사 이승조 인동 감무

金沱 珍城監務崔汭等 擧爲朋比 越境阿附 而大丘縣令玉沽 以
김타 진성 감무 최예 등 거 위 붕비 월경 아부 이 대구 현령 옥고 이

閔霽門生之故 首先黨附 守令之朋比者與通謀成婚者 隱而不報
민제 문생 지 고 수선 당부 수령 지 붕비 자 여 통모 성혼 자 은 이 불보

其罪尤甚. 伏望殿下 將上項人等職牒收取 鞫問其故 以懲黨惡
기죄 우심 복망 전하 장 상항 인 등 직첩 수취 국문 기고 이징 당악

附奸之罪 則人莫敢黨於爲惡 而惡自止矣.'
부간 지 죄 즉 인 막감 당어 위악 이 악 자지 의

疏留中不下.
소 유중 불하

辛未 臺諫伏閤 復請李殷等罪 不允.
신미 대간 복합 부청 이은 등 죄 불윤

壬申 祁保 林觀 以太牢行賜祭于文昭殿. 前期陳設 使臣奉
임신 기보 임관 이 태뢰 행 사제 우 문소전 전기 진설 사신 봉

祭文至殿 各司一員具儀仗前導 上以衰服率世子宗親 出迎于
제문 지전 각사 일원 구 의장 전도 상 이 최복 솔 세자 종친 출영 우

大門外. 世子宗親立殿庭 使臣升殿南向立上香 一奠三爵 大祝
대문 외 세자 종친 입 전정 사신 승전 남향 립 상향 일전 삼작 대축

右司諫大夫金自知立讀祭文. 其辭曰:
우사간대부 김자지 입독 제문 기사 왈

'維永樂六年月日 皇帝遣都知監左少監祁保 禮部郎中林觀
유 영락 육년 월일 황제 견 도지감 좌소감 기보 예부낭중 임관

賜祭于故朝鮮國王 李【某】之靈. 惟王明達好善 出乎天性 至誠
사제 우 고 조선 국왕 이 모 지 령 유 왕 명달 호선 출 호 천성 지성

不貳. 昔在皇考太祖高皇帝時 敬順天道 效義攄忠 恭勤事大
불이 석재 황고 태조 고황제 시 경순 천도 효의 터충 공근 사대

遵承朝命 益久益虔 保恤一方之民 以臻富庶 咸遂安樂. 我皇考
준승 조명 익구 익건 보휼 일방 지 민 이진 부서 함 수 안락 아 황고

深嘉王之忠誠 特賜後國號曰 朝鮮 以伸寵異. 王功德之著 雖
심가 왕 지 충성 특사 후 국호 왈 조선 이신 총이 왕 공덕 지 저 수

古朝鮮之賢王 無以過也. 近以年高 致位於子 方當優游暮景 乃
고조선 지 현왕 무이 과 야 근 이 연고 치위 어 자 방 당 우유 모경 내

遽云亡 訃音之來 朕甚痛悼. 雖然人生世間 有令名垂于後 有
거 운 망 부음 지 래 짐 심 통도 수연 인생 세간 유 영명 수 우 후 유

子孫繼其志 歿亦何憾! 王作藩東土 上能畏天 以事朝廷 下能
자손 계 기지 몰 역 하감 왕 작번 동토 상 능 외천 이사 조정 하 능

造福 以庇一方之民 名著於後 耿耿不磨. 王之子【某】又能繼承
조복 이비 일방 지 민 명저 어후 경경 불마 왕 지 자 모 우 능 계승

王志 欽崇天命 忠事朝廷 畏愼小心 遵承禮度 不愆毫髮 務致
왕지 흠숭 천명 충사 조정 외신 소심 준승 예도 불건 호발 무 치

和輯 以福國人 保有其業 延于永世. 夫死生者 古今人道之常 王
화집 이복 국인 보유 기업 연우 영세 부 사생 자 고금 인도 지 상 왕

雖亡 復何憾之有! 玆特遣使 以牲醴祭王 九原有靈 庶幾享之.'
수 망 부 하감 지 유 자 특 견사 이 생례 제 왕 구원 유령 서기 향지

讀訖焚之 使臣出 上送至大門外 杖哭而入 一如儀註. 方祭時
독흘 분지 사신 출 상 송 지 대문 외 장곡 이 입 일여 의주 방 제시

大風雨下如注 故百官不得入殿庭行禮. 禮畢 雨乃霽.
대 풍우 하 여주 고 백관 부득 입 전정 행례 예필 우 내 제

癸酉 祁保 林觀 奉勅書及賜賻至王宮 百官分司詣太平館前導
계유 기보 임관 봉 칙서 급 사부 지 왕궁 백관 분사 예 태평관 전도

上去杖免絰 以衰服出迎于大門外. 設靜妃哭位於經筵廳 率侍女
상 거장 면질 이 최복 출영 우 대문 외 설 정비 곡위 어 경연청 솔 시녀

施帷帳. 百官序立殿庭 使臣至正殿南向立 上率世子宗親升正殿
시 백관 서립 전정 사신 지 정전 남향 립 상 솔 세자 종친 승 정전

北向立四拜 百官亦四拜. 禮畢 使臣出 上率百官送至大門外
북향 립 사배 백관 역 사배 예필 사신 출 상 솔 백관 송지 대문 외

一如儀註. 其勅書曰:
일여 의주 기 칙서 왈

'勅朝鮮國王 李【諱】. 覽表 知王父薨逝 良深興悼. 王孝情敦切
칙 조선 국왕 이 휘 남표 지 왕부 홍서 양 심 흥도 왕 효정 돈절

號慕摧毁 益難堪居. 夫修德顯揚 孝之大者. 王其節哀襄事 式
호모 최훼 익난 감거 부 수덕 현양 효 지 대자 왕 기 절애 양사 식

懷永圖. 今特遣使賜賻 至可領也. 故勅. 絹五百匹 布五百匹 羊
회 영도 금 특 견사 사부 지 가령 야 고 칙 견 오백 필 포 오백 필 양

一百羫 酒一百瓶.'
일백 공 주 일백 병

甲戌 祁保 林觀 奉賜諡誥至王宮 百官分司至太平館 以公服
갑술 기보 임관 봉 사시 고 지 왕궁 백관 분사 지 태평관 이 공복

前導. 上以冕服 率群臣出迎于大門外 百官序立殿庭 使臣升殿
전도 상 이 면복 솔 군신 출영 우 대문 외 백관 서립 전정 사신 승전

向南立 置誥文于卓上. 上率百官四拜 使臣以誥文授上 上覽訖
향남 립 치 고문 우 탁상 상 솔 백관 사배 사신 이 고문 수상 상 람흘

復置卓上 又四拜. 使臣出 上率百官送于大門外. 上卽以衰服詣
부치 탁상 우 사배 사신 출 상 솔 백관 송 우 대문 외 상 즉 이 최복 예

文昭殿 有司用黃紙書誥命 置神座前 行焚黃祭禮. 其文曰:
문소전 유사 용 황지 서 고명 치 신좌 전 행 분황 제례 기문 왈

'朕祗膺天命 統御萬方. 弘綏靖以洽人心; 表賢德而興治理.
짐 지응 천명 통어 만방 홍 수정 이흡 인심 표 현덕 이 흥 치리

四海內外 一視惟公. 矧迺藩臣之良 當玆殞歿之際 必隆褒恤
사해 내외 일시 유 공 신 내 번신 지 량 당 자 운몰 지 제 필 융 포휼

以示旌嘉! 故朝鮮國王 李【諱】秉心克莊 好善不倦. 奉我皇考
이시 정가 고 조선 국왕 이 휘 병심 극장 호선 불권 봉 아 황고

嚴畏天事大之心; 守玆東藩 務保境安民之道. 惟朝命之是聽 滋
엄 외천 사대 지 심 수 자 동번 무 보경 안민 지 도 유 조명 지 시청 자

歲久而不渝. 攄忠紫極之尊 覃福 玄菟之地. 方當謝政 以遂優閑
세구 이 불투 터충 자극 지 존 담복 현토 지 지 방 당 사정 이 수 우한

竟不憖遺 遽然長逝. 疇其勳行! 宜有褒揚. 諡法 撫民安樂曰康
경 불 은유 거연 장서 주 기 훈행 의 유 포양 시법 무민 안락 왈 강

行善可記曰獻 今特賜爾諡曰康獻. 靈爽不昧 庶克歆承. 欽哉!'
행선 가기 왈 헌 금 특사 이 시 왈 강헌 영상 불매 서극 흠승 흠재

議政府率百官陳賀.
의정부 솔 백관 진하

命領議政府事河崙視事 且諭憲府曰: "今國家多事 已令崙出矣."
명 영 의정부 사 하륜 시사 차 유 헌부 왈 금 국가 다사 이령 륜 출 의

上如太平館宴 祁保 林觀. 上以素服 烏帽 白扇至館 田嘉禾等
상 여 태평관 연 기보 임관 상 이 소복 오모 백선 지관 전가화 등

亦與焉. 使知申事黃喜 贈使臣及伴人鞍馬各一匹 觀獨不受.
역 여언 사 지신사 황희 증 사신 급 반인 안마 각 일필 관 독 불수

臺諫交章 請尙衣院別監行司直高用霖罪 不允. 啓曰: "殿下嘗
대간 교장 청 상의원 별감 행 사직 고용림 죄 불윤 계왈 전하 상

爲儲副之時 所服紅袍 用霖私以借閔無咎 不敬之罪 孰大於此!
위 저부 지 시 소복 홍포 용림 사 이차 민무구 불경 지 죄 숙 대 어차

爲人臣者 其於路馬 尙且必式 況敢以服御之物 私自轉借! 乞收
위 인신 자 기어 노마 상 차 필 식 황 감 이 복어 지 물 사자 전차 걸수

職牒 鞫問其故." 上以用霖所犯在宥前 命勿擧論.
직첩 국문 기고 상 이 용림 소범 재 유전 명 물 거론

遣司譯院判官姜庾卿 管押漫散軍鄭世等男婦共一百十四口如
견 사역원 판관 강유경 관압 만산군 정세 등 남부 공 일백 십사 구 여

遼東.
요동

遣計稟使右軍同知摠制權緩如京師. 咨禮部曰:
견 계품사 우군 동지총제 권완 여 경사 자 예부 왈

'朝鮮國王 近準來咨 內一件爲在逃人口事. 準兵部咨: "該
조선 국왕 근 준 내자 내 일건 위 재도 인구 사 준 병부 자 해

東寧衛天戶 金聲等奏 往朝鮮國 取漫散軍餘除取發外 有
동녕위 천호 김성 등 주 왕 조선국 취 만산군 여 제 취발 외 유

一千一百餘口 俱係洪武年間五丁垜 一充軍籍定人數 本國却作
일천 일백 여구 구 계 홍무 연간 오정타 일 충군 적정 인수 본국 각 작

遠年鄉戶官私奴僕等項不發因具奏. 永樂五年十一月初一日早
원년 향호 관사 노복 등 항 불발 인 구주 영락 오년 십일월 초 일일 조

本部官於西角門 欽奉聖旨: 朝鮮國王 將流移人口成萬家 發回
본부 관 어 서각문 흠봉 성지 조선 국왕 장 유이 인구 성 만가 발회

遼東 復役著業了 其餘遺下的 怎肯占恡不發! 金聲在那裏貪財
요동 복 역 저업 료 기여 유하 적 즘 긍 점린 불발 김성 재 나리 탐재

好酒 奸騙人家子女 好生不才. 他不使國王知道 密地裏將這些
호주 간편 인가 자녀 호생 부재 타 불사 국왕 지도 밀지 리 장 저 사

都賣放了 使將金聲那廝拿送法司問罪. 再著陳敬鋪馬裏齎文書
도매 방 료 편 장 김성 나시 나송 법사 문죄 재 저 진경 포마 과재 문서

說與國王 則將金聲賣放的人口 盡數送回遼東 復役著業. 欽差
설 여 국왕 즉 장 김성 매방 적 인구 진수 송회 요동 복역 저업 흠차

移咨到部 合行本國 欽遵施行 仍將發過人口數目回報.” 準此
이자 도부 합행 본국 흠준 시행 잉 장 발과 인구 수 목 회보 준차

照得 先爲遠年鄉戶官私奴僕等項 存留聽候 及逃躱幽深山谷
조득 선 위 원년 향호 관사 노복 등항 존류 청후 급 도타 유심 산곡

未獲人數 咨請奏達 其間 豈有賣放之弊? 今奉來因 行據議政府
미획 인수 자청 주달 기간 기 유 매방 지 폐 금 봉 래 인 행거 의정부

狀啓: “欽依差大護軍李懿等 將本國東西北面 平壤等府州縣
장계 흠의 차 대호군 이의 등 장 본국 동 서북면 평양 등 부 주현

原存留聽候遠年鄉戶官私奴僕 劉思京等四百七十三口 點得數
원 존류 청후 원년 향호 관사 노복 유사경 등 사백 칠십 삼 구 점득 수

內 除身故二十五口外 實有四百四十八口及原取挨究未完數內
내 제 신고 이십오 구 외 실 유 사백 사십 팔 구 급 원취 애구 미완 수 내

見獲到人口金得富等共一千一百五十三口 分作四運差曹士德
견획 도 인구 김득부 등 공 일천 일백 오십 삼 구 분작 사운 차 조사덕

金有珍 任種義 姜庾卿等 於永樂六年月日 不等陸續管押 解送
김유진 임종의 강유경 등 어 영락 육년 월일 부등 육속 관압 해송

遼東都司交割了訖 今將見解幷身故人口開啓.” 得此 參照前事
요동도사 교할 료흘 금 장 견해 병 신고 인구 개계 득차 참조 전사

合行依上開坐移咨 伏請照驗 聞奏施行. 計本國取勘人口 見
합행 의상 개좌 이자 복청 조험 문주 시행 계 본국 취감 인구 견

發過遼東都司人口一千一百五十三口 初運柳思敬等七百八十一
발과 요동도사 인구 일천 일백 오십 삼 구 초운 유사경 등 칠백 팔십 일

口 第二軍 李隆等一百五十九口 第三運劉莫遂等九十九口 第四
구 제이군 이륭 등 일백 오십 구 구 제삼 운 유막수 등 구십 구 구 제사

運鄭世等一百一十四口. 身故四百五十五口 存留遠年鄕戶官私
운 정세 등 일백 일십 사 구 신고 사백 오십 오 구 존류 원년 향호 관사

奴僕內二十五口 未完見獲各家戶內六十七口 永樂五年 已經咨報
노복 내 이십 오 구 미완 견획 각 가호 내 육십 칠 구 영락 오년 이 경 자보

遼東都司三百六十三口.'
요동도사 삼백 육십 삼 구

江原道大雨損禾.
강원도 대우 손화

日本 筑州太守 使人獻禮物.
일본 축주 태수 사인 헌 예물

| 원문 읽기를 위한 도움말 |

① 前日所上罪同罰異之章. 여기서 所上은 앞부분과 뒷부분을 연결하는 역
전일 소상 죄동벌이 지 장 소상
할을 한다. 즉 "전일에 올린 '죄가 같은데 벌이 다르다'라는 소장"이라는 뜻이다.

② 其勿復言. 여기서 其는 '이에' 혹은 '그러니'라는 뜻이다.
기 물 부언 기

태종 8년 무자년
10월

十月

을해일(乙亥日-1일)에 상이 최복(衰服) 차림으로 문소전(文昭殿)에 나아가 유사(有司)에게 명해 태조(太祖)의 신주(神主)를 고쳐 쓰기를 '유명 사시 강헌 황고 태조 지인 계운 성문 신무 대왕(有明賜謚康獻皇考太祖至仁啓運聖文神武大王)'[1]이라 하고 신의왕후(神懿王后) 신주(神主)를 '황비승인순성신의왕태후(皇妣承仁順聖神懿王太后)'라 했다.

○ 비로소 종묘(宗廟)와 여러 산릉(山陵)의 제사를 지냈다.

○ 다시 성석린(成石璘)을 좌정승(左政丞), 박은(朴訔)을 의정부참지사 겸 사헌부대사헌, 홍서(洪恕)를 남성군(南城君)으로 삼았다.

○ 교서(敎書)를 내렸다. 가르쳐 말했다.

'내가 아! 일찍 태조(太祖) 강헌 대왕(康獻大王)께서 초창(草創)하신 업(業)을 이어받아 이른 아침부터 밤늦게까지 근심하고 부지런히 해 치평(治平)에 이르기[底=至]를 기약한 지 이에 벌써 9년이나 됐다. 우러러 생각건대 태조 대왕께서 갑자기 신하들을 버리시어 애통함을 이기지 못해 양암(諒闇)에 거처하며 예전 예제(禮制)를 다하고자 했으나 훈신(勳臣)과 재보(宰輔-재상)와 대소 신료(大小臣僚)들이 말을 합해 조정에 나와 정사(政事) 듣기를 극력 청해 두 번, 세 번에 이르러 반드시 청(請)에 따르기를 기약했다. 내가 어쩔 수 없어 여러 사

1 유명(有明)은 명나라라는 뜻이다.

람의 뜻에 따르려 힘썼으나 마음이 두렵고[惕然] 편안치 못해 서정(庶政)을 드디어[聿] 새롭게 해서 우리 태조 대왕께서 어렵게 이루신 업(業)을 빛내고 키워서 무궁한 아름다움[無疆之休]을 남기고자 한다. 아아, 어렵도다! 마땅히 대중(大衆)에게 일깨워야 할 일을 의당 중외(中外)에 포고(布告)하는 바이다.

내가 지난번에 부왕의 마음을 얻지 못했다고 스스로 생각해 세자 제(禔)에게 전위(傳位)하려고 해 날마다 검소하고 절약하는[寡約] 차림으로 태상왕의 잠자리와 식사자리[寢膳]를 가까이에서 모시며[昵侍] 자식의 직분을 다하고자 했는데 대소 신료들이 날마다 궐정(闕庭)에 나아와 불가(不可)함을 힘써 말하고 잇달아 눈물을 흘렸다. 내가 그래도 듣지 않으니 대신들이 태상전에 달려가 고해 자리를 넘기려는 뜻을 저지시켰고 무구(無咎) 등이 또한 종지(宗支)를 쳐내려 한다는 말이 있어 내가 심히 두려워 곧 많은 이의 의견을 따랐다. 무구 형제는 본래 금장지심(今將之心)[2]을 품어 자리를 넘기는 것을 기뻐하고 내가 정사에 복귀하는 것을 분하게 여겨 이때부터 더욱 의심하고 꺼리는 마음을 품어 불충(不忠)한 형상이 여러 번 밖으로 드러났다. 이에 대신(大臣)과 백관(百官)이 연장(聯章) 누독(累牘)하여 무구(無咎) 무질(無疾)의 불충한 죄를 극형에 처하기를 청했다. 내가 그들이 훈구(勳舊)라는 이유로 법에 따라 처치하지 않자 성헌(省憲)[3]이 교장(交章)해 죄를 청하기를 마지않았다. 이에 무구 형제가 스스로

2 대역지심(大逆之心)을 말한다.

3 사헌부와 사간원의 관원을 말한다.

그 죄를 알고 외방에 나가 거처했다.

근래에 대간이 상언(上言)하기를 "무구 형제의 죄는 마땅히 법에 따라 처치해야 하는데 하물며 지금 왕래해 서로 결탁하는 자가 심히 많으니 그 뜻을 헤아릴 수 없습니다. 청컨대 유사(攸司)에 내려 그 죄를 밝게 바로잡아야 할 것입니다"라고 했다. 내가 일찍이 생각건대 무구 무질은 중궁(中宮)의 지친(至親)으로서 훈신(勳臣)의 대열에 참여했으므로 그 작질(爵秩)을 높이고 그 녹봉(祿俸)을 두텁게 하고 그 실우(室宇-집)를 높게 하고 그 전주(田疇-토지)를 넓게 했으니 그 마음의 욕망이 대체로 만족했을 것이다. 만일 부귀(富貴)를 길이 지켜 가득 차도 넘치지 않는 도리[滿而不溢之道]를 생각한다면 마땅히 조심하면서[凜然] 스스로 두려워하고 황송하여[悚然] 스스로 잡도리해 바야흐로 몸을 경계하고 조심하기에 여가(餘暇)가 없을 것이니 어찌 다른 데 뜻을 둘 수 있겠는가? 생각이 여기에 미치지 않고 도리어 교만 방자해 오히려 생살여탈(生殺與奪)의 권세가 제 손에서 나오지 않는다고 마음에 쾌(快)하지 못하게 여기고, 분하게 여기고 원망하고 노해 임금을 업신여기는 마음까지 가지게 돼 가슴속 깊이 쌓아두었다가 밖으로 드러냈다. 이것이 어찌 하늘이 장차 복망(覆亡)시키려고 하여 그 악한 것을 쌓게 한 것이 아닌가?

사은(私恩)으로 공의(公義)를 해치지 않는 것은 전기(傳記-역사기록)에 나타나 있는 바이고 일이 종사(宗社)에 관계되면 마땅히 법으로 논하는 것은 맹족(盟簇)[4]에 실려 있는 바다. 그 마음 가진 것의

---

4 맹약(盟約)한 글이다.

근원을 캐어 보면[原] 은혜를 잊고 은덕을 배반해 불충하고 만족함이 없는 죄이니 극형에 처치해 많은 이들의 분노[衆怒]에 대답하고 후인(後人)을 징계하는 것이 실로 지극히 공정한 도리가 되겠으나 다만 친애(親愛)와 여유(與遊-더불어 노닌 시간)의 오랜 것을 생각해 차마 갑자기 법에 처치하지 못했으니, 이것이 비록 과인(寡人)의 고식지계(姑息之計)이나, 또한 인정상 차마 못하는 것이다. 그러므로 폐하여 서인(庶人)을 만들어 종신(終身)토록 상종하지 아니해 여러 신하들이 그들의 죄를 청하는 의논을 막음으로써 그 수령(首領-목숨)을 보전해 천년(天年)을 마치게 해서 과인(寡人)의 차마 못하는 정[不忍之情]을 폈으니 거의 사은(私恩)과 공의(公義)가 아울러 행해져서 서로 어긋나지 않을 것이다. 어찌하여 무구 무질이 개전(改悛)하는 마음이 없고, 붕류(朋類)들을 끌어들여서 무식한 사람이 왕래하고 아부해 죄고(罪辜)에 빠져 마침내 대간(臺諫)이 소장(疏章)을 올려 과인(寡人)의 청단(聽斷)을 번거롭게 하는 데 이르렀는가? 이것은 다만 제 몸에 재앙을 부를 뿐 아니라 무구 무질로 하여금 그 멸망을 스스로 재촉한 것이니, 해(害)되는 바가 어찌 심히 크지 않으며 또한 누구를 원망하겠는가?

그러나 또한 무지한 사람들이 함께 죄에 빠지는 것을 염려해 이에[其] 무구 무질을 외방에 거처하게 하고 기왕에 일찍이 왕래한 자들은 모두 다 용서하고 무구 무질의 원망을 쌓은 연유와 불충한 실상을 조목조목 열거하여 신하들 모두[臣庶]에게 포고해 모두 들어 알게 한다. 혹시라도 교지(敎旨)를 살피지 못하고 다시 왕래하며 결탁하는 자는 그 마음은 반드시 다른 것이겠으나 그 죄가 같을 것이다.

장차 함께 법에 처치해 후래(後來)를 엄히 징계(懲戒)하겠다. 아아! 상벌(賞罰)을 공정하게 하는 것은 내가 마땅히 해야 할 일이다. 충순(忠純)히 해 두 마음이 없도록 어찌 감히 신하가 힘쓰지 않겠는가? 아아! 너희들 중외(中外)의 대소 신료는 나의 지극한 생각을 체득해 후회가 없도록 하라. 그러므로 교시(敎示)하는 바이니 마땅히 모두 하나하나 다 알아야[知悉(지실)] 할 것이다.

하나, 내가 임오년(壬午年-1402년)에 매우 큰 종창(腫瘡)이 났었는데, 무구 무질 등은 몰래 병세(病勢)를 엿보면서 일찍이 구료(救療)할 뜻은 없이 도리어[顧乃(고내)] 사사로이 서로 모여서 9세 된 어린 아들[弱息(약식)]을 끼고 나라 권세[國柄(국병)=國權(국권)]를 쥐려고 꾀했다.

하나, 무질이 송경(松京)에 있을 때 우정승 이무(李茂)의 집에 이르러 계책을 묻기를 "지금 상께서 반드시 우리들을 보전하려고 하지 않을 것이니 우리들은 장차 어찌하랴?'라고 했으니 이는 금장지심(今將之心)이 아니겠는가?

하나, 병술년(丙戌年-1406년)에 자리를 물려주려고 했을 때 무구가 들어와서 나와 말하기를 "고론(高論)하는 사람이 비록 많으나 대신(大臣)으로서 아버지의 집에 가서 하교(下敎)대로 하기로 이미 의논한 자가 있다"라고 하므로 내가 사사로이 기쁘고 다행하게 여겨서 승정원에 말했다. 이튿날 대소 신료가 또 뜰에 모여 문을 밀치고 들어오려고 하므로 내가 급히 내전(內殿)으로 들어가 피하고 곧 무구를 불러 묻기를 "내가 네 말을 믿고 이미 승정원에 말했는데 지금 여러 신하들이 이같이 하는 것은 무슨 까닭인가?"라고 하니 무구가 발끈하여 얼굴빛이 바뀌며 말하기를 "상께서 왜 급히 내 말을 밖에 발설

하셨습니까? 그러나 누가 감히 내게 어찌하겠습니까?"라고 했다. 그 뒤 정사에 복귀하던 날에 무구가 내전에 들어와 알현했는데 좋아하지 않는 기색이 얼굴에 넘쳤다. 이것은 과인만 본 것이 아니라 여러 사람이 함께 본 바다.

하나, 무구 무질 등이 항상 말하기를 "인군(人君)이 아들이 많으면 형세가 심히 불편하다"라고 했다. 자리를 물려주려 할 때를 당해 내가 무구에게 말하기를 "세자(世子)에게 전위(傳位)한 뒤에 어린 여러 아우들로 하여금 집을 죽 늘어세우고 살게 해 우애의 정을 두텁게 하겠다"라고 하니 무구가 말하기를 "상의 생각은 비록 이와 같으나 꾀는 사람이 없겠습니까?"라고 했으니 이는 종지(宗支)를 전멸(剪滅)해 왕실을 약하게 만들려는 뜻이다.

하나, 정사에 복귀한 뒤에 무구·무질이 아버지의 집에 모여 항상 서로 의논하기를 "우리들은 형세가 서울에 있기 어려우니 마땅히 밖으로 나가야 한다. 너는 경상도로 가고 나는 충청도로 가겠다"라고 했는데 조금 뒤에 무구가 나가서 통진(通津)에 있다가 한 달여 만에 돌아왔고 또 다시 유후사(留後司-개성)로 갔다가 사세가 불편해 오랜만에 서울로 들어왔으니 지금의 자원(自願)해 거처하는 것은 과연 오래전부터 계획한 것과 같은 것이다.

하나, 지난번에 무구·무질 등이 감히 사분(私憤)을 품고 간신(諫臣) 이지직(李之直)과 문인(門人) 전가식(田可植)을 사주(使嗾)하여 말을 만들어내 과인(寡人)이 성색(聲色)과 응견(鷹犬)을 좋아하고 의복과 음식을 사치스럽게 한다고 무함 탄핵(誣陷彈劾)해 과인을 불의(不義)에 빠뜨리려고 힘썼다. 이에 정부(政府)와 대간(臺諫)이 상언

(上言)하기를 "지직과 가식 등이 상덕(上德)의 없는 일로 말을 만들어 무망(誣妄)해서 상덕(上德)에 누(累)가 되게 했으니 대불경죄(大不敬罪)로 가하기를 청합니다"라고 했으나, 내가 일이 난처한 데 관계되기 때문에 내버려두고 묻지 않았다.

하나, 참의(參議) 구종지(具宗之)가 무질에게 병권(兵權)을 내놓은 이유를 물으니 대답하기를 "주상께서 신 등을 의심하기를 상당군(上黨君)과 같이 하므로 병권을 내놓았다"라고 했다. 이는 종지가 성발도(成發道)에게 고해 내게 알렸다.

하나, 민씨 형제가 양인(良人) 수백구(數百口)를 억압하여 사천(私賤)을 만들었으므로 그 사람이 북을 쳐서 신문(申聞)했다. 이에 승정원(承政院)과 삼성(三省)[5]으로 하여금 사실을 조사하게 해 오결(誤決)한 관원 김첨(金瞻) 등을 폄출(貶黜)했다.

하나, 내가 동궁(東宮)에 있을 때 입던 관대(冠帶)를 장차 세자(世子)에게 전해주려고 했었는데 무구가 제 마음대로 착용하고 교만 방자하게 굴었다.

하나, 민씨(閔氏)가 아비의 첩(妾)을 시켜 궁중에 드나들게 해 궁중의 일들을 거짓으로 퍼뜨려 공신(功臣) 재상(宰相)을 이간시키므로 내가 그 정상을 알고 외방으로 내쳤다.'

○사간원에서 전라도 도절제사(全羅道都節制使)의 도진무(都鎭撫)[6]

---

5 사헌부 사간원 형조를 말한다.

6 고려말의 원수나 도순문사 등과 같은 장수들의 밑에는 대개 도진무의 직이 두어졌는데 도진무는 그가 소속된 장수의 막료로서 군기(軍機)에 참여하고 군령을 전달하며 제반 군사업무를 총괄해 장수를 보필했다. 1466년(세조 12년) 병마우후(兵馬虞候)로 개칭됐다.

정초(鄭初)의 죄를 청했으나 윤허하지 않았다. 소(疏)는 이러했다.

'장수(將帥)는 군사의 사명(司命)이요 진무(鎭撫)는 장수의 우익(羽翼)이니 장수가 진무에 대하여는 반드시 심복(心腹)이 손발을 놀리는 것 같고 손발이 두목(頭目)을 가리는 것 같은 연후에야 체통(體統)이 서고, 대소(大小-위아래)가 서로 유지되어 영(令)이 행해지고 일이 이뤄지는 것입니다. 전 전라도 도절제사 이지실(李之實)이 교대될 즈음에 도진무 정초(鄭初)와 진무 노유경(盧惟慶)은 왜구가 침입하는 초입에 있으면서 작은 분원(忿怨)을 참지 못해 마음대로 직임(職任)을 떠나 벽(壁)을 비우고 나가서 각각 저희들이 사는 곳으로 돌아가고, 지실(之實)만이 고립돼 있었습니다. 이는 비록 지실(之實)이 무어(撫御)하는 방도가 어긋났기 때문이나, 또한 초(初)와 유경(惟慶)이 오랫동안 막부(幕府)의 권세를 맡고 있었으므로 절제(節制)의 위복(威福)이 그들의 손아귀로 옮겨져서 그 주수(主帥-주장)를 제재하기를 어린아이와 같이 한 소치입니다 그 죄가 무엇이 이보다 크겠습니까? 비장(裨將-막료장)이 주수(主帥)를 능멸하는 것은 고금(古今)의 공통된 걱정입니다. 이때를 잃고 다스리지 않으면 종말에는 내두르기 어려울 것입니다. 엎드려 바라건대 전하께서는 초와 유경을 유사(攸司)에게 내려 그 작첩(爵牒)을 거두고 그 까닭을 국문해 뒷사람을 경계하시고 지실의 죄는 주상께서 재량하셔야 할 것입니다.'

상이 말했다.

"지실은 바야흐로 안주절제사(安州節制使)로 부임하니 이에 다시 논하지 말라."

○ 대간(臺諫)이 다시 무구 등의 죄를 청했다. 교장(交章)에 일러 말

했다.

'생각건대 지난 번에 신 등이 무구와 무질 등의 불충한 죄를 마땅히 법에 의해 처치하자고 연장(聯章)해 청죄(請罪)했는데 날이 쌓이고 달이 쌓였으나 전하께서 사은(私恩)에 빼앗겨 그 자원(自願)을 들어주어 몸을 보전하게 하셨습니다. 그런데 무구·무질 등은 일찍이 한 털오라기의 자신(自新)하는 계책도 없이 다시 붕당(朋黨)을 교결(交結)하고 불법을 자행해 못하는 짓이 없으므로 신 등이 다시 은혜를 끊고 의로움을 들어 왕법(王法)을 보일 것을 청했습니다. 그러나 전하께서 차마 베지 못하시고 유예(猶豫)하는 바가 더욱 심하십니다. 신 등은 생각건대 만일 대의(大義)로 친함을 멸하지 못하신다면 우선 해변으로 옮기시면 무구 등에게도 또한 다행할 것입니다. 전하께서 신 등에게 명하시기를 '칙위(勅慰)[7]를 받은 뒤에 처치하겠다'라고 하셨으므로 신 등이 여러 날을 기다렸습니다. 이달 초1일에 내리신 교지(敎旨) 안에 무구 무질 등의 금장지심(今將之心)과 불궤지상(不軌之狀)이 저토록 많습니다. 대체로 인주(人主)가 간궤(奸宄)에 대해 알지 못하는 것이 걱정인데 만일 알고서 다시 용서한다면 저들이 반드시 방종해 꺼리는 바가 없을 것입니다. 지금 전하께서 무구 등의 죄를 조목조목 열거해 신서(臣庶)에 포고(布告)해 모두 들어 알게 하셨으니 전하의 지성(至聖)과 지공(至公)이 아니면 어찌 여기에 이르겠습니까?

그러나 그 죄를 논한 것은 매우 자세하게 들고 벌에 이르러서는

7 태조의 상사(喪事)에 대한 중국 황제의 조상을 말한다.

그대로 자원(自願)한 곳에 두어서 본래의 계책을 이루게 하셨으니 신 등은 전하를 위해 취(取)하지 않습니다. 옛적에 관숙(管叔)[8]과 채숙(蔡叔)[9]이 나라 안에 말을 퍼뜨리자 주공(周公)의 어짊과 빼어남[仁聖]으로도 사(私)로써 의(義)를 멸(滅)하지 못하고 극형에 처치해 주실(周室-주나라 왕실)을 편안하게 했으니 하물며 인친(姻親)이겠습니까? 여씨(呂氏-한고조 유방의 부인)와 무씨(武氏-측천무후)가 역모(逆謀)를 꾸민 것은 전하(殿下)의 총명(聰明)이 보신 바이고, 회안군(懷安君)이 반란을 꾸몄으나 온전함을 얻었으니 이거이(李居易)가 뒤를 이어 가만히 꾀했었습니다. 전하께서 옛일을 상고하시고 지금에 보신 바인데 어째서 사(私)로 법을 폐하기를 이렇게 지극하게 하십니까? 인군(人君)을 넘보는 역적은 남의 신하된 자가 불공대천(不共戴天)으로 여겨서 사람마다 (나라의 허락 없이) 토벌할 수 있는 것입니다. 신 등이 다만 천위(天威-임금의 권위)를 두려워해 임의로 베지 못하고 오늘에 이른 것입니다. 만일 무구 등이 그 계책을 행할 수 있었다면 오늘의 사직(社稷)이 필경 뉘 집의 나라가 되었겠습니까? 전하께서 고식적 계책과 차마 못하는 정[不忍之情]으로 대의(大義)를 폐하여 버리시니 신 등은 두렵건대 간사하고 위를 넘겨다보는[覬覦=犯上] 무리가 서로 잇달아 일어나서 이루 다 벨 수 없을까 염려됩니다. 엎드려 바라건대 전하께서는 심사장려(深思長慮)하시고 무구 무질을 중전(重典-무거운 벌)에 처치하시어 난적(亂賊)을 징계하셔야

8 주공(周公)의 형이다.

9 주공(周公)의 아우다.

할 것입니다.'

궁중에 머물러 두고 내리지 않았다.

○ 대간(臺諫)이 교장(交章)해 대사헌(大司憲) 박은(朴訔)을 탄핵해 아뢰었다.

'풍헌(風憲-사헌부)의 책임은 군상(君上)의 잘잘못과 백관(百官)의 비리나 잘못을 규찰하지 않음이 없으니 만일 심술(心術)이 바르고 물망(物望)에 미더운 자가 아니면 그 직임을 맡아서는 안 됩니다. 지난날에 훈친(勳親) 대간(臺諫)과 여러 법사(法司)에서 무구 무질의 불충한 죄를 가지고 소(疏)를 갖춰 죄를 청했사온데 지금의 의정부 참지사 박은(朴訔)은 예전부터 (민씨 형제에게) 아부해 교분(交分)이 깊기 때문에 대의(大義)를 생각하지 않고 병을 칭탁해 두문불출(杜門不出)하며 변고를 방관했습니다. 대간이 그 까닭을 매우 미워해 아울러 그 죄를 청하다가 마침 천위(天威)를 범해 모두 잡혀 간혔었는데 은(訔)이 자기 죄를 면하기를 꾀해 틈을 타서 글을 올렸으니 그 심술(心術)이 바르지 못한 것을 단연코 알 수 있는 것입니다. 지금 도리어 특별한 은혜를 입어 마침내 헌부(憲府)의 장(長)이 됐으니 신 등이 생각건대 은은 심술이 간사하고 아첨하여 헌사(憲司)의 장(長)에 적합지 않다고 여겨집니다. 엎드려 상재(上裁)를 바랍니다.'

상이 대간의 교장을 보고 재계청(齋戒廳)에 좌정해 장령(掌令) 신한(辛僩), 정언(正言) 이종화(李種華)를 불러 친히 명했다.

"죄가 있는 사람은 마땅히 그 죄를 받아야 하지만 죄가 없는 공신(功臣)을 죄가 있다고 해 죄를 가하려 하는 것은 무슨 까닭인가? 과

인(寡人)이 대신을 뽑아 쓰면 너희들이 문득 핵문(劾問)하니 내가 장차 누구와 더불어 함께 다스릴 것인가? 또 너희가 은이 글을 올린 것을 가지고 그르다 하니 그렇다면 재상(宰相)은 상서(上書)도 못하느냐?"

한(僩) 등이 대답했다.

"재상이라 하여 어찌 상서하지 못하겠습니까? 다만 수직(守直)[10]을 당한 중에 있으면서 상서해 자기 죄를 면하기를 꾀했기 때문에 신 등이 심술이 바르지 못하다고 하는 것입니다."

상이 말했다.

"수직을 당한 자는 상서해 스스로 밝힐 수 없느냐? 너희들이 전일에 무구 무질의 죄를 청한 상소에서 말하기를 '전하를 위해 취(取)하지 않는다'라고 했는데 내가 사은(私恩)으로 공의(公義)를 폐했으니 너희들의 책망을 받는 것이 마땅하나 은에 이르러서는 어찌 감히 그렇게 할 수 있느냐?"

한 등이 나가자 각각 자신의 집으로 돌아가라고 명하고 드디어 은을 불러 일을 보게 했다. 은이 아뢰어 말했다.

"지금 대간이 신을 핵문한 것과 민씨를 죄주기를 청한 것은 모두 의리에 부합합니다. 지금 신 때문에 그들이 집으로 물러갔으니 신이 어찌 감히 마음에 달게 여겨 직사(職事)에 나오겠습니까? 청컨대 대간을 출사(出仕)시키시면 신이 더불어 일을 같이 하겠습니다. 또 민씨의 죄는 마땅히 법에 의해 처치해야 하니 대간의 청을 윤허하지

---

10 죄인이 도망치지 못하도록 그 집을 지키는 일을 말한다.

않을 수 없습니다."

상이 말했다.

"경의 말은 과인이 근자에 듣지 못하던 말이다. 내가 심히 의(義)롭게 여긴다. 내가 장차 상량(商量)하겠으니 경은 우선 직사에 나오라."

이튿날 대간 장무(臺諫掌務)를 불러 명했다.

"너희들이 아뢴 것이 정식(程式)에 맞지 않기 때문에 너희들을 집으로 돌아가게 한 것이다. 지금 대사헌이 아뢰기를 '대간이 출사하도록 명하시면 신이 더불어 일을 같이 하겠습니다'라고 했다. 예로부터 서로 탄핵한 자가 그 출사할 때를 당해 이 사람의 말과 같은 것은 없었다. 너희는 은과 더불어 마음을 같이해 직사(職事)에 헌신하라."

좌사간대부(左司諫大夫) 안속(安束), 집의(執義) 이관(李灌)이 모두 대궐에 나와 사은(謝恩)하고 거듭해서 무구 형제의 죄를 청했다.

정축일(丁丑日-3일)에 황엄(黃儼) 등이 경복궁에 가서 처녀들을 골랐다.

무인일(戊寅日-4일)에 기보(祁保), 해수(海壽), 한첩목아(韓帖木兒), 임관(林觀), 기원(奇原)이 회암사(檜巖寺)에 가서 유람하니 세자가 흥인문(興仁門) 밖에서 전송했다.

기묘일(己卯日-5일)에 형조(刑曹)에서 무구 등의 죄를 청했다. 상언(上言)해 말했다.

'교서(敎書)의 조획(條畫)[11]하신 내용 중에 "임오년에 주상께서 종기가 나셨을 때 일찍이 구료(救療)할 생각은 없이 사사로이 서로 모여서 어린아이를 좌지우지하려 꾀했고, 민무질이 정승(政丞) 이무(李茂)의 집에 가서 계책을 물었으며, 또 종지(宗支)를 없애고자 했고 간관(諫官)을 지휘해 말을 만들어내 상덕(上德)에 누(累)를 끼쳤다"라고 했습니다. 이와 같은 일들은 가장 불궤(不軌)한 것이니 징계하지 않을 수 없습니다. 전하께서 사은(私恩)으로 공의(公義)를 폐하시고 다만 가벼운 법에 따라 서인(庶人)을 삼으셨으니 실로 법에 어긋납니다. 엎드려 바라건대 전하께서는 무구·무질의 상항(上項)의 범한 바를 국문하셔서 율(律)에 따라 시행해야 할 것입니다.'

경진일(庚辰日-6일)에 짙은 안개가 꼈다.

○ 기보(祁保) 등이 회암사(檜巖寺)로부터 오다가 도중에 건원릉(健元陵)을 구경하고 돌아오니 세자가 동교(東郊)에 나가서 맞이했다. 보(保) 등이 능침(陵寢)의 산세(山勢)를 보고 찬탄해 말했다.

"어찌 이와 같은 하늘이 지은[天作 천작] 땅이 있겠는가? 반드시 (인위적으로) 만든 산[造山 조산]일 것이다."

○ 황엄(黃儼) 등이 경복궁에서 처녀들을 뽑았다. 서울과 외방의 처녀가 모두 300명이었다. 44인을 뽑아 머물러두고 나머지는 모두 돌려보냈다.

○ 대간(臺諫)이 교장(交章)해 다시 무구(無咎)·무질(無疾)·방간(芳

---

11 무구 등의 죄를 조목조목 나열한 것을 말한다.

幹) 거이(居易)의 죄를 청했다. 말씀을 올렸다.

'생각건대 형벌이란 국가의 큰 법전[大典](대전)이니 만일 (사리에) 적중하지 않으면[不中](부중) 비록 요(堯)·순(舜) 같은 임금과 신하라도 다스림을 이룰[致治](치치) 수 없습니다. 『서경(書經)』에 이르기를 "형벌은 형벌이 없기를 기약하는 것이다"라고 했고, 또 이르기를 "형법(刑法-사형)으로 형법을 그치게 한다"라고 했습니다. 이는 죄가 있으면 반드시 형벌하라는 큰 경계입니다. 지난날에 회안(懷安)이 역모(逆謀)를 꾸미고 거이(居易)가 난(亂)을 꾀한 것은 모두 스스로 죄를 청한 것이니 마땅히 천토(天討)를 가해 후일의 난적(亂賊)을 징계했어야 합니다. 그런데 전하께서 특별히 사은(私恩)을 베푸셔서 수령(首領-목숨)을 온전하게 하셨으니 이미 왕법(王法)을 잃은 것입니다. 만일 회안과 거이를 법에 의해 처치하셨다면 어찌 오늘날 무구 무질의 변고가 있겠습니까? 상항(上項)의 사람들의 죄는 죽어도 남는 죄가 있사온데 전하께서 다만 안치(安置)하도록 허락하시니 귀신과 사람이 모두 분하게 여깁니다. 근래에 가을 장마[秋霖](추림)가 그치지 않고 우레가 때를 잃었으니 실로 하늘이 인애(仁愛)로써 형벌을 잃은 징험을 보인 것입니다. 전하께서 한 나라의 기강과 법의 종주(宗主)로서 고식적(姑息的)인 방법에 구애돼 사흉(四凶-무구 무질 방간 거이)으로 하여금 외방(外方)에 퍼져 살게 하시니 홀로 무슨 마음이십니까? 회안 거이와 무구 형제가 종사(宗社)를 위태롭게 하기를 도모하고, 종지(宗支)를 없애려고 했으니 이는 천지(天地) 조종(祖宗)의 죄인이어서 전하께서 사사로이 할 수 있는 바가 아닙니다. 훈친(勳親) 대간(臺諫) 백사(百司)가 죄를 청하기를 더욱 준엄하게 함에도 천의(天意-임금의 뜻)를 돌이키지 않으시니 엎드려 바라건대 전하께서는 상항(上項)의 사람들의 죄를 정한 법에 따라 처치하셔서 왕자(王者)의 사사로움이 없는 정치를 보이시고 천지(天地) 조종(祖宗)의 마음에 답하셔야 할 것입니다.'

형조(刑曹)에서도 말씀을 올렸다.

'삼가 상고해 보건대 『춘추전(春秋傳-춘추공양전)』에 "군친(君親)에게 장차[將]가 없으니 장차[將]가 있으면 반드시 벤다"라고 했습니다. 무구 무질의 불충한 죄악이 밝게 나타났는데 신 등이 직책이 형관(刑官)에 있으면서 천토(天討)를 받들어 행하지 못했으니 신하로서 말하지 않으면 그 죄가 같은 것입니다. 신 등이 아뢴 바가 옳지 않으면 그 죄로써 죄를 주시고 신 등의 아뢴 바가 옳거든 바라건대 전하께서는 대의(大義)로 결단하시고 명하여 유사(攸司)에 내려 무구 무질을 율(律)에 따라 단죄(斷罪)해 위로는 천의(天意-하늘의 뜻)를 고분고분하게 따르고 아래로는 여정(輿情)에 따르셔야 할 것입니다.'

소(疏)를 모두 궁중에 머물러 두고 내리지 않았다.

○상이 친히 문소전(文昭殿)에 향사(享祀)했는데 최질(衰絰)을 갖춰 입고 예(禮)를 행했다.

○상이 태평관(太平館)에 가서 기보(祁保), 임관(林觀) 등에게 잔치를 베풀었는데 전가화(田嘉禾) 등이 모두 참여했다. 보(保)에게 안마(鞍馬)를 내려 주었다.

○의안대군(義安大君) 화(和)[12]가 졸(卒)했다. 조회(朝會)를 3일 동

12 태조 이성계의 이복동생이다.

안 정지하고, 쌀과 콩 각각 100석(石)과 종이 200권(卷)을 부의(賻儀)했으며 시호(諡號)를 양소공(襄昭公)이라 내려주었다. 화는 순박하고 씩씩하고 용감해 젊어서부터 태조(太祖)를 잠저(潛邸)에서 모시며 좌우(左右)를 떠나지 않았고 매번 정토(征討)에 따라다녀 여러 번 전공(戰功)을 나타내 마침내 개국공신(開國功臣)이 되고, 또 정사(定社) 좌명(佐命)(공신)의 열(列)에 참여했다. 졸했을 때 나이 61세였다. 일곱 아들이 있으니 지숭(之崇), 숙(淑), 징(澄), 담(湛), 교(皎), 회(淮), 점(漸)이다.

○ 영안군(寧安君) 양우(良祐), 여천군(驪川君) 민여익(閔汝翼)을 보내 경사(京師)에 가게 했다. (태조의 장례를 위문해준 데 대해) 사은(謝恩)하기 위함이었다. 검교한성윤(檢校漢城尹) 공부(孔俯, ?~1416년)[13]를 서장관(書狀官)으로 삼았다. 상이 부(俯)에게 일러 말했다.

"경은 입조(入朝)한 것이 몇 번인가?"

대답했다.

"이미 다섯 번입니다."

상이 말했다.

"경이 소격전 제조(昭格殿提調)로 있기 때문에 지금 입조(入朝)하게 하는 것이다."

13 도교에 조예가 있어 도교를 좋아하던 태종의 총애를 받았고 1408년 10월 이후 서장관으로 여섯 번이나 중국에 다녀왔다. 1413년 4월 태종은 부친 상중에 있는 그에게 수진(修眞-도교의 장생불로 수련법)에 관해 물어보기도 했다. 1416년 천추사(千秋使)로 중국에 갔다가 돌아오지 못하고 죽었는데 젊어서는 정몽주(鄭夢周), 이색(李穡) 등과 교유했다. 세상에서는 그의 관대한 성품과 솔직함을 높게 평가하여 팔청(八淸)의 우두머리라고 칭했고 또한 초서와 예서에도 매우 능했다.

부가 평소 별호를 '수선(修仙)'이라 했으므로 상이 생각해서 그가 중국 도가(道家)의 초사법(醮祀法)을 배워가지고 오게 하려 한 것이었다.

○ 연성군(延城君) 김로(金輅), 서령군(瑞寧君) 유기(柳沂)를 보내 경사(京師)에 가게 했다. 명년(明年)의 정삭(正朔-정월 초하루)을 하례(賀禮)하기 위함이었다.

○ 권문의(權文毅)를 감옥에서 풀어주었다.

○ 김첨(金瞻)을 감옥에서 풀어주었다. 사헌 장령 신한(辛僩)이 아뢰어 말했다.

"김첨은 일이 불충(不忠)에 관계되고[干=關] 말과 사리(事理)가 일치되지 않으니 곧 풀어주기 어렵습니다."

상이 말했다.

"부원군(府院君-민제)이 이미 죽었기 때문에 일이 대질(對質)하여 바로잡기 어렵다. 내가 여러 번 풀어주라고 명했는데 너희들이 도리어 나를 그르다고 하는가? 그렇다면 석방하고 석방하지 않는 것은 너희 마음대로 시행하라."

한(僩)이 다시 아뢰고자 하다가 지신사 황희(黃喜)가 그와 더불어 비밀리에 뭔가를 말하니 한이 물러가서 김첨을 풀어주었다.

갑신일(甲申日-10일)에 사간원(司諫院)에서 완산군(完山君) 천우(天祐), 상호군(上護軍) 이공효(李公孝)를 탄핵하자 더 캐묻지 말라고 명했다. (명나라에) 조현(朝見)하던 길에 장행마(長行馬)를 팔았기 때문이다. 정언(正言) 이종화(李種華)를 불러 다음과 같이 말했다.

"천우와 공효의 말이 길에서 병이 나서 걷지를 못했으므로 비록 내버리려 해도 중국 사람들이 까닭 없이 받으려 하지 않기 때문에 수종관(隨從官) 및 집의(執義) 허조(許稠) 등과 회의를 해 판 것이다. 돌아온 뒤 정부(政府)에 고하고 그 값을 관(官)에 바치려 하기에 내가 사마(私馬)의 값이라 하여 모두 돌려주라고 명했다. 그 마음 먹은 것을 캐보면[原(원)] 이익을 구한 것이 아니라 사세가 그렇게 된 것이니 다시 논핵(論劾)하지 말라."

을유일(乙酉日-11일)에 안개가 꼈다.

○상이 경복궁에 가서 황엄 전가화(田嘉禾) 등과 더불어 다시 처녀를 골랐는데 뽑힌 자가 모두 5명이었다. 고 전서(典書) 권집중(權執中)의 딸이 첫째이고 전 전서(典書) 임첨년(任添年), 전 지영주사(知永州事) 이문명(李文命), 사직(司直) 여귀진(呂貴眞), 수원기관(水原記官) 최득비(崔得霏)의 딸이 다음이었다. 술과 과실을 주고 각각 중국 체제(體制)의 여복(女服)을 주었는데 모두 채단(綵段)으로 만들었다.

상이 환궁해 대언(代言)들에게 일러 말했다.

"황엄이 선정한 높고 낮음의 순서가 틀렸다. 임씨(任氏)는 곧 관음보살(觀音菩薩)의 상(像) 같아서 애교와 태도[情態(정태)]가 없고 여씨(呂氏)는 입술이 넓고 이마는 좁으니, 그게 무슨 인물이냐?"

○총제(摠制) 하구(河久-하륜의 아들), 김중보(金重寶), 문천봉(文天奉) 등을 순금사(巡禁司)에 내렸다. 병조(兵曹)에서 소를 올려 말했다.

'임금이 행차할[行幸(행행)] 때에 반드시 위사(衛士)가 앞에서 인도하고 백사(百司)가 뒤를 따르게 하는 것은 첨시(瞻視)를 존엄하게 하고 불우(不虞-불의의 사태)에 대비하는 것입니다. 이달 초 7일에 전하께서 태평관에서 돌아오실 적에 사신(使臣)의 반인(伴人)이 말을 달려 뛰어들어 승여(乘輿)를 놀라게 했는데 운검 총제(雲劍摠制)인 마성군(麻城君) 서익(徐益), 월천군(越川君) 문빈(文彬), 총제(摠制) 김중보(金重寶), 첨총제(僉摠制) 문천봉(文天奉), 내금위 절제사(內禁衛節制使)인 안원군(安原君) 한장수(韓長壽),[14] 여량군(礪良君) 송거신(宋居信), 총제(摠制) 하구(河久), 별사금(別司禁) 상호군(上護軍) 차지남(車指南), 전 병마사(兵馬使) 정점(鄭漸), 별홀배(別笏陪)인 대호군(大護軍) 현귀명(玄貴命), 장사기(張思琦) 등은 둘러서서 보기만 하고 저지해 막지 못했으니 이미 남의 신하된 자로서 임금을 막아서 지켜야 하는[捍衛] 의리를 잃었습니다.'
한위

또 아뢰었다. '객인(客人-사신)이 (임금을) 경멸(輕蔑)히 여기는 마음을 열어주었으니 불경(不敬)한 죄를 징계하지 않을 수 없습니다. 청컨대 유사(攸司)에 내려 그 죄를 국문해 장래를 경계해야 할 것입니다.'

명하여 외척(外戚) 한장수와 공신(功臣) 서익 문빈 송거신 이외에 하구 이하 7인을 모두 하옥시켰다가 3일 만에 풀어주었다.

병술일(丙戌日-12일)에 사간원 좌사간 대부 안속(安束) 등을 지방에 유배 보냈다. 사간원에서 대사헌 박은(朴訔), 장령(掌令) 신한(辛僩)을 논핵(論劾)해 소를 올렸다.

---

14 태종의 친어머니 신의왕후 한씨의 족친이다.

'생각건대 풍헌(風憲)은 전하의 눈과 귀이므로 임금의 마음을 바로잡음으로써 백관(百官)을 바로잡으니 그 책임이 무겁습니다. 하물며 지금 불궤(不軌)한 무리들이 밖에 포열(布列)해 있으니 이 책임을 맡은 자는 마땅히 아침에 벼슬이 제수되면 저녁에 소(疏)를 올려야 할 것인즉, 어찌 경각(頃刻)인들 마음속에 잊을 수 있겠습니까? 대간(臺諫)이 무구와 무질 등의 불충한 죄를 논주(論奏)해 일월(日月)이 오래됐으나 청납(聽納)을 입지 못했건만 대사헌 박은은 특별히 상은(上恩)을 입어 벼슬이 재보(宰輔)에 이르렀고 그 덕에 풍헌(風憲)의 장(長)을 겸했습니다. 이달 11일에 이미 출사(出仕)하여 일을 보았으니 마땅히 신 등과 더불어 동심 협력(同心協力)하여 무구 무질의 죄를 거듭 청해 전하의 특별한 은혜를 갚아야 할 것인데 생각이 여기에는 미치지 아니하고 거가(車駕)가 환궁하자 겨울날이 한나절쯤 되었는데 장령 신한과 더불어 침묵을 지켜 말하지 않고 곧 그 집으로 돌아갔습니다. 풍헌의 직임에 처한 자가 과연 이러할 수 있습니까? 위의 박은 신한 등의 직무(職務)를 비운 죄를 성상께서 재가하시기 바랍니다."

상이 소(疏)를 보고 크게 노해 간관을 순금사에 가두고 곧 안속(安束)을 김해(金海)에, 헌납(獻納) 정재(鄭材)를 흥해(興海)에, 장이(張弛)를 영덕(盈德)에, 정언(正言) 이종화(李種華)를 동래(東萊)에, 유익지(柳翼之)를 사천(泗川)에 유배 보냈다. 사간원 지사 김매경(金邁卿)이 스스로 순금사에 나아와 말했다.

"오늘 내가 집안의 기고(忌故)로 인해 상소에 서명(署名)은 하지 못했으나 전일에 이 토의에 참여했다."

순금사에서 상에게 아뢰니 매경(邁卿)을 청도(淸道)에 유배 보냈다. 집의(執義) 이관(李灌)이 소를 올려 말했다.

'본부(本府)와 간원(諫院)이 무구 등의 불충한 죄를 가지고 여러 번 봉장(封章)을 올렸으나 한 번도 윤허를 얻지 못했으므로 전일에 간원(諫院)이 대궐에 나아가 죄주기를 청했으니 대사헌 박은, 장령 신한도 또한 함께 궐정(闕庭)에 나아가 상재(上裁)를 기다렸어야 하는데 두 사람은 참여하지 않았습니다. 사실을 논핵해 신문하는 것은 대간(臺諫)의 떳떳한 일이온데 마침 천위(天威)를 범해[15] 간관을 모두 해군(海郡)으로 폄출(貶黜)시키셨습니다. 신은 생각건대 안속 등은 직무가 언책(言責)에 있으므로 곧게 말하고 숨기지 않아서 그 직책을 다했으니 비록 말이 맞지 않았다 하더라도 또한 너그러이 용납할 만합니다. 엎드려 바라건대 전하께서는 다시 직사(職事)에 나오게 하셔서 언로(言路)를 넓히셔야 할 것입니다.'

윤허하지 않았다.

정해일(丁亥日-13일)에 남재(南在)를 병조판서, 윤저(尹柢)를 의정부찬성사, 유량(柳亮) 유용생(柳龍生)을 의정부참찬사, 이래(李來) 설미수(偰眉壽)를 의정부지사, 성석인(成石因)을 형조판서, 박자청(朴子靑)을 공조판서, 면성군(沔成君) 한규(韓珪)를 겸 호익사상호군(虎翼司上護軍), 곡산군(谷山君) 연사종(延嗣宗)을 겸 용무사상호군(龍武司上護軍)으로 삼았다. 또 안등(安騰) 이안우(李安愚) 이관(李灌)을 대언(代

---

15 임금이 크게 화가 났다는 말이다.

言), 유백순(柳伯淳) 서선(徐選)을 좌·우사간 대부, 박고(朴翺)를 사간원 지사, 허모(許謨)를 사헌장령, 문수성(文守誠) 정주(鄭賙)를 좌우헌납(左右獻納), 정흠지(鄭欽之) 이유희(李有喜)를 사헌지평, 박안신(朴安臣) 이안유(李安柔)를 좌우 정언으로 삼았다.

○(충청도) 여양현(麗陽縣)을 홍주(洪州)에 합치고 비로소 판관(判官)을 두었다. 여양이 홍주와의 거리가 겨우[纔 재] 20리(里)이기 때문이었다.

무자일(戊子日-14일)에 상이 기보(祁保)와 임관(林觀) 등을 태평관에서 전송했다.

기축일(己丑日-15일)에 세자 제(禔)에게 명해 문소전(文昭殿)에서 망제(望祭)를 섭행(攝行)하게 했다.

경인일(庚寅日-16일)에 명해 민무구를 풍해도(豐海道) 옹진진(甕津鎭)에, 무질을 강원도(江原道) 삼척진(三陟鎭)에 옮겨두었다. 의정부 좌정승 성석린(成石璘) 등이 글을 올려 말했다.

'무구·무질의 불충한 죄는 일국(一國)의 신민(臣民)이 모두 들어서 아는 바입니다. 지난번에 신 등이 두 번이나 백관을 거느리고 그 죄를 바로잡을 것을 청했는데 전하께서 훈친(勳親)인 까닭으로 인해 차마 갑자기 법대로 처치하지 못하시고 수령(首領)을 보전하게 하셨습니다. 그러나 무구 등은 전하께서 재생시켜 주신 은혜를 생각지 않고 붕음(朋淫) 방자(放恣)하여 개전(改悛)하는 바가 없습니다. 근일에 대간(臺諫)이 소(疏)를 올려 법에 따라 시행하기를 여러 번 청했는데 전하께서 이미 그 죄를 아시고도 곧 그대로 윤허하지 않으시니 신 등은 두렵건대 간악한 자가 징계되는 바가 없어서 왕법(王法)이 문란해질까 염려됩니다. 엎드려 바라건대 전하께서는 지극히 공정한 도리를 넓히셔서 한결같이 대간의 청을 따라 밝게 그 죄를 바로잡으시어 길이 만세(萬世) 인신(人臣)의 경계로 삼아야 할 것입니다.'

사헌부대사헌 박은(朴訔)이 글을 올려 말했다.

'엎드려 교서(敎書)를 살펴보건대 "상벌(賞罰)을 공정하게 하는 것은 내가 마땅히 해야 할 일이다. 충순(忠純)히 해 두 마음이 없도록 어찌 감히 신하가 힘쓰지 않겠는가"라고 하셨으니, 크시도다 빼어난 가르침[聖敎](성교)이여! 실로 만세의 자손(子孫) 신서(臣庶)의 교훈이 될 것입니다. 천하 국가의 치란(治亂)과 흥망(興亡)은 항상 상벌(賞罰)의 마땅한지 여부[當否](당부)에 달려 있는 것입니다. 지금 우리 전하께서 이미 지공(至公)한 것으로 자처(自處)하셨으니 군신(群臣)으로서 누가 감히 감격해 충성을 다하지 않겠습니까? 오직 불충한 신하 무구 무질 등만은 죄악이 하늘에 닿았는데도 아직 마음을 고치지 않으니 이른바 "외로운 병아리와 썩은 쥐는 호랑이가 먹지 않는다"는 것입니다. 비록 그 고기로 회(膾)를 친다 하더라도 어찌 족히 나라 사람의 분(憤)을 풀 수 있겠습니까? 정부(政府) 대간(臺諫)이 일찍이 여러 번 상소해 그 죄를 바로잡을 것을 청했는데 전하께서는 왜 곧 베어서 천위(天威)를 베풀어 대소 신민(大小臣民)으로 하여금 상벌(賞罰)의 지공 무사(至公無私)함을 훤히 알게 하지 않으십니까? 대개 그 불충한 죄는 천지(天地)가 용납하지 않는 것이고 신령과 사람이 함께 분(憤)하게 여기는 것이오니 군신(群臣)의 청을 기다리지 않고 베는 것이 가합니다. (그런데 지금) 군신(群臣)이 굳이 청해도 전하께서는 오히려 대의(大義)로 결단하지 못하시고, 죄인으로 하여금 세월을 도둑질해 연장해 가면서 본래 계획했던 땅에서 안민(安眠)케 하는 것은 무슨 까닭입니까? 성상(聖上)의 뜻은 갑자기 법에 의해 처치하는 것이 인정(人情)에 차마 행할 수 없는 데 불과한 것입니다. 그렇다면 관숙(管叔)은 형인데 주공(周公)이 베었어도 성인(聖人)이 되기에 해롭지 않았고 (당나라) 건성(建成-이건성)은 맏이인데 태종(太宗)이 제거했어도 현주(賢主)가 되기에 해롭지 않았으니 옛날의 성현(聖賢)은 어찌 차마 못하는 마음[不忍之心]이 없었겠습니까? 형제의 변란에 처해서도 오히려 사은(私恩)으로 대의(大義)를 폐하지 못하거늘 하물며 이 척리(戚里-외척)의 흉인(凶人)은 죄(罪)가 차고 의(義)가 끊어져서 결코 용서할 도리가 없는 것일 것입니다. 또 상벌이 어긋나게 되면 간사한 것이 반드시 일어나는 것이니 이는 고금(古今)의 통환(通患)입니다. 지난날 회안(懷安)의 역모(逆謀)는 법(法)에 베임을 용서할 수 없고 이거이(李居易)의 말은 죽어도 남는 죄가 있사온데 전하께서 법을 굽혀 은혜를 펴서 포용 보전(包容保全)하시어 오늘날에 이르렀으니 비록 예전에 없는 성덕(盛德)의 일이기는 하나, 사직(社稷)의 대체(大體)와 군신(君臣)의 대의(大義)에 있어서는 진실로 교서(教書)에 이른바 "고식(姑息-임시변통)의 계책"입니다. 고식의 계책은 다만 난(亂)을 열어놓을 뿐이고 뒤에 오는 사람을 권하고 징계하는 것은 아닙니다. 그러므로 흉악한 불충한 신하들이 징계할 바가 없어서 오늘날 서로 만나는 것이니 어찌 우연한 일입니까? 자고로 척리 소인(戚里小人)이 국가의 근심이 되는데 인군(人君)이 그 악한 것을 알고도 토벌하지 못해 변란을 부른 것이 심히 많습니다. 바라건대 전하께서는 심사 숙려(深思熟慮)하시고 대의(大義)로 결단하여 무구 형제의 그 불충한 죄를 바루어서 상벌이 공정하다는 뜻을 보이시고 또 회안(懷安)과 거이(居易) 등 부자(父子)가 하는 짓을 살피시어 만일 혹시라도 스스로 검속(檢束)하지 못하고 개전(改悛)하는 마음이 없거든 아울러 극법(極法)을 행해 위를 넘겨다보는[覬覦](기유) 소망을 끊어내야 할 것입니다.'

형조좌참의(刑曹左參議) 윤규(尹珪) 등이 글을 올려 말했다.

'신하로서 불충한 것은 천하의 대역(大逆)이니 천지가 용납하지 않고 임금이 용서하지 못하는 것입니다. 불충한 신하 무구 무질을 전하께서 특별히 가벼운 법을 적용해 안처(安處)하게 하셨는데, 무구 무질이 상의 은혜를 돌보지 않고 붕당(朋黨)을 끌어들이기를 평시와 다를 바 없이 하고, 또 상의 은혜를 입어 경사(京師)에 발을 붙인 것이 여러 날이었습니다. 신 등이 생각건대 지난날에 무구 무질이 오랫동안 병권(兵權)을 잡고 있어서 아름다운 것을 가로채고 은혜를 팔았으니 의탁하고 아부하는 무리들이 악(惡)을 같이해 서로 이뤄서 은밀히 불궤(不軌)를 도모하지나 않을까 진실로 헤아리기 어렵습니다. 무구 무질이 의리상으로는 비록 국척(國戚)이나 죄가 십악(十惡)[16]을 범

16 『대명률(大明律)』에 정한 열 가지의 큰 죄(罪)다. 즉 모반(謀反)·모대역(謀大逆)·모반(謀叛)·악역(惡逆)·부도(不道)·대불경(大不敬)·불효(不孝)·불목(不睦)·불의(不義)·내란(內亂)을 말한다.

했습니다. 삼가 『대명률(大明律)』에 상고하면 팔의(八議)[17]가 있는데 십악을 범한 자는 이 율(律)을 쓰지 않는다.' 하였고, 『춘추전(春秋傳)』에 또한 이르기를 "난신(亂臣)을 베는 데는 중전(重典)을 쓴다"라고 했으니, 선왕(先王)의 성법(成法)을 전하께서 가볍게 고칠 수 없는 것입니다. 만일 일시(一時)의 사은(私恩)으로 만세(萬世)의 대법(大法)을 폐한다면, 이와 같은 무리들이 뒤를 이어 나올 것이니, 비록 날마다 주륙(誅戮)을 베푼다 하더라도 어찌 능히 제어할 수 있겠습니까? 엎드려 바라건대 전하께서는 그대로 윤허해[兪允 유윤] 시행하셔서 왕법(王法)을 보이셔야 할 것입니다.'

사간원 좌사간대부(左司諫大夫) 유백순(柳伯淳) 등이 말했다.

'신 등이 엎드려 보건대 무구·무질 등은 죄악이 차고 넘쳐[貫盈 관영] 천주(天誅)가 용서하지 못할 것이므로 대간(臺諫)이 교장(交章)하여 죄를 청하기를 두 번, 세 번에 이르렀으나 전하께서 사은(私恩)에 끌려 일찍이 공의(公義)로 결단하지 못하셨으니 대소 신료로서 통심(痛心)해하지 않는 자가 없습니다. 전(傳)에 이르기를 "좋은 자가 상(賞)을 받지 못하고 악한 자가 형벌에 나가지 않으면 비록 요(堯)와 순(舜)을 군신(君臣)으로 삼더라도 하루도 천하를 다스릴 수 없다"라고 했으니 이것은 만세가 지나도 바뀌지 않는 지론(至論)입니다. 엎드려 바라건대 전하께서는 무구·무질을 대의(大義)로 결단해 방헌(邦憲)을 바로잡음으로써 종사(宗社)의 무강(無疆)한 계책을 삼으시고 이로

---

17 당(唐)나라 때에, 평의(評議)하여 형벌을 감면(減免)하던 여덟 가지 조건이다. 즉 의친(議親)·의고(議故)·의현(議賢)·의능(議能)·의공(議功)·의귀(議貴)·의근(議勤)·의빈(議賓)을 말한다.

써 자손 만세의 교훈을 보이셔야 할 것입니다.'

상이 이에 의정부참찬사 유량(柳亮), 대사헌 박은(朴訔), 사간(司諫) 유백순(柳伯淳) 서선(徐選), 의정부 사인(舍人) 박강생(朴剛生), 검상(檢詳) 신개(申槪)를 불러 명했다.

"무구와 무질이 부처(付處)한 땅에 있는데 어찌 붕당(朋黨)을 불러들이겠는가? 무지한 사람들이 옛 정으로 인해 가서 보므로 거절하지 못한 것뿐이다. 내가 일찍이 교서(敎書)를 반포한 것은 대중(大衆)에게 이르고자 한 것이지 다시 죄를 가하려고 한 것이 아닌데 전후(前後)의 언관(言官)이 죄를 청하여 마지 않는다. 지금 국가가 마침 액운(厄運)을 만나 대상(大喪)을 당하고 대신(大臣)이 많이 죽으며 기후(氣候)가 고르지 못해 음복 양건(陰伏陽愆)하고, 간혹 어두운 안개가 사방에 막히며, 혹은 대수(大水)가 표류(漂流)하여 오곡(五穀)이 흉년들고, 또 사신(使臣)이 나라에 온 지가 이미 반년이 넘었으니, 나의 근심이 한 두 가지가 아니다. 비록 이 일이 아니더라도 잠시도 마음 편안할 때가 없는데 정부(政府), 대간(臺諫), 형조(刑曹)가 또 소장(疏章)을 올리니, 먼 땅에 옮겨두게 하겠다. 만일 두 사람이 전의 마음을 고치지 않고 붕당을 불러들이면 왕래하며 서로 만나보는 자도 반드시 다른 마음이 있는 것이니, 그때에 이르러 다시 그 죄를 청하면 내가 마땅히 들어서 허락하겠다. 지금 경들을 불러서 밝게 말하는 것은 장차 내 마음을 편안케 하려는 것이다. 마땅히 이 뜻을 몸에 새겨 다시는 신청(申請)하지 말라."

무구와 무질을 옮겨 두었다. 조금 뒤에 두 도의 감사(監司)에게 명해 옹진(甕津)과 삼척(三陟)의 수령(守令)으로 하여금 농장(農場)의 마땅한 곳에 넓고 깨끗한 집을 가려서 주게 했다.

○ 물에 빠져 죽은 선군(船軍)의 집에 부의(賻儀)를 내려 주고 또 차역(差役)을 감면(減免)해주었다. 경기 수군첨절제사(京畿水軍僉節制使) 김문발(金文發)이 아뢰었다.

'도내(道內)의 선척(船隻)이 덕적도(德積島)에 들어가 해당 연도의 미납한 숯을 구울 나무를 싣고 오다가 큰 바람을 만나 두 척이 깨져서 선군(船軍) 중에 물에 빠져 죽은 자가 69인이고, 살아남은 자가 3인입니다.'

문발(文發)을 순금사(巡禁司)에 가두고 이어서 이런 명이 있었다.

○ 왜적(倭賊)이 추자도(楸子島)에서 제주(濟州)의 배 한 척을 빼앗아 갔는데 죽은 자가 5인이었다. 상이 이 소식을 듣고 말했다.

"한때에 나온 병선(兵船)이 적(賊)보다 10배나 되는데 적을 잡지 못했을 뿐 아니라 도리어 패(敗)해도 구원하지 않았으니 이에[其] 전라도 도관찰사(全羅道都觀察使)로 하여금 추고(推考)해 아뢰게 하라."

○ 명해 제주(濟州)의 굶주리는 백성들을 진휼(賑恤)하게 했다. 제주 도안무사(濟州都安撫使)가 아뢰었다.

'금년에 큰 바람으로 인해 곡식이 손상돼 고을 사람들이 먹을 것이 없어 소와 말을 잡아 양식으로 삼는 자가 매우 많습니다. 지난 병술년에 사송(賜送)하신 조두(粗豆) 1,000석(石)을 이른 봄부터 환납(還納)으로 각호(各戶)에 분급(分給)해 주었기 때문에 관고(官庫)가 비었으니 구황(救荒)할 계책이 없습니다. 지금 관중(官中)에 준비해 누었던 포화(布貨)를 토관(土官)에게 나눠 주고 황금(黃金) 4냥(兩) 6전(錢)과 백은(白銀) 291냥(兩)을 바꿔 사람을 보내 바치오니 청컨대 그 값을

계산하여 잡곡(雜穀)으로 주셔서 흉년을 구제하게 하소서.'

상이 말했다.

"금과 은의 값은 모두 시가(時價)에 의거해 주고 따로 진제관(賑濟官)을 보내 쌀과 콩을 요량해 주어 백성들로 하여금 굶어죽지 않게 하라."

○ 각도에 금주령(禁酒令)을 내렸다.

신묘일(辛卯日-17일)에 무지개가 나타났다. 유성(流星)이 헌원(軒轅)에서 나와 태미(太微)로 들어갔는데 모양이 되[升]와 같았다.

○ 경상도 수군 첨절제사 김을우(金乙雨)에게 표리(表裏-옷감)를 내려 주었다. 을우(乙雨)가 가라도(加羅島)에서 왜선(倭船)을 만나 1척을 잡고 머리 7급(級)을 베어 바쳤기 때문이다.

○ 좌소감(左少監) 기보(祁保)와 예부낭중(禮部郎中) 임관(林觀)이 돌아가니 상이 모화루에서 전송했다. 서북면 도순문사(西北面都巡問使)가 말씀을 올렸다.

'기천사(祁天使)를 영접(迎接)할 요동(遼東) 군관과 군인들이 마음대로 압록강을 건너 의순관(義順館)에 머물러 있으면서 우마(牛馬)를 무역하려고 해 혹 60~70명씩 떼를 지어 근처의 민호(民戶) 뿐만 아니라 50~60리(里)나 되는 촌락(村落)에까지 이르러 밤을 틈타 횡행하며 억매(抑賣) 강탈(强奪)하여 못하는 짓이 없습니다. 이를 금하지 않으면 폐단이 장차 무궁할 것입니다. 금후로는 한결같이 도사(都司)의 차비 약속(差批約束)에 의거해 마음대로 압록강을 건너지 못하게 하고 비록 강을 건넌다 하더라도 마음대로 촌락에 돌아다니며 폐단

을 짓지 말게 하도록 빨리 도사에 자문(咨文)을 보내 금약(禁約)에 빙거(憑據)하게 해야 할 것입니다.'

상이 말했다.

"가급적 황 천사(黃天使-황엄)를 영접할 군관이 오기 전에 빨리 도사에 이문(移文)하여 알려라."

○좌사간 대부 유백순(柳伯淳) 등이 지난번의 간관(諫官)의 죄를 용서할 것을 청했으나 그대로 윤허하지 않았다. 소(疏)는 이러했다.

'언관(言官)으로서 일을 말하는 것은 직책입니다. 말을 하지 않으면 이는 그 직책을 공경하지 않는 것이고 말을 하여 사리에 적중하지 않아[不中] 과오(過誤)가 있더라도 고의(故意)로 광망(狂妄)되게 하여 스스로 죄를 부르는 것이 아닙니다. 지난번의 간관 안속(安束) 등이 여러 번 무구 무질 등의 불충한 죄를 청했으나 그대로 윤허를 얻지 못하므로 마음이 분하고 기운이 답답해서 오직 악(惡)을 제거하기에 간절해 사리(事理)의 잃고 맞음[失當]을 살피지 않고 갑자기 헌사(憲司)를 탄핵했다가 위로 천위(天威)에 저촉돼 먼 지방으로 추방됐습니다. 신 등이 생각건대 전하의 포황(包荒)하시는 도량(度量)과 인후(仁厚)하신 자품(資稟)으로 비록 죄가 있는 자도 너그러이 용납하셨는데 언관(言官)으로서 말 한마디가 맞지 않았다 해 도리어 바닷가에 추방하셨으니 신 등은 공도(公道)를 위해 애석하게 여깁니다. 전하께서는 넓으신 큰 도량으로 작은 허물을 용서해 후일(後日)의 언로(言路)를 열어주셔야 할 것입니다.'

계사일(癸巳日-19일)에 사헌부에서 무구(無咎) 등의 처(妻)의 관교

(官敎)[18]와 인과(印顆)[19]를 회수할 것을 청하니 그것을 따랐다. 소(疏)는 이러했다.

'무구 무질은 죄가 마땅히 베어야 하는데 특별히 성은(聖恩)을 입어 서인(庶人)이 되어서 외방(外方)에 안치됐습니다. 그런데 그 아내는 택주(宅主)[20]의 관교와 은인(銀印-인과)을 가지고 서울 안에 편안히 앉아 있으니 참으로 불편합니다. 청컨대 관교와 인과를 회수하고 그 자녀를 거느리고 남편을 따라 안치하되 노비(奴婢)를 적당히 주도록 해야 할 것입니다.'

상이 그것을 따르고 다만 처자와 노비를 서울에서 나가도록 독촉은 하지 말라고 명했다.

을미일(乙未日-21일)에 사헌부에서 김첨(金瞻)의 죄를 청했으나 그대로 윤허하지 않았다. 소는 이러했다.

'본부(本府)의 지난번 관원이 김첨(金瞻)이 민씨(閔氏)에게 당부(黨附)한 죄를 고문(拷問)하여 옥사(獄辭)가 이미 이뤄졌는데 전하께서 갑자기 석방하라고 명하셨습니다. 신 등은 다시 그 옥사를 상고하여 그 죄를 결정(結正)하고자 합니다.'

상이 집의(執義) 정수홍(鄭守弘)을 불러 말했다.

"부원군이 이미 죽어 질문(質問)할 곳이 없으니 이에 다시 캐묻지

18 4품 이상 벼슬의 사령(辭令)이다.

19 인장(印章)이다.

20 외명부(外命婦)의 봉작(封爵)의 하나다.

말라."

○ 흥천사(興天社)의 원속 전민(元屬田民)을 속공(屬公)시켰다. 의정부에서 아뢰었다.

"각종(各宗)의 사사(寺社)를 당초에 상정(詳定)한 것이 그 액수(額數)가 있사온데 지금 새로 창건한 개경사(開慶寺)를 조계종(曹溪宗)에 가속(加屬)시켰으니 빌건대 조계종에 속한 흥천사(興天社)를 화엄종(華嚴宗)에 이속(移屬)시키고, 화엄종에 속한 지천사(支天社)는 태평관(太平館)에 가까워서 승도(僧徒)들이 모여 살기에 마땅치 않으니 전민(田民)을 모두 흥천사에 붙이고 사신(使臣)의 반인(伴人)의 관사(館舍)로 삼고 흥천사의 원속 전민(元屬田民)은 속공(屬公)하소서."

그것을 따랐다.

○ 명하여 왜노비(倭奴婢)를 사들이는 것을 금지했다. 경상도 도관찰사가 아뢰었다.

'김해부(金海府) 사람인 박천(朴天)의 집에 교역한 왜비(倭婢)가 있는데 일본 국왕의 사자(使者)의 배로 도망쳐 들어갔습니다. 부사(府使)가 사자에게 말하기를 "이 종은 본래 중한 값을 주고 산 것이니 지금 숨기고 내놓지 않으면 교린(交隣)의 뜻에 어긋나니 빨리 돌려보내라"고 했더니 사자가 대답하기를 "우리 나라에는 본래 사천(私賤)이 없다"라고 하고서 마침내 돌려보내지 않았습니다.'

상이 이 말을 듣고 이런 명이 있었다.

○ 전 해전고 주부(解典庫注簿) 임형(林瑩)을 순금사(巡禁司)에 내렸다. 전 사재감(司宰監) 윤보로(尹普老)가 아뢰었다.

"근일(近日)에 임형(林瑩)이 임강(臨江)에 이르러 신에게 이르기를

'이씨(李氏)의 사직(社稷)은 30년 기업(基業)뿐이다'라고 했습니다."

찬성사(贊成事) 윤저(尹柢)를 위관(委官)[21]으로 삼아 대간(臺諫) 형조(刑曹)와 함께 순금사에 앉아 형(瑩)에 대에 말의 출처와 일찍이 더불어 말한 사람을 국문하니 형이 대답했다.

"부여(扶餘) 백성 김귀(金貴)의 집에 참서(讖書)가 있어서 내가 보았고 또 전 헌납(獻納) 김섭(金涉)과 이야기했소."

이에 김귀를 잡아 순금사에 가두고 또 섭(涉)을 국문하니 섭이 말했다.

"나는 본래 임형이 어떤 사람인지 알지 못합니다."

형이 말했다.

"섭이 만일 나를 알지 못한다 하거든 좌랑(佐郞) 이초(李椒)와 손순중(孫順仲)을 불러 물으면, 진위(眞僞)를 알 것입니다."

순금사에서 곧 두 사람을 불러 대질해 물으니 두 사람이 말했다.

"섭이 형을 안 지가 오래입니다."

드디어 섭을 곤장을 때려 국문하니 섭이 자복했다.

기해일(己亥日-25일)에 장천군(長川君) 이종무(李從茂)를 겸 응무시위사 상호군(雄武侍衛司上護軍)으로 삼고 한상경(韓尙敬)을 세자좌빈객(世子左賓客), 변계량(卞季良) 설칭(薛偁)을 좌우보덕(左右輔德), 허지(許遲)를 좌필선(左弼善), 조말생(趙末生)을 우문학(右文學), 정진

21 죄인을 추국(推鞫)할 때 의정 대신(議政大臣) 가운데서 임시로 뽑아 임명하던 재판장을 말한다.

(鄭津)을 공주목판사로 삼았다.

경자일(庚子日-26일)에 처녀(處女)들의 집에 자장(資裝-혼수비용)으로 쌀과 콩 30석씩과 상포(常布) 100필을 내려 주었다.

○ 황엄(黃儼)이 작은 단목(單目)을 써서 왕소(王所-왕이 있는 곳)에 보냈다.

'권집중(權執中)은 유모(乳母) 하나, 여사(女使) 셋, 남자(男子)는 제 스스로 가고, 이문명(李文命)은 제 스스로 가고, 유모 하나, 여사 셋, 임첨년(任添年)은 제 스스로 가고, 유모 하나, 여사 둘, 여귀진(呂貴眞)·최득비(崔得霏)는 모두 제 스스로 가고 각각 여사 둘이다.

하나, 가는 여아(女兒) 매 사람마다 난모(暖帽)·난화(暖靴)·난의(暖衣)를 요함.

하나, 따라가는 유모·여사 매 사람마다 난모 한 개, 난화 한 쌍, 두터운 면의(綿衣) 3건(件) 내에 큰 솜저고리 1건, 치마 1건, 바지 1건임.

하나, 가는 작은 화자(火者)의 신상(身上)에는 한갓 난화만 필요함.'

○ 왜적이 (전라도) 광양현(光陽縣) 섬거역(蟾居驛)에 침입했다.

신축일(辛丑日-27일)에 세자가 태평관에 가서 사신에게 사냥개[田犬](전견) 한 마리씩을 주었다. 엄(儼) 등이 여러 번 본국(本國)에 사신(使臣)으로 왔었는데 돌아갈 때에 얻은 사냥개를 지휘(指揮) 등 여러 관원에게 주고 그 값을 배나 받기 때문에 올 적마다 사냥개를 청구하기를 매우 간절히 했다.

○ 삼군 갑사(三軍甲士) 1,500명을 더 두었다. 갑사(甲士)의 원수(元

數-정원)가 1,500명이었는데 또 1,500명을 더 두고 1년마다 교대해 윤차(輪次)로 시위(侍衛)하게 했다. 남재(南在) 조영무(趙英茂) 이숙번(李叔蕃)을 불러 말했다.

"갑사(甲士) 3,000명은 적당한 사람을 얻기가 쉽지 않으니 대장(隊長) 500인을 가려서 갑사에 충당하라."

의정부(議政府)에서 아뢰었다.

"추가로 정한 갑사 500명은 그 초번(初番) 이번(二番)의 녹(祿)을 혁파한 대상(隊長) 대부(隊副) 600명의 녹(祿)으로 계산해 주고, 그래도 부족한 것은 동서반(東西班) 1품에서 9품까지의 미두(米豆) 각 1석, 1품에서 7품까지의 정포(正布) 각 1필을 줄여서 그 수에 충당하도록 해야 할 것입니다."

그것을 따랐다.

임인일(壬寅日-28일)에 상이 태평관에 가서 사신에게 잔치를 베풀고 황엄(黃儼) 등 5인에게 사냥개 두 마리씩을 내려주었다.

○ 예조(禮曹)에서 아뢰어 출가한 여자가 본종(本宗-친정) 부모(父母)를 위해 입는 복(服)을 시왕(時王)의 제도에 의거해야 할 것이라고 청하자 그것을 따랐다. 아뢰어 말했다.

"삼가 『홍무예제(洪武禮制)』를 상고하면 '출가한 딸이 본종 부모를 위하여 기년복(朞年服)을 입는다'라고 했습니다. 이것이 시왕(時王)의 제도이니 그대로 따르소서."

○ 일본 국왕 원도의(源道義)가 사람을 보내 좀도둑[草竊 초절]을 금제(禁制)했다고 통보하고 예물(禮物)을 바쳤다.

乙亥朔 上以衰服詣文昭殿 命有司改題太祖神主曰 有明賜謚
을해 삭 상 이 최복 예 문소전 명 유사 개제 태조 신주 왈 유명 사시

康獻 皇考太祖至仁啓運聖文神武大王 神懿王后神主曰 皇妣
강헌 황고 태조 지인 계운 성문 신무 대왕 신의왕후 신주 왈 황비

承仁順聖神懿王太后.
승인 순성 신의 왕태후

始行宗廟及諸山陵祭.
시 행 종묘 급 제 산릉 제

復以成石璘爲左政丞 朴訔參知議政府事 兼司憲府大司憲
부 이 성석린 위 좌정승 박은 참지 의정부 사 겸 사헌부 대사헌

洪恕南城君.
홍서 남성군

下教書. 教曰:
하 교서 교왈

'予惟早承太祖康獻大王草創之業 夙夜憂勤 期底于治 玆惟
여 유 조승 태조 강헌 대왕 초창 지 업 숙야 우근 기저 우 치 자 유

九年. 仰惟太祖大王奄棄群臣 不勝痛悼 居于諒闇 欲盡古制
구년 앙유 태조대왕 엄기 군신 불승 통도 거우 양암 욕진 고제

勳臣宰輔 大小臣僚 合辭力請臨朝聽政 至再至三 期於必從. 予
훈신 재보 대소 신료 합사 역청 임조 청정 지재지삼 기어 필종 여

不獲已 勉循輿意 惕然不寧 思欲聿新庶政 以光大我太祖大王
불획이 면순 여의 척연 불녕 사 욕 율 신 서정 이 광대 아 태조대왕

艱難之業 以垂無疆之休. 嗚呼艱哉! 事之當諭衆者 宜用播告
간난 지 업 이수 무강 지 휴 오호 간재 사 지 당 유중 자 의용 파고

中外.
중외

予於曩者 自念不獲乎親 欲傳位于世子禔 日以寡約 昵侍太上
여 어 낭자 자념 불획 호 친 욕 선위 우 세사 제 일이 과약 닐시 태상

之寢膳 以供子職 大小臣僚 日進闕庭 力言不可 繼以涕泣. 予猶
지 침선 이공 자 직 대소 신료 일진 궐정 역언 불가 계 이 체읍 여 유

不聽 大臣奔告于太上殿 以沮辭位之志; 無咎等亦有剪除宗支
불청 대신 분고 우 태상전 이저 사위 지 지 무구 등 역 유 전제 종지

之語 予甚懼焉 卽從衆議. 無咎兄弟 素畜今將之心 喜於辭位
지어 여 심구 언 즉종 중의 무구 형제 소축 금장 지심 희어 사위

而慍於復政 自是益懷疑忌 不忠之狀 屢見於外. 乃者大臣百官
이 온어 복정 자시 익회 의기 불충 지상 누현 어외 내자 대신 백관

聯章累牘 請將無咎 無疾不忠之罪 極刑 予以勳舊之故 不置於法
연장 누독 청장 무구 무질 불충 지죄 극형 여이 훈구 지고 불치 어법

省憲交章 請罪不已. 無咎兄弟 自知其罪 出居于外.
성헌 교장 청죄 불이 무구 형제 자지 기죄 출 거우 외

近者 臺諫上言: "無咎兄弟之罪 當置於法. 矧今往來交結者
근자 대간 상언 무구 형제 지죄 당치 어법 신금 왕래 교결 자

甚衆 其志莫測 請下攸司 明正其罪." 予嘗思之 無咎 無疾 以
심중 기지 막측 청하 유사 명정 기죄 여상 사지 무구 무질 이

中宮之親 與於勳臣之列 高其爵秩 厚其祿俸 峻其室宇 廣其田疇
중궁 지친 여어 훈신 지열 고기 작질 후기 녹봉 준기 실우 광기 전주

其心之欲 蓋亦足矣. 苟思所以長守富貴 滿而不溢之道焉 則宜其
기심 지욕 개역 족의 구사 소이 장수 부귀 만이 불일 지도 언 즉의 기

凜然而自懼 悚然而自束 方且檢身小心之不暇 何有於他志! 慮
늠연 이 자구 송연 이 자속 방차 검신 소심 지 불가 하유 어 타지 여

不出此 顧乃驕橫慢傲 猶以殺活予奪之柄 不出於手 未快於心
불출 차 고내 교횡 만오 유이 살활 여탈 지병 불출 어수 미쾌 어심

憤然怨怒 至有無君之心 積於中而發於外. 是豈天將覆之而稔
분연 원노 지유 무군 지심 적 어중 이발 어외 시기 천장 복지 이임

其惡耶?
기악 야

不以私恩害乎公義 見於傳記; 事關宗社 當以法論 載在盟簇.
불이 사은 해호 공의 현어 전기 사관 종사 당 이법 론 재재 맹족

原其設心 其忘恩背德不忠無厭之罪 置之極刑 以對衆怒 以懲
원기 설심 기 망은 배덕 불충 무염 지죄 치지 극형 이대 중노 이징

後人 實爲至公之道 第以念夫親愛與遊之久 而不忍遽置於法. 此
후인 실위 지공 지도 제이 념부 친애 여유 지구 이 불인 거치 어법 차

雖寡人姑息之計 然亦情所不忍. 所以廢爲庶人 終身不齒 以塞
수 과인 고식지계 연역 정 소불인 소이 폐위 서인 종신 불치 이색

群臣請罪之議 俾其保全首領 得終天年 以伸寡人不忍之情 庶乎
군신 청죄 지의 비기 보전 수령 득종 천년 이신 과인 불인 지정 서호

私恩公義竝行而不悖矣. 柰何無咎 無疾 罔有悛心 援引朋類 而
사은 공의 병행 이 불패 의 내하 무구 무질 망유 전심 원인 붕류 이

無識之人 往來依附 罹于罪辜 以致臺諫之封章 以煩寡人之聽斷
무식 지인 왕래 의부 이우 죄고 이치 대간 지 봉장 이번 과인 지 청단

哉! 此非唯自災于厥躬 亦使無咎 無疾 自促其滅亡① 其爲害 豈
재 차 비유 자재 우 궐궁 역사 무구 무질 자촉 기 멸망 기 위해 기

不甚大 而亦誰怨哉?
불 심대 이 역 수원 재

然亦慮其無知之人 同陷于罪 其無咎 無疾外方居處 已曾往來
연 역 려 기 무지 지 인 동 함우 죄 기 무구 무질 외방 거처 이증 왕래

者 竝皆宥除 而條列無咎 無疾畜怨之由 不忠之狀 布告臣庶 咸
자 병개 유제 이 조열 무구 무질 축원 지 유 불충 지 상 포고 신서 함

使聞知. 其或不審教旨 尙復往來交結者 其心必異 厥罪惟鈞
사 문지 기 혹 불심 교지 상 부 왕래 교결 자 기심 필 이 궐죄 유 균

宜將同置於法 痛懲于後. 於戲! 賞罰惟公 予之所當爲也. 忠純
의장 동 치어 법 통징 우후 어희 상벌 유 공 여 지 소당위 야 충순

無貳 臣其敢不懋哉? 咨爾中外大小臣僚 體予至懷 俾無後悔. 故
무이 신 기 감 불무 재 자 이 중외 대소 신료 체 여 지회 비 무 후회 고

玆教示 想宜知悉.
자 교시 상 의 지실

一, 予於壬午年 發瘡甚鉅 無咎無疾等 密伺疾勢 曾無救療之
일 여 어 임오년 발창 심거 무구 무질 등 밀사 질세 증 무 구료 지

意 顧乃私相聚會 謀挾九歲弱息 以握國柄.
의 고내 사상 취회 모협 구세 약식 이악 국병

一, 無疾在松京之時 至右政丞李茂家 問計曰: "今上終必不肯
일 무질 재 송경 지 시 지 우정승 이무 가 문계 왈 금 상 종 필 불긍

保全我輩 我輩將若之何?" 此非今將之心乎?
보전 아배 아배 장 약 지 하 차 비 금장 지 심 호

一, 丙戌年辭位之時 無咎入與我語: '高論之人雖多 大臣或有
일 병술년 사위 지 시 무구 입 여 아 어 고론 지 인 수다 대신 혹 유

到父家 已議承教者.' 予私自喜幸 言於承政院. 翼日 大小臣僚 又
도 부가 이 의 승교 자 여 사자 희행 언어 승정원 익일 대소 신료 우

聚于庭 至欲排闥 予驟入內避之 卽召無咎問曰: "吾以汝言爲信
취 우정 지 욕 배달 여 취 입내 피지 즉 소 무구 문왈 오 이 여언 위신

已言于承政院矣. 今群臣若此 何也?" 無咎悖然變色曰: "上遽以
이언 우 승정원 의 금 군신 약차 하야 무구 패연 변색 왈 상 거 이

吾言發之於外耶? 然亦誰敢我何!" 厥後復政之日 無咎入見于內
오언 발지 어외 야 연 역 수감 아 하 궐후 복정 지 일 무구 입현 우내

不豫之色溢於面目 非惟寡人所親見 亦人人之所共覩也.
불예 지 색 일어 면목 비유 과인 소친견 역 인인 지 소공도 야

一, 無咎 無疾等常言: "人君多子 勢甚不便." 當辭位之時 予
일 무구 무질 등 상언 인군 다자 세 심 불편 당 사위 지 시 여

語無咎曰: "傳位世子之後 令乳兒諸弟 列屋而居 以篤友于之
어 무구 왈 전위 세자 지 후 영 유아 제제 열옥 이 거 이 독우 우 지

情." 無咎乃曰: "上慮雖如此 其無誘掖之人乎?" 此欲剪滅宗支
정 무구 내 왈 상 려 수 여차 기 무 유액 지 인 호 차 욕 전멸 종지

以弱王室之志也.
이약 왕실 지 지 야

一, 復政之後 無咎與無疾 會于父家 常相議曰: "我輩勢難
일 복정 지 후 무구 여 무질 회 우 부가 상 상의 왈 아배 세난

住京 當出于外. 汝之慶尙道 我之忠淸道." 旣而 無咎出居通津
주경 당 출 우외 여 지 경상도 아 지 충청도 기이 무구 출거 통진

月餘而還 又歸留後司 以勢不便 久乃入京. 今之自願居處 果如
월여 이 환 우 귀 유후사 이세 불편 구내 입경 금 지 자원 거처 과 여

夙計.
숙계

一, 曩者 無咎 無疾等 敢懷私憤 乃嗾諫臣李之直 門人田可植
일 낭자 무구 무질 등 감회 사분 내 주 간신 이지직 문인 전가식

造言誣彈寡人以聲色鷹犬之好 衣服飮食之侈 務陷寡人於不義.
조언 무탄 과인 이 성색 응견 지 호 의복 음식 지 무함 과인 어 불의

政府臺諫上言: "之直 可植等 以上德所無之事 造言誣妄 以累
정부 대간 상언 지직 가식 등 이 상덕 소무 지 사 조언 무망 이루

上德 請加以大不敬之罪." 予以其事干難處之地 置而不問.
상덕 청가 이 대 불경 지 죄 여 이 기사 간 난처 지 지 치 이 불문

一, 參議具宗之與無疾問釋兵之由 答曰: "上疑臣等如上黨君
일 참의 구종지 여 무질 문 석병 지 유 답왈 상 의 신등 여 상당군

是以釋兵." 宗之告于成發道 以達于我.
시이 석병 종지 고우 성발도 이달 우 아

一, 閔氏兄弟 壓良人數百口 以爲私賤. 其人擊鼓以聞 令
일 민씨 형제 압 양인 수백 구 이위 사천 기인 격고 이문 영

承政院三省覈實 乃貶誤決官金瞻等.
승정원 삼성 핵실 내 폄 오결 관 김첨 등

一, 予在東宮時所服冠帶 將以傳于世子也. 無咎擅自穿著
일 여 재 동궁 시 소복 관대 장 이 전우 세자 야 무구 천자 천저

以逞驕僭.
이령 교참

一, 閔氏以父妾出入宮中 誣宣宮中之事 離間功臣宰相. 予得
일 민씨 이 부첩 출입 궁중 무선 궁중 지 사 이간 공신 재상 여 득

其情 黜之于外.'
기정 출지 우외

司諫院請全羅道都節制使都鎭撫鄭初等罪 不允. 疏曰:
사간원 청 전라도 도절제사 도진무 정초 등 죄 불윤 소왈

'將帥 軍師之司命; 鎭撫 將帥之羽翼. 將帥之與鎭撫 必如心腹
장수 군사 지 사명 진무 장수 지 우익 장수 지 여 진무 필 여 심복

之運手足 手足之捍頭目 然後體統立而大小相維 令行事濟. 前
지 운 수족 수족 지 한 두목 연후 체통 립 이 대소 상유 영행 사제 전

全羅道都節制使李之實見代②之際 都鎭撫鄭初 鎭撫盧惟慶 以
전라도 도절제사 이지실 견대 지제 도진무 정초 진무 노유경 이

倭寇始面之地 不忍小忿 擅離其任 空壁而出 各還其居 而之實
왜구 시 면 지 지 불인 소분 천리 기임 공벽 이 출 각 환 기거 이 지실

孑立. 是雖之實撫御乖方之故 然亦由初與惟慶久典幕府之權 節制
혈립 시 수 지실 무어 괴방 지 고 연 역 유 초 여 유경 구전 막부 지 권 절제

之威福 移於掌握 制主帥如嬰兒之所致也. 罪孰大焉! 褊裨淩
지 위복 이어 장악 제 주수 여 영아 지 소치 야 죄 숙 대언 편비 능

主帥 古今之通患也. 失今不治 末必難掉 伏望殿下 付鄭初 惟慶
주수 고금 지 통환 야 실 금 불치 말 필 난도 복망 전하 부 정초 유경

于攸司 收其爵牒 鞫問其故 以戒後來 其之實之罪 伏惟上裁.'
우 유사 수 기 작첩 국문 기고 이계 후래 기 지실 지 죄 복유 상재

上曰: "之實方以安州節制使赴鎭 其勿復論."
상 왈 지실 방 이 안주 절제사 부진 기 물 부론

臺諫復請無咎等罪. 交章曰:
대간 부청 무구 등 죄 교장 왈

'竊惟往者 臣等以無咎 無疾等不忠之罪 當置於法 聯章請罪
절유 왕자 신등 이 무구 무질 등 불충 지 죄 당치 어법 연장 청죄

積日累月 殿下奪於私恩 聽其自願 俾全其身. 無咎 無疾等 曾
적일 누월 전하 탈어 사은 청 기 자원 비 전 기신 무구 무질 등 증

無一毫自新之計 乃復交結朋黨 恣行不法 無所不至. 臣等復請
무 일호 자신 지 계 내 부 교결 붕당 자행 불법 무 소부지 신등 부청

割恩擧義 以示王法 殿下不忍加誅 猶豫益甚. 臣等以謂儻不以
할은 거의 이시 왕법 전하 불인 가주 유예 익심 신등 이위 당 불이

大義滅親 姑徙海上 於無咎等亦幸矣. 殿下乃命臣等曰: "受勑慰
대의 멸친 고 사 해상 어 무구 등 역 행의 전하 내 명 신등 왈 수 칙위

而後 有以處之." 臣等待之有日. 月初一日頒降教旨內 無咎 無疾
이후 유 이 처지 신등 대지 유일 월초 일일 반강 교지 내 무구 무질

等今將之心 不軌之狀 如彼其多也. 夫人主之於姦宄也 患在不知
등 금장 지 심 불궤 지 상 여피 기다 야 부 인주 지어 간귀 야 환 재 부지

苟或知之而復赦之 則彼必放縱而無所顧矣. 今殿下條列無咎等
구 혹 지지 이 부 사지 즉 피 필 방종 이 무 소고 의 금 전하 조열 무구 등

罪 布告臣庶 咸使聞知. 非殿下之至聖至公 何以臻此! 然論其罪
죄 포고 신서 함 사 문지 비 전하 지 지성 지공 하이 진차 연 논 기죄

纖悉備擧 而至於罰 則仍置自願之地 得遂夙計 臣等竊爲殿下
섬실 비거 이 지어 벌 즉 잉 치 자원 지 지 득수 숙계 신등 절위 전하

不取. 昔管蔡流言於國 以周公之仁聖 不能以私滅義 置之極刑
불취 석 관채 유언 어 국 이 주공 지 인성 불능 이사 멸의 치지 극형

以安周室. 況姻親乎? 呂武之構逆 殿下聰明之所接也. 懷安構亂
이안 주실 황 인친 호 여무 지 구역 전하 총명 지 소접 야 회안 구란

而得全 居易接踵而潛謀. 殿下稽之於古 見之於今 何以私廢法
이 득전 거이 접종 이 잠모 전하 계 지어 고 견지 어금 하이 사 폐법

若此其至耶? 無君之賊 爲臣子不共戴天 人人之所得討也. 臣等
약차 기 지 야 무군 지 적 위 신자 불공대천 인인 지 소득 토 야 신등

但恐天威 不能擅誅 以至今日. 儻無咎等得行其計 則今日之社稷
단 공 천위 불능 천주 이지 금일 당 무구 등 득행 기계 즉 금일 지 사직

竟是誰家之國也? 殿下以姑息之計 不忍之情 廢棄大義 臣等恐
경 시 수가 지 국 야 전하 이 고식지계 불인 지 정 폐기 대의 신등 공

奸詐覬覦之輩 相繼而紀 不可勝誅矣. 伏望殿下 深思長慮 置
간사 기유 지 배 상계 이 기 불가 승 주 의 복망 전하 심사 장려 치

無咎 無疾於重典 以懲亂賊.'
무구 무질 어 중전 이징 난적

留中不下.
유중 불하

臺諫交章 劾啓大司憲朴訔曰:
대간 교장 핵계 대사헌 박은 왈

'風憲之任 君上之得失 百官之非違 無不摠糾 苟非正心術孚
풍헌 지 임 군상 지 득실 백관 지 비위 무불 총규 구 비 정 심술 부

物望者 無以當之. 曩者 勳親臺諫 與夫法司 將無咎 無疾不忠之
물망 자 무이 당지 낭자 훈친 대간 여 부 법사 장 무구 무질 불충 지

罪 具疏請罪. 今參知議政府事朴訔 以夙昔阿附交分之深 不念
죄 구소 청죄 금 참지 의정부 사 박은 이 숙석 아부 교분 지 심 불념

大義 稱疾杜門 以觀其變. 臺諫深疾其故 幷請其罪 適犯天威
대의 칭질 두문 이관 기변 대간 심질 기고 병청 기죄 적 범 천위

具係縲絏 而訔乃規免己罪 乘間上書 其心術之不正 斷可知矣.
구계 누설 이 은 내 규면 기죄 승간 상서 기 심술 지 부정 단 가지 의

今也反蒙異恩 遂長憲府. 臣等以爲訔之心術姦佞 未合於憲司之
금야 반 몽 이은 수 장 헌부 신등 이위 은 지 심술 간녕 미 합어 헌사 지

長也. 伏惟上裁.'
장 야 복유 상재

上覽臺諫交章 御齋戒廳 召掌令辛僴 正言李種華 親命之
상 람 대간 교장 어 재계청 소 장령 신한 정언 이종화 친 명지

曰: "有罪之人 宜服其罪 以無罪功臣爲有罪 而欲加罪 何哉?
왈 유죄 지 인 의 복 기죄 이 무죄 공신 위 유죄 이 욕 가죄 하재

寡人選用大臣 而爾等輒自劾問 予將誰與共治乎? 且爾等以訔
과인 선용 대신 이 이등 첩 자 핵문 여 장 수여 공치 호 차 이등 이 은

之上書爲非. 然則宰相不得上書歟?" 僴等對曰: "宰相豈不得
지 상서 위비 연즉 재상 부득 상서 여 한 등 대왈 재상 기 부득

上書乎? 但在守直而上書 規免己罪 故臣等以爲心術不正." 上
상서 호 단 재 수직 이 상서 규면 기죄 고 신등 이위 심술 부정 상

曰: "被守直者 將不得上書自明歟? 爾等前日請無咎 無疾之疏
왈 피 수직 자 장 부득 상서 자명 여 이등 전일 청 무구 무질 지 소
以爲: '竊爲殿下不取.' 予以私恩廢公義 宜受汝等之責 至於訔
이위 절위 전하 불취 여 이 사은 폐 공의 의 수 여등 지 책 지어 은
何敢然!" 僩等出 命各歸其家 遂召訔視事. 訔啓曰: "今臺諫之
하감 연 한 등 출 명 각 귀 기가 수 소 은 시사 은 계왈 금 대간 지
劾問臣及請罪閔氏 皆合於義. 今以臣之故 退就其家 臣豈敢甘心
핵문 신 급 청죄 민씨 개 합어 의 금 이 신 지 고 퇴 취 기가 신 기 감 감심
就職! 乞許令臺諫出仕 臣與之同事. 且閔氏之罪 當置於法 臺諫
취직 걸 허령 대간 출사 신 여지 동사 차 민씨 지 죄 당치 어법 대간
之請 不可不允." 上曰: "卿之言 寡人近所未聞 予甚義之. 予
지 청 불가 불윤 상 왈 경지언 과인 근 소미문 여 심 의지 여
將商量 卿姑就職." 翼日 召臺諫掌務命之曰: "汝等所啓 不中
장 상량 경 고 취직 익일 소 대간 장무 명지 왈 여등 소계 부중
程式 故令就爾家. 今大司憲啓曰: '命臺諫出仕 則臣與之同事.'
정식 고 영취 이가 금 대사헌 계왈 명 대간 출사 즉 신 여지 동사
自古相劾者 當其出也 無如此人之言者. 爾等可與訔 同心供職."
자고 상핵 자 당 기출 야 무여 차인 지 언 자 이등 가 여 은 동심 공직
左司諫大夫安束 執義李灌 皆詣闕謝恩 仍請無咎兄弟之罪.
좌사간대부 안속 집의 이관 개 예궐 사은 잉 청 무구 형제 지 죄

丁丑 黃儼等如景福宮擇處女.
정축 황엄 등 여 경복궁 택 처녀

戊寅 祁保 海壽 韓帖木兒 林觀 奇原遊檜巖寺 世子餞于
무인 기보 해수 한첩목아 임관 기원 유 회암사 세자 전우
興仁門外.
흥인문 외

己卯 刑曹請無咎等罪. 上言曰:
기묘 형조 청 무구 등 죄 상언 왈

'敎書條畫內 壬午年上發腫之時 曾無救療之心 私自聚會 謀挾
교서 조획 내 임오년 상 발종 지 시 증 무 구료 지 심 사자 취회 모협
幼沖 無疾至政丞李茂家問計 且欲剪除宗支 又指揮諫官造言
유충 무질 지 정승 이무 가 문계 차 욕 전제 종지 우 지휘 간관 조언
以累上德等事 最爲不軌 不可不懲. 殿下以私恩廢公義 只從輕典
이루 상덕 등사 최 위 불궤 불가 부징 전하 이 사은 폐 공의 지 종 경전
廢爲庶人 實違於法. 伏望殿下 將無咎 無疾上項所犯鞫問 依律
폐 위 서인 실 위 어법 복망 전하 장 무구 무질 상항 소범 국문 의율
施行.'
시행

庚辰 昏霧.
경진 혼무

祁保等自檜巖寺 歷觀健元陵而還 世子出迎于東郊. 保等見
기보 등 자 회암사 역관 건원릉 이 환 세자 출 영우 동교 보 등 견
陵寢山勢 歎曰: "安有如此天作之區乎? 必是造山也."
능침 산세 탄왈 안유 여차 천작 지 구 호 필시 조산 야

黃儼等選處女于景福宮. 京外處女總三百人 擇留四十四人
황엄 등 선 처녀 우 경복궁 경외 처녀 총 삼백 인 택류 사십 사 인
餘悉遣還.
여실 견환

臺諫交章復請無咎 無疾 芳幹 居易之罪. 上言:
대간 교장 부청 무구 무질 방간 거이 지 죄 상언

'竊惟刑罰者 國家之大典 苟或不中 雖堯舜之君臣 無以致治
절유 형벌 자 국가 지 대전 구 혹 부중 수 요순 지 군신 무이 치치
也. 書曰: "刑期無刑." 又曰: "辟以止辟." 此有罪必刑之大戒
야 서 왈 형 기 무형 우 왈 벽 이 지벽 차 유죄 필 형지 대계
也. 往者 懷安之構逆 居易之謀亂 皆自速其辜 宜顯天討 以懲
야 왕자 회안 지 구역 거이 지 모란 개 자 속 기고 의 현 천토 이징
後日之亂賊. 殿下特布私恩 俾全首領 已失王法. 若置懷安 居易
후일 지 난적 전하 특 포 사은 비전 수령 이실 왕법 약 치 회안 거이
於法 則豈有今日 無咎 無疾之變乎? 上項人等之罪 死有餘辜
어법 즉 기 유 금일 무구 무질 지 변 호 상항 인등 지 죄 사 유 여고
殿下只許安置 神人共憤. 近者 秋霖不止 雷震失時 實天之仁愛
전하 지 허 안치 신인 공분 근자 추림 부지 뇌진 실시 실 천 지 인애
而示失刑之徵也. 殿下以一國紀法之宗 奪於姑息 乃使四凶 布列
이 시 실형 지 징 야 전하 이 일국 기법 지 종 탈어 고식 내 사 사흉 포열
于外 獨何心哉? 懷安 居易 無咎兄弟等 圖危宗社 剪除宗支 是
우외 독 하심 재 회안 거이 무구 형제 등 도위 종사 전제 종지 시
天地祖宗之罪人 非殿下之所得而私也. 勳親臺諫百司請罪益峻
천지 조종 지 죄인 비 전하 지 소득이사 야 훈친 대간 백사 청죄 익준
而天意未回. 伏望殿下 將上項人等 置之常典 以示王者無私之治
이 천의 미회 복망 전하 장 상항 인등 치지 상전 이시 왕자 무사 지 치
以答天地祖宗之心.'
이답 천지 조종 지 심

刑曹亦上言曰:
형조 역 상언 왈

'謹按春秋傳 君親無將 將而必誅 而無咎 無疾不忠之惡昭著
근안 춘추전 군친 무장 장 이 필주 이 무구 무질 불충 지 악 소저
臣等職在刑官 不能奉行天討. 臣而不言 厥罪惟均. 臣等所啓
신등 직 재 형관 불능 봉행 천토 신 이 불언 궐죄 유 균 신등 소계
非是 則以其罪罪之 臣等所啓是 則願殿下斷以大義 命下攸司 將
비시 즉 이 기죄 죄지 신등 소계 시 즉 원 전하 단 이 대의 명하 유사 장

無咎 無疾 依律斷罪 上順天意 俯從輿情.'
무구 무질 의율 단죄 상 순 천의 부 종 여정

疏皆留中不下.
소 개 유중 불하

上親享于文昭殿 以衰絰行禮.
상 친향 우 문소전 이 최질 행례

上如太平館 宴祁保 林觀等 田嘉禾等皆與焉. 贈保安馬.
상 여 태평관 연 기보 임관 등 전가화 등 개 여언 증 보 안마

義安大君和卒. 輟朝三日 賻米豆各白石紙二百卷 贈諡襄昭公.
의안대군 화 졸 철조 삼일 부 미두 각 백석 지 이백 권 증시 양소공

和淳樸壯勇 自少侍太祖潛邸 不離左右 每從征討 屢着戰功 遂爲
화 순박 장용 자소 시 태조 잠저 불리 좌우 매종 정토 누착 전공 수 위

開國功臣 又參定社佐命之列. 卒年六十一. 七子 之崇 淑 澄 湛
개국공신 우 참 정사 좌명 지 열 졸년 육십 일 칠자 지숭 숙 징 담

皎 淮 漸.
교 회 점

遣寧安君良祐 驪川君閔汝翼如京師. 謝恩也. 以檢校漢城尹
견 영안군 양우 여천군 민여익 여 경사 사은 야 이 검교 한성윤

公俯爲書狀官. 上謂俯曰: "卿入朝幾度?" 對曰: "已五度." 上
공부 위 서장관 상 위 부 왈 경 입조 기도 대왈 이 오도 상

曰: "卿爲昭格殿提調 故今使入朝也." 俯素號修仙 上意欲其學
왈 경 위 소격전 제조 고 금 사 입조 야 부 소 호 수선 상 의 욕 기학

中國道家醮祀之法而來也.
중국 도가 초사 지 법 이 래 야

遣延城君金輅 瑞寧君柳沂如京師. 賀明年正也.
견 연성군 김로 서령군 유기 여 경사 하 명년 정 야

釋權文毅囚.
석 권문의 수

釋金瞻囚. 司憲掌令辛僩啓曰: "金瞻 事干不忠 言詮不一 難
석 김첨 수 사헌 장령 신한 계왈 김첨 사 간 불충 언 전 불일 난

以卽放." 上曰: "府院君已卒 事難對正. 予屢命放出 爾輩反以
이 즉방 상 왈 부원군 이 졸 사 난 대정 여 누명 방출 이배 반 이

予爲非歟? 然則放不放 任意施行." 僩復欲啓 知申事黃喜與之
여 위비 여 연즉 방불방 임의 시행 한 부 욕계 지신사 황희 여지

密語 僩乃退 釋金瞻.
밀어 한 내 퇴 석 김첨

甲申 司諫院劾完山君天祐 上護軍李公孝 命勿問. 以朝見之行
갑신 사간원 핵 완산군 천우 상호군 이공효 명 물문 이 조현 지 행

賣其長行馬也. 召正言李種華曰: "天祐 公孝之馬 在途得疾不能
매 기 장행 마 야 소 정언 이종화 왈 천우 공효 지 마 재도 득질 불능

行 雖欲棄置 中國之人 不肯無故而受 故與隨從官及執義許稠等
행 수욕 기치 중국 지인 불긍 무고 이수 고여 수종관 급 집의 허조 등
會議賣之. 及其還也 告于政府 欲以其價納官 予以私馬之價 命
회의 매지 급 기환 야 고우 정부 욕이 기가 납관 여이 사마 지가 명
皆還給. 原其設心 非求利也 勢使然耳. 宜勿劾論."
개 환급 원기 설심 비 구리 야 세 사연 이 의물 핵론

乙酉 霧.
을유 무

上如景福宮 與黃儼 田嘉禾等 更選處女 被選者凡五人. 故
상여 경복궁 여 황엄 전가화 등 갱선 처녀 피선 자 범 오인 고
典書權執中之女爲首 前典書任添年 前知永州事李文命 司直
전서 권집중 지 녀 위수 전 전서 임첨년 전 지 영주 사 이문명 사직
呂貴眞 水原記官崔得霏之女次之. 賜酒菓 各賜中朝體制女服 皆
여귀진 수원 기관 최득비 지 녀 차지 사 주과 각 사 중조 체제 여복 개
用綵段. 上還宮謂代言等曰: "儼之選定高下等第誤矣. 任氏直如
용 채단 상 환궁 위 대언 등 왈 엄 지 선정 고하 등제 오의 임씨 직 여
觀音像而無情態 呂氏脣闊額狹 是何物耶?"
관음상 이 무 정태 여씨 진 활 액 협 시 하물 야

下摠制河久 金重寶 文天奉等于巡禁司. 兵曹上疏曰:
하 총제 하구 김중보 문천봉 등 우 순금사 병조 상소 왈

'人君行幸 必使衛士導其前 百司從其後者 所以尊瞻視而備
인군 행행 필 사 위사 도 기전 백사 종 기후 자 소이 존 첨시 이 비
不虞也. 今月初七日 殿下還自太平館 使臣伴人走馬突入 驚動
불우 야 금월 초 칠일 전하 환자 태평관 사신 반인 주마 돌입 경동
乘輿 雲劍摠制麻城君徐益 越川君文彬 摠制金重寶 僉摠制
승여 운검 총제 마성군 서익 월천군 문빈 총제 김중보 첨총제
文天奉 內禁衛節制使安原君韓長壽 礪良君宋居信 摠制河久
문천봉 내금위 절제사 안원군 한장수 여량군 송거신 총제 하구
別司禁上護軍車指南 前兵馬使鄭漸 別笏陪大護軍玄貴命
별사금 상호군 차지남 전 병마사 정점 별 홀배 대호군 현귀명
張思琦等 環視而不能沮遏 旣失人臣捍衛之義.'
장사기 등 환시 이 불능 저알 기 실 인신 한위 지 의

又啓: '客人輕蔑之心 不敬之罪 不可不懲. 請下攸司 鞫問其罪
우계 객인 경멸 지 심 불경 지 죄 불가 부징 청하 유사 국문 기죄
以戒將來.'
이계 장래

命外戚韓長壽 功臣徐益 文彬 宋居信外 河久以下七人 皆下獄
명 외척 한장수 공신 서익 문빈 송거신 외 하구 이하 칠인 개 하옥
三日而釋之.
삼일 이 석지

丙戌 流司諫院左司諫大夫安束等于外. 司諫院劾大司憲朴訔
병술 유 사간원 좌사간대부 안속 등 우외 사간원 핵 대사헌 박은

掌令辛僴. 上疏曰:
장령 신한 상소 왈

‘竊謂風憲乃殿下之耳目 正君心以正百官 其爲任重矣. 況今
절위 풍헌 내 전하 지 이목 정 군심 이 정 백관 기 위임 중의 황 금

不軌之徒 布列于外 爲是任者 當朝拜官而夕奏疏 豈可頃刻而忘
불궤 지 도 포열 우외 위 시임 자 당 조 배관 이 석 주소 기 가 경각 이 망

于懷耶? 臺諫論奏無咎 無疾等不忠之罪 日月已久 未蒙聽納 而
우 회 야 대간 논주 무구 무질 등 불충 지 죄 일월 이구 미몽 청납 이

大司憲朴訔 特蒙上恩 位至宰輔 仍兼風憲之長. 月十一日 旣
대사헌 박은 특몽 상은 위 지 재보 잉 겸 풍헌 지 장 월 십일 일 기

上官視事 宜與臣等同心協力 申請其罪 以報殿下之殊遇. 慮不出
상관 시사 의 여 신등 동심 협력 신청 기죄 이보 전하 지 수우 여 불출

此 車駕還宮 冬日方午 乃與掌令辛僴 緘默不言 卽還其家. 曾謂
차 거가 환궁 동일 방오 내 여 장령 신한 함묵 불언 즉 환 기가 증 위

處風憲之任者 果如是乎? 右朴訔 辛僴等曠職之罪 伏惟上裁.’
처 풍헌 지 임 자 과 여시 호 우 박은 신한 등 광직 지 죄 복유 상재

上覽疏大怒 下諫官于巡禁司 卽流安束于金海 獻納鄭材
상 람 소 대로 하 간관 우 순금사 즉 유 안속 우 김해 헌납 정재

于興海 張弛于盈德 正言李種華于東萊 柳翼之于泗川.
우 흥해 장이 우 영덕 정언 이종화 우 동래 유익지 우 사천

知司諫院事金邁卿自詣巡禁司曰: “今日 予以家忌 不署名于疏
지사간원사 김매경 자 예 순금사 왈 금일 여 이 가기 불 서명 우 소

然前日實參此議.” 巡禁司以聞 流邁卿于淸道. 執義李灌上疏曰:
연 전일 실 참 차의 순금사 이문 유 매경 우 청도 집의 이관 상소 왈

‘本府與諫院 以無咎等不忠之罪 屢上封章 未蒙一允. 前日
본부 여 간원 이 무구 등 불충 지 죄 누상 봉장 미몽 일윤 전일

諫院詣闕請罪大司憲掌令辛僴 亦當偕進闕庭 以俟上裁 而二人
간원 예궐 청죄 대사헌 장령 신한 역 당 해진 궐정 이사 상재 이 이인

不與焉. 其覈實申聞 臺諫常事 適犯天威 乃令諫官皆貶海郡.
불여 언 기 핵실 신문 대간 상사 적 범 천위 내 영 간관 개 폄 해군

臣竊謂安束等職在言責 直言不諱 以盡其職. 雖言或不中 亦可
신 절위 안속 등 직 재 언책 직언 불휘 이진 기직 수 언 혹 부중 역 가

優容. 伏望殿下 令復就職 以廣言路.’
우용 복망 전하 영 부 취직 이광 언로

不允.
불윤

丁亥 以南在爲兵曹判書 尹柢議政府贊成事 柳亮 柳龍生
정해 이 남재 위 병조판서 윤저 의정부 찬성사 유량 유용생

參贊議政府事 李來 偰眉壽知議政府事 成石因刑曹判書
참찬 의정부 사 이래 설미수 지 의정부 사 성석인 형조판서

朴子靑工曹判書 沔城君韓珪兼虎翼司上護軍 谷山君延嗣宗
박자청 공조판서 면성군 한규 겸 호익사 상호군 곡산군 연사종

兼龍武司上護軍. 且以安騰 李安愚 李灌爲代言 柳伯淳 徐選
겸 용무사 상호군 차 이 안등 이안우 이관 위 대언 유백순 서선

左右司諫大夫 朴翺知司諫院事 許謨司憲掌令 文守誠 鄭賙左
좌 우사간대부 박고 지사간원사 허모 사헌장령 문수성 정주 좌

右獻納 鄭欽之 李有喜司憲持平 朴安臣 李安柔左右正言.
우헌납 정흠지 이유희 사헌 지평 박안신 이안유 좌 우정언

合麗陽縣于洪州 始置判官. 以麗陽去洪州纔二十里也.
합 여양현 우 홍주 시 치 판관 이 여양 거 홍주 재 이십 리 야

戊子 上餞祁保 林觀等于太平館.
무자 상 전 기보 임관 등 우 태평관

己丑 命世子禔攝行望祭于文昭殿.
기축 명 세자 제 섭행 망제 우 문소전

庚寅 命移置閔無咎于豐海道瓮津鎭 無疾于江原道三陟鎭.
경인 명 이치 민무구 우 풍해도 옹진진 무질 우 강원도 삼척진

議政府左政丞成石璘等上書言:
의정부 좌정승 성석린 등 상서 언

‘無咎 無疾不忠之罪 一國臣民 所共聞知也. 曩者 臣等再率
무구 무질 불충 지 죄 일국 신민 소공문지 야 낭자 신등 재 솔

百官 請正其罪 殿下以勳親之故 不忍遽置於法 俾全首領. 無咎
백관 청정 기죄 전하 이 훈친 지 고 불인 거치 어법 비전 수령 무구

等不念殿下再生之恩 朋淫橫恣 罔有悛改. 近日 臺諫上章累請
등 불념 전하 재생 지 은 붕음 횡자 망유 전개 근일 대간 상장 누청

依法施行 殿下旣知其罪 不卽兪允. 臣等竊恐奸惡無所懲 而王法
의법 시행 전하 기지 기죄 부즉 유윤 신등 절공 간악 무 소징 이 왕법

紊矣. 伏望殿下 擴至公之道 一從臺諫之請 明正其罪 永爲萬世
문의 복망 전하 확 지공 지 도 일종 대간 지 청 명정 기죄 영 위 만세

人臣之誡.’
인신 지 계

司憲府大司憲朴訔上書言:
사헌부 대사헌 박은 상서 언

‘伏審敎書曰: “賞罰惟公 予之所當爲也. 忠純無貳 臣其敢
복심 교서 왈 상벌 유 공 여 지 소당위 야 충순 무이 신 기 감

不懋哉!” 大哉聖敎! 實爲萬世子孫臣庶之訓也. 天下國家之治亂
불무 재 대재 성교 실 위 만세 자손 신서 지 훈 야 천하 국가 지 치란

興亡 常係乎賞罰之當否. 今我殿下 旣以至公自處之矣 群臣孰
흥망 상 계호 상벌 지 당부 금 아 전하 기 이 지공 자처 지 의 군신 숙

不感激而盡忠也哉? 獨有不忠之臣無咎 無疾等罪惡滔天 而尙
불 감격 이 진충 야재 독유 불충 지 신 무구 무질 등 죄악 도천 이 상

不悛心 所謂孤雛腐鼠有虎不食者也. 縱膾其肉 烏足以快國人
부 전심 소위 고추 부서 유 호 불식 자 야 종 회 기육 오 족이 쾌 국인

之憤哉? 政府臺諫累曾上疏 請正其罪 殿下何不卽誅 以張天威
지 분 재 정부 대간 누증 상소 청정 기죄 전하 하 부즉 주 이장 천위

使大小臣民 曉然知賞罰之至公無所私乎? 蓋其不忠之罪 天地
사 대소 신민 효연 지 상벌 지 지공 무 소사 호 개 기 불충 지 죄 천지

所不容 神人所共憤 不待群臣之請而誅之可也. 群臣固請 而
소불용 신인 소공분 부대 군신 지 청 이 주지 가야 군신 고청 이

殿下猶不斷之以大義 乃令罪辜偸延歲月 安眠於夙計之地 何哉?
전하 유 부단 지 이 대의 내 령 죄고 투연 세월 안면 어 숙계 지 지 하재

聖意不過遽置於法 情所不忍. 然則管叔兄也 而周公誅之 不害
성의 불과 거치 어법 정 소불인 연즉 관숙 형 야 이 주공 주지 불해

爲聖人; 建成長也 而太宗除之 不害爲賢主. 古之聖賢 豈無不忍
위 성인 건성 장 야 이 태종 제지 불해 위 현주 고 지 성현 기 무 불인

之心者哉? 其處兄弟之變 尙不以私恩廢大義. 況此戚里凶人 罪
지 심 자 재 기처 형제 지 변 상 불이 사은 폐 대의 황 차 척리 흉인 죄

盈義絶 決無可赦之理者乎? 且賞罰或差 則姦邪必作 古今之通患
영 의 절 결 무 가사 지 리 자 호 차 상벌 혹 차 즉 간사 필 작 고금 지 통환

也. 向者 懷安之逆 法不容誅; 居易之言 死有餘辜 殿下屈法
야 향자 회안 지 역 법 불용 주 거이 지 언 사 유 여고 전하 굴법

伸恩 包容保全 以至于今. 雖是曠古所無盛德之事 然於社稷之
신은 포용 보전 이지 우금 수 시 광 고 소무 성덕 지 사 연 어 사직 지

大體 君臣之大義 則誠敎書所謂姑息之計也. 姑息之計 祇以啓亂
대체 군신 지 대의 즉 성 교서 소위 고식지계 야 고식지계 기 이 계란

非所以勸懲於後來也. 故使兇頑不忠之臣無所懲 而接踵於今日
비 소이 권징 어 후래 야 고 사 흉완 불충 지 신 무 소징 이 접종 어 금일

豈偶然哉! 自古戚里小人 爲國家患 人君知其惡而不能討 馴致
기 우연 재 자고 척리 소인 위 국가 환 인군 지 기악 이 불능 토 순치

其變者甚多. 願殿下深思熟慮 斷以大義 將無咎兄弟 正其不忠之
기변 자 심다 원 전하 심사 숙려 단 이 대의 장 무구 형제 정 기 불충 지

罪 以示賞罰惟公之義 又察懷安 居易等父子所爲 如或不自檢束
죄 이시 상벌 유 공 지 의 우 찰 회안 거이 등 부자 소위 여 혹 부 자 검속

罔有悛心 則竝行極法 以絶覬覦之望.'
망유 전심 즉 병행 극법 이절 기유 지 망

刑曹左參議尹珪等上書言:
형조 좌참의 윤규 등 상서 언

'臣之不忠 天下之大逆 天地所不容 人君所不赦 不忠之臣無咎
신 지 불충 천하 지 대역 천지 소불용 인군 소불사 불충 지 신 무구

無疾 殿下特垂輕典 賜之安處. 其無咎 無疾 不顧上恩 援引朋黨
무질 전하 특수 경전 사지 안처 기 무구 무질 불고 상은 원인 붕당
無異平昔 又蒙上恩 接足於京師 許多日矣. 臣等竊念 曩者 無咎
무이 평석 우 몽 상은 접족 어 경사 허 다일 의 신등 절념 낭자 무구
無疾 久執兵權 掠美市恩 其依附之徒 同惡相濟 潛圖不軌 固難測
무질 구집 병권 약 미 시은 기 의부 지 도 동악 상제 잠도 불궤 고 난측
矣 而無咎 無疾 義雖國戚 罪犯十惡. 謹按大明律 有八議 其犯
의 이 무구 무질 의 수 국척 죄범 십악 근안 대명률 유 팔의 기범
十惡者 不用此律; 春秋傳亦曰: "誅亂臣用重典." 先王成憲 非
십악 자 불용 차율 춘추전 역 왈 주 난신 용 중전 선왕 성헌 비
殿下之所輕改' 若以一時之私恩 廢萬世之大法 則如此之輩 繼踵
전하 지 소경개 약 이 일시 지 사은 폐 만세 지 대법 즉 여차 지 배 계종
而出 雖日施誅戮 何能制之! 伏望殿下 兪允施行 以示王法.'
이 출 수 일 시 주륙 하능 제지 복망 전하 유윤 시행 이시 왕법

司諫院左司諫大夫柳伯淳等言:
사간원 좌사간대부 유백순 등 언

'臣等伏見無咎 無疾等罪惡貫盈 天誅所不赦. 臺諫交章請罪
신등 복견 무구 무질 등 죄악 관영 천주 소불사 대간 교장 청죄
至再至三 殿下牽於私恩 曾不斷以公義 大小臣僚罔不痛心. 傳
지재지삼 전하 견어 사은 증 부단 이 공의 대소 신료 망불 통심 전
曰: "善不蒙賞 惡不卽刑 雖以堯舜爲君臣 不能一日治天下." 此
왈 선 불 몽상 악 부 즉형 수 이 요순 위 군신 불능 일일 치 천하 차
萬世不易之至論. 伏望殿下 將無咎 無疾 斷以大義 以正邦憲
만세 불역 지 지론 복망 전하 장 무구 무질 단 이 대의 이정 방헌
以爲宗社無疆之計 以示子孫萬世之訓.'
이위 종사 무강 지 계 이시 자손 만세 지 훈

上於是召參贊議政府事柳亮 大司憲朴訔 司諫柳伯淳 徐選
상 어시 소 참찬 의정부 사 유량 대사헌 박은 사간 유백순 서선
議政府舍人朴剛生 檢詳申槪 命之曰:
의정부사인 박강생 검상 신개 명지 왈

"無咎 無疾在付處之地 豈招引朋黨者乎" 無知之人 因故舊
무구 무질 재 부처 지 지 기 초인 붕당 자 호 무지 지 인 인 고구
之情而往見 但不能去絶耳. 予之曾布敎書 欲以諭衆 非欲更
지 정 이 왕견 단 불능 거절 이 여 지 증 포 교서 욕 이 유중 비 욕 갱
加罪也. 前後言官請罪不已. 今國家適逢厄運 遭此大喪 大臣多
가죄 야 전후 언관 청죄 불이 금 국가 적봉 액운 조 차 대상 대신 다
歿 氣候不齊 陰伏陽愆 或沈霧四塞 或大水漂流 五穀不登. 且
몰 기후 부제 음 복 양 건 혹 침무 사색 혹 대수 표류 오곡 부등 차
使臣到國 已逾半年 予之憂患 非一二也. 雖非此事 未嘗頃刻而
사신 도국 이 유 반년 여 지 우환 비 일이 야 수 비 차사 미상 경각 이

安心 而政府臺諫刑曹又有章疏 俾令移置于遠地. 若二人不改
안심 이 정부 대간 형조 우 유 장소 비령 이치 우 원지 약 이인 불개
前心 招引朋黨 則其往來相見者 亦必有異心. 至時更請其罪 予
전심 초인 붕당 즉 기 왕래 상견 자 역 필유 이심 지시 갱청 기죄 여
當聽許. 今召卿等而明言之者 將欲安吾心耳. 宜體此意 勿復更
당 청허 금 소 경 등 이 명 언지 자 장 욕안 오심 이 의 체 차의 물 부 갱
有申請."
유 신청

乃移置無咎 無疾 尋命兩道監司 令瓮津 三陟守令 擇宜農場之
내 이치 무구 무질 심 명 양도 감사 영 옹진 삼척 수령 택 의 농장 지
地 寬淨家舍以給之.
지 관정 가사 이 급지

賜賻沒死船軍之戶 且蠲差役. 京畿水軍僉節制使金文發啓:
사부 몰사 선군 지 호 차 견 차역 경기 수군 첨절제사 김문발 계
'道內船隻入德積島 備各年逋負炭燒木而來 遭大風 二隻傷敗
도내 선척 입 덕적도 비 각년 포부 탄소목 이 래 조 대풍 이척 상패
船軍沒者六十九人 生存者三人." 下文發于巡禁司 仍有是命.
선군 몰자 육십 구 인 생존자 삼인 하 문발 우 순금사 잉 유 시명

倭奪濟州船一隻于楸子島 死者五人. 上聞之曰: "一時出來
왜 탈 제주 선 일척 우 추자도 사자 오인 상 문지 왈 일시 출래
兵船 十倍於彼 不惟不能捕賊 反致戰敗 不肯救援. 其令全羅道
병선 십배 어 피 불유 불능 포 적 반 치 전패 불긍 구원 기 령 전라도
都觀察使推考以聞."
도관찰사 추고 이문

命賑濟州飢. 濟州都安撫使啓: '今歲因大風損穀 州人絶食
명 진 제주 기 제주 도안무사 계 금세 인 대풍 손곡 주인 절식
宰殺牛馬 以爲糧者頗多. 去丙戌年 賜送粗豆千石 自早春以還納
재살 우마 이위 양 자 파다 거 병술년 사송 조두 천석 자 조춘 이 환납
分給各戶 官庫虛竭 救荒無計. 今以官中準備布貨 分授土官
분급 각호 관고 허갈 구황 무계 금 이 관중 준비 포화 분수 토관
買得黃金四兩六錢 白銀二百九十一兩 差人進納. 乞計其價直 賜
매득 황금 사 냥 육 전 백은 이백 구십 일 냥 차인 진납 걸 계 기 가치 사
以雜穀 以救凶荒.'
이 잡곡 이구 흉황

上曰: "金銀價直 一依時價給之 別遣賑濟官 量給米豆 使民
상 왈 금은 가치 일의 시가 급지 별견 진제 관 양 급 미두 시 민
不至飢死."
부지 기사

下禁酒令於各道.
하 금주령 어 각도

辛卯 虹見. 流星出軒轅入太微 狀如升.
신묘 홍 현 유성 출 헌원 입 태미 상 여 승

賜慶尙道水軍僉節制使金乙雨表裏. 乙雨遇倭船於加羅島 獲
사 경상도 수군 첨절제사 김을우 표리 을우 우 왜선 어 가라도 획

一隻 斬七級以獻.
일척 참 칠 급 이헌

左少監祁保 禮部郎中林觀還 上餞于慕華樓. 西北面都巡問使
좌소감 기보 예부낭중 임관 환 상 전우 모화루 서북면 도순문사

上言:
상언

'祁天使迎逢 遼東軍官軍人 擅渡鴨綠江 留連義順館 謀欲貿
기 천사 영봉 요동 군관 군인 천도 압록강 유련 의순관 모 욕

易牛馬 或六七十名成群 非獨近處民戶 至於五六十里村落 乘夜
우마 혹 육칠 십 명 성군 비독 근처 민호 지어 오륙 십 리 촌락 승야

橫行 抑賣强奪 無所不至. 此而不禁 弊將無窮. 今後一依都司
횡행 억매 강탈 무 소부지 차 이 불금 폐 장 무궁 금후 일의 도사

差批約束 毋得擅渡鴨綠江 雖或渡江 毋得擅行里落作弊之事 乞
차비 약속 무득 천도 압록강 수 혹 도강 무득 천행 이락 작폐 지 사 걸

速移咨都司 以憑禁約.'
속 이자 도사 이빙 금약

上曰: "可及黃天使迎逢軍官未到來之前 疾速移文都司知會."
상 왈 가급 황 천사 영봉 군관 미 도래 지 전 질속 이문 도사 지회

左司諫大夫柳伯淳等 請宥前等諫官之罪 不允. 疏曰:
좌사간대부 유백순 등 청유 전등 간관 지 죄 불윤 소왈

'以言官而言事 職也 其有不言 是不敬其職也; 言而不中 失於
이 언관 이 언사 직 야 기 유 불언 시 불경 기직 야 언 이 부중 실어

過誤 非敢故爲狂妄 自速其辜也. 前等諫官安束等 屢請無咎
과오 비 감 고위 광망 자 속 기고 야 전등 간관 안속 등 누청 무구

無疾等不忠之罪 未蒙兪允 心憤氣鬱 惟其切於除惡 不察事理之
무질 등 불충 지 죄 미몽 유윤 심 분 기울 유 기 절어 제악 불찰 사리 지

失當 遽劾憲司 上觸天威 竄逐遐方. 臣等以爲殿下包荒之量 仁厚
실당 거 핵 헌사 상 촉 천위 찬축 하방 신등 이위 전하 포황 지 량 인후

之資 雖於有罪者 尙且優容. 以言官而一言不中 反斥海濱 臣等伏
지 자 수 어 유죄 자 상 차 우용 이 언관 이 일언 부중 반 척 해빈 신등 복

爲公道惜之. 願殿下恢廓大度 宥除小過 以開後日之言路.'
위 공도 석지 원 전하 회확 대도 유제 소과 이개 후일 지 언로

癸巳 司憲府請收無咎等妻官敎印顆 從之. 疏曰:
계사 사헌부 청수 무구 등 처 관교 인과 종지 소왈

'無咎 無疾 罪合誅夷 曲蒙聖恩 廢爲庶人 外方安置 而其妻尙
무구 무질 죄 합 주이 곡 몽 성은 폐 위 서인 외방 안치 이 기처 상

持宅主官敎及銀印 安坐京中 誠爲未便. 乞收官敎印顆 率其男女
지 택주 관교 급 은인 안좌 경중 성 위 미편 걸수 관교 인과 솔 기 남녀

從夫安置 量給奴婢.'
종부 안치 양급 노비

上從之 唯命妻子奴婢 勿督出京.
상 종지 유 명 처자 노비 물 독 출경

乙未 司憲府請金瞻之罪 不允. 疏曰:
을미 사헌부 청 김첨 지 죄 불윤 소왈

'本府前等官 拷問金瞻黨附閔氏之罪 獄辭已成 殿下遽命放出.
본부 전등 관 고문 김첨 당부 민씨 지 죄 옥사 이성 전하 거명 방출

臣等竊欲更考獄辭 結正其罪.'
신등 절 욕 갱고 옥사 결정 기죄

上召執義鄭守弘曰: "府院君已卒 無質問之處 其勿更問."
상 소 집의 정수홍 왈 부원군 이졸 무 질문 지 처 기 물 갱문

以興天社元屬田民屬公. 議政府啓: "各宗寺社 當初詳定 自
이 홍천사 원속 전민 속공 의정부 계 각종 사사 당초 상정 자

有其額. 今以新創開慶寺 加屬曹溪宗 乞將曹溪宗屬興天社
유 기액 금 이 신창 개경사 가속 조계종 걸장 조계종 속 흥천사

移屬華嚴宗. 其華嚴宗屬支天社 近於太平館 不宜僧徒聚居. 乞
이속 화엄종 기 화엄종 속 지천사 근어 태평관 불의 승도 취거 걸

以田民幷屬於興天社 以備使臣伴人館舍之所 興天社元屬田民
이 전민 병 속 어 흥천사 이비 사신 반인 관사 지 소 흥천사 원속 전민

屬公." 從之.
속공 종지

命禁買倭奴婢. 慶尙道都觀察使啓: '金海府人 朴天家 有交易
명금 매 왜 노비 경상도 도관찰사 계 김해부 인 박천 가 유 교역

倭婢 逃入日本國王使者船 府使謂使者曰: "此婢本重價所買 今
왜비 도입 일본 국왕 사자 선 부사 위 사자 왈 차비 본 중가 소매 금

隱而不出 實乖交隣之意 宜速還之." 使者答云: "我國本無私賤."
은 이 불출 실 괴 교린 지 의 의 속환 지 사자 답운 아국 본 무 사천

終不還.' 上聞之 有是命.
종 불환 상 문지 유 시명

下前解典庫主簿林瑩于巡禁司. 前司宰監尹普老啓曰: "近日
하 전 해전고 주부 임형 우 순금사 전 사재감 윤보로 계왈 근일

林瑩到臨江 謂臣曰: '李氏社稷 三十年基業耳.'" 以贊成事尹柢
임형 도 임강 위 신 왈 이씨 사직 삼십 년 기업 이 이 찬성사 윤저

爲委官 同臺諫刑曹坐巡禁司 鞫瑩以所言出處及曾所與言之人 瑩
위 위관 동 대간 형조 좌 순금사 국형 이 소언 출처 급 증 소여언 지인 형

對以"扶餘民金貴家有讖書 予見之 又與前獻納金涉言之." 乃
대이 부여 민 김귀 가 유 참서 여 견지 우 여 전 헌납 김섭 언지 내

捕金貴下巡禁司 且鞫涉 涉曰: "予本不知林瑩爲何人也." 瑩
포 김귀 하 순금사 차 국 섭 섭 왈 여 본 부지 임형 위 하인 야 형

曰: "涉若謂本不知我 願召佐郎李椒 孫順仲問之 眞僞可知也."
왈 섭 약 위 본 부지 아 원 소 좌랑 이초 손순중 문지 진위 가지 야

巡禁司卽召二人對問 二人曰 "涉知瑩久矣." 遂杖涉而鞫之 涉服.
순금사 즉 소 이인 대문 이인 왈 섭 지 형 구의 수 장 섭 이 국지 섭 복

己亥 以長川君李從茂兼雄武侍衛司上護軍 韓尙敬世子左賓客
기해 이 장천군 이종무 겸 웅무시위사 상호군 한상경 세자좌빈객

卞季良 薛偁 左右輔德 許遲左弼善 趙末生右文學 鄭津判
변계량 설칭 좌 우보덕 허지 좌필선 조말생 우문학 정진 판

公州牧事.
공주목 사

庚子 賜處女家資裝 各米豆三十石 常布一百匹.
경자 사 처녀 가 자장 각 미두 삼십 석 상포 일백 필

黃儼書小單目 送于王所云: '權執中嬭母一 女使三 男自去;
황엄 서 소 단목 송우 왕소 운 권집중 내모 일 여사 삼 남 자거

李文命自去 嬭母一 女使三; 任添年自去 嬭母一 女使二;
이문명 자거 내모 일 여사 삼 임첨년 자거 내모 일 여사 이

呂貴眞 崔得霏皆自去 各女使二. 一 去的女兒 每人要暖帽 暖靴
여귀진 최득비 개 자거 각 여사 이 일 거적 여아 매인 요 난모 난화

暖衣 一 根去的嬭子幷女使 每人暖帽一箇 暖靴一雙 厚緜衣三件
난의 일 근 거적 내자 병 여사 매인 난모 일개 난화 일쌍 후 면의 삼 건

內 綿大襖一件 裙一件 袴一件. 一 去的小火者身上 徒要暖靴.'
내 면 대오 일건 군 일건 고 일건 일 거적 소 화자 신상 도 요 난화

倭寇光陽縣蟾居驛.
왜구 광양현 섬거역

辛丑 世子如太平館 贈田犬各一于使臣. 儼等屢奉使本國 及還
신축 세자 여 태평관 증 전견 각 일 우 사신 엄 등 누 봉사 본국 급환

以所得田犬 贈於指揮等官 倍取其直 故每至 求之甚切.
이 소득 전견 증 어 지휘 등 관 배 취 기치 고 매지 구지 심절

加置三軍甲士一千五百. 甲士元數一千五百 又加一千五百
가치 삼군갑사 일천 오백 갑사 원수 일천 오백 우 가 일천 오백

使之一年相遞 輪次侍衛. 召趙英茂 南在 李叔蕃曰: "甲士三千
사지 일년 상체 윤차 시위 소 조영무 남재 이숙번 왈 갑사 삼천

未易得其人 宜簡隊長五百人 以充甲士." 議政府啓: "加定甲士
미 이득 기인 의 간 대장 오백 인 이충 갑사 의정부 계 가정 갑사

五百 其初二番祿 以革去隊長隊副六百名之祿計給 尙有不足者.
오백 기 초 이번 녹 이 혁거 대장 대부 육백 명 지 녹 계급 상 유 부족 자

乞減東西一品至九品米豆各一石 一品至七品正布各一匹 以充
걸 감 동서 일품 지 구품 미두 각 일석 일품 지 칠품 정포 각 일필 이충

其數." 從之.
기수 종지

壬寅 上如太平館宴使臣 贈黃儼等五人各田犬二.
임인 상 여 태평관 연 사신 증 황엄 등 오인 각 전견 이

禮曹啓出嫁女爲本宗父母之服 請依時王之制 從之. 啓曰:
예조 계 출가 녀 위 본종 부모 지 복 청의 시왕 지 제 종지 계왈

"謹按洪武禮制云: '出嫁女爲本宗父母 服喪期年.' 旣是時王之
근안 홍무예제 운 출가 녀 위 본종 부모 복상 기년 기 시 시왕 지

制 請從之."
제 청 종지

日本國王源道義 使人來報禁制草竊 獻禮物.
일본 국왕 원도의 사인 내보 금제 초절 헌 예물

| 원문 읽기를 위한 도움말 |

① 此非唯自災于厥躬 亦使無辜 無疾 自促其滅亡. 이 문장은 전형적으로
차 비유 자재 우 궐궁 역 사 무구 무질 자촉 기 멸망

'非唯~亦~'의 구문으로 '~뿐만 아니라 ~도 또한'의 뜻을 갖는다.
비유 역

② 見代. 見은 수동형을 만드는 조동사다. '교체되다'라는 뜻이다.
견대 견

태종 8년 무자년
11월

十一月

을사일(乙巳日-1일) 초하루에 상이 친히 문소전(文昭殿)에 전(奠)을 올렸다.

○ 사헌집의(司憲執義) 정수홍(鄭守弘) 등이 대사헌 박은(朴訔)을 탄핵했다. 은(訔)이 무질(無疾)의 당(黨)이었기 때문이다. (사헌부) 장령(掌令) 신한(辛僩)이 사헌부[臺]대에 이르자 감찰(監察) 민서각(閔犀角) 등이 공경히 맞지[祗迎]지영 않았으니 한(僩)이 은에게 당부(黨附)했기 때문이다.

○ 사헌 집의 정수홍(鄭守弘)을 (전라도) 나주(羅州), 장령 허모(許謨)를 낙안(樂安), 지평 정흠지(鄭欽之)를 장흥(長興), 이유희(李有喜)를 순천(順天)에 유배 보냈다. 애초에 하교(下教)한 한 조목 중에 '자리를 물려주려고 했을 때 무구가 들어와서 나와 말하기를 "고론(高論)하는 사람이 비록 많으나 대신(大臣)으로서 아버지의 집에 가서 하교(下教)대로 하기로[承教]승교 이미 의논한 자가 있다"라고 했다'라는 말이 있었다. 사헌부에서 충청도 관찰사에게 이첩(移牒)해 무구에게 그 대신(大臣)이 누구냐고 물으니 무구가 대답하기를 "하륜(河崙)이 일찍이 아버지의 집에 와서 말하기를 '주상(主上)의 뜻이 이와 같으니 아마도[似]사 청(請)을 얻지 못할 것 같다'라고 했다"라고 했다. 이날 수홍(守弘) 등이 소를 올려 륜(崙)이 민씨(閔氏)에게 당부(黨附)한 불충죄(不忠罪)를 논하고 그 직첩(職牒)을 거두고 국문(鞫問)하기를 청

하고 이어서 아전을 보내 수직(守直)했다. 이보다 앞서[前此] (왕의) 뜻[旨=王旨]이 내려왔는데 (혹시라도) 대신(大臣)이 어긴 바가 있으면 반드시 먼저 조목조목 아뢰어 명령을 받은 뒤에 그 사람을 탄핵하라는 것이었다.

이때에 이르러 헌부(憲府)에서 먼저 탄핵하고 뒤에 아뢰자[先劾後聞] 상이 듣고서 크게 노해[大怒] 밤중에 순금사 부사직(副司直) 최규(崔揆)를 불러 수홍과 장령 허모, 지평 정흠지, 이유희를 잡아 옥(獄)에 내렸다. 또 승전 환자(承傳宦者) 윤흥부(尹興阜)를 륜의 집에 보내 수직하는 헌부의 서리(書吏)와 소유(所由)를 쫓아냈다. 상이 말했다.

"무구(無咎)가 말한 승교자(承敎者) 중에 하륜은 일찍이 참여하지 않았다. 헌부가 잘못한 것이다."

이어 좌부대언 안등(安騰)에게 명해 순금사 관원과 함께 수홍 등을 국문하게 하고 또 먼저 말을 꺼낸 자가 누구인지 물었다. 또 흥부(興阜)를 보내 감독하게 했다. 순금사 겸 상호군 조연(趙涓)에게 명해 말했다.

"수홍 등의 공장(供狀)[1]에 반드시 '모해 대신(謀害大臣)' 네 글자를 집어 넣어라. 만일 사실대로 불지 않거든 신장(訊杖)의 많고 적음을 논하지 말고 초사(招辭)[2]를 바칠 때까지 한도로 삼으라."

유희가 공술(供述)해 말했다.

---

1 죄인이 범죄 사실을 자백한 공초(供招)를 말한다.

2 공장이나 공초와 같은 것이다.

"전일의 의견은 신이 사실상 주창(主唱)했습니다. 하륜의 죄는 그 실상이 불충(不忠)에 가깝고 임금이나 아버지[君父]의 원수는 함께 하늘을 이고 살 수 없으니[不共戴天] 마땅히 먼저 탄핵하고 뒤에 아뢰어야 하는 것입니다. 신 등이 오활(迂闊)하고 소루(疏漏)해 다만 수직(守直)만 하고서 죄를 청한 것일 뿐입니다."

이에 유희에게 장을 쳐서 수모자(首謀者)를 물었으나 끝내 털어놓지 않았다. 좌대언 이조(李慥)를 하륜의 집에 보내 나와서 일을 보게 했다[視事]. 륜이 대궐에 나와 사은(謝恩)하고 아뢰었다.

"지금 대원(臺員)[3]이 신(臣)의 문제로 인해 모두 매를 맞았으니 신은 실로 스스로 부끄러워 마음이 어찌 편안하겠습니까? 너그럽게 용서하시기[貸]를 빕니다."

상은 대답하지 않고 지신사 황희(黃喜)를 시켜 뜻을 전해 말했다.

"헌부(憲府)에서 죄를 청한 말을 경은 마땅히 알지 못할 것이다. 지금 경에게 그 내용을 알리는 바이다."

이어서 희가 상소의 내용을 죽 이야기하니[歷告] 륜은 눈물을 흘리면서 대답했다.

"예전에 전하께서 전위(傳位)하시려고 하여 이숙번(李叔蕃), 이양우(李良祐)를 시켜 신의 집에 와서 그 뜻을 이르시고 또 신으로 하여금 사위(辭位)할 규모(規模)를 획정(劃定)해 올리게 하셨습니다. 신이 이들 두 사람에게 이르기를 '이런 왕지(王旨)를 받들고 신의 집에 오는 것이 가한가? 주상께서 연세가 60~70이 되고, 세자의 나이가 비

3 사헌부 관원을 가리킨다.

록 30~40이 되었다 하더라도 오히려 불가한데 하물며 주상의 춘추가 한창 젊으시고 세자가 어리니 심히 불가하다. 마땅히 돌아가서 다시 아뢰라'라고 했었습니다. 그 뒤에 숙번 등이 다시 와서 말하기를 '주상께서 반드시 전위(傳位)하시려고 해 말씀하시기를 "군국(軍國)의 대정(大政)은 내가 마땅히 결단하고, 그 나머지 국무(國務)와 사대(事大) 등의 일은 정승이 왕과 함께 다스리는 것이 어떠한가?"라고 하셨다'라고 했습니다. 신이 그때에 울면서 대답하기를 '어떤 정승이 왕과 함께 다스리겠습니까? 신은 마땅히 필마(匹馬)로 도망쳐 달아나겠습니다. 신이 한 집안 일로 비유하겠습니다. 신이 오직 한 자식이 있어 별거(別居)하고 있는데 눈 앞의 사환(使喚)과 노비를 모두 주었습니다. 노비들이 신의 자식이 날마다 편달(鞭撻)을 가하기 때문에 모두 울면서 우리 집으로 돌아와서 애걸하므로 신이 반을 나눠 주었습니다. 하물며 나라에 두 임금이 있으면 신구(新舊)의 신료가 반드시 말을 지어내고 일을 만들어 서로서로 잔멸(殘滅)해 막을 수 없을 것입니다. 전조(前朝) 때 충렬왕(忠烈王)이 충선왕(忠宣王)에게 전위(傳位)하고 충숙왕(忠肅王)이 충혜왕(忠惠王)에게 전위했으나 얼마 아니 되어 모두 복위(復位)했으니 그 감계(鑑戒)가 멀지 않습니다'라고 했습니다. 수일 뒤에 주상께서 국보(國寶)를 세자에게 전하셨으므로 신이 상서사승(尙瑞司丞) 정흠지(鄭欽之)를 불러 묻기를 '세자가 이 국보를 받고 장차 어떻게 하려고 하는가?'라고 하니 흠지가 말하기를 '아무 계책도 없다'라고 했습니다. 신이 말하기를 '세자에게 고하여, 세자 자신의 의사에서 나온 것같이 해 국보를 모시고 도로 들어가서 궐내에 두는 것이 가하다'라고 했습니다. 다시 국보를 세자

전(世子殿)에 보내자 신이 조영무(趙英茂)와 더불어 백관을 거느리고 덕수궁(德壽宮)에 달려가 고하려고 했으나 전하께서 사람을 보내어 말리시므로 신 등이 중도에 돌아왔습니다. 신이 이에 의안대군(義安大君) 이화(李和)의 집에 들어가 화에게 이르기를 '급히 덕수궁에 나가서 오늘 일을 아뢰면 거의 저지할 수 있을 것이다'라고 했습니다. 이날 신이 또 여흥 부원군(驪興府院君)의 집에 가서 민제(閔霽)에게 이르기를 '지금 청해도 유윤(兪允)을 얻지 못하고 있는데 대인(大人)은 어째서 대궐에 나가 힘써 말리지 않소? 여러 신하도 오히려 이러한데 하물며 대인이겠소? 마땅히 여러 아들을 거느리고 청하시오'라고 했습니다. 제가 신의 말을 듣고 대궐에 나왔습니다. 신과 전하 사이는 오늘날 대간(臺諫)의 핵문(劾問)을 보고 아는 것이 아닙니다."

또 말했다.

"전조(前朝) 때에 조일신(趙日新, ?~1352년)[4]과 신돈(辛旽)이 권세를 마음대로 부려 언관(言官)이 많이 형벌을 받았습니다. 우리 국가에서 창업한 이래로는 언관이 형벌을 받은 자가 없습니다. 지금 신의 일로 인해 대원(臺員)에게 곤장을 때려 고문하니 신의 놀랍고 두려움

4 공민왕이 세자 때 원나라에서 시종(侍從)하고 돌아와 즉위하자 찬성사(贊成事)가 되고 이듬해 1등 공신에 책록돼 왕에게 정방(政房)의 복구를 요구하고, 도평의녹사(都評議錄事) 김덕린(金德麟) 등 충신들을 제거했다. 삼사판사(三司判事)에 올라 좌리공신(佐理功臣)에 책록돼 국권을 한 손에 쥐고 친원(親元) 세력가인 기철(奇轍) 기원(奇轅) 등을 습격해 살해했다. 왕이 있는 성입동(星入洞) 이궁(離宮)을 포위, 직숙위(直宿衛)를 죽이고 왕을 위협해 우정승(右政丞)이 되고, 정천기(鄭天起)를 좌정승으로 하는 등 그 일당을 요직에 안배했다. 자기의 죄를 감추려고, 동지인 최화상(崔和尙)을 죽이고 함께 거사한 장승량(張升亮) 등 8~9명을 효수(梟首)한 다음 정천기는 투옥시키고 스스로 좌정승에 찬화안사공신(贊化安社功臣)이 됐다. 그러나 왕의 밀지를 받은 삼사좌사(三司左使) 이인복(李仁復)이 김첨수(金添壽)를 시켜 참살했다.

을 어찌 다 말하겠습니까? 바라건대 특별히 방면(放免)해주소서."

또 말했다.

"죄를 범하고 도망할까 의심나는 자는 수직(守直)하는 것이 가하지만 일이 의심스럽기도 하고 그럴듯도 한 자는 반드시 수직(守直)할 필요가 없습니다. 이 일도 또한 상정(詳定)해야 하겠습니다."

또 말했다.

"대간원(臺諫員)은 마땅히 여러 사람이 천망(薦望)한 사람을 쓰고 만약 정식(程式)에 맞지 않는 자가 있으면 그 죄가 천거한 사람[擧主 거주]에게 미쳐야 합니다. 그러나 벼슬이 높은 자로 하여금 천거하게 해서는 아니 됩니다. 그렇게 하면 도리어 해가 있을 것이니 마땅히 조사(朝士)의 물망(物望)을 취(取)해야 합니다."

상이 말했다.

"경이 말한 바는 모두 내가 밤낮으로 생각하던 일이다. 그러나 천거(薦擧)에 대한 법만은 생각이 미치지 못했다."

륜이 울면서 대답했다.

"신이 명예를 구하고자 하는 것이 아닙니다. 만일 신 때문에 반드시 헌신(憲臣)에게 엄한 형벌을 가하신다면 신이 장차 무슨 면목으로 남에게 보이겠습니까? 엎드려 상자(上慈)를 바랍니다."

상이 말했다.

"그렇다면 내가 장차 참작해 상량(商量)하겠다."

○ 의정부 좌정승 성석린(成石璘) 등이 대궐에 나와 아뢰어 말했다.

"대원(臺員)이 비록 광망(狂妄)하다 하더라도 마땅히 용서하여 언로(言路)를 열어야 할 것입니다."

상이 말했다.

"대신의 청(請)이 매우 간절하니 내가 장차 3등(等)을 감형해 시행하겠다."

상이 순금사에 명해 조율(照律)해서 대원을 장(杖) 100대에 도(徒) 3년에 처하려고 했다. 의정부에서 다시 대궐에 나아와 아뢰었다.

"이번에 대원이 이렇게 형벌을 받으면 후일에는 말이 없이[默默] 인원만 갖추게 될 것이니 참으로 어렵지 않습니까? 저 대간들이 말씀을 올리는 것[獻言]은 그 직책을 다하려고 한 것일 뿐이지 어찌 다른 뜻이 있겠습니까? 만일 말이 (사안에) 맞지 않는다[不中] 하여 급하게 죄책(罪責)을 가한다면 전하께서 비록 곧은 말을 듣고자 해도 들을 수 있겠습니까? 전조(前朝) 말년에 지금의 지부사(知府事-의정부 지사) 이래(李來)의 아비 존오(存吾, 1341~1371년)[5]가 신돈(辛旽)의 일을 곧게 말했는데 공민왕(恭愍王)이 비록 노하기는 했으나 죄를 가하지는 않았습니다."

이어서 이래(李來)가 말했다.

"신의 아비는 장사감무(長沙監務)로만 폄출(貶出)됐고 일찍이 형벌을 받지는 않았습니다."

상이 말했다.

"이런 무리들을 의정부의 청으로 용서한다면 후일에 이 같은 무리

---

5 1366년 우정언이 돼 신돈(辛旽)의 횡포를 탄핵하다가 공민왕의 노여움을 샀으나, 이색(李穡) 등의 옹호로 극형을 면하고 장사감무(長沙監務)로 좌천됐다. 그뒤 공주 석탄(石灘)에서 은둔생활을 하며 울분 속에 지내다가 죽었다. 정몽주(鄭夢周) 박상충(朴尙衷) 등과 교분이 두터웠다.

들이 의심스런[疑似] 일을 가지고 대신(大臣)을 모함하여 핵문(劾問)하고 수직(守直)하려는 자가 자주 있지 않겠는가? 옛날에 송 태조(宋太祖)가 승상(丞相) 조보(趙普, 922~992년)[6]와 임금과 신하 간의 사이가 심히 두터웠는데, 내가 비록 송 태조와 스스로 비교하지는 못하나 서로를 알아주는[際遇] 사이야 어찌 송 태조와 조 정승의 사이만 못하겠는가? 또 신돈은 난신(亂臣)이니 이존오가 곧은 말을 한다 하여 귀양보낸 것은 잘못이다. 지금 진산군(晉山君-하륜)을 신돈에게 비교하고자 하는가?"

석린(石璘)이 한참 동안 대답하지 못했다. 이무(李茂)가 말했다.

"무구(無咎)의 초사(招辭)에 의거하면 '하륜(河崙)이 신의 아비 집[父家]에 와서 말하기를 "전위(傳位)에 대한 일은 청을 얻지 못할 것 같다"라고 했다'라고 했는데 륜의 말과는 다만 차이가 있을 뿐 근거 없는 말을 지어낸 것은 아닙니다."

석린이 그제서야[乃] 말했다.

"지금 옥사(獄事)를 결단한 말을 보면 '글을 올려 일을 아뢰는 것

---

6 후주(後周) 때 조광윤(趙匡胤)의 막료가 돼 장서기(掌書記)를 맡았고 진교병변(陳橋兵變)을 꾸며 개국을 도왔다. 송나라에 들어 우간의대부(右諫議大夫)와 추밀직학사(樞密直學士)에 올랐다. 건륭(建隆) 원년(960년) 이균(李筠)의 난을 속히 평정할 것을 건의해 상당(上黨)을 정벌하는 데 따라갔고, 병부시랑(兵部侍郎)과 추밀부사(樞密副使)를 역임했다. 또 이중진(李重進)의 난을 속히 평정할 것도 건의했다. 3년(962년) 추밀사(樞密使)와 검교태보(檢校太保)에 임명됐다.건덕(乾德) 2년(964년) 범질(范質)을 대신해 재상이 됐다. 북송 초기 숙위(宿衛)나 절진병권(節鎭兵權)을 폐지하는 등과 같은 각종 중대한 정책의 제정에 참여했다. 또 문신으로 지주(知州)를 삼고 각 주(州)마다 전운사(轉運使)와 통판(通判)을 설치해 중앙 집권을 강화하면서 재정도 안정시키도록 했다. 또 먼저 남방을 안정시킨 뒤 북방 변경을 도모하는 정책을 건의했다. 태조 만년에는 점차 총애를 잃어 하양삼성절도사(河陽三城節度使)로 나갔다.

을 허위로 하고 사실대로 하지 않았다'라는 율(律)을 적용하려고 합니다. 그러나 대원(臺員)의 말이 어찌 사슴을 가리켜 말이라고 한 것[指鹿爲馬][7]이겠습니까? 허위라고 말할 수는 없습니다."

상이 말했다.

"정부 대신의 신청(申請)이 간절하고 지극하니[懇至] 특별히 형장(刑杖)을 면제하고 외방에 유배만 보내라."

○사간원 좌사간대부(左司諫大夫) 유백순(柳伯淳) 등이 소를 올려 말했다.

'옛날 제왕(帝王)이 감간고(敢諫鼓)[8]를 두고 진선정(進善旌)[9]을 세워 꼴 베고 나무하는 사람의 말도 반드시 채택한 것은 언로(言路)를 넓히자는 것이었습니다. 한(漢)나라 이래로 대간(臺諫)을 두었으니 대개 사해(四海)의 넓음과 서사(庶事)의 번다(繁多)함으로 인해 일관(一官)에 집중해 득실(得失)을 말하게 하니 그 책임이 중합니다. 이 벼슬에 있는 자는 밤낮으로 생각하고 염려해 무릇 보고 들은 것을 말하지 않는 것이 없어 오직 직책을 다하고자 하니 어찌 그 몸의 이해(利害)를 따지겠습니까? 그러므로 말한 것이 혹 맞지 않는다 하더라도 인주(人主)가 또한 너그러이 용납해 귀 밝음과 눈 밝음[聰明]을 넓혀

---

7 윗사람을 농락해 권세를 마음대로 하는 것을 이르는 말이다. 중국 진(秦)나라의 조고(趙高)가 자신의 권세를 시험해 보고자 황제 호해(胡亥)에게 사슴을 가리키며 말이라고 한 데서 유래한다.

8 옛날에 요(堯)임금이 궁문(宮門)에 북을 설치하여 놓고 간(諫)할 일이 있는 자에게 이 북을 쳐서 직간(直諫)하게 했다. 신문고의 유래다.

9 요(堯)임금 때 정기(旌旗)를 오달(五達)의 길에 세워 놓고 선언(善言)을 올리고자 하는 사람에게 그 밑에서 말하게 했다.

야 합니다. 지금 헌사(憲司)가 언사(言事)로 인해 천위(天威)에 저촉되어 옥에 갇혀 있으나 그 정상을 캐보면 자기 몸을 위해 꾀한 것이 아니고 그 직분을 다하고자 한 것뿐입니다. 지난 번의 간관(諫官)이 또한 언사(言事)로 인해 모두 찬적(竄謫)을 당하고 한 달이 못 돼 헌사(憲司)가 견책을 당했으니 중외(中外)가 실망합니다. 지금 만일 다시 죄책을 가한다면 언로가 막힐 뿐만 아니라 일월(日月-임금을 뜻함)의 밝음에도 결함이 있을까 두렵습니다. 엎드려 바라건대 전하께서는 포용하시는 도량(度量)을 넓히시고 감간(敢諫) 직언(直言)한 죄를 용서해 언로(言路)를 열어주시기 바랍니다.'

윤허하지 않았다. 또 소를 올려 말했다.

'예로부터 제왕이 언관(言官)을 높이고 믿어[崇信 숭신] 첨시(瞻視)를 존엄하게 하지 않은 이가 없었던 것은 그 사람을 중하게 여겨서가 아니라 그 책임을 중하게 여긴 까닭입니다. 그러므로 이 직책에 있는 자 또한 영광과 다행으로 여기지 않는 이가 없어서 그 뜻을 펴기를 생각해 그 직책을 다했습니다. 후세에 내려와서는 대간(臺諫)에 제수된 자가 여러 번 언사(言事)가 사리에 적중하지[中道 중도] 않았다는 이유로 죄를 받았습니다. 그러므로 제수(除授)되는 날에 친척(親戚) 고구(故舊)가 위태롭게 여기지 않는 이가 없어서 일을 말하는 것으로 경계(警戒)하니 이 벼슬에 임명된 자가 예기(銳氣)가 꺾여서 먼저 그 뜻을 잃었고 천안(天顔)을 범하고 용린(龍鱗)[10]을 거슬러서[逆鱗 역린] 그 직책을 다하기를 어떻게 바라겠습니까? 지금 헌사(憲司)가 언사(言

10 임금의 비위나 심기를 말한다.

事)로 인해 옥에 갇혔는데 도리어 환관(宦官)을 시켜 그 정상을 국문하여 이미 매질을 가하고 장차 중전(重典-무거운 처벌)에 처하려 하시니 중외(中外)가 실망하고 있습니다. 정부(政府)에서 상언(上言)해 면죄(免罪)하기를 청하자 전하께서 곧 유윤(兪允)을 내려 매질을 가하지 않고 다만 부처(付處)하게 하셨으니 모든 서민(庶民)이 기뻐하고 떠받들지 않는 자가 없습니다. 신 등이 생각건대 전일(前日)의 간관(諫官)이 언사(言事)로 인해 뜻을 거슬러서 먼 지방으로 귀양갔고 지금 헌사가 또한 언사로 인해 동서(東西)로 나뉘어 정배(定配)되어 수십 일 동안에 대간(臺諫)이 귀양가고 추방되어 길에 끊이지 않으니 밝은 때의 아름다운 일이 아닌가 합니다. 엎드려 바라건대 전하께서는 관대한 어짊[仁인]을 넓히시어 감히 곧은 말을 한[敢直감직] 죄를 석방하고 부처(付處)를 행하지 말아서 언책(言責)을 무겁게 여기셔야 할 것입니다.'

또 윤허하지 않고 상이 순금사가 대원(臺員)을 신문(訊問)하는 데 끝까지 다스리지 않았다 해 불러서 꾸짖었다. 애초에 상이 노하여 대원을 옥에 가두고 매질을 가하자 간관(諫官)이 두려워서 감히 말을 하지 못하다가 정부(政府)에서 신구(申救)하기를 간절하고 지극하게 하여 주상의 노여움이 조금 풀렸다는 말을 듣고 소를 올렸다. 상이 사간원 장무(掌務)인 정언(正言) 박안신(朴安臣)을 불러 뜻을 전해 말했다.

"너희들이 전일에 두 번이나 상소했는데 처음 상소는 의정부에서도 용서하기를 청했기 때문에 내가 다만 수홍(守弘) 등을 여러 고을에 귀양보내고 죄는 주지 않았다. 너희들은 어째서 일의 시비(是非)를 살피지 않고 헌사(憲司)를 옳다고 하느냐? 다른 사람이 대신을 무함(誣陷)하면 임금이 죄를 주는 것은 참으로 마땅치 않으냐? 뒤의 상소는 특히 나의 뜻을 엿보고 조금 풀린 것을 기다린 뒤에 감히 말한 것이니 어째서 처음에 상소하지 않고 이때에 와서 다시 상소하는 것이냐? 하는 짓이 이와 같으니 이름이나 낚으려[釣名] 하는 것이냐?"

안신(安臣)이 부끄럽고 두려워서 물러갔다.

병오일(丙午日-2일)에 도화원(圖畫院)에 명해 국상(國喪) 3년 동안에는 세화(歲畫)[11]를 바치지 말라고 했다.

○ 산릉(山陵)에 부역(赴役)한 공장(工匠) 등에게 쌀과 베를 차등 있게 주었다.

정미일(丁未日-3일)에 처녀 권씨(權氏) 등 5인이 중궁(中宮)에 나와 하직하니[辭] 정비(靜妃)가 두텁게 위로했다.

무신일(戊申日-4일)에 예조(禮曹)에서 악(樂)을 사열해 재주 있는 사람을 뽑을 것[取才]을 청했다.

"지금 국상(國喪)으로 인해 음악을 3년 동안 정지했으나 악공(樂工)의 취재(取才)는 반드시 음악을 사열한 뒤에야 그 고하(高下)를 정할 수 있습니다. 하물며 묘사(廟社-사당)에는 감히 폐기할 수 없는 것이

---

11 새해를 축하하는 뜻으로 그린 그림이다. 새해가 되면 임금은 여러 가지 형태, 곧 성수 선녀(聖壽仙女), 태상 노군(太上老君) 등을 그린 그림들을 궐내에 그려서 나눠 주었다.

아니겠습니까? 빌건대 금년 세말(歲末)에 전악(典樂) 아악(雅樂) 공인(工人)의 취재를 전과 같이 악을 사열해 시행해야 할 것입니다."

기유일(己酉日-5일)에 안개가 꼈다.

○ 태평관(太平館) 서랑(西廊) 20칸(間)이 불탔다.

경술일(庚戌日-6일)에 일본(日本) 단주수(丹州守) 원연(源延)이 사자(使者)를 보내 토산물을 바치고 잡혀갔던 인구(人口)를 돌려보냈다.

신해일(辛亥日-7일)에 경연청(經筵廳)에 좌정해 정사(政事)를 들었다. 의정부(議政府) 육조(六曹) 대간(臺諫)이 비로소 들어와 일을 아뢰었다. 상이 말했다.

"재상의 지위가 진산부원군(晉山府院君)과 같은 이는 예전에도 있었지만 이씨(李氏) 사직(社稷)에 특히 공덕(功德)이 있는 것은 진산부원군 같은 이가 없다. 지금 헌부(憲府)에서 다만 승교(承敎)의 설(說)을 가지고 수직(守直)까지 하는 것이 있을 수 있는 일인가? 병술년에 사위(辭位)할 때 진산(晉山)이 그 불가함을 지적해 말했는데 그 말이 심히 간절하고 지극했다. 여흥부원군(驪興府院君)에게 다시 청하지 못했다고 말한 것은 부원군에게 다시 청하게 하고자 한 것이다. 이 작은 말을 가지고 대신을 흔드는 것이 있을 수 있는 일인가? 지금 이유희(李有喜)의 공사(供辭)를 보면 말하기를 '하륜(河崙)은 불충한 신하이니 먼저 탄핵하고 뒤에 아뢰는 것이 가하나 신 등이 못난 탓으로 감히 못했다'라고 했다. 만일 유희의 말과 같다면 이것은 국가에 형정(刑政)이 없는 것이다. 신자(臣子)가 임의로 주륙(誅戮)을 행하면 춘추 전국(春秋戰國) 시대와 무엇이 다른가? 지금 해도(海島)의 왜적(倭賊)이 저희들끼리 서로 해치고 죽이는데 유희의 말은 진실로 섬의 왜적이다."

좌사간(左司諫) 유백순(柳伯淳)을 쳐다보며[目] 말했다.

"경은 고금을 통달했으니 족히 헌부(憲府)가 그르다는 것을 알 것이다. (그런데) 지금 도리어 옳다고 하는 것은 무엇인가? 내가 간관(諫官)을 순금사에 가두고 그 까닭을 질문하고자 하는데 경은 장차 어찌할 것인가? 내가 재위(在位)한 지 8년인데 대간(臺諫)이 진실로 의리로써 내게 말하는 자가 별로 없었다. 궁실(宮室) 토목(土木) 거마(車馬) 복완(服玩) 등을 말한다면 내가 그대로 따르겠지만 전렵(田獵) 주색(酒色)으로 말한다면 이것은 남의 사주(使嗾)를 받은 것이니 내가 곧게 여기지 않는다. 내가 무가(武家)에서 생장(生長)하여 응견(鷹犬)으로 사냥하는 맛을 깊이 아는데 지금은 절약해 대단히 심하지 않다. 진산 같은 이는 이씨의 사직의 신하이다. 내게 충성을 다하니 어찌 죄 아닌 것으로 흔들 수 있느냐? 내가 진산에게 사(私)를 두는 것이 아니다. 실지로 대역의 음모가 있다면 내가 어찌 아끼겠느냐? 이제부터 간신(諫臣)은 조심하여 이런 상소는 올리지 말라."

백순이 땅에 엎드려 땀을 흘리며 곧바로 대답하지 못했다. 병조판서 남재(南在)가 나아와 말했다.

"간원(諫院)의 상소(上疏)는 하륜(河崙)에게 죄가 있다는 것이 아닙니다. 특별히 헌부(憲府)를 비호(庇護)하는 말입니다. 만일 실언(失言)한 죄를 가한다면 후일에 충성된 말을 드리려 해도 두려워하고 꺼려서 감히 못할 것이니 언로(言路)는 장차 막힐 것입니다."

상이 아무 말도 하지 않았다.

○ 박은(朴訔)을 의정부참지사(參知事), 맹사성(孟思誠)을 대사헌(大司憲), 이계공(李季拱)을 집의(執義), 이백겸(李伯謙)을 장령(掌令), 이안공(李安恭)을 지평(持平), 윤보로(尹普老)를 의흥사대호군(義興司大護軍), 임첨년(任添年)을 인녕부좌사윤(仁寧府左司尹), 여귀진(呂貴眞)을 충좌사중령호군(忠佐司中領護軍), 이문명(李文命)을 공안부 판관(恭安府判官), 권영균(權永均)을 중군사정(中軍司正), 최득비(崔得霏)를 중군부사정(中軍副司正)으로 삼았다. 보로(普老)는 임형(林瑩)의 말을 고한 것에 대해 상을 내린 것이다.

○ 애초에 상이 박은(朴訔)을 불러 다시 일을 보게 하니 은(訔)이 아뢰어 말했다.

"신은 두 번이나 탄핵을 당해 물론(物論-여론)이 분분합니다. 신이 아직 나이 늙지 않았으니 나라에 보답할 때가 있을 것입니다. 바라건대 신의 직임(職任)을 해면해 주소서."

그것을 따르고 감찰방주(監察房主) 민서각(閔犀角)과 유사(有司) 김희(金熙) 이맹진(李孟畛)을 불러 뜻을 전했다.

"금후로는 대장(臺長)이 만일 그 직책에 적당치 않은 자가 있으면 곧 본부(本府)에 고하는 것이 가하다. 영송(迎送)의 예 같은 것을 임의로 폐기해서는 안 된다."

○ 전 좌군도총제(左軍都摠制) 박자안(朴子安)이 졸했다. 조회(朝會)를 3일 동안 정지하고 쌀과 콩 50석과 종이 100권과 곽(槨)을 부의(賻儀)로 내려주고 시호(諡號)를 양혜(襄惠)라 했다. 자안은 기위(奇

偉)하고 장략(將略)이 있었다. 두 아들이 있으니 실(實)과 유(牗)다.

임자일(壬子日-8일)에 상이 태평관에 가서 사신에게 잔치를 베풀었다.

계축일(癸丑日-9일)에 좌군동지총제(左軍同知摠制) 최용화(崔龍和)에게 경기 좌우도 수군도절제사(京畿左右道水軍都節制使)를 겸하게 했다.

○ 길창군(吉昌君) 권근(權近)이 대간(臺諫)의 직임 사목(職任事目)을 올렸다. 말씀을 올려 말했다.

'이달 초 7일에 예조참의 변계량(卞季良)과 정랑 장빈(張贇) 등이 왕지(王旨)를 공경히 받들었사온데 신(臣) 근(近)과 더불어 송(宋)나라 제도의 대간(臺諫) 직임 사목(職任事目)을 함께 상고해 조목조목 열거해 올리라고 하셨습니다. 신이 생각건대 대간은 임금의 귀와 눈이니 잘 선택해 제수하고 파면하는 것을 무겁게 하지 않을 수 없습니다. 일찍이 국초(國初)에 신(臣) 봉화백(奉化伯) 정도전(鄭道傳)이 『경제문감(經濟文鑑)』[12]을 편수(編修)할 때 대간의 직임에 대한 역대

---

12 『조선경국전』이 육전체제(六典體制)를 따라 조선시대의 통치 조직과 통치 이념의 종합적인 체계를 제시한 것이라면 그 중에서 특히 치전(治典)의 내용을 보완한 것이다. 권근(權近)이 주해를 붙이고 정총(鄭摠)이 서문을 썼으며 『삼봉집(三峰集)』에 수록돼 있다. 상권에서는 재상제도(宰相制度)의 역사적 변천 과정을 서술하고 이어 재상의 직책과 진퇴의 자세를 기술하고 있다. 즉 재상제도가 이상적으로 구현된 시대는 당우삼대(唐虞三代)로서 이 시대에는 현명한 재상이 실권을 쥐고 제왕을 보필하여 이상적인 정치를 실현했다고 보고 있다. 한당시대(漢唐時代)에는 초기에 재상권이 강화됐다가 후기에 약화돼 군주의 전제권이 강화됐던 것으로 기록하고 있다. 하권에서는 대간 위병(衛兵) 감사 수령의

(歷代) 연혁(沿革)과 선배 유학자들의 격언(格言)을 갖춰 싣지 않은 것이 없었습니다. 신이 그 당시에 함께 교정(校正)을 했사온데 직임의 무거움을 말한 것은 그보다 더 이상 심오(深奧)한 뜻이 없습니다. 지금 상의 명령을 받고 다시 『문감(文鑑)』에 실리지 않은 송나라 제도[宋制]의 연혁과 송조(宋朝) 대간(臺諫)의 뛰어난 신하의 언행(言行) 사적(事迹) 한두 건을 상고해 참고하고 선사(繕寫)하여 『경제문감(經濟文鑑)』 한 질(秩)과 함께 바치오니 맑고 조용한 여가(餘暇)에 특별히 한 번 보시면 거의 간언함을 좇는 아름다운 다움[美德]에 도움이 있으실 것입니다.

신이 엎드려 생각건대 과감하게 말하여 숨기지 않는 것은 신하의 굳센 절개[勁節]요, 너그러이 용납하여 어기지 않는 것은 임금의 성대한 다움[盛德]입니다. 그러므로 언책(言責)에 있는 자는 그 말이

직책을 차례로 논하고 있다.

대간은 대관(臺官)과 간관(諫官)을 합칭한 것으로 먼저 대관은 군주의 이목으로서 정치를 감찰하고 탄핵하는 관료로 그 지위와 직책이 강화돼야 한다고 강조하고 대관제도의 역사적 변천 과정을 서술했다. 또한 간관은 군주와 신하의 실정(失政)을 말이나 글로써 비판하는 직책이라는 중요성에 비춰 그 지위가 강화돼야 한다고 했다. 다만 권한은 재상을 능가해서는 안 되며 정권이 대간에게 있으면 나라가 어지럽다고 하여 대간 기능의 한계를 설정하고 있다.

위병에서는 문무가 두 어깨처럼 균형을 이뤄야 한다는 전제하에 우리 나라와 중국 역대의 위병제를 설명하고 그 장단점을 절충해 조선 초기 위병제가 성립되는 과정을 서술했다. 감사와 수령제도는 한 당시대를 모범으로 할 것이 제시되고 있다. 즉 수령은 백성의 부모로서 백성과 국가를 위하여 적극적으로 봉사해야 하는데 수령의 임무로서 토지의 개간, 호구의 증식, 학교의 진흥, 예속(禮俗)의 형성, 옥송(獄訟)의 공평, 도둑의 근절, 차역(差役)의 균능, 부렴(賦斂)의 절약을 들고 있다. 감사는 수령의 비행을 감독, 규찰하고 수령의 치적을 평가하여 승진과 파면을 결정하는 임무를 가지므로 그 품질을 높일 것을 주장했다. 아울러 감사와 수령에 대한 통할권을 재상이 가져 재상 중심의 중앙 집권 체제가 이뤄져야 한다고 강조하고 있다.

비록 지나치다 하더라도 반드시 너그러이 용납해야 할 것이 두 가지 있습니다. 오늘에 만일 지나친 말이라 해 죄를 주면 다음날에 곧은 말을 드리는 자가 또한 반드시 두려워하고 꺼려서 감히 진언(進言)하지 못할 것이니 언로(言路)를 막는 것이 한 가지요, 그 말은 비록 지나치다 하더라도 그 마음은 곧 공실(公室-왕실)을 위해 충성을 바친 것이므로 아부하고 아첨해 공실을 저버리고 자신의 이익을 꾀하려는 자와는 같지 않으니 너그러이 용납하여 앞으로 오는 일을 봐야 할 것이 두 가지입니다. 옛날에 공자(孔子)가 순(舜)임금의 임금다움을 아름답게 여겨 말하기를 "악한 것은 숨기고 좋은 것은 끌어올려 준다[隱惡而揚善(은악 이 양선)]"라고 했으니 순(舜)임금인들 어찌 악한 것을 죄주려고 하지 않았겠습니까? 그러나 반드시 숨기고 드러내지 않는 것은, 대개 말을 듣는 도리에 있어서 만일 악한 것을 숨기지 않고 죄를 준다면, 좋은 자도 또한 장차 두려워서 말하지 않을 것입니다. 그러므로 반드시 악한 것을 숨긴 연후에야 좋은 말을 오게 할 수 있는 것이니 이것은 빼어난 이[聖人(성인)]가 선을 좋아하고 말을 구하는 요도(要道)이며, 만세(萬世) 임금의 대법(大法)입니다. 지금 우리 주상 전하께서 간언함을 좇는 아름다움과 선을 좋아하는 다움이 위대한 순(舜)임금과 같으시니 더욱 더 위대한 순임금의 악한 것을 숨겨주는 것을 모범으로 삼아, 이제부터 말을 드리는 자가 비록 어긋나고 망령되어 실당(失當-마땅함을 잃음)의 죄가 있다 하더라도, 작은 것은 너그러이 용서하고 큰 것은 파출(罷黜)해 감히 가두고 매질하는 욕(辱)을 가하지 마시고, 다른 범죄에 비해 항상 말감(末減)에 좇으시되, 이를 항식(恒式)으로 삼아 사기(士氣)를 장려하고 언로(言路)를 넓혀,

빼어난 다움[聖德]을 더 키워 후세의 법을 영구하게 하셔야 할 것입니다.'

상이 글을 보고 다음과 같이 말했다.

"나의 뜻은 이것을 말한 것이 아니다. 대간(臺諫)이 만일 과실이 있으면 죄주기를 어떻게 할 것인가? 예전 법의 유무(有無)를 예조(禮曹)로 하여금 권근(權近)과 함께 송나라 제도를 상고해 아뢰라 했던 것인데, 이것은 반드시 잘못 전해진 것이다. 그러나 말한 바가 대단히 좋으니 내 항상 좌우에 두고 준칙[矜式]으로 삼고자 한다."

갑인일(甲寅日-10일)에 십사 겸 상호군(十司兼上護軍)을 없애고 다시 삼군의 장군 총제(掌軍摠制)를 두었는데 중군(中軍)에 5명, 좌·우군(左右軍)에 각 4명을 두고, 또 삼군에 경력과 도사를 두었다. 안성군(安城君) 이숙번(李叔蕃), 장천군(長川君) 이종무(李從茂)를 겸 중군 도총제(中軍都摠制), 김남수(金南秀)를 중군 도총제(中軍都摠制), 회령군(會寧君) 마천목(馬天牧)으로 겸 중군 총제(中軍摠制), 이간(李衎)을 중군 총제(中軍摠制), 평양군(平壤君) 조대림(趙大臨), 한평군(漢平君) 조연(趙涓), 곡산군(谷山君) 연사종(延嗣宗)을 겸 좌군도총제(左軍都摠制), 성발도(成發道)를 좌군총제(左軍摠制), 길창군(吉昌君) 권규(權跬), 면성군(沔城君) 한규(韓珪)를 겸 우군 도총제(右軍都摠制), 조질(趙秩)을 우군총제(右軍摠制), 김만수(金萬壽)를 우군동지총제(右軍同知摠制)로 삼았다.

을묘일(乙卯日-11일)에 상이 좌대언(左代言) 이조(李慥)를 건원릉(健

元陵)에 보내 지석(誌石)[13]을 묻었다[下]. 그 글은 이러했다.

'영락(永樂) 6년(1408년) 5월 24일 임신일에 우리 태조 지인 계운 성문 신무 대왕(太祖至仁啓運聖文神武大王)께서 여러 신하를 갑자기 버리셨다[奄棄]. 우리 전하께서 애모(哀慕)하심이 망극(罔極)하여 양암(諒闇)[14]으로 예(禮)를 다하시고, 삼가 여러 신하들을 거느리고 존호(尊號)를 받들어 올려[奉上] 이해 9월 초9일 갑인일에 성(城) 동쪽 양주치(楊州治) 검암촌(儉巖村) 건원릉(健元陵)에 안장(安葬)했으니 예(禮)를 제대로 갖춘 것이다. 삼가 선원(璿源)[15]의 유래를 상고해 보면 신라씨(新羅氏)로부터 대대로 달관(達官)이 있고 어짊과 다움을 두고두고 쌓아[累仁積德] 뒤의 경사(慶事)를 넉넉하게 했다. 황고조(皇高祖) 목왕(穆王)에 이르러 비로소 원(元)나라 조정에서 벼슬해 천부장(千夫長)이 돼 4세(世)를 습작(襲爵)했는데 사졸(士卒)이 즐겁게 따랐다.

우리 태조(太祖)께서는 젊어서부터 기국(器局)이 있어 용략(勇略)이 뛰어났고 활달(豁達)해 세상을 구제할 도량(度量)이 있었으며 지극히 어질고 살리기를 좋아하는 것이 천성(天性)에서 나왔다. 일찍이 고려(高麗) 공민왕(恭愍王)을 섬겨 여러 벼슬을 거쳐 장상(將相)에 이르고 중외(中外)에 출입하여 여러 번 큰 공로를 세워 국민을 편안하게 했다. 군사를 행하는 것이 정숙(整肅)해 추호(秋毫)도 범하는 바

13 죽은 사람의 인적사항, 묘(墓)의 위치와 좌향(坐向) 등을 적어서 묘에 묻은 판석(板石)이나 도판(陶板)을 말한다.

14 임금이 부모상에 거상(居喪)할 때 있는 방 또는 그 기간을 말한다.

15 집안의 유래를 말한다.

가 없었고 크고 작은 100여 번을 싸웠는데 신축년(辛丑年-1361년)에 홍건적(紅巾賊)을 섬멸해 왕성(王城)을 수복(收復)한 것과, 임인년(壬寅年-1362년)에 납씨(納氏)[16]를 쫓은 것과 경신년(庚申年-1380년)에 (전라도 남원) 운봉(雲峰)의 대첩(大捷)이 더욱 칭송되는 것이다. 공민(恭愍)이 사자(嗣子)가 없이 갑자기 죽자 그 신하 임견미(林堅味) 등이 국정(國政)을 마음대로 휘두르고 토전(土田)을 강탈해 탐오(貪汚)하는 바가 한도가 없었다. 시중(侍中) 최영(崔瑩)이 분(憤)하게 여겨 주륙(誅戮)을 행하고 우리 태조(太祖)를 수시중(守侍中)으로 삼았으니 이는 인망(人望)을 따른 것이었다. 영(瑩)이 또한 배우지 못한 사람이라 망령되게 군사를 일으켜 요동(遼東)을 치려고 꾀해 우리 태조를 우군 도통사(右軍都統使)로 삼아 경상(境上-국경 인근)에 핍박(逼迫)해 보냈다. 우리 태조께서 여러 장수와 의논하기를 "작은 나라로서 큰 나라를 섬기는 것은 고금(古今)에 통하는 의리다. 상국(上國)에 득죄(得罪)하고 생민(生民)에게 화(禍)를 끼치는 것보다는 권신(權臣)을 제거해 한 나라를 편안히 하는 것이 낫지 않으냐?"라고 하고서 곧 여러 장수와 더불어 의리에 의거해 회군(回軍)하고 영(瑩)을 잡아 물리쳐서 그 죄를 바로잡고 왕씨(王氏)의 종친(宗親)인 공양군(恭讓君)을 가려 왕으로 세우고, 충성을 다해 광보(匡輔)하여 뛰어난 인재를 임용하고, 사전(私田)을 개혁해 경계(經界)를 바로잡고 쓸데없는 관원[冗官](용관)을 태거(汰去)해 명기(名器-벼슬)를 무겁게 하고 기강(紀綱)을 세워, 규모(規模)가 넓고 커서 전조(前朝)의 폐정(弊政)을 모

---

16 나하추(納哈出)를 가리킨다.

조리 제거하니, 중외(中外)의 민심이 한 곳에 쏠렸다. 공양이 혼미(昏迷)하고 꺼리는 바가 많아서 불리(不利)한 것을 꾀하려 하므로 홍무(洪武) 25년 임신(壬申-1392년) 가을 7월에 충신(忠臣) 의사(義士)가 말을 합해 추대(推戴)했다. 우리 태조께서 두세 번 사양했으나 군정(群情)에 못이겨서 마지못해 보위(寶位)에 오르고, 밀직(密直) 신(臣) 조반(趙胖)을 보내 명나라 조정에 아뢰었다. 이에 고황제(高皇帝)의 성지(聖旨)를 받아 국호(國號)를 고치는 것을 허락해 조선(朝鮮)의 칭호를 회복했다. 무인년(戊寅年-1398년) 가을 9월에 병환이 있어 상왕(上王)에게 내선(內禪)했고, 경진년(庚辰年-1400년) 겨울 11월에 상왕이 또한 병환이 있어 또 우리 전하에게 선위(禪位)하자 우리 태조께 존호(尊號)를 올려 계운 신무 태상왕(啓運神武太上王)이라 했다. 춘추(春秋)는 74세이고 왕위(王位)에 있은 지 7년이며, 늙어서 정사를 듣지 못하고 영양(榮養-봉양)을 받은 것이 11년이었으니 종시(終始)의 애영(哀榮)이 이것으로 갖춘 것이다.

수비(首妃)인 한씨(韓氏)는 증 영문하부사(贈領門下府事) 휘(諱) 경(卿)의 딸인데 먼저 돌아가셨으므로 승인 순성 신의 왕후(承仁順聖神懿王后)로 추시(追諡)했다. 6남(男) 2녀(女)를 낳았는데 맏아들은 방우(芳雨)로 진안군(鎭安君)을 봉했으나 먼저 죽었다. 다음은 상왕(上王)이고 우리 전하(殿下)가 다섯째다. 방의(芳毅)는 셋째인데 익안대군(益安大君)으로 봉했으나 역시 먼저 죽었다. 방간(芳幹)은 넷째인데 회안대군(懷安大君)에 봉했고, 방연(芳衍)은 여섯째인데 과거(科擧)에 올랐으나 일찍 죽었다. 딸의 맏이는 경순궁주(慶順宮主)인데 상당군(上黨君) 이저(李佇)에게 출가했다. 같은 이씨(李氏)는 아니다. 다음은 경

선궁주(慶善宮主)인데 청원군(青原君) 심종(沈淙)에게 출가했다. 상왕(上王)은 적자(嫡子)가 없다. 우리 중궁(中宮) 정비(靜妃) 민씨(閔氏)는 여흥부원군(驪興府院君) 휘(諱-이름) 제(霽)의 딸인데, 4남(男) 4녀(女)를 낳았다. 아들 맏이는 세자(世子) 제(禔)이고, 다음은 보(補)인데 효령군(孝寧君)이며, 다음은 금상(今上) 【휘(諱)】 인데 충녕군(忠寧君)이고 다음은 어리다. 딸 맏이는 정순궁주(貞順宮主)인데 청평군(淸平君) 이백강(李伯剛)에게 출가했다. 역시 같은 이씨(李氏)는 아니다. 다음은 경정궁주(慶貞宮主)인데 평양군(平壤君) 조대림(趙大臨)에게 출가했고 다음은 경안궁주(慶安宮主)인데 길천군(吉川君) 권규(權跬)에게 출가했으며 다음은 어리다.'

○ 처음으로 부마(駙馬) 제군(諸君) 삼공신(三功臣)의 반당(伴黨)[17]의 수(數)를 정해 10인을 법식으로 삼았다.

병진일(丙辰日-12일)에 황엄(黃儼) 등이 처녀들을 데리고 경사(京師)로 돌아가니 상이 모화루(慕華樓)에서 전송했다. 예문관대제학 이문화(李文和)를 진헌사(進獻使)로 삼아 순백 후지(純白厚紙) 6,000장을 싸 가지고 경사(京師)에 가게 했다. 부주(附奏)에 일러 말했다.

'영락(永樂) 6년 4월 16일에 흠차(欽差)하신 태감(太監) 황엄(黃儼) 등 관원이 본국에 도착해 선유(宣諭)를 전(傳)해 받들었사온데 "네가 조선국(朝鮮國)에 가서 국왕(國王) 【이휘(李諱)】 에게 말해 잘 생긴 여자가 있거든 몇 명을 선택해 데리고 오라"고 하셨습니다. 그래서 신

17 각 관청(官廳)에 소속된 심부름꾼을 가리켜 이르는 말이다.

(臣) 【휘(諱)】이 흠의(欽依)해 본국의 서울과 각도(各道) 부(府) 주(州) 군(郡) 현(縣)에서 문무(文武) 군민(軍民)의 집 여자를 간택(揀擇)해 흠차관(欽差官) 등과 함께 여자 5명을 선택해서 배신(陪臣) 이문화(李文和)를 보내 흠차 태감 황엄 등을 따라 경사에 가게 하고, 각 여자의 생년월일과 아비의 직명(職名) 및 적관(籍貫)을 낱낱이 기록해 삼가 갖춰 주문(奏聞)합니다. 한 명은 가선대부(嘉善大夫) 공조전서(工曹典書) 권집중(權執中)의 딸인데 나이 18세로서 신미(辛未) 10월 26일 사시(巳時)에 낳았고, 적관은 경상도 안동부(安東府)이며, 현재 한성부에 살고 있습니다. 한 명은 통훈대부(通訓大夫) 인녕부 좌사윤(仁寧府左司尹) 임첨년(任添年)의 딸인데, 나이 17세로서 임신 10월 26일 술시(戌時)에 낳았고, 적관은 충청도 회덕현(懷德縣)이며, 현재 한성부에 살고 있습니다. 한 명은 통덕랑(通德郎) 공안부 판관(恭安府判官) 이문명(李文命)의 딸인데 나이 17세로서 임신 10월 18일 술시(戌時)에 낳았고, 적관은 기내 좌도(畿內左道) 인주(仁州)입니다. 한 명은 선략 장군(宣略將軍) 충좌 시위사 중령 호군(忠佐侍衛司中領護軍) 여귀진(呂貴眞)의 딸인데 나이 16세로서 계유 11월 초2일 사시(巳時)에 낳았고, 적관은 풍해도(豐海道)곡성군(谷城郡)이며, 현재 한성부에 살고 있습니다. 한 명은 중군 부사정(中軍副司正) 최득비(崔得霏)의 딸인데, 나이 14세로서 을해 10월 초8일 오시(午時)에 낳았고, 적관은 기내 좌도 수원부(水原府)입니다.

따라가는 자[從者]는 여사(女使) 16명, 화자(火者) 12명입니다.'

문화(文和)는 곧 문명(文命)의 형이다. 일찍이 황제가 십분(十分) 순결(純潔)하고 광채가 좋으며 가는 백지[細白紙]를 우리에게 요구했으므로 이미 안노생(安魯生) 홍서(洪恕) 설미수(偰眉壽)를 시켜 차례로 2만 1,000장을 진공(進貢)했다. 이때에 이르러 상이 처녀를 진헌(進獻)한다고 이름지어 말하려 하지 않기 때문에 문화로 하여금 지차(紙箚)를 진헌(進獻)하는 것처럼 한 것이다. 문명(文命) 귀진(貴眞) 득비(得霏)와 집중(執中)의 아들 영균(永均)을 모두 압물(押物)[18]에 채워 넣고 첨년(添年)만은 병(病)으로 가지 못했다. 이번 행차에 그 부모 친척의 울음소리가 길에 이어졌다. 길창군(吉昌君) 권근(權近)이 그들을 위해 시(詩)를 지어 말했다.

'구중(九重) 궁궐에서 요조 숙녀(窈窕淑女)를 생각하여
만리 밖에서 미인(美人)을 뽑는구나
적불(翟茀)[19]은 멀리 떠나가고
제잠(鯷岑)[20]은 점점 아득해진다
부모(父母)를 하직하는데 말이 끝나기가 어렵고
눈물을 참자니 씻으면 도로 떨어진다
슬프고 섭섭하게 서로 떠나는 곳에
여러 산(山)들이 꿈속에 들어와 푸르도다'

이보다 먼저 동요(童謠)가 있었는데, 근(近)이 또 시를 지어 다음과

18 말단 통역관의 하나다.

19 꿩의 깃으로 꾸민 부인이 타는 수레를 말한다.

20 우리나라의 딴 이름이다. 중국에서 이르던 말이다.

같이 풀이했다.

'보리가 익으면 보리를 구해야 하고
해가 저물면 계집아이를 구한다
나비도 오히려 눈이 있어
아직 꽃피지 않은 가지를 와서 택하는구나'

○ 각도(各道) 시위군(侍衛軍)의 절도사(節度使)를 바꿨다. 경기우도(京畿右道)를 이귀령(李貴齡)으로, 전라도를 조흡(曺恰)으로, 경상도를 심종(沈淙), 김승주(金承霔)로, 강원도를 이승간(李承幹), 심인봉(沈仁鳳)으로, 동북면(東北面)을 윤저(尹柢)로, 안주도(安州道)를 홍부(洪敷)로 삼았다. 또 색장(色掌)을 고쳐 진무(鎭撫)라 했다.

정사일(丁巳日-13일)에 임형(林瑩)을 복주(伏誅)했다. 김섭(金涉)은 곤장 100대를 때려 (경상도) 영해(寧海)로 유배 보냈고 김귀(金貴)는 곤장 100대를 때려 도(徒-징역) 3년에 처했다. 순금사에서 임형 등의 옥사(獄辭)를 갖춰 아뢰었다.

'형(瑩)이 공술(供述)하기를 "일찍이 김섭을 보고 말하기를 '이씨(李氏)의 30년 기업(基業)이 끝난 뒤에 다른 이씨가 나온다'라고 했고, 금년 중추일(中秋日)에 중광사(重光寺)에 이르러 윤보로(尹普老)를 보고 또 이 말을 했다"라고 했습니다. 김섭(金涉)이 공술하기를 "임형이 우리 집에 와서 참서(讖書)의 말을 이야기하기에 내가 말하기를 '이런 괴이한 말은 다시는 말하지 말라'라고 하고 그 말이 상서롭지 못하기 때문에 감히 드러내어 고하지 못했다"라고 했습니다. 김귀(金貴)

는 공술하기를 "임형이 일찍이 우리 집에 왔기에 내가 집에 감춰 두었던 '인묘년에는 일을 알 수 있고 진사년에는 성인이 나온다.[寅卯事可知辰巳聖人出]'라는 참서(讖書)를 내어 보였다"라고 했습니다. 임형은 마땅히 『대명률(大明律)』의 "큰 말을 떠들어대어 많은 사람을 선동 현혹(煽動眩惑)시킨 죄"에 의거해 목을 베고 김섭의 죄는 정상을 알고도 죄인을 은닉한 율(律)에 준하여 장(杖) 100에 유3,000리(流三千里)에 처하고, 김귀(金貴)는 사사로이 요서(妖書)를 가지고 있으면서 이를 감춰 두고 관가(官家)에 보내지 않은 율(律)에 의해 장(杖) 100에 도(徒) 3년에 처해야 할 것입니다.'

모두 율(律)에 의거해 시행하도록 명하고 형은 이미 옥중에서 죽었으므로 끌어내어 목을 베었다.

기미일(己未日-15일)에 상이 친히 문소전(文昭殿)에 전(奠)을 올렸다. 세자 제(禔)가 아헌(亞獻)[21]을 해야 하는데 미처 이르지 않았으므로 이에 하륜(河崙)에게 명해 아헌하게 했다. 상이 세자에게 힐문(詰問)하니 병이 있다고 대답했다. 상이 통례문 지사(通禮門知事) 손윤조(孫閏祖)를 꾸짖어 말했다.

"뒤에 다시 이와 같이 하면 곧 너를 죄주겠다."

---

21 삼헌이란 술잔을 세 번 올리는 일을 말하는데, 초헌(初獻) 아헌(亞獻) 종헌(終獻)이 그것이다. 아헌 때 술잔을 올리는 제관을 아헌관이라고 한다. 아헌관으로는 보통 기제사(忌祭祀) 등 일반 제사에서는 제주의 부인이 잔을 드리게 되고 종묘 문묘의 제례나 특정한 행사를 치르기 위해 서제(序祭)로 지내는 제사에서는 초헌관 다음으로 중요한 역할을 하는 사람이 잔을 드리게 된다.

사간원에서 소를 올렸다.

'저부(儲副-세자)를 기르는 데는 삼가지 않을 수 없습니다. 위로 빈사(賓師)에서부터 아래로 복어(僕御)에 이르기까지 바른 사람이 아님이 없어야 아침 저녁으로 함께 거처하며 함양(涵養) 훈도(薰陶)하여 서로 미치지 못하는 것을 닦아 그 (세자)다움을 이룰 수 있는 것입니다. 지금 대호군(大護軍) 손윤조(孫閏祖)는 한갓 교언(巧言)과 선유(善柔)의 간사(奸詐)함만 있고 충신(忠信) 성각(誠恪)의 행실이 없으므로 사림들이 그를 가리켜 호협(豪俠)이라 하여 함께 치수(齒數)하기를 부끄러워합니다. 지난날에 그 아우 손윤물(孫閏物)이 남의 아내를 간통하다가 본래 남편에게 붙잡혀 매를 맞아 울부짖으므로 그 어미가 차마 앉아서 보지 못하고 달려가서 구원하다가 천례(賤隷)의 손에 욕을 당했습니다. 윤조가 옆에 있으면서도 곧 난(難)을 구제하지 않았으니 이것은 효심(孝心)이 없는 것입니다. 또 고소(告訴)하여 보복(報復)할 뜻이 없이 공공연하게 조사(朝士)에 끼여 있으니, 이것은 절의(節義)가 없는 것입니다. 부모에게 박하게 하고서 임금에게 후하게 하는 자가 있지 않고 절의가 없고서 충성이 있는 자가 또한 있지 않습니다. 지금 직책이 찬례(贊禮)에 있으면서 그 직책을 삼가지 못해 마침내 세자 저하(世子邸下)로 하여금 미처 제사에 참여하지 못하게 했으니 이것 또한 경박(輕薄)하여 불경(不敬)한 일단(一端)입니다. 바라건대 전하께서는 다시 온량(溫良) 근후(謹厚)한 사람을 택해 찬례(贊禮)를 삼으시고 윤조를 내쫓아서 조관(朝官)에 참여치 못하게 해 사풍(士風)을 권면해야 할 것입니다.'

상이 소(疏)를 보고 말했다.

"세자가 제사에 미처 이르지 못한 것은 윤조(閏祖)뿐만 아니라 좌우(左右) 환시(宦寺)의 죄다. 내가 장차 환자 놈들을 죄주겠다. 지금 경 등의 말을 따르는 것은 윤조의 전항(前項)의 범한 것 때문이다."

윤조의 직(職)을 파면시켰다.

경신일(庚申日-16일)에 명하여 백관(百官)이 조방(朝房)에 모이지 말도록 했다. 태조(太祖)가 승하(昇遐)하셨을 때부터 상이 최질(衰絰)을 입고 조회(朝會)를 보지 않았으나 육아일(六衙日)이 되면 백관이 조방에 모였다. 이때에 이르러 이를 면제했으니 날씨가 추워진 때문이었다.

○ 의정부(議政府)에서 『경제육전(經濟六典)』에 있는 천거법(薦擧法)을 거듭 밝히기를 청했다.

"삼가 상고하건대 『경제육전』의 한 항목에 이르기를 '각도(各道)의 경학(經學)에 밝고 행실이 착하고 도덕(道德)이 겸비해 사범(師範)이 될 만한 자, 지식(知識)이 시무(時務)에 통하고 재주가 경제(經濟)에 적합하여 사공(事功)을 세울 만한 자, 문사(文辭)를 익히고 필찰(筆札)에 능해 문한(文翰)의 임무를 감당할 수 있는 자, 율산(律算)에 정통하고 이치(吏治)에 통달해 임민(臨民)의 직책을 감당할 만한 자, 모획(謀劃)은 도략(韜略)[22]에 정심(精深)하고 용맹(勇猛)은 삼군(三軍)에 으뜸이어서 장수(將帥)가 될 만한 자, 활쏘고 말타는 것을 익히고 몽둥이로 치고 돌 던지기에 교묘하여 군무(軍務)를 당할 만한 자, 천문

---

22 『육도(六韜)』와 『삼략(三略)』을 가리키는 것으로 곧 병법(兵法)에 관한 책을 말한다.

(天文), 지리(地理), 복서(卜筮), 의약(醫藥) 중에 한 가지 기예(技藝)를 전공한 자를, 고루 자세히 묻고 찾아내 조정(朝廷)에 우대(優待)해 보내서 탁용(擢用)에 대비하게 하라'고 했는데 근래에 곧 거행하지 못하여 유일(遺逸)로 있는 사람이 없지 않으니 『육전(六典)』 내(內)의 조령(條令)에 의거하여 거행하게 하고, 지금부터는 감사(監司) 수령(守令)의 능부(能否) 또한 (이 같은) 사람을 얻은 것의 다소(多少)로써 고찰(考察)하는 데 근거로 삼게 해야 할 것입니다."

그것을 따랐다. 상이 일찍이 근신(近臣)에게 일러 말했다.

"예로부터 임금이 반드시 뛰어나지는 못하더라도 좋은 신하[良臣 양신]가 많으면 나라가 잘 다스려지는 법이다. 지금 사람 쓰는 것을 보거(保擧)사람을 보증해 천거하는 것에 의하므로 비록 공정하게 선발하는 것 같으나 대개는 세가(世家)의 자식이 많고, 기재(奇才)가 쓰이는 것을 보지 못했다."

대언(代言) 이조(李慥)가 대답하기를,

"예전에는 공사(貢士)[23]의 법이 있었으니 마땅히 각도(各道)로 하여금 현량(賢良) 방정(方正) 효렴(孝廉)한 사람을 천거해 조정에 올리게 하고, 이조(吏曹) 병조(兵曹)로 하여금 시험하게 하여, 천거한 사람이 적당한 사람이 아니거든 죄를 주게 하면 거의 인재를 얻을 것입니다."

이때에 이르러 정부(政府)에서 아뢴 것이다.

○ 호군(護軍) 평도전(平道全)이 대마도(對馬島)에서 돌아왔다. 종정

---

23 지방에서 중앙 정부에 천거한 재학(才學)이 있는 선비를 말한다.

무(宗貞茂)가 사람을 보내 진위(陳慰)하고 말 2필을 바쳤으며 잡혀갔던 사람들을 돌려보냈다.

○ 이백공(李伯恭)을 경외(京外)에 종편(從便)시켰다. 좌정언 박안신(朴安臣)이 아뢰었다.

"지난번에 지평(持平) 이백공(李伯恭)은 그 죄는 동료(同僚)와 같은데 장무(掌務)인 관계로 홀로 충주(忠州)로 귀양갔습니다. 그 동료들은 직임(職任)을 받은 자도 있사오니 용서해야 할 것입니다."

상이 말했다.

"내가 마침 잊고 있었을 뿐이다. 이와 같은 일은 자주 내게 고하라. 내가 마땅히 들어주겠다."

이에 이런 명령이 있었다.

계해일(癸亥日-19일)에 사간원에서 대구 현령(大丘縣令) 옥고(玉沽)의 죄를 청했으나 윤허하지 않았다. 소(疏)는 이러했다.

'국가에서 대간(臺諫)을 두어 서관(庶官)을 규찰(糾察)하기 때문에 대간이 이문(移文)하면 서관이 급히 봉행(奉行)해야 기강(紀綱)을 세우고 사공(事功)을 이룰 수 있는 것입니다. 지난번에 난적(亂賊) 민무질(閔無疾)이 부처(付處)한 곳에 있으면서 그 악한 것을 고치지 않고 잡인(雜人)들과 서로 교결(交結)하고 또 그 지방 사람인 조득시(曹得時)의 딸에게 장가들어 불법한 일을 자행했습니다. 본원(本院)에서 감사(監司)에게 이문(移文)하여 그 죄상을 조사하게 했는데 차사원(差使員)인 대구 현령 옥고(玉沽)가 난적(亂賊)에게 당부(黨附)해 곧 봉행하지 않고 있다가 두세 번 이문(移文)하여 독촉(督促)하니 사세

(事勢)가 부득이한 뒤에야 조금 그 정상을 보고했습니다. 다른 왕래 교결한 자는 이미 벌써 용서를 받았으나 옥고처럼 국법을 따르지 않고 소사(所司)를 업신여긴 죄는 징치(懲治)하지 않을 수 없습니다. 청컨대 유사(攸司)에 내려 그 죄를 엄히 징치(懲治)해 후래(後來)를 경계해야 할 것입니다.'

상이 정언(正言) 박안신(朴安臣)을 불러 뜻을 전했다.

"무구(無咎)·무질(無疾)을 부처시킨 곳의 수령(守令)으로서 왕래하며 서로 만나본 자와 민씨(閔氏)에 관한 일은 이미 모두 끝났으니 다시 논하지 말라."

○ 궐내(闕內)의 공억 비용(供億費用)을 줄였다. 풍저창(豐儲倉)과 사선서(司膳署)에 명해 매달 상공(上供)하는 미두(米豆)의 수량을 기록해 아뢰게 하고 이를 감손(減損)한 것이 많았다.

○ 영의정부사 하륜(河崙), 좌정승 성석린(成石璘), 삼군부영사(三軍府領事) 조영무(趙英茂), 길창군(吉昌君) 권근(權近), 안성군(安城君) 이숙번(李叔蕃), 병조판서 남재(南在)를 불러 아패(牙牌)의 법을 토의했다. 상이 말했다.

"군사를 동원할 때에 왕지(王旨)를 거짓으로 전(傳)하는 자가 없을지 어찌 알겠는가? 마땅히 군장(軍將)으로 하여금 군령(軍令)이 대내(大內)에서 나오는 것을 분명히 알게 해야 하겠다. 하 정승(河政丞)이 일찍이 말하기를, '마땅히 추우기(騶虞旗)[24]를 만들어 신(信-신빙성)을 보여야 한다'라고 했고 길창군(吉昌君)이 말하기를 '마땅히 아패(牙牌)

---

24 추우(騶虞)란 동물을 그린 군기(軍旗)를 말한다.

를 만들어서 장군자(掌軍者)에게 준 뒤에 군사를 발(發)해야 한다'라고 했는데, 내가 『문헌통고(文獻通考)』에서 추우번(騶虞幡)만 보았고 추우기(騶虞旗)는 보지 못했다. 어느 시대에 만든 것인지 알지 못했다. 혹은 말하기를 '아패(牙牌)는 비록 장군자(掌軍者)에게 주더라도 다만 장군자만 알 뿐이지, 그 나머지 장수와 군졸이 어떻게 알겠느냐?'라고 한다. 경 등은 마땅히 그 법을 상량(商量)하여 토의하라."

하륜 등이 이에 합의(合議)하여 아뢰었다.

'예전에 새(璽), 인(印), 부(符), 절(節)을 만든 것은 신(信)을 보이고 간사(奸詐)한 것을 막자는 것입니다. 무릇 징소(徵召)에 쓰는 패(牌)를 예전 제도를 참작해 나무로 조각하되 그 모양을 둥글게 하고 그 위에 전자(篆字)로 새겨서 이를 쪼개어 둘로 만들어 오른편 쪽은 감춰두고 왼편 쪽은 나눠 주어서 징소(徵召)가 있으면 그 오른편 쪽을 주어 보내고 징소를 당한 자는 왼편 쪽을 가지고 서로 합(合)해 본 연후에 명령에 응해 곧 궐문(闕門)에 나오고, 그 패(牌)가 서로 합하지 않는 것이 있으면 곧 그 사람을 체포해 대궐에 나와 친히 고할 것. 외방(外方)에 있을 때는 패를 가지고 간 사람을 잡아 가두고 치보(馳報)할 것. 만일 군사를 발(發)할 일이 있으면, 징소(徵召)를 받은 주장(主將)이 궐문(闕門)에 이르거든 친히 왕부(王府)에 간직해 둔 중군 주작(中軍朱雀), 좌군 청룡(左軍靑龍), 우군 백호(右軍白虎)의 기(旗)를 주고, 주장(主將)이 기(旗)를 받아 펼친 연후에 각(角)을 불어 사졸(士卒)을 모으면, 사졸이 각각 그 기(旗) 아래에 모여 주장(主將)의 호령(號令)을 듣고, 그 기(旗)가 아니거든 물러가 둔취(屯聚)하여 내지(內旨)를 기다릴 것. 만일 외방(外方)에 있는 자를 부를 때라면, 입직(入直)한 대언(代言)이 친히 왕지(王旨)를 품(稟)하여 사송(賜送)할 왕부(王府)에 두어 둔 원아패(圓牙牌)를, 신(臣)이라 칭(稱)하여 갑(匣)에 봉(封)해 사자(使者)에게 주고, 본원(本院)의 인(印)을 찍어 말을 기용(起用)하는 문서(文書)를 아울러 주고서 직접 병조(兵曹)에 내려 역마(驛馬)를 타고 달려가게 할 것. 병조(兵曹)는 즉시 의정부(議政府)에 전(傳)해 보고할 것. 부름을 받은 자는 패(牌)를 받고 길을 떠나 서울로 올라올 것. 거짓과 허위가 있는 자는 중한 법률로 처치해 간사와 허위를 막을 것입니다.'

그것을 따랐다.

을축일(乙丑日-21일)에 나무에 성에가 꼈다.

○ 민무구와 무질에게 쌀을 내려주었다. 상이 무구와 무질이 먹을 것이 없는 것을 불쌍히 여겨 쌀을 주게 하니 의정부에서 말씀을 올렸다.

"불충한 사람이 죽지 않은 것만도 다행인데 어찌 쌀을 주겠습니까?"

상이 그 도(道) 감사(監司)에게 전지(傳旨)를 내려 각각 소재지의 관고(官庫)의 쌀 30석을 주었다.

정묘년(丁卯年-23일)에 영의정부사(領議政府事)로 치사(致仕-은퇴)한 권중화(權仲和)가 졸했다. 중화(仲和)는 안동(安東) 사람인데 고려(高麗) 정승 한공(漢功)의 아들이다. 지정(至正) 계사년 을과(乙科) 제2인에 올라 공민왕(恭愍王)을 섬겨 대언(代言)이 됐다가 지신사(知申事)로 옮기고 전선(銓選-인사선발)을 맡았는데 근신(謹愼)하고 주밀

(周密)하여 친구(親舊)에게 사(私)를 두지 않으니 공민왕이 심히 중하게 여겼다. 정당문학(政堂文學)으로 정사년에 동지공거(同知貢擧)가 됐는데 문하(門下)에 명사(名士)가 많았다. 염정(恬靜)[25] 자수(自守)[26]하여 권귀(權貴)에게 아부하지 않아서 세상의 추중(推重)을 받았다. 여러 벼슬을 거쳐 문하찬성사(門下贊成事)에 이르렀다. 태조(太祖)가 즉위한 뒤에 기년(耆年) 숙덕(宿德)으로 판문하부사(判門下府事)를 제수하고 예천백(醴泉伯)을 봉해, 본관(本官)[27]으로 그대로 치사(致仕)하게 했다. 고사(故事)에 정통하므로 무릇 상정(詳定)할 일이 있으면 반드시 나아가서 물었다. 나이 비록 늙었으나 정력(精力)이 쇠하지 않아서 의약(醫藥) 지리(地理) 복서(卜筮)에 통하지 않은 것이 없고, 더욱이 대전(大篆)[28]과 팔분(八分)[29]을 잘 썼다. 평소에 산업(産業)을 다스리지 않고 사람들과 더불어 함께 앉아서 이[蝨]를 잡으며 이야기했다. 늙어서 다만 말라빠진 말 한 필이 있었다. 나이 87세에 죽으니 조회(朝會)를 3일 동안 정지하고, 중관(中官)을 명하여 조제(弔祭)했다. 유사(有司)에 명해 예장(禮葬)하고 문절(文節)이란 시호(諡號)를 내려 주었다. 중궁(中宮)도 또한 내시를 보내 치제(致祭)했다. 아들이 하나이니 방위(邦緯)다.

---

25 마음이 고요하고 평안함을 말한다.

26 행실이나 말을 스스로 조심하여 지키는 것을 말한다.

27 판문하부사를 말한다.

28 한자(漢字) 서체(書體)의 하나로 주(周)나라 선왕(宣王) 때 태사(太史) 주(籒)가 만들었다고 하며 그 특색은 번잡(繁雜)하고 수식(修飾)을 주로 한 점이다.

29 예서(隷書) 이분(二分)과 전서(篆書) 팔분(八分)을 섞어서 만든 한자(漢字)의 서체(書體)로 한(漢)나라 채옹(蔡邕)이 처음 만들었다고 한다.

○ 의정부에서 호구(戶口)의 법을 거듭 밝히기를 청했다.

'인물(人物)의 다소(多少)와 생산(生産), 물고(物故-죽음)된 것을 두루 알지 않음이 없는 것이 나라가 가진 상사(常事)입니다. 인보(隣保)의 법은 이미 일찍이 판지(判旨)를 받아 행이(行移)했사온데 각도(各道)의 감사(監司), 수령관(首領官)과 각관(各官)의 수령(守令) 등이 마음을 써서 거행하지 않습니다. 그러므로 대소 인민(人民)들이 각각 숨기기를 힘써 하나하나 호적에 붙이려고 하지 않아서 양민(良民)과 천인(賤人)이 서로 섞이고 유리(流離)해 도망하는 자가 끊이지 않으니 다시 판지(判旨)의 조령(條令)에 의하여 하나하나 거듭 밝혀 거행하고, 또 대소 호주(戶主)로 하여금 내외 사조(內外四祖) 중에 각각 아는 바를 갖춰 기록하게 하고, 자손(子孫) 노비(奴婢)와 협호(挾戶)살이 하는 사람을 모두 남녀를 물론(勿論)하고 모조리 써서 납장(納狀)케 해 일절 모두 부적(付籍)하고, 그중에 출생(出生)한 자, 물고(物故)한 자, 새로 도착한 자를 각기 호주(戶主)와 이정(里正) 이장(里長)이 즉시 관(官)에 고하게 하되, 만일 즉시 관(官)에 고하지 않는 자가 있으면, 다른 사람이 진고(陳告)하는 것을 허락해 장(杖) 70대를 때리고, 그 가재(家財) 절반을 진고한 사람에게 상(賞)으로 주고, 물고(物故)한 자를 고하지 않는 사람은 3등(等)을 감(減)해 다만 볼기만 치는 것을 항식(恒式)으로 삼아야 할 것입니다. 그리고 여전히 마음을 써서 고찰(考察)하지 않는 각도의 감사 수령관과 즉시 봉행하지 않는 각관(各官)의 수령 등은 "왕지(王旨)를 따르지 않는 것"으로 논(論)해야 할 것입니다. 경성(京城)은 인물(人物)이 더욱 많은데 호구(戶口)의 법이 오래 폐하고 행해지지 않으니 자질구레한 일이 아닙니다. 한성부(漢城府)와 오부(五部)로 하여금 상항(上項)의 예(例)에 따라 전장(專掌)해 시행하게 해야 할 것입니다.'

그것을 따랐다. 정부(政府)에서 이것에 의거해 각도 도관찰사(都觀察使)에게 이첩(移牒)했다.

'도내(道內)의 호수(戶數)와 인구(人口)를 자세히 추고(推考)하여 누락됨이 없이 일일이 성적(成籍)할 것. 각관(各官)의 대소 인민(人民)들이 가산(家産)을 배치(排置)하고 의식(衣食)을 각비(各備)하며 인수(人數)를 많이 거느리고 살면서 한 호(戶)라고 칭하는 자는 덜어내지 말고 전과 같이 완접(完接)하게 할 것. 다만 의식(衣食)을 각별(各別)하는 사람들은 호구(戶口)와 자지(子枝)를 써서 분간(分揀) 시행해 성적(成籍)해 올려보낼 것. 그 중에 생산(生産)했거나 물고(物故)했거나 신도(新到)한 자 등의 소명(小名)은 살고 있는 주명(州名)과 이호(里號) 및 호주(戶主)의 이름을 자세히 조사하여 시행할 것. 매년 연말(年末)에 항식(恒式)으로 정보(呈報)할 것.'

○ 왜적(倭賊)이 회령현(會寧縣)에 침입해 남녀 두 사람을 죽였다.

기사일(己巳日-25일)에 서울과 외방의 처녀(處女) 20세 이상은 혼인할 수 있도록 허락했다. 의정부에서 아뢰었다.

"서울과 외방의 처녀를 도목장(都目狀)을 상고해 그 나이 19세 이하는 전과 같이 혼인(婚姻)을 금하고 사신(使臣)이 친히 점고(點考)하여 머물러둔 처녀와 추쇄(推刷)할 때 나타나지 않은 처녀는 나이를 한정하지 말고 혼인을 금지해야 할 것입니다."

그것을 따랐다. 애초에 황엄(黃儼)이 돌아갈 때 엄이 상에게 말했다.

"2등(等)으로 입격(入格)한 처녀 27인은 혼인을 금해야 합니다."

상이 대답했다.

"여자는 혼인 시기를 지나게 할 수 없으니 만일 대인(大人)께서 그 연수(年數)를 정한다면, 내가 마땅히 혼인을 금하겠소."

엄이 말했다.

"이문화(李文和)가 돌아올 때 내가 마땅히 하나같이 정해 기별하겠습니다."

○사간원에서 최재전(崔在田)의 관직을 파면할 것을 청하니 그것을 따랐다. 소(疏)는 이러했다.

'옛날부터 제 부모에게 박하게 하면서 임금에게 후하게 하는 자는 있지 않습니다. 지금 군자감(軍資監) 최재전(崔在田)은 그 아비가 일찍이 도둑질한 동불(銅佛)로 그릇을 만들었다가 옥중(獄中)에 잡혀 갇혔는데 재전(在田)이 아비라고 하기가 부끄러워서 옥문(獄門)에 걸터앉아 제 아비를 가리키며 말하기를 "이것은 무슨 죄인(罪人)인가?"라고 했고, 또 그 어미가 품팔이꾼[傭夫(용부)]에게 재가(再嫁)해 친히 정구지역(井臼之役)[30]을 하는데 재전이 어미라고 하기가 부끄러워서 일찍이 효양(孝養)하지 아니하고 먼 지방에 갈 때에도 고(告)하지 않았습니다. 이것은 아비도 없고 어미도 없는 것이니 금수(禽獸)와 다를 것이 별로 없어 사람들이 모두 더럽게 여깁니다. 이런 자는 임금에게 충성하고 나라를 돕는 도리에 절대로 바랄 것이 없습니다. 지금 일

30 물을 긷고 절구질하는 일을 말한다.

본(日本)에 사신(使臣)으로 갔다 돌아와서 특별한 상은(上恩)을 입어 영광스럽게 대관(大官)을 받았으니 만약 재전이 적은 공로가 있다면 돈이나 비단으로 상주면 충분합니다. 마침내 아비도 없고 임금도 없는 사람을 3품(品)의 열(列)에 서립(序立)하게 했으니 벼슬은 악덕(惡德)한 자에게 미치지 않는다는 뜻에 어떠합니까? 바라건대 전하께서는 그 직첩(職牒)을 거두고 조정 반열[朝班]에 참여하지 못하게 함으로써 사풍(士風)을 맑게 해야 할 것입니다.'

경오일(庚午日-26일)에 상이 상왕(上王)과 더불어 건원릉(健元陵)에 나아가 동지제(冬至祭)를 거행했다. 각사(各司)에서 한 관원씩 호종(扈從)했다. 상왕이 초헌(初獻), 상이 아헌(亞獻), 영의정부사(領議政府事) 하륜(河崙)이 종헌(終獻)했다. 제사를 마치고 능 옆에 올라 산세(山勢)를 두루 보고 상이 공조판서 박자청(朴子靑)에게 일렀다.

"능침(陵寢)에 소나무와 잣나무가 없는 것은 예전의 법이 아니다. 하물며 전혀 나무가 없는 것이겠는가? 잡풀을 베어버리고 소나무와 잣나무를 두루 심으라."

신미일(辛未日-27일)에 유사(攸司)에 명해 매월 초하루마다 경외(京外) 죄인(罪人)을 기록해 아뢰게 했다. 상이 근신(近臣)에게 일러 말했다.

"무릇 죄를 범한 자로서 석방해 용서할 만한 자가, 혹은 오래 갇혀 있거나, 혹은 오래 외방에 귀양가 있어도 스스로 진달(進達)하지 못하니 참으로 불쌍하다."

사헌부(司憲府), 형조(刑曹), 순금사(巡禁司) 장무(掌務)를 불러 가르침을 내렸다.

"각사(各司)에 갇혀 있는 사람, 직첩(職牒)을 회수한 사람, 각도(各道)에 부처(付處)한 사람들을 매월 초하루마다 갖춰 기록해 계문(啓聞)하고 이를 항식(恒式)으로 삼으라."

계유일(癸酉日-29일)에 승정원(承政院)에 명해 성균관(成均館) 관원의 부지런함과 태만함[勤慢](근만)을 상고하게 했다. 상이 성균관에 명해 매월 월말에 동서재(東西齋) 생원(生員)이 몇 사람이고, 유학(幼學)이 몇 사람인가를 갖춰 기록해 계문(啓聞)하게 하고 승정원에서 그 부지런함과 태만함을 상고하게 했다. 오부 학당(五部學堂)도 역시 이와 같이 했다.

乙巳朔 上親奠于文昭殿.
을사 삭 상 친전 우 문소전

司憲執義鄭守弘等 劾大司憲朴訔. 以訔爲無疾之黨也. 掌令
사헌 집의 정수홍 등 핵 대사헌 박은 이 은 위 무질 지 당 야 장령

辛僴赴臺 監察閔犀角等不祗迎 以僴黨於訔也.
신한 부대 감찰 민서각 등 부 지영 이 한 당어 은 야

流司憲執義鄭守弘于羅州 掌令許謨于樂安 持平鄭欽之于
유 사헌 집의 정수홍 우 나주 장령 허모 우 낙안 지평 정흠지 우

長興 李有喜于順天. 初 下敎一款云: '辭位之時 無咎入與我
장흥 이유희 우 순천 초 하교 일관 운 사위 지 시 무구 입 여 아

言: "高論之人雖多 大臣到父家 有已議承敎者."' 司憲府移牒
언 고론 지 인 수다 대신 도 부가 유 이 의 승교 자 사헌부 이첩

忠淸道觀察使 問無咎以大臣爲誰 無咎對以"河崙嘗至父家曰:
충청도관찰사 문 무구 이 대신 위 수 무구 대 이 하륜 상 지 부가 왈

'上意如此 似不得請.'" 是日 守弘等上疏論崙黨附閔氏不忠之罪
상의 여차 사 부득 청 시일 수홍 등 상소 논 륜 당부 민씨 불충 지 죄

乞收職牒鞫問 仍遣吏守直. 前此有旨 大臣有犯 必先條奏取旨
걸수 직첩 국문 잉 견리 수직 전차 유지 대신 유범 필선 조주 취지

然後乃劾其人.
연후 내 핵 기인

至是 憲府先劾後聞 上聞之大怒 夜召巡禁司副司直崔揆 執
지시 헌부 선핵 후문 상 문지 대로 야 소 순금사 부사직 최규 집

守弘及掌令許謨 持平鄭欽之 李有喜下獄. 又遣承傳宦者尹興阜
수홍 급 장령 허모 지평 정흠지 이유희 하옥 우 견 승전 환자 윤흥부

於崙家 黜去守直憲府書吏所由. 上曰: "無咎所言承敎者 河崙
어 륜 가 출거 수직 헌부 서리 소유 상 왈 무구 소언 승교 자 하륜

曾不與焉 憲府誤矣." 乃命左副代言安騰 同巡禁司官鞫問守弘
증 불여 언 헌부 오의 내 명 좌부대언 안등 동 순금사 관 국문 수홍

等 且問先發言者爲誰 又遣興阜監之. 命巡禁司兼上護軍趙涓曰:
등 차 문 선 발언 자 위수 우 견 흥부 감지 명 순금사 겸 상호군 조연 왈

"守弘等供狀 須取謀害大臣四字. 如不吐實 勿論訊杖多少 以
수홍 등 공장 수 취 모해 대신 사자 여 불 토실 물론 신장 다소 이

招納爲限.” 有喜供稱: “前日之議 臣實唱之. 河崙之罪 情攝不忠
초납 위한 유희 공칭 전일 지 의 신 실 창지 하륜 지 죄 정 섭 불충

君父之讎 不共戴天 所當先發後聞. 臣等迂疎 但守直而請罪耳.”
군부 지 수 불공대천 소당 선발 후문 신등 우소 단 수직 이 청죄 이

於是杖有喜 問首謀者 終不服. 遣左代言李慥于河崙之第 令出
어시 장 유희 문 수모 자 종 불복 견 좌대언 이조 우 하륜 지 제 영출

視事 崙詣闕謝恩啓曰: “今臺員以臣之故 咸受箠楚 臣實自愧 心
시사 륜 예궐 사은 계왈 금 대원 이 신지고 함 수 추초 신 실 자괴 심

豈能安! 乞加寬貸.” 上不答 乃使知申事黃喜傳旨曰: “憲府請罪
기 능안 걸가 관대 상 부답 내 사 지신사 황희 전지 왈 헌부 청죄

之辭 卿應不知 今以告卿.” 喜因以疏意歷告之 崙涕泣而對曰:
지 사 경 응 부지 금 이고 경 희 인 이 소의 역고 지 륜 체읍 이 대왈

“昔者殿下欲傳位 使李叔蕃 李良祐卽臣家諭旨 且使臣劃定辭位
석자 전하 욕 전위 사 이숙번 이양우 즉 신가 유지 차 사신 획정 사위

規模而進 臣謂二人曰: ‘奉如此王旨 來臣家可乎? 上行年雖
규모 이 진 신 위 이인 왈 봉 여차 왕지 래 신가 가호 상 행년 수

六七十 世子雖至三四十 猶爲不可. 況上春秋方盛 世子幼沖 甚
육칠 십 세자 수 지 삼사 십 유 위 불가 황 상 춘추 방성 세자 유충 심

爲不可. 宜還更啓.’ 其後叔蕃等再來曰: ‘主上必欲傳位 以爲
위 불가 의 환 갱계 기후 숙번 등 재래 왈 주상 필 욕 전위 이위

軍國大政 我當斷決 其餘國務與事大等事 政丞與王共治如何?’
군국 대정 아 당 단결 기여 국무 여 사대 등사 정승 여 왕 공치 여하

臣於其時垂泣而答曰: ‘有何政丞與王共治哉? 臣則當以匹馬
신 어 기시 수읍 이 답왈 유 하 정승 여 왕 공치 재 신 즉 당 이 필마

遁居耳. 臣請以一家譬之 臣唯一子別居 盡給以眼前使喚奴婢 其
둔거 이 신 청 이 일가 비지 신 유 일자 별거 진급 이 안전 사환 노비 기

奴婢等以臣子每加鞭撻皆泣 悉還吾家乞憐 臣中分而與之. 況
노비 등 이 신자 매 가 편달 개 읍 실 환 오가 걸련 신 중분 이 여지 황

國有二君 則新舊臣僚 應有造言生事 互相殘滅 不可遏也. 前朝
국 유 이군 즉 신구 신료 응 유 조언 생사 호상 잔멸 불가 알 야 전조

忠烈王傳位忠宣王 忠肅王傳位忠惠王 未幾皆復位 厥鑑不遠.’
충렬왕 전위 충선왕 충숙왕 전위 충혜왕 미기 개 복위 궐감 불원

後數日 上傳國寶於世子. 臣召尙瑞司丞鄭欽之問曰: ‘世子受
후 수일 상 전 국보 어 세자 신 소 상서사 승 정흠지 문왈 세자 수

此寶 將欲如何?’ 欽之曰: ‘計無所出.’ 臣曰: ‘告世子 使若自
차보 장 욕 여하 흠지 왈 계 무 소출 신 왈 고 세자 사 약 자

出意者 陪國寶還入 置於闕內可矣.’ 及再送國寶于世子殿 臣與
출의 자 배 국보 환입 치어 궐내 가의 급 재송 국보 우 세자전 신 여

趙英茂率百官奔告于德壽宮 殿下遣人止之 臣等中途而還. 臣乃
조영무 솔 백관 분고 우 덕수궁 전하 견인 지지 신등 중도 이 환 신 내

入義安大君和之家 謂和曰:‘可急詣德壽宮 啓以今日之事 庶幾
입 의안대군 화 지 가 위 화 왈 가급 예 덕수궁 계 이 금일 지 사 서기
沮止.’是日 臣又至驪興府院君家 謂霽曰:‘今請之不得 大人何
저지 시일 신 우 지 여흥부원군 가 위 제 왈 금 청지 부득 대인 하
不詣闕力止之乎? 群臣亦猶是也 況大人乎? 宜率諸子以請.’霽
불 예궐 역 지지 호 군신 역 유 시야 황 대인 호 의 솔 제자 이청 제
聞臣之言 乃詣闕. 臣與殿下之間 非待今日臺諫劾問而後知也.”
문 신지언 내 예궐 신 여 전하 지 간 비 대 금일 대간 핵문 이후 지 야
又曰:“前朝趙日新 辛旽擅權 言官多受刑. 國家創業以來 言官
우왈 전조 조일신 신돈 천권 언관 다 수형 국가 창업 이래 언관
無受刑者 今以臣之故 乃杖問臺員. 臣之驚恐 何可勝言! 願特賜
무 수형 자 금 이 신지고 내 장문 대원 신 지 경공 하 가 승언 원 특사
放免.”又曰:“犯罪而疑其逃者 守直可也 在涉疑似者 不必守直.
방면 우왈 범죄 이 의 기도 자 수직 가야 재 섭의 사 자 불필 수직
此事亦須詳定.”又曰:“臺諫員 宜用衆人薦望 如有不中程式者
차사 역 수 상정 우왈 대간 원 의용 중인 천망 여유 부중 정식 자
罪及擧主 然不可使官高者擧之. 然則反爲有害 宜取朝士之望.”
죄 급 거주 연 불가 사 관고 자 거지 연즉 반 위 유해 의 취 조사 지 망
上曰:“卿之所言 皆我夙夜于懷之事 唯薦擧之法則慮不及此.”崙
상 왈 경 지 소언 개 아 숙야 우 회 지 사 유 천거 지 법 즉 여 불급 차 륜
泣對曰:“臣非欲干譽也. 若以臣之故 必欲加嚴刑於憲臣 則臣將
읍 대왈 신 비 욕 간예 야 약 이 신지고 필 욕가 엄형 어 헌신 즉 신 장
何面目以示人乎? 伏望上慈.”上曰:“然則予將酌量.”
하 면목 이 시인 호 복망 상자 상 왈 연즉 여 장 작량

議政府左政丞成石璘等詣闕啓曰:“臺員雖狂妄 宜恕之以開
의정부 좌정승 성석린 등 예궐 계왈 대원 수 광망 의 서지 이개
言路.”上曰:“大臣之請甚切 予將減三等施行.”上命巡禁司
언로 상 왈 대신 지 청 심절 여 장 감 삼등 시행 상 명 순금사
照律 欲處臺員以杖一百徒三年. 議政府復詣闕啓曰:“今者臺員
조율 욕처 대원 이 장 일백 도 삼년 의정부 부 예궐 계왈 금자 대원
受刑如此 則後日默默備員 誠不難矣. 彼臺諫之獻言者 欲盡其職
수형 여차 즉 후일 묵묵 비원 성 불난 의 피 대간 지 헌언 자 욕진 기직
耳 豈有他哉! 若以言之不中 驟加罪責 則殿下雖欲聞直言 得乎?
이 기 유 타 재 약 이 언 지 부중 취 가 죄책 즉 전하 수 욕문 직언 득호
前朝之季 今知府事李來之父存吾 直言辛旽之事 恭愍王雖怒
전조 지 계 금 지부사 이래 지 부 존오 직언 신돈 지 사 공민왕 수 노
而猶不加罪.”李來因曰:“臣父但貶長沙監務耳 未嘗受刑.”上
이 유 불 가죄 이래 인왈 신부 단 폄 장사 감무 이 미상 수형 상
曰:“如此輩 以議政府之請而宥之 則後日如此輩 欲以疑似 誣陷
왈 여차 배 이 의정부 지 청 이 유지 즉 후일 여차 배 욕 이 의사 무함

大臣 劾問守直者 無乃屢有之乎? 昔宋太祖與丞相趙普 君臣之
대신 핵문 수직 자 무내 누 유지 호 석 송 태조 여 승상 조보 군신 지

間 相遇甚厚. 我雖不敢以宋祖自比 然相遇之間 豈下於宋太祖
간 상우 심후 아 수 불감 이 송조 자비 연 상우 지 간 기 하어 송 태조

趙丞相之間乎? 且辛旽亂臣也 李存吾直言而貶謫誤矣. 今欲以
조 승상 지 간 호 차 신돈 난신 야 이존오 직언 이 폄적 오의 금 욕 이

晋山君比諸辛旽乎?" 石璘良久不能對. 李茂曰: "據無咎招辭 則
진산군 비 저 신돈 호 석린 양구 불능 대 이무 왈 거 무구 초사 즉

崙到臣父家 言傳位之事 似不得請 與崙之言 但差異耳 非造爲
륜 도 신부 가 언 전위 지 사 사 부득 청 여 륜 지 언 단 차이 이 비 조위

無根之說也." 石璘乃曰: "今觀斷獄之辭 欲坐以上書奏事詐不以
무근 지 설 야 석린 내 왈 금 관 단옥 지 사 욕좌 이 상서 주사 사 불이

實之律 然臺員之言 亦豈指鹿爲馬者哉? 不可謂之詐也." 上乃
실 지 율 연 대원 지 언 역 기 지록위마 자 재 불가 위지 사 야 상 내

曰: "政府大臣申請懇至 特免刑杖 只流于外."
왈 정부 대신 신청 간지 특면 형장 지 유 우외

司諫院左司諫大夫柳伯淳等上疏曰:
사간원 좌사간대부 유백순 등 상소 왈

'古之帝王 設敢諫鼓 立進善旌 而芻蕘必擇 所以廣言路也.
고 지 제왕 설 감간고 립 진선정 이 추요 필 택 소이 광 언로 야

自漢以來 置臺諫 夫以四海之廣 庶事之繁 萃于一官 使言得失
자 한 이래 치 대간 부 이 사해 지 광 서사 지 번 췌 우 일관 사 언 득실

其任重矣. 居是官者 夙夜思慮 凡所見聞 無不言之 惟欲盡職 奚
기임 중의 거 시관 자 숙야 사려 범 소견문 무 불언 지 유 욕 진직 해

計其身之利害哉? 故其所言 雖或不中 人主亦且優容 以廣聰明.
계 기신 지 이해 재 고 기 소언 수 혹 부중 인주 역 차 우용 이광 총명

今憲司以言事 冒觸天威 陷在縲絏 原究其情 非爲身謀 乃欲盡
금 헌사 이 언사 모촉 천위 함 재 누설 원구 기정 비 위 신 모 내 욕 진

其職分而已. 前等諫官 亦以言事 俱被竄謫 曾未閱月 憲司被譴
기 직분 이이 전등 간관 역 이 언사 구 피 찬적 증 미 열월 헌사 피견

中外缺望 今若更加罪責 則非惟言路之茅塞 亦恐有虧於日月之明
중외 결망 금 약 갱가 죄책 즉 비유 언로 지 모색 역 공 유 휴어 일월 지 명

矣. 伏望殿下 擴包容之量 釋敢直之罪 以開言路.'
의 복망 전하 확 포용 지 량 석 감직 지 죄 이개 언로

不允. 又上疏曰:
불윤 우 상소 왈

'自古帝王 莫不崇信言官 以尊瞻視 非重其人 重其任也. 是以
자고 제왕 막불 숭신 언관 이존 첨시 비 중 기인 중 기임 야 시이

居是職者 亦莫不榮幸 思展其志 以盡其職. 降及後世 除拜臺諫
거 시직 자 역 막불 영행 사 전 기지 이진 기직 강 급 후세 제배 대간

者 屢以言事不中 輒罹罪罟 故其於除授之日 親戚故舊莫不危之
자 누이 언사 부중 첩이 죄고 고 기어 제수 지일 친척 고구 막불 위지

戒以言事 則爲是官者 抑鋒挫銳 先喪其志矣. 尙何望其犯顔逆鱗
계이 언사 즉위 시관 자 억봉 좌예 선상 기지 의 상하망기 범안 역린

以盡其職者乎? 厥今憲司以言事繫獄 反以宦官 參鞫其狀 旣加
이진 기직 자호 궐금 헌사 이 언사 계옥 반이 환관 참국 기상 기가

鞭撻 將委重典 中外缺望. 政府上言請免 殿下卽賜兪允 不加
편달 장위 중전 중외 결망 정부 상언 청면 전하 즉사 유윤 불가

鞭杖 只令付處 凡厥庶民 罔不欣戴. 臣等以謂前日諫官 以言事
편장 지령 부처 범궐 서민 망불 흔대 신등 이위 전일 간관 이 언사

違忤 竄謫遐方 今憲司亦以言事 分配東西 數旬之內 臺諫竄逐
위오 찬적 하방 금 헌사 역이 언사 분배 동서 수순 지내 대간 찬축

絡繹于道 恐非明時之美事. 伏望殿下 推寬大之仁 釋敢直之罪
낙역 우도 공비 명시 지 미사 복망 전하 추 관대 지인 석 감직 지죄

勿令付處 以重言責.'
물령 부처 이중 언책

又不允. 上以巡禁司訊臺員不窮治 召而責之. 初 上怒 下臺員
우 불윤 상이 순금사 신 대원 불 궁치 소이 책지 초 상노 하 대원

于獄 加以箠楚 諫官懼不敢言 及聞政府申救切至 上怒頗解 乃
우옥 가이 추초 간관 구 불감 언 급문 정부 신구 절지 상노파해 내

上疏. 上召司諫院掌務正言朴安臣 傳旨曰: "爾等前日再上疏.
상소 상소 사간원 장무 정언 박안신 전지 왈 이등 전일 재 상소

初疏則議政府亦請宥 故予但流守弘等于諸州而不罪之 爾等何
초소 즉 의정부 역 청유 고여 단유 수홍 등우 제주 이부 죄지 이등 하

不察事之是非 而以憲司爲是歟? 人有誣陷大臣 人君罪之 不亦
불찰 사지 시비 이이 헌사 위시 여 인유 무함 대신 인군 죄지 불역

宜乎? 若後疏則特窺伺予意 待其稍解 而後敢言耳. 何爲不上疏
의호 약 후소 즉특 규사 여의 대기 초해 이후 감언 이 하위 불 상소

於初 而至是再上疏乎? 所爲如是 乃欲釣名乎?" 安臣慙懼而退.
어초 이 지시 재 상소 호 소위 여시 내욕 조명 호 안신 참구 이퇴

丙午 命圖畫院 國喪三年內 毋得進歲畫.
병오 명 도화원 국상 삼년 내 무득 진 세화

賜山陵赴役工匠等米布有差.
사 산릉 부역 공장 등 미포 유차

丁未 處女權氏等五人 詣中宮辭 靜妃厚慰之.
정미 처녀 권씨 등 오인 예 중궁 사 정비 후 위지

戊申 禮曹請閱樂取才. 啓曰: "今以國喪 停樂三年 然樂工
무신 예조 청열 악 취재 계왈 금이 국상 정악 삼년 연 악공

取才 必閱樂而後 可以定其高下. 況於廟社之樂 亦不敢廢? 乞
취재 필 열악 이후 가이 정기 고하 황어 묘사 지악 역 불감 폐 걸

今年歲末 典樂雅樂工人取才 依舊閱樂施行.”
금년 세말 전악 아악 공인 취재 의구 열악 시행

己酉 霧.
기유 무

太平館西廊二十間災.
태평관 서랑 이십 간 재

庚戌 日本丹州守源延 遣使獻土物 發還被擄人口.
경술 일본 단주 수 원연 견사 헌 토물 발환 피로 인구

辛亥 御經筵廳聽政. 議政府六曹臺諫始入啓事. 上曰: “宰相
신해 어 경연청 청정 의정부 육조 대간 시 입 계사 상 왈 재상
之位如晉山府院君者 古有之 至如李氏社稷 特有功德者 無如
지 위 여 진산부원군 자 고 유지 지 여 이씨 사직 특 유 공덕 자 무여
晉山府院君者. 今憲府但以承敎之說 至於守直可乎? 丙戌辭位
진산부원군 자 금 헌부 단 이 승교 지 설 지어 수직 가호 병술 사위
之時 晉山指陳不可 言甚切至. 若其謂驪興府院君曰不得復請
지 시 진산 지진 불가 언 심 절지 약 기위 여흥부원군 왈 부득 부청
者 欲府院君之復請也. 以此微言 動搖大臣可乎? 今觀李有喜
자 욕 부원군 지 부청 야 이 차 미언 동요 대신 가호 금 관 이유희
供辭 乃曰: ‘崙 不忠之臣也 先發後聞可矣 以臣等迂疎未敢耳.’
공사 내 왈 륜 불충 지 신 야 선발 후문 가의 이 신등 우소 미감 이
若如有喜之言 則是國家無政刑矣. 臣子擅行誅戮 則與春秋戰國
약여 유희 지 언 즉 시 국가 무 정형 의 신자 천행 주륙 즉 여 춘추 전국
之世何異哉? 今海島倭賊 私相賊殺. 有喜之言 誠島倭矣.” 乃
지 세 하이 재 금 해도 왜적 사상 적살 유희 지 언 성 도왜 의 내
目左司諫柳伯淳曰: “卿通今達古 足以知憲府之非矣 今反以
목 좌사간 유백순 왈 경 통금달고 족이 지 헌부 지 비 의 금 반이
爲是 何也? 予欲下諫官於巡禁司 質問其故 卿將何以? 予在位八
위시 하야 여 욕하 간관 어 순금사 질문 기고 경 장 하이 여 재위 팔
年 臺諫之眞能以義陳於予者 幾希. 有以宮室土木車馬服玩之類
년 대간 지 진 능 이의 진어 여 자 기희 유 이 궁실 토목 거마 복완 지 류
爲言 則予固從之 有以田獵酒色爲言 此承人指嗾 予不以爲直也.
위언 즉 여 고 종지 유 이 전렵 주색 위언 차 승인 지주 여 불 이위 직 야
予生長武家 深知鷹犬遊田之味 今乃節約 不至太甚. 若晉山 乃
여 생장 무가 심지 응견 유전 지 미 금 내 절약 부지 태심 약 진산 내
李氏社稷之臣也. 盡忠於我 豈可以非罪動搖乎? 予非私晉山也.
이씨 사직 지 신 야 진충 어 아 기 가 이 비죄 동요 호 여 비 사 진산 야
實有大逆之謀 則予何惜之! 自今諫臣愼勿上如此疏.” 伯淳伏地
실 유 대역 지 모 즉 여 하 석지 자금 간신 신 물상 여차 소 백순 복지
流汗 未卽對. 兵曹判書南在進曰: “諫院之疏 誠非以崙爲有罪
유한 미 즉대 병조판서 남재 진왈 간원 지 소 성 비 이 륜 위 유죄

也 特庇憲府之言也. 若加以失言之罪 則後日欲進忠言者 畏憚而
야 특비 헌부 지 언 야 약 가 이 실언 지 죄 즉 후일 욕진 충언 자 외탄 이

不敢 言路將廢塞耳." 上默然.
불감 언로 장 폐색 이 상 묵연

以朴訔爲參知議政府事 孟思誠大司憲 李季拱執義 李伯謙
이 박은 위 참지 의정부 사 맹사성 대사헌 이계공 집의 이백겸

掌令 李安恭持平 尹普老義興司大護軍 任添年仁寧府左司尹
장령 이안공 지평 윤보로 의흥사 대호군 임첨년 인녕부 좌사윤

呂貴眞忠佐司中領護軍 李文命恭安府判官 權永均中軍司正
여귀진 충좌사 중령 호군 이문명 공안부 판관 권영균 중군 사정

崔得霏中軍副司正. 普老嘗告林瑩之言也.
최득비 중군 부사정 보로 상 고 임형 지 언 야

初 上召朴訔復視事 訔啓曰: "臣再被彈劾 物論紛然. 臣年
초 상 소 박은 부 시사 은 계왈 신 재 피 탄핵 물론 분연 신 연

未老 報國有時 伏望解臣職任." 從之. 召監察房主閔犀角 有司
미로 보국 유시 복망 해 신 직임 종지 소 감찰 방주 민서각 유사

金熙 李孟畛 傳曰: "今後臺長 如有不稱其職者 卽古諸本府
김희 이맹진 전왈 금후 대장 여유 불칭 기직 자 즉 고 저 본부

可矣. 若迎送之禮 不可擅廢."
가의 약 영송 지 례 불가 천폐

前左軍都摠制朴子安卒. 輟朝三日 賻米豆五十石 紙一百卷及
전 좌군 도총제 박자안 졸 철조 삼일 부 미두 오십 석 지 일백 권 급

槨 諡襄惠. 子安瓌偉有將略. 二子 實 牖.
곽 시 양혜 자안 괴위 유 장략 이자 실 유

壬子 上如太平館 宴使臣.
임자 상 여 태평관 연 사신

癸丑 以左軍同知摠制崔龍和 兼京畿左右道水軍都節制使.
계축 이 좌군 동지총제 최용화 겸 경기좌우도 수군도절제사

吉昌君權近上臺諫職任事目. 上言曰:
길창군 권근 상 대간 직임 사목 상언 왈

'今月初七日 禮曹參議卞季良 正郎張贇等 敬奉王旨 令與臣
금월 초 칠일 예조참의 변계량 정랑 장빈 등 경봉 왕지 영 여 신

近 同考宋制臺諫職任事目 條列投進以聞者. 臣竊惟臺諫 人主
근 동고 송제 대간 직임 사목 조열 투진 이문 자 신 절유 대간 인주

之耳目 選授除罷 不可以不重. 嘗在國初 臣奉化伯鄭道傳編修
지 이목 선수 제파 불가이 부중 상 재 국초 신 봉화백 정도전 편수

經濟文鑑 其於臺諫之任 歷代沿革 先儒格言 靡不具載 臣在當時
경제문감 기어 대간 지 임 역대 연혁 선유 격언 미불 구재 신 재 당시

同加校正 其言職任之重 無餘蘊矣. 今承上命 再考文鑑所未嘗載
동 가 교정 기언 직임 지 중 여 온 의 금 승 상명 재고 문감 소미상재

宋制沿革及宋朝臺諫賢臣言行事迹一二條件 參考繕寫 仍將
송제 연혁 급 송조 대간 현신 언행 사적 일이 조건 참고 선사 잉 장

經濟文鑑一秩投進 淸讌之暇 特賜一覽 庶幾有補於從諫之美德.
경제문감 일질 투진 청연 지 가 특사 일람 서기 유 보어 종간 지 미덕

臣竊伏惟念 敢言不諱 人臣之勁節 優容弗咈 人主之盛德. 故在
신 절복 유념 감언 불휘 인신 지 경절 우용 불불 인주 지 성덕 고 재

言責者 其言雖過 必須優容者二條. 今日苟以過言罪之 則明日進
언책 자 기언 수 과 필수 우용 자 이 조 금일 구 이 과언 죄지 즉 명일 진

直言者 亦必畏憚而不敢進言 是塞言路一也. 其言雖過 其心卽
직언 자 역 필 외탄 이 불감 진언 시 색 언로 일야 기언 수 과 기심 즉

爲公室納忠也 其與阿附諂佞 負公室而圖便身者不同 固可優容
위 공실 납충 야 기 여 아부 첨녕 부 공실 이 도 편신 자 부동 고 가 우용

以觀來者二也.
이관 내자 이야

昔 孔子美舜之德 乃曰: "隱惡而揚善." 舜豈不欲惡之可罪哉?
석 공자 미 순지덕 내 왈 은악 이 양선 순 기 불욕 악 지 가죄 재

然必隱而不宣者 蓋在聽言之道 若不隱惡而罪之 則善者亦將恐懼
연 필 은 이 불선 자 개 재 청언 지 도 약 불 은악 이 죄지 즉 선자 역 장 공구

而不言矣. 故必隱惡 然後可以來善言 此聖人好善求言之要道
이 불언 의 고 필 은악 연후 가이 래 선언 차 성인 호선 구언 지 요도

萬世人主之大法也. 今我主上殿下從諫之美 好善之德 同符大舜
만세 인주 지 대법 야 금 아 주상 전하 종간 지 미 호선 지 덕 동부 대순

益以大舜隱惡爲法 自今進言者 雖有謬妄失當之罪 小則優容 大
익 이 대순 은악 위법 자금 진언 자 수 유 유망 실당 지 죄 소 즉 우용 대

則罷黜 毋敢加以縲絏鞭撻之辱 比於他犯 常從末減 定爲恒式
즉 파출 무감 가이 누설 편달 지 욕 비어 타범 상종 말감 정위 항식

以勵士氣 以廣言路 以增聖德 以永後法.'
이려 사기 이광 언로 이증 성덕 이영 후법

上覽書曰: "予之意 非此之謂也. 臺諫苟有過失 罪之如何 舊法
상 람 서 왈 여 지 의 비 차 지위 야 대간 구 유 과실 죄지 여하 구법

有無 令禮曹與權近 歷考宋制以聞 此必誤傳也. 然所言甚善 吾
유무 영 예조 여 권근 역고 송제 이문 차 필 오전 야 연 소언 심선 오

欲常置左右 以爲矜式."
욕 상치 좌우 이위 긍식

甲寅 罷十司兼上護軍 復置三軍掌軍摠制 中軍五員 左右軍
갑인 파 십사 겸 상호군 부치 삼군 장군 총제 중군 오원 좌우군

各四員 又置三軍經歷都事. 以安城君李叔蕃 長川君李從茂 兼
각 사원 우 치 삼군 경력 도사 이 안성군 이숙번 장천군 이종무 겸

中軍都摠制 金南秀爲中軍都摠制 會寧君馬天牧 兼中軍摠制
중군 도총제 김남수 위 중군 도총제 회령군 마천목 겸 중군 총제

李衎爲中軍摠制 平壤君趙大臨 漢平君趙涓 谷山君延嗣宗兼
이간 위 중군 총제 평양군 조대림 한평군 조연 곡산군 연사종 겸

左軍都摠制 成發道爲左軍摠制 吉昌君權跬 沔城君韓珪 兼右軍
좌군 도총제 성발도 위 좌군 총제 길창군 권규 면성군 한규 겸 우군

都摠制 趙秩爲右軍摠制 金萬壽右軍同知摠制.
도총제 조질 위 우군 총제 김만수 우군 동지총제

乙卯 上遣左代言李慥 健元陵下誌石. 其文曰:
을묘 상 견 좌대언 이조 건원릉 하 지석 기문 왈

'永樂六年五月二十四日壬申 我太祖至仁啓運聖文神武大王
영락 육년 오월 이십사 일 임신 아 태조 지인 계운 성문 신무 대왕

奄棄群臣. 我殿下哀慕罔極 諒闇盡禮 謹率群臣 奉上尊號 以
엄기 군신 아 전하 애모 망극 양암 진례 근 솔 군신 봉상 존호 이

是年九月初九日甲寅 安厝于城東 楊州治之儉巖村健元陵 禮也.
시년 구월 초 구일 갑인 안조 우 성동 양주 치 지 검암촌 건원릉 예야

謹按璿源所自 繇新羅氏以來 世有達官 累仁積德 以裕後慶.
근안 선원 소자 요 신라씨 이래 세 유 달관 누인 적덕 이유 후경

逮皇高祖穆王始仕元朝 爲千夫長 四世襲爵 士卒樂附. 我太祖
체 황고조 목왕 시 사 원조 위 천부장 사세 습작 사졸 낙부 아 태조

少蘊器局 勇略絶倫 豁達有濟世之量 至仁好生 出於天性. 早
소온 기국 용략 절륜 활달 유 제세 지 량 지인 호생 출어 천성 조

事高麗恭愍王 累官至將相 出入中外 屢立大功 以安國民. 行師
사 고려 공민왕 누 관 지 장상 출입 중외 누 립 대공 이안 국민 행사

整肅 秋毫無犯 大小百餘戰. 辛丑之殲紅賊 收復王城 壬寅之走
정숙 추호 무범 대소 백여 전 신축 지 섬 홍적 수복 왕성 임인 지 주

納氏 庚申之捷雲峯 尤所稱道者也. 恭愍無嗣暴薨 其臣林堅味
납씨 경신 지 첩 운봉 우 소칭도 자 야 공민 무사 폭홍 기신 임견미

等 專擅國政 奪攘土田 貪汚無度. 侍中崔瑩憤行誅戮 以我太祖
등 전천 국정 탈양 토전 탐오 무도 시중 최영 분행 주륙 이 아 태조

爲守侍中 從人望也. 瑩又不學 妄興師旅 謀欲攻遼 以我太祖爲
위 수시중 종 인망 야 영 우 불학 망흥 사려 모 욕 공료 이 아 태조 위

右軍都統使 逼遣境上. 我太祖與諸將議曰: "以小事大 古今之
우군 도통사 핍 견 경상 아 태조 여 제장 의왈 이소 사대 고금 지

通義. 與其①得罪上國 貽禍生民 豈若除去權臣 以安一國乎?"
통의 여기 득죄 상국 이화 생민 기 약 제거 권신 이안 일국 호

乃與諸將 仗義回軍 執退瑩 以正其罪; 選立王氏宗親恭讓君
내 여 제장 장의 회군 집 퇴 영 이정 기죄 선립 왕씨 종친 공양군

盡忠匡輔 任用賢才 革私田以正經界 汰冗官以重名器 立經陳紀
진충 광보 임용 현재 혁 사전 이정 경계 태 용관 이중 명기 입경 진기

規模宏大 前朝弊政 靡不盡除 中外民心 翕然歸附 而恭讓昏迷
규모 광대 전조 폐정 미불 진제 중외 민심 흡연 귀부 이 공양 혼미

多忌 將謀不利. 洪武二十五年壬申秋七月 忠臣義士 合辭推戴
다기 장모 불리 홍무 이십오 년 임신 추 칠월 충신 의사 합사 추대

我太祖 讓至再三 迫於群情 勉登寶位. 遣密直臣趙胖 聞達朝廷
아 태조 양 지 재삼 박어 군정 면등 보위 견 밀직 신 조반 문달 조정

欽蒙高皇帝聖旨 許更國號 以復朝鮮之稱. 戊寅秋九月 不豫
흠몽 고황제 성지 허경 국호 이복 조선 지 칭 무인 추 구월 불예

內禪于上王; 庚辰冬十一月 上王亦不豫 又禪于我殿下 進尊號
내선 우 상왕 경진 동 십일월 상왕 역 불예 우 선 우 아 전하 진 존호

我太祖爲啓運神武太上王. 春秋七十四歲 在王位七年 老不聽政
아 태조 위 계운 신무 태상왕 춘추 칠십 사 세 재 왕위 칠년 노 불 청정

以享榮養 十有一年 終始哀榮 斯其備矣.
이향 영양 십 유 일년 종시 애영 사 기비 의

首妃韓氏 贈領門下府事諱卿之女 先薨 追諡承仁順聖
수비 한씨 증 영문하부사 휘 경 지 녀 선훙 추시 승인 순성

神懿王后. 誕六男二女: 長曰芳雨 封鎭安君先卒 次上王 我殿下
신의왕후 탄 육 남 이 녀 장 왈 방우 봉 진안군 선졸 차 상왕 아 전하

爲第五 曰芳毅爲第三 封益安大君亦先卒. 曰芳幹爲第四 封
위 제오 왈 방의 위 제삼 봉 익안대군 역 선졸 왈 방간 위 제사 봉

懷安大君; 曰芳衍爲第六 登科不祿. 女長曰 慶愼宮主 適上黨君
회안대군 왈 방연 위 제육 등과 불록 여 장 왈 경신 궁주 적 상당군

李佇 非一李也. 次曰慶善宮主 適靑原君沈淙. 上王無嫡嗣. 我
이저 비 일 이 야 차 왈 경선 궁주 적 청원군 심종 상왕 무 적사 아

中宮靜妃閔氏 驪興府院君諱霽之女 誕四男四女; 男長 世子褆
중궁 정비 민씨 여흥부원군 휘 제 지 녀 탄 사 남 사 녀 남 장 세자 제

次補 孝寧君 次今上【諱】忠寧君 次幼. 女長貞順宮主 適淸平君
차 보 효령군 차 금상 휘 충녕군 차 유 여 장 정순 궁주 적 청평군

李伯剛 亦非一李. 次慶貞宮主 適平壤君趙大臨; 次慶安宮主 適
이백강 역 비 일 이 차 경정 궁주 적 평양군 조대림 차 경안 궁주 적

吉川君權跬; 次幼.
길천군 권규 차 유

初定駙馬諸君三功臣伴黨之數 以十人爲式.
초 정 부마 제군 삼공신 반당 지 수 이 십인 위 식

丙辰 黃儼等以處女還京師 上餞于慕華樓. 以藝文館大提學
병진 황엄 등 이 처녀 환 경사 상 전우 모화루 이 예문관 대제학

李文和爲進獻使 齎純白厚紙陸千張赴京. 附奏曰:
이문화 위 진헌사 재 순백 후지 육 천장 부경 부주 왈

'永樂六年四月十六日 欽差太監黃儼等官到國 傳奉宣諭: "恁
영락 육년 사월 십육 일 흠차 태감 황엄 등 관 도국 전봉 선유 임

去 朝鮮國和國王【李諱】說 有生得好的女子 選揀幾名將來."
거 조선국 화 국왕 이 휘 설 유 생득 호적 여자 선간 기명 장래

欽此. 臣【諱】欽依 於本國在城及各道府州郡縣 選揀到文武幷
흠차 신 휘 흠의 어 본국 재 성 급 각도 부 주 군현 선간 도 문무 병
軍民家女子 與同欽差官等選揀女子五名 差陪臣李文和 根同
군민 가 여자 여동 흠차관 등 선간 여자 오명 차 배신 이문화 근동
欽差太監黃儼等官赴京外 今將各女子生年月日幷父職名籍貫
흠차 태감 황엄 등 관 부 경외 금 장 각 여자 생년월일 병 부 직명 적관
一一開坐 謹具奏聞. 一名 嘉善大夫工曹典書權執中女 年一十八
일일 개좌 근 구 주문 일명 가선대부 공조전서 권집중 여 연 일십 팔
歲 辛未十月二十六日巳時生 籍貫慶尙道安東府 見住漢城府.
세 신미 십월 이십 육일 사시 생 적관 경상도 안동부 현주 한성부
一名 通訓大夫仁寧府左司尹任添年女 年一十七歲 壬申十月
일명 통훈대부 인녕부 좌사윤 임첨년 여 연 일십 칠 세 임신 십월
二十六日戌時生 籍貫忠淸道懷德縣 見住漢城府. 一名 通德郎
이십 육일 술시 생 적관 충청도 회덕현 현주 한성부 일명 통덕랑
恭安府判官李文命女 壬申十月十八日戌時生 籍貫畿內左道
공안부 판관 이문명 여 임신 십월 십팔일 술시 생 적관 기내 좌도
仁州. 一名 宣略將軍忠佐侍衛司中領護軍呂貴眞女 年十六歲
인주 일명 선략장군 충좌시위사 중령 호군 여귀진 여 연 십육 세
癸酉十一月初二日巳時生 籍貫豐海道 谷城郡 見住漢城府. 一名
계유 십일월 초 이일 사시 생 적관 풍해도 곡성군 현주 한성부 일명
中軍副司正崔得霏女 年一十肆歲 乙亥十月初八日午時生 籍貫
중군 부사정 최득비 여 연 일십 사 세 을해 십월 초 팔일 오시 생 적관
畿內左道水原府. 從者女使一十六名 火者一十二名.
기내 좌도 수원부 종자 여사 일십 육 명 화자 일십 이명

文和 卽文命之兄也. 帝嘗求十分純潔光姸好細白紙于我 已
문화 즉 문명 지 형 야 제 상 구 십분 순결 광연 호 세백지 우 아 이
使安魯生 洪恕 偰眉壽節次齎進二萬一千張. 至是 上不欲名言
사 안노생 홍서 설미수 절차 재진 이만 일천 장 지시 상 불욕 명언
奏進處女 故使文和若齎進紙箚然. 文命 貴眞 得霏及執中之子
주진 처녀 고 사 문화 약 재진 지차 연 문명 귀진 득비 급 집중 지 자
永均 皆充押物 獨添年以疾未行. 是行也 其父母親戚 哭聲載路.
영균 개 충 압물 독 첨년 이질 미행 시행 야 기 부모 친척 곡성 재로
吉昌君權近爲賦試云:
길창군 권근 위 부시 운

'九重思窈窕 萬里選娉婷 翟茀行迢遞 鯷岑漸杳冥 辭親語難決
구중 사 요조 만리 선 빙정 적불 행 초체 제삼 점 답명 사친 어 난결
忍漏拭還零 惆愴相離處 群山入夢靑.'
인루 식 환령 추창 상리 처 군산 입 몽 청

先是有童謠 近又作詩以解之曰:
선시 유 동요 근 우 작시 이 해지 왈

‘麥熟當求麥 日曛求女兒. 蝶猶能有眼 來擇未開枝.’
맥 숙 당 구 맥 일 훈 구 여아 접 유 능 유안 내 택 미개 지

改命各道侍衛軍節度使. 京畿右道李貴齡 全羅道曹恰 慶尙道
개명 각도 시위군 절도사 경기우도 이귀령 전라도 조흡 경상도

沈淙 金承霔 江原道李承幹 沈仁鳳 東北面尹柢 安州道洪敷.
심종 김승주 강원도 이승간 심인봉 동북면 윤저 안주도 홍부

又改色掌爲鎭撫.
우 개 색장 위 진무

丁巳 林瑩伏誅. 杖金涉一百 流于寧海; 杖金貴一百 徒三年.
정사 임형 복주 장 김섭 일백 유 우 영해 장 김귀 일백 도 삼년

巡禁司具林瑩等獄辭以聞. 瑩供稱: “曾見金涉 言: ‘李氏三十
순금사 구 임형 등 옥사 이문 형 공칭 증 견 김섭 언 이씨 삼십

年基業後 他李氏出.’ 今歲中秋日 至重光寺 見尹普老 又以此言
년 기업 후 타 이씨 출 금세 중추일 지 중광사 견 윤보로 우 이 차언

告之.” 金涉供稱: “林瑩曾到我家 說讖書之言 予曰: ‘如此怪言
고지 김섭 공칭 임형 증 도 아가 설 참서 지 언 여 왈 여차 괴언

愼勿更說.’ 以其言不祥 故不敢現告.” 金貴供稱: “林瑩曾到我家
신 물 갱설 이 기언 불상 고 불감 현고 김귀 공칭 임형 증 도 아가

我以家藏寅卯事可知 辰巳聖人出之讖出示之.” 林瑩合依大明律
아 이 가장 인묘 사 가지 진사 성인 출 지 참 출 시지 임형 합의 대명률

說大言語 扇惑人衆 斬; 金涉罪比知情匿藏罪人律 杖一百流
설 대 언어 선혹 인중 참 김섭 죄 비 지정 익장 죄인 률 장 일백 유

三千里; 金貴依私有妖書 隱藏不送官律 杖一百徒三年 命皆依律
삼천리 김귀 의 사유 요서 은장 불송 관 률 장 일백 도 삼년 명 개 의율

施行. 瑩已死獄中 出而斬之.
시행 형 이사 옥중 출 이 참지

己未 上親奠于文昭殿 世子 禔當爲亞獻 不及至 乃命河崙
기미 상 친전 우 문소전 세자 제 당위 아헌 불 급지 내 명 하륜

亞獻. 上以詰世子 對有疾. 上責知通禮門事孫閏祖曰: “後復
아헌 상 이힐 세자 대 유질 상 책 지통례문사 손윤조 왈 후 부

如此 卽當罪汝.” 司諫院上疏曰:
여차 즉 당 죄 여 사간원 상소 왈

‘養儲副 不可不謹. 上自賓師 下至僕御 罔非正人 朝夕與居 乃
양 저부 불가 불근 상자 빈사 하지 복어 망비 교언 조석 여거 내

可涵養薰陶 文修不逮 以成其德. 今大護軍孫閏祖 徒有巧言善柔
가 함양 훈도 문수 불체 이성 기덕 금 대호군 손윤조 도 유 교언 선유

之佞 而無忠信誠恪之行 士林指爲豪俠 羞與爲齒. 曩者 其弟
지 녕 이 무 충신 성각 지 행 사림 지 위 호협 수 여 위치 낭자 기제

閏物 奸人之妻 見執本夫 被撻籲呼 其母不忍坐視 奔往救之
윤물 간 인지처 견집 본부 피달 유호 기모 불인 좌시 분왕 구지

受辱於賤隷之手. 閏祖在旁 不卽救難 是無孝心也 又 無告訴
수욕 어 천예 지 수 윤조 재방 부즉 구난 시 무 효심 야 우 무 고소

報復之意 公然朝士 是無節義也. 薄於親而厚於君者 未之有也;
보복 지 의 공연 조사 시 무 절의 야 박어 친 이 후어 군 자 미지 유 야

無節義而有忠誠者 亦未之有也. 今乃職居贊禮 不愼厥職 遂使
무 절의 이 유 충성 자 역 미지 유 야 금 내 직 거 찬례 불신 궐직 수 사

世子低下 不及與祭 此亦輕薄不敬之一端也. 伏望殿下 更擇溫良
세자 저하 불급 여제 차 역 경박 불경 지 일단 야 복망 전하 갱 택 온량

謹厚之人 使爲贊禮 放黜閏祖 勿與朝官 以勵士風.'
근후 지 인 사위 찬례 방출 윤조 물여 조관 이려 사풍

上覽疏曰: "世子之不及祭 非獨閏祖 乃左右宦寺之罪也. 予將
상 람 소 왈 세자 지 불급 제 비독 윤조 내 좌우 환시 지 죄 야 여 장

幷罪宦竪矣 今從卿等所言者 以閏祖前項所犯也." 乃罷閏祖職.
병 죄 환수 의 금 종 경 등 소언 자 이 윤조 전항 소범 야 내 파 윤조 직

庚申 命除百官會于朝房. 上自太祖之薨 以衰絰不視朝 然遇
경신 명제 백관 회 우 조방 상 자 태조 지 훙 이 최질 불 시조 연 우

六衙則百官會于朝房 至是除之 以冱寒也.
육아 즉 백관 회 우 조방 지시 제지 이 호한 야

議政府請申經濟六典 薦擧之法:
의정부 청신 경제육전 천거 지 법

'謹按經濟六典一款云: "各道經明行修 道德兼備 可爲師範者;
근안 경제육전 일관 운 각도 경명 행수 도덕 겸비 가위 사범 자

識通時務 才合經濟 可建事功者; 習於文辭 工於筆札 可當文翰
식통 시무 재 합 경제 가건 사공 자 습어 문사 공어 필찰 가당 문한

之任者; 精於律算 達於吏治 可當臨民之職者; 謀深韜略 勇冠
지 임 자 정어 율산 달어 이치 가당 임민 지 직 자 모심 도략 용관

三軍 可爲將帥者; 習於射御 工於棒石 可當軍務者; 天文 地理
삼군 가위 장수 자 습어 사어 공어 봉석 가당 군무 자 천문 지리

卜筮 醫藥 或攻一藝者 備細訪問 敦遣于朝 以備擢用." 近來
복서 의약 혹 공 일예 자 비세 방문 돈견 우 조 이비 탁용 근래

不卽擧行 不無遺逸 依六典內條令擧行; 今後監司守令能否 亦以
부즉 거행 불무 유일 의 육전 내 조령 거행 금후 감사 수령 능부 역 이

得人多少 以憑考察.'
득인 다소 이빙 고찰

從之. 上嘗謂近臣曰: "自古人主 未必賢也 然良臣多 則國治
종지 상 상 위 근신 왈 자고 인주 미필 현 야 연 양신 다 즉 국치

矣. 今用人以保擧 雖似公選 然率多世家之子 未見奇才之見用
의 금 용인 이 보거 수 사 공선 연 솔다 세가 지 자 미견 기재 지 견용

也." 代言李慥對曰: "古有貢士之法 宜令各道擧賢良方正孝廉
야 대언 이조 대왈 고 유 공사 지 법 의 령 각도 거 현량 방정 효렴

升于朝 令吏兵二曹試之 所貢非其人 則罪之 庶幾得人矣." 至是
승 우 조 영 이병 이조 시지 소공 비 기인 즉 죄지 서기 득인 의 지시
政府有是啓.
정부 유 시계

護軍平道全 還自對馬島. 宗貞茂使人陳慰 獻馬二匹 發還
호군 평도전 환자 대마도 종정무 사인 진위 헌마 이필 발환
被擄人.
피로인

令李伯恭京外從便. 左正言朴安臣啓曰: "曩者 持平李伯恭
영 이백공 경외종편 좌정언 박안신 계왈 낭자 지평 이백공
罪與同僚同 而以掌務之故 獨流忠州 其同僚至有受職者 乞
죄 여 동료 동 이 이 장무 지 고 독 류 충주 기 동료 지 유 수직 자 걸
原之." 上曰: "予適忘之爾. 若此等事 宜數告予 予當聽之." 乃
원지 상 왈 여 적 망지 이 약차 등사 의 수 고 여 여 당 청지 내
有是命.
유 시명

癸亥 司諫院請大丘縣令玉沽之罪 不允. 疏曰:
계해 사간원 청 대구 현령 옥고 지 죄 불윤 소왈

'國家設臺諫 以糾庶官 故臺諫移文 庶官汲汲奉行 乃可以立
국가 설 대간 이규 서관 고 대간 이문 서관 급급 봉행 내 가이 립
紀綱而成事功也. 曩者 亂賊閔無疾 在付處之所 不悛其惡 交結
기강 이 성 사공 야 낭자 난적 민무질 재 부처 지 소 부전 기악 교결
雜人 又娶士人曹得時之女 恣行不法. 本院移文監司 以覈其狀
잡인 우 취 사인 조득시 지 녀 자행 불법 본원 이문 감사 이핵 기상
差使員大丘縣令玉沽 黨附亂賊 不卽奉行 及至再三移文催督 勢
차사원 대구 현령 옥고 당부 난적 부즉 봉행 급지 재삼 이문 최독 세
不得已 乃微報其狀. 其他往來交結者 已曾蒙宥 若玉沽不遵邦憲
부득이 내 미 보 기상 기타 왕래 교결 자 이증 몽유 약 옥고 부준 방헌
輕慢所司之罪 不可不懲. 請下攸司 痛懲其罪 以戒後來.'
경만 소사 지 죄 불가 부징 청하 유사 통징 기죄 이계 후래

上召正言朴安臣傳曰: "無咎 無疾付處之所 守令往來相見者
상 소 정언 박안신 전왈 무구 무질 부처 지 소 수령 왕래 상견 자
及關於閔氏之事 已掃除之矣 其勿復論."
급 관어 민씨 지 사 이 소제 지 의 기 물 부론

減闕內供億之費. 命豐儲倉司膳署 開寫每月上供米豆之數以聞
감 궐내 공억 지 비 명 풍저창 사선서 개사 매월 상공 미두 지 수 이문
多所裁損.
다 소재손

召領議政府事河崙 左政丞成石璘 領三軍府事趙英茂 吉昌君
소 영 의정부 사 하륜 좌정승 성석린 영 삼군부 사 조영무 길창군

權近 安城君李叔蕃 兵曹判書南在 議牙牌之法. 上曰: "動兵
권근 안성군 이숙번 병조판서 남재 의 아패 지 법 상 왈 동병
之時 焉知不有詐傳王旨者? 當令軍將曉然知軍令自內出也. 河
지 시 언 지 불유 사전 왕지 자 당 령 군장 효연 지 군령 자내 출 야 하
政丞嘗曰: '當作騶虞旗以示信.' 吉昌君曰: '當制牙牌 授掌軍者
정승 상 왈 당작 추우기 이시 신 길창군 왈 당제 아패 수 장군 자
而後發兵.' 予於文獻通考 惟見騶虞幡 未見騶虞旗 不知何代之
이후 발병 여 어 문헌통고 유 견 추우번 미견 추우기 부지 하대 지
所爲也. 或曰: '牙牌 雖以授掌軍者 但掌軍者知之耳 其餘將帥
소위 야 혹왈 아패 수 이 수 장군 자 단 장군 자 지지 이 기여 장수
軍卒 安得知之? 卿等宜擬議其法." 崙等於是合議上啓曰:
군졸 안득 지지 경 등 의 의의 기법 륜 등 어시 합의 상계 왈

'古者璽印符節之設 所以示信而防奸也. 凡徵召所用之牌 參酌
고자 새 인 부절 지 설 소이 시신 이 방간 야 범 징소 소용 지 패 참작
古制 刻木圓其形篆其上 判而爲二 右藏左頒 有徵召則賜送其右
고제 각목 원 기형 전 기상 판 이 위 이 우 장 좌 반 유 징소 즉 사송 기우
被徵者以左相合 然後應命卽赴闕門; 其牌有不相合者 卽拿其人
피징자 이좌 상합 연후 응명 즉 부 궐문 기패 유 불 상합 자 즉 나 기인
詣闕親告; 在外則囚持牌者 馳報. 如有發軍之事 則被徵主將
예궐 친고 재외 즉 수 지패 자 치보 여유 발군 지 사 즉 피징 주장
旣至闕門 親賜以王府所藏 中軍朱雀 左軍青龍 右軍白虎之旗.
기 지 궐문 친사 이 왕부 소장 중군 주작 좌군 청룡 우군 백호 지 기
主將受旗張之 然後吹角以致士卒 士卒名聚其旗之下 以聽主將
주장 수기 장지 연후 취각 이치 사졸 사졸 명 취 기기 지 하 이청 주장
號令 非其旗則退屯 聽候內旨. 若召在外者 則入直代言親稟王旨
호령 비 기기 즉 퇴둔 청후 내지 약 소 재외 자 즉 입직 대언 친품 왕지
將其賜送王府所藏圓牙牌 稱臣封匣 以付使者; 用本院印 幷給
장 기 사송 왕부 소장 원 아패 칭신 봉갑 이부 사자 용 본원 인 병 급
起馬文字 直下兵曹 馳驛以往; 兵曹隨卽傳報議政府; 所召者
기마 문자 직하 병조 치역 이왕 병조 수즉 전보 의정부 소소 자
承牌起程赴京; 有詐僞者處以重典 以防奸僞.'
승패 기정 부경 유 사위 자 처 이 중전 이방 간위

從之.
종지

乙丑 木稼.
을축 목가

賜閔無咎 無疾米. 上憐無咎 無疾乏食 令給米. 議政府上言:
사 민무구 무질 미 상 연 무구 무질 핍식 영 급미 의정부 상언
"不忠之人 不死爲幸 豈可給之!" 上下旨其道監司 各給所在
불충 지 인 불사 위행 기 가 급지 상 하지 기도 감사 각 급 소재

官庫米三十石.
관고미 삼십 석

丁卯 領議政府事仍令致仕權仲和卒. 仲和 安東人 高麗政丞
정묘 영 의정부 사 잉 영 치사 권중화 졸 중화 안동인 고려 정승

漢功之子. 登至正癸巳乙科第二人 事恭愍王爲代言 遷知申事. 掌
한공 지 자 등 지정 계사 을과 제이 인 사 공민왕 위 대언 천 지신사 장

銓選 謹愼周密 不私親舊 恭愍甚重之. 以政堂文學 同知丁巳貢擧
전선 근신 주밀 불사 친구 공민 심 중지 이 정당문학 동지 정사 공거

門下多名士. 恬靜自守 不附權貴 爲世所重 累官至門下贊成事.
문하 다 명사 염정 자수 불부 권귀 위 세 소중 누 관 지 문하찬성사

太祖卽位 以耆年宿德 拜判門下府事 封醴泉伯 以本官仍令致仕.
태조 즉위 이 기년 숙덕 배 판 문하부 사 봉 예천 백 이 본관 잉 영 치사

通曉故事 凡有詳定 必就而咨之. 年雖遲暮 精力不衰 醫藥地理
통효 고사 범 유 상정 필 취 이 자지 연 수 지모 정력 불쇠 의약 지리

卜筮 靡不通曉 尤長於大篆八分. 平居不治生産 與人竝坐 捫蝨
복서 미불 통효 우 장어 대전 팔분 평거 불치 생산 여인 병좌 문슬

而談. 其老也 只畜一疥馬 年八十七而終. 輟朝三日 命中官弔祭
이 담 기로 야 지 축 일 개마 연 팔십 칠 이 종 철조 삼일 명 중관 조제

有司禮葬 贈諡文節. 中宮亦遣內侍致祭. 一子 邦緯.
유사 예장 증시 문절 중궁 역 견 내시 치제 일자 방위

議政府請申戶口之法. 啓曰:
의정부 청신 호구 지 법 계왈

'人物多少 生産物故 無不周知 有國常事. 隣保之法 已曾受判
인물 다소 생산 물고 무불 주지 유국 상사 인보 지 법 이증 수판

行移各道 監司首領官及各官守令等 不爲用心擧行. 是以大小
행이 각도 감사 수령관 급 각관 수령 등 불위 용심 거행 시이 대소

人民 各務容隱 不肯一一付籍 以致良賤相混 流亡不絶. 更依
인민 각 무 용은 불긍 일일 부적 이치 양천 상혼 유망 부절 갱의

判旨條令 一一申明擧行. 且大小戶主 內外四祖中 各以所知具錄
판지 조령 일일 신명 거행 차 대소 호주 내외 사조 중 각 이 소지 구록

子孫奴婢及挾居人幷男女勿論 盡數書寫納狀 一皆付籍. 其中
자손 노비 급 협거 인 병 남녀 물론 진수 서사 납장 일개 부적 기중

生者故者新到者 各其戶主及里正里長 隨卽告官; 如有不卽告官
생자 고자 신도 자 각 기 호주 급 이정 이장 수즉 고관 여유 부즉 고관

者 許人陳告 決杖七十 將其家財一半 告者充賞; 身故者不告
자 허 인 진고 결장 칠십 장 기 가재 일반 고자 충상 신 고자 불고

人 減三等 只決笞 以爲恒式. 如前不爲用心考察各道監司首領官
인 감 삼등 지 결태 이위 항식 여전 불위 용심 고찰 각도 감사 수령관

不卽奉行各官守令等 以王旨不從 論. 京城人物 尤爲繁多 而戶口
부즉 봉행 각관 수령 등 이 왕지 부종 논 경성 인물 우 위 번다 이 호구

之法 久廢不行 非細故也. 漢城府及五部 乞依上項例 專掌施行.'
지 법 구폐 불행 비 세고 야 한성부 급 오부 걸의 상항 례 전장 시행

從之. 政府敬依移牒各道都觀察使曰: '道內戶數人口 備細
종지 정부 경 의 이첩 각도 도관찰사 왈 도내 호수 인구 비세

推考 毋得漏落 一一成籍. 各官大小人民等家産排置 衣食各備
추고 무득 누락 일일 성적 각관 대소 인민 등 가산 배치 의식 각비

人數多率居 稱爲一戶者 勿令除出 仍舊完接 但書衣食各別人等
인수 다 솔거 칭 위 일호 자 물령 제출 잉구 완접 단 서 의식 각 별인 등

戶口子枝 分揀施行 成籍上送. 其中生産物故新到者等小名 所居
호구 자지 분간 시행 성적 상송 기중 생산 물고 신도 자 등 소 명 소거

州名里號及戶主之名 備細施行 每年歲季 恒式呈報.'
주명 이호 급 호주 지 명 비세 시행 매년 세계 항식 정보

倭寇 會寧縣 殺男女二人.
왜구 회령현 살 남녀 이인

己巳 京外處女二十歲以上許婚. 議政府啓: "京外處女 考
기사 경외 처녀 이십 세 이상 허혼 의정부 계 경외 처녀 고

都目狀 其年十九歲以下依舊禁婚. 使臣親點留置處女及推刷時
도목장 기년 십구 세 이하 의구 금혼 사신 친점 유치 처녀 급 추쇄 시

未現者 不限年數禁止." 從之. 初黃儼之還也 儼謂上曰: "二等
미현 자 불한 연수 금지 종지 초 황엄 지 환 야 엄 위 상 왈 이등

入格處女二十七人 宜禁婚." 上對曰: "女子不可過時. 若大人定
입격 처녀 이십 칠 인 의 금혼 상 대왈 여자 불가 과시 약 대인 정

其年數 則吾當禁婚." 儼曰: "李文和之還 吾當一定轉達."
기 연수 즉 오 당 금혼 엄 왈 이문화 지 환 오 당 일정 전달

司諫院請罷崔在田職 從之 疏曰:
사간원 청파 최재전 직 종지 소왈

'自古薄其親而厚於君者 未之有也. 今軍資監崔在田 其父嘗以
자고 박 기친 이 후어 군 자 미지 유 야 금 군자감 최재전 기부 상 이

盜銅佛鑄器 囚繫獄中. 在田羞以爲父 跨獄門指之曰: "是何罪人
도 동불 주기 수계 옥중 재전 수 이위 부 과 옥문 지지 왈 시 하 죄인

也?" 又其母再嫁傭夫 親操井臼 而在田羞以爲母 曾不孝養 至
야 우 기모 재가 용부 친 조 정구 이 재전 수 이위 모 증 불 효양 지

適遐方 尙不告焉. 是無父無母 其違禽獸也幾希 人皆醜之. 是於
적 하방 상 불고 언 시 무부 무모 기위 금수 야 기희 인 개 추지 시 어

忠君輔國之道 絶無望焉. 今者奉使日本 及其回還 曲蒙上恩 寵
충군 보국 지 도 절 무망 언 금자 봉사 일본 급 기 회환 곡 몽 상은 총

受大官. 假使在田苟有微勞 賞以錢帛足矣. 遂使無父無君之人
수 대관 가사 재전 구 유 미로 상 이 전백 족의 수 사 무부 무군 지 인

序於三品之列 其於爵罔及惡德之義何如? 伏望殿下 收其職牒
서어 삼품 지 열 기어 작 망 급 악덕 지 의 하여 복망 전하 수 기 직첩

勿與朝班 以淸士風.'
물여 조반 이청 사풍

庚午 上與上王詣健元陵 行冬至祭. 各司一員扈從. 上王初獻
경오 상 여 상왕 예 건원릉 행 동지제 각사 일원 호종 상왕 초헌
上亞獻 領議政府事河崙終獻. 祭訖 上于陵側 遍觀山勢. 上謂
상 아헌 영 의정부 사 하륜 종헌 제 흘 상 우 능측 편관 산세 상 위
工曹判書朴子靑曰: "陵寢無松栢 非古也. 況童而無樹乎? 夷剔
공조판서 박자청 왈 능침 무 송백 비고 야 황 동 이 무수 호 이척
雜卉 遍種松栢."
잡훼 편종 송백

辛未 命攸司每月朔 錄京外罪人以聞. 上謂近臣曰: "凡有犯罪
신미 명 유사 매월 삭 녹 경외 죄인 이문 상 위 근신 왈 범 유 범죄
而可放宥者 或久在縲絏 或久竄外方 不能自達 誠可閔也." 乃召
이 가 방유 자 혹 구재 누설 혹 구찬 외방 불능 자달 성 가민 야 내 소
司憲府刑曹巡禁司掌務 下敎曰: "各司見囚及職牒收取人 各道
사헌부 형조 순금사 장무 하교 왈 각사 견수 급 직첩 수취인 각도
付處人 每於月朔 開寫啓聞 以爲恒式."
부처 인 매어 월삭 개사 계문 이위 항식

癸酉 命承政院考成均館官勤慢. 上命成均館 於每月之
계유 명 승정원 고 성균관 관 근만 상 명 성균관 어 매월 지
季 具東西齋生員幾人 幼學幾人 開寫啓聞 承政院考其勤慢.
계 구 동서재 생원 기인 유학 기인 개사 계문 승정원 고 기 근만
五部學堂亦如之.
오부학당 역 여지

| 원문 읽기를 위한 도움말 |

① 與其得罪上國 貽禍生民 豈若除去權臣 以安一國乎? 與其는 원래 '與其
여기 득죄 상국 이화 생민 기 약 제거 권신 이안 일국 호 여기 여기
~寧~'라는 구문을 이끄는데 '~하기보다는 차라리 ~하겠다'라는 뜻
녕
이다. 여기서는 '與其~豈~'가 비슷하게 그 구문을 보여주고 있다.
여기 기

태종 8년 무자년
12월

十二月

갑술일(甲戌日-1일) 초하루에 상이 친히 문소전(文昭殿)에 전(奠)을 올렸다.

○ 서연(書筵)[1]에서 강학(講學)하는 법을 세웠다. 사간원에서 말씀을 올렸다.

'세자는 나라의 저부(儲副)이니 교양(教養)하고 보도(輔導)하는 방법을 삼가지 않을 수 없습니다. 그러므로 어렸을 때에 경적(經籍)을 강습(講習)시켜 이치를 연구하고 마음을 바르게 하여 종사(宗社)의 근본을 삼아야 합니다. 바라건대 이제부터 서연에서 강독(講讀)하는 것은 정식(程式)을 제정해 매일 두 차례씩 서연에 나아가 아무날 아무 경서(經書)를 아무 글귀부터 아무 글귀까지 몇 자(字)를 몇 번 읽은 것을 장부를 두어[置簿 치부] 기록하고 서연관(書筵官)은 아일(衙日)마다 계본(啓本)을 갖춰 신문(申聞)하고, 만일 정식(程式)과 같지 않

---

1 서연은 차기 국왕으로서의 왕세자에게 경사(經史)를 강론해 유교적인 소양을 쌓게 하는 교육의 장이었다. 태조는 왕조 창건 뒤 세자관속(世子官屬)을 설치하고 강학과 시위를 겸해 관장하게 했는데, 여기서 서연을 담당했다. 태종은 원자(元子)를 성균관에 입학시키고 겸직서연낭청(兼職書筵郎廳)의 본직 근무를 면제시켰다. 또한 대간을 서연에 참여시키고 세자관속에게 강학(講學), 즉 서연만을 전담하게 하여 서연의 제도를 정비했다.
세종은 이 바탕 위에서 일시적으로 서연낭청을 녹관(祿官)으로 임명한 적도 있었다. 그러나 세 차례의 겸직 수정을 거쳐 결국 집현전관만이 경연관을 겸임할 수 있도록 했다. 그 뒤 서연과 집현전은 밀접한 관계를 가지게 돼 서연직제는 1456년(세조 2년) 단종 복위의 기도가 발각된 것을 계기로 집현전이 혁파되면서 크게 바뀌기 시작해 1466년 세자관속이 세자시강원(世子侍講院)으로 개칭됐다.

은 것이 있으면 서연관을 책(責)해야 할 것입니다.'

길창군(吉昌君) 권근(權近)이 진언(陳言)한 것을 요약하면 이렇다.

'서연(書筵)에서 진강(進講)하는 것은 마땅히 본원(本源)을 함양(涵養)하는 것을 급선무로 삼아야 하고, 서생(書生)이 경서(經書)를 공부하는, 기억하고 외우는[記誦] 학문과는 같지 않습니다. 빌건대 이제부터 매일 새로운 책을 강(講)할 것이 아니라 세자가 이미 읽은 사서(四書)와 전(典) 모(謨)[2] 등을 순환하여 연구하되, 세자가 먼저 한 두 절(節)을 읽어 정수(定數)를 한정하지 말고, 서연관이 이를 서로 강론(講論)하며, 또 고금(古今)에 법이 되고 경계가 될 만한 일과 선배 유학자의 격언(格言)을, 역시 한두 절(節)에 불과하게 해 이를 반복해 변론(辯論)하고, 감히 다른 말을 섞지 말아 세자로 하여금 여유 있게 잘 이해하게 해 마음 즐거이 권태(倦怠)를 잊게 하고, 매일 장부를 두어 강론한 것을 기록해 상고하는 데 증거자료가 되게 하되, 되도록 신심(身心)에 관한 의리(義理)로 본원(本源-마음)을 함양(涵養)하고, 고금(古今)의 치란(治亂)으로 견문(見聞)을 넓히며, 말과 행동이 잘못된 점이 있으면 즉시 이를 규정(規定)하고, 하루 동안에 서연관과 친근(親近)히 하는 시간을 많게 하고 환시(宦寺)와 친근히 하는 시간을 적게 해 항상 바른 말을 듣고 항상 바른 일을 보게 하여 그 덕성(德性)을 훈도(薰陶)하면 어찌 반드시 경서(經書)를 많이 읽는 것이 귀하겠습니까?'

두 글을 의정부(議政府)에 내려 의논하게 하니 정부에서 토의해 정

---

2 전과 모는 『서경(書經)』의 문체 혹은 장(章)의 명칭이다.

했다.

"사간원에서 아뢴 바에 따라 매일 습독(習讀)하게 하고, 권근의 진언에 따라 매일 한 차례씩 강론하면, 거의 양득(兩得)이 될까 합니다."

그것을 따랐다.

○ 의정부(議政府)에서 문서 응봉사(文書應奉司)[3]가 이문(吏文)을 강습(講習)하는 일을 아뢰니 그것을 따랐다.

'응봉사(應奉司)의 수본(手本)에 의거하면 "이문(吏文)은 사대(事大)에 있어 급무(急務)입니다. 연전(年前)에 이학(吏學)을 할 만한 자 30명을 구전(口傳)으로 뽑았으나 직임(職任)의 천전(遷轉)으로 인해 혹은 정조(政曹-이조와 병조)의 요직에 있고, 혹은 결사(決事) 출납(出納)에 있고, 혹은 외임(外任)으로 제수됐으며, 그중에 전함(前銜-전직) 인원은 여러가지 방법으로 연고를 칭탁하고 사진(仕進)하지 않아서 이학(吏學)이 허술하게 됐으니 염려하지 않을 수 없습니다. 사

---

3 고려시대부터 조선 초기까지 사대교린(事大交隣)의 외교문서를 작성하던 기관이다. 승문원(承文院)의 전신이다. 고려 때 처음 문서감진색(文書監進色)이라는 비상설기구를 설치하고 별감(別監)을 두어 외교문서를 담당하게 했다가, 뒤에 문서응봉사로 개칭하고 사(使)·부사·판관 등의 관원을 두었으나 모두 다른 부서 관직자들로 겸직시켰다. 이 제도는 조선 건국 뒤에도 그대로 존치돼 오다가 1409년 (태종 9년) 기구를 확장해 지사(知事)·첨지사(僉知事)·검토관(檢討官)·교리(校理)·수찬관(修撰官)·서기(書記) 및 수습관원인 권지(權知) 등을 두어 외교문서 작성에 만전을 기하도록 했다.
그러나 이때까지도 관원들은 모두 전임직이 아닌 타관원들의 겸직이었다. 업무의 성격 때문에 현직관원·퇴직관원을 불문하고 외교문서에 능숙한 자들을 골라 임명했다. 1411년 문서응봉사를 승문원으로 개칭하고 그 관원들도 정규직화해 판사·지사·첨지사·교리·부교리·정자(正字)·부정자(副正字)의 체제로 정비했다.

(司)의 소임(所任)과 겸관(兼官)의 하비(下批)[4]를 형조 도관(刑曹都官)의 예(例)에 따라 본사(本司)의 근무는 면제하고 전적으로 위임해 업(業)을 익히게 해야 할 것입니다"라고 했으므로 이것을 토의해 정했습니다. 그 사(司)를 3품 아문(三品衙門)으로 삼아 지사(知事) 한 사람 정3품, 첨지사(僉知事) 한 사람 종3품, 검토관(檢討官) 두 사람 4품, 교리관(校理官) 두 사람 5품, 수찬관(修撰官) 두 사람 6품, 서기(書記) 네 사람 참외(參外)로 하고, 이문(吏文)에 능통한 사람과 일이 간단한 각사(各司)의 녹관(祿官)으로 겸임(兼任) 하비하되, 본사(本司)의 사진(仕進)과 상직(上直)[5] 출사(出使)[6]와 외임(外任) 등을 면제하고, 제조관(提調官)이 매일 좌기(坐起)해 가르쳐서 지사(知事) 이하의 이문(吏文) 습독(習讀)의 다소(多少)와 이문(吏文) 제작(制作)의 좋고 나쁜 것을 상고하여 등용(登用)에 근거자료로 삼게 하고, 전에 있었던 구전(口傳)을 시행한 전함(前銜) 중에서 이학(吏學)에 재능을 가진 인원(人員)과 서사(書寫)의 소임을 수행할 수 있는 인원은 그 사(司)에서 품계(品階)에 따라 권지(權知-임시직)로 구전 사관(口傳仕官)해 업무를 익히게 하고, 성재(成才)가 된 뒤에 신문(申聞)해 탁용(擢用)해야 할 것입니다. 그리고 제조관 이하의 부지런함과 태만함을 고찰하는 일은 사헌부(司憲府)에서 매일 조사하게 해야 할 것입니다.'

그것을 따랐다.

---

4 임명과 같은 뜻이다.

5 숙직하는 것을 말한다.

6 지방출장을 뜻한다.

을해일(乙亥日-2일)에 안속(安束) 김매경(金邁卿) 장이(張弛) 이종화(李種華) 유익지(柳翼之)를 사면해 외방(外方)에 종편(從便)하게 했다. 위충(魏种)의 직첩(職牒)을 도로 주어 외방에 종편하게 했다. 이날 상이 사헌부(司憲府) 형조(刑曹) 순금사(巡禁司)에서 올린 경외(京外)의 죄수와 도류(徒流)한 사람의 성명(姓名)을 보고 풀어준 것이 많았다.

○ 병조(兵曹)에서 시위(侍衛) 정효옹(鄭孝翁) 등 네 사람의 죄를 청했다. 판서 남재(南在)가 말씀을 올려 말했다.

'신하가 임금을 섬기는 데는 삼가고 두려워하는 마음을 가지고 제 위차(位次)에서 조용히 직사(職事)에 이바지하는 것이 그 직분입니다. 하물며 시위하는 무신(武臣)은 임금의 위엄을 엄하게 하고 불우(不虞)에 대비하는 것이니 더욱 삼가지 않을 수 없습니다. 지난달 26일에 법가(法駕)가 건원릉(健元陵)에 거둥하셨을 때에 사직(司直) 정효옹(鄭孝翁)이 말을 달려 돌입(突入)하여 청필(淸蹕)[7]을 범했으니 불경(不敬)한 죄가 이보다 심할 수 없습니다. 또 환가(還駕)하실 때 비신 호군(備身護軍) 노현수(魯玄守)가 술에 취해 길 옆에 누워서 직사(職事)에 이바지하지 않았고 호군 김시(金時)는 술 주정을 해 떠들어서 그 소리가 승여(乘輿)에까지 들렸으며 배홀 호군(陪笏護軍) 조주(趙珠)는 술이 몹시 취해 위차(位次)를 떠나 임의로 뒤에 처졌습니다. 위의 네 사람들은 이미 임금을 공경하는 마음이 없고 또 직사(職事)에 이바지하는 의리가 없습니다. 바라건대 유사(攸司)에 내려

7 임금의 행차에 사람의 통행을 금하고 길을 치우는 일을 말한다.

의법 시행(依法施行)하게 해 뒷사람을 경계해야 할 것입니다.'

명하여 효옹은 파직하고 그 나머지는 논하지 말라고 했다.

병자일(丙子日-3일)에 사헌부(司憲府)에서 청성군(淸城君) 정탁(鄭擢), 한성윤(漢城尹) 정부(鄭符)의 죄를 청했다. 탁(擢) 등이 사명(使命)을 받들고 입조(入朝)할 때 포필(布匹)과 금물(禁物)을 많이 싸 가지고 갔으므로 그 탐오(貪汚)하고 조심하지 못한 죄를 논(論)하니 명하여 부(符)는 파직하고 탁은 공신이라 해서 논하지 말라고 했다. 헌부(憲府)에서 다시 소를 올려 말했다.

'정탁은 개국공신(開國功臣)으로서 태상왕(太上王) 부고(訃告)의 사명을 받들었으니 진실로 배나 애통(哀痛)해 급히 엎어지며 달려가 고했어야 마땅할 것인데 먼저 모리(謀利)할 마음을 내어 국법을 범했고, 정부는 별다른 공로도 없이 지위가 양부(兩府)에 이르렀으니 더욱 공경하고 조심해 직사를 받들어야 마땅할 것인데 가만히 금지하는 포물(布物) 40여 필을 가지고 갔으니 탐욕스럽고 더럽기가 막심합니다. 이들 두 사람 모두가 감찰(監察)에게 탄핵을 당했는데 지금 착오(錯誤)한 것이라 해 부만 파직하고 탁은 공신이라 해 묻지 말라 하셨으니 뒤에 봉사(奉使)하는 자를 징계할 수가 없습니다. 다시 상재(上裁)를 받고자 합니다.'

소(疏)를 궁중에 머물러 두고 내리지 않았다.

○ 예조(禮曹)에서 신하의 상(喪)에 친림(親臨)하는 제도를 상정(詳定)했다.

정축일(丁丑日-4일)에 안개가 짙게 끼어 사방이 막혔다.

○ 의안대군(義安大君)의 빈소(殯所)에 친림(親臨)해 제사(祭祀)를 내려 주었다.

○ 병조좌랑 박서생(朴瑞生)을 파직했다. 사간원에서 말씀을 올려 말했다.

'조정의 예(禮)는 엄하게 하지 않을 수 없습니다. 그러므로 호가(扈駕)나 행행(行幸)할 때 대소 신료가 각각 (정해진) 반차(班次)에 의거해 서로 넘지 못하고 만일 어기는 자가 있으면 유사(攸司)가 그 자리에서 규찰을 가하도록 한 것은 전부터 이뤄진 법입니다. 지난달 26일에 건원릉(健元陵)에서 배봉(陪奉) 환궁(還宮)할 때 병조좌랑 박서생이 흥인문(興仁門) 밖에 이르러 각사(各司)가 지영(祗迎)하는 반차에서 앞뒤를 돌보지 아니하고 반차를 무시해 말을 탔고, 또 노차(路次)에서 두세 번이나 행렬을 잃어 예(禮)를 삼가지 않은 것을 여러 사람이 함께 본 바입니다. 본원(本院)에서 그 까닭을 핵문(劾問)했으니 서생으로서는 마땅히 황공하고 송구해 스스로 부끄러워하기에 여념이 없어야 할 것인데 조금도 부끄럽고 뉘우쳐서 자신을 새롭게 할[自新 자신] 마음이 없고 물음에 대답할 때에 그른 것을 가식하고 허물을 꾸며대 언사(言辭)가 심히 거만했습니다. 서생은 비천하고 한미한 데서 출생해 다행히 과거에 합격해 좋은 벼슬에 발탁됐는데 문득 교만한 마음이 생겨 소사(所司)를 업신여기고 선비의 풍습을 더럽히니 청컨대 폄출(貶黜)을 가함으로써 조정의 반열을 바로잡아야 할 것입니다.'

무인일(戊寅日-5일)에 안산군(安山郡) 수리산(修理山)의 바위가 무너졌는데 길이가 30척, 너비가 25척이었다.

○ 밤에 평양군(平壤君) 조대림(趙大臨, 1387~1430년)[8]을 순금사에 가뒀다. 목인해(睦仁海)는 김해(金海) 관노인데 애꾸눈[眇]이고 활을 잘 쏘았다. 애초에 이제(李濟, ?~1398년)[9]의 가신(家臣)이었는데 제(濟)가 죽자 상을 잠저(潛邸)에서 섬겨 항상 곁을 떠나지 않았다. 이로 말미암아 호군(護軍)에 제수될 수 있었다. 그 아내는 곧 대림(大臨)의 집 종이었고 이것을 인연으로 해[夤緣] (대림의 집에) 드나드니 대림 또한 두텁게 대접했다. 인해(仁海)가 생각하기[揣]를 '대림이 나이 어리고 어리석으니[騃=魯鈍] 그를 함정에 빠트리면 부귀(富貴)를 도모할 수 있을 것이다'라고 하여 일찍이 비밀리에 대림에게 일러 말했다.

"흥안군(興安君-이제)이 부마(駙馬)로서 금병(禁兵)을 맡았으나 다만 평소의 준비가 없었기 때문에 마침내 손을 묶이고 잡히게 된 것이오. 지금 장군총제(掌軍摠制) 중에 뜻밖에 변(變)을 일으키는 자가 있을까 두려운데 다른 사람들은 모두 오래된 장수(將帥)라 능히 임시응변(臨時應變)을 할 수 있지만 공(公)만은 군사 일에 익숙하지

---

8 아버지는 영의정부사 평양부원군(平壤府院君) 조준(趙浚)이며 태종의 부마다.

9 이조년(李兆年)의 증손이며 아버지는 권신 이인임(李仁任)의 아우인 이인립(李仁立)이다. 이성계(李成桂)의 셋째 딸 경순공주(慶順公主)와 결혼했으며 1392년(공양왕 4년) 전법판서(典法判書)로 있으면서 정몽주(鄭夢周)의 살해에 가담하고 이성계를 추대하여 개국공신 1등에 책록되고, 흥안군(興安君)에 봉해졌다. 1398년 1차 왕자의 난 때 정도전(鄭道傳) 일파로 몰려 이방원(李芳遠)에 의해 살해됐다.

못하니 마땅히 미리 제치(制置)[10]하는 방술(方術)을 생각해야 할 것이오."

또 말했다.

"설사[設=設使] 변을 일으키는 자가 있더라도 내가 힘을 다해 공을 돕겠습니다."

또 말했다.

"무릇 일을 경험한[更事=經事] 장수는 장차 불궤(不軌)한 일을 도모하려면 반드시 궐문(闕門)에 양산(陽傘)을 베풀어놓아 안팎이 서로 막히게 해 위에서는 바깥을 제어하지 못하고, 아래에서는 위에 통하지 못하게 해놓고 환관(宦官)을 붙잡아 왕지(王旨)를 꾸며 출납(出納)하게 해 입직한 장상(將相)과 대언(代言)을 모조리 벱니다. 이와 같이 하면 비록 군왕(君王)인들 장차 어찌하겠습니까?"

대림은 (인해가) 자기를 돕는다고 생각했다. 인해는 자기가 방금 한 말이 누설될까 두려워하여 대림을 죽여 입을 봉하려고 꾀해 이숙번(李叔蕃)에게 일러 말했다.

"평양군(平壤君)이 두 마음을 품고 군사를 일으켜 공(公)과 권규(權跬), 마천목(馬天牧)을 해치고 왕실(王室)에 불리한 일을 도모하려고 합니다."

또 말했다.

"대림이 일찍이 말하기를 '예전에 장인[婦翁]이 있었는데 그 딸과 더불어 사위의 과실을 말하니 딸이 그 남편에게 고해 도리어 장인을

---

10 병기 등을 미리 마련해 두는 것을 말한다.

죽인 일이 있다'라고 했습니다."

대개 이는 상의 노여움을 격동시키려고 한 것이다. 숙번이 비밀리에 아뢰니 상이 인해를 불러 물었다.

"네 말을 어찌 제대로 믿을 수 있겠느냐? 또 대림이 나이가 어린데 어떻게 감히 그렇게 하겠느냐? 과연 그렇다면 반드시 주모자(主謀者)가 있을 것이다."

인해가 그 말을 사실로 만들려고 해 대림에게 일러 말했다.

"근래에 대갑(帶甲)[11] 수십 명이 경복궁(景福宮) 북쪽 으슥한 곳에 모여 공(公)을 해하려고 하니 공은 마땅히 관장하고 있는 병마(兵馬)로서 이를 잡아야 할 것입니다."

대림이 말했다.

"그렇다면 마땅히 안성군(安城君)과 토의해야 한다."

인해가 말했다.

"그것이 어느 군(軍)의 갑사(甲士)인지 알지 못하는데 어떻게 고할 수 있겠습니까?"

대림이 말했다.

"그러면 마땅히 아뢰어 보고해야 한다[啓聞(계문)]."

인해가 말했다.

"도적의 꾀를 자세히 안[備知(비지)=具知(구지)] 연후에야 들어가 고할 수 있는 것입니다. 또 이와 같은 일을 경솔히 들어가 고하면 뒤에 소문이 있다 하더라도 누가 감히 공에게 고하겠소? 또 사변(事變)이 위급하

---

11 갑사(甲士)와 같은 말이다.

니 만일 왕지(王旨)를 받고자 하면 누설될까 두려우니 먼저 군사를 발하고 나서 뒤에 아뢰는 것이 좋겠소."

대림은 그렇다고 여겼다. 상이 대림에게 소격전(昭格殿)에 초제(醮祭)를 행하라고 명하고 그 뜻을 엿보았다. 대림이 이를 알지 못하고 범염(犯染)[12]했다며 사양하니 상이 자못 의심했다. 인해가 또 전 호군(護軍) 진원귀(陳原貴)에게 일러 말했다.

"평양군(平壤君)이 무슨 일을 하려고 하니 자네는 나를 따라서 구경하라."

마침내 원귀를 이끌고 대림의 집에 이르렀다. 대림이 과연 인해에게 일러 말했다.

"난잡하게 횡행(橫行)하는 7~8명을 어떻게 하면 잡을 수 있을까?"

인해가 곧장 대답했다.

"꼭 내가 말한 흥안군(興安君)의 일과 비슷합니다. 마땅히 위아래의 친교(親交)가 있는 사람과 의견을 나눠야 할 것입니다."

대림이 말했다.

"나는 별로 친한 사람이 없다."

원귀가 물러간 뒤에 인해가 또 대림을 꾀어 말했다.

"거사(擧事)는 통달한 유자[通儒]와 의논하지 않을 수 없습니다. 대인(大人)께서 아시는 선비 재상[儒相]이 누굽니까?"

대림이 말했다.

---

12 초상집에 드나든 적이 있다는 말이다.

"오직 조용(趙庸, ?~1424년)[13]뿐이다."

인해가 말했다.

"왜 부르시지 않는 것입니까?"

대림이 이를 믿고 용(庸)을 불렀다. 용은 사양하다가 굳이 요구하므로 마침내 이르렀다. 용을 침실로 맞아들여 연고를 고하니 용이 말했다.

"상께 아뢰었소?"

대림이 말했다.

"아직 아뢰지 못했소."

용이 갑자기 낯빛이 바뀌며[勃然 발연] 말했다.

"신하가 되어 이런 말을 들으면 곧 주상께 달려가 고하는 것이 직분인데 하물며 부마(駙馬)이겠소?"

대림이 무안해하며[赧然 난연] 말했다.

"아직 그 사실을 알지 못하기 때문일 뿐입니다."

---

13 1392년 7월에 사예로서 공양왕이 당시 실권을 잡고 있던 이성계(李成桂)와 맹세하려고 할 때 그 초(草)를 잡아 이방원(李芳遠)과 함께 초고(草稿)를 바쳤다. 조선 건국 초기에는 병으로 성균좨주를 사임하고 보주(甫州)에서 자제들을 교육하였다. 1398년(태조 7년) 7월에 간의대부로 발탁되고 9월에 우간의로서 이조전서(吏曹典書) 이첨(李詹), 전지선주사(前知善州事) 정이오(鄭以吾)와 함께 경사(經史)에 기재된 임금의 마음가짐과 정치에 관계되는 것만을 찬집하여 상절(詳節)을 만들어 바쳤다. 1401년(태종 1년) 5월에 경연시강관(經筵侍講官), 다음 해 2월 대사성으로서 생원시의 시관(試官)이 됐다. 1402년 7월에 좌사간, 1403년 12월에 성균생원 60인의 요청으로 검교한성윤 겸 성균대사성(檢校漢城尹兼成均大司成)에 제수됐다. 1406년 9월에 다시 우부빈객(右副賓客), 1409년 8월에 검교판한성부사(檢校判漢城府事)·우빈객, 다음 해 4월에 겸대사성을 제수받았다. 1414년 8월 예문관 대제학이 됐으며, 다음 해 정월에 성절사(聖節使)로서 명나라에 다녀왔다. 1415년 12월에 예조판서가 되고, 1417년 5월에 다시 예문관대제학, 다음 해 정월에 우군도총제가 됐다.

하니, 조용이 말했다.

"상께 고하면 일의 허실은 곧 상께서 바르게 결정하실 것이니 공은 마땅히 빨리 아뢰어 보고하시오."

드디어 달려 나와 장차 예궐(詣闕)하려 하니 인해가 사람을 시켜 용을 길에서 잡아 스스로 밝히지 못하게 하고 곧장 내달려가 숙번에게 고했다.

"조용이 지금 평양군의 집에 있는데 바로 이 사람이 모주(謀主)입니다. 평양군이 만일 거사하면 내가 백마(白馬)를 타고 따를 것이니 만약 대인(大人)의 군사와 만나거든 군사를 경계하여 나를 알게 하소서. 그러면 내가 칼을 뽑아 평양군을 베겠습니다."

용이 틈을 엿보아[伺間(사간)] 탈출하여 곧장 대궐로 달려가서 그 상황을 아뢰었다. 상이 말했다.

"내 이미 알고 있었다."

해가 저물 무렵 대림이 대궐에 이르러 아뢰어 말했다.

"듣건대 경복궁 북쪽에 도적[草竊(초절)]이 있다 해 신이 이를 잡고자 하니 바라건대 신에게 마병(馬兵)을 주소서."

상이 말했다.

"네가 어떻게 능히 잡겠느냐?"

대림이 대답했다.

"신이 능히 잡을 수 있습니다."

임금이 거짓으로[佯(양)=陽(양)] 응해 말했다.

"좋다."

대림이 또 입번총제(入番摠制) 연사종(延嗣宗)에게 갑사(甲士)를 빌려달라 하니 사종(嗣宗)이 (이미) 밀지(密旨)를 받고서 전 호군 허권(許權) 등 23명을 주었다. 상이 숙번에게 일러 말했다.

"대림이 만약 군사를 발동하면 향하는 곳이 있을 것이니 경의 집에서 조천화(照天火)를 터뜨려라. 내가 각(角)을 불어서 응하겠다."

그러고는 지신사 황희(黃喜)에게 일러 말했다.

"내 듣건대 평양군이 모반(謀叛)하고자 한다니 궐내(闕內)를 부동(浮動)하고 요란(擾亂)하게 하지 말라."

희(喜)가 물었다.

"누가 모주입니까?"

상이 말했다.

"조용이다."

희가 말했다.

"용은 사람 됨이 아비와 임금을 죽이는 일은 진실로[亦 역] 따르지 않을 것입니다."[14]

날이 어두워지자 인해가 대림에게 도적 잡기를 재촉하니 대림이 군사를 거느리고 갑옷을 입고 말에 올라 인해에게 물었다.

"도적이 어디에 있느냐?"

---

14 황희의 이 말은 『논어(論語)』 「선진(先進)」편에 나오는 공자의 말을 그대로 한 것이다. 계자연(季子然)이 공자에게 물었다. "중유와 염구는 대신이라고 이를 만합니까?" 공자는 말했다. "나는 그대가 남과는 다른 빼어난 질문을 하리라고 생각했었는데 기껏 유(자로)와 구(염유)에 관한 질문을 던지는구나! 이른바 대신이란 것은 도리로써 군주를 섬기다가 더 이상 도로써 섬기는 것이 불가능해지면 그만두는 것이다. 지금 유와 구는 숫자나 채우는 신하라고 이를 만하다." 이에 계자연은 "그렇다면 두 사람은 따르는 사람(從之者)입니까?"라고 묻는다. 공자는 말했다. "아버지와 군주를 시해하는 것은 진실로 따르지 않을 것이다." 즉 크게 뛰어나지는 않아도 기본은 지킬 줄 아는 신하라는 말이다.

말했다.

"남산(南山) 마총제(馬摠制)의 집 옆에 있습니다."

대림이 남산으로 향하려고 막[纔재=方방] 문을 나서자 숙번이 이를 엿보아[覘첨] 알고서 조천화를 터뜨렸다. 상이 궐내(闕內)에서 각(角)을 부니 대림이 궐내에 변고가 있는가 의심하고 군사에게 일러 말했다.

"장차 어디로 갈까?"

군사들이 모두 말했다.

"각(角) 소리를 들으면 궐문에 모이는 것이 군령(軍令)입니다."

인해가 강변해 말했다.

"마땅히 곧장 남산으로 향해야 할 뿐입니다."

그 뜻은 대림이 길에서 숙번을 만나게 해 마천목을 해하려 한다는 말을 사실로 만들고, 또 숙번의 군사로 하여금 대림을 쳐서 죽이게 하려고 한 것이다. 대림이 인해의 말을 따르지 않고 드디어 달려가 궐문으로 향했다. 대림이 궐문에 이르러 갑병(甲兵)이 길에 쫙 깔린 것을 보고 말에서 내리려고 하니 인해가 굳게 막아서 그의 모반(謀叛)한 모양을 보이려 했다. 대림이 배회(徘徊)하다가 말에서 내려 들어가려고 하니 문지기가 제지했다. 인해가 먼저 들어가 선언했다.

"평양군이 갑옷을 입고 군사를 발동하여 대궐로 향했다."

이에 상이 총제 권희달(權希達)을 시켜 대림을 붙잡아 대궐 뜰에 이르러 갑주(甲冑)를 벗기고 가르쳐 말했다.

"듣건대 네가 난을 꾸미려 했다 하니 순금사에 가서 변명하라."

순금사 겸판사(巡禁司兼判事) 조연(趙涓) 등으로 하여금 갑기(甲騎)로 포위해 옥(獄)으로 보내고, 찬성사 윤저(尹柢), 대사헌 맹사성(孟

思誠), 형조참의 김자지(金自知), 좌사간 유백순(柳伯淳), 승전색(承傳色) 박영문(朴英文), 동순금사 겸판사(同巡禁司兼判事) 이직(李稷) 등에게 명해 대림이 군사를 발동한 까닭과 주모(主謀)한 사람을 국문하게 했다. 세 번이나 물어도 말할 바를 알지 못했다. 이에 조용을 체포해 신문(訊問)했다. 순금사에서 대림에게 장(杖) 20대를 한 차례 때리고 모반(謀叛)한 정상을 물었으나 오히려 승복하지 않았다. 부사직(副司直) 최규(崔揆)를 시켜 그 까닭을 아뢰고 또 인해와 함께 대면시켜 안험(案驗)하기를 청했다. 상이 말했다.

"조 정승(趙政丞-조준)은 개국 원훈(開國元勳)이므로 내가 그 아비를 중하게 여겨 그 아들로 부마(駙馬)를 삼은 것이다. 어찌 일찍이 매 한 대를 맞은 자이겠느냐? 대림이 만일 죄한 바가 있다면 비록 형벌을 가하지 않더라도 어찌 그 사실을 고하지 않겠느냐? 만일 고하지 않거든 억지로 형벌하여 공초(供招)를 받는 것이 어찌 마음에 통쾌하겠느냐? 인해와 더불어 적당히 대질(對質)해 묻고 곤장을 가할 것은 없다. 그러나 잠시 형장(刑杖)을 가해 반드시 그 사실을 토로(吐露)하게 하라."

또 최규를 시켜 대림에게 뜻을 전했다.

"네가 이미 내게 불효(不孝)했으니 내가 어찌 너를 아끼겠느냐? 네가 비록 죽더라도 명예는 나쁘지 않게 해야 하겠으니 수모(首謀)한 사람을 고해 스스로 밝혀라."

규가 왕지(王旨)를 전하기를 실상대로 하지 못하여 문사관(問事官-수사관)이 또 대림을 장(杖) 64대나 때렸다. 그러나 오히려 승복(承服)하지 않고 말했다.

"다만 인해(仁海)의 꾀임을 받고 도적을 잡으려 한 것뿐이고 다시 다른 마음은 없었습니다."

순금사에서 이 말로 아뢰니 지신사 황희(黃喜)를 보내 순금사·대성(臺省)과 더불어 인해를 신문하게 해 장(杖) 10여 대를 때리니 인해가 과연 대림을 무함(誣陷-모함)한 사실을 자복(自服)하고, 진원귀(陳原貴)가 또한 인해가 꾀었다는 말을 증명해 일이 밝혀졌다. 대림이 비로소 깨닫고 말했다.

"어제 각(角)을 부신 것은 나를 위한 것이었구나!"

상이 듣고 놀라 탄식하며 말했다.

"옛날에 병길(丙吉, ?~기원전 55년)[15]이 한선제(漢宣帝)의 무고(無辜)함을 알고 마침내 보호했는데 지금 대림이 곤장을 맞는데도 어찌 한 사람도 그 정상을 살핀 자가 없는가?"

대림과 용을 풀어주었다.

기묘일(己卯日-6일)에 안개가 꼈다.

○ 사간원(司諫院)에서 조대림이 도성(都城) 안에서 군사를 발동한 까닭을 핵문(劾問)했다.

---

15 율령(律令)을 배워 처음에는 옥리(獄吏)가 되고, 나중에 정위감(廷尉監)에 올랐다. 정화(征和) 2년(기원전 91년) 무고(巫蠱)의 옥사 때 크게 활약하여 여태자(戾太子)의 손자인 유순(劉詢-宣帝)의 목숨을 구했다. 유순이 제위에 오르자 태자태부(太子太傅)와 어사대부(御史大夫)를 거쳐 지절 3년(기원전 67년) 승상(丞相)이 됐다. 항상 대의예양(大義禮讓)을 중히 여겨 길에서 불량배들이 싸우는 것을 단속하는 일은 시장의 직분이므로 재상이 관여할 바가 아니지만, 수레를 끄는 소가 숨을 헐떡이는 것은 계절의 변화 탓일지도 모르므로, 음양(陰陽)을 가리고 자연의 조화를 꾀하는 것은 재상의 직분이라고 했다.

○ 호조판서 평원군(平原君) 조박(趙璞)이 졸(卒)했다. 박(璞)은 평양부(平壤府) 사람으로 자(字)는 안석(安石)이고 호(號)는 우정(雨亭)이며 전의령(典儀令) 사겸(思謙)의 아들이다. 재주가 탁월해 여러 사람 중에 뛰어났고[不群 불군] 홍무(洪武) 병진년(1388년) 과거에 급제해 여러 벼슬을 거쳐 삼사 좌윤(三司左尹)에 이르렀다. 상이 잠저(潛邸)에 있을 때 박이 동서(同壻) 간이므로 가장 친하고 오래된 사이였고 이런 이유로 태조(太祖)를 마음으로 따랐다. 정몽주(鄭夢周)가 박을 청주목사(淸州牧使)로 내보냈다가 조금 뒤에 수원부(水原府)로 잡아올려 장차 죽이려고 했는데 박이 도망쳐 죽음을 면했다. 태조가 계운(啓運-개국)한 뒤에 개국공(開國功)을 논해 예조전서(禮曹典書)를 제수했고 공정왕(恭靖王)이 선위(禪位)를 받자 정사훈(定社勳)을 녹훈(錄勳)해 참찬문하부사(參贊門下府事) 겸 사헌부대사헌을 제수했고 상이 즉위하자 또 좌명(佐命)의 공로를 기록해 삼사 좌사(三司左使)를 제수하고 신사년(1401년)에 동지공거(同知貢擧)가 되었다. 일찍이 양광도(楊廣道)를 안렴(按廉)하고, 전라도 경상도를 관찰(觀察)하고, 서북면(西北面)을 순문(巡問)했는데, 처결(處決)하는 것이 물 흐르듯이 해 조금도 의심되지 않으니 부내(部內)가 이를 칭송했다. 죽으니 나이 53세였다. 유사(有司)에게 명해 예장(禮葬)하게 하고 시호(諡號)를 문평(文平)이라 했다. 아들은 신언(愼言)이다.

○ 일본(日本) 구주목(九州牧) 원도진(源道鎭)이 사자(使者)를 보내 예물(禮物)을 바쳤다.

신사일(辛巳日-8일)에 사헌부대사헌 맹사성(孟思誠) 등을 순금사에 내렸다. 순금사에서 목인해(睦仁海)의 옥사(獄辭)를 갖춰 아뢰었는데 능지처사(凌遲處死)에 해당했다. 시가(市街)에서 사형을 집행하도록 명했는데 형을 집행하기에 임해 대간(臺諫)이 이를 중지시키고 모두 대궐에 나아와 아뢰었다.

"인해(仁海)는 진실로 대륙(大戮)에 처해야 마땅하나 대림(大臨)이 그 말을 믿고 일찍 아뢰지 아니하고 조용(趙庸)의 말을 들은 연후에야 아뢰었으니 어찌 잘한 것입니까? 부옹(婦翁-장인)에 대한 말도 마땅히 캐어 물어야 합니다. 하물며 조박(趙璞)이 죽었으므로 전례에 따라 마땅히 형(刑)을 중단해야 합니다. 청컨대 사형을 늦추고 다시 대림(大臨)과 대질 신문해 수범(首犯)과 종범(從犯)을 분간(分揀)해 시행해야 할 것입니다."

상이 말했다.

"대역(大逆)을 범한 사람은 대신(大臣)이 죽었다 해 사형을 폐할 수 없다. 대림은 나이가 어려서 인해에게 속임을 당했으니 마땅히 불쌍히 여겨야 하고 또 매를 많이 맞았으므로 반드시 다시 물어서 그 정상을 알아내야 할 필요가 없다. 대사헌과 좌사간은 함께 옥사(獄事)를 국문한 자인데, 어째서 사형을 늦추자고 청하는가? 그러나 대간(臺諫)의 말이 있으니 지금 우선 따르겠다."

이에 인해를 옥에 도로 가두고, 대림을 잡아다 함께 대변(對辨-대질)하니 인해가 다시 다른 말이 없었다. 부옹(婦翁)에 대한 말을 물으니 역시 인해가 조작한 말이고 대림에게서 나온 것이 아니었다. 상이 곧 명해 대림을 석방시켜 집으로 돌려보내고 대사헌 맹사성(孟思誠), 좌사간 유백순(柳伯淳), 지평 이안공(李安恭), 정언 박안신(朴安

臣) 등을 순금사에 내려 보내고 완산군(完山君) 이천우(李天祐), 병조판서 남재(南在), 의정부참지사 박은(朴訔)에게 명해 사성(思誠) 등이 인해의 사형을 늦추자고 청한 까닭을 국문하고 최규(崔揆)를 체포해 왕지(王旨)를 잘못 전한 죄를 물었다. 또 박영문(朴英文)을 체포했는데 옥관(獄官)이 지나치게 대림을 형벌하는 것을 제지하지 못한 때문이었다.

임오일(壬午日-9일)에 목인해(睦仁海)를 시가(市街)에서 환열(轘裂)[16]했다. 임금이 인해(仁海)의 옥사(獄辭)로 인해 의정부에 판부(判付)했다.

'역적 목인해는 본래 관노(官奴)인데 힘이 있다 하여 허통(許通)[17]해서 관직을 주고 숙위(宿衛)에 배치하게 했다. 그 마음이 흉역(兇逆)하여 이미 만족할 줄을 모르고 제 아내가 평양군(平壤君)의 가비(家婢)라는 연줄로 인해 그 집에 출입했는데 평양군이 나이가 어려서 속일 수 있다고 여겨 달콤한 말을 만들어서 화복(禍福)으로 겁박(劫迫)하고 도리어 무망(誣罔)한 말을 자행해 가만히 수고(首告)를 행했으며, 인리(隣里)의 도적을 잡아야 된다고 말을 만들어 권하여 평양군으로 하여금 말에 오르게 하고 제 말을 사실로 만들어 대림으로 하여금 잡혀 갇히게 하고 고문을 받아 죽을 지경이 되게 했다. 이에

---

16 옛날의 극형(極刑)의 하나로 두 다리를 각각 다른 수레에 매고 양쪽에서 수레를 끌어서 죄인을 찢어 죽이는 형벌이다.

17 죄인(罪人)의 자손(子孫)이나 천인(賤人)에게 특별히 벼슬 길을 열어주는 일을 말한다.

대질(對質)해 죄를 바로잡을 때에 진원귀(陳原貴)를 끌어들여 증인을 삼아 정상이 이미 나타났으니 그 악한 마음을 품고 큰 상(賞)을 받으려고 생각해 화란(禍亂)을 만들어 왕친(王親)을 무함(誣陷)한 것이 지극히 한심하다. 율(律)에 의해 처결해 사경(四境)에 나눠 보여서 감계(鑑戒)를 남기도록 하라.'

이에 인해를 환열하고, 그 자식들도 아울러 교살(絞殺)했는데 백관(百官)을 모아 형(刑)의 집행을 감독했다. 드디어 우사간(右司諫) 서선(徐選), 지사간(知司諫) 박고(朴翺), 우정언(右正言) 이안유(李安柔)를 순금사(巡禁司)에 내리고 맹사성(孟思誠) 등이 다시 대림을 옥(獄)에 가두기를 청하여 죄를 받게 하려고 한 까닭을 국문하고, 또한 발언을 수모(首謀)한 사람을 물었다. 상이 말했다.

"평양군이 본래 죄한 바가 없는데, 지금 사성(思誠)이 인해(仁海)와 수범(首犯) 및 종범(從犯)을 나누려고 했으니 모반(謀叛)이나 대역(大逆)도 수범과 종범을 나누느냐? 대간(臺諫)의 의논이 대림(大臨)을 죽여서 번병(藩屛)을 제거해 왕실(王室)을 약하게 하려고 죄하려 했으니 그 공초(供招)에서 '모약왕실(謀弱王室)'이란 네 글자를 받으라. 만일 승복(承服)하지 않거든 모질게 때려 신문(訊問)하되 그의 죽음을 아낄 필요가 없다."

이에 맹사성 서선 이안유 박안신 등이 매를 견디지 못해 모두 승복했다. 그리하여 사성의 아들 감찰(監察) 맹귀미(孟歸美)를 가두고 아울러 죽이려고 했다. 옥사(獄事)가 이뤄지자 안신이 (죽음을) 면하지 못할 것을 알고 사성을 부르며 말했다.

"서로 얼굴이나 보고 한 마디 말이나 하고 죽자."

사성이 작은 종이 쪽지를 가져다가 대간(臺諫)에게 써서 보이며 말했다.

"충신(忠臣)이 그 직책으로 인해 죽는 것이 임금의 은혜를 저버리지 않는 것이요, 조종(祖宗)을 저버리지 않는 것이다."

안신이 시(詩)를 지어 옥(獄)의 벽(壁)에 크게 썼다.

'다행히 천년 만에 황하수(黃河水) 맑을 때를 만났으니
군왕(君王)이 스스로 성명(聖明)하리라고 생각했다
네 직책을 수행(遂行)하지 못했으니 달갑게 죽음에 나아가나
임금이 간신(諫臣)을 죽였다는 이름을 얻을 것이 염려된다'

또 판서 남재(南在)를 불러 다음과 같이 말했다.

"공(公)은 나라와 휴척(休戚-아름다움과 근심걱정)을 함께 하는 신하인데 어째서 다시 아뢰지 아니하여 우리 임금의 아름답지 못한 이름을 만세(萬世)에 남기게 하오. 만일 다시 아뢰지 않는다면 내가 죽어서 여귀(厲鬼)[18]가 돼 공(公)의 자손(子孫)을 해치겠소."

계미일(癸未日-10일)에 길창군(吉昌君) 권근(權近)이 글을 올렸다. 근(近)이 마침 와병(臥病) 중에 있다가 억지로 병을 이겨내며[力疾 역질] 글을 올려 말했다.

18 제사를 받지 못하는 귀신을 말한다.

'국가의 훈친(勳親)이 허물과 범죄가 있으면 곧바로 팔의(八議)[19]로 용서해 면제하고 만일 과실과 범죄가 없고 소인(小人)에게 무함(誣陷)을 당한 것이라면 또한 마땅히 갖춰 묻고 밝게 분변해 털끝 만큼의 의심스러운 바가 없이 하는 것이 법사(法司)의 직책입니다. 만약 마음속에 미진(未盡)한 점이 있는데도 이를 다 말하지 않는 것은 그 직책을 폐하는 것입니다. 만일 다 말해 다시 변석(辨析)을 가해 허물이 없는 것을 밝히면 훈친(勳親)의 부끄러움이 더욱 밝게 씻어지고 법사(法司)의 직책도 또한 펼 수 있는 것입니다. 그 마음이 어찌 죄를 얽어 만들어서 죄악에 빠뜨리고자 한 것이겠습니까?

지금 대간(臺諫)이 평양군 조대림을 다시 힐문(詰問)한 일로 잡혀 갇히고 엄한 국문을 당해 매를 못 이겨 모두 승복(承服)해 죄가 불측한 지경에 이르렀으니 심히 애석합니다. 전일에 노신(老臣)이 "순(舜)임금이 악한 것은 숨기고 착한 것은 드러냈다"는 일로 거듭 주상께 아뢰어 채납(採納)하심을 입었으므로 깊이 다행스럽게 여겼사온데 지금 또 순(舜)임금의 일로 말씀을 드리고자 합니다. 도응(桃應)[20]이 맹자(孟子)에게 묻기를 "순(舜)임금이 천자(天子)가 되고 고요(皐

---

19 조선시대 법을 어겼을 경우 이에 해당하는 형법으로 처벌되지 않고 조정 중신들의 평의(評議)를 거쳐 형량을 경감받는 조선시대 여덟 종류의 특권계층을 말한다. 팔의(八議)는 의친(議親) · 의고(議故) · 의공(議功) · 의현(議賢) · 의능(議能) · 의근(議勤) · 의귀(議貴) · 의빈(議賓)을 말하는데, 모두 '평의한다'는 의미의 의(議)가 들어가서 붙여진 용어다. 팔의 당사자 뿐만 아니라 그들의 일정 범위의 친족과 후손들에게 형사상 특권을 물려줄 수 있는 것도 커다란 특권이다. 그러나 팔의라고 하더라도 그들의 범죄가 종묘사직을 위태롭게 하거나 강상을 어지럽히게 될 경우에는 그 특혜에서 제외됐다.

20 맹자(孟子)의 제자(弟子)다.

陶)[21]가 옥관(獄官)이 되었는데, 고수(瞽瞍)[22]가 살인(殺人)했으면 어찌합니까?"라고 하니 맹자가 답하기를 "잡을 따름이다"라고 했는데 이를 풀이하는 사람이 말하기를 "고요는 오직 법이 있는 것만 알 뿐이요, 천자의 아버지가 있는 것을 알지 못하며, 순(舜)은 비록 천자가 되었더라도 아버지를 위해 법을 폐할 수는 없다"라고 했습니다. 이것은 성현(聖賢)이 마음을 쓰는 지극히 공정한 극치(極致)여서 우리 유자(儒者)가 평소에 일찍이 강구(講究)한 것이고, 법사(法司)된 자가 마땅히 자기 마음으로 삼아야 할 것입니다.

평양군의 과범(過犯)이 있고 없고 경(輕)하고 중(重)한 것은 대간(臺諫)의 관원으로 순금사에 앉아서 친히 물은 자는 알겠지만, 친히 묻지 않은 자는 어찌 끝까지 물어서 밝게 분변하려 하지 않겠습니까? 만일 밝게 분변하지 않으면 이것은 직사를 폐기한 것이 됩니다. 비록 세미(細微)한 백성의 일에 있어서도 오히려 변명하여 밝게 씻으려 하거든, 하물며 친귀(親貴)한 사람에 있어서 자세히 분변하지 않을 수 있습니까? 재문(再問)을 가하는 것이 비록 번잡스러운 것 같으나 또한 각각 그 직책을 다하고자 한 것입니다. 어찌 다른 마음이 있겠습니까? 지금 이 일로 법을 지키는 관리에게 죄를 가한다면 진실로 맹자(孟子)가 논한 "순(舜)임금과 고요(皐陶)의 용심(用心)"에 합하지 않을까 두렵습니다.

---

21 순(舜)의 신하로 법리(法理)에 통달(通達)하여 법(法)을 세워 형벌(刑罰)을 제정하고 또 옥(獄)을 만들었다고 한다.

22 순(舜)의 아버지의 이름이다.

신은 젊었을 적부터 일찍이 공맹(孔孟)의 글을 읽어서 매양 요(堯)순(舜)의 도리로 왕의 앞에 진달하려고 했사온데 다행히 전하를 만나서 지나치게 성은(聖恩)을 입어 벼슬이 1품(品)에 이르고 공실(公室)에 혼인(婚姻)을 하게 돼 항상 만분의 일이라도 이에 보답하려고 도모하나 병(病)이 오래 돼 상유일박(桑楡日薄)[23]해졌사오니 항상 아침 저녁으로 영원히 성대(聖代)를 하직할까 두렵습니다. 지금 이 일을 듣자오니 성덕(聖德)에 누(累)가 되어 후세(後世)에 비난을 남길까 두려워하여 마음 아픈 바를 깨닫지 못하고 죽음을 무릅쓰고 상언(上言)하오니 엎드려 바라건대 성자(聖慈)께서 조금 천위(天威-임금의 분노)를 거두시고 대간(臺諫)의 죄를 용서하소서.'

글이 올라가자 상이 근의 사위인 이종선(李種善)을 불러 위로하고 타일렀다.

갑신일(甲申日-11일)에 (사헌부) 집의(執義) 이계공(李季拱), 장령(掌令) 이백겸(李伯謙), 헌납(獻納) 정주(鄭賙) 문수성(文守成)을 순금사에 내렸다. 이천우(李天祐) 등이 맹사성(孟思誠) 등의 옥사(獄辭)를 갖춰 아뢰니 판부(判付)해 말했다.

"맹사성, 서선, 박안신, 이안유와 맹귀미를 모두 극형에 처하라."

또 백관(百官)이 시가(市街)에 모여 형의 집행을 감독하라고 명하고 다시 중관(中官)을 보내 독촉하니 나라 사람들이 모두 서로 돌아보며 얼굴빛을 잃었다[失色(실색)]. 안성군(安城君) 이숙번(李叔蕃)이 아뢰

---

23 저녁 해가 뽕나무나 느릅나무 위에 걸려 있다는 말로, 죽을 때가 가까워진 것을 말한다.

어 말했다.

"사성(思誠)이 수범(首犯)과 종범(從犯)을 분간하자고 한 말은 곧 목인해(睦仁海)와 진원귀(陳原貴)를 가리킨 것이고, 또 직책이 언관(言官)에 있어 국가를 위한 것뿐이니 어찌 다른 마음이 있겠습니까? 이 대륙(大戮)에 연루됐다고 어찌 말할 수 있겠습니까?"

상이 노해 말했다.

"경(卿)은 대신이니 마땅히 초연(超然)하여 사사로움이 없어야 할 것인데 어째서 남의 지도(指導)를 받고 이런 말을 하는가?"

숙번이 대답했다.

"신은 젊어서부터 전하를 따랐으니 전하께서는 신의 마음을 아실 것입니다. 신은 지도를 받은 일도 없고 두려워하는 것도 없습니다."

상이 말했다.

"(그렇다면) 경이 마땅히 이 대사(大事)를 처리하라."

숙번이 대답했다.

"전하께서 일찍이 신 등에게 이르시기를 '모진 매 밑에서 무엇인들 구(求)하여 얻지 못하랴?'라고 하셨습니다. 사성(思誠)이 심한 고문을 받고 그 고통을 참지 못하여 '모약왕실(謀弱王室)'이란 초사(招辭)에 승복(承服)한 것입니다. 지금 이것으로 극형을 가하는 것이 가합니까?"

상이 지신사 황희(黃喜)를 꾸짖어 말했다.

"낮지 않은 재상(宰相)이 이와 같은 말을 아뢰는데 어찌 제지하지 않았는가?"

숙번이 순금사 사직(司直) 김이공(金理恭)에게 일러 말했다.

"임금이 말을 해 스스로 옳게 여기면 경대부(卿大夫)가 감히 그 그른 것을 바로잡지 못하는 것은 예전 사람이 경계(警戒)한 바이다. 남판서(南判書), 박 참지(朴參知-박은)는 모두 도리를 아는 재상인데, 어째서 다시 아뢰지 않고 모두 뜻에만 아첨해 이 옥사(獄事)를 이루는가? 그대도 또한 사류(士流)인데 어째서 이같이 하느냐?"

눈물을 흘리며 탄식해 말했다.

"주상께서 만일 이 사람들을 반드시 사형하려고 하신다면 나는 머리를 깎고 도망갈 것이다."

권근(權近)이 또한 병든 몸으로 여(輿-가마)를 타고 달려와 고하니 이에 영의정부사(領議政府事) 하륜(河崙), 좌정승 성석린(成石璘), 영삼군사(領三軍事) 조영무(趙英茂) 등이 대궐 뜰에 나아와 륜(崙)이 아뢰었다.

"사성은 모반(謀叛)한 것도 아니고 무고(誣告)한 것도 아닙니다. 다만 공사(公事)에 실수한 것으로 극형을 당하면 어찌 정리(情理)에 맞겠습니까?"

석린이 아뢰었다.

"죄 없는 사람을 죽이느니보다는 차라리 법을 굽혀 살리기를 좋아하는 덕[好生之德](호생 지 덕)으로 민심을 흡족시키는 것이 신들의 소원입니다."

영무가 아뢰었다.

"신이 사성을 사랑하는 것도 아니며, 소사(所司)를 구원하는 것도 아닙니다. 다만 전하(殿下)의 임금다움을 돕고자 하는 것뿐입니다."

상이 륜을 꾸짖어 말했다.

"경이 나더러 잘못이라고 하는 것인가? 공사(公事)를 어찌 실수할 수 있는가?"

륜이 대답했다.

"예전에 임금이 형벌을 결단하려면 반드시 삼복주(三復奏)와 오복주(五復奏)를 기다렸습니다. 옛날에 한나라 선제(宣帝)가 양운(楊惲, ?~기원전 54년)[24]을 죽였는데 식자(識者)들이 위상(魏相)과 병길(丙吉)이 정승(政丞)으로 있고 우정국(于定國)이 정위(廷尉)로 있으면서도[25] 이를 간(諫)해 저지하지 못한 것을 기롱(譏弄)했습니다."

드디어 통곡하며 말했다.

"신이 동방(東方)에 오늘날의 임금이 있지 않으리라고 생각했는데 이런 일이 있을 줄은 미처 알지 못했습니다."

상이 말했다.

"내가 사람을 죽이기를 좋아하지 않는 것은 경들이 아는 바이다. 반복해 생각해 보아도 사성(思誠)의 죄는 죽여야 마땅하다. 그러나 경들이 이렇게까지 간언하니 내가 우선 생각해 보겠다."

모두 대답했다.

---

24 사마천(司馬遷)의 외손이다. 『사기(史記)』를 익혀 세상에 널리 전파했다. 선제(宣帝) 때 좌조(左曹)에 임명돼 곽씨(霍氏)의 음모를 고발해 평통후(平通侯)에 봉해졌고 중랑장(中郎長)이 되었다. 신작(神爵) 원년(기원전 61년) 제리광록훈(諸吏光祿勳)에 올랐다. 관직에 있는 동안 청렴하여 재물을 경시하고 의로움을 좋아했다. 그러나 각박하고 남의 나쁜 비밀 등을 들춰내기를 좋아하여 사람들의 원한을 많이 샀다. 태복(太僕) 대장락(戴長樂)과 사이가 나빴는데 대장락이 고발당하자 그가 시킨 것으로 잘못 알아 평소 언어가 불경하다고 상소를 올림으로써 면직당해 서인(庶人)이 됐다. 직위를 잃고 집에서 일하며 집안을 일으켜 그 재산으로 생애를 즐겼다. 친구 손회종(孫會宗)이 편지를 주고받으면서 충고했지만 대답하지 않았다. 편지에 원망하는 내용이 많았는데, 선제(宣帝)가 이것을 읽고 미워한 데다가 참소와 중상모략을 당해 대역무도죄로 요참형(腰斬刑)을 당했다.

25 위상, 병길, 우정국은 모두 뛰어난 신하라는 평가를 받았던 인물들이다.

"각사(各司)가 이미 시가(市街)에 모였으니 만일 일찍 그대로 윤허하지 않으시면 구제하지 못할 것입니다."

상이 말했다.

"사체(事體)가 지극히 중(重)하고 내 뜻이 이미 결정됐으니 가볍게 바꿀 수 없다. 그러나 임금이 혼자서만 국가를 다스릴 수 없고 경들도 어찌 나를 불의(不義)에 빠뜨리고자 하겠는가? 경들의 말을 따르겠다. 경들도 왕실(王室)이 약해지지 않도록 도모하라."

하륜 등이 모두 울며 사례하고 물러갔다. 우정승 이무(李茂)만은 맹귀미(孟歸美)의 장인(丈人)이기 때문에 감히 정부의 청(請)에 참여하지 못했다.

을유일(乙酉日-12일)에 사헌부대사헌 맹사성(孟思誠)은 장(杖) 100대를 때려 (충청도) 한주(韓州-한산) 향교(鄕校)의 재복(齋僕)으로 정배(定配)했다. 사간원 우정언 박안신(朴安臣)은 영덕현(盈德縣)으로 귀양보내고, 그 나머지 대간(臺諫)은 모두 석방했다.

○ 형조(刑曹)에 명해 이직(李稷) 윤저(尹柢) 이응(李膺) 등을 핵문(劾問)하게 했다. 직(稷) 등이 조대림과 목인해의 정실(情實)을 자세히 살피지 못하고 대림에게 지나치게 형벌했기 때문이다.

○ 의정부에서 행수(行首)와 견룡(牽龍)의 천전법(遷轉法-인사이동 규정)을 아뢰었다.

"전에는 각전(各殿)의 행수(行首)는 4품(品)에서 거관(去官)하고, 견룡(牽龍)은 6품(品)에서 거관(去官)했는데, 지금은 대전 행수(大殿行首) 외에는 모두 5품에서 거관하고, 견룡은 예전 제도 그대로 합니다. 청컨대 모두 강등(降等)해 7품 거관으로 하고, 인가방(引駕房)과 도류방(道流房)도 또한 5품에서 거관할 것이 아니오니, 아울러 강등하여 6품 거관으로 하소서."

그것을 따랐다.

○ 최규(崔揆)를 풀어주고 윤흥부(尹興阜)를 관직에서 내쫓아 자기 집으로 돌려보냈다.

정해일(丁亥日-14일)에 형조판서 성석인(成石因)이 대궐에 나와 소(疏)를 올려 이직(李稷) 등의 죄를 청하니 상이 말했다.

"이미 다 파직(罷職)시켰다."

무자일(戊子日-15일)에 상이 친히 문소전(文昭殿)에 전(奠)을 올렸다.

○ 이천우(李天祐)를 의정부 찬성사, 남재(南在)를 이조판서, 유량(柳亮)을 의정부참찬사, 이귀령(李貴齡)을 병조판서, 성석인(成石因)을 호조판서, 박은(朴訔)을 형조판서, 황거정(黃居正)과 민여익(閔汝翼)을 의정부 참지사, 유겸(柳謙)을 우사간 대부, 현맹인(玄孟仁)을 지사간원사, 탁신(卓愼)을 사헌 집의, 김맹성(金孟誠)을 장령(掌令), 허규(許揆)와 노인구(盧仁矩)를 헌납, 이소축(李小畜)과 이사관(李士寬)을 지평, 오선경(吳先敬)과 유맹문(柳孟聞)을 (사간원) 정언으로 삼았다.

기축일(己丑日-16일)에 재내제군(在內諸君)과 부마제군(駙馬諸君)의 구사(丘史-시종)의 수(數)를 정해 1등(等)은 10명, 2등은 7명, 3등은

5명으로 했다. 그로 인해 (기존의) 별감(別監) 소친시(小親侍)의 칭호를 금지했다.

○ 정탁(鄭擢)과 조용(趙庸)에게 출사(出仕)를 명했다.

○ 길창군(吉昌君) 권근(權近)이 글을 올려 대간(臺諫)의 일을 말했다. 글은 이러했다.

'대간의 직책은 (임금의) 눈과 귀의 임무를 맡았으니 마땅히 밝게 살펴야 하고, 밝게 살피기를 지극히 하면 반드시 마땅함을 잃는 지경[失當]에 이르게 됩니다. 실당(失當)에 이르게 되면 묻지 않을 수 없으니 그러므로 가끔 위로 성려(聖慮)를 근심스럽게 하여 대간(臺諫)의 행수(行首) 장무(掌務)를 힐문(詰問)하게 됩니다. 행수 장무는 원의(圓議)한 일이기 때문에 먼저 발론(發論)한 사람을 드러내 말하려 하지 아니해 스스로 그 책망을 받습니다. 그리고 먼저 발론한 사람도 스스로 말하려 하지 않아서 동렬(同列)이 죄를 받는 것을 보게 되고 자기는 다행히 죄를 면하게 돼, 혹은 도사(都司)가 죄를 받게 되니, 실로 국가의 아름다운 일이 아닙니다. 빌건대 지금부터 대간이 일을 의논할 때에는 반드시 의논하는 일을 먼저 "모관(某官)이 발언한 모사(某事)"라고 써서 밝게 문안(文案)을 작성한 연후에 시행하고, 책문(責問)을 당하게 될 때는 먼저 발언한 자가 반드시 스스로 먼저 고하게 하여 그 범한 것의 경중에 따라 그 죄를 의논하되 다른 범죄에 비해 반드시 말감(末減)에 따라 언책(言責)을 우대해 지나치게 행수 장무와 다른 동렬에 미치는 일이 없게 하고 먼저 발언하고도 스스로 고하지 않는 자는 곧 등수(等數)를 더해 죄를 주게 해야 할 것입니다. 이렇게 하면 범인을 찾아내기가 쉽고 형벌

이 넘치지 않아서 참으로 편리할 것이오니 항식(恒式)으로 정하여 후세에 전하소서.'

의정부(議政府)에 내려 토의하게 했다.

계사일(癸巳日-20일)에 정조(正朝)에 대한 중외(中外)의 하전(賀箋)과 연상시(延祥詩)[26]를 정지하도록 명했으니 국상(國喪) 때문이었다. 오직 제야(除夜)에 구나(驅儺)[27]를 행하는 것은 경사(慶事)를 위한 것이 아니고 사귀(邪鬼)를 물리치는 것이라 해 예전대로 행하게 했다.

정유일(丁酉日-24일)에 전라도 수군 도절제사가 현안 몇 가지 조목을 올렸다.

'방어하는 형세를 보면 대선(大船) 중선(中船)은 체제(體制)가 커서 심히 느리기 때문에 비록 왜선(倭船)을 만나도 쫓아 미치기 어려워서 한갓 군사만 수고롭게 하니 빌건대 도내(道內)에 원래 제조한 대선 4척 외에는 모두 쾌선(快船)의 규식(規式)에 의거해 조작(造作)하소서.

하나, 옥구(沃溝)의 수영(水營)은 해로(海路)의 중앙이 아니기 때문에 진수(鎭戍)에 합당하지 않습니다. 비옵건대, 수영(水營)을 모두 옥구진(沃溝鎭)에 붙이고, 해도(海島)의 중앙인 무안현(務安縣)의 대굴포(大崛浦)로 수영을 옮기소서.

---

26 원조(元朝)를 하례(賀禮)하는 시다.

27 연말에 귀신을 쫓는 의식을 말한다.

하나, 도내(道內) 각관(各官)에 살고 있는 일찍이 수군 도만호(水軍都萬戶)나 만호(萬戶)·천호(千戶)를 지낸 자는 오래 배 위에 있었으므로 도적 잡는 데에 익숙하오니, 모두 거느려서 방어하게 하소서.

하나, 각포(各浦) 만호·천호의 능부(能否)를 전에는 오로지 수군절제사(水軍節制使)에게 위임해 고찰(考察)했는데, 근래에는 본도(本道) 도관찰사(都觀察使)와 병마 도절제사(兵馬都節制使)가 각각 소견(所見)을 고집하고 서로 행이(行移)해, 조그만 잘못이 있더라도 서로 힐문(詰問)하니, 만호·천호가 모두 실망합니다. 빌건대 지금부터는 수군절제사에게 오로지 위임하여 고찰하게 하소서.

하나, 절제사(節制使)의 소관(所管) 병선(兵船) 10척과 도만호(都萬戶)의 병선 10척은 항상 바다 가운데서 순포(巡捕)하여 일정하게 정박하는 곳이 없으니, 매번 군사를 행해 양식(糧食)이 떨어지는 날을 당하면, 각각 부근(附近) 각관(各官)에 이첩(移牒)하여 직접 군량(軍糧)을 공급(供給)받게 하소서. 그러면 운반[轉運]하는 폐단이 거의 없을 것입니다.

하나, 배를 제조하는 철물(鐵物)을 관찰사가 간혹 출납을 정체(停滯)하기 때문에 일을 폐하게 됩니다. 해도(海道)의 철물은 원래 수군(水軍)이 취련(吹鍊)하게 돼 있으니, 절제사(節制使)로 하여금 거두어 저축하여 비용에 지출케 하소서.

하나, 해도(海道)의 영전(營田)과 번염(燔鹽)의 소출(所出)은 본래 군량을 보충하자는 것인데, 지금은 절제사가 구처(區處)하지 못하게 돼, 군관과 군졸을 무양(撫養)할 길이 없습니다. 금후로는 절제사로 하여금 직접 차사원(差使員)을 정해 그 출납을 감시하게 하고, 만일

지나치게 허비하는 자가 있으면 다른 사람이 진고(陳告)하는 것을 허락해 죄를 논하소서.'

상이 모두 그대로 따랐으나 오직 수영(水營)을 옮기자는 일절(一節)만은 도관찰사에게 내려 함께 토의해 아뢰게 했다.

무술일(戊戌日-25일)에 사헌 집의(司憲執義) 탁신(卓愼) 등이 소를 올려 조대림(趙大臨)의 죄를 청했다. 소는 이러했다.

'신 등이 듣건대 송공(宋公)이 노공(魯公)에게 군사를 청하니 노공이 사양했고 공자(公子) 휘(翬)가 군사를 청해 모으려고 하니 허락하지 않으므로 굳이 청해 행했는데 설자(說者)가 말하기를 "공(公)이 사양하고 허락하지 않은 것은 의리이고, 휘(翬)가 불의(不義)로 굳이 청해 행한 것은 임금을 없다고 여기는 마음[無君之心(무군 지 심)]의 조짐(兆朕)이다"라고 했습니다. 지금 평양군(平壤君) 조대림(趙大臨)이 역적 목인해(睦仁海)의 난모(亂謀)를 믿고, 도적이 있다고 고해 감히 스스로 잡기를 청했는데, 주상께서 윤허하지 않으셨는데도 굳이 청해 군사를 발동했으니 임금을 없다고 여긴 것과 같습니다. 인신(人臣)의 의리는 이루는 것은 없고 마치는 것은 있습니다. 비록 도적이 있어 마땅히 토벌할 것이라도, 마땅히 임금께 고해 임금의 명령을 기다려서 나라에서 쳐야 합니다. 어찌 범염(犯染)했다고 속여 말하고 명령을 어겨 굳이 청해 도성(都城) 안에서 간과(干戈-무기)를 움직일 수 있습니까? 오직 어리석은 것이요 두 마음이 있는 것은 아니나 인해의 꾀에 빠져서 장차 죽을 지경에 처했어도 이를 깨닫지 못했으니 그 군사를 발하여 요란하게 한 죄는 그대로 두고 논하지 않더라도 가합니다. 다만 명령을 어기고 굳이 청한 죄는 어찌 내버려두고 묻지 않을 수 있습니까? 허 세자(許世子) 지(止)가 약(藥)을 맛보지 않았는데도 『춘추(春秋)』에서 대악(大惡)으로 규정했으니 참으로 (아버지 임금을 죽이려는) 이런 마음이 있다는 것이 아니라, 오직 군부(君父)를 소홀히 여기는 마음이 있었기 때문입니다. 군부를 소홀히 여기는 마음은 곧 대악(大惡)의 시초입니다. 그러므로 서리를 밟는 경계[履霜(이상)之戒(지계)]를 보여 천하(天下) 만세(萬世)의 훈계(訓戒)를 삼아 임금된 자로 하여금 악한 것을 은미(隱微)한 데서 제거하는 뜻을 알게 하고, 신하 된 자로 하여금 감히 군상(君上)을 소홀히 하는 마음이 없게 한 것입니다. 또 군사(軍士)라는 것은 불과 같아서 사직(社稷)의 안위(安危)에 관계됨이 지극히 중(重)하니, 조기(早期)에 금지해 엄하고 삼가게 하지 않을 수 없는 것입니다. 신 등은 대림(大臨)이 명령을 어기고 굳이 청한 까닭을 듣고자 합니다. 전하께서는 대훈(大訓)으로 결단(決斷)해 만세(萬世) 인신(人臣)의 의리(義理)를 바로잡아야 할 것입니다.'

상이 소를 보고 크게 노해 곧 집의 탁신(卓慎), 장령 김맹성(金孟誠), 지평 이소축(李小畜)을 순금사에 가두고, 이조판서 남재(南在), 형조판서 박은(朴訔), 면성군(沔城君) 한규(韓珪), 총제 성발도(成發道)에게 명해 탁신 등을 지도한 사람과 의논한 곳, 그리고 상소 가운데 노휘(魯翬)와 허지(許止)를 인용해 비교한 뜻을 국문하게 하고, 또 좌대언(左代言) 이조(李慥), 승전색(承傳色) 노희봉(盧希鳳)에게 명해 옥(獄)을 감시하게 했다. 탁신이 말했다.

"신이 직책을 받던 처음에 전농시판사(典農寺判事) 허조(許稠)가 신의 집에 왔기에 신이 대림(大臨)의 일에 언급(言及)해 말하기를 '묻지 않을 수 없다'라고 하니 허조가 말하기를 '평양군(平壤君)의 일은 진실로 부당하나 아직은 그냥 두라'라고 했습니다. 그 후 신이 상관(上官)한 뒤에 손수 소(疏)를 초(草)한 것이요, 맹성(孟誠)과 소축(小畜)은 나이가 젊고 또 문장(文章)에 능하지 못하기 때문에 알지 못합니다."

상이 듣고 급히 허조를 옥에 가두라고 명하고 종친(宗親)을 모해(謀害)했다는 뜻으로 두 사람을 신문(訊問)하니 조도 또한 모진 매를 이기지 못해 드디어 승복(承服)했다.

○ 좌사간대부 유겸(柳謙) 등이 대궐에 나아와 아뢰었다.

"국가에서 대간원(臺諫員)을 설치한 것은 언직(言職)으로 책임을 지운 것입니다. 지금 대신(臺臣)이 상소했다 해 옥(獄)에 가두고 명하여 모진 매를 가하게 하시니 신 등은 이 뒤로 언로(言路)가 막힐까 두렵습니다."

상이 말했다.

"죄 없는 왕친(王親)을 억지로 죄가 있다고 논(論)하는 것이 진실로 언로이냐? 너희들도 또한 대림을 죄주자고 하는 것이냐? 내가 만일 힐문(詰問)하면 너희들은 반드시 대답할 말이 없을 것이다. 마침 조금 병(病)이 있어서 많은 말을 하지 않으려 하니 물러가라."

겸(謙) 등이 감히 다시 청하지 못했다. 상이 의정부에 명했다.

"내가 조금 병이 있어 대원(臺員)의 죄를 친히 결단(決斷)하지 못하니 경 등이 깊이 토의해 처치하라."

○ 제주 도안무사(濟州都安撫使) 조원(趙源)이 국마(國馬)를 번식시

킬 방책을 올렸다.

'본주(本州)를 보건대 땅이 따뜻하고 풀이 무성하며 산이 깊어도 호랑이가 없어 축산(畜産)이 잘 번식합니다. 다만 매번 파견한 쇄마관(刷馬官)이 와서 원대한 생각을 돌보지 않고 오로지 목전(目前)의 일만 판비(辦備)하려고 해, 각둔(各屯)의 국마(國馬)를 노소(老少) 생숙(生熟) 쾌둔(快鈍)을 묻지 않고 모조리 쇄출(刷出)하기 때문에 좋은 말의 종자가 거의 다 없어졌습니다. 빌건대 자(子) 오(午) 묘(卯) 유년(酉年)마다 조관(朝官)을 차견(差遣)해서 성적(成籍)을 점검해 국마를 생식하게 하고 쇄출을 허락하지 말되 영원히 항규(恒規)로 삼아야 할 것입니다.'

그것을 따랐다.

○ 내약방(內藥房) 의원(醫員) 평원해(平原海)와 조청(曹聽)을 내쫓아 전의감(典醫監)에 근무하게 했다. 상이 편치 못한데 원해(原海) 등이 약을 조제하기를 정밀하게 하지 못했기 때문이다.

기해일(己亥日-26일)에 영의정부사(領議政府事) 하륜(河崙), 정승 성석린(成石璘) 이무(李茂), 한산부원군(漢山府院君) 조영무(趙英茂)가 대궐에 나아와 육선(肉膳-고기 반찬) 들기를 청했으나 윤허하지 않았다.

"신 등이 듣건대 상의 옥체가 미령(未寧)하시다 하니 근심과 두려움을 이길 수 없습니다. 몸에 병이 있으면 술을 마시고 고기를 먹어야 된다고 『예경(禮經)』에 실려 있습니다. 바라건대 육즙(肉汁)을 드시어 허약(虛弱)함을 보충하소서."

상이 윤허하지 않았다. 다시 청했다.

"병이 있으면 고기를 먹는 것은 필부(匹夫)도 그러하온데 하물며 전하의 일신(一身)은 종사(宗社)와 생민(生民)이 의탁한 바이옵니다."

끝내 윤허하지 않았다. 륜 등이 다시 대궐에 나아와 육선 들기를 청했으나 윤허하지 않았다.

甲戌朔 上親奠于文昭殿.
갑술 삭 상 친전 우 문소전

立書筵講學之法. 司諫院上言:
입 서연 강학 지 법 사간원 상언

‘世子 國之儲副 敎養輔導之方 不可不謹也. 故當其幼沖之時
세자 국 지 저부 교양 보도 지 방 불가 불근 야 고 당 기 유충 지 시
講習經籍 窮理正心 以爲宗社之本. 願自今書筵講讀 制其程式
강습 경적 궁리 정심 이위 종사 지 본 원 자금 서연 강독 제 기 정식
每日兩次出就書筵 某日某經 自某句至某句幾字讀幾遍 置簿
매일 양차 출취 서연 모일 모경 자 모구 지 모구 기자 독 기편 치부
志錄. 書筵官每衙日 具啓本申聞 如有不如程式 責書筵官.’
지록 서연관 매 아일 구 계본 신문 여유 불여 정식 책 서연관

吉昌君權近陳言內節該:
길창군 권근 진언 내 절해

‘書筵進講 當以涵養本源爲先務 其與書生治經記誦之學不同.
서연 진강 당 이 함양 본원 위 선무 기 여 서생 치경 기송 지 학 부동
乞自今不須每日必講新書 將世子所已讀四書及典謨等書 循環
걸 자금 불수 매일 필 강 신서 장 세자 소이독 사서 급 전모 등서 순환
理會. 世子先讀一二節 不限定數 書筵官互相講論 又將古今可法
이회 세자 선독 일이 절 불한 정수 서연관 호상 강론 우 장 고금 가법
可戒之書及先儒格言 亦不過一二節 反覆辨論 毋敢雜以他語 使
가계 지 서 급 선유 격언 역 불과 일이 절 반복 변론 무감 잡 이 타어 사
世子優游熟聞 樂而忘倦. 每日置簿 記其所講 以憑稽考 務以
세자 우유 숙문 낙 이 망권 매일 치부 기 기 소강 이빙 계고 무 이
身心義理 涵養本源 古今治亂 增益見聞 言動有失 從而規正.
신심 의리 함양 본원 고금 치란 증익 견문 언동 유실 종 이 규정
一日之內 要令親近書筵官之時多 親近宦寺之時少 常聞正言
일일 지 내 요령 친근 서연관 지 시 다 친근 환시 지 시 소 상문 정언
常見正事 以薰陶其德性. 何必多讀經書之爲貴哉!’
상견 정사 이 훈도 기 덕성 하필 다독 경서 지 위귀 재

下二書于議政府擬議. 政府議得: “依司諫院所申 每日習讀;
하 이서 우 의정부 의의 정부 의득 의 사간원 소신 매일 습독

依權近陳言 每日一次講論 庶爲兩得.” 從之.
의 권근 진언 매일 일차 강론 서 위 양득 종지

議政府啓文書應奉司講習吏文之事 從之. 啓曰:
의정부 계 문서응봉사 강습 이문 지 사 종지 계왈

‘據應奉司手本節該: “吏文 事大急務 年前擇其吏學可當三十
거 응봉사 수본 절해 이문 사대 급무 연전 택 기 이학 가당 삼십

員口傳 然以職任遷轉 或在政曹要務 或在決事出納 或除外任
원 구전 연 이 직임 천전 혹 재 정조 요무 혹 재 결사 출납 혹 제 외임

其中前銜人員 多方托故不仕 以致吏學虛疎 不可不慮. 司所任
기중 전함 인원 다방 탁고 불사 이치 이학 허소 불가 불려 사 소임

兼官下批 依刑曹都官例 除本司仕官 專委習業.” 得此議得 以
겸관 하비 의 형조 도관 례 제 본사 사관 전위 습업 득 차의 득 이

其司爲三品衙門 知事一 正三品 僉知事一 從三品 檢討官二
기사 위 삼품 아문 지사 일 정삼품 첨지사 일 종삼품 검토관 이

四品 校理官二 五品 修撰官二 六品 書記四 參外. 以吏文習熟
사품 교리 관 이 오품 수찬관 이 육품 서기 사 참외 이 이문 습숙

人員 事簡各司祿官 兼任下批 竝除本司仕上直 出使外任等事.
인원 사 간 각사 녹관 겸임 하비 병 제 본사 사 상직 출사 외임 등사

提調官每日坐起敎訓 考其知事以下吏文習讀多少 制作工拙
제조관 매일 좌기 교훈 고 기 지사 이하 이문 습독 다소 제작 공졸

以憑除擢. 在前口傳施行前銜吏學成才人員及能行書寫所任人員
이빙 제탁 재전 구전 시행 전함 이학 성재 인원 급 능행 서사 소임 인원

其司隨品權知 口傳仕官習業 及其成才 申聞擢用; 提調官以下
기사 수품 권지 구전 사관 습업 급 기 성재 신문 탁용 제조관 이하

勤慢考察 司憲府每日擲奸.’
근만 고찰 사헌부 매일 척간

從之.
종지

乙亥 宥 安東 金邁卿 張弛 李種華柳翼之 外方從便; 給魏种
을해 유 안속 김매경 장이 이종화 유익지 외방 종편 급 위충

職牒 外方從便. 是日 上覽司憲府刑曹巡禁司所上京外囚繫及
직첩 외방 종편 시일 상 람 사헌부 형조 순금사 소상 경외 수계 급

徒流人姓名 多所放免.
도류 인 성명 다 소방면

兵曹請侍衛鄭孝翁等四人罪. 判書南在等上言曰:
병조 청 시위 정효옹 등 사인 죄 판서 남재 등 상언 왈

‘臣之事君 心存敬畏 靖供爾位 其職也. 況侍衛武臣 嚴主威 備
신 지 사군 심 존 경외 정공 이위 기직 야 황 시위 무신 엄 주위 비

不虞 尤不可不愼也. 前月二十六日 法駕幸于健元陵 司直鄭孝翁
불우 우 불가 불신 야 전월 이십 육 일 법가 행 우 건원릉 사직 정효옹

馳馬突入 以犯淸蹕 不敬之罪 莫甚焉. 且當還駕之時 備身護軍
치마 돌입 이범 청필 불경 지 죄 막심 언 차 당 환가 지 시 비신 호군

魯玄守 醉臥道傍 不供其職; 護軍金時 酗酒叫呶 聲徹乘輿;
노현수 취와 도방 불공 기직 호군 김시 후주 규노 성 철 승여

陪笏護軍趙珠 沈醉離次 擅自落後. 右四人 旣無敬上之心 又 無
배홀 호군 조주 침취 이차 천자 낙후 우 사인 기 무 경상 지 심 우 무

供職之義 願下攸司 依法施行 以戒後來.'
공직 지 의 원하 유사 의법 시행 이계 후래

命罷孝翁職 其餘勿論.
명파 효옹 직 기여 물론

丙子 司憲府請淸城君鄭擢 漢城尹鄭符之罪. 論擢等奉使入朝
병자 사헌부 청 청성군 정탁 한성윤 정부 지 죄 논 탁 등 봉사 입조

多齎布匹及禁物 貪汚不恪之罪 命罷符職 以擢功臣勿論. 憲府再
다재 포필 급 금물 탐오 불각 지 죄 명파 부 직 이 탁 공신 물론 헌부 재

上疏曰:
상소 왈

'鄭擢以開國功臣 奉太上王訃告之命 誠宜倍切哀痛 顚倒奔告
정탁 이 개국공신 봉 태상왕 부고 지 명 성의 배 절 애통 전도 분고

而乃先生謀利之心 以犯邦憲; 鄭符別無功勞 位至兩府 尤當小心
이 내 선생 모리 지 심 이범 방헌 정부 별무 공로 위 지 양부 우 당 소심

奉職 而乃潛挾判禁布物四十餘匹而去 貪汚莫甚. 皆爲監察所糾
봉직 이 내 잠협 판금 포물 사십 여 필 이 거 탐오 막심 개 위 감찰 소규

今例以錯誤 只罷符職 擢則以功臣勿問 後之奉使者 無所懲戒 更
금 례 이 착오 지 파 부 직 탁 즉 이 공신 물문 후 지 봉사자 무 소징계 갱

取上裁.'
취 상재

疏留中不下.
소 유중 불하

禮曹詳定親臨臣喪之制.
예조 상정 친림 신상 지 제

丁丑 昏霧四塞.
정축 혼무 사색

親臨義安大君之殯 賜祭.
친림 의안대군 지 빈 사제

罷兵曹佐郎朴瑞生職. 司諫院上言曰:
파 병조좌랑 박서생 직 사간원 상언 왈

'朝廷之禮 不可不嚴 故於扈駕行幸之際 大小臣僚 各依班次
조정 지 례 불가 불엄 고 어 호가 행행 지 제 대소 신료 각 의 반차

不相踰越 如有違者 攸司輒加糾察 舊有成法. 於前月二十六日
불상 유월 여유 위자 유사 첩 가 규찰 구 유 성법 어 전월 이십 육일

健元陵陪奉還宮時 兵曹佐郎朴瑞生 至興仁門外 各司祗迎班次
건원릉 배봉 환궁 시 병조좌랑 박서생 지 흥인문 외 각사 지영 반차

不顧前後 失次騎馬 又於路次 再三失行 不謹於禮 衆人所共見
불고 전후 실차 기마 우 어 노차 재삼 실행 불근 어 례 중인 소공견

也. 本院劾問其故 爲瑞生者 誠宜恐悚自恥之不暇 略無愧悔自新
야 본원 핵문 기고 위 서생 자 성의 공송 자치 지 불가 약무 괴회 자신

之意 其於答問之際 飾非文過 言辭甚倨. 右瑞生 産自卑微 幸以
지 의 기어 답문 지 제 식비 문과 언사 심거 우 서생 산 자 비미 행 이

一策之中 擢處華秩 輒生驕傲之志 蔑辱所司 汚玷士風 請加貶黜
일책 지 중 탁 처 화질 첩 생 교오 지 지 멸욕 소사 오점 사풍 청가 폄출

以正朝班.'
이정 조반

戊寅 安山郡修理山 稤巖頽 長三十尺 廣二十五尺.
무인 안산군 수리산 수암 퇴 장 삼십 척 광 이십 오 척

夜 下平壤君趙大臨于巡禁司. 睦仁海 金海官奴也 眇而善射.
야 하 평양군 조대림 우 순금사 목인해 김해 관노 야 묘 이 선사

初 爲李濟家臣 濟死 事上于潛邸 常不離側. 由是得拜護軍. 其妻
초 위 이제 가신 제 사 사 상 우 잠저 상 불리 측 유시 득배 호군 기처

卽大臨家婢 夤緣出入 大臨亦待之厚. 仁海揣大臨年少而騃 可
즉 대림 가 비 인연 출입 대림 역 대지 후 인해 췌 대림 연소 이 애 가

陷之以圖富貴 嘗密謂大臨曰: "興安君以駙馬掌禁兵 但無素備
함지 이도 부귀 상 밀위 대림 왈 흥안군 이 부마 장 금병 단 무 소비

遂至束手就擒 今掌軍摠制之中 出於不意生變者 可畏. 他皆宿將
수 지 속수 취금 금 장군 총제 지 중 출어 불의 생변 자 가외 타 개 숙장

能臨時應變 獨公不閑軍事 誠宜預圖制置之術."
능 임시 응변 독 공 불한 군사 성의 예도 제치 지 술

且曰: "設有生變者 吾當盡力助公." 又曰: "凡更事之將 將圖
차 왈 설 유 생변 자 오 당 진력 조 공 우왈 범 경사 지 장 장 도

不軌 必張陽傘於闕門 使內外相阻 上不得制其外 下不得通于上
불궤 필 장 양산 어 궐문 사 내외 상조 상 부득 제 기외 하 부득 통 우상

拘執宦官 矯旨出納 盡誅入直將相代言 則雖君王將如何?" 大臨
구집 환관 교지 출납 진 주 입직 장상 대언 즉 수 군왕 장 여하 대림

以謂助己. 仁海自懼前言之洩 謀殺大臨以滅口 謂李叔蕃曰:
이위 조 기 인해 자구 전언 지 설 모살 대림 이 멸구 위 이숙번 왈

"平壤君懷二心 欲擧兵害公及權跬 馬天牧 謀不利於王室."
평양군 회 이심 욕 거병 해 공 급 권규 마천목 모 불리 어 왕실

且言: "大臨嘗謂古有婦翁 與其女言壻之過失 女子告其夫 反
차언 대림 상 위 고유 부옹 여 기녀 언 서 지 과실 여자 고 기부 반

殺婦翁." 蓋①欲激上怒也. 叔蕃密以聞 上召問仁海曰: "汝言 豈
살 부옹 개 욕격 상노 야 숙번 밀 이문 상 소 문 인해 왈 여언 기

足信哉? 且大臨年少 豈敢如此! 果爾 必有主謀者.” 仁海欲實

족 신 재 차 대림 연소 기감 여차 과 이 필유 인해 욕실

其言 謂大臨曰: “近日帶甲數十人 會于景福宮北幽僻處 欲害公

기언 위 대림 왈 근일 대갑 수십 인 회우 경복궁 북 유벽 처 욕해 공

公宜勒所管兵馬捕之.” 大臨曰: “然則當與安城君議之.” 仁海

공 의 늑 소관 병마 포지 대림 왈 연즉 당 여 안성군 의지 인해

曰: “不知是某軍甲士 豈可告之?”

왈 부지 시 모군 갑사 기 가 고지

大臨曰: “然則當啓聞.” 仁海曰: “備知賊謀 然後方可入傳. 且

대림 왈 연즉 당 계문 인해 왈 비지 적모 연후 방 가 입전 차

以如此事 輕易入傳 則後有所聞 誰敢以告于公者? 且事變危急

이 여차 사 경이 입전 즉 후 유 소문 수감 이 고우 공 자 차 사변 위급

欲取上旨 恐致漏洩 先發後聞可矣.” 大臨然之. 上命大臨行醮

욕취 상지 공치 누설 선발 후문 가의 대림 연지 상 명 대림 행초

于昭格殿 以觀其志. 大臨不知 辭以犯染 上頗疑之. 仁海又謂前

우 소격전 이관 기지 대림 부지 사 이 범염 상 파 의지 인해 우 위 전

護軍陳原貴曰: “平壤君欲有所爲 汝可隨我以觀.” 遂引原貴至

호군 진원귀 왈 평양군 욕 유 소위 여 가 수아 이관 수 인 원귀 지

大臨家 大臨果謂仁海曰: “亂雜橫行七八人 如何捕得?” 仁海卽

대림 가 대림 과 위 인해 왈 난잡 횡행 칠팔 인 여하 포득 인해 즉

對曰: “正與吾所云 興安君事相似 宜與上下交親者議之.” 大臨

대왈 정 여 오 소운 흥안군 사 상사 의 여 상하 교친 자 의지 대림

曰: “吾別無交親者.” 原貴退. 仁海又誘大臨曰: “擧事不可不與

왈 오 별무 교친 자 원귀 퇴 인해 우 유 대림 왈 거사 불가 불여

通儒議之. 大人所識儒相誰歟?”

통유 의지 대인 소식 유상 수여

大臨曰: “唯趙庸耳.” 仁海曰: “盍召諸?” 大臨信之 乃召庸 庸辭

대림 왈 유 조용 이 인해 왈 합 소 저 대림 신지 내 소 용 용 사

固要乃至. 迎入寢室 告之故 庸曰: “啓于上歟?” 大臨曰: “未也.”

고요 내 지 영입 침실 고지 고 용 왈 계 우 상 여 대림 왈 미야

庸勃然曰: “爲人臣 聞如此之言 奔告于上 職也. 況駙馬乎?”

용 발연 왈 위 인신 문 여차 지 언 분고 우상 직야 황 부마 호

大臨赧然曰: “未知其實故耳.” 庸曰: “告于上 則虛實乃上之

대림 난연 왈 미지 기실 고이 용 왈 고우 상 즉 허실 내 상 지

所決正也 公宜速啓聞.” 遂趨出 將詣闕 仁海使人拘庸於道 使

소결정 야 공 의 속 계문 수 추출 장 예궐 인해 사인 구 용 어도 사

不得自明 馳告叔蕃曰: “趙庸今在平壤君家 定是謀主也. 平壤若

부득 자명 치고 숙번 왈 조용 금 재 평양군 가 정 시 모주 야 평양 약

擧事 則予騎白馬以從. 若與大人之兵相遇者 願戒軍士使識我 我

거사 즉 여 기 백마 이종 약 여 대인 지 병 상우 자 원 계 군사 사 식 아 아

能奮劍斬平壤矣." 庸伺間得脫 馳詣闕啓其狀 上曰: "吾已知之."
능분 검참 평양 의 용 사간 득탈 치 예궐 계 기상 상왈 오이 지지

日向晩 大臨詣闕啓曰: "聞有草竊在景福宮北 臣欲捕之 願賜
일 향만 대림 예궐 계왈 문유 초절 재 경복궁 북 신욕 포지 원사

臣馬兵." 上曰: "爾焉能捕賊!" 大臨對曰: "臣能之." 上佯應曰:
신 마병 상왈 이 언능 포적 대림 대왈 신 능지 상 양 응왈

"可." 大臨又借甲士于入番摠制延嗣宗 嗣宗承密旨 以前護軍
가 대림 우 차 갑사 우 입번 총제 연사종 사종 승 밀지 이 전 호군

許權等二十三人畀之. 上謂叔蕃曰: "大臨若發兵有所向 可於卿
허권 등 이십삼 인 비지 상 위 숙번 왈 대림 약 발병 유 소향 가어경

家放照天火 我吹角以應之." 乃謂知申事黃喜曰: "聞平壤欲謀叛
가방 조천화 아 취각 이 응지 내위 지신사 황희 왈 문 평양 욕 모반

毋使闕內浮動擾亂." 喜對曰: "誰爲謀主?" 上曰: "趙庸." 喜
무사 궐내 부동 요란 희 대왈 수위 모주 상왈 조용 희

曰: "庸之爲人 殺父與君 亦不從也."
왈 용지 위인 살부여군 역 부종 야

日暝 仁海促大臨捕賊 大臨率軍士被甲上馬 問仁海曰: "賊
일명 인해 촉 대림 포적 대림 솔 군사 피갑 상마 문 인해 왈 적

何在?" 曰: "在南山馬摠制家傍." 大臨欲向南山 纔出門 叔蕃覘
하재 왈 재 남산 마 총제 가방 대림 욕향 남산 재 출문 숙번 첨

知之 放照天火 上於闕內吹角. 大臨疑闕內有變 謂軍士曰: "將
지지 방 조천화 상어 궐내 취각 대림 의 궐내 유변 위 군사 왈 장

何之?" 軍士皆曰: "聞角聲會闕門 軍令也." 仁海强之曰: "當直
하지 군사 개왈 문 각성 회 궐문 군령 야 인해 강지 왈 당직

向南山耳." 意欲大臨遇叔蕃於路 以實其欲害天牧之說 且使叔蕃
향 남산 이 의욕 대림 우 숙번 어로 이실 기 욕해 천목 지설 차사 숙번

之軍擊殺大臨也. 大臨不從 遂馳向闕門. 大臨至闕門 見甲兵塞路
지군 격살 대림 야 대림 부종 수 치향 궐문 대림 지 궐문 견 갑병 색로

將下馬 仁海固禁之 欲以示其叛狀 大臨徘徊下馬 欲入 門者止之.
장 하마 인해 고 금지 욕 이시 기 반상 대림 배회 하마 욕입 문자 지지

仁海先入 宣言 平壤君被甲發兵向闕矣. 於是 上使摠制權希達
인해 선입 선언 평양군 피갑 발병 향궐 의 어시 상 사 총제 권희달

執大臨至殿庭 脫其甲胄 敎之曰: "聞爾欲作亂 可往巡禁司辨明."
집 대림 지 전정 탈기 갑주 교지 왈 문 이욕 작란 가왕 순금사 변명

乃令巡禁司兼判事趙涓等 以甲騎擁致之獄 卽命贊成事尹柢
내령 순금사 겸 판사 조연 등 이 갑기 옹치 지옥 즉명 찬성사 윤저

大司憲孟思誠 刑曹參議金自知 左司諫柳伯淳 承傳色朴英文 同
대사헌 맹사성 형조참의 김자지 좌사간 유백순 승전색 박영문 동

巡禁司兼判事李稷等 鞫大臨發兵之故 首謀之人.
순금사 겸 판사 이직 등 국 대림 발병 지고 수모 지인

三問猶不知所言 乃逮趙庸訊之. 巡禁司杖大臨一次二十下 問
삼문 유 부지 소언 내 체 조용 신지 순금사 장 대림 일차 이십 하 문
其叛狀 猶不承 乃使副司直崔揆啓其故 且請令與仁海對面案驗
기 반상 유 불승 내 사 부사직 최규 계 기고 차 청령 여 인해 대면 안험
上曰: "趙政丞 開國元勳 我重其父 以其子爲駙馬 何嘗受一撻
상 왈 조 정승 개국 원훈 아 중 기부 이 기자 위 부마 하 상 수 일달
者乎? 大臨如有所謀 則雖不加刑 何不告其實? 如其不告 强刑
자 호 대림 여유 소모 즉 수 불가 형 하 불고 기실 여 기 불고 강형
取招 何快於心哉? 可令與仁海隨宜對問 不必加杖 然暫加刑杖
취초 하 쾌어 심 재 가령 여 인해 수의 대문 불필 가장 연 잠 가 형장
必露其實." 且使揆傳旨于大臨曰: "汝旣不孝我 我何惜汝! 汝雖
필 로 기실 차 사 규 전지 우 대림 왈 여 기 불효 아 아 하 석 여 여 수
當死 要令聲譽不惡 須告首謀之人以自明." 揆傳旨失實 問事官
당사 요령 성예 불악 수 고 수모 지 인 이 자명 규 전지 실실 문사관
又杖大臨至六十四下 猶不承曰: "但爲仁海所誘 欲捕賊人 更無
우 장 대림 지 육십 사 하 유 불승 왈 단 위 인해 소유 욕 포 적인 갱무
異心." 巡禁司以啓 乃遣知申事黃喜 與巡禁司臺省訊問仁海 下
이심 순금사 이계 내 견 지신사 황희 여 순금사 대성 신문 인해 하
杖十餘 仁海果服其誣陷大臨之實 陳原貴亦證仁海說誘之辭 事
장 십여 인해 과 복 기 무함 대림 지 실 진원귀 역 증 인해 설유 지 사 사
乃得明. 大臨始悟曰: "昨日吹角 乃爲我也." 上聞之驚歎曰: "昔
내 득명 대림 시 오 왈 작일 취각 내 위아 야 상 문지 경탄 왈 석
丙吉知漢宣帝之無辜 遂保護之. 今大臨受杖 何無一人察其情
병길 지 한 선제 지 무고 수 보호 지 금 대림 수장 하무 일인 찰 기정
者?" 遂釋大臨及庸.
자 수 석 대림 급 용

己卯 霧.
기묘 무

司諫院劾問大臨發兵城內之故.
사간원 핵문 대림 발병 성내 지 고

戶曹判書平原君趙璞卒. 璞 平壤府人. 字安石 號雨亭 典儀令
호조판서 평원군 조박 졸 박 평양부 인 자 안석 호 우정 전의 령
思謙之子. 倜儻不群 登洪武丙辰第 累官至三司左尹. 上在潛邸
사겸 지 자 척당 불군 등 홍무 병진 제 누관 지 삼사좌윤 상 재 잠저
以璞友壻 最親且舊 由是歸心太祖. 鄭夢周出璞牧淸州 尋逮
이 박 우서 최친 차 구 유시 귀심 태조 정몽주 출 박 목 청주 심 체
水原府 將殺之 璞亡命得免. 及太祖啓運 論開國功 拜禮曹典書.
수원부 장 살지 박 망명 득면 급 태조 계운 논 개국 공 배 예조전서
恭靖受禪 錄定社勳 拜參贊門下府事兼司憲府大司憲. 上卽位
공정 수선 녹 정사 훈 배 참찬문하부사 겸 사헌부대사헌 상 즉위

又記佐命之勞 拜三司左使 同知辛巳貢擧. 嘗按廉楊廣道 觀察
우기 좌명 지로 배 삼사좌사 동지 신사 공거 상 안렴 양광도 관찰
全羅慶尙道 巡問西北面 處決如流不小疑 部內稱之. 卒年
전라 경상도 순문 서북면 처결 여류 불 소의 부내 칭지 졸년
五十三. 命有司禮葬 謚文平. 子愼言.
오십 삼 명 유사 예장 시 문평 자 신언

日本 九州牧源道鎭 遣使獻禮物.
일본 구주 목 원도진 견사 헌 예물

辛巳 下司憲府大司憲孟思誠等于巡禁司. 巡禁司具睦仁海
신사 하 사헌부대사헌 맹사성 등 우 순금사 순금사 구 목인해
獄辭以聞 當凌遲處死 命肆諸市街. 臨刑 臺諫止之 皆詣闕啓曰:
옥사 이문 당 능지처사 명 사 저 시가 임형 대간 지지 개 예궐 계왈
"仁海固可大戮 然大臨信其言而不早啓 及聞趙庸之言 然後啓達
인해 고 가 대륙 연 대림 신 기언 이 불 조계 급 문 조용 지 언 연후 계달
豈爲得哉! 婦翁之言 所當究問. 況趙璞之卒 例當斷刑 請緩其刑
기 위득 재 부옹 지 언 소당 구문 황 조박 지 졸 예 당 단형 청완 기형
更與大臨對詰 首從分揀施行." 上曰: "大逆之人 不可以大臣之
갱 여 대림 대힐 수종 분간 시행 상 왈 대역 지 인 불가 이 대신 지
卒廢刑也. 大臨年少 見欺②於仁海 在所當恤 且受杖已多 不必
졸 폐형 야 대림 연소 견기 어 인해 재 소당 휼 차 수장 이 다 불필
更問 乃得其情也. 大司憲左司諫 同鞫其獄者也. 何乃請緩其刑
갱문 내 득 기정 야 대사헌 좌사간 동 국 기옥 자 야 하내 청완 기형
哉? 然臺諫有言 今姑從之." 於是還囚仁海于獄 逮大臨與對辨
재 연 대간 유언 금 고 종지 어시 환수 인해 우옥 체 대림 여 대변
仁海更無異辭; 問婦翁之言 亦仁海造言 非出於大臨. 上卽命釋
인해 갱무 이사 문 부옹 지 언 역 인해 조언 비 출어 대림 상 즉 명석
大臨還其家 下大司憲孟思誠 左司諫柳伯淳 持平李安恭 正言
대림 환 기가 하 대사헌 맹사성 좌사간 유백순 지평 이안공 정언
朴安臣等于巡禁司. 命完山君李天祐 兵曹判書南在 參知議政府
박안신 등 우 순금사 명 완산군 이천우 병조판서 남재 참지 의정부
事朴訔 鞫思誠等請緩刑仁海之故; 逮崔揆問其傳旨失錯之罪. 又
사 박은 국 사성 등 청완 형 인해 지 고 체 최규 문 기 전지 실착 지 죄 우
逮朴英文 以見獄官過刑大臨 而不能止之也.
체 박영문 이 견 옥관 과형 대림 이 불능 지지 야

壬午 轘睦仁海于市街. 上將仁海獄辭 判付議政府曰:
임오 환 목인해 우 시가 상 장 인해 옥사 판부 의정부 왈

'逆賊睦仁海 本係官賤 謂有膂力 許通授職 使備宿衛. 其心
역적 목인해 본계 관천 위 유 여력 허통 수직 사비 숙위 기심
兇逆 不知自足 以其妻爲平壤君家婢 故出入其家 謂年幼可欺 構
흉역 부지 자족 이 기처 위 평양군 가비 고 출입 기가 위 연유 가기 구

爲甘言 劫以禍福 反肆誣罔之說 陰行首告 以捕隣里草竊爲辭 勸
위 감언 겁 이 화복 반 사 무망 지 설 음행 수고 이포 인리 초절 위사 권
令上馬 以實己言 致使大臨被繫拷問瀕死. 對正引陳原貴爲證
령 상마 이실 기언 치 사 대림 피계 고문 빈사 대정 인 진원귀 위증
情狀乃著. 其包藏惡心 欲要重賞 織成禍亂 誣陷王親 極可寒心.
정상 내 저 기 포장 악심 욕 요 중상 직성 화란 무함 왕친 극 가 한심
其依律處決 分示四境 以垂鑑戒.'
기 의율 처결 분시 사경 이수 감계

於是 轘仁海 幷絞其子 會百官監刑. 遂下右司諫徐選 知司諫
어시 환 인해 병 교 기자 회 백관 감형 수 하 우사간 서선 지사간
朴翺 右正言李安柔于巡禁司 鞫思誠等請更下大臨于獄 欲傳致
박고 우정언 이안유 우 순금사 국 사성 등 청갱 하 대림 우옥 욕 전 치
于罪之故 且問其首謀發言之人. 上曰: "平壤君本無所謀 今思誠
우 죄 지 고 차 문 기 수모 발언 지 인 상 왈 평양군 본 무 소모 금 사성
欲與仁海分首從 謀叛大逆 亦分首從乎? 臺諫之議 欲殺大臨
욕 여 인해 분 수종 모반 대역 역 분 수종 호 대간 지 의 욕살 대림
翦除藩屛 謀弱王室. 於其供招 可取謀弱王室四字. 如其不承
전제 번병 모약 왕실 어 기 공초 가취 모약 왕실 사자 여 기 불승
痛杖以訊之 不必惜其死也." 於是 思誠 選 安柔 安臣等不堪
통장 이 신지 불필 석 기사 야 어시 사성 선 안유 안신 등 불감
箠楚 一皆承服 乃囚思誠之子監察歸美 欲幷戮之. 獄旣成 安臣
추초 일개 승복 내 수 사성 지 자 감찰 귀미 욕 병 육지 옥 기성 안신
知不免 呼思誠曰: "可相面一言而死." 思誠乃取小紙 書示臺諫
지 불면 호 사성 왈 가 상면 일언 이 사 사성 내 취 소지 서시 대간
曰: "忠臣死於其職 爲不負君恩 爲不負祖宗矣." 安臣作詩 大書
왈 충신 사 어 기직 위 불부 군은 위 불부 조종 의 안신 작시 대서
于獄壁曰:
우 옥벽 왈

'幸逢千載應河淸 意謂君王自聖明 爾職不供甘就死 恐君得殺
행 봉 천재 응 하청 의 위 군왕 자 성명 이 직 불공 감 취사 공 군 득 살
諫臣名.'
간신 명

且呼判書南在曰: "公 與國同休戚之臣也. 何不復啓 使吾君
차 호 판서 남재 왈 공 여국 동 휴척 지 신 야 하 불부 계 사 오군
不美之名 垂於萬世乎? 若不復啓者 吾死當爲厲鬼 虐公子孫矣."
불미 지 명 수어 만세 호 약 불부 계 자 오 사 당위 여귀 학 공 자손 의

癸未 吉昌君權近上書. 近方臥病 力疾上書曰:
계미 길창군 권근 상서 근 방 와병 역질 상서 왈

'國家勳親 如有過犯 卽以八議宥除. 若無過犯 而爲小人
국가 훈친 여유 과범 즉 이 팔의 유제 약무 과범 이 위 소인

所誣罔者 則亦當問備而明辨之 不使有一毫之可疑 此法司之職
소무망 자 즉 역 당 문비 이 명 변지 불사 유 일호 지 가의 차 법사 지 직

也. 苟於心有未盡之念 而不盡言之 是爲廢職 若盡言之 更加
야 구 어 심 유 미진 지 념 이 부진 언지 시 위 폐직 약 진언 지 갱가

辨析 以明其無過 則勳親之恥 益以昭雪 而法司之職 亦以得伸
변석 이명 기 무과 즉 훈친 지 치 익 이 소설 이 법사 지 직 역 이 득신

其心豈欲織成其罪 以陷於惡哉? 今者臺諫 以再詰問平壤君
기심 기 욕 직성 기죄 이함 어 악 재 금자 대간 이재 힐문 평양군

趙大臨之事而被囚繫 嚴加鞫問 不勝榜掠 皆已承服 罪在不測 甚
조대림 지 사 이 피 수계 엄 가 국문 불승 방략 개 이 승복 죄 재 불측 심

可惜也. 前日 老臣以舜隱惡揚善之事 申啓于上 獲蒙收納 深自
가석 야 전일 노신 이 순 은악 양선 지 사 신계 우상 획몽 수납 심 자

慶幸 今又欲以舜事獻焉. 桃應問於孟子曰: "舜爲天子 皐陶爲士
경행 금 우 욕 이 순 사 헌 언 도응 문어 맹자 왈 순 위 천자 위 사

瞽瞍殺人 則如之何?" 孟子曰: "執之而已矣." 說者謂: "皐陶唯
고수 살인 즉 여지하 맹자 왈 집지 이이의 설자 위 고요 유

知有法而已 不知有天子之父. 舜雖爲天子 不能爲父而廢法." 此
지 유법 이이 부지 유 천자 지 부 순 수 위 천자 불능 위부 이 폐법 차

聖賢用心至公之極致 而吾儒子平日之所嘗講 爲法司者所當以爲
성현 용심 지공 지 극치 이 오 유자 평일 지 소상강 위 법사 자 소당 이위

心者也. 平壤過犯有無輕重 臺諫之官坐於巡禁司而親問者 固
심 자 야 평양 과범 유무 경중 대간 지 관 좌어 순금사 이 친문 자 고

知之矣. 其不親問者 豈不欲盡問而明辨哉? 若不明辨 斯爲廢職.
지지 의 기 불 친문 자 기 불욕 이 명변 재 약 불 명변 사 위 폐직

雖在細民之微 尙欲爲之辨明而昭洗之. 況在親貴 其不爲之詳辨
수 재 세민 지 미 상 욕 위지 변명 이 소 세지 황 재 친귀 기 불 위지 상변

哉? 其加再問 雖似煩瑣 亦欲各盡其職耳. 豈有他心哉? 今以
재 기 가 재문 수 사 번쇄 역 욕 각 진 기직 이 기 유 타심 재 금 이

此事而加罪於守法之吏 誠恐未合於孟子所論舜與皐陶之用心
차사 이 가죄 어 수법 지 리 성 공 미합 어 맹자 소론 순 여 고요 지 용심

也. 臣自早歲 嘗讀孔孟之書 每欲以堯舜之道 陳於王前 幸遇
야 신 자 조세 상 독 공맹 지 서 매 욕 이 요순 지 도 진어 왕전 행우

殿下 過蒙聖恩 位至一品 聯姻公室 常欲以圖報萬一 疾病淹延
전하 과몽 성은 위 지 일품 연인 공실 상 욕 이 도보 만일 질병 엄연

桑榆日薄 常恐晨夕 永辭聖代. 今聞此事 恐累聖德 以貽後譏
상유일박 상 공 신석 영사 성대 금 문 차사 공 누 성덕 이이 후기

不覺痛心 昧死上言. 伏望聖慈 少霽天威 以寬臺諫之罪.'
불각 통심 매사 상언 복망 성자 소 제 천위 이관 대간 지 죄

書上 上召近壻李種善 慰諭之.
서상 상 소 근 서 이종선 위유 지

甲申 下執義李季拱 掌令李伯謙 獻納鄭賙 文守成于巡禁司.
갑신 하 집의 이계공 장령 이백겸 헌납 정주 문수성 우 순금사
李天祐等具孟思誠等獄辭以聞 判付曰: "孟思誠 徐選 朴安臣
이천우 등 구 맹사성 등 옥사 이문 판부 왈 맹사성 서선 박안신
李安柔及孟歸美 竝置極刑." 且命百官會市街監刑 又遣中官
이안유 급 맹귀미 병치 극형 차 명 백관 회 시가 감형 우 견 중관
督之 國人皆相顧失色. 安城君李叔蕃啓曰: "思誠首從分揀之
독지 국인 개 상고 실색 안성군 이숙번 계왈 사성 수종 분간 지
說 直指睦仁海 陳原貴 且職在言官 但爲國家 豈有他心! 坐此
설 직 지 목인해 진원귀 차 직 재 언관 단 위 국가 기 유 타심 좌 차
大戮可乎?" 上怒曰: "卿 大臣也 宜特立無私. 柰何受人指導 發
대륙 가호 상 노왈 경 대신 야 의 특 립 무사 내하 수 인 지도 발
此言也?" 叔蕃對曰: "臣自少從殿下 殿下固知臣之心也. 臣無
차언 야 숙번 대왈 신 자소 종 전하 전하 고 지 신지심 야 신 무
所受矣 無所畏矣." 上曰: "卿當處此大事." 叔蕃對曰: "殿下嘗
소수 의 무 소외 의 상 왈 경 당 처 차 대사 숙번 대왈 전하 상
謂臣等曰: '箠楚之下 何求不得!' 思誠痛被拷問 不忍其苦 乃
위 신등 왈 추초 지 하 하 구 부득 사성 통 피 고문 불인 기고 내
承謀弱王室之招. 今以此而加極刑可乎?" 上責知申事黃喜曰:
승 모약 왕실 지 초 금 이차 이 가 극형 가호 상 책 지신사 황희 왈
"不小宰相 以如此言啓聞 胡不止之?" 叔蕃謂巡禁司司直金理恭
부소 재상 이 여차 언 계문 호 불 지지 숙번 위 순금사 사직 김이공
曰: "君出言自以爲是 卿大夫莫敢矯其非 古人所戒也. 南判書
왈 군 출언 자 이위 시 경대부 막감 교 기비 고인 소계 야 남 판서
朴參知 皆識理宰相也. 何不復啓 而皆阿意以成此獄乎? 汝亦
박 참지 개 식리 재상 야 하 불 부계 이 개 아의 이성 차옥 호 여 역
士流 何若是歟?" 乃涕泣而歎曰: "上若必欲刑此人 則臣當削髮
사류 하 약시 여 내 체읍 이 탄왈 상 약 필 욕형 차인 즉 신 당 삭발
以逃矣." 權近亦輿疾奔告. 於是 領議政府事河崙 左政丞成石璘
이 도 의 권근 역 여 질 분고 어시 영 의정부 사 하륜 좌정승 성석린
領三軍事趙英茂等詣闕庭. 崙啓曰: "思誠非謀叛非誣告 但以
영삼군사 조영무 등 예 궐정 륜 계왈 사성 비 모반 비 무고 단 이
公事失錯而被極刑 豈協情理!" 石璘啓曰: "與其殺不辜 寧失
공사 실착 이 피 극형 기 협 정리 석린 계왈 여기 살 불고 녕 실
不經. 好生之德 洽于民心 臣等之願也." 英茂啓曰: "臣非愛思誠
불경 호생 지 덕 흡 우 민심 신등 지 원 야 영무 계왈 신 비 애 사성
非求所司也 祇欲補殿下之德耳."
비 구 소사 야 기 욕보 전하 지 덕 이

上責崙曰: "卿謂予誤歟? 公事豈可以失錯哉?" 崙對曰: "古者
상 책 륜 왈 경 위 여 오 여 공사 기 가이 실착 재 륜 대왈 고자

人君斷刑 必俟三復奏五復奏. 昔漢宣帝殺楊惲 識者譏魏相 丙吉
인군 단형 필 사 삼복주 오복주 석 한 선제 살 양운 식자 기 위상 병길
爲相 于定國爲廷尉 不能諫止." 遂痛哭曰: "臣意東方未有今日
위 상 우정국 위 정위 불능 간지 수 통곡 왈 신 의 통곡 미유 금일
之主 不知乃有此事也." 上曰: "予之不嗜殺人 卿等之所知也.
지 주 부지 내 유 차사 야 상 왈 여 지 불기 살인 경 등 지 소지 야
反復思之 思誠之罪可殺也 而卿等諫之至此 予姑思之." 皆對曰:
반복 사지 사성 지 죄 가살 야 이 경 등 간 지 지 차 여 고 사지 개 대왈
"各司已會市街 若不早賜兪允 無及矣." 上曰: "事體至重 予志
각사 이 회 시가 약 부조 사 유윤 무급 의 상 왈 사체 지중 여지
已定 不可輕易. 然人主不可以獨治國家 卿等豈欲陷我以不義也?
이정 불가 경역 연 인주 불가 이 독 치 국가 경 등 기 욕 함 아 이 불의 야
且從卿等之言 卿等其亦圖王室之不弱也." 崙等皆泣謝而退. 獨
차 종 경 등 지 언 경 등 기 역 도 왕실 지 불약 야 륜 등 개 읍사 이 퇴 독
右政丞李茂以孟歸美之婦翁 不敢與政府之請.
우정승 이무 이 맹귀미 지 부옹 불감 여 정부 지 청

乙酉 司憲府大司憲孟思誠決杖一百 配韓州鄕校齋僕; 流
을유 사헌부대사헌 맹사성 결장 일백 배 한주 향교 재복 유
司諫院右正言朴安臣于盈德縣; 其餘臺諫 皆釋之.
사간원 우정언 박안신 우 영덕현 기여 대간 개 석지

命刑曹劾問李稷 尹柢 李膺等. 稷等不能審察趙大臨 睦仁海
명 형조 핵문 이직 윤저 이응 등 직 등 불능 심찰 조대림 목인해
情實 過刑大臨也.
정실 과형 대림 야

議政府啓行首牽龍遷轉之法. 啓曰: "在前各殿行首四品去官
의정부 계 행수 견룡 천전 지 법 계왈 재전 각전 행수 사품 거관
牽龍六品去官 今大殿行首外 皆五品去官 而牽龍尙仍舊制 乞皆
견룡 육품 거관 금 대전 행수 외 개 오품 거관 이 견룡 상 잉 구제 걸 개
降爲七品去官. 引駕房 道流房 亦不宜五品去官 乞幷降爲六品
강 위 칠품 거관 인가방 도류방 역 불의 오품 거관 걸 병 강 위 육품
去官." 從之.
거관 종지

釋崔揆 黜尹興阜歸其家.
석 최규 출 윤흥부 귀 기가

丁亥 刑曹判書成石因詣闕上疏 請李稷等罪 上曰: "已皆罷職矣."
정해 형조판서 성석인 예궐 상소 청 이직 등 죄 상 왈 이 개 파직 의

戊子 上親奠于文昭殿.
무자 상 친전 우 문소전

以李天祐爲議政府贊成事 南在吏曹判書 柳亮參贊議政府事
이 이천우 위 의정부 찬성사 남재 이조판서 유량 참찬 의정부 사

李貴齡兵曹判書 成石因戶曹判書 朴訔刑曹判書 黃居正 閔汝翼
이귀령 병조판서 성석인 호조판서 박은 형조판서 황거정 민여익

參知議政府事 柳謙右司諫大夫 玄孟仁知司諫院事 卓愼司憲
참지 의정부 사 유겸 우사간대부 현맹인 지사간원사 탁신 사헌

執義 金孟誠掌令 許揆 盧仁矩獻納 李小畜 李士寬持平 吳先敬
집의 김맹성 장령 허규 노인구 헌납 이소축 이사관 지평 오선경

柳孟聞正言.
유맹문 정언

己丑 定在內諸君駙馬諸君丘史之數; 一等十名 二等七名 三等
기축 정 재내제군 부마 제군 구사 지 수 일등 십명 이등 칠명 삼등

五名. 仍禁別監 小親侍稱號.
오명 잉 금 별감 소친시 칭호

命鄭擢 趙庸出仕.
명 정탁 조용 출사

吉昌君權近上書言臺諫之事. 書曰:
길창군 권근 상서 언 대간 지 사 서왈

'臺諫之職 耳目之任 要當明察 明察之至 必至失當 旣至失當
대간 지 직 이목 지 임 요당 명찰 명찰 지 지 필 지 실당 기 지 실당

不可以不問. 故往往上軫聖慮 以詰臺諫行首掌務. 行首掌務以其
불가이 불문 고 왕왕 상 진 성려 이힐 대간 행수 장무 행수 장무 이 기

圓議之事 不欲顯言先發之人 而自受其責 先發之人 亦不自言 忍
원의 지 사 불욕 현언 선발 지 인 이 자 수 기책 선발 지 인 역 불 자언 인

視同列受罪 而自獲幸免 或至都司受罪 實非國家之美事也. 乞
시 동렬 수죄 이 자 획 행면 혹 지 도사 수죄 실 비 국가 지 미사 야 걸

自今臺諫議事之時 必將所議之事 先書某官所言某事 明立文案
자금 대간 의사 지 시 필 장 소의 지 사 선 서 모관 소언 모사 명립 문안

然後施行 及被責問 先發言者 必自先告. 隨其所犯輕重 以議
연후 시행 급 피 책문 선 발언 자 필 자 선고 수 기 소범 경중 이의

其罪 比於他犯 必從末減 以優言責 毋令濫及行首掌務及他同列;
기죄 비어 타범 필 종 말감 이우 언책 무령 남 급 행수 장무 급 타 동렬

其先發言而不自告者 卽加等罪之. 如此則犯人易得 刑罰不濫 誠
기 선 발언 이 부 자고 자 즉 가등 죄지 여차즉 범인 이득 형벌 불람 성

爲便益 定爲恒式 以垂後世.' 下議政府議之
위 편익 정 위 항식 이수 후세 하 의정부 의지

癸巳 命停正朝中外賀箋延祥詩. 以國喪也. 唯除夜驅儺 非爲
계사 명정 정조 중외 하전 연상시 이 국상 야 유 제야 구나 비 위

慶事 辟邪也 仍舊行之.
경사 벽사 야 잉구 행지

丁酉 全羅道水軍都節制使上事宜數條:
정유 전라도 수군도절제사 상 사의 수조

'竊見防禦之勢 大船中船 體大鈍甚 雖遇倭船 難以追及 徒勞
절견 방어 지세 대선 중선 체 대 둔 심 수 우 왜선 난 이 추급 도로

軍士. 乞道內元造大船四艘之外 幷依快船規式造作.
군사 걸 도내 원조 대선 사소 지 외 병 의 쾌선 규식 조작

一, 沃溝水營 非海路中央 不合鎭戍. 乞將水營 幷屬 沃溝鎭
일 옥구 수영 비 해로 중앙 불합 진수 걸 장 수영 병 속 옥구진

於海島中央 務安縣之大堀浦 移置水營.
어 해도 중앙 무안현 지 대굴포 이치 수영

一, 道內各官接 曾任水軍都萬戶萬戶千戶者 久在船上 慣於
일 도내 각관 접 증 임 수군 도만호 만호 천호 자 구재 선상 관어

捕賊 乞幷率領防禦.
포적 걸 병 솔령 방어

一, 各浦萬戶千戶能否 在前專委水軍節制使考察. 近來本道
일 각포 만호 천호 능부 재전 전위 수군절제사 고찰 근래 본도

都觀察使 兵馬都節制使 各執所見 互有行移 雖有小失 更相
도관찰사 병마도절제사 각 집 소견 호 유 행이 수 유 소실 갱 상

詰問 萬戶千戶實皆缺望. 乞今後專委水軍節制使考察.
힐문 만호 천호 실 개 결망 걸 금후 전위 수군절제사 고찰

一, 節制使所管兵船十 都萬戶兵船十艘 常於海中巡捕 無一定
일 절제사 소관 병선 십 도만호 병선 십 소 상 어 해중 순포 무 일정

泊立之處. 每當行兵乏糧之日 各於附近各官移牒 直令支撥軍糧
박립 지 처 매당 행병 핍 량 지 일 각 어 부근 각관 이첩 직 령 지발 군량

庶免轉運之弊.
서 면 전운 지 폐

一, 造船鐵物 觀察使或時停滯出納 以致廢事. 其海島鐵物 元
일 조선 철물 관찰사 혹시 정체 출납 이치 폐사 기 해도 철물 원

係水軍吹鍊 乞令節制使收貯支備.
계 수군 취련 걸령 절제사 수저 지비

一, 海道營田燔鹽所出 本以添補軍糧 今節制使不得區處 軍官
일 해도 영전 번염 소출 본 이 첨보 군량 금 절제사 부득 구처 군관

軍卒 撫養無路. 今後乞令節制使 直定差使員 監其出納 如有
군졸 무양 무로 금후 걸 령 절제사 직정 차사원 감 기 출납 여유

汎濫虛費者 許人陳告論罪.'
범람 허비 자 허 인 진고 논죄

上皆從之 唯水營移排一節 下都觀察使同議啓聞.
상 개 종지 유 수영 이배 일절 하 도관찰사 동의 계문

戊戌 司憲執義卓愼等 上疏請趙大臨之罪. 疏曰:
무술 사헌 집의 탁신 등 상소 청 조대림 지 죄 소왈

'臣等聞宋公乞師於魯公 公辭之 公子翬請師會之 不許 固請而
신등 문 송공 걸 사 어 노공 공 사지 공자 휘 청사 회지 불허 고청 이

行. 說者以謂: “公辭而不許 義也; 翬以不義固請而行 無君之心
행 설자 이위 공 사 이 불허 의야 휘 이 불의 고청 이 행 무군 지 심

兆矣.” 今平壤君趙大臨信逆賊仁海亂謀 告以有賊 而敢請自捕
조의 금 평양군 조대림 신 역적 인해 난모 고 이 유적 이 감청 자포

上不允 固請而發兵 似乎無君矣. 人臣之義 無成有終 雖有賊
상 불윤 고청 이 발병 사 호 무군 의 인신 지 의 무성 유종 수 유적

當討 當告于上 以待君命國討 安有誣稱犯染 方命固請 動干戈於
당토 당 고 우상 이대 군명 국토 안유 무 칭 범염 방명 고청 동 간과 어

城內乎? 惟其惷愚 非有二心 墮仁海術中 將陷之死地 猶不覺悟
성내 호 유 기 창우 비 유 이심 타 인해 술중 장 함지 사지 유 불 각오

其發兵擾亂之罪 置而勿論 其亦可矣 獨其方命固請之罪 豈可置
기 발병 요란 지 죄 치 이 물론 기 역 가의 독 기 방명 고청 지 죄 기 가치

而不問乎? 許世子止 飮藥不嘗 春秋加以大惡 非謂眞有是心也
이 불문 호 허 세자 지 음악 불상 춘추 가이 대악 비 위 진 유 시심 야

特以其有忽君父之心也. 忽其君父之心 乃大惡之所由起 所以示
특 이 기 유 홀 군부 지 심 야 홀 기 군부 지 심 내 대악 지 소유기 소이 시

履霜之戒 爲天下萬世之訓 使爲人君者除惡於微之意 爲人臣者
이상 지 계 위 천하 만세 지 훈 사 위인군자 제악 어 미 지 의 위인신자

不敢有忽其君上之心也. 且夫兵 猶火也. 社稷安危 關係至重
불감 유 홀 기 군상 지 심 야 차 부 병 유 화 야 사직 안위 관계 지중

不可不戢之於早 而致其嚴且謹也. 臣等願聞大臨方命固請之故
불가 부즙 지어 조 이 치 기엄 차 근 야 신등 원문 대림 방명 고청 지 고

斷以大訓 以正萬世人臣之義.’
단 이 대훈 이정 만세 인신 지 의

上覽疏大怒 卽下執義卓愼 掌令金孟誠 持平李小畜于巡禁司
상 람 소 대노 즉 하 집의 탁신 장령 김맹성 지평 이소축 우 순금사

命吏曹判書南在 刑曹判書朴訔 沔城君韓珪 摠制成發道 鞫問
명 이조판서 남재 형조판서 박은 면성군 한규 총제 성발도 국문

愼等以指導之人 論議之處及疏中引用魯翬 許止以比方之意.
신 등 이 지도 지 인 논의 지 처 급 소중 인용 노 휘 허 지 이 비방 지 의

且命左代言李慥 承傳色盧希鳳監其獄. 愼乃曰: “臣受職之初
차 명 좌대언 이조 승전색 노희봉 감 기옥 신 내 왈 신 수직 지 초

判典農寺事許稠至臣家 臣言及大臨之事曰: ‘不可不問.’ 稠曰:
판전농시사 허조 지 신가 신 언급 대림 지 사 왈 불가 불문 조 왈

‘平壤之事 固不當 然姑捨是.’ 及臣上官 手自草疏. 孟誠 小畜
평양 지 사 고 부당 연 고 사시 급 신 상관 수 자 초소 맹성 소축

年少 且不能文 所不知也.” 上聞之 亟命下稠于獄 訊二人以謀害
연소 차 불능 문 소부지 야 상 문지 극 명 하 조 우옥 신 이인 이 모해

宗親之意. 稠亦不勝痛楚 遂自承服.
종친 지 의 조 역 불승 통초 수 자 승복

左司諫大夫柳謙等詣闕啓曰:“國家設臺諫員 責以言職 今臺臣
좌사간대부 유겸 등 예궐 계왈 국가 설 대간 원 책 이 언직 금 대신

上疏 乃下于獄 命加痛掠. 臣等恐自此以後言路之塞也.” 上曰:
상소 내 하 우옥 명 가 통략 신등 공 자 차이후 언로 지 색 야 상 왈

“無罪王親 强議其罪 是亦言路乎? 汝等亦欲罪大臨乎? 予若詰問
무죄 왕친 강의 기죄 시 역 언로 호 여등 역 욕 죄 대림 호 여 약 힐문

汝等必無辭以對 適有微恙 不欲多言 可以退矣.” 謙等不敢復請.
여등 필 무사 이대 적 유 미양 불욕 다언 가이 퇴 의 겸 등 불감 부청

上命議政府曰:“予有微疾 不親決臺員之罪 卿等可擬議處置.”
상 명 의정부 왈 여 유 미질 불 친결 대원 지 죄 경 등 가 의의 처치

濟州都安撫使趙源 進孳息國馬之策. 啓曰:
제주 도안무사 조원 진 자식 국마 지 책 계왈

‘伏見本州 地暖草肥 山深無虎 畜産蕃殖 但以每等委差刷馬官
복견 본주 지 난 초 비 산 심 무호 축산 번식 단 이 매 등 위차 쇄마 관

到來 不顧遠慮 專欲取辦於目前 其各屯國馬 不問老少 生熟快鈍
도래 불고 원려 전 욕취 판 어 목전 기 각 둔 국마 불문 노소 생숙 쾌둔

盡數刷出 良馬之種殆盡. 乞以子午卯酉年 差遣朝官 點檢成籍
진 수 쇄출 양마 지 종 태진 걸 이 자 오 묘 유 년 차견 조관 점검 성적

孳生國馬 不許刷出 永爲恒規.’
자생 국마 불허 쇄출 영 위 항규

從之.
종지

黜內藥房醫員平原海 曹聽 令仕典醫監. 上方不豫 以原海等
출 내약방 의원 평원해 조청 영사 전의감 상 방 불예 이 원해 등

劑藥不精也.
네약 부정 야

己亥 領議政府事河崙 政丞成石璘 李茂 漢山府院君趙英茂
기해 영 의정부 사 하륜 정승 성석린 이무 한산부원군 조영무

詣闕請進肉膳 不允. 啓曰:“臣等聞上體未寧 不勝憂恐. 身有疾
예궐 청진 육선 불윤 계왈 신등 문 상체 미령 불승 우공 신 유질

飮酒食肉 載在禮經. 願嘗肉汁 以補虛弱.” 上不允. 更請曰:
음주 식육 재재 예경 원 상 육즙 이보 허약 상 불윤 갱청 왈

“有疾食肉 匹夫猶然. 況殿下一身 宗社生民之所寄乎?” 竟不允.
유질 식육 필부 유 연 황 전하 일신 종사 생민 지 소기 호 경 불윤

河崙等復詣闕請進肉膳 不允.
하륜 등 부 예궐 청진 육선 불윤

| 원문 읽기를 위한 도움말 |

① 蓋欲激上怒也(개욕격상노야). 이런 경우 蓋(개)는 대부분 앞서 말한 내용을 설명하려 할 때 나온다. 즉 '앞서 말한 내용이 무엇인가 하면' 정도의 뜻을 담고 있다. 그래서 이런 경우에는 그 문장은 거의 '~한 때문이다'라고 번역하게 된다.

② 見欺(견기). 見(견)은 수동형을 만드는 일종의 조동사다.

KI신서 7583
이한우의 태종실록 재위 8년

1판 1쇄 인쇄 2018년 7월 9일
1판 1쇄 발행 2018년 7월 23일

옮긴이 이한우
펴낸이 김영곤 박선영
펴낸곳 (주)북이십일 21세기북스

정보개발본부장 정지은 **인문기획팀장** 장보라 **책임편집** 윤홍 **교정교열** 주태진 최태성
디자인 표지 씨디자인: 조혁준 기경란 **본문** 이수정
출판영업팀 최상호 한충희 최명열
출판마케팅팀 김홍선 최성환 배상현 이정인 신혜진 나은경 조인선
홍보기획팀 이혜연 최수아 김미임 박혜림 문소라 전효은 염진아
제작팀 이영민

출판등록 2000년 5월 6일 제406-2003-061호
주소 (10881) 경기도 파주시 회동길 201(문발동)
대표전화 031-955-2100 **팩스** 031-955-2151 **이메일** book21@book21.co.kr
페이스북 facebook.com/21cbooks **블로그** b.book21.com
인스타그램 instagram.com/21cbooks **홈페이지** www.book21.com

ISBN 978-89-509-7630-9 04900
978-89-509-7105-2 (세트)

책값은 뒤표지에 있습니다.